LES RÉPUBLICAINS
DES LETTRES

Dans la même série :

NOUVELLES ÉTUDES HISTORIQUES

DANIEL ROCHE

LES RÉPUBLICAINS
DES LETTRES

Gens de culture et Lumières au XVIIIᵉ siècle

FAYARD

Ouvrages du même auteur :

Le Siècle des Lumières en province. Académies et académiciens provinciaux (1680-1789), Mouton, 1978.
Le Peuple de Paris. Essai sur la culture populaire au XVIIIe siècle, Aubier-Montaigne, 1981.
Jacques-Louis Ménétra, Journal de ma vie, Montalba, 1982.
Les Français et l'Ancien Régime, tome I : *La Société et l'État*; tome II : *Culture et société*, Armand Colin, 1984 (en collaboration avec Pierre Goubert).

AVANT-PROPOS

De l'histoire sociale
à l'histoire des cultures :
le métier que je fais

Dès les origines de l'imprimerie on a édité des recueils d'articles et de *pièces séparées*, et, depuis, libraires, imprimeurs, éditeurs, critiques, auteurs s'en plaignent et en discutent. L'objet a toujours cherché son statut parmi les livres. Non sans humour, Furetière en porte témoignage pour la fin du XVIIe siècle : « J'ai un bon avis à vous donner... Vous n'avez qu'à en donner des pièces séparées aux faiseurs de recueils; ils n'en laissent échapper aucune. Les belles pièces font valoir les mauvaises, comme la fausse monnaie passe à la valeur de la bonne qu'on y mêle... A propos [reprit Hippolyte], ne trouvez-vous pas que ces recueils fournissent une occasion de se faire connaître bien facilement et à peu de frais? Je vois beaucoup d'auteurs qui n'ont été connus que par là. Pour moi, j'ai quasi envie d'en faire de même; je fournirai assez de madrigaux et de chansons pour faire imprimer mon nom, et le faire afficher s'il est besoin... Il me semble que les recueils peuvent servir du moins à faire une tentative de réputation : car s'ils ne plaisent pas, on est quitte pour les désavouer, ou pour dire qu'on vous les a dérobés... »

Depuis une vingtaine d'années, les recueils d'articles, dans le champ de la diffusion des connaissances en sciences sociales, sont devenus des instruments de divulgation élargie d'un savoir auparavant réservé aux publics choisis et étroits des séminaires et des revues savantes, sinon aux lecteurs peu nombreux des *Mélanges* et des *Actes de colloque*. Insensiblement, les recueils se sont faits livres et libres. Désormais, ils sont moins publiés pour assurer la réputation de leurs auteurs, le plus souvent acquise par ailleurs, que pour participer à la constitution de bilans à l'intérieur d'une discipline ou d'une œuvre, et permettre d'évaluer le chemin parcouru par tel ou tel. Ils collaborent ainsi à l'élaboration de la relation nouvelle qui unit un public large, critique, averti, au monde de la science qui se fait, à l'univers des enseignants, professeurs et chercheurs qui vivent à leur rythme propre. C'est le lieu d'un dialogue plus ample.

Itinéraire personnel – itinéraire collectif

Dans cette perspective il n'est pas inintéressant de s'interroger soi-même. Aujourd'hui un certain nombre de notions et d'expressions sont devenues d'un usage habituel et commun, telles que, par exemple, *mentalité, histoire des livres, histoire des cultures, histoire de l'imprimé, culture savante, culture populaire.* Il y a plus de vingt ans l'exploration des attitudes, des croyances et des comportements dans la France de l'Ancien Régime (c'est le champ chronologique des contributions rassemblées ici) était à peine commencée. Aujourd'hui des déplacements nouveaux, des interrogations à la fois plus nombreuses et plus assurées de leurs perspectives méthodologiques s'affirment partout, en France bien sûr, mais aussi aux États-Unis, en Angleterre, en Allemagne et en Italie principalement. Ils sont l'aboutissement moins d'un programme préalablement et clairement établi que des cheminements collectifs et individuels, bref des questions et des réponses que chacun a pu poser aux autres et recevoir d'eux. Les essais remis en lecture dans cette publication sont le moyen de mesurer un itinéraire et de le cartographier, en quelque sorte, par rapport à d'autres voyages et à d'autres voyageurs. Chacun sait cependant que la carte n'est jamais le territoire et que la diversité de celui-ci peut égarer. Au-delà donc de la variété des étapes parcourues, il s'agit de voir pourquoi on a suivi le chemin choisi et comment celui-ci contribue à reconnaître puis à borner et à arpenter un morceau du champ de l'Histoire pendant longtemps en friche ou autrement étudié et interprété. On peut d'ailleurs se demander si l'entreprise qui consiste à s'interroger soi-même a un sens et une possibilité définis.

Une possibilité? La réponse à cette question évoque le problème de la lucidité académique, mais également celui de la modestie intellectuelle compatible avec la nécessaire tension qu'anime la croyance qu'il est bon d'avoir en soi. Un sens? Il est honnête de ne pas conférer une clarté *a priori* et une cohérence qui n'apparaissent qu'après, dans une démarche où l'on ne se voit pas à l'avance, à sa place, dans un théâtre qui se construit par l'échange – ou l'affrontement – des générations. Il n'y a pas plus de raison d'accepter la téléologie ou l'anachronisme pour l'autobiographie intellectuelle de l'historien alors qu'on les refuse pour l'Histoire. La distribution des prix dans le palmarès de la profession dépend trop des hasards de la fortune pour qu'on hésite pas quelques instants avant de se donner publiquement un rôle dans l'évocation de ce qui n'est qu'un métier avec son lot d'obligations, sa part de satisfactions et de joies, son poids d'erreurs, conscientes ou non, de frustrations et de refus, ses interrogations quant au passé qui ne peut jamais se rattraper et à l'avenir qui fuit à l'horizon de votre vie.

L'entreprise offre un intérêt si l'on accepte l'idée que remonter le fil du temps aide un tant soit peu à éclairer, par contraste, l'évolution d'une génération intellectuelle. Ici, il s'agit du groupe d'historiens formés dans les Écoles et les Universités au lendemain de la Seconde Guerre mondiale et avant les années soixante, quand le modèle de la Nouvelle Histoire, ou encore de ce que l'on désigne non sans approximation, faute de mieux, par le terme d'École des *Annales*, n'avait point acquis l'universelle renommée que l'on sait. Le triomphe dans l'enseignement supérieur d'un vaste appareil d'idées et de questions aujourd'hui partout vulgarisées dans la fièvre éditoriale ne doit pas masquer l'incertitude qui planait tant sur les origines de l'histoire nouvelle que sur son avenir, avant qu'elle n'ait obtenu ses pouvoirs et la reconnaissance du public. La réussite des héritiers ne doit pas cacher qu'ils gèrent aussi un patrimoine. L'ampleur de la victoire ne doit pas voiler le souvenir de l'engagement. C'est une manière de rejoindre l'essentiel et de s'interroger sur le lien qui s'élabore entre la reproduction sociale et la reproduction intellectuelle. Ainsi l'on est au cœur immédiatement de ce qui est aujourd'hui l'objet même de l'histoire des cultures : il importe de comprendre pourquoi un ensemble de questions prend peu à peu sens et valeur sur le marché des idées, comment aussi un collectif d'intellectuels s'approprie ces questionnaires et ces problèmes pour en faire la trame même de leur vie.

Ainsi se constitue une communauté de compréhension dans les circonstances et les occasions. Après, chacun voit mieux le fil rouge qui l'a guidé ; après, chacun peut mieux peser la part qu'il occupe dans le dispositif culturel et universitaire, mais il ne me paraît pas totalement évident que nous soyons envers nous-mêmes les témoins les plus assurés. L'aventure permet de voir les choses comme *allant de soi* et, bien entendu, de percevoir comment des interrogations nouvelles ne peuvent se poser, des écarts se créer, des distances s'accroître, qu'en fonction d'un dialogue implicite avec ceux qui nous précèdent et ceux qui nous suivent. Susciter ce dialogue me paraît être la fonction principale des professeurs, des aînés, des maîtres. Le refuser pour des raisons diverses me paraît ruiner le fondement même de notre métier.

La Sorbonne sans les Annales

A réfléchir sur la Sorbonne des années cinquante-soixante où j'ai fait mes études, c'est encore ce qui me frappe maintenant. Non seulement on s'y ennuyait pas mal parce que des maîtres prestigieux y enseignaient trop souvent une histoire ennuyeuse, non seulement il fallait apprendre par soi-même les règles du métier et, l'imitation distinctive aidant, les ficelles de la profession s'attrapaient chez les meilleurs pédagogues, mais encore on sentait mal les transformations qui étaient alors en jeu pour notre discipline. On n'y parlait pas des *Annales*, encore moins de Braudel. Ce dernier, pour certains, à des allusions que traduisaient les plus avertis pour les autres qui l'étaient moins, faisait un peu figure de diable. La vraie vie était ailleurs, dans les luttes politiques, dans les discussions des Écoles normales, dans les miettes du festin que les plus âgés rapportaient des premiers séminaires de l'École des Hautes Études, qui commençait à s'installer dans ses meubles, voire de cours du Collège de France où les plus délurés s'enhardissaient. En bref, jeune normalien, j'avais assez à faire à me retrouver dans les programmes et dans d'autres activités. J'étais témoin sans y voir. L'un de mes souvenirs résume bien le climat d'alors. Rendant les copies d'un examen trimestriel, un des assistants qui m'enseignaient l'histoire du Moyen Age, aujourd'hui maître réputé, me dit : « Laissez ce style à l'École des *Annales*. » C'était pour moi une double découverte dont on jugera la naïveté : l'histoire était donc aussi un style, entendons, au-delà des pratiques d'écriture, une manière de voir et d'être, et on pouvait être hostile à ce qui me paraissait *naturellement* une autre richesse, à portée de la main, mais qu'on ne savait pas bien saisir. Il n'est donc pas totalement étonnant que la vie politique et syndicale étudiante offrit à beaucoup, dont j'étais, un terrain plus facile à parcourir. Il est encore moins déconcertant qu'au moment de choisir un sujet de recherche pour préparer le diplôme d'études supérieures, nous nous retrouvions, 62, rue Claude-Bernard, chez Ernest Labrousse.

Ernest Labrousse : de l'économique au social

Loin de moi l'idée de vouloir céder à l'hagiographie immédiate, mais je pense sincèrement qu'on ne dira jamais assez ce que ma génération doit au maître ni ce qu'il fit pour la plupart d'entre nous. D'autres l'ont dit ou le diront mieux que je ne puis le faire ; quant à moi, c'est à lui que je dois d'avoir réussi à être d'abord un historien des sociétés anciennes et, très certainement aussi, un historien des cultures. Effectivement, il m'a révélé le grand courant de pensée socialiste et marxiste dont à vingt ans j'ignorais pratiquement tout. Ensuite, il m'a ouvert le trésor de la réflexion des sociologues français et il m'a appris avec chaleur, sympathie et conviction la nécessité de l'étude historique des groupes sociaux. Au cœur de ses entretiens il m'a légué aussi la volonté de mieux comprendre la grande rupture du XVIIIᵉ siècle, des Lumières à la Révolution. Enfin, c'est certainement à lui que je dois d'avoir mis le doigt dans un engrenage qui ne vous lâche plus : celui de la recherche vivante et qui rebondit d'objectif en objectif, animée par la curiosité intellectuelle, la sympathie pour les différences, la tolérance dans le débat, la détermination de connaître. Labrousse en initiant toute une génération à l'histoire économique et sociale faisait les *Annales* vivantes. Quant à ces auditoires d'étudiants, il ne faut pas oublier qu'à l'aube des années cinquante ils ne pouvaient se mettre sous la dent que la Revue, les textes majeurs de Lucien Febvre, les deux thèses de Labrousse et la *Méditerranée* de Braudel, version 1947 publiée sur le papier jauni et fragile de l'après-guerre. Toutes les grandes œuvres qui vont faire, pour l'avenir, la Nouvelle Histoire sont à paraître. Tout pour nous tous commence, mais le sait-on clairement ? Certainement pas !

Pierre Goubert que j'ai alors comme maître à l'École normale supérieure de Saint-Cloud, ou Emmanuel Le Roy Ladurie que je rencontre au séminaire de Jean Meuvret où m'attire, fascinante et étrange, l'histoire des paysans, sont alors des aînés bienveillants, amicaux, introduits et qui en savent plus. Ils ont encore à prouver leur propre spécificité et à gagner leur autonomie, ce qui ne va pas tarder. Pour moi, dans le fonctionnement d'une université un peu grise mais encore cohérente comme institution et comme corps, dans quelques séminaires – et, ici, il faut répéter ce que beaucoup d'entre nous doivent aux séances conduites par Jean Meuvret aux Hautes Études, prolongées chaque fois au café Le Balzar –, enfin, à travers quelques lectures – ainsi le Duby-Mandrou sur la civilisation de la France, ou le Henri-Jean Martin sur l'apparition du livre –, le futur se découvre divergent et divers comme la lumière filtrée par les prismes. Labrousse seul, à mes yeux, unifiait la diversité, et peut-être parce qu'il était divers lui-même : l'historien de l'économie et de la société, le républicain socialiste qui avait vu Jaurès, savait nous mobiliser et nous retenir. La suite quant à moi appartient au hasard.

J'étais professeur au lycée de Châlons-sur-Marne, et Labrousse m'a alors déconseillé la thèse régionale que favorisaient pourtant les Archives ; caïman à l'École normale, il a accueilli favorablement mes tâtonnements successifs ; la noblesse sicilienne que m'interdit la distance et, déjà, les difficultés de la carrière d'enseignant-chercheur ; les princes du sang pour lesquels il me renvoya à Marcel Reinhardt qui me laissa toujours libre ; les académiciens de province, enfin, qui devaient m'occuper plus de dix ans et bénéficier du soutien jamais calculé d'Alphonse Dupront. Au total, la question du déménagement historiographique « de la cave au grenier » pour reprendre l'expression de Michel Vovelle et Maurice Agulhon, n'est pas pour moi essentielle car j'ai toujours, suivant Labrousse, voulu faire de l'histoire sociale de la culture, c'est-à-dire autre chose que de l'histoire des idées, et quelque chose qui se rapproche de l'histoire des consciences de classe. Qu'on me pardonne ce vocabulaire démodé aujourd'hui que chacun sait « qu'il n'y a plus de bourgeoisie », fort peu de *classe*, et dont enfin quant à leur *conscience* chacun sait ce qu'il en est. Restait à trouver un terrain – je demeurais fidèle à l'époque moderne, entre le XVIIe et le XVIIIe siècle –, et une méthode – je m'efforçais de lier le culturel au reste du mouvement social. Les études rassemblées ici veulent montrer moins les étapes d'une pensée que son cheminement dans une pratique et dans l'écriture qui les découvre aux yeux de tous. La cohérence de l'ensemble s'est progressivement dégagée à travers une continuité double : il me fallait, d'une part, répondre à la question de savoir si l'histoire sociale des cultures est possible et conserve sens et valeur en dépit des remises en question et des critiques légitimes ; et, d'autre part, élaborer ma façon de voir à travers documents d'archives, textes manuscrits ou mis en livre, l'alliance des gestes, des savoirs, des croyances qui fondent une manière de consommation culturelle, un possible accès ou une impossible initiation aux pouvoirs de la culture sur laquelle on s'expliquera plus avant.

L'enquête, livre et société

Le lieu où s'est constituée pour la première fois une discussion d'ensemble a été l'enquête collective que menait à la VIe section de l'École des Hautes Études François Furet et qui s'est concrétisée dans la publication des deux volumes de *Livre et société dans la France du XVIIIe siècle*, en 1965 et 1967. Ils ont suscité assez de débats en France et ailleurs pour qu'on s'y arrête un instant. L'entreprise se place à un moment crucial : c'est alors que l'hégémonie intellectuelle du paradigme des *Annales* s'instaure dans l'Université par le renouvellement des générations enseignantes, mais c'est aussi l'époque où la concentration des forces sur le terrain de l'histoire économique et sociale pose à certains le problème de l'encombrement du terrain universitaire, doublé, on s'en doute, par celui de l'investissement à faire dans un travail qui ne peut à force qu'être répétitif dans son questionnaire.

D'une manière ou d'une autre, il s'agissait de *faire autre chose* tout en restant fidèle aux motivations des origines. La procédure d'enquête introduisait dans le paysage dominé par la forme quasi exclusive de la thèse de doctorat d'État, travail long et solitaire, une préoccupation nouvelle directement liée, comme l'a montré Jacques Revel, au programme des *Annales*. A la voie féconde mais individualiste par laquelle se propageait la novation en histoire se substituait, ou en parallèle – ce fut mon cas – ou en concurrence – ce fut la chance de quelques autres qui ont pu se dispenser de la soutenance de thèse –, la réflexion collective et le travail mené en commun. A mes yeux l'expérience avait valeur d'autant plus grande qu'elle travaillait aussi au décloisonnement des disciplines. Ne rencontrais-je pas au séminaire communautaire des littéraires, tels Jean Erhard et Jacques Roger, des philosophes littéraires comme Geneviève Bollème ? J'eus même la chance de travailler quelques séances avec Michel Foucault aux archives de l'Arsenal sur les papiers des embastillés et je n'ai jamais su pourquoi il avait délaissé l'entreprise. J'en ai gardé l'intérêt permanent pour les livres que pouvait susciter cet homme de discussion et d'imagination, historien comme rêvent de l'être les philosophes, philosophe comme pensent parfois l'être quelques rares historiens mais dont je ne suis pas, étant par nature ou par culture trop empirique. En tout cas, la recherche ensemble, en permettant les comparaisons et les questions ouvertes, en favorisant la constitution commune des corpus et des séries, l'élaboration à plusieurs des grilles d'interrogation et des procédés d'interprétation, créait un autre état d'esprit que celui imposé par la recherche individuelle. En liaison avec un certain type d'histoire, la première enquête ouverte dans le domaine culturel créait la différence dans deux directions principales. Elle rompait avec la tradition de la lecture du XVIIIᵉ siècle menée jusqu'alors par les historiens des idées et de la littérature s'intéressant pour l'essentiel aux grandes œuvres ; elle reprenait ainsi à sa façon le problème des origines intellectuelles de la Révolution française. En même temps, elle soulignait l'insuffisance de l'interprétation d'ensemble du cheminement des Lumières, identifiant trop aisément novation intellectuelle, progressisme social et promotion socio-économique. En bref, l'étude rénovée de la diffusion des livres et des idées ouvrait la porte à une véritable histoire des origines culturelles de la Révolution à laquelle implicitement Labrousse nous avait conviés.

Désormais, ce qui jusque-là relevait de l'*idéologie* trouvait place dans l'étude des pratiques. D'un côté, l'histoire sociale permettait de voir comment naissent les œuvres et les systèmes d'idées, comment ils se propagent dans des livres et des usages à travers des milieux vecteurs, et comment en même temps ils se transforment car ils dépendent de l'évolution d'ensemble du système qui les informe. De l'autre côté, l'histoire des cultures peut prendre forme car à travers les systèmes de classification des savoirs et des notions on perçoit déjà comment l'étude des topographies sociales exige autre chose. En étudiant le culturel comme leurs aînés avaient analysé l'économie et la société, les historiens de *Livre et société* ont découvert que la culture était partout, dans l'économie comme dans le social, puisqu'elle ne peut se lire que dans le monde des pratiques. On pourra toujours demander alors ce qu'est la culture, et pourquoi préférer le terme à celui de *mentalité*. La réponse mérite un détour qui peut éclairer le passage d'une histoire à l'autre.

Histoire des mentalités ou histoire des cultures?

Si je préfère parler d'*histoire des cultures*, c'est que le projet qui s'élaborait dans l'enquête visait à comprendre les médiations diverses qui interviennent entre les conditions objectives de la vie des hommes et les façons innombrables dont ils se les représentent et se les disent [1]. Ainsi, pour moi, il s'agit d'étudier des comportements collectifs, des sensibilités, des imaginations, des gestes à partir d'objets précis, tels les livres, ou d'instance, telles les institutions de sociabilité. Ces choix rejoignent bien sûr ceux de l'*histoire des mentalités* et procèdent des objectifs définis essentiellement par Lucien Febvre. Ils supposent que l'on sacrifie trois habitudes anciennes et c'est par là sans conteste que nos conventions se distinguent de celles de Georges Lenôtre, quoi qu'en pense aujourd'hui François Furet [2]. Il ne s'agit pas seulement d'étendre le récit historique à d'autres acteurs, mais de constituer leur histoire non pas dans l'identification exclusive du document à l'écrit, mais dans une mobilisation d'ensemble de tous les types de documents. C'est aussi parce que nous ne croyons plus à l'ancienne conception du fait, dévoilé seulement par les traces écrites et qui serait une donnée aussi indiscutable que l'objet des sciences positives – si tant est que celui-ci le fût jamais. Il faut en revanche admettre que les faits que nous utilisons sont des objets construits selon des hypothèses qui influent sur leur interprétation et que celle-ci fait partie intégrante de l'horizon de vérité qui se constitue dans la comparaison des lectures, impossible à confondre avec une simple restitution du passé. Enfin, l'histoire ne peut plus être seulement une discipline gratifiante, chargée de légitimer le présent ou de justifier le Progrès, l'État, la Nation, sinon la nostalgie pour le prophétisme des uns et des autres. Si l'on place l'interrogation des historiens sous le parrainage des sciences du social, on peut admettre trois impératifs qui conservent leur rigueur : à l'histoire des individus abstraits préférer celle des groupes sociaux ou, la chance aidant, de personnalités représentatives; à une histoire organisée en plans de réalités substituer l'étude de l'interdépendance des instances du réel et de ses changements dans le temps; enfin deux notions apparaissent comme fondamentales, la première étant l'acceptation des différences, c'est-à-dire dans l'interprétation le refus de l'anachronisme et de l'investissement préalable d'un sens dans l'agencement des faits; la seconde demeurant la nécessité d'inventorier les éléments de l'outillage mental caractéristique d'un temps et dont disposent les individus et les groupes sociaux dans leur totalité.

L'histoire ainsi définie et à laquelle je me consacre depuis les années soixante ne se confond cependant pas totalement avec celle des mentalités que d'autres pratiquent, ni avec celle des idées ou de l'intellectualité.

---

1. Parmi les ouvrages qui jalonnent une discussion analogue, citons : M. Vovelle, *Idéologie et mentalités*, Paris, 1982; et *De la cave au grenier. Un itinéraire en Provence, de l'histoire sociale à l'histoire des mentalités*, Québec, 1981.
2. « Histoire : hier, ailleurs et demain, en marge des *Annales*, Histoire et Sciences sociales », *Le Débat*, 1985, pp. 112-125.

De la première elle retient la volonté de comprendre les manières générales de sentir et de penser liant représentations collectives et conduites personnelles à l'état d'une société, donc à son histoire, mais la situation des enquêtes actuelles montre la difficulté de se contenter des éléments obscurs, inertes, voire inconscients, des mentalités pour conduire la description de l'*outillage mental* d'un temps. Mon choix propre est d'insister autant que faire se peut sur la mobilisation de tous ces traits par les agents sociaux, et sur l'analyse de la construction des habitudes sociales afin de voir comment se créent les conditions de leur intériorisation. Bref, je partage l'idée de Carlo Ginzburg et de Michel Vovelle qu'« une analyse en terme de classe marque toujours un grand pas en avant par rapport à une analyse interclasse [3] ». Par comparaison avec l'histoire des idées et des concepts pratiquée par les historiens littéraires ou philosophes, étrangers ou français, et avec d'autres objets par les historiens des sciences, il me paraît nécessaire d'insister sur les phénomènes d'*enracinement* et de *circulation*, c'est-à-dire penser le rapport aux idées autrement qu'en terme de détermination ou d'influence, autrement aussi qu'en tant que révélateur d'un discours ou d'une textualité explicable par elle-même, mais *en retrouvant des structures qui organisent les usages et les pratiques collectives*. En d'autres termes, le champ de cette réflexion d'histoire sociale et culturelle à laquelle je contribue se veut à la rencontre des questionnaires et des problèmes de l'histoire des modèles culturels, des idées et des mentalités ; elle voudrait en tout cas en garder les ambitions globales et exhaustives, tout en tenant compte de leurs limites [4]. Ces choix soulèvent assurément le problème des moyens et des méthodes.

L'étude des sociabilités culturelles

Parmi les indicateurs retenus comme susceptibles de résoudre les difficultés soulignées j'ai privilégié essentiellement l'étude des sociabilités culturelles et celle du livre, en général les pratiques de l'écrit. Le premier domaine doit beaucoup, pour sa définition, aux interrogations lancées autrefois par Gustave Lanson dans son programme d'étude des intellectualités provinciales et repris par Daniel Mornet dans ses *Origines intellectuelles de la Révolution*. Mais il s'en distingue par la remise en question de la compréhension du sens explicite pour les acteurs sociaux du moment culturel ; en d'autres termes, je refuse l'identification simple des Lumières et de la Révolution. L'ensemble se réfère également aux travaux de Maurice Agulhon redécouvrant en Provence les us et coutumes de la vie associative ancienne comme moyens de mesurer autant l'évolution des relations sociales saisies dans les transferts du recrutement de la confrérie de pénitents à la loge maçonnique que l'instauration

---

3. C. Ginzburg, *Le fromage et les vers, l'univers d'un meunier du XVIe siècle*, Paris, 1980, pp. 19-20.

4. R. Chartier, *Intellectual or Sociocultural History? The French Trajectories in Modern European Intellectual History. Reappraisal and new perspectives*, Ithaca, 1982, pp. 13-46 ; A. Burguière, *The Fate of the History of Mentalités in the Annales*, *Comparatives Studies in Society and History*, 1982, pp. 424-437.

de nouveaux modèles de rencontres politiques. L'étude sociale de 6 000 académiciens entre 1660 et 1789, celle de quelque 20 000 adhérents à la franc-maçonnerie contribuaient à ruiner nombre d'idées reçues. En reconstituant le réseau des sociétés savantes et des loges, en cartographiant l'espace de leur correspondance, l'historien pouvait enfin sentir l'imbrication, dans le mouvement de diffusion des Lumières, du licite et de l'illicite, l'alliance confuse mais réelle des savoirs et des pouvoirs. En même temps se précisait la mesure du poids réel de la classe culturelle réceptrice des écrits philosophiques. L'étude sociale montre les motivations de la « République des Lettres » et comment les idées sont inséparables d'un comportement culturel. Cette redéfinition des classes intellectuelles prouve bien comment toute consommation devient une autre production et la comparaison des différentes formes de sociabilités conduit à séparer ce qui relève des modèles organiques expressions de la société inégalitaire, et ce qui dépend de l'instauration d'un monde égalitaire, proscrit au départ, admis par tacite consensus ensuite [5].

Oublier Tocqueville et Cochin?

Ainsi sont mises en cause les interprétations inspirées soit de Tocqueville, soit de Cochin qui concluent à la séparation de l'intelligence et de l'autorité politique, au vide entre l'opinion et l'État, où se situe le succès de la sociabilité démocratique matrice du jacobinisme. Académiciens et loges en socialisant les Lumières ont opéré une action dissolvante des visions traditionnelles du monde, mais l'histoire de cette réception ne peut pas s'identifier uniquement avec celle des institutions de culture. Celles-ci utilisent l'idéologie du pouvoir intellectuel ou l'idéologie maçonnique pour des causes et selon des pratiques diverses; en un mot, elles agissent par et pour des appropriations variables conformes aux habitus sociaux et susceptibles d'interférences multiples produites par des lectures collectives ou individualisées. Lumières académiques et Lumières maçonniques ne sont pas en elles-mêmes contestataires, elles tendent en partie à consolider des positions anciennes avec des arguments nouveaux. En même temps et sans qu'il y ait identification totale et unique avec un seul groupe social vecteur, la Bourgeoisie avec une majuscule, elles servent d'intermédiaires politiques et culturels aux messages philosophiques novateurs. *Leur fonction n'est pas d'assumer la définition d'une idéologie nobiliaire ou bourgeoise, mais de participer à une pensée gestionnaire et utopique.* Dans le milieu académique et maçonnique l'avenir et le passé tentent de communiquer dans une incertaine cohabitation qui est celle de la vie culturelle même. N'en déplaise aux insatisfaits, la leçon, pour leur sembler trop simple ou trop honnête, n'en correspond cependant pas moins à la seule manière qui convienne dans le champ de l'histoire culturelle à qui ne veut pas séparer artificiellement réalités et représentations – on ne saisit ces deux dernières qu'ensemble dans la circulation des textes –, et à qui refuse de réitérer sans cesse les questions posées à travers les réponses données.

---

5. D. Roche, *Le siècle des Lumières en province...*, Paris-La Haye, 1978, 2 vol.

Pour l'historien des académies, la Révolution est, et n'est pas à la fois, le terme d'une route dans laquelle l'émergence de l'événement ne peut être téléologiquement implicite. La division des acteurs à l'épreuve des ruptures à elle seule peut le confirmer, et celle des loges également.

Ainsi, les Lumières prennent une autre dimension : le *phénomène philosophique* a été marginal et limité à une intelligentsia parisienne et provinciale plus voltairienne que matérialiste, plus sage que révolutionnaire. La nature de l'académisme modifie – si toutefois on veut bien la prendre en compte – la lecture globale du siècle des Lumières. Le discours des philosophes y est fragmenté, éclaté et recomposé avec d'autant plus d'aisance que leur vocabulaire se retrouve dans l'antiphilosophie; « les uns et les autres veulent éclairer et se réfèrent aux Lumières [6] » – les mots du gros abbé Bergier ne sont guère différents de ceux du maigre Voltaire, même s'ils résonnent autrement. Dans le discours social des académies il y a place pour un projet politique et culturel absolutiste et éclairé visant à sa manière au *bonheur public* et à l'homogénéité des élites, alors qu'on peut y déchiffrer également l'appel à la rénovation et au changement. Certains – tel Chateaubriand : « La Révolution est fille des académies » – ne s'en priveront pas, après 1789. Avant, et pour en saisir la réelle portée, il importe de ne plus lire les Lumières à la seule lanterne de la Révolution.

L'histoire du livre et ses usages

Les pratiques de lecture, la circulation de l'écrit, la production d'un discours oralisé ou imprimé, consolident les sociabilités culturelles. Pour moi, elles impliquèrent la découverte et l'utilisation de l'*histoire du livre*. Si depuis une quinzaine d'années les travaux se sont multipliés en ce domaine, l'impulsion a été donnée au tournant 1960-1970 par les enquêtes d'Henri-Jean Martin sur le XVIIe siècle et celle de *Livre et société*. L'*Histoire de l'édition française* [7] a mis en évidence le bilan actuel de notre savoir et les perspectives qui s'ouvrent à de nouvelles investigations, où les travaux de Roger Chartier [8] tiennent le premier rang. Mais au départ, le chemin n'était pas tout tracé et les premières percées n'ont pas été acquises d'un coup. Faire du livre un nouvel objet de l'histoire exigeait qu'on interrogeât l'héritage. Celui de la bibliophilie et de la bibliologie attentives à l'objet livre, identifiant ses origines et ses impressions dans d'indispensables catalogues et d'innombrables monographies régionales ou urbaines, offrait à l'historien en quête d'un matériau neuf une richesse immense encore accrue par l'apport de la bibliographie matérielle *à l'anglaise*. Il fallait s'en inspirer, mais dans un changement de perspective et pour comprendre les fonctionnements culturels profonds. J'y ai d'abord gagné la connaissance et, quelquefois, l'amitié des

6. J. M. Goulemot, « Pouvoirs et savoirs provinciaux au XVIIIe siècle », *Critique*, 1980, pp. 603-613.
7. R. Chartier et H. J. Martin, Paris, 4 vol., 1982-1986; j'ai moi-même collaboré au t. II dont j'ai assuré la direction scientifique.
8. R. Chartier, *Lectures et lecteurs dans la France d'Ancien Régime*, Paris, 1986.

bibliothécaires sans lesquels aucun travail de ce type ne peut être envisagé. A leurs remarques et à leurs conseils, à leurs travaux ordinaires et savants, l'histoire nouvelle de l'imprimerie doit énormément. C'est pourquoi c'est un devoir de réclamer et de défendre le bon fonctionnement des bibliothèques publiques dont l'avenir inquiète le monde intellectuel. Incidemment aussi, c'est par la prospection de l'histoire du livre que je dois le dialogue, le travail en commun, l'amitié commencés il y a plus de vingt ans d'abord avec Roger Chartier, ensuite avec Robert Darnton [9], qui se sont révélés, en dépit des intérêts et des évolutions différentes, toujours stimulants et enrichissants. Tous les deux sont vraiment des historiens du livre, car ils en font le centre de leur recherche en liant l'étude des textes, celles des objets matériels et des usages qu'ils engendrent dans la société. Je suis, pour ma part, demeuré un historien des diffusions et des pratiques sociales du livre et, comme eux, de l'imprimé en général ; mais je suis plus curieux des comparaisons possibles entre le livre et d'autres objets culturels, la lecture et d'autres gestes de culture, voire la culture matérielle.

En même temps que l'on retrouvait la science des professionnels du livre, qui étaient aussi de grands libraires comme Viardot ou Jammes, ces relectures impliquaient une réinterprétation des travaux des historiens de la littérature. Dialogue et discussion, collaboration et entraide ont été fortement noués à la veille de 1968 avec des amis de ma génération comme Georges Benrekassa, Jean-Marie Goulemot, Michel Launay et Éric Walter. Tous m'ont fait mieux percevoir leur intérêt pour la *textualité* et la *littérarité*, mais aussi, pour partie, leur désintérêt envers l'objet vecteur des textes et les milieux producteurs et consommateurs. C'est cependant ensemble que nous avons emprunté, chacun à notre manière, la route ouverte par Lanson et par Mornet et que Lucien Febvre et Henri-Jean Martin avaient commencé de parcourir. La démarche de l'histoire culturelle impliquait malgré tout des choix par rapport à l'histoire littéraire, qui supposait débat, et celui-ci n'a sans doute pas été conduit jusqu'au bout. Une histoire commune n'est pas née de la rencontre, mais plutôt une communauté un peu de conjoncture et de hasard où des intérêts comparables coexistent. La raison tient – outre les avatars de l'évolution des universités après 1970 – au statut différent que les uns et les autres accordent aux textes.

Entre production et textualité

Évaluer la production d'un temps suppose l'établissement de séries et de classifications qui bouleversent la hiérarchie établie des œuvres, des genres, des auteurs. Saisir ce que lit une société entière, tenter de voir ce qu'elle écrit, produit et consomme, exige, fût-ce à titre temporaire, qu'on substitue à l'analyse des grandes œuvres comme porteuses de la novation esthétique ou intellectuelle un regard d'ensemble qui atteint moins l'idée dans sa vie abstraite, isolée dans les œuvres, que son incarnation dans les milieux sociaux où elle peut s'enraciner et circuler à travers les usages

---

9. Son ouvrage, *L'aventure de l'Encyclopédie*, Paris, 1980, reste un modèle pour tous.

que l'on fait d'elle. Ainsi pouvait être mieux compris et éprouvé le poids relatif des nouveautés et des archaïsmes, ainsi devaient être mieux situés les moments principaux de rupture des visions du monde et les transferts majeurs des idées évalués dans leur rythme. Cette étude quantifiée des livres peut, de surcroît, et loin de les méconnaître, servir à étayer de manière neuve les lectures de la tradition. La valeur sociale d'un texte n'est point indifférente au fait qu'il est une création exceptionnelle ou, au contraire, un exemple parmi d'autres d'une production vulgarisée et de grande circulation. Le regard égalitaire jeté sur les produits culturels n'est pas synonyme d'ignorance du sens que prennent les textes au travers de la lecture, ni une méconnaissance des pensées novatrices; il est le symbole de la reconnaissance de leurs territoires, de l'évaluation des ensembles où elles ont pu se constituer, où des lectures différentes peuvent s'élaborer. Face à l'histoire littéraire, l'histoire sociale de la lecture voudrait inciter à l'exploration de corpus socialement significa-tifs, qui peuvent être massifs ou ne pas l'être, l'essentiel étant la prise en considération des conditions d'ensemble de leur production qui met en valeur les effets de l'écrit dans une culture majoritairement orale. L'intéressant est que l'on attache autant d'importance et que l'on consacre autant de temps aux textes décriés ou jugés inférieurs, mais majoritairement diffusés, parce qu'eux seuls sont capables de nous faire accéder à la vie culturelle du plus grand nombre, c'est-à-dire à la manière dont l'oralité interfère dans la vie des textes. A l'inverse, l'historien de la culture ne peut utiliser sans précautions les textes qu'on classe dans la littérature et les données qu'ils lui fournissent. Le jeu des règles qui expliquent leur apparition ou leur disparition ne saurait être mis entre parenthèses, ainsi Rétif de la Bretonne, parlant de la vie rurale d'un point de vue urbain et d'une mise en scène nouvelle de l'ordre social, n'est pas, comme l'a démontré Georges Benrekassa, un simple témoin. Il met en valeur la conquête d'une identité et par contraste biaise son tableau, déjà quelque peu hagiographique, de la paysannerie. Ainsi le champ du littéraire reste largement ouvert aux historiens de la culture, il leur est recommandé de n'en point méconnaître les fonctions spécifiques et de refuser l'écart entre le texte et le savoir.

Quantifier ou pas?

Dans l'étude des livres et des lectures comme dans celle des sociabilités savantes la quantification a été un moyen essentiel et certainement pas une fin. Elle permettait sans doute de passer du singulier au collectif et d'enseigner les changements principaux. On y a vu un *nouveau positi-visme*, on y a réduit le projet de l'histoire culturelle française. Le débat commencé dans les années soixante par nos amis littéraires, tel Jean Erhard, repris par des historiens des idées en Italie comme Franco Venturi et Furio Diaz, a reçu une nouvelle actualité avec la conclusion du *Grand massacre des chats* de Robert Darnton [10]. Une critique double unit

---

10. R. Darnton, *Le grand massacre des chats. Attitudes et croyances dans l'ancienne France*, Paris, 1985, pp. 239-245. Les principaux éléments du débat sont cités en note et dans l'article de R. Chartier cité note 4.

ceux qui récusent totalement et ceux qui s'interrogent simplement sur cette façon d'écrire l'histoire culturelle : d'une part, l'étude sérielle ne peut être que réductrice car l'on ne saurait mettre au même niveau les grands auteurs et les mineurs ; d'autre part, la mise en ordre que suppose la mesure utilise des cadres de classement préétablis, incapables de rendre compte de l'appropriation des objets culturels ; en d'autres termes, il ne faut pas compter les livres mais les lire. Dans l'un et l'autre cas, il est reproché au nombre de ne pas tenir compte du sujet, individuel ou collectif, et de négliger le rapport, personnel ou social, qu'entretiennent les acteurs sociaux avec leur système de valeur ou de croyance, avec leur univers symbolique. Le retour aux cas, l'étude des textes permet de mieux comprendre le problème des articulations entre position sociale et choix culturel, analysés comme choix spécifique et sur un matériau donné. En réalité, outre l'élargissement et le décloisonnement qu'a permis l'*histoire sérielle*, il faut tenir compte du fait qu'opposer hiérarchie quantifiée et appropriation qualifiée ranime un vieux défi que résume la formule des adversaires de la sociologie religieuse : *il n'est pas possible de mesurer la foi*. Personnellement, je pense que le débat se trompe d'objet, car j'ai utilisé en complémentarité l'un et l'autre types d'analyse qui ne sont pas contradictoires. On peut se demander pourquoi, sous certaines conditions de critique et de procédure et pour un certain type de questionnaire, les objets culturels seraient différents d'autres productions de l'homme. Textes, livres, images aussi, peuvent relever d'une mesure, en détail ou en gros, d'une économie sociale. C'est le moyen d'apprécier l'inégal partage des biens culturels et, de surcroît, en raisonnant sur les classifications imaginaires ou réelles du social, au-delà de l'étude des distributions, c'est une manière efficace de mener à bien des comparaisons et d'étudier les ruptures d'une façon foncièrement différente des habitudes intuitives de l'histoire des idées.

Ainsi, montrer l'impact prolongé de la réformation tridentine dans ses formules de vulgarisation, établir entre XVIIe et XVIIIe siècle la courbe des ouvrages scientifiques et philosophiques permet de montrer le décalage chronologique existant entre novation et tradition, et, en même temps, prouve l'impossibilité de se contenter de corrélations grossières pour expliquer avance ou retard de la pensée. Aujourd'hui les méthodes quantitatives n'ont peut-être pas totalement épuisé leur fécondité, sans doute elles restent plus que jamais un préalable nécessaire à d'autres démarches. En effet, elles constituent un instrument dont la portée et les leçons qu'on peut en tirer sont relatives, mais en obligeant le chercheur à réfléchir à la construction de l'objet qu'elles veulent cerner, elles permettent d'en mieux comprendre la nature même. D'abord parce que tout usage d'un système de classification, toute typologie révèlent que les catégories où peuvent se ranger les objets culturels sont susceptibles de changer et comment elles sont travaillées par leur production propre. Ainsi, le déplacement dans le temps ou dans l'espace d'une forme de production ou de consommation culturelle s'accompagne d'une transformation des cadres de classement et interroge le statut des objets classés. La limite même des options quantitativistes a permis d'interroger les relations communément admises – mais qui sont le résultat temporaire et changeant des opérations d'appropriation qu'on analyse –, création-consommation, savant-populaire, écrit-oral, dominant-dominé, ville-campagne, Paris-province, imaginaire-réel. L'histoire des topographies sociales conduisait à l'histoire sociale des appropriations.

A la grille traditionnelle qui hiérarchise les faits de l'économique au social, du social au culturel, en niveaux successifs, *de la cave au grenier*, notre histoire préfère l'étude des *interactions*. Elle postule aussi la possibilité de comprendre, sinon d'ériger en vérité définitive, des phénomènes sociaux qui sont moins l'expression des manifestations significatives de l'homme en société que la mise en perspective de leur temporalité spécifique. Enfin, cette histoire se veut celle des manières différentes qu'ont les hommes de s'approprier des structures mentales et des valeurs culturelles. C'est en ce sens qu'elle se différencie le plus de l'histoire des mentalités dont nous avons maintenant la familiarité, car elle s'intéresse autant aux phénomènes de rupture qu'aux catégories stables et immobiles, car elle s'inscrit dans le moyen terme, voire le court terme, l'Ancien Régime aux limites indécises, la vie d'une institution ou celle d'un savant, plus que dans la très longue durée; parce qu'elle est aussi plus sensible aux spécificités sociales et aux rapports, voire aux tensions et aux luttes, qui se forment entre les groupes et les classes. Allier la connaissance statistique ou qualitative qui rend compte de la façon dont une forme culturelle ou un motif intellectuel se distribue selon les groupements sociaux, ou se répartit selon les individus d'une population et selon des pratiques qui sont actes de distinction, reste une de ses ambitions fondamentales. Au terme d'un transfert de problématique qui a été tenté par toute une génération, c'est à la double interrogation de l'indépendance des faits culturels et de la constitution des *habitus sociaux* que tentent de répondre ces recherches. Mais celles-ci ne visent pas seulement à constituer une géographie sociale de la réception des formes ou des idées, elles veulent ouvrir à l'étude des consommations culturelles qui ne sont pas seulement assimilation passive et constat de dépendance, mais en même temps création et production active d'autre chose. Entendre, regarder, lire, sont des attitudes sensibles et intellectuelles où se partagent libertés et contraintes. La culture du plus grand nombre est faite de cette possibilité, de cette *attention oblique*, et toutes les tentatives qui visent à transformer les pratiques doivent composer avec les tactiques de résistance et de détournement. Cela reste vrai à tous les niveaux sociaux des pratiques ou des lectures, et l'histoire sociale de la culture, en associant plusieurs démarches, permet de comprendre comment s'effectue la fabrication sociale d'un sens, individualisé ou collectif[11].

Vers l'histoire des consommations culturelles

Depuis quinze ans, j'enseigne dans l'Université, à Paris VII, puis à la Sorbonne. Les responsabilités professorales ont considérablement changé depuis les années de mes études, elles ne s'exercent plus sur un territoire étroit, balisé et mesuré par un petit nombre d'étudiants. De réforme en réforme, elles se jouent dans des conditions matérielles

---

11. C'est ce que j'ai tenté de faire dans le t. II des *Français et l'Ancien Régime, Culture et Société*, Paris, 1985.

désastreuses, car pour l'essentiel les moyens qui convenaient à un recrutement limité ne suffisent plus à une Université qui doit être largement démocratique. Dans cet écart, entre le raffinement des études historiques – qui ont maintenant à leur disposition un questionnaire élargi, des méthodes et des moyens sophistiqués – et la difficulté de maintenir un niveau global de formation – en bref d'assurer à la fois la reproduction d'un savoir, sa continuité et son avenir –, se situe l'ambition de *comprendre plus avant les phénomènes de consommation culturelle.*

Sous cette expression, je range l'ensemble des pratiques et des usages qui mobilisent les objets les plus divers, ceux de la culture intellectuelle comme ceux de la culture matérielle; leur étude met en valeur des modèles de croyance et de pensée, des façons de se distinguer et d'adhérer aux normes, bref des *stratégies d'usage*. Cette histoire partiellement commencée – j'en ai présenté un premier exemple dans *Le Peuple de Paris* et dans *Le Journal de ma vie de Jacques-Louis Ménétra* [12] –, partiellement à poursuivre – j'en présenterai bientôt un autre modèle consacré à l'étude des habitudes vestimentaires et à la *culture des apparences* –, peut s'écrire à partir des objets comme à partir des acteurs. C'est, je crois, une façon de répondre à l'interrogation que posent les transformations de la société née à l'époque moderne, fondée sur la consommation des choses et transformant progressivement la culture en bien de consommation. Il est vrai aussi que je crois profondément que les gens ordinaires et les intellectuels ont à faire face aux mêmes genres de problèmes, quoique la hiérarchie de leurs valeurs et l'échelle de leurs besoins ne coïncident pas totalement ni n'évoluent aux mêmes rythmes. Je demeure persuadé qu'il existe une égalité qui peut se créer dans une recherche, dans la communauté animée par les étudiants créateurs et consommateurs d'idées, et les professeurs initiateurs, auditeurs, eux aussi consommateurs attentifs. La liberté est à tout le monde dans ce domaine, c'est elle qui coûte le moins; la fraternité est l'horizon auquel on peut aspirer on peut y atteindre, comme dans les années soixante, encore.

Les essais qu'on va lire jalonnent les étapes de mes interrogations, ils répondent quelquefois à des questions posées de l'extérieur, quelquefois aux déploiements de réponses engagées par moi-même à partir d'autres travaux. La partition se déplace cependant au gré de quatre motifs unificateurs.

D'abord les cheminements du livre à travers la société ancienne – qui ne disparaît pas, on s'en doute, en 1789 – fournissent l'étude d'un objet susceptible de mettre en valeur le jeu des appropriations les plus diverses, du singulier au collectif, de la bibliothèque savante à la diffusion large d'un imprimé qui, enseignant à mourir, apprend aussi à vivre.

Les pratiques de réception mimétiques et celles d'invention qui sont le fait des sociétés savantes et des académiciens constituent un ensemble homogène dans les motivations sociales (il s'agit d'affirmer l'appartenance au cercle privilégié des détenteurs de la culture et des pouvoirs), mais hétérogène dans les façons de faire, plus ou moins intellectualisées ou socialisées. Elles autorisent le questionnement des rapports entre structures et représentations plus que jamais inséparables.

---

12. Paris, 1981 et Paris, 1982.

Troisième mouvement, la réflexion centrée sur les réalités du travail intellectuel et les images du labeur des intellectuels d'autrefois vise à montrer comment, dans les sociétés holistes et inégalitaires, l'image d'une fonction et d'un rapport au monde se transforme quand la montée de l'individualité, l'exigence d'égalité infléchissent l'ensemble des relations nouées entre les hommes.

Enfin, suivre les voies diverses qu'emprunte la culture permet de rencontrer des acteurs, intermédiaires privilégiés, individuels ou collectifs, dont le jeu révèle l'imbrication des traditions et la complexité des médiations dans les enjeux de la reproduction sociale.

Au total, les lignes d'ensemble qui se dégagent sont le résultat des interrogations de toute ma génération, et pour une part de celle qui suit. En ce sens, elles tendent à montrer qu'il est un peu artificiel d'opposer les systèmes de significations et les systèmes de relations, tant les uns et les autres sont liés dans le mouvement qui nous porte à vivre dans l'interprétation du passé.

PREMIÈRE PARTIE

LES CHEMINEMENTS DU LIVRE

Il paraît évident aujourd'hui, à certains tout au moins, que l'on savait sans problème qui lisait et qui lisait quoi autrefois. En réalité, cette évidence a été construite et acquise grâce à des enquêtes et à de nombreuses monographies. Celles-ci ont permis de retrouver la production livresque et imprimée mise à la disposition de la société française des XVIIᵉ et XVIIIᵉ siècles. Les procès de fabrication, l'étude des ateliers, l'analyse des courants commerciaux ont montré la physionomie complexe d'un *Ancien Régime typographique* où les techniques stabilisées pendant trois siècles n'ont pas freiné le développement d'une consommation acculturante en elle-même et qui trouve à se satisfaire dans le royaume et bien au-delà de ses frontières, en Hollande et aux Pays-Bas, dans la vallée du Rhin et en Suisse, de Neuchâtel à Genève. Le marché du livre a été interrogé dans ses espaces, dans ses conjonctures de développement ou de récession; la production du livre a été inventoriée dans ses modalités diverses à travers ses titres qui permettent de voir les transformations culturelles, à travers ses modèles formels et ses typologies d'usage qui autorisent la compréhension du déplacement des pratiques de lecture.

Lectures et lecteurs se trouvent ainsi placés au bout d'une chaîne qui se tend ou se détend selon les mécanismes de l'offre et de la demande, mais également en fonction de l'intervention directe du pouvoir de l'Église ou du Roi. L'accès au livre est à saisir dans le cheminement incertain qui peut conduire le manuscrit à l'impression en voie directe et légale, dans le respect des principes de la surveillance et de la censure, en voie clandestine et illégale, par le choix de l'impression secrète dans le royaume ou au-delà de ses frontières – car le contrôle entraîne réplique, concurrence étrangère et contrebande du livre en vain prohibées –, en voie indirecte enfin, et hors des règlements, car tel livre à succès ou bien encore interdit pour ses audaces après une première édition peut être *contrefait*, reproduit par des éditeurs sans scrupule qui le diffusent largement.

Les censures et la police imposent à l'industrie éditoriale une part de son originalité ; on aura compris que les interdits ont eu leurs contre-feux et que sous le monde de l'autorisation existe le vaste territoire de la clandestinité par lequel souvent transitent la novation culturelle et la remise en cause. La saisie de ces circulations silencieuses au XVIIIe siècle a mis en évidence l'importance de la vulgarisation des Lumières et de la sous-littérature philosophique et pornographique. L'accès aux *livres sous le manteau* est un mode capital de la lecture des Français de l'Ancien Régime ; notables de tradition, petites gens et élites provinciales y ont été provoqués par le succès public que leur interdiction même créait à certains ouvrages.

La circulation et la vie du livre conduisent à s'interroger sur la nature de la clientèle achetante et lisante. La rareté des documents permettant de reconstituer la vente a privilégié pour l'étude des possessions l'inventaire des bibliothèques privées ou collectives. Leur importance avait été largement marquée par les élèves de Lanson et, depuis, de nombreuses études ont montré que les différenciations sociales ne dépendent pas uniquement des dignités et des positions socio-économiques mais qu'elles sont élaborées ou renforcées par des écarts que traduit l'inégale possession des biens de culture, parmi lesquels les livres constituent un indice privilégié.

Assurément la possession d'un livre répertorié par un notaire n'a jamais prouvé que l'ouvrage ait jamais été lu. Mais l'achat ou l'héritage demeurent et l'importance conférée à la propriété par le catalogue se renforce par la transmission. On peut admettre que l'analyse des catalogues et des inventaires, critique et remise en perspective dans l'ensemble d'un milieu par rapport à la vie du possesseur, révèle l'inégale diffusion de la lecture, ses tendances majeures et les choix individuels qui l'orientent. Le classement et la mesure des inventaires mettent à jour la base des distinctions culturelles, à savoir le jeu de l'appropriation individualisée et volontaire et la pression des forces du mimétisme social. Il y a des livres dont on a besoin et la définition du besoin peut varier, de l'usage pratique à l'inquiétude religieuse ou philosophique. La nature d'un fonds comme celui de Dortous de Mairan, savant, cartésien, tranquille d'apparence, renseigne sur les strates de son histoire personnelle mais aussi sur l'ampleur de ses curiosités métaphysiques. Dans les milieux de tradition culturelle forte, c'est toute la vie interne d'une culture familiale du livre qui se dévoile alors entre fidélités, habitudes, accès à des motivations successives, rejet ou non des coutumes.

Il y a aussi des livres qu'il faut avoir lu ou à tout le moins connaître. C'est à un moment ce qui classe ou déclasse et, dans l'addition des indices, dévoile les oppositions sociales. Mais la présence d'un livre ou la comparaison des compositions dominantes d'une bibliothèque livrent également la diversité profonde de la vie des livres et l'incertitude de leur réception sociale. C'est le substrat de toute pratique de lecture ; en amont de la possession, l'objet renvoie à son insertion dans l'itinéraire de la production et de la diffusion, à des impératifs techniques, économiques et intellectuels ; en aval, il évoque la multiplicité des usages et des représentations. Le geste de l'achat et du rangement dans la bibliothèque de l'*homme de goût* comme dans la mince collection de l'*homme de peu* avoue des intérêt intellectuels, des convergences sociales et des motivations qui transfigurent la possession de l'imprimé : conscience d'histoire, signe de puissance et de pouvoirs sociaux, instrument de conquête du monde ou objet du divertissement, compagnon d'intimité et moyen de lutte contre l'adversité, signe de promotion sociale et culturelle, formule de recours.

Dans les possessions livresques de la noblesse française tout s'additionne et tout se joue. De multiples traditions de pratiques et d'usages se superposent pour manifester à la fois la fidélité et le détachement. Nobles imités par les notables, liseurs impénitents des châteaux perdus de province ou lecteurs frivoles des hôtels aristocratiques parisiens, leur profil collectif interroge le devenir culturel du siècle et leur action politique. Pour eux, le livre est un bien acquis depuis longtemps et ils peuvent même s'en passer. A l'inverse, si l'on veut comprendre comment se produit l'acculturation du plus grand nombre, peuple et élite mêlés dans le geste de la lecture, c'est à l'étude d'un modèle d'imprimé de grande diffusion qu'il faut recourir : celui des *Ars moriendi* imprimés aux XVIIᵉ et XVIIIᵉ siècles fournit un bon exemple. Il illustre la banalité liée à la croyance et par le même mouvement il dévoile le public visé et les modalités de son cheminement vers les lecteurs. Les *Préparations à la mort* veulent éduquer pour que l'on meurt mieux grâce à l'apprentissage du moment décisif où toute vie se révèle. L'enquête sur leur production, leur consommation, l'évolution des contenus, montre clairement les déplacements de la christianisation, la montée des exigences autour de la mort. Ce faisant elle prouve aussi la rupture du discours terroriste et la montée des forces de la vie. Le livre traduit ici les exigences des clercs; il contribue à infléchir les pratiques des croyants, mais en même temps il enregistre leurs transformations progressives et leurs aspirations nouvelles. Entre stratégies de lecture et stratégies éditoriales, entre la production et la consommation, un dialogue secret s'est instauré. C'est lui qui fait d'un instrument d'autorité et de reproduction le moyen d'innombrables libertés. Par là se font jour les progrès de la conscience dans une société traditionnelle.

CHAPITRE I

Censures, police et industrie éditoriale
en France,
de l'Ancien Régime à la Révolution

La censure préalable occupe une place essentielle dans la librairie d'Ancien Régime. La liberté d'imprimer, de faire imprimer et de diffuser les idées n'existe pas et la surveillance de tout ce qui a un rapport à l'imprimerie s'est organisée dès les origines [1]. De l'âge de l'absolutisme triomphant, Louis XIV régnant, aux temps de l'absolutisme éclairé, Louis XV et Louis XVI gouvernant, le livre reste le véhicule principal des savoirs et des pensées, l'instrument de tous les débats politiques et religieux.

L'effort du pouvoir royal pour contrôler sa circulation et ainsi diriger la vie intellectuelle conformément aux lignes directrices et aux valeurs d'un ordre social et moral global a, depuis longtemps, retenu l'attention des historiens de la culture. Les points de vue institutionnels, l'évolution de la législation censoriale ont été éclairés de façon définitive par de nombreux ouvrages [2], mais le fonctionnement de la censure saisi à travers des pratiques sociales et le rôle culturel de l'institution censoriale ont été jusqu'à présent bien moins analysés.

En premier lieu, l'attention des historiens a surtout porté sur les temps de la remise en cause d'une institution et de procédés qui deviennent symboles des forces de conservation que la Révolution abolit. De surcroît, l'activité et la personnalité de M. de Malesherbes, directeur de la Librairie sous Louis XV, rassemblent toutes les interrogations qui s'efforcent de comprendre les rapports entre la philosophie et le pouvoir, entre les Lumières et leurs adversaires [3]. En revanche, les origines de l'institu-

---

1. M. Cerf, « La censure royale à la fin du XVIIIe siècle », in *Communications*, 1967, 9, pp. 2-28.
2. H.D. Macpherson, *Censorship under Louis XIV*, New York, 1929; A. Bachman, *Censorship in France from 1715 to 1750. Voltaire's opposition*, New York, 1934; D.T. Pottinger, *The french booktrade in the Ancient Regime*, Cambridge Mass. 1958; J.P. Belin, *Le commerce des livres prohibés à Paris de 1750 à 1789*, Paris, 1913; N. Hermann-Mascard, *La Censure des livres à Paris à la fin de l'Ancien Régime (1750-1789)*, Paris.
3. P. Grosclaude, *Malesherbes, interprète et témoin de son temps*, Paris, 1961.

tion et des principes de son fonctionnement, quand le gouvernement des lettres et des arts n'est contesté que sur les marges, n'ont point fait encore l'objet d'études systématiques satisfaisantes : à l'exception de son intervention pour des affaires précises [4], ou de mises au point générales [5], la censure au XVIIe siècle est encore *terra incognita*.

En second lieu, l'état des archives pèse lourdement et sans doute définitivement sur ces choix. Les archives de la Chancellerie ont disparu pour la période qui précède le XVIIIe siècle et cela interdit pour une bonne part la connaissance des méthodes utilisées avant l'abbé Bignon, artisan principal, après 1699, de la réorganisation et de la mise en ordre administrative quand se façonnent l'instrument et les manières qu'utilisera M. de Malesherbes [6].

Pour combler ces lacunes, il faut recourir à des fonds dispersés et d'inégales valeurs : correspondances administratives et personnelles des Chanceliers; papiers des secrétaires d'État; arrêts du Conseil d'État privé dont malheureusement les délibérations n'ont pas été conservées; archives de la chambre syndicale de la Librairie parisienne; archives de la Lieutenance de Police et du Parlement qui sont pratiquement inexploitées. D'une manière générale, ces sources sont bonnes pour l'étude des règlements et de la législation, voire des institutions, mais elles ne sont pas aisément utilisables pour une histoire sociale de la censure et elles exigent de la part de l'historien une attention exceptionnellement prudente tant elles sont marquées idéologiquement. Ainsi les rapports des censeurs dont on connaît les jugements de réprobation pour le début du XVIIIe siècle [7] et pour une partie des décennies pré-révolutionnaires [8] sont quelquefois vagues et d'interprétation difficile. Une méthode lexicologique permettrait sans doute de rendre compte de l'imprécision des vocabulaires, de l'incapacité d'expliciter les motifs réels des jugements prononcés, de distinguer les emplois de critères implicites, en bref de déceler avec une autre lisibilité les critères de refus masqués par des justifications apparentes. Au total, on peut présenter une étude en surface où les ruptures du bon fonctionnement de l'institution mises en valeur par quelques affaires célèbres et brûlantes soulignent les caractères contradictoires de la politique royale en matière de censure. Il est plus difficile de donner une synthèse en profondeur où l'on verrait jouer le rapport changeant du tolérable et du subversif, les liaisons variables qu'une société entretient avec ses tabous.

4. F. Lachèvre, *Le procès du poète Théophile de Viau*, Paris, 1909.
5. Essentiel, H.J. Martin, *Livre, pouvoirs et société à Paris au XVIIe siècle, 1598-1701*, Paris, 1969, 2 vol. *t. 1*, pp. 460-466, *t. 2*, pp. 764-768.
6. H. Beaumont de la Bomminière, *L'administration de la Librairie et la censure des livres, 1700-1750*, Thèse de l'École des chartes, ex. dactylo., 1966; F. Bléchet, *L'Abbé Bignon et son rôle*, Thèse de l'École des Chartes, ex. dactylo., 1974.
7. J. Le Brun, « Censure préventive et littérature religieuse en France au début du XVIIIe siècle », *Revue d'Histoire de l'Église de France*, 1965, pp. 201-225.
8. C. Blangonnet, *Recherche sur les censeurs royaux et leur place dans la société au temps de M. de Malesherbes*, Thèse de l'École des Chartes, 1975, ex. dactylo.

Censure et librairie : les institutions de surveillance

Pour atteindre le public deux voies s'offrent aux auteurs et aux libraires imprimeurs : soit l'impression et la diffusion réglementées, soit la clandestinité et l'illégalité où les censures ne s'exercent qu'*a posteriori*, et où livres et brochures tombent dans les filets de la répression si les organes de la Librairie ou de la police s'en saisissent. La censure préalable ne se manifeste en sûreté que dans le circuit légal. L'étape décisive a été franchie en ce domaine à la fin du XVIIe siècle, au terme d'une évolution qui a vu progressivement la censure royale s'imposer au-dessus de tous les autres organismes de contrôle, Université, Église, Parlement, dans la mise en place définitive du système des privilèges et des permissions.

L'Université, et surtout la Sorbonne, a perdu le monopole de la surveillance que lui avait délégué François Ier, par suite de la création des censeurs royaux (1623) et quand le code Michaud (1629) a transféré au Chancelier et à ses commissaires le droit de regard sur l'imprimerie [9]. L'Église, plus particulièrement les évêques et les assemblées du clergé dont le zèle s'accompagne d'une activité considérable en matière de librairie, ne conserve plus qu'un droit de réprobation quand les ouvrages sont déjà entre les mains des lecteurs. Seuls les livres de théologie et de piété sont soumis à une double autorisation, celle des autorités ecclésiastiques et celle des censeurs royaux. Dès la seconde moitié du XVIIe siècle la mécanique du contrôle est laïcisée.

Le Parlement, dont l'action jouait en faveur du renforcement de l'autorité régalienne et de la laïcisation, se voit cantonné dans un rôle répressif et il échoue au temps de la Régence dans ses tentatives pour retrouver une politique de surveillance autonome. Les parlements et l'Église n'interviennent plus au XVIIIe siècle que pour des affaires exemplaires et spectaculaires : l'*Histoire des Conciles* du P. Hardouin en 1715, la condamnation de *De l'esprit* accompagné de toute une série d'ouvrages subversifs, celle des sept premiers volumes de l'*Encyclopédie*, qui sont occasion pour les parlementaires de réclamer leur droit d'apgprobation préalable. La Sorbonne et le clergé qui ne renoncent pas à recouvrer leur rôle de censure agissent surtout en faisant pression sur le pouvoir politique qui à quelques condamnations près n'écoute plus guère ces revendications. La librairie est définitivement devenue affaire d'administration publique.

L'efficacité de celle-ci se lit déjà dans le fonctionnement de l'administration de fait établie avant Bignon mais fortement consolidée par son action. Sous le contrôle des Chanceliers et des gardes des Sceaux, le bureau de la Librairie, devenu Direction de la Librairie avec Malesherbes, confie à l'examen des censeurs les ouvrages dont les auteurs et les éditeurs demandent l'approbation. « Désormais le livre est placé sous le signe du Registre » : « Privilèges ou permissions tacites sont accordées ou refusées et les termes de l'approbation et du refus doivent être mentionnés. Échappent à ce filtrage les livrets et les brochures qui peuvent à Paris ou en province être imprimé avec l'autorisation des lieutenants de

---

9. H.J. Martin, *op. cit.*, t. 1, pp. 440-444 ; et H. Beaumont, *op. cit.*, pp. 7-9, pp. 339-340.

Police, voire des intendants [10]. » Le renforcement de l'intervention a permis, sans trop de vagues, sinon de contrôler totalement, du moins de canaliser la croissance des imprimés. Il s'insère non seulement dans une phase de surveillance accrue de l'idéologie, de la lutte des conservatismes divers et de la novation, mais aussi dans une étape du changement de la conception de l'État.

Le passage de l'État de justice à l'État de finance voit le rôle dominant du Chancelier et des officiers de justice céder le pas à celui du Contrôleur général et de ses commissaires [11]. La censure qui a été mise en place quand domine la première conception du gouvernement des hommes va essentiellement fonctionner dans un temps où un autre idéal l'emporte. En d'autres termes, son rôle de régulation économique est renforcé, car il ne faut pas, comme l'a montré H.J. Martin, que la production clandestine tarisse le courant des publications légales, que le monopole des libraires de Paris pâtisse des contrefaçons provinciales ou des imprimés subreptices français et étrangers. Le filtrage de la censure ne doit pas être un blocage.

Les agents de la censure se trouvent donc placés dans une situation contradictoire entre leur mission de défense idéologique et leur action de protection économique. Malesherbes ne fit qu'appliquer ce que ces prédécesseurs avaient mis au point, le système de la liberté concertée, adapté en premier lieu au commerce puis élargi aux luttes religieuses par Chauvelin, d'Aguesseau, Bignon, Maboul et de Boze [12]. Il appartient aux censeurs de définir l'illégalité tolérable et de ranger les œuvres soumises à l'approbation dans l'un des registres offerts : privilèges, permission, autorisation. Ainsi l'État encourage la production et fait rentrer dans le champ de la légalité une partie de ce qui risquait de lui échapper par tous les pores de la clandestinité.

En proclamant tout haut ces principes, M. de Malesherbes méritait de devenir le symbole de l'ambiguïté des choix monarchiques : homme du Chancelier et de la robe il incarne l'action centralisatrice; homme des talents et des mérites il se voue à l'inconfort des contrôles et des privilèges; libéral et ami des philosophes il agit comme le représentant d'un pouvoir déjà technocratique. La censure définit le domaine des interdits majeurs. On ne touche pas à Dieu, au Roi, aux mœurs. Au-delà, le public reste juge et l'autonomie de l'intelligence est reconnue à travers la responsabilité des auteurs. Enfin, la répression se fait par négociation et accord tacite entre les créateurs et les représentants du pouvoir. Ainsi l'administration royale s'accommode de la « force des choses » et s'efforce d'être toujours couverte en cas d'accident. Ce trait explique le nombre des affaires très graves et souligne l'importance du rôle dévolu aux agents de contrôle. M. de Malesherbes définissait sa philosophie et l'efficacité de son libéralisme en des termes qui rejoignent l'ensemble de

10. M. Ventre, *L'Imprimerie et la librairie en Languedoc au dernier siècle de l'Ancien Régime, 1700-1789*, Paris-La Haye, 1958, pp. 78-86.
11. M. Antoine, *Le Conseil du Roi sous le règne de Louis XV*, Mémoires et documents publiés par la société de l'École des chartes, Genève-Paris, 1970, pp. 620-634.
12. H. Beaumont, *op. cit.*, pp. 360-361.

la politique culturelle du midi du siècle [13], la limitation de l'arbitraire en deçà des frontières fermement tracées du politique et du religieux; au-delà, il n'y a qu'un moyen de faire exécuter les défenses, c'est d'en faire fort peu. L'application de ces principes dépendait beaucoup des moyens mis en œuvre. De fait, les rangs de l'administration censoriale n'ont cessé de s'étoffer : avant 1660, sans doute moins de dix personnes; une soixantaine au temps de l'abbé Bignon, dont trente-six pour les affaires religieuses; plus de cent trente avec M. de Malesherbes, parmi lesquelles plus de cent vingt censeurs; à la veille de la Révolution, les listes de l'Almanach royal mentionnent quelque deux cents agents de la Direction de la Librairie, dont cent soixante-dix-huit censeurs.

Cette progression est à mettre indirectement en rapport avec la croissance de la production imprimée, mais elle traduit surtout le succès de la politique de Bignon et de Malesherbes; les auteurs sensibles à leur tactique de relative tolérance ont pris l'habitude de se rendre auprès des censeurs et de s'accommoder de la surveillance dont les pesanteurs peuvent toutefois s'alourdir en temps de crise, ainsi après 1757 [14]. Progressivement, l'arbitrage de la Direction de la Librairie est entré dans les mœurs, et si le décalage entre les volontés administratives et la critique des hommes de lettres s'accentue après le départ de Malesherbes, c'est que les auteurs jouent moins le jeu de l'autocensure et sortent de plus en plus de la voie légale dans les domaines audacieux.

En même temps qu'il y a croissance des personnels, il y a spécialisation sans qu'il y ait en ce domaine une rigidité absolue, les théologiens pouvant contrôler la philosophie et tel homme de lettres, tel ouvrage d'esthétique ou de morale. Comme l'ont montré J. Lebrun et C. Blangonnet, il n'y a pas une véritable organisation en corps, mais des choix qui définissent la liste des hommes sur lesquels l'administration du livre puisse compter, dont un petit nombre assume plus pleinement que les autres une activité constante. Ce n'est pas un métier, on ne touche une pension qu'après vingt ans d'exercice, la fonction est décriée parmi le monde des lettrés, enfin elle implique une part de responsabilité personnelle qui place quelquefois le censeur dans une situation délicate. Entre la fin du XVIIe siècle et la Révolution se dessinent cependant les éléments d'une véritable carrière qui se range parmi les ambitions des gens de lettres.

Le recrutement des censeurs s'opère dans le monde des privilégiés et des talents. On y voit paraître un clergé de docteurs et d'intellectuels dont peu exercent une activité pastorale, souvent liés à l'Université et soumis aux autorités ecclésiales. Ils occupent à la fin du siècle nombre de postes officiels tels que ceux de professeurs royaux, de bibliothécaires, de secrétaires. Moins de 12 % des censeurs sont nobles, mais ils ont presque tous exercé des fonctions administratives, judiciaires et militaires. Enfin, 60 % d'entre eux proviennent du monde des talents, médecins comme Lassonne, avocats tels que Terrasson, fonctionnaires comme Tercier. Au total, le milieu est très proche de celui des sociétés savantes, il est très unifié par ses activités intellectuelles, et par les liens multiples qui l'unissent aux pouvoirs dans la société d'Ancien Régime : 40 % d'entre eux ont été membres des grandes Académies, presque autant ont dirigé

13. D. Roche, *Le Siècle des Lumières en province. Académies et académiciens provinciaux, 1660-1789*, Paris-La Haye, 1978, 2 vol.
14. C. Blangonnet, *op. cit.*, pp. 40-63.

un journal (en 1757, sur 10 rédacteurs du *Journal des Savants,* 9 sont des censeurs [15]). On les retrouve dans nombre des activités par lesquelles le gouvernement royal agit sur l'opinion. Si on ne peut réduire leur rôle à celui d'instrument des puissances politiques et ecclésiastiques, nul doute qu'ils n'aient pour une grande part contribué à renforcer l'idéologie du compromis qui caractérise la monarchie éclairée. Comme dans les Académies, les bureaux de la censure ont favorisé la rencontre des hommes de pouvoir et de culture sur les bases d'un idéal d'utilité et de progrès. La réalité de leur action, qui se traduit dans les approbations et les refus, montre l'ambiguïté de leur situation. Pour nombre d'entre eux il y a double conscience incontestable : consensus du respect apparent des domaines réservés, audace des réflexions (que l'on songe à Fontenelle); pour l'ensemble, il y a conformisme. Les conditions mêmes de leur action l'imposent puisqu'ils travaillent en relation étroite avec le directeur de la Librairie et les auteurs qu'on a désignés à leur examen. Ce sont les maîtres du filtrage, rigoureux dans sa définition (tri des ouvrages, contrôle, vérification après impression) et souple dans son application (dialogue possible entre les censeurs et les écrivains, possibilité pour un homme de lettres de réfuter un censeur, dosage de la nature des permissions [16]). La censure fonctionne bien grâce à des agents compétents, souvent intelligents, mais dans les limites que la Direction de la Librairie a tracées.

Les conventions et l'interdit

Tout contrôler était une tâche énorme : de 200 à 400 ouvrages par an vers 1700, plus de 500 entre 1750 et 1763, plus d'un millier passé 1780 [17]. Les refus oscillent entre 10 et 30 %, selon les matières et les années. Leur étude quantifiée reste à faire, mais on peut souscrire au jugement prudent de J. Lebrun : le nombre des manuscrits *nouveaux* condamnés n'est pas considérable et, surtout, les critères utilisés pour formuler les réprobations sont plus significatifs que le chiffre des ouvrages refoulés. Censurer, c'est d'abord classer entre les catégories du recevable et selon des motifs qui ne sont pas toujours clairement précisés. Chaque censeur peut négocier avec chaque auteur et il n'y a pas anonymat des décisions. S'il y a un problème, le système peut se bloquer et l'affaire exiger l'intervention du directeur de la Librairie en personne. La grille des refus met immédiatement en valeur le triple interdit de toute censure qui élimine ce qui porte atteinte au pouvoir établi, à la religion reconnue et à la morale constituée. Mais progressivement, ces *lois de la censure* se trouvent contrariées par l'évolution de la société et les principes d'action de l'administration chargée de sa défense. La lecture des rapports de censure propose d'abord une vision inversée où se reflète la carte du conventionnel et la hiérarchie de la désapprobation, de l'accord sans problème au *je ne veux pas le savoir.* Ce triage met en valeur les éléments

15. Nous reprenons les conclusions de C. Blangonnet.
16. M. Cerf, *art. cit.,* pp. 7-8.
17. R. Estivals, *La Statistique bibliographique de la France sous la Monarchie,* Paris-La Haye, 1964; J. Lebrun, *art. cit.,* pp. 203-206.

principaux des choix qui sont d'abord écho de rapports personnels entre gens d'un même milieu et en fonction d'une pesée des intérêts et des réputations des partenaires [18]. Les critères formels interviennent toujours pour tracer la frontière de la norme; les transgressions du langage sont pourchassées. Enfin, au-delà des tabous fondamentaux, le critère très vague de l'*utilité* de l'ouvrage permet de faire passer des audaces tranquilles. Les vingt-trois interventions de Piquet, censeur de la *Nouvelle Héloïse*, mettent en valeur les phrases à modifier pour nuancer une idée, les difficultés potentielles, et seulement deux fois des passages à supprimer car mettant en cause Dieu et le Roi. Il travaille sur l'édition d'Amsterdam et après son approbation c'est au libraire Guérin, en accord ou pas avec l'auteur, de jouer.

Au terme de l'Ancien Régime, les autorités elles-mêmes doutent de l'efficacité de leur action. Sitôt que le tribunal censorial s'écarte de l'opinion ses décisions restent sans effet. La définition de la convenance au public, au temps, aux auteurs, a, en moins d'un siècle, modifié la signification de la censure. Des censeurs prisonniers du système refusent des ouvrages qu'ils approuvent comme le milieu des lecteurs. Au XVIIe siècle, la censure a surtout servi à lutter contre tout ce qui s'opposait au triomphe de l'idéal monarchique et de la réformation catholique. Dès 1700, le groupe d'érudits et de clercs regroupés par l'abbé Bignon a utilisé sa force pour imposer une vision du monde, de la religion, de la société déjà éclairée et moderne, mais en même temps hostile aux cultures populaires et à l'esprit critique, donc à toute science dangereuse parce que non conventionnelle. A la fin du XVIIIe siècle, son action est à la fois de refoulement et d'intégration. La force des idées était soumise au frein d'un arbitrage tolérant et de moins en moins efficace et utile. Le contrôle et la bonne marche du commerce du livre s'accommodent comme ils peuvent. A la veille de 1789 le système de la censure fonctionne à vide.

La police du livre (1660-1789)

La première moitié du XVIIe siècle a vu la mise en place, parallèlement au régime des privilèges et de la censure préventive, des procédures et des pratiques chargées de mettre fin aux commerces prohibés, aux trafics clandestins et aux infractions de librairie. Toutefois, ni Richelieu ni Mazarin n'apparaissent vraiment comme les maîtres de la situation et ne réussissent à empêcher la circulation des livres interdits ou condamnés des libelles hostiles à la monarchie, des pamphlets innombrables qui se diffusent dans la capitale et en province, des écrits ou des chansons de satire et de remise en cause. Le système de contrôle instauré à partir des années 1630-1640 n'a, en fait, été utilisé avec efficacité que dans les années 1670-1680 [19].

Avec Colbert et La Reynie, la surveillance accrue de la production s'accompagne d'une chasse plus active aux publications contrefaites ou tendancieuses, aux gazettes d'importation étrangère, à tous les *mauvais*

---

18. J.P. Belin, *op. cit.*, pp. 21-33; C. Blangonnet, *op. cit.*, pp. 162-170.
19. H. J. Martin, *op. cit.*, t. 1, pp 442-443 et pp. 462-466; t. 2, pp. 765-767.

livres. La tradition d'une *police du livre* efficiente et difficile à tromper s'instaure alors : elle est faite de règlements et d'ordonnances, d'habitudes d'observation et de manières de contrôle qui vont perdurer jusqu'aux décennies pré-révolutionnaires grâce à l'action d'agents nombreux et zélés. Entre eux et le public de plus en plus avide des nouveautés dangereuses, tout un milieu, un pied dans la légalité, un autre dans la clandestinité, s'installe comme intermédiaire obligé, rassemblant des libraires et des imprimeurs en quête de profits rapides, des distributeurs, colporteurs et petites gens, des auteurs à gages ou indépendants. On en retrouve les traces dans les archives policières de Paris et des capitales provinciales.

Le système d'intervention qui caractérise bien d'autres formes d'activités à l'époque de Louis XIV, par exemple en ce qui concerne les subsistances ou les manufactures, se retrouve dans le domaine de la librairie et du livre. Le gouvernement des hommes et des opinions exige, à ce moment où se mettent en place quelques-uns des traits fondamentaux de l'absolutisme et de l'État moderne, des tactiques plus raffinées et des procédures plus souples. L'institution de la police du livre comme organe de surveillance et de contrôle est due pour l'essentiel au premier lieutenant de Police, Nicolas de La Reynie (1667-1697), et au commissaire Nicolas Delamare, homme cultivé et intelligent, auteur du célèbre *Traité de la police*. En 1699, le système est généralisé à l'ensemble du royaume par suite de la création d'autres lieutenances de Police dans les principales villes.

Les agents et les principes

Coordonnée surtout par le lieutenant de Police de Paris, l'action répressive est placée sous l'autorité du Chancelier et du directeur de la Librairie. Ce sont eux qui l'impulsent ou la freinent et qui restent responsables des arrêts pris en Conseil du Roi pour régler les conditions locales de la circulation des livres. Avec l'abbé Bignon et M. de Malesherbes la direction de la Librairie prend en charge une multitude d'affaires, de la surveillance administrative aux plus grands intérêts de la littérature [20]. Il est significatif de la volonté du pouvoir royal d'unifier les contrôles et l'action policière, de voir Sartine, lieutenant général de Police de Paris, prendre en même temps la direction de la Librairie lorsque Malesherbes se retire en 1763. Les deux charges vont rester unies jusqu'en 1776, avec Lenoir et Albert; elles seront séparées à nouveau jusqu'en 1789 quand Lecamus de Neville (1776-1783), Laurens de Villedeuil (1783-1785) et Vidaud de la Tour dirigeront les bureaux du Livre. La responsabilité répressive est également assumée par les intendants de province qui ont par leur commission toute autorité en matière de police et qui sont amenés à intervenir pour assurer le respect des règlements de Librairie. Leur action est très variable et en ce domaine assez mal connue. En Normandie, l'intendant dirige en fait la Librairie, organise la profession et assure la surveillance. Vers 1730, il doit partager ses compétences avec le premier président du Parlement de Rouen, dont les pouvoirs sont assez peu définis. C'est pourquoi, au milieu du siècle, la

20. M. Ventre, *op. cit.*, pp. 112-141 ; N. Hermann-Mascard, *op. cit.*, pp. 59-96.

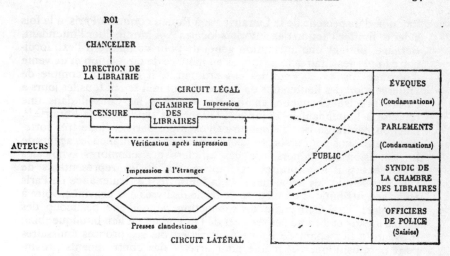

FIGURE 1 : *Schéma d'ensemble de la surveillance de la production imprimée à la fin de l'Ancien Régime.*

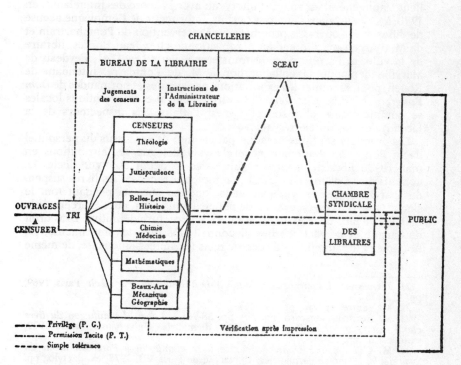

FIGURE 2 : *Structure du système de filtrage : la Censure Royale de 1769 à 1788.*

fonction d'inspecteur de la Librairie va, à Rouen comme à Paris, à la fois
aider et limiter l'action des autorités locales [21]. A Montpellier l'intendant,
Bernage, obtient une attribution générale pour connaître à l'extraordinaire toutes les affaires importantes en matière de circulation et de vente
d'ouvrages prohibés. Pour les cas ordinaires, il doit tenir compte de
l'intervention des lieutenants de Police « comme il se fait tous les jours à
Paris » précise Chauvelin, maître des requêtes au Conseil dans une
réponse à l'intendant le 28 juillet 1730, et des syndics de la librairie [22].
L'action centralisatrice l'emporte et l'exemple parisien joue très fortement en ce sens pour associer aux fonctions de surveillance les agents de
la profession en la personne des officiers des chambres syndicales
organisées par les libraires et imprimeurs, et les représentants de
l'autorité royale, les inspecteurs de la Librairie. La lieutenance de Paris
étend ses attributions en matière de trafic de livres à la province, voire à
l'étranger; aussi l'efficacité de son action dépend-elle beaucoup des
agents locaux et du zèle des services de l'intendant du lieu impliqué; bien
souvent, le lieutenant de Police de Paris envoie ses propres émissaires
pour perquisitionner et même pour arrêter des contrevenants provinciaux. Les expéditions punitives que mènera M. d'Emery envoient ainsi à
la Bastille une vingtaine de délinquants, libraires, imprimeurs, colporteurs, éditeurs ou distributeurs de mauvais livres, capturés à Rouen et à
Caen, à Troyes et à Noyon, à Auxerre et à Orléans [23]. Toutefois, le
lieutenant général est souvent intervenu avec l'accord des intendants : en
1710, à Orléans, dans l'affaire Courtois, imprimeur de Compiègne accusé
de diffuser des ouvrages prohibés; sur l'intervention de Pontchartrain et
de M. d'Argenson, l'intendant perquisitionne chez Jean Bordes, libraire
de la ville, et l'arrête pour le transférer à Paris; en 1741, Feydeau de
Marville demande sa collaboration à M. de Pontcarré, intendant de
Rouen, pour surveiller les exportations parisiennes et normandes de *Dom
Bougre portier des Chartreux* [24]. Contrôle central et interventions locales
se complètent le plus souvent; c'est l'affaire des inspecteurs de la
Librairie et des officiers syndicaux.

Les premiers sont une création parisienne; ils sont issus du personnel
de la Police, le lieutenant général ayant délégué ses attributions en
matière de librairie, à titre régulier dès le début du XVIIIᵉ siècle. Le
commissaire Delamare fut ainsi nommé pour recenser les livres suspen-
dus par la Chambre syndicale et la fonction subsista pendant tout le
siècle. C'est d'Hemery, exempt de police depuis 1741, qui l'exercera de la
manière la plus durable et lui donnera sa structure définitive. Bras droit
de Sartine et de Malesherbes, il connaît très bien les imprimeurs, les
libraires et les auteurs qu'il recense dans les années cinquante, de même

21. J. Quéniart, *L'Imprimerie et la Librairie à Rouen au XVIIIᵉ siècle*, Paris, 1969,
pp. 172-175.
22. M. Ventre, *op. cit.*, pp. 116-117.
23. M. Hermann-Mascard, *op. cit.*, pp. 88-96; J. Leheu, *La diffusion du livre
clandestin à Paris de 1750 à 1789*, Mémoire de maîtrise, Université de Paris I, 1979,
ex. dactylo., pp. 23-24.
24. M. Champeaux, *Recherche sur le livre clandestin à Paris au début du
XVIIIᵉ siècle*, Mémoire de maîtrise, Université de Paris VII, 1978, ex. dactylo., pp.
50-51, F. Funck-Brentano, *Les Lettres de cachet à Paris, étude suivie d'une liste des
prisonniers de la Bastille (1659-1789)*, Paris, 1903.

qu'il rédige un Journal de la Librairie de 1750 à 1769 très au fait de toutes les publications clandestines [25]. En province, des postes analogues apparaissent dans les années 1730-1740 à Orléans, à Rouen, et Sartine, en 1767, crée ou remet en vigueur l'institution à Lyon, Reims, Nancy, Orléans, Bordeaux, Montpellier, Toulouse, Nîmes et Sedan [26]. En 1776, Marseille est dotée d'un poste d'inspecteur, qui fut très mal accueilli par les imprimeurs provençaux. Marin, qui fut censeur, directeur de la *Gazette de France*, et se rendit célèbre par son conflit avec Beaumarchais, l'occupa avec sévérité de 1785 à la Révolution [27]. Pourvus d'emplois locaux, au fait des affaires de la librairie régionale, ils ont été souvent des agents efficaces et zélés du contrôle centralisé.

Les inspecteurs de la librairie collaborent directement avec les officiers des chambres syndicales, syndics et adjoints chargés de visiter les ballots et caisses de livres arrivant dans leur ville, de signaler les fraudes et de faire respecter les règlements en matière d'impression et de commerce, réitérés dans la série de grandes ordonnances qui se succèdent en 1686, 1723 et 1777. L'action des syndics en matière de livres contrefaits et prohibés est en grande partie illusoire car ils sont soucieux de ménager leurs confrères « qui dans la suite étant en charge comme eux, pouvaient leur rendre le change [28] »... Au total, une organisation précise et minutieuse a été mise en place pour assurer la discipline du commerce d'imprimerie et de librairie, et surtout pour faire respecter l'interdiction de ne laisser imprimer ou débiter en France aucun livre sans permission ou privilège. L'application de cette règlementation relève de l'action ordinaire de la police du lieu, et s'exerce dans trois directions principales [29].

D'abord, le magistrat coordonne par ses règlements et ses sentences la législation qui permet de contrôler l'impression et la vente. Il surveille le destin du matériel typographique (presses et caractères), en accord avec la communauté des libraires, et il empêche la dispersion clandestine des officines. Ensuite, il examine et inspecte le travail des ateliers. Dès l'époque de Nicolas de La Reynie, le nombre des libraires, des imprimeurs, des colporteurs de ville est fixé, la localisation de la fabrication et de la vente imposée – à Paris, elle est limitée au quartier de l'Université et à l'enceinte du Palais, aux abords du pont Neuf et aux quais proches. De même, les élections des officiers des jurandes sont soigneusement préparées, les audacieux et les critiques écartés. Au total, regroupés, inspectés, observés, les gens du livre jouissent le XVIIIᵉ siècle durant d'une marge de liberté assez faible hors du système des privilèges et permissions dont ils sont à la fois les gérants, les bénéficiaires – surtout à Paris – et les victimes [30]. Les contraventions sont la plupart du temps punies par de lourdes peines : 500 livres d'amende à la première infraction, par exemple prêter son nom pour tenir imprimerie ou

25. J. L. et M. Flandrin, « La circulation du Livre dans la société du XVIIIᵉ siècle, un sondage à travers quelques sources », in *Livre et Société en France au XVIIIᵉ siècle*, Paris-La Haye, 1970, pp. 39-73.
26. M. Ventre, *op. cit.*, pp. 120-137.
27. J. Billioud, *Le Livre en Provence du XVIᵉ au XVIIIᵉ siècle*, Marseille, 1962, pp. 45-47.
28. BN, FF. 22185 fᵒ 176 ; cité par M. Ventre, *op. cit.*, p. 118.
29. H. J. Martin, *op. cit.*, t. 2, pp. 695-697.
30. R. Mandrou, *Louis XIV en son temps*, Paris, 1973, pp. 161-168.

boutique, non respect des règlements sur l'ouverture des ateliers; déchéance de la maîtrise et plus grande peine en cas de récidive.

Enfin, le lieutenant de Police, les intendants, les inspecteurs s'efforcent de contrôler au mieux les entrées de livres dans le royaume et dans les villes. Avant 1660, le droit de visite des balles, caisses, ballots et paquets de livres est instauré sous la responsabilité des syndics. Le règlement de 1723 précise les villes par lesquelles les livres peuvent pénétrer : Paris, Rouen, Nantes, Bordeaux, Marseille, Lyon, Strasbourg, Metz, Amiens, Lille. Défense est faite partout ailleurs à peine de confiscation et poursuites. Tout particulier qui reçoit des livres doit se soumettre à la formalité des visites au bureau de la communauté. Il est interdit d'ouvrir paquets et balles en dehors des lieux autorisés et la police observe les voituriers par eau et par terre qui sont obligés de faire viser leurs « acquits à caution ». A Paris, tout ce qui arrive aux barrières est conduit à la douane par un commis des aides, visité, replombé et reconduit à la Chambre syndicale. En cas de contravention aux ordonnances les ouvrages sont saisis. Dans une collaboration établie dès les origines, lieutenants de police et directeurs de la Librairie semblent avoir tout prévu pour permettre le fonctionnement du système de la réglementation. Le rôle des inspecteurs, essentiellement après d'Hemery, s'est étendu et ils finissent par représenter aux yeux du public et des libraires le symbole du contrôle des presses. Cependant, malgré leur sévérité et leur minutie, les règlements sont tournés. De Louis XIV à Louis XVI il faut en mesurer l'efficacité fragile qui se révèle d'abord dans le succès des procédés utilisés par les fraudeurs qui ont été analysés par ailleurs [31].

Entrées frauduleuses dans le royaume, impressions clandestines à Paris comme en province, contrefaçons réussies et débitées avec succès, contrebande intérieure bien organisée, tout cela fait des clandestins du livre satisfaits et de surcroît enrichis. Diderot pouvait le souligner dans sa *Lettre sur le Commerce de la Librairie* [32] : « Plus la proscription était sévère, plus elle haussait le prix du livre, plus elle excitait la curiosité de le lire, plus il était acheté, plus il était lu. Combien de fois le libraire et l'auteur d'un livre privilégié, s'ils l'avaient osé, n'auraient-ils pas dit aux magistrats : Messieurs de grâce un petit arrêt qui me condamne à être lacéré et brûlé au pied de votre grand escalier? Quand on criait la sentence d'un livre, les ouvriers de l'imprimerie disaient : Bon, encore une édition. » Dès l'époque où les agents de la police pourchassaient les imprimeries clandestines établies dans Paris par Madame Fouquet, les autorités ont conscience du caractère relatif de la surveillance. L'État se voit contraint de fermer les yeux sur la diffusion des textes audacieux qui circulent sous le manteau et qui se répandent très vite ouvertement, car la Police du Livre ne doit pas faire obstacle au commerce. En 1731, Chauvelin donnant ses instructions à l'inspecteur de la Librairie d'Orléans écrit : « Rien n'est plus contraire au commerce de la librairie que trop de rigueur [33]... »

---

31. Cf. contribution de A. Sauvy et R. Darnton, *Histoire de l'Édition française*, t. 2, Paris, 1983.
32. D. Diderot, *Lettre sur le commerce de la Librairie*, Paris, 1937, p. 66.
33. BN, Ms, FF, L2080, f° 14 *bis;* et N. Hermann-Mascard, *op. cit.*, pp. 112-113.

Le système policier maintenu vise sans doute beaucoup plus à marquer de façon précise les mêmes interdits que dans les pratiques de la censure préventive (Dieu, le Roi, les mœurs), et ainsi il invite les gens du livre, les auteurs et le public à publier, à écrire et à lire proses et vers tendancieux avec circonspection. Son importance réside moins dans la portée réelle d'une action au rendement improbable que dans la signification politique des actes répressifs, affirmation de l'unité de foi, de loi, de pensée et d'action, proclamée au temps de l'absolutisme, conservée avec plus de laxisme et d'ambiguïté à l'époque des Lumières et de la tolérance relative.

Toutefois, il importe de regarder ces façons d'agir car elles traduisent une vision du monde et elles font partie intrinsèque des manières ordinaires, caractéristiques de l'Ancien Régime éditorial. Les dossiers des délinquants tombés entre les mains des policiers de Louis XIV et de Louis XV renseignent à la fois sur les procédures de surveillance qui ont déterminé leur malheur et sur l'organisation sociale de la production clandestine. Ils constituent le négatif des papiers rassemblés, par exemple, dans le fonds de la Société typographique de Neuchâtel exploité par R. Darnton, qui eux révèlent des clandestins du livre heureux et fiers de l'être [34]. La situation des sources policières, l'état actuel des études, en particulier le retard des enquêtes provinciales, interdisent encore une mise au point définitive; on peut cependant esquisser à partir de Paris et plus particulièrement des archives de la Bastille un tableau valable de la répression saisie de 1659 à 1789 [35]. Certes on ne voit là que le sommet de la délinquance d'opinion, soumise à la justice retenue et à la procédure des *lettres de cachet*; le menu fretin des contraventions échappe. De surcroît, interrogatoires, rapports d'enquêtes, mémoires des inspecteurs sont le résultat des opérations conduites avec succès les échecs, saisis quelquefois indirectement dans la mention d'un suspect enfui, n'apparaissent pas. Le système de défense employé par les accusés, le silence ou la dénégation répétée, interdit souvent de comprendre les faits. L'ensemble, comme toute documentation judiciaire, est généralement plus révélateur quant à la machine juridique et politique que pour ce qui est des accusés eux-mêmes. On y saisit d'abord l'acharnement des chasseurs de mauvais livres, on y perçoit ensuite la structure d'un milieu engagé dans la délinquance de haut niveau.

Les manières de la répression

Le millier d'affaires conservées dans les cartons de la Bastille donnent une bonne idée du travail des agents de la lieutenance de Police afin de démanteler les réseaux de production ou de commercialisation des imprimés clandestins.

---

34. R. Darnton, *L'aventure de l'Encyclopédie, un best-seller au siècle des Lumières*, Paris, 1982; « Le livre français à la fin de l'Ancien Régime », *Annales*, 1975; « Un commerce de livre sous le manteau en province à la fin de l'Ancien Régime », in *Études sur le xviiie siècle*, III, Bruxelles, 1976.

35. Nous remercions ici Martine Champeaux et Isabelle Leheu dont les mémoires de maîtrise fournissent l'essentiel de la documentation accessible; les années 1659-1699 ont été étudiées à partir du catalogue F. Funck-Brentano et par sondage.

A la base des opérations, il faut mettre les visites régulières des ateliers et des boutiques que prévoient les règlements. Bien que très souvent inefficaces, les policiers s'y intéressent et parfois y participent. Les perquisitions inopinées sont plus fructueuses : si des livres prohibés ou provenant de l'étranger sont saisis, ils sont conduits au *Pilon de la Bastille*; les contrefaçons sont remises à la communauté. La plupart des confiscations n'entraînent pas une arrestation, libraires ou imprimeurs sont simplement confessés et admonestés par l'inspecteur de la Librairie. Aux barrières de Paris, la vigilance des commis de l'octroi, récompensés par la police en cas de succès, soudoyés par les contrebandiers du livre quelquefois, permet de beaux coups de filet : le 5 septembre 1771, ils mettent la main sur 400 exemplaires des *Réflexions générales sur le système projeté par le Maire du Palais pour changer la Constitution*, que quatre demoiselles introduisaient en fraude, dissimulés sous leur jupe [36]. Les meilleurs résultats sont obtenus quand l'inspecteur de la Librairie tente de détruire une organisation frauduleuse ou de remonter une filière de distribution. Pour repérer les suspects les policiers font appel aux mouches et aux observateurs qui se chargent d'espionner les allées et venues et les liaisons entre les personnes qui fréquentent les maisons surveillées. Vêtus de noir ou de gris, gens de petit métier bien souvent, mouchards occasionnels ou de vocation, ils font tomber les particuliers trop naïfs ou les colporteurs inattentifs. Qu'il s'agisse des imprimeries clandestines jansénistes, des presses philosophiques ou pornographiques cachées, ce n'est que par une distribution astucieuse et bien rétribuée d'un nombre suffisant de mouchards que les policiers du lieu peuvent agir à coup sûr. Introduire des domestiques chez les organisateurs de la diffusion, placer des compagnons délateurs chez les imprimeurs suspects, subventionner des distributeurs de livres prohibés compréhensifs font partie constamment des tactiques policières. Madame Jourdain, dite la Théodon, l'une des organisatrices de la propagande janséniste en 1727 et 1728, est surveillée à chaque instant, la police sait tout sur elle [37]. Louvet, compagnon imprimeur, est placé chez l'imprimeur Boscheron pour renseigner les commissaires sur une édition de *Thérèse philosophe*; de l'impression des feuilles à leur transport chez la plieuse, ils savent tout sur le tirage, du début à la fin [38]. Ce n'est que par un cloisonnement extraordinaire que les *Nouvelles ecclésiastiques*, rédacteurs, imprimeurs et distributeurs étant soigneusement dispersés et séparés, peuvent pendant plus de trente ans échapper à l'ardeur inquisitoriale des policiers [39]. Les colporteurs tiennent dans ces affaires une place particulière car ils sont très au courant des provenances et des réseaux, et sont en même temps très surveillés. Ils achètent souvent leur petite liberté par des délations profitables ou en mégotant avec les exempts des flagrants délits incontestables. Ainsi procède Bubin pour faire prendre le médecin Assaulé, l'un des membres du cercle de curés pornographes, d'intellectuels hétérodoxes et d'étudiants non conformistes du collège d'Har-

---

36. J. Leheu, *op. cit.*, p. 37, A.B.A. 12392, fo 289.
37. A.B.A. 12476 et 12551.
38. A.B.A. 11164.
39. F. Bontoux, « Paris janséniste au XVIIIe siècle. Les *Nouvelles ecclésiastiques* », in *Paris et Ile-de-France*.

court [40]; c'est un sacristain, colporteur occasionnel de mauvais livres et mouchard. Délations et dénonciations restent des ressorts importants de l'administration, mais elles ont leur contrepartie dans les solidarités et les complicités qui traversent le monde du livre jusqu'aux milieux de la police. De nombreuses perquisitions, des saisies bien organisées, des rafles soigneusement préparées échouent par suite de l'union d'intérêts qui règnent dans les ateliers et les boutiques. L'effet de surprise, les interventions brutales à l'aube ou la nuit tombée frappent à la fois l'imagination et la raison. La police d'ailleurs embarque tout le monde, professionnels et clients; elle trie son gibier après interrogatoire et vérification des déclarations suspectes [41].

Coupables et peines

Au total, entre 1659 et 1789, 942 personnes ont été emprisonnées à la Bastille pour affaires de librairie, soit moins de 17 % du total des incarcérés dans la forteresse. Les variations annuelles du nombre d'arrestations sont très fortes d'un bout de la période à l'autre : 7 par an en moyenne; un maximum principal est atteint en 1740 et 1741 avec plus de 45 internés, chiffre presque retrouvé en 1770; les années sans aucune incarcération ne manquent pas. Ces changements sont dus pour l'essentiel aux modifications de l'activité policière et aux bons ou mauvais résultats des coups de filet lancés par les commissaires. En 1663, 17 personnes impliquées dans l'impression et la distribution de pamphlets favorables à Fouquet sont envoyés sous les verrous; en 1745, 23 arrestations dans la seule affaire du *Tanastès*, rédigé par Marie-Madeleine Bonafon, femme de chambre de la princesse de Montauban, imprimé par Dubuisson de Versailles, distribué par des marchands, des valets, des garçons limonadiers; maîtres, compagnons, domestiques, maris et femmes, tous se retrouvent au cachot. Pour certaines affaires, les effectifs de la Bastille doivent être augmentés de ceux qui se répartissent dans différentes prisons parisiennes; démesurément grossis par le hasard, ils sont moins significatifs qu'un faible nombre d'arrestations de quelques libraires ou imprimeurs, opérées avec discernement au terme d'une enquête en profondeur.

La courbe d'ensemble des résultats obtenus, décennie par décennie, est moins conforme à la leçon attendue que l'on pouvait soupçonner; répression massive Louis XIV régnant, montée de la tolérance jusqu'en 1789. En réalité, elle révèle à la fois les changements de tactique de la Police du livre et les variations d'une attitude politique. Après les tensions du début du règne de Louis XIV, les poursuites pour fait de librairie ne conduisent pas toujours les coupables à la Bastille. Les effets de la politique de contrôle resserré se manifestent ici. L'activité de La Reynie

40. R. Birn, « Les colporteurs du Livre et leur culture à l'aube du siècle du Lumières : les pornographes du collège d'Harcourt » in *Revue française d'histoire du livre*, 1982.

41. J. Leheu, *op. cit.*, p. 7 : entre 1750 et 1789, 323 personnes sont impliquées dans 120 affaires, 267 seulement sont arrêtées, 12 s'évadent avant ou pendant l'arrestation; M. Champeaux, *op. cit.*, pp. 10-11 : de 1700 à 1749, la proportion est équivalente.

et Delamare fait courir trop de risques aux contrevenants et les poursuites ne sont lancées que dans les cas les plus graves. Pour les autres, défenses répétées et personnalisées, négociations avec les auteurs, autocensures, limitent l'ampleur du courant clandestin dont on ne perçoit pas que les manifestations de surface. De fait fonctionne la tolérance de l'impuissance. Les contrefaçons circulent par milliers, les textes imprimés en Hollande ou aux Pays-Bas pénètrent sur le marché français et concurrencent les libraires parisiens jusque dans la capitale, leur débouché le plus important. Mais l'équilibre entre l'interdiction et la politique du laisser-aller n'a pas manqué d'efficacité [42].

La période 1709-1720 voit se dessiner un changement, l'agitation janséniste et la turbulence des affaires politiques et financières entraînant une répression d'apparence plus ferme. Le nombre des lettres de cachet s'accroît année par année au moment même où l'instauration du système des permissions autorise une libéralisation contrôlée. Il atteint son maximum à l'époque de M. de Malesherbes, 136 personnes incarcérées entre 1750 et 1759, et le chiffre des détenus se maintient jusqu'en 1779. L'effondrement terminal, 42 arrestations de 1780 à 1789, s'explique d'abord par la disparition des dossiers, et peut-être aussi par l'établissement d'un régime de tolérance accrue. La criminalité du Livre révélée par l'embastillement ne peut être considérée que sous l'angle de la répression exemplaire, celle qui trace les limites à ne pas franchir et souligne les tabous principaux. Pour le commun de la vie, de multiples infractions sont couronnées par des saisies, des amendes, des interdictions provisoires d'exercice ; on les perçoit en Languedoc, en Normandie où la Police du Livre touche essentiellement des contraventions mineures et, par hasard, quelques délits plus graves. Contre la constance des abus son action est le plus souvent sporadique et limitée à tout ce qui peut affaiblir l'État [43]. A Paris, comme en province, la courbe de la répression reflète les tensions de la vie religieuse et politique, affaires jansénistes et parlementaires, agitation antifiscale, risques de discussions sociales. Elle permet de nuancer les caractères quotidiens de la vie éditoriale, en opposant d'une part le monde majoritaire des imprimeurs ou des libraires qui se livrent à de menus délits ou pratiquent sans trop de risque la contrefaçon profitable des livres privilégiés, et d'autre part la minorité d'activistes tombés entre les mains des policiers parce qu'ils ont accepté les risques de l'aventure des impressions religieuses hétérodoxes, philosophiques ou politiques. Les très grands flibustiers, surtout à la fin de l'Ancien Régime, ne se font pas prendre : ils sont ou bien protégés de très haut, ou bien à l'abri au-delà des frontières du royaume [44].

Dans la population des embastillés, ces boucs émissaires de la Direction de la Librairie, la situation sociale et professionnelle, la hiérarchie des délits et des peines permettent de distinguer quatre groupes principaux inégalement représentés : les maîtres, imprimeurs, libraires, relieurs ; les ouvriers du livre ; les distributeurs, colporteurs ou autres ; enfin les auteurs, libellistes, pamphlétaires, gazetiers, écrivains de tout

42. H.-J. Martin, op. cit., t. 2, pp. 765-769 ; R. Mandrou, op. cit., p. 167.
43. M. Ventre, op. cit., pp. 165-205 ; J. Quéniart, op. cit., pp. 171-226.
44. R. Darnton, op. cit., pp. 387-407 ; S. Tucco-Chala, Charles-Joseph Panckoucke et la Librairie française, 1736-1798, Pau-Paris, 1977, pp. 392-395.

poil. Un premier ensemble arrive en tête si l'on rassemble tous les gens du Livre, fabricants, vendeurs et distributeurs de profession : les deux tiers des incarcérations. La Police du Livre les considère sans doute comme des coupables moins dignes d'indulgence non pas parce qu'ils poursuivent des buts proprement commerciaux, mais parce qu'ils sont la clef de tout le système des privilèges et permissions. Les maîtres et les marchands fournissent presque toujours le tiers des ordres du Roi et, aux périodes de tension, la moitié ; ce sont eux qui ont les détentions les plus courtes : 141 jours en moyenne avant 1750, moins de 100 jours après et la durée de leur emprisonnement baisse plus vite que celles des autres catégories. C'est dans ces couches qu'on trouve le plus de récidivistes, preuve que la Police s'accommode plus souvent qu'à son tour d'une activité qui caractérise des familles bien connues : ce sont surtout des Parisiens (45 %), ce sont aussi des représentants des milieux traditionnels du Livre, rarement des hommes nouveaux, ils sont solidement implantés et à quelques exceptions près économiquement bien assis. A Paris, avec les Valleyre, Gibault, Coignard, Osmont, Thiboust, Langlois, Sevestre, et passé les années cinquante, Amaury, Rocher, Prault, Hochereau, Brigny, Méquignon, Desanges, pour ne citer que ceux qui récidivèrent ou furent longuement incarcérés ; ce sont des gens qui mènent un bon train d'affaire mais qui, surtout dans la période 1700-1730, n'acceptent pas toujours docilement le système réglementaire renforcé. A Rouen, les Machuel et les Besongne ont un profil comparable : ils ont trop joué avec le feu et paient de quelques semaines à la Bastille leur audace et leur aspiration à un profit plus rapide [45].

Le groupe des ouvriers fournit son contingent régulièrement, mais surtout après 1725 : 80 % d'entre eux sont arrêtés entre 1720 et 1759. C'est le moment où la chasse donnée aux imprimeries clandestines atteint son maximum et ramasse les compagnons qui ont accepté de les diriger soit pour les travaux jansénistes, soit pour les publications philosophiques et pornographiques à succès. Jusqu'en 1789, ils restent plus longtemps en prison que tous les autres professionnels incarcérés : 260 jours en moyenne avant 1750, 140 après. Le travail dans la clandestinité leur fournit un revenu substantiel quand les opérations réussissent, mais ils sont sévèrement punis quand elles échouent. L'instabilité de l'emploi des compagnons imprimeurs, la rigueur croissante de la discipline professionnelle, la détérioration de leur situation sociale expliquent pour beaucoup la fuite en avant dans le travail clandestin, mais la rigueur de la Police du Livre rejoint celle de la Police du Travail pour réprimer leur velléité de protestation. On les retrouve en nombre important dans le milieu des distributeurs, ajoutant ainsi une infraction à une autre, une activité à une autre. Ce dernier groupe est disparate, rassemblant des gens de métiers, maîtres ou salariés, des commis, des brocanteurs, des domestiques, un bon nombre de femmes, toutes du menu peuple, un petit lot de personnes relevées, régents de collège, étudiants en rupture d'études, médecins sans clientèle, professeurs sans élèves, ecclésiastiques sans ouailles, militaires sans soldats, bourgeois, petits bourgeois, pour qui le colportage est une activité provisoire ou occasionnelle, affaire de

45. P. Chauvet, *Les ouvriers du Livre en France des origines à la Révolution*, Paris, 1959.

complément dans le commerce habituel de la mercerie ou de l'épicerie. Les vrais professionnels sont là aussi, un bon tiers, authentiques spécialistes de la diffusion clandestine, parfois associés dans les spéculations avec les imprimeurs, allant vers la clientèle en ville et en campagne vendre les imprimés qu'ils se sont procurés d'un autre contrebandier. Ils sont punis d'une détention moyenne de plus de trois mois.

Restent les auteurs, plus de 300. Ce sont des écrivains à gages, des nouvellistes, des gazetiers, des satiristes et des pornographes que le pouvoir place sous les verrous pour sa sauvegarde le plus longtemps possible, plus d'un an en moyenne avant 1750, et encore plus de six mois avant la Révolution. Sociologiquement, ils renvoient à la composition du milieu des « gens de lettres », mais deux groupes dominent dans un ensemble hétéroclite : les ecclésiastiques, surtout suspects de jansénisme, mais pas toujours ; c'est un abbé, Charles de Moussy, qui organise en 1741 la distribution du *Portier des Chartreux* ; les gens à talents, qui font carrière par le barreau, l'office ou les fonctions savantes, ainsi Nicolas Lenglet Dufresnoy et Lagrange Chancel ; ce sont pour la plupart des moins de trente ans. Ils composent un milieu bigarré, diversifié dans ses motivations comme dans ses modes de vie ; leur principal tort est d'être à l'origine d'un scandale inacceptable et de ne pas avoir pu échapper à temps à la répression.

La Police du Livre a, au total, tenu son rôle. Par la surveillance et une répression modérée – le hiatus entre les peines prévues par la loi et les sanctions ne fait que s'élargir –, elle s'efforce de maintenir les hommes dans le respect de l'ordre établi. Il est vain de s'interroger sur une efficacité d'ensemble, que les principales autorités ne souhaitaient vraisemblablement pas atteindre ou qu'ils réservaient à l'essentiel. L'action des policiers de Louis XIV, de Louis XV et de Louis XVI n'a pas empêché la circulation des écrits interdits ni la diffusion des contrefaçons, et pour certains livres elle a été la meilleure des publicités. Si elle rendait l'exercice des métiers du livre dangereux, selon qu'on choisissait la voie du lucre et du risque ou celle de la sagesse, elle activait plus encore les curiosités et les ressentiments. Comme l'a écrit Tocqueville, « une complète liberté de la presse eût été moins dommageable ».

CHAPITRE II

Un savant et ses livres au XVIIIᵉ siècle. La bibliothèque de Jean-Jacques Dortous de Mairan

Une bibliothèque est-elle un état d'âme?

Telle est la question que peut poser l'étude de la bibliothèque d'un grand savant de l'âge des Lumières, Jean-Jacques Dortous de Mairan, qui fut secrétaire perpétuel de l'Académie Royale des Sciences, membre de l'Académie française et, plus modestement, académicien provincial à Béziers. L'étude du catalogue de sa bibliothèque permet d'interroger la possession du livre comme première étape d'une appropriation. En effet, la marque personnelle de son propriétaire peut se laisser découvrir par l'historien car toute collection de livres révèle des choix, des intérêts, des passions, sinon des manies. On peut être sensible à une certaine ferveur et plus encore à une incertaine nécessité qui détermina, il y a longtemps, le fait que tel livre méritait non seulement d'être lu mais d'être conservé [1]. Rassemblés dans un catalogue de vente soigneusement composé ou dans un inventaire après décès, de moindre tenue, déjà classés par le libraire expert juré ou par le clerc de notaire, médiocre connaisseur, les livres lus autrefois sont aujourd'hui encore significatifs de bien des manières. Ils ont perdu une partie de la vie qui semblait les animer dans le rassemblement ordonné par l'usage de ceux qui les maniaient. Ils en ont trouvé une autre, sans doute bien différente, mais dont on n'a pas achevé d'inventorier les richesses.

Les livres des bibliothèques anciennes parlent de la grande aventure sociale des idées. Au-delà des choix individuels, ils répondent aux questions que l'on peut se poser sur les choix sociaux, à condition bien sûr que l'on ne soit pas dupe. La leçon des livres anciens est toujours plus relative qu'absolue. Elle a plus de valeur par la mise en relation avec d'autres collections qu'en elle-même. Il ne suffit pas de compter les livres, il faut encore réfléchir sur leur cheminement [2].

---

1. Cf. A. Dupront, *Livre et Société dans la France du XVIIIᵉ siècle*, Postface, p. 212 et suiv., Paris, 1965.
2. Cf. A Dupront, *op. cit.*, pp. 213-215.

Il est vrai qu'on n'a pas toujours lu tous les livres qu'on possède. Il ne s'agit jamais, lorsqu'on procède à l'inventaire quantitatif d'une bibliothèque, que du dénombrement des livres possédés. Mais possession fait acte, et tout livre conserve son importance potentielle : « Un livre possédé est un livre reçu [3]. »

Toute bibliothèque a une histoire, toute collection a connu des déboires, la mort de son usager a pu les livrer à l'indifférence ou à la convoitise des héritiers ou des marchands. La valeur d'un certain nombre de trésors bibliophiliques a pu rejeter dans l'ombre les épaves peu importantes. La coutume notariale enregistre les phénomènes de désintéressement culturel ou de détachement mercantile. Inventoriés en bloc, romans à bon marché, livres de dévotion trop répandus, brochures et libelles sans valeur marchande, ne parlent plus que par leur masse. Le choix des héritiers ou les ignorances du maître d'œuvre de l'inventaire sont des pièges qu'on ne peut guère éviter.

Histoire d'une bibliothèque

Le hasard fait parfois bien les choses. Le 20 février 1771 mourait au Louvre Jean-Jacques Dortous de Mairan, ancien secrétaire perpétuel de l'Académie des Sciences [4]. Le 19 juillet 1771 sa légataire universelle, Mme Geoffrin, mettait en vente les 3 400 volumes de sa bibliothèque. On ne connaissait pas d'héritier à Dortous de Mairan et la bibliothèque, dont le catalogue avait été établi par la Librairie Veuve Barrois et fils, a été vendue en bloc pour 18 000 livres [5]. Le legs a-t-il paru trop lourd ou trop encombrant à l'illustre salonnière? A-t-elle jugé nécessaire de se débarrasser en bloc d'une bibliothèque où elle ne se reconnaissait pas trop, intellectuellement, du fait de la spécialisation scientifique de son donateur? On ne sait. Seule une recherche plus longue dans les archives notariales parisiennes pourrait permettre d'en savoir plus sur ce point [6].

Comme l'indiquent assez les *Mémoires* de Bachaumont, Dortous de Mairan était pourtant un personnage assez considérable pour que ses livres attirent l'attention et soient disputés aux enchères. Le fait que

---

3. A. Dupront, *op. cit.*, p. 213.
4. *Mémoires* de Bachaumont, t. V, p. 24, 29 nov. 1769 : « Cet académicien si connu de toute l'Europe savante, âgé de 91 ans, s'est trouvé mal d'une indigestion après avoir dîné chez M. de Fonterrière Fermier général... un accident aussi grave avait alarmé sur le compte de ce vieillard, mais il s'en est tiré... », et, t. V, p. 251, 20 février 1771 : « M. de Mairan est mort ce soir, âgé de près de 94 ans. Il avait toujours mené une vie fort rangée... »
5. Le catalogue de la bibliothèque de Dortous de Mairan, édité en 1771 à Paris, compte 198 pages. Il m'a été obligeamment prêté par M. Ros, secrétaire de l'Académie de Béziers, que je tiens à remercier ici pour sa gentillesse, sa complaisance et sa science qu'il a bien voulu me faire partager.
6. M. Lauriol, maître-assistant à la Faculté des Lettres de Montpellier, nous a indiqué sur ce point un renseignement complémentaire trouvé dans C. de Mouÿ, *Correspondance inédite du Roi Stanislas Auguste Poniatowski et de Madame Geoffrin*, Paris, 1875. Lettre du 15 septembre 1771, p. 404 sq. La bibliothèque de Mairan a été vendue au comte Wielhorsky, par l'intermédiaire du précepteur de ses enfants, Bernardi, et non comme l'aurait souhaité, vraisemblablement, Mme Geoffrin, à un « savant, très savant ».

l'ensemble de la collection ait été conservé témoigne pour sa valeur. C'est la bibliothèque d'un des plus éminents personnages du monde des Sciences et des Lettres, important sur le plan national mais aussi dans l'Europe entière, et que l'on n'a pas voulu disperser.

Elle offre l'exemple d'une collection rassemblée pendant trois quarts de siècle, depuis les années où le jeune savant provincial débarque à Paris jusqu'à l'époque de sa mort, où il jouit d'une réputation assez originale de patriarche des Lettres et des Sciences. Le vieillard vert et bon vivant des *Mémoires* de Bachaumont, à la vie rangée, mais toujours sociable et actif, acheta des livres jusqu'au bout et ne cessa de lire que pour mourir. En 1770 il achetait ou recevait encore le livre de l'Abbé Nollet sur l'art des expériences qui venait de paraître.

Comment, chronologiquement, s'organise la collection? Il convient de reconstituer sinon les grandes étapes de sa formation, du moins les grandes strates de sa composition, en fonction des dates d'édition indiquées pour 97 % des ouvrages [7]. La courbe ainsi dessinée révélera les héritages, les continuités et peut-être les lacunes d'une évolution culturelle typique.

La part d'un apport familial ne tient certainement dans cet ensemble qu'une place limitée. En effet, le jeune Dortous de Mairan, s'il disposa d'une bibliothèque de famille dont rien ne révèle l'existence, a dû choisir les livres qu'il emportait avec lui. La montée à Paris d'un jeune provincial ne s'accomplissait pas sans quelque rupture ou au moins quelques choix. Si Mairan resta fort longtemps en relation avec Béziers [8], pratiquement jusqu'à la fin de sa vie, c'est un Parisien adopté, et sa bibliothèque est une collection qui témoigne plus en faveur de la capitale qu'en faveur de la province. Les livres vendus en 1771 sont ceux qu'il a pu apporter du Languedoc où il vend ses derniers biens en 1739 [9], ceux qu'il a achetés ou qu'il a reçus après son installation à Paris dans les années vingt du siècle. Pour une fois, les stratifications anciennes ont de fortes chances de coïncider avec les options personnelles. Dortous de Mairan a pu faire un tri dans son héritage et si sa bibliothèque témoigne d'une tradition de famille, ce n'est qu'après passage au crible de sa culture personnelle.

On peut donc se risquer à évaluer les grandes tendances qui partagent sa bibliothèque et mesurer la place tenue dans chaque catégorie de livres [10] par les grands centres de production. Une géographie personnelle des livres d'usage, avec ses courants révélateurs des liaisons culturelles du monde des Lumières, apparaît sur la carte des lieux d'édition : ils sont identifiés pour 86 % des ouvrages et un sondage sur plusieurs dizaines de titres a montré une part d'erreur très minime; ce faible coefficient révèle sans conteste les qualités du travail du libraire.

---

7. Le chiffre exact sur un total de 3 367 ouvrages recensés est de 85 livres dont la date reste inconnue, soit 2,9 %. La proportion est un peu plus forte pour les ouvrages en latin, 3,5 %.

8. Cf. *Bulletin de la Société Archéologique, Scientifique et Littéraire de Béziers*, 2e série, t. II, Béziers, 1860. Lettres inédites de Mairan à Bouillet. Notice de M. Camp, pp. 8-9.

9. Cf. *Bulletin*, 1860, pp. 15 et 185-189. Lettres du 11 mai 1739, 14 mai 1739, 16 juin 1739, 3 décembre 1739; p. 191, 1er janvier 1740.

10. Nous avons retenu la grille de classement élaborée en 1966 pour *Livre et Société dans la France du XVIIIe siècle*. Cf. sur ce point, p. 14 et suiv., note 17 et suiv.

La ventilation par grandes catégories et sous les rubriques habituelles n'empêche pas, de surcroît, un partage supplémentaire entre ouvrages en latin et livres en vulgaire. Dortous de Mairan possédait plus de 1 200 livres en latin et un certain nombre en grec. La participation active au mouvement scientifique du siècle n'exclut absolument pas les traditions anciennes. Encore faut-il préciser de quelles traditions il s'agit. De même il est nécessaire de tenir compte des livres en langue étrangère. Mesurer des choix culturels, vérifier des orientations, tenter d'établir le poids des héritages et la part du siècle, c'est délimiter les grandes lignes de cette analyse. Peut-être bénéficient-elles d'un peu moins d'arbitraire que dans le cas commun. Si l'on ne peut savoir s'il y a eu, avant la vente, détournement d'un certain nombre de livres, il faut mettre à l'actif de cette recherche le délai relativement court qui s'est écoulé entre le décès de Dortous de Mairan et la vente de sa bibliothèque, moins de cinq mois pour inventorier soigneusement près de 3 400 ouvrages, imprimer et mettre en vente le catalogue. L'absence d'héritiers légaux connus [11], celle aussi de toute indication d'un classement purement bibliophilique parlent pour la cohérence. La valeur marchande de l'ensemble a dû augmenter proportionnellement avec la garantie, vraisemblablement connue avant la vente, d'une non-dispersion. Si la prudence s'impose, les indications données par l'analyse de la collection peuvent être néanmoins significatives des choix d'un homme et, au-delà, de ceux d'une société. Découvrir les livres de Dortous de Mairan, c'est peut-être aussi mettre à jour une partie de la bibliothèque idéale de la « République des Lettres ».

Un « philosophe aimable »

Qui était Dortous de Mairan ? L'oubli à peu près total qui le frappe aujourd'hui contraste avec la célébrité qu'il eut de son temps [12]. On connaît assez bien le personnage et sa carrière, mais beaucoup moins l'homme même et ses idées [13]. Or son itinéraire intellectuel et social mérite l'attention [14].

Mairan est d'abord un provincial, un homme du Languedoc et son aventure est celle de bien des provinciaux. A sa naissance, en 1678, rien ne le destine à une carrière parisienne. Il prend place dans une de ces longues lignées bourgeoises en ascension sociale lente et progressive. La famille, selon la tradition, est une des plus anciennes de Béziers, ce qui signifie sans aucun doute qu'elle rassemble depuis le XVIe siècle un nombre important de notaires, de procureurs, d'avocats et de conseillers

---

11. Cf. C. de Mouÿ, *op. cit.*, pp. 404-405, note. Il semble bien que Mme Geoffrin ait demandé à la famille de Mairan si elle acceptait le testament.
12. Cf. « Dortous de Mairan », in *Bibliographie universelle*, Michaud, t. 26 ; in *Dictionnaire des Lettres françaises*, Paris, 1951, « Le XVIIIe siècle », t. 2 ; *Grande Encyclopédie*, t. 22.
13. Cf. abbé Sabatier, *Éloge de Dortous de Mairan*, Montpellier, 1868 ; E. Camp, *Éloge de Dortous de Mairan*, Béziers, 1860 ; B. A.-J. Duboul, « Dortous de Mairan », *Mémoires de l'Académie de Bordeaux*, 1862.
14. Cf. A. Ros, Communication à la Société archéologique, scientifique et littéraire de Béziers, s.d., manuscrit qui m'a été obligeamment prêté.

au présidial. A la fin du XVIIe siècle, le père de Jean-Jacques Dortous est avocat, propriétaire de seigneurie et de fief noble, et apparemment admis dans la noblesse [15]. D'Hozier, en tout cas, enregistre ses prétentions nobiliaires. On ignore ce que Dortous de Mairan revendique exactement en cette matière, mais on sait qu'il est attaché à son nom car, obligé de vendre la terre de Mairan, il fait toutes les réserves d'usage sur ce point [16]. Socialement donc, c'est un personnage aux confins des bourgeoisies de robe et d'office et de la petite noblesse. Mais cet enracinement social provincial a ses limites. Orphelin à seize ans, son père étant mort quand il avait quatre ans, il quitte Béziers pour Toulouse et Paris. Dans la capitale du Languedoc il fait ses humanités, dans celle du royaume, vers 1698, ses premiers pas en mathématiques et en sciences. Sur les conditions de ses études, c'est le silence. Rappelons enfin que sa famille était protestante, qu'elle abjure à la fin du XVIIe siècle et que la protection de Mgr de Rousset, évêque de Béziers [17], allait à la fois au jeune homme studieux et au fils d'une famille huguenote rentrée au bercail de l'Église.

Aux liens familiaux et amicaux qui l'attacheront toujours à Béziers s'ajoutent les problèmes que lui pose la gestion de ses biens. Les Mairan possèdent une maison en ville, une petite terre dans la banlieue à Maureilhan, la Trésorière, dont une partie se nommait le Puis de Mairan, et une métairie à Cessenon [18]. Dortous de Mairan n'aura jamais l'allure d'un cadet de Gascogne famélique. Il a des biens, peu importants certes, mais suffisants pour lui assurer après la mort de sa mère des revenus fonciers réguliers. C'est un petit propriétaire qui paie ses tailles et sa capitation avec soin [19], qui se préoccupe de ses « rentiers » et s'inquiète du sort de ses oliviers [20]. Mais on sent qu'il se soucie assez peu de sa fortune. Nul orgueil de la terre chez lui, aucun attachement excessif à ses domaines dont il est éloigné; dès qu'il le pourra, il s'en débarrassera : « Je n'entends rien à ces affaires-là... J'aime mieux aller dix fois à la Rue Saint-Jacques pour vous chercher des livres, que deux fois chez des commis et des banquiers [21]. » Mairan est un savant, un intellectuel pour qui les problèmes d'argent comptent assez peu, « 200 livres de plus ou de moins ne faisant pas une grande différence à ma fortune toute petite qu'elle est [22] ».

Cette attitude ne signifie pas qu'il se désintéresse totalement de ces questions. Mairan n'est pas un bohème. Au contraire, il semble allier parfaitement le réalisme, hérité de la tradition familiale bourgeoise, à une incontestable générosité et à une certaine forme de simplicité économique qui tiennent à son caractère et à son mode de vie. Il n'est pas commode d'être propriétaire à deux cents lieues de son bien. En tout cas

15. A. Ros, *op. cit.*, pp. II-III.
16. Lettre à Bouillet, 16 juin 1730 : « J'oubliais hier, Monsieur, de vous parler du nom des Puis de Mairan que je porte, et par lequel je suis connu dans le monde. Je crois qu'il s'en va sans dire que je ne prétends point le quitter par l'aliénation du susdit puis... » (*op. cit.*, p. 189).
17. Cf. Ros, *op. cit.*, pp. III-IV.
18. Cf. E. Camp, *op. cit.*, p. 13, et Ros, *op. cit.*, pp. IV-V.
19. Lettre de Mairan à Bouillet, 17 février 1737, *op. cit.*, p. 171.
20. Lettre de Mairan à Bouillet, 20 mai 1734, *op. cit.*, p. 140, et 17 février 1737, *op. cit.*, p. 171.
21. Lettre de Mairan à Bouillet, 4 juin 1726, *op. cit.*, p. 73.
22. Lettre de Mairan à Bouillet, 17 février 1737, *op. cit.*, p. 171.

Mairan n'est pas rapace, et, s'il ne tient pas à être dupe, il ne veut pas qu'on presse exagérément ses débiteurs. A un moment où l'argent lui manque un peu, il écrit à Bouillet [23] : « Je vous prie de ne presser rien et de ne faire incommoder personne pour m'envoyer ce qui m'est dû. Quelque besoin que j'en aie, je suis peut-être plus à portée de me tirer d'affaire que ceux que vous presseriez pour cela... » On connaît de lui de nombreux actes de charité [24].

Étrangement les affaires financières tiennent une part importante dans sa correspondance avec Bouillet. Sur près de cent lettres, il est question d'argent dans plus de quatre-vingts. Pourtant ces préoccupations sont, dans la majorité des cas, dictées par des intérêts qui ne sont pas d'ordre économique et engagées par l'amitié [25]. Il est question de pension et de livres plus souvent que d'autre chose.

Dortous de Mairan avait une modeste aisance. On ne peut guère songer à chiffrer son revenu et le montant exact de sa fortune, mais on peut essayer d'en donner au moins une idée. Il touche une pension d'académicien de l'ordre de 1 000 livres et une gratification sur le Trésor d'environ 900 livres [26]. Il avait hérité d'une rente de 90 livres sur les aides et octrois de Montpellier qu'il touchait assez irrégulièrement [27]. Une autre lettre montre qu'il avait des rentes sur l'Hôtel de Ville de Paris [28]. Au total, approximativement, c'est déjà un revenu mobilier d'au moins 2 000 livres dès 1720. Il s'y ajoute entre 800 et 1 000 livres de revenus fonciers sur lesquels d'ailleurs il compte moins, et qui servent à payer les impôts et les charges [29]. Dès 1729 il se débarrasse du bien de Cessenon et en 1739 de la Trésorière. Il y a chez Mairan une incontestable volonté de se dégager des obligations d'une gestion incertaine et difficile. « Quant à la mienne [de résolution] elle est de me dégager le plus qu'il me sera possible de toute charge et de tout embarras [30] », écrit-il à Bouillet à l'occasion d'un procès qui l'oppose depuis 1725 à la communauté des habitants de Cessenon, au sujet d'un péage sur l'Orb arrenté à sa famille en 1670. Quand il aura cédé son bien il témoignera sa satisfaction : « Ce sera un *très grand fardeau* de moins pour moi et en un sens une *très grande richesse* [31]... » Ce qui

---

23. Lettre de Mairan à Bouillet, cité par E. Camp, *op. cit.*, p. 13.
24. Lettre de Mairan à Bouillet, 5 janvier 1764, *op. cit.*, pp. 212-213, et 28 avril 1765, *op. cit.*, p. 220.
25. A Paris, Mairan touchait pour Bouillet la gratification que celui-ci a obtenue sur le Trésor royal; avec cette somme il lui achetait les livres qu'il demandait. A Béziers, Bouillet surveillait les affaires de Mairan, touchait les rentes, contrôlait les « rentiers », les métayers, et quand Mairan vendit ses biens, c'est encore Bouillet qui enquêta sur les acheteurs éventuels. Cf. lettre du 30 avril 1729 : « A l'égard de son frère aîné, M. Tissy, dont vous me parlez par rapport à mon bien de Cessenon, tout ce que vous me dites et les soins que vous voulez bien m'offrir dans cette occasion, ne peuvent que me faire ouvrir les yeux sur cette affaire, accepter votre médiation et vous prier d'y travailler... » (*op. cit.*, p. 108).
26. Lettre de Mairan à Bouillet, 20 février 1727, *op. cit.*, p. 74.
27. Lettre de Mairan à Bouillet, 3 août 1730, *op. cit.*, p. 13.
28. Lettre de Mairan à Bouillet, 20 mai 1734, *op. cit.*, p. 140.
29. Lettre de Mairan à Bouillet, 3 août 1730 et 20 mai 1734, 30 avril 1729, *op. cit.*, p. 108, 17 février 1737, *op. cit.*, p. 171.
30. Lettre de Mairan à Bouillet, 30 avril 1729, *op. cit.*, p. 108, et Ros, *op. cit.*, p. IV.
31. Lettre de Mairan à Bouillet, 3 août 1730, cité par E. Camp, p. 13. En 1714, Mairan s'était déjà débarrassé d'un petit domaine copartagé à Clairac. Cf. Ros, *op. cit.*, p. V (nous soulignons).

compte pour Mairan en aliénant son capital foncier, c'est de conquérir une plus grande liberté, ce qui n'exclut pas un certain réalisme [32]. Mais au-delà n'y a-t-il pas comme l'apparition de la conscience d'une certaine incompatibilité entre la richesse des rentiers du sol et celle de la vie savante ? Le « grand fardeau » et la « très grande richesse » de la lettre de 1730 sont, sur ce point peut-être, significatifs.

Il faut également rappeler la place importante tenue dans les revenus de Dortous de Mairan par tout ce qui est casuel. On sait qu'il était protégé par le Régent et par le prince de Conti, qu'il fut chargé de missions officielles, en particulier en 1721-1722 où il dut visiter les ports de l'Ouest pour déterminer une méthode de jauge qui nuise aux fraudeurs. Enfin il a été nommé par le chancelier d'Aguesseau à la direction du *Journal des Savants* [33]. Si l'on ajoute à cela les revenus possibles de ses ouvrages, on voit que sa situation matérielle était loin d'être inconfortable. Il ne faut pas oublier non plus qu'il était célibataire, logé au Louvre par le roi et qu'il avait une réputation sociale à laquelle il devait d'être souvent invité dans le monde, et l'on sait qu'il ne détestait pas une bonne table et un bon vin [34].

Quelles furent les conditions générales de cette aisance ? Il s'agit incontestablement moins de réussite financière que d'indépendance vis-à-vis des problèmes matériels et de liberté d'esprit. Dortous de Mairan caractérise bien la situation socio-économique du savant moyen dans la France du XVIIIᵉ siècle. Ce n'est ni Buffon ni Lavoisier ni même Guyton de Morveau, c'est un cas moyen qui illustre la dépendance des grands et du pouvoir. Cette « quasi-fortune » s'accompagne d'une indifférence aux détails matériels et d'une incontestable philanthropie qui ne sont peut-être possibles que parce qu'il héritait de ses parents une aisance moyenne. Mais ce qui est suffisant en province ne l'est pas à Paris, et la différence, c'est le gouvernement et le mécénat privé de l'aristocratie qui la procurent [35].

L'ami Bouillet

Le passage de l'aisance provinciale à la facilité matérielle parisienne suppose un tout autre contexte social et l'entrée dans le réseau collectif

---

32. Lettre de Mairan à Bouillet, 30 avril 1729, *op. cit.*, p. 108 : « Mais, il [l'acheteur éventuel] doit considérer que tout cela change bien de face et devient infiniment moins oncieux pour un homme qui reste dans le pays, que pour moi qui en suis à 200 lieues et qui vraisemblablement ne m'en rapprocherais pas à demeure. »

33. Il est assez difficile de savoir ce que Mairan pouvait toucher à ce titre. A titre indicatif on peut retenir que vers 1750-1760 l'abbé Arnauld et Suard touchaient 3 000 livres de pension pour diriger la *Gazette de France*. Cf. *Mémoires* de Bachaumont, t. 1, p. 143, 2 octobre 1762. La question des revenus des « gens de lettres » est une des plus importantes de l'histoire sociale du XVIIIᵉ siècle ; l'exemple de Mairan ne peut évidemment être retenu que comme un cas particulier.

34. Cf. Lettre de Mairan à Bouillet, 15 mars 1732, *op. cit.*, p. 125 : « Je vous suis très obligé du Muscat dont vous voulez bien que M. de Mongla me fasse part... »

35. Ce mécénat peut être en quelque sorte indirect : par exemple Mairan vend son bien de Cessenon au prince de Conti plutôt qu'à un Biterrois. Dans quelle mesure Conti a-t-il voulu l'obliger ?

des mondanités. C'est cette rupture par rapport au milieu originel qui permet à Mairan de satisfaire sa faim d'érudit et de savant pour les livres. Le capital aliéné, les avantages de l' « extraordinaire » parisien ne sont pas réinvestis dans le sol et, pas plus qu'il ne faut, dans les rentes. Si Dortous de Mairan a de l'argent, c'est pour bien vivre et pour acheter les livres et les instruments scientifiques qui font aussi sa vie. La correspondance fidèle qu'il entretient pendant plus de cinquante ans avec son ami Bouillet est sur ce point révélatrice.

Bouillet le charge de procéder pour son compte chez les libraires parisiens à l'achat des livres qu'il n'est pas question de trouver à Béziers. Témoignage exemplaire sur la circulation du livre entre la capitale savante et les cercles scientifiques provinciaux, les lettres de Mairan s'offrent comme un matériau de choix. Ce que le Parisien envoie au provincial, c'est souvent ce qu'il a déjà lu et acheté pour lui-même comme le révèle la comparaison de la correspondance et du catalogue de la bibliothèque. C'est le quotidien du commerce social du livre qui se révèle, l'échange intellectuel saisi à la source et comme au jour le jour. « ... Je fus chez Cavelier, qui est le seul libraire qui avait reçu d'Angleterre le *Traité d'optique* de M. Newton et qui en vendit plusieurs exemplaires à Paris; mais il n'en a plus. Il m'a dit seulement qu'il lui en venait et qu'ils étaient en chemin. J'y serai attentif et je vous l'enverrai par la voie qui me paraîtra la plus prompte, car je vois que vous en êtes pressé. C'est la seconde édition dont je parle, augmentée de quelques questions et entre autres d'une conjecture sur la pesanteur. Je compte que vous ne voudriez pas la première. Elles ne diffèrent pourtant pas beaucoup et je puis vous en donner des nouvelles, ayant été obligé de faire l'examen et le rapport de cet ouvrage à l'Académie des Sciences, lorsque M. Newton le lui envoya, il y a quatre ou cinq mois. Si je n'avais apporté ici l'exemplaire que j'en avais à Béziers, je vous l'aurais offert [36]... » Texte savoureux à bien des égards qui montre le livre attendu, recherché, guetté, le livre-passion, mais aussi usage et véhicule commun du savoir. Peu de temps après, Mairan offrira à Bouillet un exemplaire du livre tant espéré. Quarante-cinq ans plus tard, c'est la « même impatience » qui anime les deux amis dans l'attente de *L'Astronomie* de Lalande. « Je crois que le premier volume en est imprimé et que le second, où l'on en est actuellement, paraîtra bientôt. Je présume que ce sera un très beau livre. Je lui en parlerai aujourd'hui même, mais je ne veux pas manquer cet ordinaire pour faire partir ma lettre [37]. »

Tous les ans, Dortous de Mairan achète pour Bouillet entre 100 livres et 300 livres d'ouvrages ou d'instruments scientifiques chez les libraires et marchands parisiens [38]. Il ne s'agit sans doute que d'une moyenne temporaire, valable pour 1720-1740, décennies où les échanges épistolaires sont les plus vifs [39], mais elle est d'autant plus intéressante que,

<hr>

36. Lettre de Mairan à Bouillet, 26 décembre 1719, *op. cit.*, p. 29; lettre de Mairan à Bouillet, 12 avril 1729, *op. cit.*, p. 30.
37. Cf. lettre de Mairan à Bouillet, 6 juin 1764, *op. cit.*, p. 215.
38. Cf. lettre de Mairan à Bouillet, 18 septembre 1732, *op. cit.*, p. 127 : « C'est donc 500 livres que j'ai à vous, Monsieur, et dont vous devez être payé par les achats que j'ai faits pour vous ici... »; lettre de Mairan à Bouillet, 20 mai 1734, *op. cit.*, p. 140; lettre de Mairan à Bouillet, 10 février 1728, *op. cit.*, p. 88.
39. 76 lettres sur 98 entre 1720 et 1740.

certaines années, la pension de Bouillet est entièrement dépensée en
livres et équipements. On peut raisonnablement penser que Dortous de
Mairan a consacré à ses achats une part plus importante de ses revenus.
S'il n'avait dépensé que 300 livres par an depuis 1700, on arrive à évaluer
sa bibliothèque et ses collections à 21 000 livres. Or la vente, qui ne
comporte pas les instruments, atteindra 18 000 livres. Cette évaluation,
très relative, donne peut-être une signification plus riche à la tradition
transmise par les éloges académiques : « Il hérita d'une modeste fortune
et put se consacrer tout entier aux Sciences. »

Il existe un milieu de professionnels de la « République des Lettres »
dont la situation est proche de celle de Mairan. Ce sont les techniciens
des lettres et des sciences qui peuplent les académies parisiennes, surtout
celles des Sciences et des Inscriptions, qui travaillent dans les institutions
collectives de recherche comme la Bibliothèque royale, le Jardin du Roi,
plus tard le dépôt des Chartes. Parfois ils dirigent journaux savants et
gazettes littéraires. Certains enseignent dans les collèges, les facultés ou
même dans les grandes familles. Tous ont en commun d'attendre les
pensions et les gratifications du gouvernement. Pour eux les sciences
sont un métier et les lettres une carrière.

Peu connus sauf par leurs œuvres, ces fantassins de l'armée des
Lumières méritent qu'on s'intéresse à leur cas. Significative sur ce point
la réflexion de Montesquieu au président Barbot dans une lettre de 1742 :
« Les Réaumur et les Mairan regardent à peu près les sciences comme un
sous-fermier sa place [40]... » Les riches amateurs de la noblesse de robe, les
grandes vedettes des lettres parisiennes et provinciales regardent non
sans hauteur les techniciens du quotidien des sciences. La question de la
définition socio-économique de ceux qui s'appellent encore les gens de
lettres est une des plus importantes pour la connaissance du milieu où se
diffusent les idées des Lumières [41].

La science, l'érudition, les belles-lettres sont désormais sinon tout à fait
des professions, au moins des raisons de vivre et des moyens de faire
carrière. Grâce à elles on s'élève dans la hiérarchie sociale des élites, plus
peut-être que dans celle des réussites économiques [42].

Une certaine forme de médiocrité, au vieux sens du terme, ne messied
pas au savant, mais sa contrepartie est à la fois positive et négative.
Positive, dans la mesure où l'homme de science acquiert une liberté
évidente et que ses revenus lui permettent malgré tout d'améliorer ses
conditions de travail. Négative, car la liberté de pensée et de travailler
s'accompagne d'une réelle dépendance [43] à l'égard du gouvernement et
des grands et entraîne cette âpreté pour les places et les pensions qui
transparaît par exemple dans les *Mémoires* de Bachaumont.

Le succès parisien du provincial Mairan devient alors exemplaire. Ce
qui le lance, ce sont les succès académiques provinciaux. Il est couronné
trois fois par l'Académie de Bordeaux, en 1715, 1716, 1717. Il a vingt-cinq

---

40. Cf. B.M. Bordeaux, Corr. académique 298, cité par P. Barrière in *L'Académie de Bordeaux*, Bordeaux, 1951, p. 38.
41. Cf. A. Dupront, *op. cit.*, p. 223.
42. Cf. J. Proust, *Diderot et l'Encyclopédie*, Paris, 1964.
43. Cf. Lettre de Mairan à Bouillet, *op. cit.*, 21 octobre 1722, p. 50 : « Le plaisir que m'a fait la dernière faveur que je viens de recevoir de M. le Régent... »

ans et ses trois succès lui rapportent 900 livres [44]. En 1718 il est associé à la société bordelaise avec laquelle il restera en relations constantes [45]. Peu après, il est associé à l'Académie des Sciences [46]. En 1719 il est nommé pensionnaire géomètre. En 1740, il accepte de remplacer Fontenelle comme secrétaire de l'Académie et il démissionne en 1743 car les responsabilités de cette charge ne lui conviennent pas. La qualité de ses éloges académiques lui permet d'entrer la même année à l'Académie française. L'Académie impériale de Saint-Pétersbourg, les Sociétés royales de Londres et d'Édimbourg, la Société royale d'Upsal, l'Institut de Bologne et l'Académie de Rouen l'inscrivent sur leur liste d'associés. La collection de titres académiques valorise une réputation internationale et consacre pour l'Europe des Lumières sa réputation savante, littéraire et ses responsabilités sociales et mondaines [47]. Pour Voltaire il est le « philosophe aimable [48] ». Il fréquente la meilleure société parisienne. Mme Geoffrin, le comte de Caylus tiennent à son avis [49]. Il rencontre M. de Malesherbes et « a quelquefois l'honneur de dîner chez le prince de Conti [50] ». Le jeune correspondant du Père Malebranche, l'ami de Montesquieu malgré les brouilles, le rival de Bernouilli, jouit d'une réputation incontestée [51]. Mais la correspondance qu'il entretient avec Bouillet, et au-delà avec les milieux éclairés de Béziers, révèle les fidélités profondes de Mairan et les problèmes posés par la réussite parisienne.

Bouillet rêve incontestablement de marcher sur les traces de son aîné [52]. Médecin, passionné pour les recherches savantes, il ne se satisfait plus des succès qu'il obtient dans le cercle académique local. Il consulte Mairan pour savoir s'il peut espérer une situation parisienne car celui-ci a immédiatement accepté de jouer ce rôle de conseiller et de protecteur qu'occupent déjà les provinciaux qui sont réunis dans la capitale. Mairan n'aura jamais de préjugés à l'égard de sa patrie ni de ses origines. Dès 1718, dans une de ses premières lettres il affirme un engagement amical qui touche à la fois la personne de Bouillet et le milieu biterrois, et qui ne se démentira jamais [53].

Les exemples de cette attention sont nombreux. En 1721, Mairan conseille Bouillet à propos de l'ouvrage que ce dernier prépare sur la

---

44. Cf. P. Barrière, op. cit., p. 20.

45. Cf. P. Barrière, op. cit., pp. 56, 110, 225 et 350.

46. Cf. P. Dorveaux, Les membres et correspondants de l'Académie Royale des Sciences, 1666-1773, Paris, 1931.

47. Cf. A. Dupront, Art et Société dans l'Europe du XVIIIᵉ siècle, Cours multigraphié C.D.U., Paris, 1965-1966, p. 33 et suiv.

48. Correspondance générale de Voltaire, édition Besterman. Lettres nᵒˢ 208, 216, 556, 686, 1146, 1162, 1514, 1542, 1692, 2287, 2294, 2300, 2307, 2325, 2428, 3223, 3352, 3516, 3565, 8370, 9138, 11496. Au total 17 lettres de Voltaire à Mairan et 5 de Mairan à Voltaire dont le jugement sur Mairan se résume dans la phrase connue : « Je ne connais personne qui approfondisse plus et expose mieux. »

49. Cf. lettre de Mairan à Bouillet, 19 décembre 1764, op. cit., p. 219.

50. Cf. lettre de Mairan à Bouillet, 13 février 1764, op. cit., p. 214.

51. J. Moreau, Malebranche, Correspondance avec Dortous de Mairan, Paris, 1947.

52. Cf. Azais, op. cit., p. 5. Bouillet est né en 1698.

53. Cf. lettre de Mairan à Bouillet, 5 septembre 1718, op. cit., p. 23 : « Ce qu'il y a de vrai, c'est qu'elle [la conversation du Parisien] ne me fera point oublier celles que j'ai eu l'honneur d'avoir avec vous... »

grande peste de Marseille. Pendant plus de quarante ans il va suivre ses travaux, ses recherches, ses succès [54]. Il obtiendra pour lui des lettres de correspondant de l'Académie des Sciences [55]. Il fait connaître les ouvrages de son ami dans les cercles parisiens [56]. Pour Bouillet et les cénacles éclairés de Béziers, il incarne les séductions de la capitale, il justifie les espoirs de réussite. Mairan a accepté un rôle d'animateur, de conseiller et de protecteur. Pour tout un milieu, il rend en quelque sorte plus proche, il personnalise les lointaines instances parisiennes. Dans l'ordre des lettres et des sciences il cautionne les affaires biterroises comme le fait l'évêque dans le domaine religieux et parfois temporel, comme le font certains représentants de la noblesse et de l'administration pour les problèmes juridiques ou civils.

C'est ainsi que Mairan a accepté de s'occuper de la jeune Académie de Béziers. En 1722, il en jette les bases avec Bouillet et le chanoine Portalon [57]. A Paris, il s'efforce d'obtenir les lettres patentes indispensables. Il écrit alors à Bouillet une lettre qui révèle sa pensée sur le rôle des académies [58]. « Mais je vous dirai naïvement que je ne crois pas qu'il fût nécessaire de faire imprimer tout ce détail [59], et que je voudrais, du moins dans les commencements, que l'Académie naissante de Béziers ne produisît rien au public qui ne fût extrêmement travaillé et intéressant ; car c'est de ces premiers ouvrages que se forme la réputation. C'est sur ce principe que je suis aussi peu pressé de vous obtenir des patentes qu'il me paraît qu'on l'est davantage dans la Société. Que fera ce titre d'Académie ? Tout en est plein aujourd'hui, et il est plutôt un titre capable de vous attirer les brocards que l'estime, s'il n'est fondé sur quelque découverte ou quelque ouvrage digne d'estime. Faites-vous connaître par là (je parle à la Société) et vous verrez que les titres et les personnes viendront ensuite, avec autant de distinction que d'utilité. En un mot je vois qu'il faut se distinguer de toutes ces autres académies qui ne font rien, ou bien peu de chose, sans quoi c'est un badinage qu'il faut renfermer dans les murs de la cité et ne pas en faire un plat au public. »

Fidèle observateur du démarrage du mouvement académique provincial, Dortous de Mairan montre quel en est l'enjeu. En opposant le « badinage » du monde clos des élites provinciales, des « cités », à l'attente d'efficacité savante d'un public qui se définit aux dimensions du royaume et au-delà à toute l'Europe, il indique ce qu'il faut faire aux académiciens provinciaux. Dépasser les velléités scientifiques fiévreuses et souvent maladroites, rompre le cercle du discours pour arriver à un nouveau langage signifiant pour les élites parisiennes et le gouvernement, telles sont les conditions du succès. Mairan ne peut donner à ses amis de Béziers une méthode garantie de réussite, il ne peut que leur indiquer les difficultés qui naissent avec l'extension du réseau des académies et des relations ambiguës tissées entre la capitale et les provinces.

---

54. Cf. lettre de Mairan à Bouillet, 2 septembre 1718, *op. cit.*, p. 23 ; 7 mars 1719, *op. cit.*, p. 25 ; 2 septembre 1720, *op. cit.*, p. 35 ; 11 mars 1721, *op. cit.*, p. 34.
55. Cf. lettre de Mairan à Bouillet, 23 mai 1722, *op. cit.*, pp. 43-46.
56. Cf. lettre de Mairan à Bouillet, 6 juillet 1722, *op. cit.*, p. 48.
57. Cf. lettre de Mairan à Bouillet, 1ᵉʳ septembre 1727, *op. cit.*, pp. 79-80.
58. Cf. lettre de Mairan à Bouillet, 1ᵉʳ septembre 1727, *op. cit.*, pp. 79-80.
59. Il s'agit des observations météorologiques et astronomiques relevées par Bouillet et les académiciens de Béziers.

Dortous de Mairan parie sur les possibilités infinies des élites de province. Son optimisme est celui des talents aux premiers temps de leur éveil, c'est pourquoi il est prudent et réaliste. Il sait que la conquête d'une réputation est plus qu'une affaire de travail et de capacité. Ce qui importe, c'est de frapper l'opinion et de se distinguer. Pour cela il faut être « utile », terme qu'il ne faut pas prendre en un sens étroit mais au sens, conquérant, d'une condition formelle du progrès des Sciences et des Arts... L'échec de l'Académie de Béziers qui ne sera effacé qu'en 1766, le refus du gouvernement d'accorder à la trop jeune société ses lettres patentes s'inscrivent dans une relation véritablement dialectique entre Paris et la province. On ne peut réussir définitivement qu'à Paris, mais il faut d'abord se distinguer en province. L'attitude de Mairan permet de comprendre comment l'opinion savante et le pouvoir tendaient en quelque sorte à canaliser utilement les expériences provinciales. Dessein politique et mouvement des idées nouvelles sont ici solidaires. L'histoire de l'Académie de Béziers est comme un écho collectif de l'histoire différente de Mairan et de Bouillet.

Pendant plus de trente ans le médecin de Béziers ne renoncera pas à ses espoirs de réussite parisienne [60]. Mairan, avec beaucoup de patience, lui montrera les difficultés de l'entreprise, l'impossibilité d'obtenir une place à l'Académie sans une réputation incontestable ou des appuis très puissants, la nécessité de ne pas quitter le certain (l'exercice profitable de la médecine à Béziers) pour l'incertain (la conquête d'une clientèle médicale parisienne ou l'obtention hypothétique d'une place chez les grands ou dans un organisme officiel). La correspondance de Mairan et de Bouillet prouve combien était étroite la porte ouverte aux talents provinciaux, combien dépendante et incertaine la situation des gens de lettres et de sciences représentatifs des petites bourgeoisies provinciales.

La cohérence sociologique de tout un milieu se dessine sous la plume froide et tranquille qui dépeint sans couleurs inutiles la lutte constante où se font et se défont les réputations, où se conquièrent et se perdent les places et les faveurs. Témoin et acteur, Dortous de Mairan éclaire le vécu quotidien de la République des Lettres.

Géographie des livres

La bibliothèque de Dortous de Mairan permet de répondre à une première interrogation : à quelles sources s'adressait un représentant du monde savant pour obtenir les livres dont il avait besoin ou envie ? La correspondance avec Bouillet montre sa fréquentation quasi quotidienne des libraires de la rue Saint-Jacques et le catalogue de ses livres révèle, par-delà les libraires, la présence lointaine ou proche des éditeurs, la géographie des centres principaux de production.

On a cru trop longtemps ce qu'ont répété les législateurs, les policiers et les historiens qui les suivaient : à savoir que les éditions étrangères

---

60. Cf. lettre de Mairan à Bouillet, 2 octobre 1735, *op. cit.*, p. 154 ; 25 février 1736, *op. cit.*, p. 150-160 ; 20 septembre 1742, *op. cit.*, p. 199 ; 19 décembre 1764, *op. cit.*, p. 219 ; 30 avril 1965, *op. cit.*, p. 221.

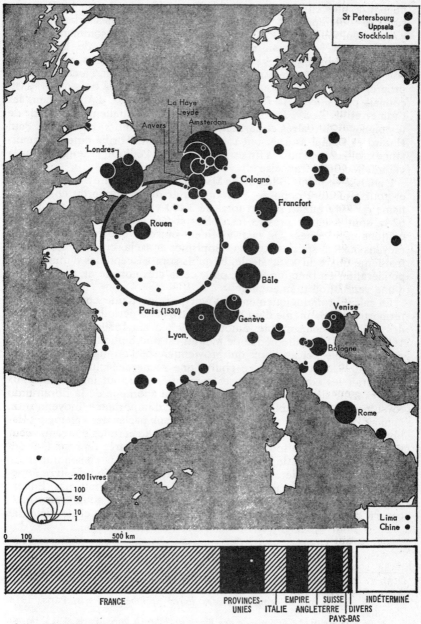

ORIGINE DES LIVRES DE LA BIBLIOTHÈQUE DE DORTOUS DE MAIRAN

La carte et les graphiques de ce chapitre ont été établis d'après les les documents de l'auteur au Laboratoire de cartographie de l'École Pratique des Hautes Études par M.C. Lapeyre, cartographe et M. Veerkamp, dessinatrice

étaient de plus en plus nombreuses. Résumant très clairement l'impression des contemporains [61], Rousseau écrira à M. de Malesherbes en 1760 : « Ainsi l'on pourrait dire, à quelque égard, que la consommation est en France et la fabrication en Hollande... » Cet attrait de la librairie étrangère, favorisé par les pratiques de contrôle françaises, est tel qu'on voit les libraires du royaume, à Paris, à Rouen, à Lyon, camoufler leurs propres marchandises sous les étiquettes hollandaises ou suisses [62]. On connaît par ailleurs la fortune des grands éditeurs d'Amsterdam, les Cramer et les Rey [63]. J.-P. Belin a pu parler, essentiellement à partir de témoignages littéraires et partiels, du recul de l'édition parisienne. Paul Hazard et Daniel Mornet ont tour à tour montré brillamment l'importance croissante depuis la fin du XVIIe siècle de l'édition étrangère dans la vie intellectuelle française [64].

L'analyse de la bibliothèque de Mairan livre une réalité assez différente et pour ainsi dire opposée. Peut-on parler du triomphe du cosmopolitisme du livre quand sur un total de 3 400 volumes près de 1 800, soit 62 %, sont issus de presses françaises et sur ce chiffre 85 % sont des éditions parisiennes? On peut aisément objecter que ces pourcentages moyens portent sur des ouvrages imprimés entre la fin du XVe siècle et le troisième quart du XVIIIe siècle, et qu'ils sont susceptibles d'une double pondération en fonction, d'une part, de la chronologie et, d'autre part, d'une ventilation thématique.

En fait, chronologiquement il s'agit presque d'une constante car la proportion est la même d'un bout à l'autre de la période 1500-1770 avec des variations peu sensibles autour de 59 % avant 1650, de 60 à 65 % de 1650 à 1770. La bibliothèque de Mairan est une bibliothèque en grande partie française, et les livres qui proviennent de l'étranger ne dépassent jamais 40 % du total. Sur ce chiffre une recherche plus systématique dépisterait les éditions françaises camouflées, surtout importantes aux XVIIe et XVIIIe siècles, et soulignerait ainsi le triomphe de la librairie du royaume. Pour une bibliothèque savante d'importance moyenne, on connaît des collections plus abondantes, sans parler des catalogues des libraires ou des bibliothèques quasi publiques de certains couvents. Pour un homme sinon de tout premier plan, du moins très représentatif des situations moyennes de la République des Lettres, le fait a son importance. Il nuance considérablement l'hypothèse de l'invasion du livre étranger et celle de la dépendance et du recul de l'édition française. Encore faut-il que ce pourcentage soit vérifié après une ventilation thématique, car s'il n'est pas surprenant pour les livres de religion et de piété, les

---

61. Cf. *Correspondance générale de J.-J. Rousseau*, éd. Dufour-Plan, t. V, p. 248, 5 novembre 1760.
62. Cf. J.-P. Belin, *Le commerce des livres prohibés à Paris*, Paris, 1913, pp. 38-39.
63. Cf. J-P. Belin, *Le commerce des livres prohibés à Paris*, Paris, 1913, pp. 40-41.
64. Cf. Paul Hazard, *La crise de conscience européenne*, Paris, 1935, p. 77. Il faut surtout se reporter maintenant à l'ouvrage magistral de H.-J. Martin, *Livre, pouvoirs et société à Paris au XVIIe siècle (1598-1701)*, Genève, Droz, 1969, 2 vol., 1092 p. Cf., plus particulièrement, t. II, p. 773 sq.

ouvrages de droit ou d'histoire, il l'est plus pour la philosophie, les sciences ou les journaux.

La proportion des publications éditées en France est effectivement la plus faible dans le domaine de la presse : 52 %, soit 12 journaux français, contre 11 publiés à l'étranger, essentiellement aux Pays-Bas. Dortous de Mairan est ici fidèle à la tendance du siècle, telle que la dessinait Paul Hazard au moment de la crise de conscience. Les *Nouvelles de la République des Lettres*, les *Ouvrages des savants*, de Basnage, les journaux qu'édita Leclerc à Amsterdam, ceux de La Roche à La Haye, le *Journal historique* de Leyde, la critique des journaux de Brueys à La Haye, en bref les titres principaux des périodiques européens voisinent dans sa bibliothèque avec les grands journaux : 93 volumes du *Journal des Savants* (1665-1770), le *Mercure*, la *France littéraire*. Mairan n'a pas manqué de puiser dans l'imposante masse des périodiques européens et il est intéressant de remarquer que, sur la trentaine de journaux entrés dans sa bibliothèque – en retenant la date de la première édition –, 74 % ont été publiés après 1700, et qu'il n'y en a aucun d'inconnu. La culture de Mairan s'alimente aux meilleures sources de l'information. Il est frappant de remarquer que la proportion moyenne des ouvrages étrangers est plus forte dans sa bibliothèque que dans les livres analysés par le journal en 1715-1719 et 1750-1754, 48 % pour 44 % et 20 % [65]. Dortous de Mairan par ses achats, le fait est surtout significatif pour les ouvrages de sa collection édités entre 1700 et 1770, n'a rompu avec aucun secteur de la production européenne du livre.

La proportion des livres édités en France ne descend au-dessous de 50 % que pour les livres d'astronomie, parmi lesquels les livres édités en « Allemagne » atteignent près de 14 % – la moyenne est de 6 %. Pour toutes les autres catégories, la part des éditions françaises oscille entre 81 % pour les livres de sciences et arts spécialisés et 54 % pour l'astrologie. Les livres français d'histoire atteignent presque 70 %, ceux de droit et de jurisprudence 71 %, ceux de théologie 52 %, les ouvrages d'économie politique 58 %, la philosophie 72 %, les belles-lettres 67 %. Au total dans la bibliothèque de Mairan, les éditions étrangères tiennent une place plus considérable dans les domaines scientifiques spécialisés mais de tradition ancienne, comme les mathématiques (48 %), l'astronomie (50 %), que dans les domaines de culture plus générale ou de développements scientifiques plus récents comme la physique et la chimie (42 %), ou les sciences de la nature (37 %). Dortous de Mairan, savant français, ne néglige à aucun moment entre 1700 et 1770 le domaine étranger, mais ses intérêts moins spécialisés, plus généraux, se portent surtout vers les éditions nationales.

On voit apparaître ici la nécessité d'une analyse extrêmement fine du contenu de chaque catégorie. Pour les sciences et arts, catégorie explosive du siècle [66] qui tend à occuper une position majoritaire dans la production comme dans la presse, la moyenne est beaucoup moins

---

65. Cf. J. Erhard et J. Roger, « Deux périodiques français du XVIIIᵉ siècle », in *Livre et société, op. cit.*, pp. 38-39.
66. Cf. F. Furet, « La Librairie du Royaume de France au XVIIIᵉ siècle », in *Livre et Société, op. cit.*, p. 21, et J. Erhard et J. Roger, in *Livre et Société, op. cit.*, pp. 40-41.

significative que les répartitions de détail qui révèlent les orientations caractéristiques et les intérêts précis de Mairan. Le savant est peut-être plus cosmopolite que l'honnête homme.

La carte française et européenne des éditions contenues dans la bibliothèque Mairan révèle d'autres liaisons. Dans l'ensemble français, la masse imposante des livres parisiens affirme le triomphe de Paris comme capitale intellectuelle sur un semis provincial, clairsemé de petits centres d'éditions, les uns à vocation ancienne comme Lyon (141 livres), Rouen, Toulouse et Strasbourg, capitales provinciales rayonnantes, et les multiples villes où la librairie joue un rôle sinon accessoire, du moins peu important. Parmi celles-ci, les villes académiques, La Rochelle, Bordeaux, Dijon, Nancy, Auxerre, Orléans, Caen, Béziers, Montpellier, Marseille l'emportent nettement sur les autres. On est étonné de la place « importante » – dans la sphère des deux cent soixante éditions provinciales – tenue par les livres de la France atlantique. Comme pour le Midi où Mairan suit attentivement les productions savantes des centres intellectuels, c'est son intérêt pour les mathématiques, l'hydrographie, les problèmes posés par les techniques navales qui a fait entrer les ouvrages publiés au Havre, à Brest, à Rochefort et à Bordeaux. L'origine des éditions est une géographie sinon des passions, au moins des intérêts vécus. L'humanisme lyonnais, la médecine et la science montpelliéraine, les curiosités de Bouillet à Béziers y trouvent leur place au côté des mathématiques et des théologies strasbourgeoises ou des navigations atlantiques.

A l'échelle de l'Europe, les solidarités savantes et les curiosités personnelles se conjuguent pour donner une carte déployée des éditions. Au premier rang les Pays-Bas qui avec presque 13 % et 370 ouvrages retrouvent une ascendance européenne. Amsterdam y domine fortement (203 ouvrages), suivi par Leyde (78), La Haye (5) et Rotterdam (14). Le triomphe de la librairie des Provinces-Unies s'inscrit ici dans tous les domaines, mais surtout pour la théologie (18 %), le droit (16 %), la philosophie (15 %), l'histoire (13 %), à un degré moindre pour les sciences et arts qui oscillent entre 5 % pour l'astronomie, et 17 % pour les arts spécialisés. La Hollande des grands juristes et des grands théologiens, c'est aussi celle des navigateurs, marins, constructeurs et hydrographes, des ingénieurs et des techniciens, c'est celle des éditions philosophiques faites en terre étrangère. Ce n'est pas une terre des sciences, de la physique, de la chimie ou de l'astronomie. L'éclat des impressions hollandaises obscurcit formellement la place effacée des catholiques. Pays-Bas : 1,4 % au total, essentiellement à Anvers.

Trois ensembles géographiques se partagent le reste des éditions continentales. Les villes italiennes avec 6 %, le réseau des centres universitaires et intellectuels de l'Empire avec 6 %, le carrefour suisse avec 5 %. Les villes de l'Europe du Nord et de l'Est comptent pour moins de 0,4 %, l'Espagne pour 0,1 %. Les livres allemands sont des livres de sciences pour les trois quarts (125 sur 175). Contrairement à Fontenelle et à Voltaire, nul procès donc de Dortous de Mairan à la culture savante d'Allemagne. L'héritage italien est aussi d'ailleurs, en sa majorité, savant (152 livres de sciences sur 188). De même la science helvétique, celle de Bâle et de Genève, est fortement majoritaire (139 au total, dont 85 livres scientifiques). La bibliothèque européenne de Mairan est une bibliothèque scientifique pour plus des trois cinquièmes, et le reste de curiosités ouvertes. A l'Angleterre de Londres, d'Oxford et de Cambridge, à l'Écosse d'Édimbourg et de Glasgow, il demande la même chose. Pas d'édition anglaise de théologie, pas d'ouvrage de droit, 10 livres de philosophie, 4 de sciences politiques et 11 livres d'histoire seulement pour 128 ouvrages scientifiques sur un total de 153 éditions anglaises (5,3 % des éditions reconnues). Plus de la moitié des livres de sciences concernent les mathématiques et la physique. La science britannique concurrence ainsi sérieusement les gros ouvrages de la bibliothèque savante germanique.

Au total, la géographie des livres révèle une série de phénomènes complémentaires. La part majoritaire tenue par l'édition française n'implique pas le renoncement aux productions étrangères. On est même frappé par la présence de multiples cités, l'étalement des centres d'éditions, dont l'accès et par suite la diffusion des productions ne sont pas immédiats. Il ne manque à l'appel aucune des grandes capitales académiques, universitaires ou éditrices : Venise, Rome, Bologne, Naples, Florence, Cologne, Francfort, Vienne, Nuremberg, Berlin, mais aussi Parme, Modène, Lucques, Trévise, Reggio, Pesaro, Palerme, et Marbourg, Iéna, Magdebourg, et bien sûr Heidelberg, Tübingen, Leipzig et même Saint-Pétersbourg et Prague.

Ouvrages anciens, ou livres modernes, la seule énumération des multiples lieux d'édition suggère une vitalité de la circulation des livres, peut-être aussi la ténacité personnelle de Mairan qui veut rester au courant, suivre ce qui se fait partout ailleurs dans le monde des lettres et surtout des sciences. La représentation des livres étrangers et, par suite, des cultures dans la bibliothèque de l'académicien Mairan, soulignée encore par la présence des éditions françaises d'œuvres étrangères, évoque la cohérence internationale du monde des gens de lettres. Mais l'internationalisme culturel est moins fort pour le droit, la théologie, l'histoire et les belles-lettres. La géographie scientifique du savoir est donc beaucoup plus ouverte que celle des curiosités esthétiques et philosophiques modernes et celle des vieilles disciplines théologiques et juridiques.

Milieu et choix individuel

Peut-on dire qu'il y ait là choix clair de l'individu ou affaire de milieu ? Les analyses connues du *Journal des Savants* laisseraient parler plutôt l'homme que la société [67]. Mais ne retrouverait-on pas un phénomène de génération et n'y aurait-il pas un risque grave à écarter l'hypothèse d'un élargissement possible du public des périodiques, bien sûr entre 1715 et 1755 mais plus encore au-delà ? Mairan a eu vingt-cinq ans en 1703, sa robuste santé et sa longévité le portent au-delà du tournant capital des années cinquante, soixante du XVIIIᵉ siècle. Son témoignage vaut donc autant pour ses fidélités que pour ses adaptations innovantes. C'est un homme du XVIIᵉ siècle confronté avec l'évolution du XVIIIᵉ siècle. Né à l'âge de la crise de la conscience, il a les livres de son temps mais aussi

---

67. J. Erhard et J. Roger, *op. cit.*, p. 39.

les réflexes et les habitudes intellectuelles d'un passé qui après 1750-1760, aux yeux des « philosophes » de nouvelles générations, est beaucoup plus une histoire qu'une donnée vécue. La bibliothèque de Dortous de Mairan illustre de façon exemplaire le phénomène troublant des transitions et des passages.

Si l'on répartit les 3 400 livres qu'il possède à sa mort selon leur date d'édition, la part de l'héritage culturel antérieur et le poids du siècle se distinguent aisément. Les livres du XVIIIe siècle, édités entre 1700 et 1770, sont légèrement majoritaires : 53 %, pour 47 % d'éditions antérieures à 1700. Parmi celles-ci 9 % sont antérieures à 1600, 12 % à 1650, 22 % entre 1650 et 1700. Cette recherche du livre du passé, qui a dû être patiente et régulière, révèle l'homme du siècle de Louis XIV et l'héritier des humanistes. Mairan possède des éditions assez rares, en tout cas vraisemblablement peu courantes chez les libraires de la rue Saint-Jacques, mais il n'est cependant pas un grand bibliophile. Il n'aime pas le livre pour le livre, car les livres objets, richement reliés et splendidement illustrés, si appréciés de tout temps et très recherchés des collectionneurs de son époque, ne sont pas présents dans sa bibliothèque.

Avoir parmi ses livres de philosophie la grande édition de Sénèque publiée à Bâle en 1515 alors qu'on a déjà quatre éditions postérieures des mêmes œuvres, c'est certainement montrer plus que de la curiosité bibliophilique, c'est vouloir disposer pour travailler d'un des grands textes d'Érasme. Mettre sur ses rayons les *Harmonia mundi* de Kepler dans l'édition de 1619, le *Dialogus systemate mundi* de Galilée dans celle de 1641, les *Discours* d'Ambroise Paré dans la publication de 1581, les grandes éditions bâloises de Ptolémée, c'est mieux et plus que l'attention d'un amateur de livres rares. C'est divulguer une attitude intellectuelle où l'on discerne la fidélité aux textes originaux, le retour nécessaire aux livres essentiels et la croyance en la confrontation patiente de la science du passé avec les découvertes du présent.

Au moment où le *Journal des Savants* montre la désaffection réelle du public pour la langue latine puisque la proportion des ouvrages en latin analysés par ses rédacteurs tombe de 36 % entre 1715 et 1719 à 10 % entre 1750 et 1754, Mairan, lui, reste fidèle à l'ancien véhicule du savoir [68] : 38 % de ses livres sont en latin (rappelons qu'ils ont été pour la majorité achetés entre 1700 et 1770). La distorsion entre le cas particulier et l'évolution générale est nette. Par ailleurs il ne s'agit pas d'ouvrages médiocres : les plus grands livres de la littérature ancienne et de la production savante du XVIe et du XVIIe siècle sont là. Mairan, dont les notices biographiques rappellent la réputation d'helléniste alors qu'on ne trouve dans sa bibliothèque qu'un nombre peu élevé de livres en grec [69], est, en tout cas, un bon latiniste.

---

68. J. Erhard et J. Roger, *op. cit.*, p. 38. On peut se demander quelle a été la part du public et celles des éditeurs dans cette question.
69. Il possède cependant l'*Almageste* de Ptolémée, édition en grec de 1538. On retrouve aussi une édition en grec d'Aristote, une édition en grec de Plutarque. Ces quelques indications permettent de penser qu'une vérification plus fine encore des titres et des éditions révélerait sous l'édition d'apparence latine, parfois, une édition en grec. Mairan a une incontestable familiarité avec de nombreux auteurs grecs, surtout ceux qui conviennent à certaines de ses orientations, par exemple Lucien (trois éditions, une seule indiquée grecque et latine). Enfin dans le

LANGUES

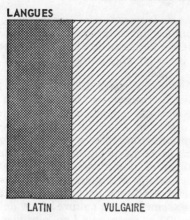

LATIN VULGAIRE

DATES DE PARUTION

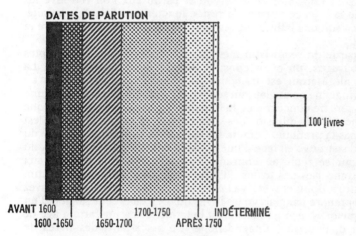

AVANT 1600
1600 -1650   1650-1700   1700-1750   APRÈS 1750   INDÉTERMINÉ

□ 100 livres

CATÉGORIES BIBLIOGRAPHIQUES

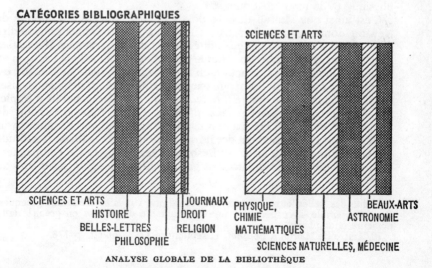

SCIENCES ET ARTS

SCIENCES ET ARTS
HISTOIRE
BELLES-LETTRES
PHILOSOPHIE
JOURNAUX
DROIT
RELIGION

PHYSIQUE, CHIMIE
MATHÉMATIQUES
SCIENCES NATURELLES, MÉDECINE
ASTRONOMIE
BEAUX-ARTS

ANALYSE GLOBALE DE LA BIBLIOTHÈQUE

Le fait important, pour une histoire de la transmission des cultures, est que sur les 1 300 livres latins 70 % ont été imprimés avant 1700, et parmi ces 900 ouvrages, 19 % avant 1600. C'est la proportion la plus forte pour les livres du XVIᵉ siècle, puisque les livres en langue vulgaire de la même période n'atteignent que 4 %. 23 % seulement des livres latins ont été édités entre 1700 et 1750 et 5 % à peine entre 1750 et 1770. Ces pourcentages montrent que la fidélité de Dortous de Mairan au latin est un attachement au savoir ancien. Ce n'est pas cependant un conservateur de la culture et il ne s'oppose pas totalement à l'évolution de son siècle où s'inscrit la chute massive de l'édition latine, relayée par l'impression vulgaire. C'est un homme élevé dans un contexte culturel où la fortune du latin n'était pas encore ébranlée et il s'adapte aux conditions nouvelles. Alors que les éditeurs et les savants de France et d'Europe s'en détachent, Mairan continue d'acheter les livres anciens et nouveaux nécessaires à ses travaux et à l'élargissement de sa culture : 27 % de ses livres latins sont imprimés depuis 1700 et parmi eux l'on retrouve les gros livres de la science allemande restée longtemps fidèle à la latinité, mais aussi des éditions latines sorties des presses d'Italie, d'Angleterre et de Hollande.

La contrepartie du recul latin n'est pas ici, comme dans les comptes rendus de journaux, un essor considérable des langues nationales. La bibliothèque de Mairan est française. Une soixantaine d'ouvrages en italien, une vingtaine en anglais, un seul en espagnol montrent qu'aucune langue étrangère ne concurrence le français. Ici encore, ce n'est pas que Mairan soit hostile à la diffusion des sciences par les autres idiomes. C'est qu'il n'en a pas la pratique. Comme les savants de la première moitié du XVIIIᵉ siècle il se trouve en face d'une poussée des véhicules nationaux du savoir et, pour se tenir au courant, il a de préférence recours aux traductions françaises des textes qu'il ne peut pas se procurer en latin. Dans une lettre à Bouillet il écrivait cette phrase révélatrice : « Vous avez bien fait d'apprendre l'anglais vu les livres qu'il y a dans cette langue. J'en ai eu aussi quelques leçons; mais il est bien fâcheux à un certain âge de feuilleter un dictionnaire. Cependant je tire assez parti des livres de physique et de mathématiques [70]. »

C'est ainsi que Mairan dispose de six éditions du traité d'optique de Newton, dont une en anglais, trois en latin et deux en français auxquelles s'ajoutent des *Leçons d'optique* éditées à Londres en français. Il est assez fréquent que sur des questions qui le passionnent il ait acheté l'édition en langue nationale et sa traduction en français. La *Physique* de Newton est représentée dans sa bibliothèque par sept éditions, dont deux genevoises et une française. Il y a ajouté *Il Newtonismo per le dame*, publié à Naples par Algarotti, et *Il Saggio della filosofia d'Isaac Newton*, traduit de l'anglais à Venise en 1735. La montée des langues vulgaires semble avoir pour résultat l'élargissement des horizons culturels et la fin de la solitude qui était celle du livre en latin. Désormais les ouvrages s'accompagnent du cortège de leurs traductions et parmi celles-ci les françaises sont au

---

domaine des belles-lettres nous avons relevé une vingtaine d'éditions grecques. Dans l'ensemble, avec peut-être une cinquantaine d'ouvrages en grec, le latin demeure triomphant.
70. Lettre de Mairan à Bouillet, 11 septembre 1737, *op. cit.*, p. 178.

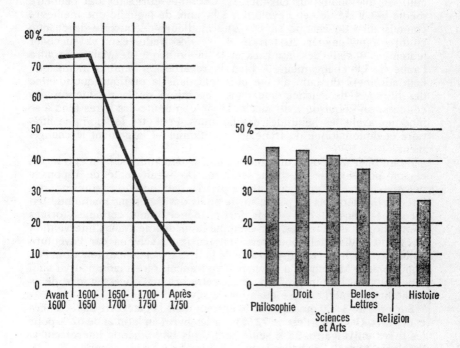

PROPORTION DES LIVRES EN LATIN DANS L'ENSEMBLE DE LA BIBLIOTHÈQUE
SELON LA DATE DE PARUTION ET SELON LES CATÉGORIES

premier rang. Ce sont elles qui assurent la pénétration du livre contemporain.

Paradoxalement, le recul d'une langue véhiculaire internationale des idées, commode autrefois, n'a pas entraîné la fermeture des horizons culturels nationaux sur eux-mêmes. Certaines curiosités ont peut-être même bénéficié de cette évolution à la suite de laquelle une meilleure connaissance de chaque pays et une meilleure découverte de chaque culture a pu gagner du terrain. L'ère des traducteurs va succéder lentement à celle des latinistes et la bibliothèque de Mairan montre l'aube de ce changement. A bien la regarder, il semble même que l'effondrement du latin ait été plus lent dans la pratique quotidienne des hommes de science que dans l'évolution de la production des éditeurs. Au début du XVIIIᵉ siècle, la vie commune des livres tend à se modifier avant les habitudes des hommes. Peut-être le triomphe littéraire et diplomatique du français conditionne-t-il largement le changement?

Il faut bien sûr, pour confirmer ce fait, se demander si latin et français étaient porteurs de la même culture. On serait tenté de répondre négativement en s'appuyant sur la preuve habituelle du latinisme, des intérêts intellectuels du passé, sur le poids des traditions maintenues en théologie, dans le droit et la jurisprudence, dans certaines formes d'érudition et de sciences, par exemple la médecine. Mais l'intervention des choix individuels bouleverse en partie ce schéma car l'aventure collective des livres est inséparable de leur usage et de leur fonction. Peu importe pour Mairan qu'un livre soit en français ou en latin pourvu qu'il réponde à un besoin profond : c'est cette orientation essentielle de sa bibliothèque que l'analyse quantitative révèle[71].

Sur près de 3 400 ouvrages 65 % entrent dans la catégorie des sciences et des arts. Ce rapport est de 72 % pour les livres en latin et de 62 % pour les livres en vulgaire. 35 % seulement de la bibliothèque intéressent la théologie, le droit, les belles-lettres et l'histoire (respectivement 5 %, 1 %, 13 %, 7 %). Les journaux, que l'on peut considérer comme des ouvrages d'intérêt multiple, atteignent 1,3 % au total. Sur un point capital la bibliothèque de Mairan devance les orientations profondes du XVIIIᵉ siècle. F. Furet a montré que dans l'ensemble de la production les sciences et les arts n'atteignent en 1723-1727 que 18 % des demandes de privilèges, en 1750-1754, 25 % et plus de 30 % dans les années 1780-1784[72]. Les « agents privilégiés de l'Histoire des progrès de l'esprit humain » occupaient, dans les demandes de permissions tacites, une position encore plus conquérante, puisqu'ils passaient entre 1750-1754 et 1780-1784 de 25 à 40 %. J. Erhard et J. Roger ont montré à partir des comptes rendus de journaux une progression semblable au long du siècle des sciences et des arts[73]. *Librairie du Royaume de France, Journal des Savants, Mémoires de Trévoux*, tout parle du triomphe des instruments de

---

71. La répartition des livres a été établie selon les critères de l'époque. Pour les questions de méthode, se reporter aux pages de *Livre et Société, op. cit.,* intéressant la grille mise au point en collaboration avec F. Furet et plus particulièrement pp. 14-16 et 30-31.

72. Cf. F. Furet, in *Livre et Société, op. cit.,* pp. 18-19 et 23-24.

73. Cf. J. Erhard et J. Roger, in *Livre et Société, op. cit.,* pp. 51 et 54.

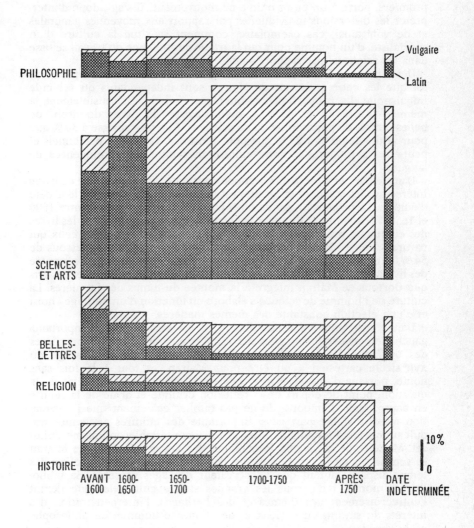

ÉVOLUTION DU NOMBRE DE LIVRES EN LATIN
POUR LES PRINCIPALES CATÉGORIES BIBLIOGRAPHIQUES

conquête, d'analyse et de compréhension, de laïcisation du monde. Or la bibliothèque d'un savant reconnu, mais cependant non plus des tout premiers, porte à un point ultime ce mouvement. Il s'agit donc d'interpréter les distorsions individuelles par rapport aux moyennes générales et de voir ainsi, cas exemplaire, comment se situe la culture d'un spécialiste, d'un homme pour qui la trame quotidienne du travail se tisse dans les sciences, par rapport à celle de son siècle.

Dès à présent, il faut noter deux constantes importantes. La première est que les choix culturels de Mairan sont indépendants du véhicule linguistique. La proportion des ouvrages en latin est sensiblement la même – entre 38 et 43 % –, qu'il s'agisse de livres de droit, de belles-lettres, de philosophie ou de sciences. Elle ne s'abaisse à 30 % que pour la théologie et à 27 % que pour l'histoire. Les choix personnels et peut-être la modernité d'une culture méprisent les contingences de langue.

D'autre part, et c'est là une seconde constante, le pourcentage de livres intéressant les sciences et les arts est le même quelle que soit leur date d'édition. La proportion est de 66 % pour les ouvrages édités entre 1600 et 1650, 71 % pour ceux imprimés entre 1650 et 1700, 70 % pour les livres des cinquante premières années du XVIIIᵉ siècle et 72 % pour ceux qui parurent entre 1750 et 1770. Ce rapport ne descend pas au-dessous de 54 % entre 1500 et 1600, ce léger recul étant compensé par une montée des livres de belles-lettres. C'est donc tout le passé des sciences et des arts que Dortous de Mairan intègre à la montée du temps des Lumières. La culture de l'homme de science s'élabore en fonction d'un héritage choisi et d'une élection constante des mêmes matières.

Dans cette tentative d'assimilation, il est certain que d'importants gauchissements sont possibles par rapport aux significations premières des ouvrages. Un livre du XVIᵉ siècle humaniste ou un ouvrage du XVIIᵉ siècle cartésien a pu être pour Mairan, et tout à la fois sans doute, porteur d'une révélation ancienne, témoignage d'un état de la question, point de départ de la réflexion critique et arme de la remise en cause. Mais il importe de ne pas oublier également que l'acceptation massive d'une part aussi importante des cultures anciennes traduit une grande largeur de vues et un incontestable optimisme culturel. Membre de la vivante République des Lettres, Dortous de Mairan se veut le fils de la longue histoire des hommes de culture, l'élève des temps disparus autant que l'observateur des âges présents. Sa bibliothèque montre bien, sous les grandes strates culturelles que définit l'entrecroisement des thèmes et des héritages, l'interpénétration des intérêts du savant, du curieux et de l'honnête homme, du philosophe et du chrétien.

Le chiffre élevé de ses livres de sciences (1 541 – près de la moitié et certainement plus si l'on tient compte des recueils académiques et des journaux scientifiques) parle pleinement pour le savant. Ses intérêts se répartissent entre quatre pôles principaux : l'astronomie, la physique, les mathématiques et les sciences naturelles. A eux seuls ces ensembles regroupent 68 % des livres de sciences et arts. Les livres de spéculation astrologiques et alchimiques traditionnellement comptabilisés avec les sciences occupent une place dérisoire : moins de 1 % pour une quinzaine d'ouvrages. La quasi-absence de la chimie, encore qu'elle soit représen-

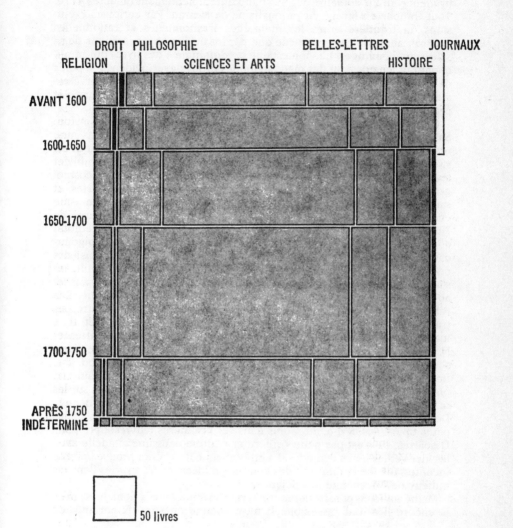

ANALYSE PAR CATÉGORIE BIBLIOGRAPHIQUE ET DATE DE PARUTION

tée par des livres essentiels[74], révèle sinon la méfiance, du moins la prudence en un domaine qui ne se modifiera pleinement qu'après 1770. Tout tranche en faveur du rationalisme de Mairan. Par certaines exclusions, la frontière entre les mentalités irrationnelles et rationnelles apparaît aussi clairement tracée que par les évidentes orientations de sa sélection d'ouvrages. L'incontestable prédominance des livres qui impliquent l'usage constant des mathématiques prouve avec évidence le poids de la méthode[75]. Le détail de ces catégories montre comment cette attitude de rationalisme s'appuie sur une culture extrêmement variée et profonde et conduit aux rivages d'un utilitarisme praticien.

On a dit Mairan cartésien attardé dans l'univers repensé par Newton. Sa bibliothèque appelle une relecture des œuvres et, en tout cas, une interrogation plus précise des intérêts du physicien[76]. Rien de ce qui est « physique » ne lui est inconnu. Il a sinon tout lu, du moins rassemblé et feuilleté l'essentiel d'une production où se côtoient les antiques cosmogonies et les modernes recueils d'expériences. Oui il a lu Descartes, et sans doute passionnément, et tous les cartésiens d'un cartésianisme encore vivant dans sa jeunesse[77]. Il possède les œuvres majeures de Huygens, il a Rohault dans l'édition originale de 1671 et dans l'édition commentée par Mac Laurin. Mais aux côtés des maîtres et des épigones cartésiens il y a toutes les œuvres importantes de Newton, et en plusieurs éditions, et, fait plus révélateur encore, toutes les pièces de la bataille où s'affrontent pendant la première moitié du XVIIIe siècle partisans et adversaires des deux systèmes. La réfutation de Newton par Bannière, la réfutation de la réfutation par Lanthené, les éléments de Voltaire, les traités de Fontenelle, les institutions physiques de Mme du Châtelet. Il ne manque même pas un symbolique traité de paix entre Descartes et Newton publié à Avignon en 1752. Au total, rien de ce qui se fait, se dit ou s'imprime en ce domaine ne semble lui avoir échappé. Les modes, si importantes pour la diffusion des idées, le séduisent tour à tour. La physique de l'abbé Nollet, les livres sur l'électricité, les réflexions sur les origines de l'univers, tout fait corps de physique dans sa bibliothèque : Descartes, Newton, la théorie et l'expérience, les grands traités et les petits opuscules. S'il a, au moins dans ses premières œuvres, opté pour Descartes, ce n'est pas pour s'enfermer comme dans une citadelle avec les idées et les livres démodés. La bibliothèque de Mairan prouve la force incontestable de la diffusion des courants d'idées les plus variés dans les milieux de l'Académie des Sciences.

Mathématicien et astronome il n'a rien inventé en ces domaines, mais là encore il a tout rassemblé. Il n'est aucune question importante en

---

74. *Cours de chimie* de Lemuy, de Baron, les *Éléments* de Boerhaave, et l'*Abrégé de la théorie chimique* de Boerhaave par La Mettrie, les *Traités* de Malouin, de Baumé, de Grew. Mais on ne trouve ni Stahl, ni Kirwan. Au total une trentaine de livres.
75. Cf. R. Lenoble, « La présentation du monde physique à l'époque classique », in XVIIe siècle, 1956, p. 5 et sq.
76. Les ouvrages de physique se répartissent ainsi : traités généraux d'intérêts multiples, 113 ; traités de l'univers, 50 ; éléments de mécanique céleste, traités sur les mouvements, les météores, le vide, 63 ; traités sur le flux et le reflux, 8 ; sur les mouvements de la terre, 28 ; sur l'électricité, 22 ; l'optique, 73 ; la dynamique et la statique, 83 ; l'acoustique, 15.
77. Cf. R. A. Watson, *The downfall of Cartesianism*, La Haye, 1966.

mathématique qui ne soit représentée par plusieurs ouvrages. Mairan est d'abord un utilisateur des mathématiques qui possède les ouvrages généraux indispensables et par surcroît tout ce qui concerne les mathématiques anciennes. Aux dictionnaires de mathématiques, aux histoires[78], il ajoute les ouvrages de philosophie et de réflexions[79] et tous les traités anciens et modernes. Comme en physique une place importante est faite à la science de la Renaissance. Toutes les grandes œuvres des mathématiques humanistes et du début du XVIIe siècle sont là : Oronce Finé, Ramé, Tartaglia, Viète, Pelletier, Viator, Henrion, Cardan. Mais aussi l'Antiquité avec Aristote, six éditions d'Archimède, huit éditions des *Éléments* d'Euclide, dont une traduite en anglais, cinq éditions des *Commentaires sur les coniques* d'Apollon de Pergame. Mairan se révèle ici curieux de réflexions sur le destin des mathématiques saisies historiquement dans leurs œuvres fondamentales et l'on a fortement l'impression qu'il se soumettait à un recyclage permanent dans toutes les directions[80]. Il se révèle sensible à l'évolution interne de la géométrie, de l'analyse, des calculs de probabilité. Sur le seul problème du calcul différentiel et intégral il a recueilli plus de cinquante ouvrages : les traités de Savérien, de Newton[81] dont la *Méthode des fluxions* est représentée deux fois, de Nieuwentit, de Craig, Euler, Crouzas, Viviani, Bougainville. Sur les coniques il a rassemblé plus de cinquante livres essentiels.

Enfin une dernière direction oriente ses curiosités mathématiques : le vaste domaine des applications utilitaires, à la planimétrie, à la géométrie pratique, aux calculs financiers. Mairan possède sur cette question six ouvrages de calcul d'intérêt et de tarifs ainsi que les dernières réflexions sur l'application des probabilités aux calculs des assurances[82]. Les écoles d'arpenteur, les traités sur les méthodes de jauge, dont il fut un spécialiste, les recherches sur le nivellement témoignent sans doute de son réalisme et sont liés à une expérience pratique. Mais il y a là également une vision du monde où la géométrie joue dans l'organisation de la cité un rôle de premier plan. On connaît les missions officielles et les consultations publiques dont les membres de l'Académie des Sciences assument la responsabilité[83]. Il n'est pas étonnant de retrouver parmi les livres de physique tout ce qui en concerne les applications, les recueils de machines, la mécanique du flûteur de Vaucanson, les expériences sur le baromètre, le thermomètre, les architectures hydrauliques d'Italie et de

---

78. Par exemple Ozanam, *Dictionnaire de mathématique*, Paris, 1691, Savérien, 1753 ; C. Beughem, *Bibliographia Mathematica*, Amsterdam, 1688 ; Montucla, *Histoire des mathématiques*, Paris, 1758.

79. De Crousaz, *Réflexions sur l'utilité des Mathématiques*, Amsterdam, 1715 ; Hagen, *Méditations sur la méthode mathématique*, Nuremberg (en latin), 1734.

80. Les ouvrages de mathématique se répartissent ainsi : ouvrages généraux, dictionnaires, etc., 14 ; mathématiques anciennes, 19 ; mathématiques modernes généralités, 70 ; arithmétique et algèbre, 56 ; calcul différentiel et intégral, 54 ; géométrie généralités, 47 ; traités de la ligne et du cercle, 38 ; trigonométrie et logarithmes, 37 ; sections coniques et courbes, 44 ; application des mathématiques, 30.

81. Newton, *Analysis per quantitatum*, Londres, 1711 ; *Méthodes des fluxions* (non traduite), Paris, 1736 ; *Méthode des fluxions* (traduite), Paris, 1749.

82. Deparcieux, *Essai sur les probabilités de la vie humaine*, Paris, 1746.

83. En 1721 il étudia avec Varignon une nouvelle méthode de jaugeage qui fut adoptée malgré l'opposition du commissaire de la Marine, Deslande.

Hollande. Sur un vaste fond théorique se greffent les espoirs concernant l'amélioration et l'aménagement du monde, sa conquête et sa connaissance à la fois liées.

Sur ce point l'analyse des livres d'astronomie est très révélatrice : deux cent quatre-vingt-douze ouvrages, moitié de spéculation, moitié d'usage et d'application [84]. Mairan, astronome à l'affût de l'univers, a besoin non seulement des instruments mais d'un matériel de tables, d'éphémérides, de recueils d'observations, d'atlas célestes, de mémoires astronomiques. Derrière les livres, on devine l'homme des observations patientes et précises, des calculs et des méditations. Mairan fut sans conteste l'un de ces veilleurs du siècle des Lumières, dont la connaissance et sans doute aussi la rêverie s'alimentaient aux sources de la nuit. Aucun problème qui ne fût sien, les planètes, les comètes, le soleil, la lune, les étoiles fixes, sur chaque question il a la bibliographie ancienne et les mises au point du siècle [85].

Au-delà des problèmes particuliers qui agitent le monde des sciences et le public, un certain nombre d'ouvrages prouvent, là encore, sa passion particulière. S'il a pu alimenter ses réflexions à la lecture des *Philosophiae naturalis principia mathematica* [86], c'est par référence à l'immense apport de plusieurs siècles d'astronomie. De Ptolémée il a les aphorismes astronomiques, les œuvres géographiques, le livre de la sphère et de la géographie. De la révolution astronomique des XVIe et XVIIe siècles il possède les grands témoignages : Tycho Brahé (*Astronomiae instauratae mechanica* dans l'édition de Nuremberg, 1602, et dans celle d'Uranenberg, 1610), Copernic (*De revolutionibus orbium coelestium* dans une édition de 1566 à Bâle), Kepler (trois éditions de l'ouvrage fondamental sur le mouvement des planètes, l'*Astronomia nova*), Galilée (les œuvres complètes dans l'édition de Bologne parue en 1656 et l'édition originale en italien du *Saggiatore* [87]), Gassendi (deux éditions de l'*Institutio astronomica*). Sur l'astronomie contemporaine il a également l'essentiel : Euler, Clairault, d'Alembert, Le Monnier, Lalande.

A travers tous ces livres s'inscrit peut-être la préoccupation de Mairan quant à l'interprétation de l'univers, mais il est assez remarquable de les voir mêlés aux ouvrages d'application qui marquent les étapes des progrès des horlogers et des navigateurs. Écho lointain d'une conception platonicienne du microcosme et du macrocosme, cette interprétation du spéculatif et du pratique correspond assez bien sans doute aux fonctions sociales du savant des Lumières. Il s'agit non seulement d'interpréter le grand champ des étoiles et les planètes, mais de donner à l'homme de

---

84. Les traités d'astronomie se répartissent de la façon suivante : traités généraux (manuels, prolégomènes, traités de la sphère), 88 ; traités sur les planètes, 21 ; sur le soleil et la lune, 26 ; sur les comètes, 20 ; sur les étoiles fixes, 18 ; ouvrages d'observations, atlas célestes, mémoires, 56 ; ouvrages d'application à la navigation, 34 ; et aux horloges, 28.

85. Par exemple sur les comètes, Kepler, *De cometibus libri* ; Descartes, *Discours sur les comètes* ; Bernouilli, *Novi systematis cometarum* ; Petit, *Discours sur la nature des comètes* ; Le Monnier, *Théorie des comètes* ; Clairault, *Théorie du mouvement des comètes* ; P. Berthier, *Physique des comètes*.

86. Il possède l'édition de Motte, 1729, et celle de 1756 de Mme du Châtelet en français et celle de 1726.

87. Mairan possède aussi deux éditions de la *Dissertatio cum Galilei* de Kepler (Prague, 1620, et Francfort, 1611).

meilleures armes pour la conquête du monde... Mesure du temps, art de confectionner les cadrans et les horloges, art de naviguer, astronomie des marins, moyens de découvrir les longitudes [88] parlent en ce sens.

Cet optimisme culturel, cette volonté d'aller à l'essentiel et d'avoir dans sa bibliothèque les textes fondamentaux se retrouvent par l'analyse des livres de sciences naturelles et de médecine : cent soixante et onze ouvrages d'histoire naturelle, de zoologie, de botanique avec une forte proportion pour la géologie et la minéralogie [89] et près de deux cents de médecine [90]. Éditions et rééditions anciennes, Pline, Galien, Hippocrate, Avicenne sont présents dans les grandes mises à jour humanistes ou classiques. Les modernes [91], Linné, Buffon, Malpighi, Geoffroy, Réaumur, Bonnet pour les naturalistes, Harvey, Spalanzani, *La Vénus physique* de Maupertuis, les traités de Boerhaave, d'Astruc, Chirac, Barthez, les *Éléments de physiologie* de Haller, Helvétius et Liautaud composent un ensemble que ne refuserait pas un authentique praticien [92]. Certains ouvrages, ceux d'Helvétius, de Maupertuis, de Wharton et de Willis montrent que Mairan s'intéressait à ces questions bien autrement qu'en amateur. La part exceptionnelle réservée à ces ouvrages est ici conforme à une des grandes orientations du siècle [93].

Tradition et modernité réconciliées

La bibliothèque scientifique paraît répondre à trois impératifs : tenir compte des héritages (la proportion des ouvrages savants édités avant 1650 oscille entre 11 % pour les sciences naturelles et 28 % pour les mathématiques); assimiler la culture savante de son temps (pris au sens large entre 1650 et 1771); composer une somme des recettes et des moyens techniques, sentiment qui donne aux ouvrages théoriques et spéculatifs un cortège fourni de livres utilitaires. Dortous de Mairan propose en quelque sorte l'image d'un véritable humanisme historique des sciences dont les profondes racines culturelles n'empêchent pas l'application à des fins pratiques. La bibliothèque de Mairan parle tout à la fois le langage de la tradition et celui de la modernité réconciliées dans le credo optimiste du rôle social des savants et des académiciens. La culture scientifique du siècle y est tout entière présente. Peut-être n'est-elle pas particulièrement explosive, mais sa masse montre l'incontestable volonté qui pousse Dortous de Mairan à être en accord avec son temps.

D'autres orientations de sa bibliothèque confirment cette alliance. 8 % du total des livres, 13 % des « sciences et arts » sont des ouvrages de

---

88. Sur ce seul problème, une dizaine d'ouvrages.
89. Histoire naturelle et traités généraux, 23; botanique, 23; géologie et minéralogie, 76; zoologie, 49.
90. Médecine, 145; anatomie, 30; pharmacie, 20.
91. Comme le voulait la pratique des libraires, l'anatomie et la physiologie sont comptées dans la médecine. L'analyse détaillée montre que Mairan s'est intéressé aux grands débats, sur les fossiles, sur la reproduction, sur le magnétisme.
92. On retrouve ici les œuvres du fidèle Bouillet, l'essai de médecine pratique et le traité de la peste (avis et remède contre la peste).
93. J. Erhard et J. Roger, *op. cit.*, p. 44.

philosophie [94]. Tous les titres importants d'une histoire des doctrines depuis l'Antiquité sont représentés : Platon (deux éditions dont la réédition lyonnaise de l'édition de Marsile Ficin, plus les ouvrages particuliers comme *Le Banquet* et *La République*), Aristote (trois éditions des *Œuvres*), tous les moralistes, Sénèque, Épicure, Théophraste, Épictète, Marc Aurèle et Plutarque (huit éditions). En apparence, rien de plus conformiste ; mais ne faut-il pas remarquer que certains de ces textes sont choisis dans les éditions, souvent avec commentaires, qui firent date dans l'histoire des remises en cause de la tradition ? Platon, certes, mais édité par Ficin ; Sénèque, oui, mais dans l'édition de Gassendi. La pente particulière de ces choix est encore soulignée par la présence de nombreux livres de débats qui jalonnent les sentiers des progrès critiques. D'Érasme les grandes œuvres, de Bacon les œuvres complètes, de Descartes tout ce qui était accessible, de Leibniz les grands titres, de Malebranche l'œuvre complète, et l'on ne peut citer le cortège des commentateurs, des épigones [95] et des ouvrages de polémique.

Peut-on aller plus loin encore dans l'appréciation d'une pensée ? Comment faut-il interpréter la présence des grandes œuvres « libertines » du XVIIᵉ siècle ? Car ne trouve-t-on pas réunis Pomponazzi, Charron *(La Sagesse* et *Les Considérations),* Naudé *(L'Apologie pour les grands hommes),* le *Cymbalum mundi,* La Mothe Le Vayer, Gassendi ? Il ne manque même par la correspondance des frères Dupuis. Que faut-il penser de la représentation assez remarquable de la littérature de la « crise de la conscience » et de la part de la « philosophie » des Lumières ? Bayle, Saint-Évremond, Fontenelle bien sûr sont là, mais aussi Locke, Pope, Berkeley, Condillac, d'Alembert, Rousseau, et également Wolf et Swedenborg. Mairan n'est-il qu'un éclectique ou ses intérêts fondamentaux coïncident-ils avec ses lectures ?

Il serait hardi de conclure, connaissant sa prudence. Mais n'y a-t-il pas dans cette attitude même un caractère qui l'apparente beaucoup aux ancêtres du « libertinage érudit » ? A tout le moins, une telle collection parle pour l'inquiétude et la largeur de vue. On n'est guère surpris d'y retrouver Montaigne (trois éditions). On l'est plus de n'y point rencontrer, encore qu'il soit possible de voir ici une frontière que Mairan ne veut pas franchir, Spinoza, représenté par le seul ouvrage de réfutation du Père Lamy, Helvétius (*De l'esprit* avait fait assez de bruit), d'Holbach (au moins sous le voile de l'anonymat). Faut-il incriminer l'âge ? Ce n'est pas impossible, encore qu'il ne joue pas pour les autres disciplines. Ce qui demeure incontestable, c'est la fidélité de Dortous de Mairan à la grande tradition des intellectuels d'Europe depuis le XVIᵉ siècle et, malgré la grande coupure de la sphère religieuse, à une attitude de réflexion et de critique. L'expérience du savant nourrit ici celle du philosophe.

On peut comprendre mieux par ce biais la place et le découpage des livres de théologie et de religion qu'il possède : 173 ouvrages, moins de 5 % du total, mais sur lequel il n'y a que trois livres de piété et de

---

94. Ils se répartissent ainsi : histoire de la philosophie, 11 ; philosophie générale ancienne, 49 ; moderne, 72 ; morale (y compris moralistes anciens), 48 ; métaphysique (uniquement ouvrages modernes), 94.
95. Pour les seuls textes « cartésiens », 35 ouvrages.

dévotion [96]. Tout le reste est composé d'œuvres de théologiens et surtout de textes sacrés. Le « philosophe chrétien » sinon le théologien se décèle au contraste entre l'abondance extrême de la littérature biblique [97], des œuvres des Pères de l'Église [98], des ouvrages de critique et d'érudition [99], et la pauvreté du livre pieux, banal ordinairement, ici réduit à un minimum quasi vital. Le choix des éditions [100], la présence des textes de controverse de Bossuet, de Fénélon, celle des grands ouvrages calvinistes, *L'Institution chrétienne*, Du Moulin, Amyrault, Jurieu, Du Plessis-Mornay et Du Perron, Grotius et Arminius, montre une attitude de comparatiste, si ce n'est d'iréniste. Théologiquement la formation de Dortous de Mairan se veut très large, axée sur le débat et la rencontre. L'expérience du philosophe rejoint celle de l'homme religieux. Sa vie intellectuelle, sa culture, sinon sa foi s'alimentent aux textes mêmes et à la confrontation des orthodoxes et des hétérodoxes. Le monde des livres de Mairan, partiellement laïcisé par la spécialisation savante, se profile sur fond de permanence des inquiétudes religieuses et métaphysiques.

Les chiffres, autant qu'ils le peuvent, et l'économie générale de la bibliothèque, proclament cependant l'optimisme des curiosités de Dortous de Mairan, sa confiance en l'homme et son approbation de la culture de son temps. Comme tout personnage cultivé du XVIIIe siècle il a un minimum de livres sur le droit [101]. Mais les livres sur les libertés de l'Église gallicane sont plus nombreux que les remises à jour des juristes. Le droit ne semble l'intéresser que dans la mesure où il rejoint d'autres préoccupations religieuses ou philosophiques. Pithou, Du Marsais rallient alors Montesquieu et Mably. La curiosité de Mairan n'est pas celle d'un juriste mais celle du philosophe et du critique. Son attitude à l'égard de la « politique » est beaucoup plus nuancée [102].

Agronome, Mairan l'est assez peu, bien qu'il possède comme tout amateur ses *Rei rusticali scriptores*, ses *Maisons rustiques*, son *Théâtre d'agriculture* et *le Moyen de devenir riche* de Palissy. Petit propriétaire mais plus embarrassé de ses biens que soucieux d'expériences, il n'a lu du siècle que Turbilly et surtout les ouvrages de Duhamel du Monceau. Économiste, il associe sur ses rayons deux types d'ouvrages, les livres d'information comme le *Dictionnaire* de Savary, le guide des finances, les états de la France et les relevés des mariages, baptêmes et sépultures ; et les essais de réflexions, Vauban (trois éditions de *La Dîme*), Melon, Petty,

---

96. *Le trésor des prières* de Ferrière, Paris, 1686. *Les exercices de piété* de Grisset, Paris, 1748. Un bréviaire romain, Paris, 1727.

97. La bibliothèque religieuse se répartit ainsi : Écriture sainte, 89 (dont 20 bibles complètes) ; les Pères de l'Église, 28 ; les théologiens et prédicateurs, et la controverse, 53.

98. Philon, saint Basile, saint Thomas, Nicolas de Cuse, Bossuet, Fénelon, Massillon, Pascal. On ne retrouve pas saint Augustin.

99. Richard Simon, P. Lamy, d'Anville, Asfeld, Astruc, livres de concordances, dictionnaires, lexiques.

100. Sur 20 bibles, 14 éditions françaises dont celle de Vatable (1545), de Sacy, de Bèze, 6 éditions hollandaises, genevoises, anglaises.

101. 35 dont 10 de droit canon, 6 de droits anciens (Justinien, Théodose), 10 de droits civils et naturels modernes (Grotius, Montesquieu, Mably, Formey, *Principes de la réforme de la justice du Roi de Prusse*, Beccaria), 9 de pratiques.

102. Les ouvrages de la catégorie sont répartis ainsi : agronomie, 13 ; économie, 15 ; politique, 21 ; sociabilité et éducation, 35.

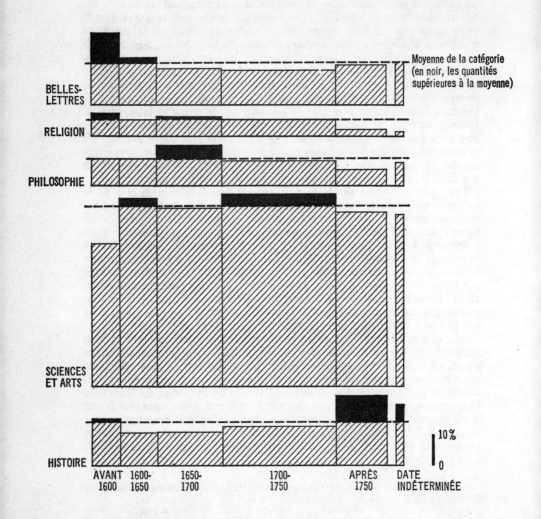

ÉVOLUTION DES PRINCIPALES CATÉGORIES BIBLIOGRAPHIQUES

Dutot, Deslandres, Dupré de Saint-Maur, l'histoire du commerce du chevalier d'Arcq et celle de Huet. Ses lectures sont en ce domaine celles de l'âge préphysiocratique, tout imprégnées de mercantilisme et dictées par les problèmes de finance, de monnaie et de commerce qui ont été ceux d'un contemporain du Système [103].

Politique, Mairan est encore très fidèle à sa tournure d'esprit humaniste. Sur ce point le départ reste le XVIᵉ siècle avec Érasme, l'*Utopie* de More, les ouvrages de Lipse. Mais c'est aussi un lecteur de Machiavel dont il a les œuvres complètes [104], *Le Prince* en latin, les *Discorsi* en français et l'*Examen du Prince* par Voltaire. Le XVIIᵉ siècle n'est représenté que par six ouvrages parmi lesquels il y a Balzac et Locke [105]. Enfin Mairan a sélectionné dans la production de son temps l'abbé de Saint-Pierre, Hume, Ramsay, Mably, il a lu *Le Contrat social* et il a conservé quelques dissertations sur la patrie, le peuple, et l'esprit du patriotisme. Sa bibliothèque rassemble la réflexion réformatrice, la pensée anglaise, les vieux rêves humanistes et le réalisme machiavélien. On se gardera de franchir le pas entre l'éclectisme des sources et celui de la pensée, car Mairan ne devait guère pratiquer l'ostracisme bibliophilique d'un partisan. On relèvera plutôt sa tentation morale et ses préoccupations sociales, formes anciennes des sociologies descriptives. S'il a lu Montesquieu [106], il conserve les ouvrages de l'humanisme aristocratique, *Le Courtisan* de Castiglione, *L'Homme de cour*, *Le Héros*, *L'Homme universel* de Gracian. De son siècle il a retenu Duclos et l'*Essai sur les mœurs*, mais aussi le Père Buffier et le Père Gerdil. La recherche d'un type d'homme, le goût pour la critique morale le conduisent directement à l'éducation. Il a l'*Émile* avec les autres œuvres de Rousseau et sa réfutation par le P. Gerdil, il a les projets de l'abbé de Saint-Pierre, le *Traité d'éducation* de Locke, celui de Crousaz et le plan de La Chalotais. Au total, dans ce domaine du « politique », la bibliothèque de Mairan allie permanences et innovations. Elle suit de près l'actualité de la librairie, mais conserve une incontestable dimension de culture volontairement humaniste et morale. Dortous de Mairan fut peut-être plus un observateur qu'un réformateur; s'il croyait à l'aménagement de la cité des hommes, c'est en associant étroitement les transformations morales, politiques, sociales avec les forces qui modèlent les civilisations entières.

La part considérable des « arts » insiste sur ce passage qui est celui du mouvement académique. Sur deux cents livres de cette catégorie, le quart rassemble des recueils académiques d'intérêt multiple. Dissertations, mémoires, communications, éloges, recueils, actes, transactions sont les étiquettes des curiosités du monde des académies. Orientées par les rapports personnels, les liaisons de Mairan sont aux dimensions de l'Europe [107]. Une documentation importante, recueillie jusqu'aux tout

103. On trouve un *Secret du Système* de Law (s.l.), 1721.
104. Machiavelli, *Opere*, Bâle, 1550.
105. Locke, *Du gouvernement civil*, Genève, 1724.
106. *Œuvres complètes*, mais aussi classé en droit comme le veut la tradition des libraires à *L'Esprit des Lois*.
107. Françaises, avec les recueils des trois grandes académies parisiennes et les publications provinciales des sociétés de Bordeaux, Montpellier, Béziers, Dijon. Germaniques, avec les recueils berlinois, les actes de l'Académie des Curieux de la

derniers moments de sa vie, évoque le métier de l'homme de sciences et d'arts. Plus qu'une adaptation à la mode, c'est le triomphe d'une option intellectuelle. Les ouvrages isolés des autres catégories le confirment, il s'agit de l'homme et de sa vie dans la cité : les beaux-arts avec quatre-vingt-douze ouvrages où l'architecture l'emporte sur la peinture, la sculpture et la musique, les arts spécialisés, navigation, équitation, écriture, art militaire, arts mécaniques. Le *Dictionnaire des arts et métiers* de l'Académie des Sciences voisine avec celui de Diderot. Les curiosités de Mairan sont celles du milieu où se forma et se diffusa l'esprit de l'*Encyclopédie* [108]. Elles sont universelles [109].

On ne doit pas oublier que l'académicien des sciences entra aussi à l'Académie française. Sous les intérêts du curieux il y a ceux de l'homme de lettres sinon créateur, du moins préoccupé des règles. Son esthétique et sa culture littéraire sont celles des classiques et des humanités, mais ouvertes à la remise en cause par la grammaire et la critique. Mairan semble avoir poussé assez loin ses recherches sur les voies d'une histoire littéraire globale, histoire des œuvres et des auteurs, histoire des formes et histoire de la langue. Il a ses instruments de travail : cinquante dictionnaires et lexiques [110], soixante grammaires et une cinquantaine d'ouvrages de critique [111]. C'est un praticien et un défenseur du français. Il connaît ses auteurs : les grands rhétoriqueurs [112], les maîtres grecs et latins [113] et les poètes et dramaturges classiques et étrangers [114]. Incontestablement ici domine la part de la tradition : 48 % des ouvrages de belles-lettres seulement sont édités après 1700, et dans ce nombre la part des ouvrages d'usage est énorme.

---

nature. Anglaises, avec des traductions de la Royal Society de Londres et de celle d'Édimbourg. Italiennes, avec Bologne. Et aux confins Upsala, Stockholm et Saint-Pétersbourg... 50 ouvrages, plusieurs centaines de volumes.

108. Cf. J. Proust, *L'Encyclopédie*, Paris, 1965, pp. 7-46.

109. La répartition des livres de cette catégorie est la suivante : recueils, 50 ; traités généraux sur les sciences et les arts, 13 ; musique, 23 (Mairan, d'après ses biographes, était lui-même musicien) ; peinture et sculpture, 25 ; architecture, 42 ; arts spécialisés, 85.

110. 50 dictionnaires dont une vingtaine latins, grecs et une dizaine étrangers (italien-français, allemand, allemand-latin, italien, espagnol, flamand, deux anglais), le reste français, l'Académie, Trévoux, Moreri, Richelet, Bayle, Furetière, dictionnaire étymologique.

111. 60 grammaires dont celle de Port-Royal (2 éditions), grammaire latine, grecque et hébraïque, grammaire de Desmarais, Bouhours, Boisregard, etc., grammaire italienne, allemande, flamande, espagnole, anglaise. Pour la critique et l'esthétique, d'Olivet, Dubos, Perrault, Terrasson, Mme Dacier, Voltaire, Marmontel, Mably, Cartaud, Bartoli. Notons aussi l'*Essai sur les hiéroglyphes* de Warburton, Paris, 1744.

112. Aristote, Démosthène, Quintilien et Cicéron (12 ouvrages).

113. Homère (8 éditions), Pindare (4), Hésiode, Théocrite, Virgile (7 éditions dont celle de l'abbé Delille), Catulle, Ovide, Tibulle, Properce, Martial, Perse, Juvénal. C'est ici qu'on trouve Mairan helléniste avec des éditions grecques ou grecques et latines des œuvres principales. Citons Homère (4 éditions avec texte grec), Hésiode (2 éditions), Pindare (2 éditions), Démosthène, Eschyle, Euripide et Sophocle, Théocrite et l'anthologie des *Épigrammes* d'Henri Estienne (1566). Bien sûr on trouve aussi Plaute et Térence.

114. Molière, Corneille, Racine, La Fontaine, Boileau, Malherbe, Benserade, Régnier, Pibrac, Marot, Garnier, Ronsard, Remy Belleau et Villon, et pour l'étranger, Dante, Aristote, Le Tasse, Guarini, Haller, Lessing et Gesner.

Mais ce rapport varie avec les centres d'intérêts. Il est moins élevé pour les orateurs, les poètes et les dramaturges que pour les romans et la critique [115] : Mairan lit les petits poètes et le grand Voltaire, les romanciers mais pas les dramaturges. Il faut noter aussi la part des littératures nationales. L'Italie avec une dizaine de titres arrive en tête : elle présente Goldoni, Dante et les grands poètes du XVIᵉ siècle ; l'Allemagne offre ses poètes contemporains ; l'Espagne le *Quichotte*, l'Angleterre est totalement absente. Il semble bien que là encore les choix aient été ceux d'une culture très classique. Il n'en va pas de même pour l'histoire qui pour un chiffre à peu près égal de livres est représentée assez différemment quant à l'orientation.

C'est d'abord une histoire profane pour l'essentiel, avec moins de 4 % de livres d'histoire ecclésiastique. C'est ensuite une histoire documentée d'après les leçons des textes, de la chronologie, des inscriptions, de la numismatique (16 %). C'est enfin l'histoire de la modernité plus que de l'Antiquité, volontairement ouverte aux mondes proches et lointains par les voyages et la géographie [116]. L'histoire moderne des grandes nations européennes y tient autant de place que celle de l'Antiquité. Si cette lecture du passé est très internationalisée, elle se fait pour la plus grande partie à travers une édition très contemporaine : 62 % des livres d'histoire sont édités après 1700. Ce n'est pas pour cela une histoire engagée dans les événements qui n'apparaissent ici que par quelques mémoires. C'est une discipline adaptée aux préoccupations de Mairan : Jacques de Thou et Pasquier y rejoignent Voltaire.

Incontestablement Jean-Jacques Dortous de Mairan est un homme des Lumières. En témoignent la place occupée parmi ses livres par les sciences et les arts et le large éventail de ses curiosités. Dans sa bibliothèque ouverte au monde et à l'histoire, la modernité circule aisément. Elle est celle des savants, des philosophes et des hommes de goût. Elle reflète également l'optimisme utilitaire des académies. Elle est de tolérance et de raison. Sur les rayonnages, à portée de la main, les livres offrent aux discours des hommes : arguments, renseignements, témoignages, leçons et méthodes. Somme des expériences du passé et des tentatives du présent, la bibliothèque de Mairan évoque le prestige et le rôle social du savant et de l'homme de lettres.

Mais l'homme qui a patiemment réuni ces livres qui sont sa vie et celle de ses amis avait vingt ans à l'aube du siècle. Les valeurs de son temps connurent des variations et des nuances, et mieux qu'un autre il a pu en épouser la courbe. Sa passion pour les traditions culturelles les plus variées procède-t-elle de là ? Mairan, élève des jésuites et des universités, l'un des quarante défenseurs de la noblesse du langage, est l'héritier des humanités gréco-latines et de la vision des classiques. L'académicien des

---

115. *Télémaque*, l'abbé Prévost, Marivaux, les *Persanes*, les *Lettres Péruviennes* et les *Lettres galantes*, Cervantès, mais aussi Scarron, *Le Songe de Polyphile* et *L'Ane d'or*. Enfin Mairan a la première édition de *La nouvelle Héloïse*.
116. La répartition des livres d'histoire est la suivante : sciences auxiliaires, 74 : 7,6 % ; géographie et voyages, 140 : 30 % ; histoire ecclésiastique, 18 : 4 % ; histoire universelle, 9 : 1,9 % ; histoire ancienne, 60 : 12 % ; moderne France, 61 : 13 % ; moderne étrangère, 57 : 12 % ; histoire littéraire, 44 : 9 %, au total plus de 450 ouvrages.

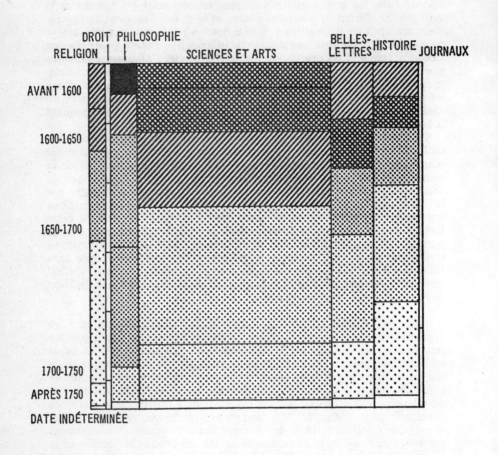

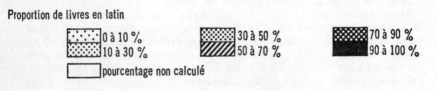

TABLEAU RÉCAPITULATIF

sciences, cartésien de formation, est un lecteur attentif de Newton. L'homme des arts et des sciences renouvelées est aussi un fidèle auditeur des leçons du premier humanisme. Sa bibliothèque est l'illustration exemplaire du problème des générations intellectuelles et de l'art des assimilations culturelles qui ne peut être que partiellement personnel.

Les chiffres révèlent des rencontres qui ne peuvent être fortuites. Dans une collection de livres en grande partie laïcisée, ce n'est pas le hasard qui place les libertins du XVIIe siècle au côté des écrivains du Refuge et des philosophes. Ce n'est pas accidentellement que les apologistes sont rassemblés avec les critiques, les Pères de l'Église avec les hétérodoxes. La tradition familiale a pu avoir son mot à dire au-delà des conversions. La volonté du doute méthodique a pu glisser des sciences aux autres disciplines. Dortous de Mairan, représentatif des milieux intellectuels parisiens, mais toute sa vie attentif à la province, révèle les inquiétudes et les interrogations presque autant que les certitudes et les conquêtes du monde des Lumières.

CHAPITRE III

Les lectures de la noblesse dans la France du XVIIIe siècle

Les livres d'un individu tel que Dortous de Mairan révèlent des lectures possibles, un horizon de savoirs et de curiosité, une personnalité active. En regard, la reconstitution de la consommation livresque d'un groupe social laisse supposer l'existence d'une bibliothèque collective obéissant à des impératifs multiples : acquisition par héritages divers, transmission par fidélité traditionnelle, choix des achats par hasard ou par réflexion, détermination des besoins pratiques d'un métier, d'une charge, infléchissement de la curiosité par les modes intellectuelles. C'est au total l'aveu d'une personnalité sociale faite de l'addition de multiples personnalités individualisés par leur vie même.

Dans le cas des privilégiés, le livre est tout autant un élément du mode de vie et l'instrument d'une affirmation que le vecteur d'un savoir. C'est pourquoi les nobles tiennent dans la société des lecteurs une place essentielle. De leurs pratiques s'inspirent celles d'autres groupes sociaux, à leurs usages répondent ceux d'autres collectifs, notables ou pas. Ils suggèrent un style de lecture qui fait son chemin dans la société entière, ils proposent une série de contrastes qui ne réussissent pas à masquer l'unité d'un modèle nobiliaire.

Trois images pourraient nous guider dans les lectures de la noblesse française au XVIIIe siècle. D'abord celle de Vauvenargues, atteint de maux d'yeux et obligé de recourir à des lecteurs pour satisfaire sa passion de savoir : « J'ai pris deux hommes pour me faire la lecture, un le matin, et un autre le soir. Ils défigurent ce qu'ils lisent; je leur donnai, l'autre jour, les oraisons funèbres de Bossuet, dont l'éloquence est divine, et ils coupaient par le milieu les plus belles périodes; je faisais du mauvais sang, mais il me fallait prendre patience, cela vaut encore mieux que rien [1]. » La figure du jeune officier en garnison à Reims traduit l'intellec-

---

1. Vauvenargues, *Œuvres posthumes et inédites, correspondance,* Paris, 1857, p. 148 (lettre au marquis de Mirabeau, 29 août 1739). Notons aussi : « J'ai pris le goût de la lecture comme une passion ».

tualité d'une noblesse engagée dans la réflexion et la lecture, prête à participer au combat d'idées, prête à s'armer pour cela.

La deuxième est issue de la Révolution et de ses tumultes. Le 5 germinal an III, la ci-devant noble Victoire de Combles réclame aux administrateurs républicains vingt-quatre livres marqués de son nom et placés sous séquestre. Parmi eux : Voltaire, Rousseau, Helvétius, l'abbé Raynal, Goethe, la fine fleur de la philosophie. L'incident banal aurait pu seulement être considéré comme témoignage des intérêts éclairés d'une fraction de la noblesse bretonne si Victoire n'avait déclaré « ne savoir signer », intriguant assurément le comité, « considérant que l'attestation d'une citoyenne qui ne sait signer pourrait être au moins suspecte sur la qualité des livres réclamés [2] ». Dans ce bref épisode se dévoilent à la fois l'attachement aux livres familiers et la difficulté à comprendre le rapport à la lecture dans un milieu où il est malaisé d'imaginer que l'on pût savoir lire sans savoir écrire. Toute la fonction sociale du livre pour un groupe est ainsi remise en question, et, avec elle, le rapport entre lecture et culture, au-delà peut-être entre culture et action [3].

En 1743, au Salon, les visiteurs pouvaient voir le tableau magnifique de Jacques Aved, *M. le marquis de Mirabeau dans son cabinet, appuyé sur le Polybe de M. Follard...* Au gentilhomme, à « l'ami des hommes », entouré de ses livres aux riches reliures, il appartient de signifier la puissance politique du livre. Le livre est ici signe de pouvoir, pouvoir de l'homme sur l'univers inventorié et donc dominé, pouvoir des idées qui peuvent sinon changer le monde, du moins réformer l'État. La bibliothèque nobiliaire renferme tout ce qui est utile au bon gouvernement, la mémoire des siècles, les instruments de la maîtrise des autres [4].

Passion, culture, pouvoir pourraient résumer les termes de notre interrogation. Pourquoi la noblesse française des Lumières apparaît-elle privilégiée en ce domaine comme en bien d'autres ? Que lisait-elle et comment ? Quels clivages culturels la lecture fait-elle apparaître au sein du second ordre ?

Certes les obstacles ne manquent pas pour rendre la tâche difficile. Les uns viennent des limites de l'information, les autres tiennent à la nature même du groupe social [5]. Le terme de noblesse est commode, mais il vaut mieux l'écrire au pluriel tant il recouvre de réalités différentes et complexes. Quel point commun entre le gentilhomme de manoir, d'ancienne famille et de médiocre fortune, le noble urbanisé des capitales provinciales, l'aristocrate de robe, d'administration ou de finance qui fréquente les coulisses de Versailles et les salons parisiens, le militaire promené de garnisons en campagnes ? Dans le second ordre

2. J. Meyer, *La Noblesse bretonne au XVIIIᵉ siècle*, Paris, 1966, 2 vol., t. II, pp. 1161-1162.

3. J. Quéniart, *Culture et Société urbaine dans la France de l'Ouest au XVIIIᵉ siècle*, 5 vol., Thèse, Paris, 1975, ex. dactylographié ; t. III, pp. 548-549. 9 villes sont étudiées : Angers, Brest, Caen, Le Mans, Nantes, Quimper, Rennes, Saint-Malo.

4. *France in the eighteenth century, Royal academy of arts*, 1968 ; p. 44 et pl. 168 ; R. Chartier, D. Roche, « Le livre : un changement de perspective », in *Faire de l'Histoire*, Paris, 1974, 3 vol., t. III, pp. 115-136.

5. Voir les synthèses récentes, G. Chaussinand-Nogaret, *La Noblesse au XVIIIᵉ siècle, de la féodalité aux Lumières*, Paris, 1976 ; J. Meyer, *Noblesse et pouvoirs dans l'Europe d'Ancien Régime*, Paris, 1973 ; sans oublier le fondamental H. Carré, *La Noblesse de France et l'Opinion publique au XVIIIᵉ siècle*, Paris, 1920.

trop de diversités subsistent ; le métier, la fortune, l'origine, la culture
divisent ce mixte social qu'unifie la conscience de sa supériorité par le
sang et par le commandement. Interroger les comportements face au
livre et à la lecture d'un ensemble aussi peu homogène ne se peut faire
sans procéder à des choix : nous privilégierons des sites nobiliaires
urbains, Paris [6], les villes de l'Ouest français étudiées par Jean Quéniart ;
des groupes, les parlementaires parisiens [7], les fermiers généraux [8] ; au
total, les noblesses engagées dans des cadres nouveaux et susceptibles
d'entendre de nouvelles valeurs.

Diversité intellectuelle de la noblesse

Plusieurs raisons expliquent les privilèges de la noblesse en matière de
lecture. Les unes tiennent à l'évolution des mentalités du second ordre
face à la culture au tournant de l'époque moderne, les autres s'enracinent
dans les nécessités du service et de l'action.

Parmi les populations urbaines sans discussion, dans les milieux ruraux
très probablement, la noblesse dès la fin du XVIIe siècle s'inscrit au
nombre des privilégiés de l'alphabétisation. A Toulouse, à Marseille, à
Lyon, dans les villes de l'Ouest, les contrats de mariage de la noblesse
sont signés de 80 à 100 % et, dans les cités, la courbe des signatures
nobiliaires est ascendante tout le siècle, même s'il faut souligner la
persistance du dimorphisme sexuel qu'illustrait en l'an III l'aventure de
Victoire de Combles [9]. Lire, écrire, compter sont très tôt des acquis

6. M. Marion, *Recherches sur les bibliothèques privées à Paris au milieu du XVIIIe siècle*, Thèse de IIIe cycle, Paris IV, 1977, exemplaire dactylographié ; D. Depraz *Enquête sur les bibliothèques de nobles à Paris après 1750*, mémoire de maîtrise, Paris Sorbonne, 1968.
7. F. Bluche, *Les magistrats du Parlement de Paris au XVIIIe siècle, 1715-1771*, Paris, 1960 ; une comparaison provinciale peut être tentée avec M. Gresset, *Le monde judiciaire à Besançon de la conquête par Louis XIV à la Révolution française*, Lille, 1975, 2 vol. ; A. Colombet, *Les parlementaires bourguignons à la fin du XVIIIe siècle*, Dijon, 1936 ; P. de Peguilhan de Larboust, *Les magistrats du parlement de Toulouse à la fin de l'Ancien Régime 1775-1790*, D.E.S., 1965, ex. dactylographié ; P. E. Robine, *Les magistrats du parlement de Normandie à la fin du XVIIIe siècle*, Thèse de IIIe cycle, Paris Sorbonne, 1967.
8. Y. Durand, *Les fermiers généraux au XVIIIe siècle*, Paris 1971. Sur d'autres milieux nobiliaires la documentation reste très impressionniste ; un exemple intéressant de milieu provincial est évoqué in H. Manceau, *Ce qu'on lisait dans les provinces vers la fin du XVIIIe siècle (Les Ardennes)*, Information Historique, 1951, pp. 73-75.
9. Mise au point définitive in R. Chartier, M. M. Compère, D. Julia, *L'éducation en France du XVIe au XVIIIe siècle*, Paris, 1974, pp. 87-109 ; et F. Furet, J. Ozouf, *Lire et écrire, l'alphabétisation des Français de Calvin à Jules Ferry*, Paris, 1977 ; les constatations régionales précises sont extraites de S. Cestriere-Dijols, *Structures et relations sociales à Toulouse en 1766 et 1788*, D.E.S., Toulouse, 1967 ; J. Godechot, S. Moncassin, « Structures et relations sociales à Toulouse en 1749 et 1789 », *Annales Historiques de la Révolution française*, 1965 ; M. Bellanger, *Les contrats de mariage à Marseille dans la seconde moitié du XVIIIe siècle*, D.E.S., Aix, 1965 ; M. Vovelle, « Y a-t-il eu une révolution culturelle au XVIIIe siècle? A propos de l'éducation populaire en Provence », *Revue d'Histoire Moderne et Contemporaine*, 1975, pp. 89-141 ; M. Garden, *Lyon et les Lyonnais au XVIIIe siècle*, Paris, 1970 ; la thèse de J. Quéniart, *op. cit.*, t. I, pp. 112-171 et pp. 106-213.

fondamentaux de la classe dominante qui, dans une société pour longtemps encore analphabète, découpe des refuges culturels où le livre joue un rôle dominant. On peut en effet admettre pour le XVIIIe siècle, tout au moins pour les niveaux supérieurs de la société où la pratique de l'écriture est généralisée depuis plusieurs générations, la corrélation fortement positive qui unit maîtrise de la graphie et de l'écriture au geste de la signature du contrat de mariage [10]. En d'autres termes, les noblesses urbaines additionnent les avantages offerts par les possibilités éducatives citadines à l'ensemble des capacités d'une classe qui a disposé très tôt de l'instruction et d'une intellectualité bien supérieure à cette culture élémentaire, identifiable par la signature seule, et qui caractérise la majorité de la population française.

Cette observation toutefois n'exclut pas la possibilité d'existence d'une noblesse sinon pauvre, du moins limitée dans ses moyens et dont l'alphabétisation n'est pas totalement terminée. A la fin du XVIIe siècle le fait ne doit pas être rare ; à la veille de la Révolution il s'agit sans doute de situations marginales, ainsi en Bretagne [11]. Beaucoup plus importantes sans conteste ont été les motivations et les occasions d'usage d'une instruction parfois difficilement acquise : « Les gentilshommes qui sont pauvres ne peuvent donner à leurs enfants l'éducation qu'ils n'ont pas reçue ; ils vivent communément à la campagne et sont souvent très éloignés des maîtres d'école [12]. » Dans cette requête pour une bourse au collège Louis-le-Grand s'exprime l'essentiel d'une évolution qui a hiérarchisé au sein du second ordre les bénéficiaires de la richesse, de la sociabilité urbaine et laissé de côté une minorité obscure.

Deux facteurs, en place dès le premier XVIIe siècle dans tout le royaume, expliquent cette conquête de la noblesse par la culture : la nécessité du service et le triomphe du besoin pédagogique assumé par les collèges [13]. Servir est devenu pour le second ordre un critère décisif et pour cela, au-delà de l'affirmation des aptitudes – qui douterait de celles des tenants de l'État ? –, il faut des capacités [14]. Dès le règne de Louis XIV, dont les réformations nobiliaires ont été décisives pour l'avenir de l'ordre entier, les filières pédagogiques existent qui permettent aux enfants de la noblesse de faire une carrière plus ou moins profitable [15]. L'activité

---

10. F. Furet, W. Sachs, « La croissance de l'alphabétisation en France, XVIIIe-XIXe siècle », *Annales E.S.C.*, 1974, pp. 714-737.

11. J. Quéniart, *op. cit.*, t. I, pp. 212-213. J. Meyer, « Un problème mal posé, la noblesse pauvre », *Revue d'Histoire Moderne et Contemporaine*, 1971, pp. 161-188.

12. *Ibid.*, *op. cit.*, t. I, p. 213, A.D. Ile-et-Vilaine, C 1316, dossier de candidature au collège Louis-le-Grand (1778).

13. R. Chartier, M. M. Compère, D. Julia, *op. cit.*, pp. 179-180 et P. Ariès, *L'enfant et la vie familiale sous l'Ancien Régime*, Paris, 1960, pp. 165-187, pp. 298-317.

14. F. Bluche, *La vie quotidienne de la noblesse française au XVIIIe siècle*, Paris, 1973, pp. 23-25.

15. J. Meyer, *op. cit.*, *Noblesse et pouvoir*, pp. 46-48. Sur l'évolution de la noblesse depuis le XVIIe siècle, cf. J. d'Alembert, *Essai sur la société des gens de Lettres et des grands, sur la réputation due aux mécènes et sur les prix littéraires*, in *Œuvres complètes*, Paris, 1822, t. IV, pp. 338-343 ; pp. 358-360. Notons : « Enfin Louis XIV parut, et l'estime qu'il témoigna pour les gens de Lettres donna le ton à une nation accoutumée à le recevoir de ses maîtres ; l'ignorance cessa d'être l'apanage chéri de la Noblesse, le savoir et l'esprit mis en honneur franchirent les

administrative, les charges de finances ou de justice exigent depuis longtemps une instruction au-delà du médiocre, l'armée se fait de plus en plus savante et la seule bravoure n'y suffit plus à assurer l'avancement. Si longtemps encore les officiers courageux se formeront eux-mêmes, la rénovation militaire après les désastres de la guerre de Sept Ans exigera du gouvernement monarchique des initiatives qui en amélioreront le niveau intellectuel [16]. Le problème de l'éducation nobiliaire fait partie intégrante de la confrontation séculaire du mérite et de la pureté de race. L'acculturation du second ordre se voit ainsi portée par un double mouvement : celui des aspirations à une mobilité sociale qui exige l'ouverture de la classe pour les meilleurs du troisième ordre ; celui de la dynamique des Lumières qui généralise le besoin d'une formation intellectuelle à tous les membres de l'élite dirigeante. Aux modèles éducatifs du collège et de l'Académie d'équitation dans la seconde moitié du XVIIIe siècle sont ainsi venus s'ajouter celui des écoles militaires et des pensionnats dont les élèves les plus doués préparent les concours des grands corps. Les lettres patentes [17] de l'École royale militaire de Paris renseignent sur les finalités sociales de l'éducation aristocratique : « L'expérience nous a fait connaître que les instructions et les exercices qui appartiennent à la profession militaire exigent une première éducation commune aux différentes professions ouvertes à la noblesse et que celle qui ne se rapporte qu'à un seul objet est souvent infructueuse ou déplacée, quand elle prévient l'âge dans lequel le caractère et la portée des enfants commencent à se déclarer. Nous avons donc jugé que le cours des études publiques, destiné à toutes sortes de professions indistinctement, devait être le fondement de ceux qui seraient par nous admis à notre école militaire, comme celui de toutes les autres professions [18]. » Le système éducatif nobiliaire en distinguant les niveaux de capacité, en sélectionnant les meilleurs vise à combiner les avantages de la naissance et les exigences techniques et intellectuelles d'une société modernisée [19]. A la fin du XVIIIe siècle rares sont les autodidactes dans le second ordre. Les familles veillent à l'instruction de leurs enfants qui tous ou presque reçoivent le bagage des humanités classiques auxquelles ils ajoutent, selon la vocation qu'on leur destine, l'apprentissage spécialisé des arts militaires ou des disciplines juridiques et administratives. Désormais la noblesse a besoin de lire, sinon de livre.

---

bornes qu'une vanité mal entendue semblait leur avoir prescrite. » Si le jugement du philosophe est conforme aux canons de l'historiographie des Lumières, insistant sur le rôle des monarques éclairés, il ne trahit pas la réalité plus complexe ; l'évolution des mentalités a toutefois été plus précoce.

16. E. G. Léonard, *L'Armée et ses problèmes au XVIIIe siècle*, Paris, 1958, pp. 163-190 et pp. 239-257 ; F. Bluche, *op. cit. (La Vie quotidienne...)*, pp. 120-172.

17. R. Taton éd., *Enseignement et diffusion des sciences en France au XVIIIe siècle*, Paris, 1964, pp. 513-615 ; R. Chartier, « Un recrutement scolaire au XVIIIe siècle, l'École Royale du Génie de Mézières », *Revue d'Histoire Moderne et Contemporaine*, 1973, pp. 353-375 ; A. Blanchard, *Les ingénieurs du Roy de Louis XIV à Louis XVI*, Thèse, Paris, 1976, ex. dactylo., 6 vol., t. I, pp. 324-329, pp. 345-347, pp. 404-407, pp. 415-424, pp. 438-465 ; t. II, pp. 517-520.

18. R. Laulan, « Pourquoi et comment on entrait à l'École royale militaire de Paris », *Revue d'Histoire Moderne et Contemporaine*, 1957, pp. 141-150, Lettres patentes du 7 avril 1764.

19. R. Chartier, M. M. Compère, D. Julia, *op. cit.*, pp. 218-220.

Les exigences du métier ne sont pas tout. Elles peuvent dicter des choix, elles peuvent imposer des curiosités plus ou moins amples, seules elles ne poussent pas toujours à la passion pour la lecture. La bibliothèque de l'officier ou du marin peut quelquefois tenir dans son portemanteau ; au retour des campagnes ou des expéditions lointaines elle prend place dans la collection familiale s'il y en a une. Mais dans ce domaine, l'enquête reste à mener qui conduira des châteaux de province aux logis des citadelles. L'exemple pourrait être celui des ingénieurs du roi tenus de posséder les « ouvrages de référence » de leur art et les livres savants qui leur permettent d'approfondir leurs connaissances [20]. Bélidor et les architectes, les fortifications et l'attaque des places de Jean Errard à Vauban, les mathématiques et les arts mécaniques, voilà qui compose le catalogue moyen de l'ingénieur. Mais ici on mesure la pesanteur, renforcée par la consolidation du corps, des obligations professionnelles, l'exigence scientifique d'un milieu résolument novateur, d'une élite restreinte qui tend à se fermer à la veille de 89. Combien de militaires à l'exemple du chevalier de Mautort se contentaient de feuilleter les gazettes ou l'almanach des Muses [21] !

Aux antipodes de ce premier modèle, la bibliothèque d'un grand administrateur, Turgot, maître des requêtes, intendant, contrôleur général [22]. Reconstituée avec précision par un érudit japonais, Takumi Tsuda, elle rassemble près de 5 000 titres : 500 pour le religieux, près de 700 pour le droit et les matières administratives, plus de 1 200 pour l'histoire, un bon millier de livres de sciences et arts ; le reste n'est que littérature. Ces appréciations globales mettent clairement en valeur la montée des intérêts laïcisés. Turgot possède l'essentiel des économistes de son époque et en particulier des physiocrates, il a les textes principaux des pères fondateurs de la démographie (Messance se retrouve même dans chacune de ses trois résidences), enfin il collectionne les ouvrages sur les langues, nécessaires pour exécuter son projet d'un grand livre étudiant les origines du langage. Ici donc intérêts et pratiques professionnels, soif de connaissance et passion individuelles se conjuguent pour faire de l'ensemble un paradigme : celui des collections novatrices et des hommes du pouvoir [23].

Le mécenat et la bibliophilie peuvent fournir un dernier type des usages nobiliaires du livre. L'itinéraire est ici plus facile à suivre.

20. A. Blanchard, *op. cit.*, t. II, pp. 645-651.

21. L. Royer, « La société grenobloise d'après les militaires qui y ont séjourné », *Revue des Cours et Conférences*, 1937, pp. 590-601, pp. 673-682. L. F. de Mautort, Paris, 1895. La carrière du chevalier est intéressante pour illustrer les difficultés de la noblesse militaire provinciale. Né en 1752, il apprend le rudiment avec sa mère, puis est mis en pension à Amiens chez le chapelain de la cathédrale, il entre à Juilly et enfin chez Sellier architecte de la ville et membre de l'Académie d'Amiens. Il entre directement dans l'armée sans passer par le concours ou les académies. Son témoignage sur ses garnisons successives est passionnant. Il émigre en 1792 – Mautort n'est ni Vauvenargues ni Laclos, mais un observateur à l'œil vif et un témoin incisif.

22. T. Tsuda, *Catalogue des livres de la bibliothèque de Turgot d'après le catalogue manuscrit conservé dans la Bibliothèque Nationale, Paris*, Institut d'études économiques, Université Hititsubashi, Tokyo, 1974, 3 vol.

23. Je remercie ici Jean Viardot des remarques pénétrantes qu'il m'a communiquées sur ce Catalogue dont l'étude reste à entreprendre.

Voyageurs et érudits ont depuis le XVI⁰ siècle répertorié et étudié ces grandes collections souvent aisément accessibles aux gens de lettres. L'abbé Le Gallois en 1680, Blégny en 1692 en dénombrent plus d'une centaine dans la seule capitale [24]. Cent ans plus tard, Thiéry en visite deux fois plus ; il est vrai qu'il incorpore dans la liste de ces cabinets fameux les grands ensembles de sciences naturelles qui font prime après 1750 [25]. Les représentants du second ordre arrivent en tête dans ce milieu des collectionneurs et des bibliophiles. On sait par ailleurs tout ce qu'il serait possible de saisir à partir d'une étude sérielle des marques personnelles. En Bretagne Jean Meyer a montré que les ex-libris font l'orgueil des familles nobles : sur un total de 162 grandes bibliothèques à ex-libris, 127 émanent de la noblesse [26].

La famille des amateurs reste à étudier pour l'ensemble de l'ordre. On y verrait une multiplicité de comportements révélateurs du rôle social des livres. Ils ne sont pas toujours signe de goût ou preuve de curiosité, mais souvent symbole d'une réussite sociale. La collection du fermier général Marin de la Haye est l'une des plus grandes de Paris, toutefois le *Publicanisme moderne*, pamphlet anti-financier il est vrai, montre qu'il ne lisait jamais ses livres, ne savait pas reconnaître les bons des mauvais et se contentait de les entasser pour paraître savant [27]. Le poète Metra s'en moqua lors de la vente : « Dorés sur tranche, bien couverts / Et tous neufs ainsi qu'on peut croire ; / Le défunt de riche mémoire / Ne les avait jamais ouverts [28]. » A l'opposé, on connaît le marquis de Paulmy d'Argenson qui, négligeant les fastes du décor et de la reliure, accumule les livres par milliers, ouvre ses collections aux amateurs, se contentant d'engranger ses richesses le long des murs des soixante-douze pièces de son hôtel [29].

Très différent, moins bibliomane que bibliophile était le maréchal d'Estrées, duc et pair, amiral de France [30]. Victor-Marie hérite sans doute d'une tradition familiale ancienne, moins celle de Gabrielle dont la bibliothèque ne se composait que d'un seul livre d'heures mais qui partageait avec Henri IV la folie des pierres gravées, surtout celle du cardinal d'Estrées et de son neveu l'abbé Jean, celle aussi de sa mère (« brocanteuse se connaissant aux choses et aux prix, elle avait le goût excellent et ne se refusait rien [31] », disait d'elle Saint-Simon). L'amiral, élu

24. P. Le Gallois, *Traité des plus belles bibliothèques de l'Europe*, Paris, 1680, pp. 180 ; sq. ; Blégny, *Le livre commode des adresses de Paris*, Paris, 1878, pp. 129 sq. ; E. Bonnaffe, *Dictionnaire des amateurs français au XVII⁰ siècle*, Paris, 1884 ; H. J. Martin, *Livre, pouvoir et société à Paris au XVIII⁰ siècle*, 2 vol., Paris-Genève, 1969, t. 2, pp. 922-926.

25. L. V. Thiéry, *Almanach du voyageur à Paris, contenant une description de tous les monuments, chefs-d'œuvre des arts et objets de curiosité que renferme cette capitale*, Paris, 1783 ; *id.*, *Guide des amateurs et des étrangers voyageurs à Paris*, Paris, 1787, 2 vol. ; E. Taton éd., *op. cit.*, pp. 659-712.

26. J. Meyer, *op. cit.* (*Noblesse bretonne*), t. II, pp. 1161-1162.

27. Y. Durand, *op. cit.*, pp. 563-564.

28. F. Metra, *Correspondance secrète, politique ou littéraire ou Mémoires pour servir à l'Histoire des cours, des sociétés, de la littérature en France*, Londres, 1787-1790, 18 vol., t. VII, pp. 338-339.

29. L. V. Thiéry, *op. cit.*, 1783, p. 126 ; *id*, *op. cit.*, 1787, t. I, p. 671.

30. V. Fleury, « Les livres du maréchal d'Estrée », *Bulletin des bibliophiles français* (1930), 1931, pp. 1-12.

31. Saint-Simon, *Mémoires*, Édition Boislisle, t. XI, p. 177.

membre de l'Académie française en 1715, accumule les livres depuis sa
jeunesse; en 1720 il en a plus de 20 000; en 1730 il ne sait plus où les
loger et son beau-frère Courtanvaux, fils de Louvois, accepte de les lui
garder rue de Richelieu; en 1734, il déménage les 50 000 volumes à
l'abbaye de Saint-Germain-des-Prés. A sa mort, en 1737, son catalogue
remplit deux volumes in-8. La vente dure plusieurs jours et rapporte à
une succession difficile 700 000 livres au bas mot. Le désordre du
maréchal, ses distractions légendaires n'excluaient pas le goût et une
certaine érudition, il aimait en tout cas que ses livres servent aux savants
et soient admirés des connaisseurs. « Que vous êtes heureux, écrit le
président Bon de Montpellier à Dom Bernard Montfaucon, mon très
révérend père de jouir du plaisir d'être souvent dans le cabinet de M. le
maréchal d'Estrées; ce que vous m'en dites passe toute imagination. Je
souhaiterais bien d'être à Paris pour profiter de vos lumières, et en même
temps de voir ce riche et beau trésor[32]. » L'action culturelle d'une
aristocratie fortunée et intellectualisée se lit derrière les lignes nostalgi-
ques du grand robin provincial. Le livre y est un élément parmi d'autres
qui caractérise le niveau le plus élevé de la culture du second ordre.

Les curiosités nobiliaires

Peut-on tenter d'évaluer pour les noblesses citadines les dimensions et
les limites de la diffusion du livre, signe d'instruction et de savoir?

L'ensemble documentaire reconnu pour cette analyse repose sur
l'inventaire après décès et le catalogue de vente. Les bibliothèques
privées, triées au crible de la prisée notariale ou marchande, sont
toujours incomplètes, mal répertoriées, débarrassées souvent des ouvrages les plus lus et de moindre valeur ou des écrits prohibés[33]. Élaborés ou
confidentiels[34], l'inventaire et le catalogue demeurent les documents
indispensables pour toute étude de circulation sociale du livre, pour
toute sociologie rétrospective de la lecture. Que révèlent-ils des curiosités nobiliaires?

Trois tests sont à prendre en considération : celui de la présence ou de
l'absence des livres, celui de leur nombre et de l'importance des
collections, celui enfin de la localisation dans l'habitation. La collecte des
villes bretonnes, normandes et angevines révèle que la lecture n'a pas
encore gagné toute les couches des noblesses provinciales : 78 % des
inventaires du second ordre contiennent des livres à la fin du XVIIᵉ siècle;
trente ans plus tard il y en aura 20 % encore sans aucun volume et ce
pourcentage se réduira peu jusqu'à la Révolution[35]. Ce sondage urbain
confirme les résultats bretons, calculés pour l'ensemble provincial,
campagnes comprises, où au moins la moitié de la noblesse ne dis-

32. V. Fleury, *op. cit.*, p. 6, et Bibliothèque Nationale, MS Fr. 17703, f⁰ 75.
33. D. Depraz, *op. cit.*, pp. 99-100; l'évasion du prohibé et du clandestin
représente entre 5 et 10 % des collections.
34. A. Dupront, « Livre et culture dans la société française du XVIIIᵉ siècle », *in
Livre et Société dans la France du XVIIIᵉ siècle*, I, Paris, 1965, pp. 185-235, plus
particulièrement pp. 212-215; J. Quéniart, *op. cit.*, t. III, pp. 649-652; M. Marion,
op. cit., pp. 41-50.
35. J. Quéniart, *op. cit.*, t. III, pp. 650-651.

pose même pas d'un embryon de bibliothèque [36]. Toutefois, il est certain que robins et militaires de l'Ouest détiennent plus de livres qu'aucun autre groupe social, clergé et bourgeoisie officière exceptés. L'existence d'une fraction importante du second ordre non détentrice d'imprimé est corroborée à Paris : 44 % des inventaires nobiliaires entre 1750-1755 ; 70 % vraisemblablement à la fin du siècle contiennent des livres [37]. A Lyon entre 1750 et 1780 on retrouve exactement le taux parisien [38]. De surcroît, la différence avec le clergé et les talents bourgeois est encore plus marquée dans les deux plus grandes villes du royaume [39].

Cette absence d'intérêt pour la lecture ne peut s'expliquer par les lacunes du document ; bien sûr le phénomène de la double résidence, le partage de la vie noble entre l'hôtel ou l'appartement urbains et le château rural fait courir un risque fréquent de sous-estimation. Certes un petit nombre de collections considérées comme des éléments principaux du patrimoine sont léguées ou partagées par décision testamentaire, échappant ainsi au regard des tabellions et des jurés priseurs. Il demeure qu'une minorité importante de la noblesse reste à l'écart de la culture livresque [40]. Les moyens, la fortune, l'inculture, la situation marginale des cadets de famille ou des veuves sans espérance peuvent, négativement, éclaircir la compréhension de ce phénomène général. Peut-être aussi faut-il faire appel à des facteurs plus positifs : l'accès aux bibliothèques des familles, des protecteurs ou des amis, l'ouverture des grandes collections publiques ou privées, l'existence de dépôts officiels dans les administrations, parfois les institutions de justice, sont des moyens d'accès au livre vraisemblables qui justifient la non-possession, sans exclure totalement l'usage. De plus, dans une société gorgée de culture, il peut paraître relativement normal de ne point tout compter. L'information pêche par défaut dans la mesure où les utilisateurs sont blasés ou moins sensibles ; livres de culture quotidienne ou ouvrages de piété sans grande valeur ont ainsi pu être soustraits du fait même de leur abondance. A l'accumulation, à la substitution ne faut-il pas également ajouter le gaspillage ? Nombre de publications de faible poids et de coût peu élevé peuvent disparaître. Les scores médiocres des sociétés lyonnaises et parisiennes sont peut-être à porter au compte des succès même de l'acculturation urbaine.

Cette impression est renforcée par l'analyse des collections. A Paris, au midi du siècle, sur cent propriétaires de livres, plus de la moitié ne rangent pas 100 volumes sur leurs étagères. A ce moment apparaît un clivage entre le milieu des gens de robe, où les bibliothèques sont toujours bien garnies, et celui des hommes d'épée et de cour, où rares

---

36. J. Meyer, *op. cit. (La Noblesse bretonne)*, t. II, pp. 1166-1167.
37. M. Marion, *op. cit.*, pp. 108-109 ; D. Depraz, *op. cit.*, pp. 46-50.
38. M. Garden, *op. cit.*, pp. 457-460.
39. Reprenons la hiérarchie lyonnaise de la présence du livre : Ouvriers et Artisans, 21 % ; Marchands et Négociants, 42 % ; Bourgeois, 48 % ; Professions libérales et Officiers, 74 % ; Nobles 44 %, cf. M. Garden, *op. cit.*, p. 459, tableau III. A Paris l'éventail calculé par M. Marion est le suivant, *(op. cit.*, p. 96) ; Clergé, 62 % ; Noblesse, 44,5 % ; Professions libérales et Officiers, 48 % ; Marchands et Négociants, 19 % ; Ouvriers et Artisans, 12 %.
40. J. Quéniart, *op. cit.*, t. 3, p. 652 et pp. 706-707.

sont les ouvrages[41]. Cette opposition atténuée par rapport au premier XVIIᵉ siècle, surtout pour les niveaux supérieurs de la fortune nobiliaire, se maintient. Entre 1750 et 1755, le nombre des propriétaires de collections importantes est toujours plus grand dans le monde de l'office et des cours souveraines que dans les milieux de l'aristocratie militaire ou courtisane. Les différences ne se réduisent guère dans la seconde moitié du siècle puisque sur les cinquante inventaires de l'aristocratie analysés par D. Depraz[42] 46 % ne mentionnent que moins de 100 volumes.

Les études provinciales présentent des clivages et des évolutions comparables. Dans les villes de l'Ouest, en 1697-1698 55 % des nobles détiennent moins de 20 ouvrages; ils sont encore 47 % à la veille de la Révolution. Toutefois le progrès des bibliothèques de plus de 100 volumes suit une courbe ascendante : 25 % au début, 45 % à la fin. La bibliothèque nobiliaire moyenne dans les provinces occidentales comme dans la capitale se compose de 100 à 300 volumes. Le rattrapage des noblesses militaires et titrées est sensible : à la fin du règne de Louis XIV, quatre écuyers ou chevaliers sur cinq n'ont pas ou peu de livres, un officier ou magistrat sur cinq n'a rien ou pas grand-chose. Sous Louis XVI, plus d'une bibliothèque sur trois compte 300 volumes, les petites collections sont moins nombreuses, même si la plupart des nobles ne partagent pas le goût pour l'érudition et l'accumulation bibliophiliques réservé encore aux héritiers des grandes familles robines[43]. A Lyon, ville sans parlement mais non dépourvue d'offices variés, les contrastes sont de même nature : là où un officier détient en moyenne 160 volumes, les nobles de tous rangs n'en ont même pas une centaine.

Il faut donc nuancer l'image aujourd'hui définitivement acceptée de la fusion des noblesses[44] : des traditions culturelles différentes se maintiennent vivantes. Les modèles de la bibliothèque robine et celle du gentilhomme ne coïncideront jamais totalement. Il semble qu'ici la fortune n'intervienne qu'indirectement. A Paris, la répartition des bibliothèques suit, quel que soit le milieu social, l'échelle des fortunes, ce qui signifie qu'à niveau égal de richesse le conseiller au Parlement aura toujours plus de livres que le colonel de cavalerie[45]. Assurément bien des gens d'épée possèdent au XVIIIᵉ siècle des bibliothèques, et de nombreux grands seigneurs prennent place parmi les collectionneurs reconnus. Il reste que le dynamisme culturel de l'honnête homme ne s'identifie pas exclusivement avec la possession du livre : la sociabilité, le prestige de la cour et des salons y ont leur rôle[46].

---

41. M. Marion, *op. cit.*, pp. 96-97; les 226 inventaires nobiliaires se répartissent ainsi : Noblesse titrée, 41,33 %; Noblesse de cour, 18,52 %; Noblesse administrative, 11,22 %; Parlementaires, 72,65 %; Officiers de justice et finance, 26,50 %; Armée, 36, 42 %; divers Nobles 22,43 %, total Noblesse, 44,50 %.
42. D. Depraz, *op. cit.*, pp. 46-47 et tableaux. 30 % des inventaires ne signalent rien.
43. J. Quéniart, *op. cit.*, t. III, pp. 653-655, pp. 663-664, pp. 676-677, pp. 692-693, pp. 706-707, et t. V, graphique 34.
44. M. Garden, *op. cit.*, pp. 459-460; F. L. Ford, *Robe and Sword*, Cambridge, Mass., 1962.
45. M. Marion, *op. cit.*, pp. 108-109.
46. H.-J. Martin, *op. cit.*, t. II, pp. 927-928, pp. 964-965; R. Chartier, D. Roche, *art. cit.*, pp. 126-127.

Où range-t-on les livres?

La possession d'un plus ou moins grand nombre de livres est déjà le signe d'une réelle diversité intellectuelle dans le monde nobiliaire. La réflexion sur les espaces de lecture et la localisation de l'imprimé dans la demeure renforce l'idée d'une hiérarchie persistant tout le siècle. Dans le rapport que le lecteur entretient avec ses livres, relation intime et spécifique, le cadre compte peu.

Bien entendu, il est toujours présent dans le portrait d'apparat que la noblesse commande aux peintres, le plus souvent il magnifie l'emprise sur le monde que donnent, dans la retraite du cabinet de travail, les livres lus ou écrits. Le grand portrait de Madame de Pompadour par Maurice Quentin de la Tour témoigne de cet investissement formel du décor et de l'imprimé. La femme élégante s'y exprime dans la richesse de son costume, la femme d'esprit s'y dévoile tenant en main un cahier de musique et laissant traîner à ses pieds un carton de gravures, la protectrice des lettres s'y révèle enfin, saisie avec ses livres préférés : *La Henriade*, *L'Esprit des Lois*, et le livre de puissance par excellence, l'*Encyclopédie*; la vérité psychologique mise au service de la célébration des forces de la culture fait de l'ensemble un chef-d'œuvre. Plus complexe peut-être, mais tout aussi intéressante, la tabatière de Choiseul, ce coup de maître du miniaturiste Van Blarenbergue [47]. Elle porte sur ses six faces la représentation du cadre quotidien de la vie d'un grand, sa chambre à coucher, la galerie de tableaux, le cabinet de travail, le salon de réception : presque partout des bibliothèques et des livres qui font partie intégrante d'une ambiance raffinée ; mais on est ici au sommet de la société nobiliaire.

Dernier témoignage, emprunté encore à La Tour, le portrait du président de Rieux, pastel de grand apparat aux tons savamment orchestrés dont les traits révèlent une virtuosité technique exceptionnelle [48]. La simarre noire, la robe rouge, les bleus des tapis de table et de sol, les chamarrures du paravent composent une ambiance où les livres interviennent au premier chef; ils sont sur les genoux du maître des lieux, sur son bureau avec le matériel à écrire, dans les armoires fermées qui forment encoignure. L'ensemble est de bon ton, digne de ce magistrat président de la seconde chambre des enquêtes, témoignant de la réussite sociale et de la culture du fils de Samuel Bernard. Des archaïsmes semblent volontairement observés chez ce fastueux parlementaire [49] : le fauteuil, la table, les bibliothèques datent par leur dessin ancien. Au total on y voit ici encore le témoignage typique d'une classe bien assise, ouverte toujours aux nouveaux riches de la finance et de l'office, intéressée aux arts et aux livres, mais on ne perçoit nullement le quotidien réellement vécu, tel que le laisse apercevoir la lecture des inventaires après décès [50].

47. « Le règne de Louis XV », *La Documentation Photographique*, n° 5274, avril 1967, pl. 11.
48. J. Thuillier et A. Châtelet, *La peinture française de Le Nain à Fragonard*, Paris-Genève, 1964, pp. 191-194.
49. P. Verlet, *La maison du XVIIIᵉ siècle en France*, Paris, 1966, pp. 18-19.
50. R. Chartier, D. Roche, « L'Histoire quantitative du livre », *Revue Française d'Histoire du Livre*, 1977, pp. 477-502.

Dans l'intérieur de la maison, le livre est partout. Rien en cela ne distingue le noble du bourgeois ou du clerc. Pour le commun du livre, pour le petit nombre d'ouvrages surtout, point de lieu déterminé à l'avance : il s'égare à la cuisine parmi les piles de vaisselle, il se niche au creux du linge dans les armoires ou se cache là où son lecteur sait pouvoir le retrouver. Seules les riches collections minutieusement détaillées font l'objet d'un rangement à part, généralement dans des meubles spécialisés dont Lazare Duvaux fournit sa clientèle aristocratique [51], plus rarement dans une pièce consacrée à l'étude ou au travail. La cartographie patiente des emplacements refuges au hasard des itinéraires dans les hôtels et les appartements occupés par le second ordre permet de discerner plusieurs utilisations : celle, professionnelle, qui rassemble les livres d'usage dans le cabinet; celle, dévotieuse, qui place heures et missels dans le voisinage des objets de piété, dans l'oratoire privé ou l'intimité de la chambre conjugale; celle, distrayante, qui disperse dans le désordre de tous les jours des pièces à vivre livrets de théâtre ou de musique, romans, almanachs et livres bleus que ne lisent pas seulement les gens du peuple mais que l'on retrouve si rarement sous la plume des greffiers.

Les fréquences, calculées à Paris, sont significatives à la fois des niveaux d'usage et des hiérarchies culturelles : sur une cinquantaine d'inventaires, un bon quart montre des bouquins partout, à la cuisine, à la chapelle, dans les salons; un gros tiers les retrouve dans la bibliothèque et le bureau; un autre tiers les déniche dans les chambres à coucher ou les cabinets attenants entre la toilette et la garde-robe, le reste trouve place dans l'antichambre dans des meubles d'apparat [52]. Ainsi, pièces spécialisées et fonctions officielles coïncident toujours, attention au cadre et fortune importante correspondent chez les fermiers généraux tel Perrinet de Jars [53], chez les parlementaires comme l'abbé d'Espagnac, chez les grands, le duc de Richelieu [54], le duc d'Aumont [55]. Chez ce dernier, la bibliothèque ouverte sur le jardin est ornée de tapisseries mythologiques et de portraits de famille, son mobilier est simple mais confortable, une grande table de chêne noir recouverte de maroquin, des fauteuils, des armoires.

On constate un goût identique en province, chez les parlementaires de Dijon qui n'ont rien à envier sur ce point à leurs collègues de Paris [56], ainsi Chartraire de Bourbonne [57], ou le président Bouhier [58], chez ceux de

---

51. P. Verlet, *op. cit.*, pp. 157-158.
52. D. Depraz, *op. cit.*, pp. 40-42 ; M. Marion, *op. cit.*, pp. 144-150.
53. A N, Minutier, Études CXV, 19 juillet 1762 ; Y. Durand, *op. cit.*, pp. 575-576.
54. A N, Minutier, Étude II, 19 août 1788.
55. Jéze, *Tableau de Paris*, Paris, 1760, 2 vol. t. II, pp. 41-50.
56. F. Bluche, *op. cit.* (*Les parlementaires*), pp. 290-291 ; les bibliothèques Lamoignon ou des d'Aguesseau méritent d'être rappelées.
57. A. Colombet, *op. cit.*, pp. 194-195.
58. A. Ronsin, *La Bibliothèque Bouhier, histoire d'une collection formée du XVIe au XVIIIe siècle par une famille de magistrats bourguignons*, Dijon, 1971. Cette étude remarquable et exemplaire retrace la formation d'une collection de près de 40 000 volumes et manuscrits, déjà décrite par Mabillon, avec plus de mille mètres de rayonnage, son décor peint, son équipement; c'est une des belles du royaume.

Rennes comme Monsieur de Robien [59] ou de Toulouse tel Monsieur de
Cambon [60], et chez ceux de Rouen dans les hôtels d'Esneval et de
Liéville [61]. Dans la plupart des cas, il s'agit d'amateurs fortunés, de l'élite
du second ordre, chez qui s'affirme une tradition d'intellectualité ancienne, parfois une exigence d'affirmation symbolique [62], car le décor des
bibliothèques privées de la noblesse traduit autant un art de vivre qu'une
volonté culturelle.

Que lit-on?

Dans ce cadre choisi, où le liseur noble est plus que tout autre capable
d'accéder aux lectures de son temps, que distingue-t-il?

La bibliographie des livres de la noblesse parisienne révèle des
habitudes de lecture fortement orientées. Dans les deux sondages
connus, l'un portant sur une cinquantaine d'inventaires répartis entre
1750 et 1789 [63], l'autre regroupant une centaine de collections pour les
années 1750-1755, les leçons sont identiques [64]. Au midi des Lumières, le
constat impose la primauté de l'histoire, suivie de près par les livres de
belles-lettres; le droit, les sciences et les arts, le religieux sont loin
derrière avec moins de 15 %. La noblesse parisienne qui lit s'intéresse
avant tout au passé du royaume, à une histoire profane nourrie de
l'exemple antique, l'*Histoire romaine* de Rollin traîne partout, mais assez
peu aux histoires particulières. Récits de voyage et ouvrages géographiques complètent presque toujours ce modèle invariable. Si l'on interroge
les collections du demi-siècle, la littérature et le divertissement l'emportent avec près de la moitié des titres, les historiens se maintiennent bien,
les théologiens et les lectures de dévotion perdent de leur importance, le
droit recule et les sciences sont stables. Bref, au témoignage des
bibliothèques noble de la capitale, tous les traits de la culture des
Lumières apparus dans le dépouillement des livres de privilèges et de
permissions tacites se trouvent rassemblés [65]; entre les stabilités des livres

---

59. J. Meyer, *op. cit.* (*Noblesse Bretonne*), pp. 1162-1164.
60. P. de Peguilhan de Larboust, *op. cit.*, pp. 153-154.
61. P. Robine, *op. cit.*, pp. 312-313, pp. 478-501. M. Robine publie le catalogue
reconstitué de la Bibliothèque Jacques Philippe Romain Le Bas de Lieville : cette
collection de près d'un millier d'ouvrages était répartie sans considération de
format ou de classification entre un cabinet d'étude, le salon et la chambre à
coucher.
62. A. Masson, *Le décor des bibliothèques*, Paris-Genève, 1972, pp. 132-142. Le
plus somptueux exemple privé est peut-être celui de l'Hôtel Beaujon, aujourd'hui
l'Élysée.
63. D. Depraz, *op. cit.*, pp. 48-57. Les pourcentages calculés sur une bibliographie de près de 1 500 titres, sont : Théologie, 9,6 %; Droit, 4 %; Histoire, 25,4 %;
Belles Lettres, 49,4 %; Sciences et Arts, 11,6 %.
64. M. Marion, *op. cit.*, pp. 170-177 et pp. 221-232. Les moyennes calculées sur
les inventaires du Faubourg Saint-Germain sont, pour près de 2 000 titres :
Théologie, 15 %; Droit, 10 %; Sciences et Arts, 10 %, Belles-Lettres, 25 %; Histoire,
40 %.
65. F. Furet, « La Librairie du Royaume de France au XVIIIᵉ siècle », in *Livre et
Société dans la France du XVIIIᵉ siècle*, I, Paris-La Haye, 1965, pp. 3-32; H. J. Martin,
op. cit., t. I, pl. 21 et pp. 73-94; R. Chartier, D. Roche, *art. cit.* (« Faire de
l'Histoire »), pp. 120-122.

publiés sous l'autorité des censeurs et les novations déployées dans les publications tolérées, les liseurs nobles parisiens occupent une situation moyenne plus proche de ces dernières que des premières et dont l'originalité incontestable est la place particulière occupée par l'histoire[66].

Dans ces grands traits, la bibliothèque nobiliaire montre une fidélité à la grande culture classique du début du XVIIIe siècle dont l'essentiel repose sur la connaissance historique et le savoir littéraire[67], elle enregistre les reculs du livre religieux, tient compte mais sans grande fougue des novations savantes et conserve, pour le métier, la part raisonnable du droit.

Certes une analyse plus profonde et plus détaillée montrerait des variations intéressantes et des variables individuelles à l'intérieur des grandes catégories. Le bilan offre cependant l'avantage de peindre les options principales : d'une part, le recul net du sacré, témoignage à porter au dossier de la déchristianisation d'une classe et, d'autre part, le poids de l'enracinement dans l'étude du passé et du monde[68]. Les lectures littéraires éclatées en tous sens font place aux classiques anciens et modernes, aux romanciers français et étrangers. En bref, la conscience recherchée du groupe passe par le déchiffrage du temps et le divertissement mondain. S'il est difficile de parler d'irréligion compte tenu de la présence encore abondante des œuvres religieuses, de l'Écriture à l'Imitation qu'on note presque toujours, il est possible de montrer la montée de l'incertitude. Ouvrages critiques, philosophiques et moraux, rationaux et contestataires ont été, même en petit nombre, les artisans de ce changement de mentalité. Sur cinquante inventaires les trois quarts contiennent des ouvrages prohibés qui remettent en cause les institutions et les principes de la société d'Ancien Régime[69], de l'Encyclopédie à l'Émile, de Bayle à Morelly.

Au prisme provincial, les bibliothèques nobiliaires offrent des colorations différentes. Dans les hôtels bretons et normands, dans les manoirs de l'Ouest et les appartements citadins du Mans ou d'Angers, les choix sont autres mais les évolutions ne sont pas sans parallélisme. Globalement, la part des livres religieux est toujours supérieure à celle constatée dans les sondages parisiens, 22 % en moyenne pour la Bretagne, 28 et 30 % entre 1750 et 1775 dans les villes occidentales. Magistrats ou militaires provinciaux restent attachés aux valeurs traditionnelles, leurs collections juridiques et théologiques le prouvent[70]. Les lectures pieuses ont même tendance à progresser du premier au troisième quart du siècle, au point qu'on peut penser avec Jean Quéniart qu'une part du rattrapage culturel nobiliaire est portée, comme c'est le cas pour l'ensemble de la population, par la diffusion accrue des ouvrages de dévotion et d'ascétisme[71].

66. F. Furet, « L'ensemble Histoire », in Livre et Société dans la France du XVIIIe siècle, II, Paris-La Haye, 1970, pp. 101-119.
67. H. J. Martin, op. cit., t. II, pp. 926-950.
68. F. Furet, art. cit. (« L'ensemble Histoire »), pp. 116-117.
69. D. Depraz, op. cit., pp. 109-120 et 164-168.
70. J. Quéniart, op. cit., t. III, pp. 653-703; t. V, pl. 34-37.
71. J. Quéniart, op. cit., p. 5, pl. 37. L'auteur ne donne pas pour les différents sondages les chiffres utilisés pour calculer les pourcentages qui sont rassemblés en quatre catégories complexes car se chevauchant les unes les autres; pour chaque

Mais, comme à Paris, le siècle s'achève sur le recul des livres théologiques et pieux. Dans les villes de l'Ouest, on lit moins les apologétistes et les controversistes en 1789 que trente ans plus tôt : la catégorie a perdu plus de vingt points durant ce laps de temps. Ce recul est spectaculaire surtout dans les bibliothèques moyennes de 100 à 300 volumes qui sont suffisamment diversifiées sans être encombrées par la part des héritages accumulés par plusieurs générations [72]. A trente années de distance, la noblesse provinciale suit Paris et certaines collections sont, comme dans la capitale, en grande partie laïcisées. S'il est difficile de conclure à une transformation fondamentale des attitudes religieuses, il y a là un indice important du détachement religieux de l'ensemble nobiliaire.

Assurément les rythmes et les caractères de ce changement peuvent varier selon les individus, les groupes professionnels, le sexe : certaines bibliothèques traduisent l'indifférence de quelques personnalités dès le début du siècle [73], les grosses collections parlementaires sont toujours marquées d'un intérêt pour les querelles religieuses et l'information théologique [74], les livres possédés par des femmes sont presque toujours plus dévots que ceux détenus par les hommes [75]. Au total, c'est incontestablement un changement culturel majeur qui se traduit ici. Confirmation en est donnée pour d'autres milieux provinciaux qui font à la théologie et à la piété une place comparable à celle observée dans la capitale : chez les parlementaires de Toulouse la catégorie n'atteint pas 15 % [76], dans la magistrature comtoise le taux moyen est encore plus bas et se situe à la fin du siècle autour de 10 % [77], dans les collections dijonnaises la part du religieux oscille entre 10 et 15 % [78]. Partout donc les signes extérieurs de la piété s'amenuisent [79].

Mais contrairement à ce que l'on pouvait attendre à suivre l'évolution

---

sondage et dans le même ordre la religion occupe 17 %, 28 %, 30 % et 11 % de l'ensemble inventorié ; l'Histoire 19 %, 18 %, 21 %, 22 % ; la Littérature 15 %, 18 %, 24 %, 30 % ; l'Antiquité qui regroupe patristique, Droit ancien, Littérature et Histoire antique, Philosophie et Sciences classiques 22 %, 18 %, 12 %, 6 %. Ce thème se révèle donc un test assez bon de l'évolution d'ensemble et illustre bien le recul d'une tradition.

72. J. Quéniart, *op. cit.*, t. III, pp. 708-709.

73. J. Meyer, *op. cit. (Noblesse Bretonne)*, pp. 1168-1174.

74. J. Quéniart, *op. cit.*, t. 3, pp. 710-712.

75. La situation est la même à Paris, les bibliothèques féminines constituent environ 1/5 de l'échantillon de D. Depraz, *op. cit.*, pp. 152-155 ; la Théologie y domine presque partout, mais fortement concurrencée par les Belles-Lettres.

76. P. de Peguilhan de Larboust, *op. cit.*, pp. 154-158.

77. M. Gresset, *op. cit.*, t. 2, pp. 949-958 et pp. 1072-1089.

78. A. Colombet, *op. cit.*, pp. 196-197 ; A. Ronsin, *op. cit.*, pp. 105-107 ; et sondage effectué sur les mss 788, 938, 1035, 1053, 1148, 1657, 1658, 1659, soit une douzaine de bibliothèques parlementaires. Sur l'évolution du patriciat bourguignon cf. M. Bouchard, *De l'humanisme à l'Encyclopédie*, Paris, 1930, pp. 623, 650, pp. 778-807.

79. A Lyon, M. Garden, *op. cit.*, pp. 462-463, donne toutefois une impression opposée qu'il fonde sur l'imprécision de la source ; les inventaires étudiés par R. Chartier, *L'Académie de Lyon au XVIIIᵉ siècle*, Nouvelles Études Lyonnaises, Paris-Genève, 1969, pp. 208-215, sont conformes à l'évolution générale : 10 % de Théologie chez Glatigny et Philibert, mais 30 % chez Pianello de la Valette où la Théologie est à la fois affaire de bibliophile et choix féminin. L'Histoire, et les Belles Lettres dominent la plupart des collections.

séculaire de la bibliothèque du royaume, ces reculs ne sont nulle part compensés par la montée triomphale des sciences et des arts. Cette catégorie, porteuse des ruptures philosophiques, des ambitions scientifiques et encyclopédiques, obtient toujours un score inférieur à la moyenne régionale. Dans l'Ouest elle dépasse rarement 15 à 17 %, et les bibliothèques de la magistrature comtoise et languedocienne ne lui font guère plus de place. En tous lieux, c'est l'histoire et surtout la littérature qui sont matières de substitution [80].

La première reste l'instrument privilégié de la définition d'une histoire nationale qui se cherche à travers la propagande monarchique, l'érudition humaniste des parlementaires, la conscience régionaliste ou provinciale des élites de culture, les nostalgies et les tentations politiques du second ordre. Toute une réflexion nouvelle sur la société et le gouvernement est véhiculée par la réforme insidieuse de la pensée historique des Lumières, ambiguë dans ses finalités sociales et dans ses espérances de réforme [81]. La seconde, l'ensemble des belles-lettres, sans aucune rupture avec les fidélités anciennes, trahit le triomphe de goûts neufs et de gestes sociaux transformés. L'ouverture aux idées du temps passe ici par la lecture des contes de Voltaire et des romans de Rousseau, qu'on sait pour une grande part fidèles à un idéal de comportement aristocratique [82]. Plus encore, c'est la part du théâtre, le sens du divertissement ironique ou érotique, l'amour d'une information sur les querelles qui agitent à Paris et dans la République des Lettres les milieux intégrés à des titres divers dans l'élite socioculturelle, qui caractérisent l'esprit de novation et de curiosités des noblesses lisantes [83].

Est-ce à dire que la culture du groupe apparaît plus homogène aux temps du monarque serrurier qu'à l'époque du Roi-Soleil? Incontestablement, pour l'ensemble de l'ordre le livre est devenu commun. Mais s'il manifeste un esprit réaliste et critique qui affecte la mentalité collective des noblesses urbaines, il reste aussi un bon révélateur du maintien des traditions culturelles et de l'expression d'ambitions intellectuelles neuves des différents cercles qui les composent. Ainsi la part des attachements, le poids du passé hérité des ancêtres varient avec le temps mais surtout l'importance que chacun accorde aux médias de l'imprimé. La cohésion de la Robe demeure affirmée tout le siècle, moins cependant dans une fidélité archaïsante aux novations des temps anciens que dans une allégeance constante aux valeurs véhiculées par les livres de morale, de sciences et d'histoire. C'est dans les hôtels de la magistrature parisienne et provinciale que les arts, la philosophie et les sciences font de bons scores. Tout se passe comme si l'héritage seul permettait la démonstra-

---

80. J. Quéniart, *op. cit.*, pp. 709-712.
81. D. Roche, « L'Histoire dans les Académies Provinciales au XVIIᵉ siècle », *Pariser Historische Studien*, 13, Bonn, 1977, pp. 260-295.
82. D. Roche, « Les primitifs du Rousseauisme », *Annales E. S. C.*, 1971, pp. 151-172 et surtout J. Biou, « Le Rousseauisme idéologie de substitution », in *Roman et Lumières au XVIIIᵉ siècle*, Paris, 1970, pp. 119-129.
83. H. Himmelfarb, « Saint-Simon, les Romans, le Roman », in *Roman et Lumières, op. cit.*, p. 38-47, montre que littérature romanesque et intérêt pour l'Histoire sont très souvent associés.

tion des adhésions nouvelles et les curiosités ouvertes [84]. L'esprit du siècle peut alors se déployer à l'aise dans la remise en cause, la confrontation ou le refus. Là est sans doute la vraie revanche de la Robe, confirmée sans ambages par son taux exemplaire de participation aux activités des sociétés savantes [85]. Certes il y a parmi les robins des retardataires, mais la plupart ne sont pas restés indifférents au changement [86].

Plus cohérente encore, car preuve de consolidation sociale et symbolique [87], la culture des publicains. Les bibliothèques parisiennes des fermiers généraux accentuent comme à plaisir les traits du modèle nobiliaire : peu de religieux (6 % en moyenne); beaucoup d'histoire et de littérature (plus du tiers chacune); une proportion inattendue pour les sciences et les arts partiellement gonflée par l'intérêt inhabituel de quelques grands collectionneurs (près du quart); le reste intéresse le droit et la pratique juridique [88]. Là se manifeste explicitement la conquête culturelle des financiers et s'explique le jugement nouveau qu'une opinion le plus souvent malintentionnée porte sur des hommes enrichis par les affaires à la fin du siècle. Ici, sans conteste, « l'éducation se proportionne plus aux moyens de la procurer qu'à la naissance [89] », et, pour suivre Duclos, bon observateur du milieu, par là passe les chemins de l'intégration dans la bonne compagnie. La fascination exercée par les normes aristocratiques se traduit dans les collections financières par l'abondance des ouvrages consacrés à la littérature et aux beaux-arts. La licence des mœurs et le raffinement bibliophilique confèrent à l'ensemble son caractère d'illusion fragile et heureuse [90].

Aux faubourgs aristocratiques, aux quartiers Saint-Germain et au Palais-Royal le privilège de fournir un dernier modèle de lecture, celui de l'aristocratie de cour, avide de nouveautés et, comme le rappelle justement Guy Chaussinand-Nogaret, initiatrice du parisianisme cultu-

84. G. Chaussinand-Nogaret, op. cit., pp. 106-107. Il me paraît impossible de généraliser les leçons que l'auteur tire de l'analyse des livres du président de Clavis, président de la cour des aides de Montpellier; cf. F. Bluche, op. cit. (Les magistrats du parlement de Paris), pp. 295-296.

85. D. Roche, Le siècle des Lumières en province. Académies et académiciens provinciaux, 1689-1789, Paris-La Haye, 1977, pp. 218-233. La noblesse représente 37 % du recrutement académique séculaire, soit un peu moins de 10 % de la population masculine adulte. Parmi celle-ci, 35 % d'officiers de justice et de finances. On doit donc tenir compte de la surreprésentation nobiliaire globale et parlementaire en particulier, et au-delà du geste d'adhésion, ou d'élection, personnel du retentissement social des activités.

86. C'est ce que prouve l'élection académique et de nombreux catalogues de bibliothèque.

87. G. Chaussinand-Nogaret, Les financiers du Languedoc au XVIIIᵉ siècle, Paris, 1970, pp. 268-304, et id., Gens de finance au XVIIIᵉ siècle, Paris, 1972, pp. 127-143.

88. Y Durand, op. cit., pp. 568-571; sur 18 collections étudiées, les moyennes sont : Religion, 6 %; Droit, 7,1 %; Histoire, 30,6 %; Belles-Lettres, 32,9 % Sciences et Arts, y compris les traités de finances et de commerce, 23,4 %.

89. L'expression est de Duclos, cité par L. Ducros, La société française au XVIIIᵉ siècle, d'après les mémoires et les correspondances du temps, Paris, 1922, p. 169.

90. J. Starobinski, L'Invention de la Liberté, 1700-1789, Genève, 1964, pp. 66-75.

rel [91]. Elle a peu de livres si on compare sa moyenne par rapport aux autres catégories de la noblesse parisienne : 41 % pour les militaires, 51 % pour les courtisans, 30 % pour les noblesses oisives mais titrées [92]. La dispersion des domiciles joue ici pleinement, permettant l'éclatement du patrimoine culturel. Toutefois la profusion n'est pas nécessaire pour étoffer une curiosité toujours éveillée qui range le livre dans la panoplie des menus plaisirs. Les bibliothèques des ducs et pairs, les boudoirs et les salons d'une aristocratie de la fortune et du rang consacrent l'apothéose du livre de divertissement : 50 % pour la littérature de tous genres, pénétrée d'esprit nouveau, moins de 10 % pour les ouvrages pieux qui font figure d'accessoires du conformisme. Les collections aristocratiques, inventoriées dans leur ensemble, accentuent l'évolution séculaire et témoignent souvent d'un caractère très personnalisé. Cette particularité transparaît si on compare le contenu moyen de la bibliothèque des ducs et pairs au début du siècle à celui du règne de Louis XVI [93]. Les équilibres sont bouleversés : la religion qui occupait 20 %, l'histoire avec 49 %, ont été submergées par la montée littéraire scientifique et philosophique. Ces transferts d'intérêts n'impliquent pas l'abandon des valeurs et des certitudes ancestrales, ils marquent toutefois l'érosion profonde d'une mentalité qui n'ignore pas l'inquiétude et l'irrationnel [94]. Si dans les testaments de la noblesse marseillaise la convention religieuse traduite dans un taux élevé constant de demandes de messe peut prouver la fidélité religieuse ou la « cohésion de caste [95] », dans l'ensemble de la bibliothèque nobiliaire les valeurs religieuses perdent du terrain et le conformisme, sinon les certitudes, recule. C'est la première noblesse du royaume qui donne le ton. Elle relègue dans ses châteaux de province les ouvrages hérités et passés de mode, c'est en tout cas ce que suggère la composition des bibliothèques de courtisans inventoriées par Jean Meyer en Bretagne [96] : le religieux y dépasse 40 %. Ainsi, dans la diffusion du modèle culturel des Lumières, les noblesses participent d'un langage commun mais manifestent une sensibilité à part.

---

91. G. Chaussinand-Nogaret, *op. cit. (La noblesse au XVIIIᵉ siècle)*, p. 108.
92. M. Marion, *op. cit.*, p. 96, tableau 22.
93. J. P. Labatut, *Les Ducs et pairs de France au XVIIᵉ siècle*, Paris, 1972, pp. 232-234. Calculé pour la période 1700-1739 le contenu moyen est le suivant : Religion 20 %, Droit 3 %, Histoire 49 %, Belles-Lettres 20 %, Sciences et Arts 8 %.
94. R. Darnton, *Mesmerism and the End of the Enlightenment in France*, Cambridge Mass, 1968.
95. M. Vovelle, *Piété baroque et déchristianisation en Provence au XVIIIᵉ siècle*, Paris, 1973, pp. 315-365. L'échantillon total marseillais est de l'ordre de 3 000 testaments, la part des testaments nobiliaires est de 5 %, soit près de 200 cas pour le siècle. Le sondage est sans doute intéressant par les problèmes qu'il pose à l'idée de la cohésion des élites nobles et bourgeoises.
96. J. Meyer, *op. cit. (Noblesse bretonne)*, tableau p. 1168, les moyennes par catégorie sont : Religion, 43 %; Droit, 5 %; Histoire, 17 %; Belles-Lettres, 22 %; Sciences et Arts, 17 %. L'hypothèse est à vérifier par l'étude de plusieurs bibliothèques d'une même famille : chez le duc de Luynes, étudié par D. Depraz, *op. cit.*, pp. 156-158, on trouve trois bibliothèques, une à Dampierre, une à Passy et une à Versailles et en « d'autres lieux » au total c'est une collection de plus de 10 000 volumes. La bibliothèque de Passy, la seule analysable en toute sûreté, donne les chiffres suivants : Religion, 6 %; Droit, 2 %; Histoire, 37 %; Belles-Lettres, 37 %; Sciences et Arts, 18 %.

La société nobiliaire n'est pas une, pas plus dans ses niveaux de culture que dans ses fonctions et dans la hiérarchie de ses fortunes. S'interroger sur l'homogénéité de ses lectures permet toutefois de s'y reconnaître. Trois instances culturelles partagent le second ordre. A la base, une minorité marginalisée dans ses moyens, accédant difficilement à l'instruction élémentaire, surtout en ce qui concerne les femmes. Elle possède peu ou pas de livres et, dans ce cas, privilégie la tradition dévotieuse et l'usage coutumier : la Bible, l'*Imitation*, le *Parfait Maréchal*, la *Maison des champs* et « le blason » suffisent à un groupe dispersé de hobereaux et de gentilshommes de manoirs. Au sommet, une élite culturelle, puisant dans les traditions érudites aussi bien que dans les curiosités du siècle, possède de grandes collections, entretenues et continuées. A elle le privilège de donner le ton à Paris et en province. Le livre ici s'affirme instrument de pouvoir, objet de culte et moyen d'un mode de vie.

Une minorité seulement du second ordre peut prendre rang à ce niveau, mais on la retrouve partout dans les capitales provinciales. A Paris, elle peuple les sociétés de culture et les loges maçonniques, monopolise l'abonnement aux grands périodiques et constitue le public privilégié des grands écrivains qui nouent avec les liens tenaces des correspondances [97]. La masse nobiliaire enfin constitue un milieu partagé, plus ou moins engagé dans la recherche d'une intellectualité neuve, plus ou moins fidèle aux principes qui fondent son existence dans un univers sacralisé et de droit divin, plus ou moins effleuré par les pulsions de l'esprit nouveau [98].

---

97. D. Roche, *op. cit.* (*Le siècle des Lumières en province*), pp. 280-300 ; la noblesse compose 35 % minimum du recrutement des Sociétés Royales d'Agriculture, 38 % de celui de l'Académie française, 80 % des honoraires de l'Académie des sciences et 60 % de ceux de l'Académie des inscriptions. Sur 400 souscripteurs au *Dictionnaire* d'Expilly plus de 200 sont nobles et 47 % des abonnés du *Mercure de France*. Cette proportion atteint chez les correspondants de Voltaire 50 %, de Rousseau 30 %, de Diderot 25 %. Ici on mesure le rôle de la Noblesse dans la diffusion des idées nouvelles, sinon toujours dans leur élaboration.

98. C'est l'idée que suggère R. Darnton, bon connaisseur de la clientèle des libraires de petites villes ; cf. « Le livre français à la fin de l'Ancien Régime », *Annales E.S.C.*, 1973, pp. 735-744.

CHAPITRE IV

La mémoire de la mort :
les arts de mourir dans la Librairie
et la lecture en France
aux XVIIᵉ et XVIIIᵉ siècles

Dortous de Mairan s'interroge sur la mort et les fins dernières. La noblesse française se détache des traditions et accorde moins d'importance dans ses lectures aux livres de religion, alors qu'elle fait un accueil accru à l'histoire et aux modes littéraires et savantes. Le modèle nobiliaire réunit dans une culture commune des milieux alliés par les unions familiales et rapprochés par le style de vie. Le divertissement et la puissance sociale partagent essentiellement les curiosités des principaux acteurs du théâtre de la *douceur de vivre*. Au cœur de l'analyse apparaît la question essentielle de la laïcisation des comportements, voire de la déchristianisation. L'étude sociale renvoie alors à d'autres indicateurs : l'analyse sérielle des testaments, l'étude des vocations, de l'adhésion aux confréries, de l'évolution des gestes du don pieux.

L'histoire du livre permet une autre approche plus globale puisqu'elle traverse tous les milieux sociaux, plus sélective puisqu'elle sélectionne liseurs et non-liseurs mobilisés par une pratique. La préparation à la mort est une habitude nouvelle – comme l'a montré Roger Chartier dans son analyse de l'*Ars moriendi* du XVᵉ au XVIIᵉ siècle – qui concerne les lettrés et les illettrés, grâce à la lecture commune en famille, à l'office paroissial, au cours des réunions des confréries de la bonne mort. L'usage à la fois collectif et individualisé des arts de mourir permet de suivre entre la fin du XVIᵉ siècle et le début du XIXᵉ siècle l'évolution d'un discours, celle de sa réception, l'amorce aussi des infléchissements du comportement entre l'affirmation d'une cléricalisation et sa privatisation, son intériorisation et l'ébauche d'un refus. Les arts de mourir ne sont plus les mêmes au temps des Lumières qu'à l'époque de la réformation religieuse triomphante. Ils enregistrent à leur façon les déplacements d'attitudes auxquels nous ont familiarisés Philippe Ariès et Michel Vovelle. Imprimés de large diffusion, ils sont le modèle de l'échange qui s'instaure entre les auteurs et les lecteurs, les producteurs et les consommateurs. Vecteurs d'une acculturation religieuse, ils voient fuir devant eux leur horizon d'attente dans une société qui se laïcise. L'étude d'un livre, d'un genre révèle les espoirs, les résistances d'un monde en plein renouveau.

La reconstitution du corpus des préparations à la mort publiées aux XVIIᵉ et XVIIIᵉ siècles se heurte à deux difficultés principales[1]. La première procède de la situation actuelle du catalogue des livres anciens dans les bibliothèques publiques françaises. Sans même évoquer le problème capital des disparitions de la période 1789-1815, particulièrement graves pour les ouvrages religieux de faible valeur marchande, on peut estimer que près de la moitié de la librairie ancienne demeure inaccessible faute d'un inventaire exhaustif[2]. Il en résulte que notre enquête ne peut être considérée comme définitive, mais elle est une exploration exhaustive des principaux fonds accessibles. La seconde difficulté relève de l'ambiguïté essentielle du genre durant la période moderne. De fait, la clarté des temps médiévaux finissants fait place à une imprécision gênante. A la fixité d'un texte unique[3], bien connu et bien répertorié dans ses versions manuscrites, dans ses éditions xylographiques comme dans ses nombreuses impressions de la fin du XVᵉ siècle et du début du XVIᵉ siècle, succède un foisonnement prodigieux de formules nouvelles irréductibles à l'unicité. La diffusion des idées post-tridentines encourage le phénomène et favorise la multiplication des recherches dans les frontières nationales comme à l'horizon de l'Europe chrétienne. La circulation des textes apporte encore un élément de trouble mais facilite les rencontres. Le prouve, dans le contexte français, la vogue des traductions, ou des adaptations, faites à partir des ouvrages italiens, ceux de Bellarmin ou de Bona, des pères Solutrive et Tavello, du théatin Scupoli et du franciscain Blancone, des jésuites Novarin et Recupitio[4], pour ne citer que les principaux succès de la librairie ascétique. Entreprendre la généalogie de ces textes dépasse les possibilités d'un seul chercheur, qui doit raisonnablement limiter ses ambitions et se contenter de dresser la liste des préparations à la mort publiées dans le domaine d'expression française à partir des sources accessibles, critiquées et comparées. Prudence de profession indispensable qui permet de découvrir sous le titre *Faut-y penser*[5], recensé sans date à la Bibliothèque nationale, non un ouvrage de piété mais une chanson à la gloire de l'Empereur (« Faut-y penser,

1. Ce chapitre est aboutissement d'œuvre collective, il tient compte des échanges entretenus au séminaire de M. P. Chaunu. Il aurait été irréalisable sans des aides multiples : remercions J. Brancolini, M. Bée, G. Bollème, R. Chartier, M. Foisil, J. Fouilheron, M. Garden, M. Marion, J. Quéniart. Plus particulièrement, H.-J. Martin et M. Vovelle.

2. H.-J. Martin, « Recensement des livres anciens des bibliothèques françaises », *Bulletin des Bibliothèques de France*, janvier 1971, pp. 1-32.

3. Se reporter à l'article de R. Chartier, *Annales E.S.C*, 1975 et à H. Zerner, « L'Art au morier », dans *Revue de l'Art*, II, 1971, pp. 7-30.

4. Texte français de Bellarmin, Paris, 1620 ; Sommervogel signale des traductions anglaises, espagnoles, flamandes, tchèques, hongroises ; Cardinal Bona, *Le chemin du ciel et le testament spirituel ou préparation à la mort*, Bruxelles, 1665 ; R. P. Scupoli, *Le chemin du ciel*, Paris, 1668 ; J. Blancone, *Le souvenir de la mort*, Paris, 1604 ; R. P. Solutrive, *Les sept trompettes pour réveiller les pêcheurs et pour les induire à faire pénitence*, Angers, 1617 ; A. Tavello, *Entretiens ordinaires du chrétien sur la mort*, Lyon, 1648 ; J. C. Recupitio, *La bonne mort ou les moyens de se la procurer pour estre éternellement bienheureux*, Paris, 1663 ; L. Novarin, *La pratique du bien mourir ou moyen salutaire pour aider les malades à rendre leurs infirmités méritoires*, Paris, 1663.

5. *Faut-y penser*, B.N., Ye 21949 et Lb³¹ 1878 (18).

disait Magloire à ce héros dont la valeur... »), ou bien derrière le *Sénèque mourant* de Ducrest, non un art de mourir mais un pamphlet politique. A cette fin trois types de sources ont été interrogés. Sources nationales : le catalogue général des séries C.D.E. de la Bibliothèque nationale, le catalogue général des anonymes et dans un but de vérification le catalogue de la Bibliothèque du Roi ; sources provinciales : les catalogues des fonds anciens des bibliothèques d'Amiens, Besançon, Bordeaux, Carpentras, Grenoble, Le Mans, Nantes, Reims, Rouen, Troyes ; enfin sources récapitulatives et synthétiques : les grandes bibliographies, Cioranescu, Ingold, Sommervogel. Au total, ce sont 236 titres qui ont pu être retrouvés, dont plus de 150 pour la seule Nationale. Même incomplète, cette liste permet une triple interrogation : il s'agit de voir d'abord comment s'installe et triomphe le nouveau discours sur la mort, en d'autres termes quelles sont les données principales de sa production, figurées dans la courbe des titres et des éditions, représentées dans la carte des lieux d'impressions. Ensuite l'ensemble des ouvrages recensés rend loisible une comparaison avec les données, connues par ailleurs, de la production de l'imprimé pour deux siècles [6], et par conséquent autorise à mesurer la place du genre, son succès, son recul, dans la Librairie d'Ancien Régime, tant du point de vue de la comptabilité des publications que d'une géographie de la circulation. Enfin ce corpus peut servir de point de départ à une sociologie de la publication et de la lecture dont l'intérêt est évident pour l'étude de la réformation catholique dans son écho social.

Définition. Production

Les préparations à la mort sont des textes neufs. Si l'on excepte quelques grands titres de la fin du XVIe siècle, Bellarmin, Richeome, Scupoli, repris et réadaptés, on ne voit plus paraître au catalogue des imprimeurs ni les grands succès médiévaux, l'*Ars moriendi*, l'*Art au morier* ou l'*Arte moriendi* de Gerson, ni les principaux auteurs de l'âge des rhétoriqueurs, G. Chastellain, Jean Molinet, Jean Castel, ou le *Tractatus* de Jacob Van Juterbock, ni même les best-sellers humanistes, Clichtove, Doré, Columbi et bien sûr Érasme dont l'*Art de mourir*, qui fait toutefois partie de l'édition des œuvres complètes publiées à Leyde en 1706, avait été réédité une fois en latin à Paris en 1685 et traduit en 1711. Pour ce seul auteur, comparées à la vingtaine d'éditions connues pour le XVIe siècle, ces trois publications font piètre figure et soulignent un changement de climat [7].

Le nouveau discours sur la mort proclame le triomphe des mots sur l'image [8]. A l'opposé des multiples éditions de l'*Ars moriendi* qui montrait le pouvoir édifiant de l'image dans une union indissoluble du texte et des

6. H.-J. Martin, *Livre, Pouvoirs et Société à Paris au XVIIe siècle, 1598-1701*, Genève, 1969 ; F. Furet, « La Librairie du Royaume de France au XVIIIe siècle », dans *Livre et Société dans la France du XVIIIe siècle*, I, Paris-La Haye, 1965, pp. 3-32.
7. A. Tenenti, *La vie et la mort à travers l'art du XVe siècle*, Paris, 1952, p. 60 et suiv.
8. H.-J. Martin, *op. cit.*, t. I, pp. 162-169 ; et « L'influence de la gravure anversoise sur l'illustration du livre français », dans *Anvers, ville de Plantin et de Rubens*,

figures, les préparations à la mort de l'âge baroque et classique parient sur la puissance du verbe contre les facilités concrètes de l'illustration. Sur un sondage plus exhaustif d'une centaine d'ouvrages, un quart seulement présente une figuration quelconque, et moins de 5 % une série diversifiée. De surcroît, une épuration progressive est à noter : avant 1650, 47 % des titres ont une illustration, de 1650 à 1700 on tombe à 23 %, et pour l'ensemble du XVIIIᵉ siècle à moins de 10 %. L'intruction religieuse ne passe pas ici par la méditation des allégories sacrées. Dans leur conseil pratique les auteurs ne l'oublient cependant pas. Ainsi dans les années 1600-1620 le Père Binet et le franciscain Blancone. « Il sera bon de faire apporter en la chambre des tableaux excellents tant en beauté qu'en la représentation de quelques belles histoires, un beau crucifix, une Notre Dame qui vous regarde de bon œil, un Saint Étienne grêlé d'un orage de cailloux, qui meurt du mal de la pierre, Saint Sébastien qui sert de buttes aux archers d'enfers [sic]. Parlez avec eux sans mot dire, dialoguez non de la langue mais d'yeux à yeux. Ils parleront au cœur [9]. »

L'image conserve pour le pédagogue jésuite toute sa fascination, mais c'est un support isolé de l'expérience spirituelle, une aide à la méditation sans doute conforme à la pratique ignacienne et aux habitudes des grands spirituels du temps. Plus pathétiques et plus réalistes sont les exigences de Blancone [10], soucieux de familiariser le malade avec l'adversaire fatal : « [Il faut] imprimer sur les tablettes de son âme l'horrible figure d'icelle [la mort], et non seulement l'avoir en mémoire, mais encore dépeinte sur quelque tableau ou toille et pour mieux l'engraver en son cœur faire crayonner sur toile un malade tout pasle que le front lui sue, les yeux ternis, le visage maigre et tout transfiguré, semblable à un qui soit sur le point de faire ce passage... Et d'un côté du lit, on voit la mort laquelle face [sic] semblant avec les bras ouverts le vouloir prendre, de l'autre part, soit dépeint un démon qui tienne livre en main montrant le nombre et saleté des péchés, ou soit encore le bon ange qui le conforte et donne espérance de son salut, à l'entour du lit on y voyes ses amis et parents lesquels en pleurs et larmes accompagnent le malade à la mort... »

Le recours au témoignage sensible semble se teinter fortement d'archaïsme, et l'on aura aisément reconnu dans la figuration proposée par le franciscain de Toulouse les éléments principaux des images de l'*Ars moriendi* [11]. En tout cas, c'est là l'ultime témoignage de la persistance des clichés élaborés dans les programmes iconographiques du XVᵉ siècle [12]. Passé les années 1620 ils disparaissent des recommandations ou ne se survivent que sous la forme d'éléments isolés. On peut y reconnaître trois catégories principales. La première limite l'illustration à un ou deux principes essentiels, la seconde la développe en une série d'images plus ou moins complexes, la troisième lui confère un rôle majeur mais les

Bibliothèque nationale, Paris, 1954, pp. 257-264; H. Zerner, *art. cit.*, pp. 15-30. Notre sondage quant au détail porte sur 88 ouvrages pour lesquels nous avons consulté plus d'une centaine d'éditions.
9. E. Binet, *Consolation et réjouissance pour les malades et personnes religieuses*, Paris, 1625, pp. 493-494.
10. J. Blancone, *Le Souvenir de la mort*, Toulouse, 1609, pp. 125-126.
11. H. Zerner, *art. cit.*, p. 17 et suiv.
12. E. Mâle, *L'art religieux du XIIᵉ au XVIIIᵉ siècle*, Paris, 1945, pp. 135-196.

principes d'une pédagogie de la mort n'y sont pas retenus, en quelque sorte, pour eux-mêmes, mais deviennent inséparables d'autres éléments.

Appartiennent au premier type les figurations symboliques banales qui accompagnent pages de titre ou dernières pages. Ces simples culs-de-lampe évoquent, réduites au principal, les Vanités si souvent peintes par les peintres du temps [13]. Sablier, crânes, tibias, ossements épars, ronces, cercueils, chandeliers, larmes composent un vocabulaire d'affliction que rien ne rattache au texte si ce n'est l'élémentaire communauté d'une symbolique d'édification. Parfois, le sens d'un livre est plus nettement souligné [14]. Dans la page de titre des manuels de Pierre de Besse et de Pierre Juvernay, pour apprendre la *manière de consoler les malades*, l'image absolument fondamentale du confesseur en bonnet carré installé au chevet du malade apparaît pour la première fois [15]. D'autres représentations symboliques peuvent accompagner la mise en page des préparations : les moines méditant [16], la mort faucheuse [17], l'ange gardien protecteur [18], ou, plus rare, le portrait de l'auteur réfléchissant à son salut [19]. Ainsi, en exergue des *Sept Trompettes du ciel*, l'effigie ascétique du Père Yvan au pied du crucifix.

Plus complexes dans leur signification pédagogique, plus riches d'enseignement quant au contenu même de la préparation, sont les figures qui accompagnent le texte. Dans les traités de Bellarmin, de Drexel, de Duval et du Père Hanart, elles sont réduites à quelques représentations édifiantes et moralisantes. Le lexique s'enrichit toutefois et l'image ponctue ou souligne un discours de contemplation ascétique. En revanche, pour l'abbé Chertablon et son éditeur anversois, le travail du graveur ne peut se distinguer des réflexions du théologien [20]. Cette ample et grave suite de gravures compose une iconographie originale, et assez rare, de la mort des élites dévotes au début du XVIIIᵉ siècle. Deux registres sont continuellement mêlés, d'une part la représentation de la Passion, rythmée par un choix de textes évangéliques et figurée dans une succession de tableautins décorant la chambre du malade, appui matériel d'une méditation qui tend à identifier l'histoire individuelle du patient à celle du Christ sauveur ; d'autre part les péripéties de l'homme de qualité en proie à la maladie et à la mort. La double lecture, immédiate, conforte l'expérience spirituelle.

13. J. Thuillier, *Georges de La Tour, Tout l'œuvre peint*, Paris, 1973 ; *Georges de La Tour. Orangerie des Tuileries*, 10 mai-25 septembre 1972, Paris, 1972.

14. Citons A. de Riez, Bellarmin, Mattieu, Jacques d'Embrun, Duval, Laplacette, Lallemant, Puget de la Serre. Citons aussi P. de Besse, *La pratique chrétienne pour consoler les malades*, Paris, 1624.

15. P. Juvernay, *La manière de consoler très utile à toutes personnes*, Paris, 1653.

16. Bellarmin, *op. cit.* ; Blancone, *op. cit.*

17. Mattieu, *Tablettes de la vie et de la mort*, Paris, 1611 ; Jacques d'Embrun, *Faut mourir*, Lyon, 1651 ; J. Laplacette, *La mort des justes ou la manière de bien mourir*, Paris, 1665.

18. P. Coret, *L'Ange conducteur, protecteur spécialement des mourants*, Paris, 1662.

19. R. P. Yvan, *Les Sept Trompettes du ciel, qui éveillent les pécheurs et les excitent à se convertir*, Paris, 1661.

20. Chertablon, *La manière de se bien préparer à la mort par des considérations sur la Cène, la Passion, et la mort de Jésus-Christ*, avec de très belles estampes emblématiques, Anvers, 1700.

Pour le dernier ensemble, les images de la mort sont toujours intégrées dans un complexe dont la pédagogie se veut plus accessible et plus brutale [21]. Qu'il s'agisse des *Images morales* gravées à Lyon par Galleys, des bois archaïques accompagnant le miroir du jésuite Huby, des figures maladroites du *Miroir des pécheurs... composé par les RR. PP. Capucins Missionnaires,* on se trouve en présence d'un matériel de propagande utilisé sous la forme de placard présenté aux foules rassemblées par la mission, mais également comme livret d'enseignement et de méditation personnelle. L'avertissement du *Miroir de l'âme du pécheur et du juste pendant la vie et à l'heure de la mort... par un prêtre de la mission de St François de Sales du diocèse de Vienne* parle en ce sens : « Chacun sait que les images sont d'un grand secours pour mieux faire comprendre les choses spirituelles. D'abord elles excitent la curiosité, puis l'attention pour pénétrer les choses qui étant ainsi représentées s'impriment mieux et se font plus vivement sentir. C'est dans cette vue qu'on a mis les images suivantes. A côté on met l'explication de l'image, qui sera suivie de quelques réflexions sur le sujet et des affections convenables, lesquelles seront terminées par des résolutions et une prière... On prie le lecteur de ne pas passer légèrement sur chaque sujet mais d'y réfléchir sérieusement [22]. »

Ainsi, à trois siècles de distance, la tradition iconographique procédant de l'*Ars moriendi* conserve sa puissance d'effet. Mais il est évident que les témoins des programmes du XVe siècle ne sont conservés qu'au sein d'une pédagogie religieuse à destination « populaire » et dont la continuité est attestée jusqu'au cœur du XIXe siècle [23]. Pour le reste, le XVIIe et le XVIIIe siècle consomment la défaite de l'image. On retrouve en cela l'effort de reclassement des pratiques en fonction d'une plus grande intellectualisation, d'une intériorisation qui souligne le clivage socioculturel des gestes [24]. Les figures conservent leur force collective mais la spiritualité des élites dévotes ne se fonde pas sur leur recours.

A signaler encore des traits originaux révélateurs d'importants changements par rapport aux origines médiévales du genre. Dans la majorité des cas le titre seul suffit à caractériser l'ouvrage, parfois même l'addition d'une phrase clef a pour but de lever toute ambiguïté : par exemple, « pour servir de préparation à la mort ». Cependant, pour quelques œuvres, une certaine indétermination demeure, soit qu'elles se présentent comme une réflexion sur les « fins dernières » continuant au cœur

21. Remercions ici tout particulièrement H.-J. Martin qui m'a obligeamment communiqué un riche dossier sur ce matériau. Indiquons les principales éditions : *Images morales,* Lyon, fin XVIIe, et Lyon, début XVIIIe siècle ; *Miroir de l'âme* du P. Huby, 14 éditions, de la fin du XVIIe et du XVIIIe siècle, surtout à Paris et dans l'Ouest (Le Mans, Angers) ; *Miroir de l'âme du pécheur et du juste,* Avignon, XVIIIe siècle ; *Miroir des pécheurs* composé par les R.R. P.P. Capucins, 8 éditions connues, surtout de Troyes, peut-être fin XVIIIe siècle-début XVIIIe siècle ; *Le Miroir des âmes,* 42 éditions recensées pour le XIXe siècle.
22. *Miroir de l'âme du pécheur et du juste, op. cit.,* pp. 2-3.
23. C. Nisard, *Histoire des livres populaires ou de la littérature de colportage,* Paris, 1854, t. 2, pp. 23-32 ; A. Socard, *Livres populaires imprimés à Troyes de 1600 à 1800,* Paris, 1864.
24. M. de Certeau, « Du système religieux à l'éthique des Lumières (XVIIe et XVIIIe siècles) : la formalité des pratiques », dans *Ricerche di Storia Sociale e Religiosa,* 2, 1972, pp. 31-94.

du XVIIᵉ et du XVIIIᵉ siècle la tradition de Denis le Chartreux, soit aussi qu'elles apparaissent comme le lieu d'une méditation plus générale reprenant le modèle des *Arts de bien vivre et de bien mourir*. Ainsi le beau titre baroque du traité publié par Charles de Louvencourt, *Gasteau spirituel composé de la plus saine manne de l'Écriture Sainte, pour nourrir l'âme du Chrétien et le transformer lui-même en viande céleste* (Paris, 1603), cache une préparation, mais qui est intégrée dans une réflexion spirituelle plus large. Le *Combat spirituel* [25] du Père Scupoli montre plus clairement encore l'ambiguïté qui rend difficile l'établissement d'un corpus complet. Dans son édition originale et ses traductions premières c'est un ouvrage de spiritualité générale où, sur trentre chapitres, deux sont consacrés à une réflexion sur la mort. Quand, à partir de la belle édition italienne publiée à Paris en 1659, le Père Brignon présente une nouvelle traduction, il y joint une « préparation à la mort ». Que reste-t-il de l'œuvre du vertueux théatin dans le *Nouveau combat spirituel* comportant un ensemble de prières, soixante chapitres « adaptés » de Scupoli, et quinze chapitres de *Réflexions sur la paix de l'âme* rajoutés par le jésuite traducteur qui déclare : « J'ay tasché de rendre le sens de l'auteur sans m'attacher trop aux mots et aux phrases » ? Dans le contexte de la librairie d'Ancien Régime, l'exemple n'est sans doute pas isolé. Il a l'avantage de marquer le sens de l'évolution : multiplication des titres, variété des usages, progrès du service pratique.

La classification des 236 titres consultés permet de voir que manuels et traités d'exercices l'emportent peu à peu. Ils composent 65 % du corpus avant 1650, 73 % pour le demi-siècle suivant, plus de 80 % au XVIIIᵉ siècle. L'étude plus précise de l'échantillon d'une centaine d'ouvrages montre l'accroissement en valeur absolue comme en proportion de ceux qui intègrent, dans leurs différents chapitres, litanies, formulaires, invocations, modèles de récitations individuelles ou collectives, prières adaptées aux circonstances et aux lieux, bref tout un matériel de pratiques pieuses d'utilité. Pour les périodes signalées plus haut, leur proportion passe de 55 à 65 et 85 %. Dans les manuels de préparation une efficacité plus grande est recherchée, un ordre plus concret et plus rationnel remplace l'inspiration [26]. Une préoccupation analogue explique la simplification des titres qui deviennent plus accessibles et plus percutants. L'épuration du vocabulaire le traduit très clairement : entre 1600 et 1649, 8 mots en moyenne par titre à l'exclusion des mots-outils ; de 1650 à 1699, 6 encore, mais seulement 4,8 pour les années 1700-1749 et 5 dans la dernière moitié du XVIIIᵉ siècle font place à des titres-clichés, courts, simples et compréhensibles. Voyez le long et pittoresque exergue par François Arnoulx, chanoine de Riez, en 1619 : « Le secret pour ouvrir la porte du paradis en mourant, très utile à un chacun pour au partir de ce monde s'envoler vers le ciel. Tiré des mines d'or de l'immense bonté des miséricordes de Dieu et des riches trésors qu'il a mis en dépôt entre les

25. Traduction Brignon, Paris, 1688.
26. M. de Certeau, *art. cit.*, pp. 48-50 ; pour une utilisation quantifiée de la titrologie, cf. J.-L. Flandrin, « Titres d'ouvrages, sentiments et civilisation », dans *Annales (E.S.C.)*, 1965, pp. 939-966 ; et C. Duchet, « La " Fille abandonnée " et la " Bête humaine ", éléments de titrologie romanesque », dans *Littérature*, 1973, nº 12, pp. 49-73.

mains de son épouse l'Église Sainte » (Lyon, 1619, 1622). Regardez, en 1781, l'auteur capucin anonyme qui se contente de titrer son manuel *Exercices de la bonne mort* (Paris, 1781). Entre les deux dates les Potosis spirituels ont-ils perdu une part de cette immédiate fascination qu'exprimait la fantaisie lexicale ? Plus conforme sans doute aux nécessités de la pédagogie, une brièveté rationnelle s'installe alors.

L'inventaire des titres permet de suivre avec précision la montée du discours nouveau. (Pour tout ce qui suit, cf. les graphiques 1, 2, 3.) L'étiage de la fin du XVIe siècle – 10 titres environ pour les cinquante dernières années – est très vite abandonné : 26 nouvelles préparations, une par an de 1600 à 1624, 32 pour la période suivante jusqu'en 1649. Ainsi l'éclatement du genre perçu à l'aube de la Renaissance septentrionale se poursuit et la courbe des créations inédites atteint son sommet au dernier quart du XVIIe siècle avec plus de 60 titres nouveaux recensés. Au XVIIIe siècle, un ralentissement net des créations se manifeste passé 1725, 38 titres pour le premier quart du siècle, 20 pour le suivant, 13 pour les cinquante dernières années. Sur ce profil de deux siècles, trois zones de flexion sont à noter. 1625-1650 : temps d'un doublement ; 1675-1700 : maximum modal qui coïncide avec l'âge de la « crise de la conscience » ; 1700-1750 : moment de la lente retombée de la Régence et du règne de Louis XV. Le genre profondément remanié au moment du triomphe des spirituels de l'École française s'essouffle tôt au siècle des Lumières. Néanmoins il ne paraît pas possible d'établir une corrélation immédiate entre la montée de nouveaux sujets et le recul des préparations à la mort sans avoir interrogé la courbe des éditions, qui révèle beaucoup plus nettement les avances et les reculs d'un type de publication, en quelque sorte son poids réel.

Sur ce point, on ne peut esquiver une difficulté méthodologique. L'inventaire des éditions conservées dans les grandes bibliothèques est, comme celui des titres mais avec un coefficient d'incertitude supérieur, très dépendant des conditions nationales et locales de constitution des dépôts. Sa transcription graphique mesure donc à la fois un mouvement vrai, car on peut admettre que le nombre d'éditions retrouvées est grossièrement proportionnel à celui des éditions publiées, et sans doute aussi les variables de la conservation. Avec H.-J. Martin [27] il est loisible de penser que les 18 000 ouvrages conservés à la Nationale pour le XVIIe siècle, parmi lesquels se retrouvent la majorité des préparations, ne sont pas loin de représenter une bonne part de la production française ; nos sondages provinciaux doivent en tout cas permettre de réduire la marge acceptable d'erreur. Toutefois, dans le domaine du livre religieux, nombre d'éditions et de rééditions anciennes ont totalement disparu, et il importe d'en tenir compte, d'autant plus que la littérature de préparation est un genre complexe dont la partie située au confins de la littérature de colportage illustrée a sans conteste été très sévèrement triée. Mieux conservés sans doute que les livres d'heures, les arts de mourir ont malgré tout subi des pertes difficiles à évaluer mais importantes. A titre d'hypothèse, il est possible d'affecter un coefficient moyen, calculé à partir des rééditions, aux livres dont nous ne connaissons qu'une seule édition. Le procédé, sans doute partiellement contestable, permet de

27. H.-J. Martin, *op. cit.*, t. 1, pp. 60-95.

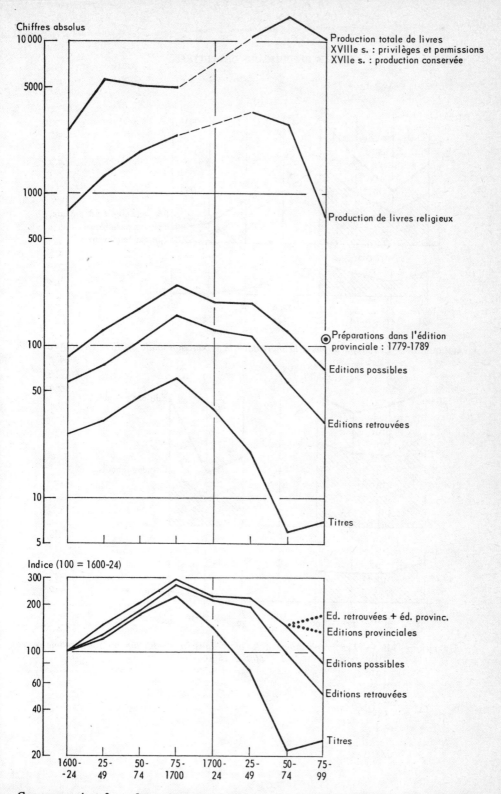

Chiffres absolus

10 000

5000

1000

500

100

50

10

5

Production totale de livres
XVIIIe s. : privilèges et permissions
XVIIe s. : production conservée

Production de livres religieux

Préparations dans l'édition
provinciale : 1779-1789

Editions possibles

Editions retrouvées

Titres

Indice (100 = 1600-24)

300

200

100

60

40

20

Ed. retrouvées + éd. provinc.

Editions provinciales

Editions possibles

Editions retrouvées

Titres

1600- -24	25- 49	50- 74	75- 1700	1700- 24	25- 49	50- 74	75- 99

GRAPHIQUES 1 et 2. — *Les préparations à la mort et la production du livre de 1600 à 1800.*
Leur évolution indiciaire (100 = 1600-24) pour la même période.

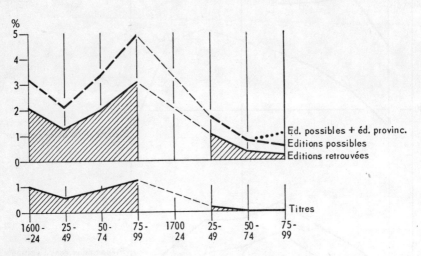

GRAPHIQUE 3. — *Les préparations à la mort dans la production totale du livre de 1600 à 1800.*

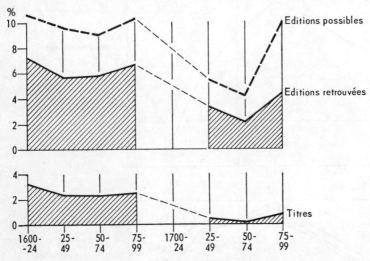

GRAPHIQUE 3 b. — *Les préparations à la mort dans la production du livre religieux de 1600 à 1800.*

nuancer un mouvement trop brutal, et, surtout, de relier la courbe du
XVIIᵉ siècle, reflet des sources conservées, à celle du XVIIIᵉ siècle où le
« listing » des privilèges et permissions tacites donne un autre moyen
d'évaluation [28]. Trois hypothèses apparaissent alors sur le graphique :
l'une, basse, figure le mouvement possible de la création, celui des titres
lancés sur le marché du livre religieux; l'autre, moyenne, enregistre la
série des éditions sauvées et montre l'accueil fait au genre; la troisième,
calculée haute, tente de remédier au défaut de la source et d'approcher
au plus près le comportement du public (graphiques 1, 2, 3). Pour le
XVIIᵉ siècle pas de surprise, la courbe des éditions est conforme à celle
des titres dans les trois hypothèses : doublement avant 1650, multiplication par cinq ou six entre le premier et le dernier quart du siècle. Soit, si
l'on généralise le chiffre moyen des tirages connus [29], une production qui
passe de 60 ou 80 000 exemplaires à 170 ou 250 000; un minimum
séculaire de 400 000, un maximum acceptable de 500 000.

Dans l'invasion dévote qui marque l'achèvement du « Grand Siècle »,
les préparations à la mort tiennent une place non négligeable. Des
« best-sellers » s'y distinguent qui garderont au siècle suivant une vogue
jamais démentie. la *Préparation* et la *Douce Mort* du Père Crasset qui
connaissent une quarantaine d'éditions, les adaptations du Père Brignon,
une vingtaine, *L'Ange conducteur* du Père Coret, *L'avant-coureur de
l'éternité* de Jérémie Drexel, le *Faut mourir* du Père de Barry, qui eurent
au moins une dizaine d'éditions. Au début du XVIIIᵉ siècle le succès se
maintient car le fléchissement des courbes éditoriales est très nettement
décalé par rapport au recul des titres. De 1675 à 1699, 159 éditions
retrouvées, peut-être près de 250; 127 et vraisemblablement près de 200
de 1700 à 1724; 117 et 192 dans les vingt-cinq années suivantes. En indice
(cf. graphique 3), calculé sur la base 1600-1624, les titres perdent 150
points pour le premier quart du siècle, les éditions reculent de 75 points
en cinquante ans dans le cadre de l'hypothèse moyenne (66 pour
l'hypothèse haute). En d'autres termes, les auteurs ne se renouvellent
pas, le stock de titres varie peu, mais les libraires soucieux autant de
commerce que de pastorale restent fidèles, ce qui suppose l'adhésion
continuée d'un vaste public capable d'absorber entre 250 000 et 400 000
exemplaires. Une contradiction existe entre les aspirations réelles des
masses lisantes, entretenues par la grande vague acculturante des
missions, et les transferts de spiritualité qu'expriment les conduites
ecclésiastiques. La pédagogie de la mort est figée sur ses conquêtes du
« grand siècle des âmes », mais les préparations conservent leur secrète
attirance et leur pouvoir alors même que, dans les milieux d'Église où se
recrutent les auteurs, commence à se dessiner une réaction de rejet. Le
fait est d'autant plus remarquable qu'il y a une coïncidence entre les
courbes d'éditions, celles que présente M. Vovelle pour les testaments de

---

28. F. Furet, *art. cit.*, pp. 7-12; R. Estivals, *La Statistique bibliographique de la
France sous la Monarchie au XVIIIᵉ siècle*, Paris-La Haye, 1965. On verra que notre
calcul se justifie plus particulièrement pour la fin du XVIIIᵉ siecle où l'édition
provinciale provoque un boom dans la librairie nationale, au moins pour le livre
religieux.
29. M. A. Merland, « Tirage et vente de livres à la fin du XVIIIᵉ siècle : des
documents chiffrés », dans *Revue Française d'Histoire du Livre*, t. III, nᵒ 5, 1973,
pp. 87-112; H.-J. Martin, *op. cit.*, t. 1, pp. 100 et suiv. et 377-379.

Provence, et celles des ordinations de Reims, Rouen, Troyes et Autun [30].
L'importance des années 1750-1775/1780 pour une sociologie des remises en cause religieuses n'est plus à rappeler, mais le décrochage du
discours théologique sur la mort a précédé le fléchissement général des
gestes. Le schéma habituel des rapports entre l'œuvre et son écho, entre
les auteurs et leur public s'inverse selon toute vraisemblance.

Incontestablement, passé les années 1750, le climat change, tout
baisse : courbe des titres, courbe des éditions conservées, courbe des
éditions probables, dans les trois cas le recul indiciaire se poursuit ;
quand, pour les années vingt, les registres de privilèges recueillent une
moyenne de six demandes par an, ils en inscrivent à peine trois entre
1750 et 1774, une ou deux dans la décennie prérévolutionnaire. Les
mêmes textes sont le plus fréquemment réédités : *Faut mourir, L'Ange
conducteur, L'avant-coureur, Les quatre fins.* Toutefois, il importe de
nuancer le caractère absolu de ce déclin. En effet la liberté nouvelle
gagnée après 1775 par les libraires provinciaux a freiné le tassement
brutal de la production ascétique [31]. Le registre analysé par J. Brancolini
prouve que les centres régionaux d'édition ont largement puisé dans les
réserves jusqu'alors défendues par le monopole parisien. 112 éditions
locales s'ajoutent en totalité ou en partie aux 31 retrouvées, peut-être aux
70 probables ; au total, 300 000 ou 250 000 exemplaires de préparation à
la mort se répandent encore sur le royaume. Mais dans ce stock
fantastique pas de nouveauté : les titres prisés en province sont ceux
d'autrefois. Le discours théologique des spirituels du XVIIe siècle triomphe encore au temps des Lumières, il prouve la puissance d'un cérémonial intégré dans la psychologie collective et manifesté par les gestes de la
pratique pendant plus de cent cinquante ans, en dépit même de la lente
évolution des certitudes. Le message de la mort classique aura vécu au
rythme plus général de la production ancienne du livre. Il tient sa partie
dans l'équilibre de la bibliographie traditionnelle où l'emportent les
ouvrages de religion et participe en plein au vaste chassé-croisé qui
aboutit, à la veille de la Révolution, au triomphe d'une culture pour une
grande part laïcisée. Dans l'économie globale des livres imprimés, il
n'occupe jamais une place considérable (cf. graphique 3) : 1 % pour les
titres, avec un fort recul passé 1725, quand les chiffres de la librairie
française montent au-dessus de 500 nouveaux ouvrages par an. Toutefois,
à regarder le mouvement des éditions, plus vraisemblable dans la mesure
où l'on tient ainsi compte des rééditions d'une même œuvre incorporées
tant dans la production conservée (au XVIIe siècle) que dans les propositions des libraires (au XVIIIe siècle), trois moments apparaissent. Un
premier XVIIe siècle irrésolu, où l'on retombe de 3 % à 1 ou 2 % par suite
d'un essor relatif plus rapide des publications non religieuses. Un temps
d'essor accéléré, après 1650, où les préparations atteignent le niveau de

30. M. Vovelle, *Piété baroque et déchristianisation en Provence au XVIIIe siècle*,
Paris, 1973 ; J. Delumeau, *Le Catholicisme entre Luther et Voltaire*, Paris, 1971,
pp. 294-330 ; P. Chaunu, *La civilisation de l'Europe des Lumières*, Paris, 1971,
pp. 285-318.
31. J. Brancolini, M. T. Bouyssy, « La vie provinciale du Livre à la fin de l'Ancien
Régime », dans *Livre et Société dans la France du XVIIIe siècle*, II, Paris-La Haye,
1970, pp. 3-37. Nous devons à Julien Brancolini le détail exact des renseignements
concernant notre sujet dans le ms. 22019 de la B.N.

5 %, figurant en bon rang dans la diffusion en profondeur des dévotions tridentines. Enfin, de 1700-1725 à 1775-1800, un déclin continu, moins de 0,5 % à la veille de la Révolution. Néanmoins, dans la décennie pré-révolutionnaire, le renouveau provincial du livre, favorable avant tout aux écrits religieux, empêche le tassement absolu des courbes. Sur plus de deux millions d'exemplaires édités pour la clientèle régionale, 9,5 % sont des préparations à la mort. Ce taux confirme la leçon des titres et permet de penser que la proportion nationale ne devait pas être inférieure à 1 %, au maximum 2 %, rapportée à l'ensemble des titres édités.

Au sein de l'imprimé religieux, les courbes des préparations éditées ont une progression très différente. Stabilité d'abord, au temps de la Réforme catholique, avec un taux séculaire moyen oscillant entre 7 et 10 %, taux trop optimiste sans doute car ne pouvant tenir compte de la sous-évaluation des livrets de piété vulgarisant, mais confirmant le sentiment de Brémond quant à l'importance de l'art de mourir pour la spiritualité de l'École française [32]. Déclin ensuite au moment où le livre théologique atteint son apogée dans l'ensemble de la production imprimée avec près de 50 % [33]. Quand la vague des livres de piété et de dévotion, quand les petits formats conquérants submergent l'éventaire des libraires parisiens, la courbe des éditions tombe à moins de 4 ou 3 %. Voilà donc le décrochage des titres confirmé et l'hypothèse d'une substitution de choix spirituel renforcée. Dans la production théologique quantitativement en déclin les préparations se replient jusqu'aux années 80, alors le coup de fouet de l'édition provinciale leur font retrouver un taux probable voisin de 10 % (5 % pour les éditions retrouvées, 15 % des rééditions locales). Dès lors, dans un secteur de la production imprimée devenu minoritaire, même s'il est fortement sous-évalué dans nos reconstitutions, les écrits spirituels sur la mort gardent leur influence, bénéficiant sans doute du déclin plus accentué et plus rapide des publications liturgiques et pratiques. Ce maintien, ou ce transfert, ne pourrait être confirmé et compris que par une analyse plus complète de l'ensemble de la production théologique des Lumières hors de notre propos. En tout cas, au cœur de la sensibilité néo-classique, le texte sur la mort dans ses discussions les plus larges n'a pas renié ses origines. Les données géographiques de la production, l'étude de la circulation des arts de mourir confèrent au phénomène un éclairage moins flou.

Circulation. Consommation

Ce sont les éditeurs de Paris qui assurent le succès du genre. Les cartes le prouvent (cartes 1, 2, 3, 4). 50 % des éditions pour la capitale entre 1600 et 1649, 70 % dans la deuxième moitié du XVIIᵉ siècle, 66 % encore dans la première partie du XVIIIᵉ siècle. Cependant, la remontée provinciale est manifeste dans les années prérévolutionnaires : Paris ne fournit plus que 50 % des éditions retrouvées et moins de 20 % de l'ensemble

32. H. Brémond, *Histoire littéraire du sentiment religieux en France depuis la fin des guerres de Religion*, 11 vol rééd., Paris, 1907, t. 9, pp. 330-360.
33. H.-J. Martin, *op. cit.*, t. 1, pp. 90-92.

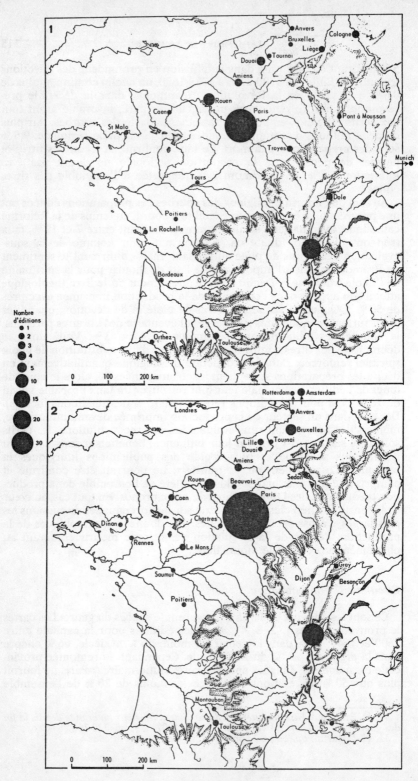

Lieux d'éditions retrouvées
CARTE 1 : *600-1649* — CARTE 2 : *1650-1699*.

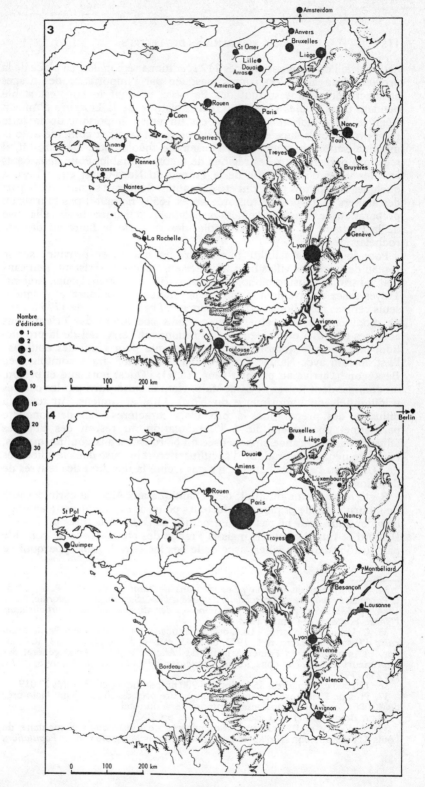

Lieux d'éditions retrouvées
CARTE 3 : *1700-1749* — CARTE 4 : *1750-1799.*

national, si l'on tient compte des 112 rééditions régionales. La place de la province française n'est jamais masquée par l'importance des tirages étrangers provenant surtout des Pays-Bas et dont le taux est stable pendant deux siècles (7 %-9 %). Dans l'histoire de la Librairie d'Ancien Régime, l'*Ars moriendi* réadapté est un enjeu important de la lutte Paris-province; le succès de cette dernière est tardif et coïncide avec la marginalisation du genre dans l'ensemble théologique. De surcroît, il n'est pas partagé entre les régions de façon équitable. Pour deux cents ans, les villes d'imprimerie de la France du Nord-Ouest et de l'Est, à quelques exceptions près, ont été gagnantes. Seul trait significatif, la part des ateliers de l'Ouest se renforce après 1650 : ne faut-il pas fournir en préparations le vaste mouvement missionnaire qui anime la vie religieuse de la Bretagne et de la Normandie, des rives de la Loire au diocèse rochelais [34]?

Pour le reste, la stabilité bi-séculaire est ancrée en province sur le réseau de quelques villes bien fournies en ateliers et résistant, non sans mal, au triomphalisme bibliographique parisien : Rouen, Douai, Amiens, Troyes assez tardivement, Lyon en permanence, Toulouse et Avignon, seuls centres méridionaux d'importance [35]. Les rééditions de 1775 à 1789 ne modifient pas ce calme paysage mais accélèrent des orientations acquises (cartes 5 et 6); deux zones retiennent l'essentiel de la production, tant pour le nombre d'exemplaires que pour celui des éditions : l'Est, lorrain avec Nancy, Bruyères, Neufchâteau [36], franc-comtois avec Besançon [37], arrive au premier rang (55 %); l'Ouest normand et breton, où commandent Rouen et Saint-Malo, vient ensuite, suivi par les centres traditionnels de l'imprimerie du Nord, Lille et Amiens. Au total, la diffusion des préparations a pris trois caractères : fait de conquête parisienne, phénomène lié à l'implantation du réseau des libraires éditeurs dans la France alphabétisée du Nord-Ouest aux confins lorrains, enfin élément de la pratique d'acculturation religieuse dans les diocèses de l'Ouest où l'analphabétisme n'a pas freiné la diffusion des œuvres de dévotion [38].

Reste le problème du Midi; de l'Atlantique aux Alpes la carte des arts de mourir est vide et plusieurs facteurs peuvent expliquer cette absence trop continue pour ne pas être enracinée dans des structures profondes. D'abord le retard culturel; mais la France des alphabétisés ne coïncide pas, surtout dans les villes, avec celle des lecteurs [39]. Alors pourquoi ce

---

34. C. Berthelot du Chesnay, *Les missions de saint Jean Eudes*, Paris, 1968; L. Perouas, *Le diocèse de La Rochelle de 1648 à 1724. Sociologie et pastorale*, Paris, 1964, pp. 333-336 et pp. 400-406; et *Mémoires des Missions des Montfortains dans l'Ouest*, Fontenay-le-Comte, 1964.

35. C. Lannette-Claverie, « La Librairie française en 1700 », dans *Revue Française d'Histoire du Livre*, n° 3, 1972, pp. 3-43, et n° 6, 1973, pp. 207-233; R. Chartier, « L'Imprimerie en France à la fin de l'Ancien Régime : l'état général des imprimeurs de 1777 », dans *Revue Française d'Histoire du Livre*, n° 6, 1973, pp. 253-279.

36. 120 000 exemplaires, 55 % des 214 900 préparations; cf. B.N. Ms 22 019.

37. Près de 20 000 exemplaires; Rouen en tire près de 36 000, Saint-Malo près de 30 000, l'ensemble occidental compose 38 % du total.

38. J. Brancolini et M. T. Bouyssy, *art. cit.*, pp. 20-23.

39. M. Fleury et P. Valmary, « Les progrès de l'instruction élémentaire de Louis XIV à Napoléon III d'après l'enquête de Louis Maggiolo », dans *Population*,

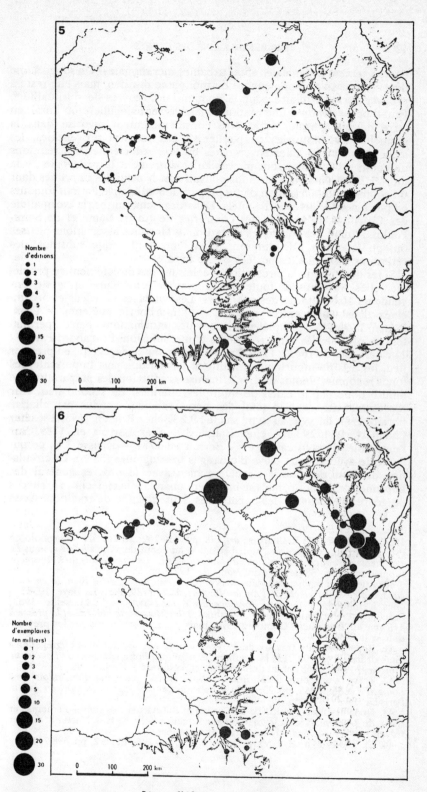

Lieux d'éditions provinciales
CARTE 5 : *nombre d'éditions* — CARTE 6 : *nombre d'exemplaires.*

comportement original des élites urbaines méridionales ? On songe à une dépendance plus grande encore du monopole parisien, mais elle reste à prouver de façon claire pour le domaine des œuvres de spiritualité [40]. Faut-il penser enfin à une pratique massivement singulière où l'oral, en terre de bilinguisme, a pu être considérablement favorisé dans la gestuelle des confréries de pénitents ? Les gazettes provençales, les associations paroissiales auvergnates ou languedociennes, les réunions de confrères rochelais ont pu véhiculer autrement la pédagogie de la mort [41]. Le discours des sermons pouvait passer celui des imprimés dans un contexte où la tradition d'une préparation collective l'aurait toujours emporté sur les actes individuels. Dans des lieux autres, la Normandie des Charitons, la Flandre des confréries de Nostre-Dame et de Saint-Paulin, l'Anjou des confréries de la Bonne Mort, les associations pieuses ont pu jouer un rôle différent, complément plus que substitut, des réflexions individuelles portées par le livre [42].

Si les données de la circulation n'éclairent pas directement ce problème, elles introduisent toutefois au plan intermédiaire du geste des vendeurs aux attitudes des acheteurs. Les sondages parisiens et provinciaux dans trois centres majeurs de l'imprimerie ancienne – Lyon, Rouen, Troyes [43] –, complétés par quelques informations éparses, permettent de préciser les traits séculaires d'une diffusion. Et d'abord Paris [44] : 11 catalogues de 1643 à 1789. Trois impressions se dégagent : en premier lieu, les arts de mourir ne constituent jamais une part importante des fonds reconnus : moins de 1 %. L'intense production des préparations se diffuse donc par le canal de multiples officines. En second lieu, leur représentativité dans le total des livres religieux vendus par chaque libraire croît du XVIIe au XVIIIe siècle : 0,2 % chez Pelé en 1643, 2 % chez Chaubert en 1729, 1 % chez Bailly, 3 % chez Barrois en 1789. Sur l'ensemble, un seul catalogue – Berton en 1771 – dépasse 3 %, ce qui coïncide avec un taux élevé d'ouvrages théologiques (35 %). La circulation des arts de mourir s'accélère bien avec le progrès général des imprimés de dévotion, mais se maintient quand celle-ci décline ; le succès du genre prend toutes les apparences d'une fortune de tradition. Alors

---

1957, no 1, pp. 71-92 ; R. Chartier, *art. cit.*, pp. 264-269 ; M. Vovelle, « Maggiolo en Provence : peut-on mesurer l'alphabétisation au début du XVIIIe siècle ? », dans *Le XVIIe siècle et l'éducation. Colloque de Marseille de la Société d'étude du XVIIe siècle*, supplément au no 88 de la revue *Marseille*, 1972, pp. 55-62.

40. Aucun renseignement dans M. Ventre, *L'imprimerie et la librairie en Languedoc au dernier siècle de l'Ancien Régime, 1700-1789*, Paris-La Haye, 1958 ; ni dans J. Billioud, *Le livre en Provence du XVIe au XVIIIe siècle*, Marseille, 1962 ; beaucoup d'informations dans R. Moulinas, *L'imprimerie, la librairie et la presse à Avignon au XVIIIe siècle*, Grenoble 1974, mais pas d'informations sur les préparations à la mort.

41. Renvoyons aux travaux de M. Vovelle, *op. cit.*, « Pénitents-Congrégations-Tiers ordres », pp. 202-213 ; M. Agulhon, *Pénitents et Francs-Maçons de l'ancienne Provence*, Paris, 1968 ; et aux recherches en cours de J. Fouilheron.

42. Travaux en cours de M. Bée, A. Lottin, *Vie et mentalité d'un Lillois sous Louis XIV*, Lille, 1968, pp. 233-235 ; F. Lebrun, *Les hommes et la mort en Anjou*, Paris-La Haye, 1971, pp. 457-458.

43. Nous devons à l'amitié de M. Garden et R. Chartier nos renseignements sur Lyon, de J. Quéniart les informations sur Rouen, à celle de H.-J. Martin le dossier troyen que nous avons mis en œuvre et complété.

44. Cf. Tableau I a ; H.-J. Martin, *op. cit.*, t. I, pp. 296-361 ; t. 2, pp. 698-731.

que les libraires parisiens misent de moins en moins sur le livre religieux (le décrochage définitif se fait de toute évidence vers 1760-1775), ils continuent à vendre les préparations, comptant sur la fidélité de leur clientèle. Enfin, en troisième lieu, la vente repose sur un nombre restreint de titres pour chaque officine. Tous, sauf Berton et De Bure, ne proposent pas plus de 2 ou 3 ouvrages parmi lesquels les succès anciens prédominent. Sur une soixantaine d'éditions parisiennes analysées de plus près, les adresses sont au nombre de 50, et 5 noms réapparaissent deux fois, ceux de grands libraires qui ont joué pleinement la carte du livre de dévotion : au XVIIe siècle, Cramoisy, éditeur de Gamaches et Lallemant, Couturot, qui publie le P. Lalande et les images morales, Michallet qui imprime Crasset, Guilloré et Nepveu; au XVIIIe siècle, Lottin et Estienne.

En province, le tableau varie beaucoup. A Lyon [45], l'on retrouve une image très proche de celle perçue à Paris : faible pourcentage global, toujours moins de 1 %, taux bas dans l'ensemble du livre religieux, moins de 2 %. En revanche, les fonds inventoriés révèlent beaucoup plus de titres, 23 chez Arnaud en 1656, 45 chez Bruyset en 1759, 25, chez lui encore, trente ans plus tard. A noter aussi, la constante des ventes qui coïncide avec une stabilité plus grande du livre de dévotion, 45 % chez Arnaud, 28 % encore dans le catalogue Bruyset de 1789. Incontestablement, Lyon a joué un grand rôle dans la diffusion, comme dans l'édition de l'*Ars* nouvelle manière, mais il ne s'est pas modifié en deux cents ans. A Rouen, une évolution se manifeste, les préparations atteignent des taux plus élevés après 1750 alors même que le livre religieux recule. Avec plus de titres qu'à Paris, les libraires rouennais font confiance au genre, leurs catalogues confirment les ambitions manifestées dans la carte des éditions [46]. Le comportement des imprimeurs libraires de Troyes rejoint cette orientation : faible rôle au XVIIe siècle, démarrage après 1680, stabilité au XVIIIe siècle. Dans la masse des ouvrages religieux mise en vente par la librairie troyenne, les préparations sont représentées par peu de titres sans qu'il y ait distorsion majeure entre le nombre des exemplaires recensés et celui des ouvrages répertoriés. A Châlons-sur-Marne et à Auxerre à la fin du XVIIIe siècle, on a des taux comparables, le libraire champenois Briquet accordant plus d'intérêt à ce type d'ouvrages que son collègue bourguignon Fournier, le patron de Restif. Peu de différence également à Bordeaux [47], tant pour le total de la production imprimée que pour l'inventaire du fonds Maugiron où toutefois le nombre d'exemplaires est plus que partout ailleurs supérieur à celui des titres (6 et 3 %) [48]. Finalement, les inventaires confirment la

45. Cf. Tableau I b; R. Chartier, « Livre et espace : circuits commerciaux et géographie culturelle de la librairie lyonnaise au XVIIIe siècle », dans *Revue Française d'Histoire du livre*, no 1-2, 1971, pp. 77-108.

46. Cf. Tableau I c; J. Quéniart, *L'imprimerie et la librairie à Rouen au XVIIIe siècle*, Paris, 1969, pp. 125-146; cf. carte 5A-B.

47. L. Desgraves, *Les livres imprimés à Bordeaux au XVIIe siècle*, Genève, 1971; et « L'inventaire du fonds de livres du libraire Jacques Maugiron-Millanges en 1692 », dans *Revue Française d'Histoire du Livre*, no 5, 1973, pp. 125-174.

48. Là où nous avons pu relever nombre d'exemplaires et titres, la distorsion peut jouer en faveur de ces derniers : chez Fournier à Auxerre, 0,2 % des titres mais 0,12 % des exemplaires, 0,3 % du religieux, mais 0,15 % des tirages religieux. A Troyes, là où les tirages sont élevés, les titres sont nombreux.

leçon des cartes et des courbes : les préparations sont devenues une élément notable de la diffusion dévote à la fin du XVIIᵉ, mais leur écho se stabilise jusqu'aux années pré-révolutionnaires. Le fait renvoie à plusieurs ordres de facteurs : le triomphe des piétés nouvelles vulgarisées par les missions et le clergé renouvelé à l'aube des Lumières, l'essor de la méditation personnelle supportée par le livre, l'accroissement global de la clientèle potentielle par suite de l'alphabétisation qui garantit un profit assuré pour le libraire fidèle.

L'occasion est unique de saisir la rencontre entre le milieu des auteurs spirituels et le public qui accueille leurs écrits. A regarder les premiers (cf. graphique 4, p. 126), trois caractères s'imposent : en France, le triomphe de la mort classique est un fait catholique et clérical ; il est l'expression de la pluralité des fonctions ecclésiales ; enfin il peut être motivé par des raisons plus profondément personnelles. Peu de laïcs certes parmi les créateurs : une douzaine, où dominent les robins, Isaac Arnaud, représentant de la célèbre famille, Doujat, Duval et Mattieu, conseillers et secrétaires du Roi, Hardy, receveur des tailles, bref, le groupe représentatif des laïcs conquis par la première poussée de la Contre-Réforme. Peu de protestants, même si l'enquête est à poursuivre sur ce point, douze aussi, mais non des moindres : Drelincourt, Abadie, Rabaud, Laffitte de Bayonne, Laplacette d'Orthez, peut-être Jurieu. Reste, sur 200 auteurs identifiés, une majorité de clercs catholiques. Le haut clergé est mal représenté avec dix noms seulement dont ceux de François de Sales et de Monseigneur de Belzunce, le bas clergé ne l'est guère mieux bien que sa participation soit en progrès régulier (19 abbés, vicaires ou curés), pour la plupart figures anonymes, au total 16 %. D'une extrémité à l'autre de la période les réguliers et les membres d'une congrégation l'emportent. La définition de la mort classique s'enracine dans l'effort de renouvellement des ordres anciens (13 bénédictins, 2 augustins réguliers, 2 dominicains) mais puise surtout sa force dans le prosélytisme des ordres nouveaux ou réformés. Tous sont représentés : Carmes, Barnabites, Trinitaires, mais aussi Eudistes, Sulpiciens, Oratoriens avec Quesnel. Deux familles religieuses ont la première part, les Capucins et les Jésuites et ils progressent de la même façon [49]. Cyprien de Gamaches, Michel Ange de Guéret, Zacharie de Lisieux, le P. Hyacinthe, Basile de Soissons, Bernard de Picquigny trouvent dans la préparation à la mort l'occasion d'un apostolat exigeant et affectif, propre à conquérir les bourgeoisies établies comme les milieux populaires des confréries [50]. Mais les nouveaux gestes sont surtout ceux de la Compagnie de Jésus et leur succès celui de sa pédagogie à l'égard des jeunes et des masses : soixante noms, 50 % des auteurs. Rien ne peut concurrencer la mort jésuite, même s'il n'est guère possible de l'individualiser, tant elle s'insère dans un effort de redéfinition collective, mais c'est elle qui est le plus souvent vulgarisée par les rééditions des titres les plus connus : le

---

49. 1600-1624, Jésuites 41 % des réguliers, Capucins 25 % ; 1625-1649, 52 %, 28 % ; 1650-1674, 64 %, 31 % ; 1675-1699, 52 %, 24 % ; 1700-1724, 52 %, 12 % ; 1725-1800, 46 %, 13 %.

50. A. Dupront, « Vie et création religieuse dans la France Moderne (XIVᵉ-XVIIIᵉ siècle) », dans La France et les Français, « Encyclopédie de la Pléiade », pp. 491-577, et plus particulièrement pp. 525-529 ; H.-J. Martin, op. cit., t. II, pp. 613-615 et 644-646.

TABLEAU I

I a. – *Les préparations à la mort dans les catalogues parisiens*

librairies	nb total d'ouvrages	nb de livres religieux	% de livres religieux	préparations	% de préparations à la mort dans : total	religieux	total d'exemplaires	nb d'exempl. religieux
Pelé, 1643	2 603	720	28	2	0,07	0,2	–	–
Villac, 1690	4 028	1 143	28	4	0,09	0,3	–	–
Chaubert, 1729	240	43	18	1	0,4	2	–	–
Brocas, 1756	570	86	15	1	0,1	1	–	–
David, 1749-1759	432	127	29	1	0,2	0,7	–	–
Berton, 1760	1 080	254	23	2	0,1	0,7	–	–
Berton, 1771	425	150	35	12	3	8	–	–
Bailly, 1770-1775	1 620	150	9	3	0,2	2	–	–
De Bure, 1779	510	42	8	2	0,4	4	–	–
Barrois, 1789	1 500	252	16	8	0,5	3	–	–
Bailly, 1789	1 579	139	9	2	0,1	1	–	–

I b. – *Les préparations à la mort dans les catalogues lyonnais*

librairies	nb total d'ouvrages	nb de livres religieux	% de livres religieux	préparations	% de préparations à la mort dans : total	religieux	total d'exemplaires	nb d'exempl. religieux
Arnauld, 1656	4 200	1 690	45	23	0,5	1,3	–	–
Molin, 1670	5 000	2 200	40	28	0,5	1,8	–	–
Deville, 1743	864	258	30	1	0,1	0,3	–	–
Périsse, 1749	6 825	2 047	30	44	0,6	2,1	–	–
Bruyset, 1759	8 595	3 180	37	45	0,5	1,4	–	–
Bruyset, 1763	5 000	1 250	28	25	0,5	2	–	–

I c. – *Les préparations à la mort dans les catalogues rouennais*

librairies	nb total d'ouvrages	nb de livres religieux	% de livres religieux	préparations	% de préparations à la mort dans :			
					total	religieux	total d'exemplaires	nb d'exempl. religieux
Hérault, 1725	881	529	60	7	0,7	1,3	–	–
Hérault, 1728	1 513	1 090	72	18	1,1	1,6	–	–
Machurel, 1742	7 000	2 450	35	10	0,1	0,4	–	–
Dumesnil, 1746	5 175	2 587	50	10	0,2	0,3	–	–
Behourt, 1759								
Nb d'exemplaires	554 000	200 000	36	18 902	3	9	3	3
Machurel, 1764	4 760	662	35	29	1,6	4	–	–
Jorre, 1776	1 760	1 337	76	14	0,7	1	–	–
Ferrand, 1789								
Nb d'exemplaires	41 600	14 560	35	662	1,6	4	–	–

I d. – *Les préparations à la mort dans les catalogues troyens*

librairies	nb total d'ouvrages	nb de livres religieux	% de livres religieux	préparations	% de préparations à la mort dans :			
					total	religieux	total d'exemplaires	nb d'exempl. religieux
Devreau, 1614	199	164	82	–	–	–	–	–
Boutard, 1622	37	33	89	–	–	–	–	–
Oudot, 1623	106	82	77	1	0,9	1,2	0,1	0,2
Briden, 1636	115	88	77	–	–	–	–	–
Moreau, 1638	42	35	82	–	–	–	–	–
De Barry, 1682	38	27	72	1	2,7	3,8	0,6	1,6
Adenet, 1684	25	15	60	2	8	13	3,3	6
Girardon, 1686	128	65	51	2	1,5	3	0,5	0,9
Oudot, 1722	128	79	61	3	3,3	3,7	0,7	1,7
Garnier, 1781	380	112	30	4	1	3,5	2	5

I e. – La librairie Fournier à Auxerre

Fournier, 1778	88	60	68	2	0,2	0,3	0,12	0,15
Nb d'exemplaires	39 331	31 452	80	50	-	-	-	-

I f. – La librairie Briquet à Châlons-sur-Marne

Briquet, 1782	1 822	865	47	37	2	4	-	-

I g. – La librairie bordelaise au XVIIᵉ siècle

	nb total d'ouvrages	nb de livres religieux	% de livres religieux	préparations	% de préparations à la mort dans :		nb d'exempl. religieux
					total	religieux	total d'exemplaires
Livres imprimés 1600-1700	1 811	810	45	11	0,6	1,3	-
Maugiron, 1672	450	150	33	6	1,3	4	-
Nb d'exemplaires	7 832	2 446	31	492	6	20	-

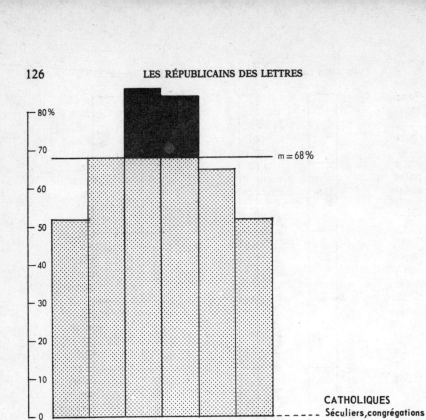

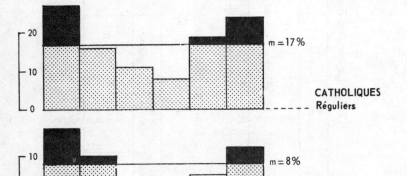

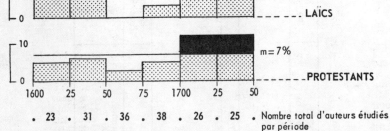

— *Les auteurs de préparations à la mort*
(pour 100 auteurs par période)

N.B. — m représente le pourcentage de chaque catégorie d'auteur pour la totalité de la période 1600-1750.

Pensez-y bien du Père de Barry, la *Préparation à la mort* de Crasset, le *Miroir des pécheurs* du Père Huby. Sa victoire est sans conteste celle de l'ubiquité des fonctions de la société cléricale tout entière, enseignante dans les collèges et les écoles, assistante dans les hôpitaux et les aumôneries, acculturante dans les missions. Les auteurs jésuites célèbres ont rempli toutes ces tâches : ainsi Huby, professeur et préfet, missionnaire en Vannetais, directeur de retraitants. Comme presque tous les auteurs c'est à leur expérience personnelle qu'ils renvoient dans les préfaces qui précèdent souvent les traités. S'il est vain de vouloir retoucher une matière épuisée par tant de grands écrits, pense le P. Nepveu [51], l'entreprise a son sens si elle correspond à une conversion. Sa *Manière de se préparer à la mort* est le « fruit d'une retraite » qu'il avait faite. L'abbé Blanchard, bachelier en théologie, n'agit pas différemment, son *Essai d'exhortation* n'était écrit « qu'à son usage » et ce n'est qu'au hasard d'un conseil amical qu'il se décide à en faire profiter le public (Paris, 1713, fos 3-4). Filassier, pieux ecclésiastique parisien, lui, fait lire ses *Sentiments chrétiens propres aux personnes malades et infirmes pour se sanctifier dans leurs maux et se préparer à une bonne mort...* en manuscrit avant que de songer à leur édition (Paris, 1741, p. 2). Le jésuite Tribolet, revenu des rivages de la mort contre toute attente, « s'est occupé durant les langueurs et les infirmités qui lui restent de sa maladie à méditer » (Paris, 1729, pp. 2-3), et ses *Réflexions sur Jésus-Christ mourant pour servir de préparation à la mort* font le bilan de ses épreuves et de ses connaissances. Au total, la préparation à la mort de l'âge moderne s'insère dans la plénitude de la réformation catholique, elle témoigne de la vitalité de l'expansion régulière, elle parle aussi de son essoufflement. Au « temps des rééditions », peu de nouveaux auteurs, point de changements radicaux dans l'assiette de leur origine. L'inertie joue au même titre qu'ailleurs.

Des lecteurs aux lectures

En ce sens, la nature du public n'est pas sans importance. Qui a lu les préparations à la mort? L'interrogation des sources traditionnelles se révèle vaine, l'inventaire après décès, le catalogue de vente publique ne conservant pas, ou fort rarement, trace de leur existence [52]. Moins encore qu'au premier temps du Livre où les arts de mourir apparaissaient sinon nombreux, du moins quelque peu représentés, ainsi à Amiens [53]. Dans les

---

51. *La manière de se préparer à la mort*, Paris, 1692, fo 2-3.
52. Notre sondage porte sur 13 catalogues de ventes parisiennes de 1730 à 1789 ; le taux de représentativité moyen est de 0,01 %, les auteurs les plus souvent rencontrés sont ceux des éditions anciennes : Drexel, Crasset, Coret, Bona, Drelincourt. La moitié des catalogues ne signalent pas de préparation ; à Châlons-sur-Marne, sur 25 bibliothèques inventoriées on n'en rencontre pas dans près des deux tiers ; à Auxerre, sur 20 inventaires, un quart seulement signalant un art de mourir ; au XVIIe siècle, Joël Fouilheron n'en retrouve pas pour un sondage douaisien conséquent ; toujours à Paris au milieu du XVIIIe siècle, M. Marion qui a préparé une thèse sur le livre dans la capitale m'a donné les mêmes indications. L'inventaire après décès pénalise la menue monnaie des ouvrages de dévotion.
53. A. Labarre, *Le livre dans la vie amiénoise du seizième siècle, l'enseignement des inventaires après décès*, Paris-Louvain, 1971.

sites inventoriés, à Paris, à Auxerre, à Châlons-sur-Marne, à Douai, la quête révèle une absence, parfois même jusque dans des bibliothèques très religieuses [54]. Ceci peut s'expliquer en partie par des raisons mercantiles : le notaire, ses clercs, le libraire juré n'inscrivent que ce qui peut se vendre, sans détailler le reste [55]. La faible valeur de la plupart des arts de mourir – valeur d'ailleurs très variable – serait une raison du silence et renforcerait l'hypothèse d'une diffusion large et massive, en un mot « populaire » des livrets de dévotion mortuaire. Sans rouvrir ici le débat sur la signification contestable des termes de « littérature et spiritualité populaires » [56], interrogeons dans cette perspective des textes connus mais négligés. Et d'abord, les dédicaces. Leur pratique attestée pour près de la moitié des ouvrages avant 1675 disparaît presque entièrement au XVIIIe siècle. La chute coïncide avec le progrès de l'anonymat, mais aux temps où s'affirme le nouveau discours, les auteurs se préoccupent de présenter leur œuvre à ceux dont ils reconnaissent le patronage, les plaçant ainsi au sommet de la hiérarchie des utilisateurs. La galerie des personnages ainsi reconstituée permet de distinguer trois grandes catégories. D'abord les princes de l'Église, évêques et archevêques, parmi lesquels Mgrs de La Rochefoucauld, de Richelieu, de Noailles. En ce domaine comme ailleurs, l'affirmation des idées tridentines passe avant tout par l'épiscopat, dont les écrivains reconnaissent toujours l'autorité spirituelle et la vigilance administrative. Viennent ensuite les hommes de la Robe de justice et d'administration, le Chancelier Séguier, les présidents du Parlement, quelques conseillers, pour lesquels la pédagogie nouvelle est gage de réformation personnelle, signe d'une attention particulière aux pratiques chrétiennes d'exigences sociales. Enfin les grandes dames du laïcat noble et parlementaire, les reines et les abbesses. Ce sont là les protectrices parisiennes et provinciales du mouvement des fondations conventuelles et charitables; leur rôle justifié par les dédicataires montre la place essentielle qu'elles ont joué dans la constitution des cohérences spirituelles neuves. Voilà à n'en point douter les cercles premiers où se lisent les arts de mourir, mais ils ont été gagnés très tôt, et dès le dernier quart du XVIIe siècle leur puissance tend à s'atténuer.

Les ex-libris relevés systématiquement confirment cette impression. Ils proviennent des mêmes milieux, mais le clergé, régulier et séculier, a sans conteste plus d'importance. Marques de couvents, signatures de simples prêtres ou de personnages plus relevés comme Huet, leur

---

54. Il faudrait interroger les grandes bibliothèques ecclésiastiques pour s'assurer de la possibilité d'une lecture collective du genre.

55. Retenons quelques indications parisiennes : à la fin du XVIIIe siècle, la « Douce mort » du P. Crasset coûte neuve chez Barrois, 2 L 10, la Préparation, 1 L 16, les « Exhortations courtes et pathétiques », 2 L 10, du P. Lallemant, « Les Saints divins de la mort », « La mort des justes ». « Le testament spirituel » en grand in-12, 2 L 20, en petit, 1 L 10. Le « Faut mourir » de Collinot coûte moins d'une livre, celui de De Barry quelques sols. Dans la vente des livres de M. Berthand (B.N., Δ 48764) le catalogue daté de 1756 comporte les prix, l'« Exhortation » de Blanchard vaut 19 sols, la « Préparation » du P. Nepveu, 1. L 10. Nous sommes loin de prix négligeables qui sont toutefois peut-être ceux des « livrets » troyens.

56. M. de Certeau, D. Julia, J. Revel, « La beauté du mort : le concept de culture populaire », dans Politique aujourd'hui, décembre 1970, pp. 3-21 ; « Une enquête sur les spiritualités populaires », dans Revue d'Histoire de la spiritualité, 49, 1973, pp. 493-504.

témoignage évoque une diffusion en profondeur qui suppose l'usage régulier. A reprendre la liste des titres on en a confirmation : 150 occurrences de possibles destinataires dont 13 pour l'Église en corps, 88 pour l'apostolat du clergé et des laïcs au chevet des malades et des mourants, 49 pour la société chrétienne perçue globalement sous de multiples désignations. « Les chrétiens » arrivent en tête ; « les pécheurs », « les fidèles », « les âmes », « les hommes », « les vivants », « les pauvres et les riches », « toutes sortes de personnes » se partagent le reste. L'ubiquité sociale des arts de mourir a un caractère fondamental comme le sent fortement Pierre de Besse dans la préface de son manuel [57] : « Sous votre autorité – il s'adresse à Richelieu – cet ouvrage abordera les grands et les petits, entretiendra toutes sortes d'estat et de conditions, courra les villes et aux champs et se rendra utile et profitable à tout le monde... » L'auteur décrit ensuite l'itinéraire de son livre : « il visitera la cour... », « il entrera chez ces messieurs de justice, je dis ès maison des avocats, conseillers, présidents et autres... », « de là gaignant pays il pourra visiter les gens d'Église... », « enfin s'arrêtant aux boutiques des marchands et bourgeois, s'il y entend parler de malade il y entrera aussitôt... ». Pour Pierre de Besse le trajet marque le pas aux barrières de la cité, les « champs » n'y sont qu'à peine mentionnés, à la différence d'autres auteurs qui poussent plus avant. Ce qui importe, c'est la présence sous la constellation sociale des termes de deux orientations permanentes, la définition d'une pédagogie cléricale, la description des pratiques collectives d'éducation des laïcs. Manuel pour les clercs à n'en point douter, c'est aux pasteurs qu'on s'adresse, c'est à eux de lire les arts de mourir parmi les autres livres qui feront d'eux des prêtres efficaces, « vrays flambeaux communs à tous aussi bien aux petits qu'aux grands, non moins aux pauvres qu'aux opulents ». L'art de mourir est avant tout lecture d'ecclésiastique et de séminaire, il figure dans le tableau des « bons livres » que Félix Vialart [58] conseille aux pasteurs de son diocèse de Châlons. Il est pour eux le véhicule privilégié des gestes et des mots qui garantissent à toute une société l'efficacité et la qualité du cérémonial des instants ultimes. Mais c'est aussi un livre pour les laïcs, car la prédication tridentine n'incombe pas au prêtre seul : tout chrétien doit porter témoignage, tout dévot peut exorciser les angoisses du dernier moment [59]. En ces formes de vulgari-

---

57. Paris-Rouen, 1624 ; cf. Peronnet, *L'élévation du chrétien malade et mourant*, Paris, 1756, pp. 1-2 : les termes ne sont pas différents.

58. R. Desné, « Les lectures de Meslier », dans *Mélanges R. Pintard*, Paris, 1975 ; le tableau se trouve à la B.N., F.Fr. 20270-6-7 ; « imprimé par ordre de Mgr l'Évêque et Comte de Chaalons », MDCLXXIII.

59. A noter le souci des auteurs d'utiliser un langage accessible à tous. Ainsi le traducteur de Ph. Servius, *Amicus fidelis usque ad mortem*, Liège, 1660, éd. française 1662 : « pour la consolation des malades et des affligés qui n'entendent pas le latin ». Citons aussi la volonté vulgarisante saisie au niveau du style chez Colinot, *op. cit.*, p. XXXVII : « La politesse du langage étant parvenue en France comme à son dernier période (5-2), et Paris étant aujourd'huy le séjour de ce qu'il y a en ce Royaume de plus poli peut-être ne serait-il pas inutile de prévenir le lecteur sur la qualité du stile du *Pensez-y bien*. On en sera nullement formalisé quand on fera réflexion que le plus grand devant Dieu est comme le plus petit et que c'est lui-même qui s'adresse ici à ses créatures... De plus rien n'est plus propre à inspirer à l'homme le mépris de soy-même que cette espèce de mépris que l'on voit ici des grandeurs et élévations séculières... » ; cf. Rouault, *Les quatre fins*, Paris, 1734, f°s 1-2.

sation massive la préparation touche par l'image et la prédication l'ensemble du peuple sans culture [60]. La masse, les jeunes, les élites sont les trois niveaux de socialisation qu'elle privilégie durant deux siècles. Et d'abord, les foules analphabètes, qui, délaissées jusque-là, surgissent dans leur solitude et leur terreur. Écoutons le Père Grasset [61] : « Comme il n'y a point de gens qui soient plus destitués de tout secours humain en mourant que les paysans de la campagne et que la plupart meurent comme des bêtes, sans que personne les assiste, ou sache le moyen de les assister, ce sera une grande charité de répandre de ces petits livres dedans les villages, et d'en donner aux prêtres et à Messieurs les curés, et de faire la même charité aux pauvres qui sont dans les villes. Une aumône de cette nature leur sera plus profitable que si on leur donnait de grosses sommes d'argent, puisqu'on leur procurera un bonheur éternel ; et que les aidant ainsi à bien mourir, on obligera leur Ange et le Dieu des Anges, de récompenser par une bonne mort ceux qui leur auront fait cette charité. »

L'art de mourir largement diffusé devient un moyen principal de la pastorale des œuvres. Les jeunes sont également des clients privilégiés ; s'il n'est point d'âge déterminé pour apprendre à bien mourir, il est en tout cas favorable de commencer au plus tôt. « La pensée de la mort, du jugement, de l'Enfer, du Paradis est si efficace pour nous engager dans le bien que j'ai cru qu'il ne serait pas utile de le rappeler dans l'esprit des jeunes gens », précise le Père de Barry au commencement de son *Pensez-y bien* [62] ; ses imitateurs Colinot, Baudrand conservent un souci identique il est bien temps, pensent les imprudents qui loin de s'adonner en leurs jeunes années à la pratique du « pensez-y bien » le renvoient au « retour de l'âge »... « lorsqu'ils auront consacré au monde toute leur vie » [63]. Revenir sur les élites dévotes ne paraît pas utile, mais pour elles la menue monnaie des ouvrages de dévotion s'inscrit dans un ensemble plus vaste, toute une culture où le commun besoin est de méditation intime, personnelle. La réflexion sur la mort est alors pratique d'oraison que permet une lecture de loisir [64]. Une sociologie de l'accueil des préparations se révèle en définitive prometteuse si, au-delà des indices de circulation, on repère des niveaux d'usage et des caractéristiques de fonctionnement. Pour cela il est nécessaire d'interroger les textes.

Les titres, déjà, par leur souci d'efficacité attirent l'attention sur la signification profonde de ces ouvrages. Quatre directions principales se dégagent du corpus et valorisent certains thèmes [65] : la première est de spiritualité, de méditation, on pourrait dire parfois d'expérience mystique ; la seconde traduit plutôt un souci de recherches morales ; la troisième avoue au plan des finalités et des résultats les buts d'une pastorale ; la quatrième en révèle les moyens et les usages. Entre ces différents registres point de barrière stricte, la dimension spirituelle du

---

60. H.-J. Martin, *op. cit.*, II, pp. 714-715.
61. Paris, 1696 (9e éd.), pp. 2-3, Troyes, 1730, fos 1-3.
62. Paris, 1737, Préface, fos 2-3.
63. Paris, 1696, Avertissement, fos 1-2 ; Paris, 1787, avis au lecteur, fo 1.
64. Jean Jegou, *La préparation à la mort pour servir d'instruction à ceux qui veulent apprendre à bien mourir et à profiter de leur maladie*, Paris, 1727 (3e éd.), pp. 144-145.
65. Cf. Tableau II : Champ lexical.

for interne et l'expérience agissante convergent dans un enseignement indissocié de la « préparation [66] » à une « bonne mort » (rencontrée 21 fois), au « bien mourir » (41 fois). « Sainte », « pieuse », « chrétienne », « salutaire » sont, par ailleurs, les épithètes qui font le plus souvent cortège au terme principal; « mystique », « heureuse », « douce », « précieuse » qui sont peut-être d'une spiritualité plus élevée apparaissent moins d'une dizaine de fois. D'évidence le vocabulaire des titres du premier XVIIᵉ siècle est dominé par la fascination du « retour sur soi »; la « préparation » est instrument d'une libération spirituelle pour les prêtres comme pour les laïcs. Elle propose à la ferveur chrétienne de se nourrir aux « tableaux », aux « images », à la « pensée », à la « mémoire », au « souvenir » de la mort pour en pénétrer le « secret » [67]. Quête personnelle, le salut est ici intériorisation d'expérience. Passé 1650, la constellation lexicale est éclairée par les notions morales et les valeurs de l'agir. Se préparer à mourir devient apprentissage de l'« art », c'est un « remède », une « panacée », une « science », une « méthode », une « manière », un complexe de « moyens » et de « pratiques » [68]. Dans la formalisation des gestes triomphe l'esprit de méthode, l'intellectualité du « manuel », la rationalité du « traité ». Comme l'a vu Michel de Certeau, c'est le signe du succès d'un ordre pariant sur la raison et moins sur le cœur, prédominant en tout cas au registre des actes [69]. La privatisation des pratiques l'emporte sur la participation commune; l' « exercice », la « retraite », l' « oraison », la « dévotion », la « lecture » interviennent une quarantaine de fois, les « sacrements », l'« entretien », le « sermon », en bref la rencontre, moins d'une vingtaine de fois. Dans la restructuration des attitudes la préparation encourage le repli dans la pureté d'intentions et ritualise des expériences socialisées et formalisées. Il ne s'agit plus de se contenter d'une méditation solitaire, car celle-ci conduit toujours à faire les gestes de consolation et d'exhortation, d'assistance et de réconfort, de visite et d'entraide (50 occurrences). L'usage social est l'autre pôle du comportement religieux, usage de direction pour les clercs, usage de service pour les laïcs. Aucun doute pour le récollet Lalande dans sa « Méthode affective pour assister les malades à mourir saintement qui ne servira pas seulement aux confesseurs mais généralement à toutes sortes de personnes... » (Paris, 1663). L'option est de communauté chrétienne : les protestants Drelincourt et Laplacette développent les mêmes thèmes du repli sur soi, des consolations directives, du secours charitable [70].

---

66. « Préparation », « se préparer », « se disposer » a 80 occurrences.
67. 22 termes pour le registre « mystique », 76 pour celui de la morale dont 18 occurrences de « pratiques », 23 de « moyens ».
68. Successivement 5, 2, 2, 4, 5, 3, 23 et 18 occurrences; « manuels » et « traités », 14.
69. M. de Certeau, *art. cit.*, pp. 49-50.
70. *Les consolations de l'âme fidèle contre les frayeurs de la mort*, Charenton, 1651; *La mort des justes ou la manière de bien mourir*, Amsterdam, 1695; cf. aussi Rabaud, *Le manuel des malades*, Lausanne 1773, Valence s.d. (début XIXᵉ), fᵒ 1 : « Dans les visites de consolation que mon état m'appelle à faire aux malades, on m'a souvent demandé quelles lectures il serait à propos de leur faire pendant l'absence de leurs Pasteurs. En effet, chargés, comme nous le sommes presque tous, d'Églises ou nombreuses ou dispersées, nous ne pouvons faire aux malades que des visites rares, courtes et qui arrivent souvent dans des moments où ils n'ont pas assez de liberté d'esprit pour nous entendre. Il serait donc avantageux d'avoir dans les familles un livre qui suppléât à l'absence ou au défaut des Pasteurs... »

Trois lieux privilégiés accueillent à divers titres l'expérience : la paroisse, la famille, l'oraison personnelle qui suppose l'isolement. C'est à l'horizon des communautés rurales, dans le réseau d'une collectivisation élémentaire des pratiques qu'on saisit mieux le phénomène, mais la paroisse urbaine l'absorbe également. Écoutons encore Crasset : « Il y a quelques curés de campagne qui assemblent une fois le mois les paysans de leur église, et qui récitent devant eux une de ces préparations, ce qui produit un bien inestimable ; car ces pauvres gens apprennent par ce moyen à bien vivre et à bien mourir. » Avec L'Ange conducteur du P. Coret, avec l'association en confrérie des « personnes qui songent à bien mourir », l'union de prières doit rassembler les fidèles pour se préparer eux-mêmes et pour secourir les associés. Spécifiquement urbaines, les préparations éditées à Paris en 1732, à Chartres en 1733 réunissent, pour une même dévotion à la « bonne mort », les fidèles des jésuites du noviciat de Paris et ceux des sœurs de Saint-Thomas-de-Villeneuve. Dans l'espace citadin la pratique trouve son expression, dans l'église paroissiale, mais elle est accueillie aussi par les chapelles régulières.

TABLEAU II. – *Les titres des préparations à la mort :*

1. *Acteurs et destinataires*

	1600-1649	1650-1699	1700-1749	1750-1799	1600-1800
Les vivants	–	2	–	–	2
Les hommes	2	1	1	1	5
Les chrétiens	3	9	5	–	17
Les fidèles	–	–	2	–	2
Les pécheurs	–	5	2	–	7
L'âme, les âmes		3	–	1	8
Toutes sortes de personnes	4 2	5	1	–	8
Les pauvres	–	–	2	–	2
Les riches	–	–	1	–	1
Mourants et agonisants	5	12	7	1	25
Malades, affligés, souffrants	13	19	20	3	55
Criminels, prisonniers suppliciés	4	3	1	–	8
Bénédictins, religieux	1	–	–	1	2
Associations, confréries	–	5	1	2	8
Séculiers	1	1	1	2	5
La société chrétienne	11 31 %	25 38 %	14 28 %	2 21 %	52 34 %
Mourants, malades, criminels	22 64 %	34 53 %	28 66 %	4 35 %	88 58 %
L'Église	2 5 %	6 9 %	2 6 %	5 44 %	13 8 %

2. *Champ lexical*

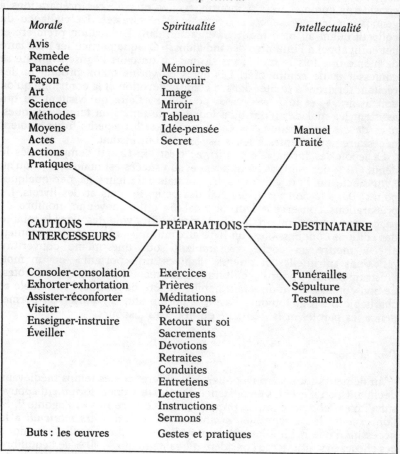

Morale	*Spiritualité*	*Intellectualité*
Avis		
Remède		
Panacée	Mémoires	
Façon	Souvenir	
Art	Image	
Science	Miroir	
Méthodes	Tableau	
Moyens	Idée-pensée	Manuel
Actes	Secret	Traité
Actions		
Pratiques		

CAUTIONS — PRÉPARATIONS — DESTINATAIRE
INTERCESSEURS

Consoler-consolation	Exercices	Funérailles
Exhorter-exhortation	Prières	Sépulture
Assister-réconforter	Méditations	Testament
Visiter	Pénitence	
Enseigner-instruire	Retour sur soi	
Éveiller	Sacrements	
	Dévotions	
	Retraites	
	Conduites	
	Entretiens	
	Lectures	
	Instructions	
	Sermons	
Buts : les œuvres	Gestes et pratiques	

Le second cercle s'appuie sur la force des affectivités familiales. « Les pères et mères pourront une fois le mois, ou plus souvent, assembler le soir, leurs enfants et leurs domestiques, après les avoir avertis de se considérer comme prêts à mourir, réciter une de ces préparations à genoux en leur présence... », écrit le Père Grasset. La vigilance du collectif quant au bien mourir s'enracine dans l'éducation première et fait enfin appel à l'initiative des individus. « Chaque particulier peut faire de même une fois le mois dans sa maison ou dans l'église avant de se confesser et de communier. Les actes de vertus qu'on produit en les récitant serviront à exciter dans le cœur la dévotion et la contrition qu'on doit avoir... », et le Père Crasset poursuit : « Ceux qui visitent ou qui assistent les malades n'ont qu'à leur lire de temps en temps quelques-unes de ces préparations... » On conçoit que les « petits livres » soient nécessairement adaptés à leurs usages de tout instant.

La leçon des formats le confirme : c'est l'in-12 qui l'emporte dès le début (70 % des éditions identifiées) et son succès est maintenu jusqu'au XVIIIᵉ siècle où l'on voit alors les formats inférieurs gagner quelques points. Dans le concert triomphal des petits formats et des livrets, les préparations conservent leur originalité : taille moyenne, nombre de pages souvent fort important, rareté des feuilles volantes, dans la totalité des éditions connues. C'est un livre aux multiples rôles, facile à manier, aisé à mettre en poche, rassemblant sous une même couverture réflexions spirituelles et prières adaptées, un « portatif », en un mot, l'instrument idéal pour l'acculturation des masses par les élites dévotes. Le bon confesseur, le directeur habile, le père de famille, l'ami fidèle et charitable devront toujours l'avoir à portée afin d'y puiser en permanence les paroles et la gestuelle du nouveau discours.

Dire la mort

Au demeurant qu'y trouvent-ils ? A la différence des temps médiévaux déclinants, on n'est plus en présence d'un texte unique, fortement appuyé sur l'image et centré sur la première des « quatre fins » : l'agonie [71]. Si l'on excepte le passage bien connu consacré dans l'*Ars moriendi* à la nécessité d'une méditation sur la mort [72] – « qui dont veulle bien morir ces choses et subsiquente considere diligentement » –, 90 % de l'équilibre général de l'*Ars* regarde le dernier moment. Mais dès le XVIᵉ siècle, le scénario des instants ultimes éclate [73] ; aux XVIIᵉ et XVIIIᵉ siècles une nouvelle assiette s'installe, totalement différente de la belle unité médiévale. Désormais les chemins de la bonne mort sont multiples, mais trois directions les orientent avant tout : la première regarde la « préparation lointaine » à la mort, sa tessiture est celle de la vie tout entière, sa motivation la nécessité des pratiques et des œuvres, son support de choix

---

71. J. Huizinga, *Le Déclin du Moyen Age*, Paris, 1948, pp. 175-176.

72. H. Zerner, *art. cit.*, p. 19. Pour une présentation générale du problème posé par l'analyse historique des attitudes devant la mort, renvoyons à Ph. Ariès, « La mort inversée, le changement des attitudes devant la mort dans les sociétés occidentales », dans *Archives Européennes de Sociologie*, 1967, pp. 169-195, et à M. Vovelle, *La mort autrefois*, Paris, 1974.

73. A. Tenenti, *op. cit.*, *La vie et la mort*, pp. 60-80.

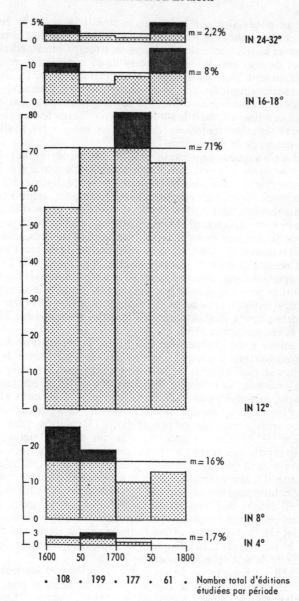

GRAPHIQUE 5. — *La leçon des formats* (pour 100 éditions par période)

N.B. — m représente le pourcentage de chacun des formats pour la totalité de la période 1600-1800.

la réflexion nécessaire sur les « quatre fins » ; la seconde reprend le dernier acte, en élabore le « cérémonial », définit les gestes communs du bien mourir ; la troisième se développe aux temps intermédiaires de la maladie et de ses incertitudes, les actes de la consolation et de l'assistance y dominent. Aux racines généalogiques de la mort classique les deux textes fondamentaux de la « *devotio moderna* », l'*Imitation de Jésus Christ* et l'*Ars moriendi* se confortent et se complètent pour une définition de plus haute exigence, mais la sotériologie de l'École française repousse au dernier plan les tentations de l'*Art au morier* pour affirmer la christianisation de la vie entière.

Ainsi, dans la vague conquérante de la littérature dévote, la préparation à la mort se situe au point fort. Deux niveaux d'analyse à confronter : pour l'ensemble du discours biséculaire, pour l'éclatement divers des œuvres puisque chaque auteur module différemment, selon des motivations personnelles, selon des choix de finalité collective, les trois instances du texte. La quantification du discours global saisie par sondage dans la production conservée livre la structuration de l'ensemble [74]. Dans la première moitié du XVIIᵉ siècle le cérémonial de la mort représente 42 % de l'assiette globale du discours, la vie 34 %, la maladie 24 %. Passé 1650, la répartition des trois instances se fixe sur un nouvel équilibre qui restera pratiquement inchangé par la suite : la vie dans le souvenir de la mort occupe toujours plus de 40 %, l'agonie moins de 35 % ; en revanche la place consacrée à l'exhortation des malades reste stable : 24 % avant 1650, 27 % encore après 1750.

Appréhendée dans l'éclatement des livres, la répartition du nombre de pages consacrées à chaque registre sur un diagramme de corrélation montre le déploiement de la vision commune [75]. Au départ, bipolarisation évidente : la réflexion lointaine débouche directement sur le dernier acte, la maladie conduit immédiatement à la mort (14 ouvrages). Au centre toutefois, un noyau novateur ; là s'élabore l'équilibre relatif des trois temps de la préparation. L'évolution postérieure le voit gagner de proche en proche ; à la fin du XVIIᵉ siècle il réunit presque la moitié des textes, au XVIIIᵉ presque les deux tiers. Au fil du temps la vie tient progressivement plus de place, la maladie se fait conquérante. La faible représentativité du dernier sondage ne permet pas de conclure plus avant, mais la hiérarchisation des formules antérieurement établie est respectée. Le schéma de la mort classique règne dans les textes du siècle des Lumières, les dernières vagues du cérémonial de l'agonie battent les longues plages de la vie christianisée dans la pensée du salut. Esquissons l'analyse quantifiée des principaux traits de la nouvelle attitude.

Et d'abord au registre de la vie [76]. Les angoisses et les frayeurs qui depuis le Moyen Age font cortège à l'image de la mort sont toujours perceptibles, ainsi à l'aube du XVIIᵉ siècle chez Richeome : « En ce siècle

74. Cf. Graphique 6.
75. Cf. Graphique 7, 2. 1600-1650, 11 ouvrages sur 21 consacrent plus de 45 % des pages imprimées à la préparation lointaine ; 1650-1700, on en compte 20 sur 35 ; 1700-1750, on en compte encore 11 sur 25 ; 1750-1800, 4. 1600-1650, 9 manuels réservent une place à la maladie ; 1650-1700, on en trouve 18 ; entre 1700 et 1750, 17 ; 4 entre 1750 et 1800.
76. Cf. Tableau III.

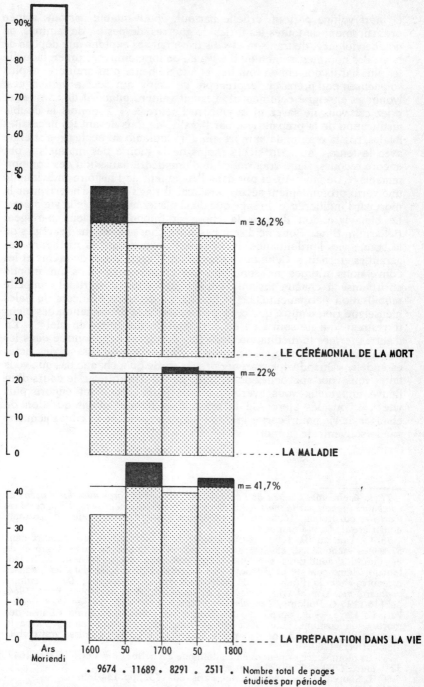

GRAPHIQUE 6. — *Le discours sur la mort* (1) (pour 100 pages par période)

N.B. — m représente le pourcentage de chaque thème pour la totalité de la période 1600-1800.

la mort voltige partout, cruelle partout, épouvantable partout, armée ordinairement de toutes les furies de guerres, de pestes, de famines, de dol, de violence, de trahison et sans trêve fait ses exploits aux dépens de la vie des hommes, si bien qu'il n'y a eu de longtemps saison en laquelle les plus hardis doivent en tout lieu et à toute heure plus craindre, ni plus soigneusement préparer le précepte de celuy qui seul a vaincu cest lyonne et enseigné comment il la fallait vaincre quand il dit : veillez et priez car vous ne savez ni le jour, ni l'heure [77]... » Toutefois la double justification de la préparation, par l'égalité de tous devant les nécessités fatales, par la crainte de la mort subie, redoutable au pécheur, s'atténue avec le temps. Au XVIIIe siècle moins de la moitié des manuels y ont encore recours, signe vraisemblable d'une dédramatisation des comportements [78]. De fait ceux-ci ont dans l'étalement de l'histoire individuelle une vertu profondément sécurisante, car il s'agit moins d'apprivoiser la mort par l'indifférence du sage que de la placer au cœur de la vie même. Le bien-vivre doit devenir la chose du monde la mieux partagée ; Bellarmin, Binet, Bona ne disent pas autre chose sinon que les règles de la bonne vie, l'ordonnance des œuvres [79], constituent la meilleure des garanties éternelles. Celui qui a toujours mal vécu meurt de même et les conversions ultimes ne sont plus de circonstance dans un monde christianisé à chaque instant : l'enjeu du « combat spirituel » appelle mobilisation permanente. Le « cher livre » de saint François de Sales n'enseigne rien d'autre que cette pédagogie de la dépréciation des biens terrestres « qui ne sont rien en comparaison des biens du ciel [80] ». En d'autres termes la méditation des « fins dernières » rencontrée dans les trois quarts des ouvrages analysés légitime l'apprentissage des actes essentiels. « Quand vous marchez prenez garde qu'à chaque pas que vous faites vous vous approchez de la mort. Le vol d'un oiseau, le cours d'un fleuve impétueux vous avertit que vos jours s'écoulent encore plus vite [81]. » Pour les clercs de la réforme catholique point question de changer de vie pour écarter la mort, mais en revanche le salut s'acquiert par le souvenir de la mort.

---

77. L. Richeome, *L'adieu de l'âme dévote laissant le corps avec les moyens de combattre la mort par la mort et l'appareil pour heureusement se partir de ceste vie mortelle*, éd. Rouen, 1605, pp. 1-2 (dédicace à haute dame Louise d'Azeaume, douairière de Saint-Chamond).
78. Cf. Tableau III. 1600-1649, la crainte de la mort subite se rencontre dans 57 % des manuels, 40 et 42 % au XVIIIe siècle ; le thème de la nécessité et de l'égalité des conditions suit une même reculade, de 66 % à 42 %. Il faut toutefois tenir compte qu'il trouve son expression privilégiée dans les « danses macabres » de la littérature de colportage ; cf. R. Mandrou, *De la culture populaire aux XVIIe et XVIIIe siècles. La Bibliothèque bleue de Troyes*, Paris, 1964, pp. 116-119 ; G. Bollème, *Les almanachs populaires aux XVIIe et XVIIIe siècles*, Paris-La Haye, 1969, pp. 63 et suiv. A noter la publication d'une « Danse des morts », en costume Louis XVI ou « Mirouer de la nature humaine avec le costume dessiné à la moderne » par S. Girardet, au Locle en Suisse vraisemblablement vers 1780.
79. La montée des exigences en ce domaine est nette : 38 % entre 1600 et 1649, 52 % entre 1700 et 1749, 71 % après.
80. L. Scupoli, *Le combat spirituel*, Paris, éd. 1732, pp. 134-139.
81. L. Scupoli, *op. cit.*, pp. 139-140.

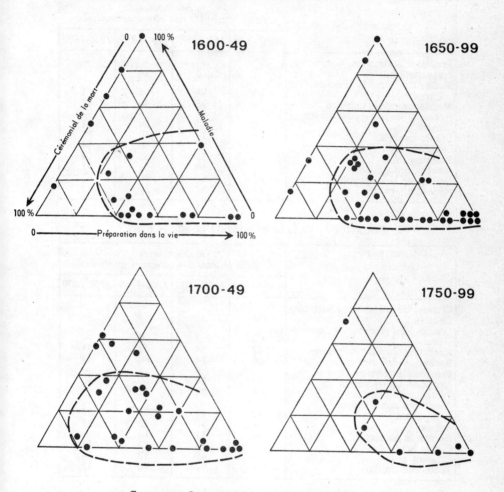

GRAPHIQUE 7. — *Le discours sur la mort* (2).

TABLEAU III. – *La vie dans le souvenir de la mort*

	% des thèmes dans l'ensemble des ouvrages analysés			
	1600-1649	1650-1699	1700-1749	1750-1800
Pratiques collectives, confréries, associations	19	8	16	–
Méditation sur la Passion du Christ	66	94	96	71
Méditation sur le calvaire	14	28	40	42
Nécessité de la méditation sur la mort	90	84	84	71
Crâne, tombeau	9	17	40	57
Simulacre	14	37	60	14
Retraites	–	37	52	14
Œuvres, indulgences	38	40	52	71
Crainte de la mort subite	57	54	40	42
Nécessité, égalité	66	51	32	42

TABLEAU IV. – *Les conditions de la bonne mort*

	% des thèmes dans le total des ouvrages analysés			
	1600-1649	1650-1700	1700-1749	1750-1800
Crainte de recevoir l'Extrême-Onction	38	34	24	–
Crainte de recevoir le confesseur	22	2	8	–
Exaltation du rôle du prêtre	42	54	52	41
Réception des sacrements	66	74	80	42
Présence du notaire	5	8	8	–
Nécessité du testament	52	54	60	57
Présence de l'ami	5	20	12	–
Assistance aux derniers moments	42	22	28	57
Agonie	44	60	48	28
Dernières paroles	14	11	16	–
Cierge bénit	9	11	12	14
Crucifix	19	40	52	14
Tentations de l'*Ars*	57	91	76	57

Se sauver nécessite un exercice de tous les instants. Pour cela les pratiques mettent l'accent sur l'intériorisation, sur le geste individuel plus que sur la préparation collective. Certes quelques auteurs renvoient aux exercices de pénitence commune – ainsi le récollet Lalande [82] –, mais

---

82. A. Lalande, *op. cit.*, « La méthode affective », pp. 313-318. A noter la description du tableau : « Il y aura un tableau où Notre-Dame sera représentée priant son fils assis sur un throsne, pour un agonisant qui sera aussi représenté dans son lit, proche de Notre-Dame on mettra un ange gardien qui représentera l'Ange gardien du malade et plus bas quelques autres anges et quelques saints qui représentent tous les bienheureux. A l'entour du malade on peindra quelques hommes et quelques femmes qui représentent les Confrères priant pour l'agonisant... »

entre 1650 et 1750 le thème ne progresse pas, ensuite il disparaît[83]. La substitution d'une prière communautaire à l'instruction personnelle ne paraît guère avoir gagné le clergé des auteurs. Leurs choix mettent en valeur trois pratiques, l'ascèse du *Quotidie morior*[84], le simulacre des derniers moments[85], la rupture de la retraite[86]. Quelles que soient leurs ambitions intellectuelles, les manuels appellent tous à la méditation journalière, à l'approfondissement du « Pensez-y bien ». S'il faut tous les jours « mourir au monde », s'il faut l'apprendre et le réapprendre, c'est par une lecture répétée que l'on arrive à dominer ses craintes. Écoutons Colinot : « Le soir étant de retour et sur le point de vous reposer, vous prendrez le petit livre du " Pensez-y bien " et lirez attentivement et avec foy la première réflexion marquée au jour qui doit suivre et que vous ne verrez peut-être pas[87]... » Donc lecture méditée d'abord et continuellement reprise. Aux possibles lecteurs les auteurs offrent une grande variété de techniques : l'entretien imaginaire[88], le dialogue[89], le catéchisme[90], la méditation étalée sur le calendrier[91], chaque jour trouvant son illustration, ses prières, ses pensées. Tous retiennent la vieille recette des *exempla* et, d'un manuel à l'autre, se retrouve le florilège de la « mort des justes » ou du trépas des méchants. L'oraison mentale trouve là un terrain d'élection, Bellarmin en détaille la nécessité (« L'Écriture en parle et rien n'y est recommandé plus expressément ») et les fruits (« le mérite, la satisfaction, l'impétration de la bonté de Dieu, la confiance, l'humilité, le mépris des choses temporelles... »). De même manière l'examen de conscience qui peut parfois prendre l'allure d'un bilan comptable se trouve pleinement et continuellement justifié[92]. Mais le temps de la familiarité avec la mort appelle d'autres gestes dont les vertus sont d'accoutumance et les manifestations plus dramatiques : de tradition ancienne le dialogue avec le crâne, plus pathétique encore la quête avouée du spectacle de la mort, la fréquentation des supplices, la visite des agonisants, l'ouverture des tombeaux[93]. Aux dévots de se constituer leur recueil personnel d'*exempla*, fruit de leur expérience. « [Il y a] à tirer beaucoup d'avantage de l'histoire particulière des morts qui étaient de leurs amis ou de leurs connaissances. Il sera utile de les imiter et pour se les remettre aisément devant les yeux, il faut avoir un petit livre de papier blanc et commencer le premier jour de l'année à écrire leur nom, leur âge et leur emploi, leur santé et le lieu et le loisir que Dieu leur a donné

83. Cf. Tableau III.
84. Léger fléchissement du thème, de 90 % à 84 %, puis 71 % entre 1780-1800.
85. Progrès constant de 14 % à 60 % puis chute au niveau initial.
86. Progression identique et recul moindre.
87. Colinot, *op. cit.*, p. XXXIII.
88. P. Lejeune, *op. cit.*
89. L. Richeome, *op. cit.*; P. Juvernay, *op. cit.*
90. J. Crasset, *Préparation, op. cit.*
91. J. Coret, *op. cit.*; A. de Saint-Gabriel, *La mort des élus*, p. 1684
92. A. Bonnefons, *Les Dévotes Conférences, Pratique de la confession et de la communion augmentée du moyen de bien vivre et de bien mourir*, Paris, 1634; Bellarmin, *op. cit.*, p. 75; P. Lejeune, *op. cit.*, pp. 1-2.
93. Blancone, *op. cit.*, pp. 127-128 et 190-192; De Barry, *op. cit.*, pp. 50-51; N. Lestocq, *Les entretiens des malades avec les actes qu'ils doivent pratiquer*, Paris, 1647, pp. 253-259.

pour se préparer, ce qu'ils ont fait et ce qu'ils ont dit pendant leur
maladie, avec quels sentiments ils ont reçu les derniers sacrements. Et
puis l'on fera une réflexion sur soi-même et on se comparera tous les
mois, une fois à ces personnes [94]... »

M. de Sainte-Marthe authentifie ainsi le passage de la pastorale à la
réalité, son conseil renvoie aux succès remportés par les biographies et
les hagiographies posthumes [95]. Toutefois le grand moyen reste la simulation de l'agonie. Là se conquiert l'habitude décisive des gestes. « Le
moyen de faire que la mort nous soit plus douce et recevable lorsqu'elle
nous arrive est de nous la familiariser en la faisant passer souvent de
l'esprit au corps, en la méditant, et nous y préparant tous les jours, étant
impossible que lorsqu'elle passe du corps à l'esprit et qu'elle nous
surprend sans que nous l'ayons prévue elle ne nous trouble beaucoup [96]. »

Lieu privilégié des travaux pratiques de la mort classique, la retraite
couronne l'ensemble des exercices. Elle est conquête des années 1650-
1700, plus de la moitié des traités l'ont conseillée dans les cinquante
années qui suivent, mais elle disparaît à l'horizon des Lumières triom-
phantes. Au point culminant de l'offensive théologique, elle marque le
succès des pratiques d'inspirations ignaciennes, mais elle n'est ignorée
par aucune famille spirituelle; Quesnel la recommande autant que le
Père Crasset. Fuite hors du temps social, elle favorise la pureté d'intention et la séduction du cœur. Son principe repose sur un triple découpage
de la durée vécue : temps quotidien articulé sur les pratiques horaires,
temps hebdomadaire relançant de jour en jour la méditation dans sa
montée de conversion, temps annuel qui appelle le retour régulier de la
rupture. Du réveil au petit matin jusqu'à la nuit propice au sommeil,
image réconciliante de la mort sans tourment [97], elle rassemble en gerbe
les gestes nécessaires. Du départ de la clôture au retour dans le monde
elle est, dans l'espace privilégié du recueillement, assouvissement des
besoins primordiaux de l'âme qui puise des forces nouvelles dans trois
attitudes : la répétition du testament spirituel [98], le recours à l'extrême-

94. C. de Sainte-Marthe, *Considérations chrétiennes sur la mort, revues et augmentées de plusieurs titres très utiles pour l'intelligence de ces considérations et d'une préparation très chrétienne pour se disposer tous les ans à la mort*, Paris, éd. 1713, pp. 131-132 et 321-322.
95. H. Brémond, *op. cit.*, p. 331 et suiv.; J. Hanart, *Les belles morts de plusieurs séculiers*, Douai, 1677.
96. C. de Sainte-Marthe, *op. cit.*, p. 130; pour des exemples de retraites, se reporter à Nepveu, Nouet, Avril, Quesnel, B. de Picquigny.
97. L. Richeome, *op. cit.*, pp. 11-13; Blancone, *op. cit.*, pp. 43-44; Drexel, *op. cit.*, pp. 287; C. de Gamaches, *op. cit.*, pp. 333-334.
98. La recommandation est presque toujours rappelée, mais quelques manuels y joignent un modèle. Par exemple : Bellarmin, *op. cit.*, pp. 156-157; Drexel, *op. cit.*, pp. 259-260; J. De Riez, *op. cit.*, pp. 517-518; Jegou, *op. cit.*, pp. 72-79; on trouvera dans Chertablon, *op. cit.*, pp. 32-33, planches 12-13, l'illustration de la rédaction du testament notarial; notons le regret exprimé par le marquis de Caraccioli, *Le Tableau de la Mort*, Paris-Francfort, 1761, des « beaux testaments anciens » : « Or d'autant que le testament est la dernière voix de la nature, et de la raison, et que cette action est de grand mérite quand elle est faite volontairement, avec lumière et connoissance, il est bon d'en faire un qu'on revoye et qu'on récite tous les mois aux pieds de son Crucifix. En voici un modèle sur lequel chacun se pourra régler.
« *Formule d'un testament chrestien, Qu'il est bon de réciter une fois le mois devant*

un Crucifix. Au nom de la Très Sainte et Très adorable Trinité, le Père, le Fils, et le Saint Esprit, Je N. sachant que la mort est inévitable, et ne sachant point l'heure de la mienne : je déclare à présent que je suis dans une parfaite connaissance, et dans une pleine liberté, que je veux mourir enfant de la Sainte Église Catholique, Apostolique, et Romaine, et que je le reconnais pour ma Mère et Maîtresse, hors laquelle il n'y a point de salut. Je croy tout ce qu'elle enseigne. Je condamne tout ce qu'elle condamne, et je proteste devant le Ciel et la Terre, que je meurs bon enfant dans l'union de la Foy qu'elle tient et qu'elle enseigne.

« Je déclare encore que je meurs dans la communion du Saint Siège, et dans l'obéissance que tout fidèle catholique doit à notre Saint Père le Pape, comme au Vicaire du Fils de Dieu en terre, au Chef de l'Église universelle, au successeur de Saint Pierre, et au souverain Pasteur du troupeau de Jésus-Christ.

« Je croix, et suis prest de mourir pour les véritez suivantes : savoir. Qu'il y a un Dieu Tout-puissant et Éternel, subsistant en trois personnes, le Père, le Fils et le Saint Esprit. Qu'il a créé le Ciel et la Terre. Qu'il m'a donné l'être pour le servir, pour l'honorer et pour l'aimer. Que Jésus-Christ son Fils Nôtre Seigneur est vray Dieu et vray homme; qu'il règne de toute éternité en tant que Dieu avec son Père, et qu'il est né, dans le temps en tant que homme, de la Vierge Marie sa Mère. Qu'il est venu au monde pour nous éclairer par sa Doctrine, pour nous instruire par ses Exemples, pour nous racheter par sa Mort, pour nous enrichir par ses Mérites, pour nous sanctifier par sa Grâce, et pour nous rendre éternellement heureux par sa Gloire. Je croy qu'il est ressuscité trois jours après sa Mort, qu'il est monté au Ciel, qu'il est à la droite de Dieu son Père, et que c'est devant son Tribunal que je vay paraître, pour rendre compte de toutes les actions de ma vie.

« Je confesse et reconnois que j'ay des obligations infinies à mon Dieu, pour tous les biens qu'il m'a faits, et pour tous les maux dont il m'a délivré. Je l'adore et le remercie de tout mon cœur. Je voudrois avoir mille vies, pour luy en faire un sacrifice de reconnoissance, et n'en ayant qu'une misérable que j'ay presque toute employée à l'offencer, je déclare que je suis ravi de la perdre; pour reconnoître le domaine absolu qu'il a sur moy; pour rendre hommage à sa grandeur infinie; pour satisfaire à la justice que j'ay offensée; pour obéir à ses volontez; pour jouir de sa présence; pour imiter son Fils, et pour luy donner des marques de ma reconnoissance et de mon amour.

« Que s'il arrive que je sois surpris d'un mal qui m'oste l'usage des sens, je déclare à présent que mon intention est de recevoir les Sacrements de l'Église, principalement celuy de la Pénitence. Je prie le Prestre qui m'assistera, de me donner l'absolution sur la déclaration que je fais par cet écrit, et par un autre que j'ay signé de ma main, que je le désire, que je la demande instamment, et que je déteste de tout mon cœur tous les péchez de ma vie, acceptant la mort au défaut des autres pénitences que je ne seray plus capable de faire. Amen.

« O mon Dieu, mon Seigneur, Majesté infiniment adorable, voici que prosterné devant vous avec toute l'humilité qu'il m'est possible, je confesse et déclare que je mérite la mort et la damnation éternelle, et que c'est trop peu d'un Enfer pour me punir. Je me soumets avec un profond respect à toutes les dispositions que vous ferez de moy dans le temps et dans l'éternité. Je souscris de cœur et d'esprit à la Sentence que vous prononcerez pour moy ou contre moy. Je confesse que si je suis assez misérable pour être damné, que ce n'est point vous, mon Dieu, qui en estes la cause; mais que c'est l'effet de ma pure malice, et que je me suis attiré ce malheur par mon infidélité, par mon endurcissement, et par la résistance continuelle que j'ay faite à vos grâces. J'en fais ma déclaration devant tout l'Univers, et je me condamne de la plus grande des injustices si je suis assez méchant pour murmurer contre vos ordres, et pour blâmer un jugement que je reconnois très-saint, très-juste, et très-équitable. Amen.

« Au reste, quoy-que je sois indigne de vos miséricordes, j'espère néanmoins (ô Dieu de bonté) que vous me ferez grâce, et que vous me sauverez en considération des larmes et du Sang précieux que votre Fils mon Sauveur a versé pour moy. Car je croy, mon Dieu, d'une foy très-ferme, qu'il est mort pour le salut de tous les hommes, et pour le mien en particulier, et je suis prest de sceller de mon sang cet article fondamental de ma Religion.

« O Sauveur de mon âme, qui estes descendu du Ciel en terre pour chercher les pécheurs, voici le plus grand de tous qui va paroître devant vostre Tribunal. Je suis content d'estre jugé, pourveu que vous mettiez vostre croix entre vous et moy. Regardez les playes que vous avez receüs pour mon salut, foüillez dans vostre cœur, et vous y trouverez de quoy payer la peine qui est due à mes crimes. O très doux Jésus! Souvenez-vous que c'est pour me chercher que vous avait fait tant de voyages; que c'est pour me rendre la vie, que vous avez souffert la mort; et que c'est pour me rendre heureux que vous estes devenu le plus misérable de tous les hommes. Ah! ne perdez pas une âme qui vous a tant coûté.

« J'ay un regret infini de vous avoir offensé; et pour marque de ma douleur, j'accepte la mort avec toutes les incommoditez de la maladie. Je veux que ce misérable corps qui a esté foüillé de tant de plaisirs criminels, soit consumé de douleurs avant que de mourir, et mangé de vers après ma mort. Je vous remets mon âme entre les mains; et pour la multitude des péchez qu'elle a commis, je consens (si vous en ordonnez ainsi) qu'elle aille en Purgatoire, et qu'elle y demeure jusqu'à ce que votre justice soit satisfaite. Amen.

« O Jesus, mon Seigneur et mon Dieu, ma vie, mon salut, et toute mon espérance! je declare à present que je suis dans une parfaite connoissance, et dans une entière liberté de mon esprit, que je désavoüe et déteste tout ce que la foiblesse de la nature, ou la violence de la douleur, ou la force de la tentation, ou la malice du démon me pourroient faire dire, ou penser, ou vouloir, ou ne pas vouloir, contre l'obéissance que je vous dois. Je renonce à toutes les suggestions du diable mon ennemi, et je proteste que je veux mourir dans une parfaite soumission à toutes vos divines volontez. Amen.

« O Vierge Très-sainte et Très-digne Mère de Dieu! je vous choisis aujourd'hui pour ma Mère, Maîtresse et Avocate auprès de mon Dieu, et je remets l'affaire de mon salut entre vos mains. Je déclare que je meurs vostre serviteur et vostre enfant, et qu'après vostre Fils je mets toute mon esperance en vous. O Mère de mon Sauveur, montrez que vous estes ma mère, et priez pour moy celuy qui a bien daigné naître de vous. Sainte Marie mère de Dieu, priez pour moy miserable pécheur, maintenant et à l'heure de ma mort.

« Saint Joseph tres-digne Époux de la Vierge, Père et Protecteur de Jésus-Christ mon Rédempteur, obtenez-moy une mort semblable à la vostre, assistez à mon trépas, et procurez-moy la grace de mourir, comme vous, entre les bras de Jésus et de Marie.

« Anges de Dieu, célestes intelligences, qui avez pris tant de soin de moy pendant la vie, ne m'abandonnez pas à la mort. Je prie le glorieux Saint Michel de me défendre dans mon dernier combat contre mes ennemis; mon Ange Gardien de me consoler dans ma maladie; tous mes saints Patrons de m'assister de leurs prieres, et de me procurer une bonne mort. Amen.

« Après cette déclaration de ma Foy et de ma pénitence, je fais la disposition des biens que Dieu m'a donnez, de la maniere que le doit faire une personne qui en va rendre compte au tribunal de sa Justice, n'ayant en veue que la gloire de son Nom, que le salut de mon ame, que le repos de ma conscience, que la paix et l'union de ma famille. Voicy donc mes dernieres volontez.

« Je donne mon Ame à Dieu, duquel je l'ay receuë; je la luy remets entre les mains, et je l'abandonne entierement à sa misericorde pour le temps et pour l'éternité.

Je donne mon corps à la sainte Église. Je la supplie de le recevoir dans son sein, et de l'inhumer avec ceux qui meurent dans sa communion : quoy-que pour les crimes qu'il a commis il mérite d'estre retranché de la compagnie des fidèles.

« Je pardonne à tous ceux qui m'ont offensé, et je prie ceux que j'ay offensés de me pardonner, afin que Dieu nous fasse à tous misericorde. Amen.

« Je donne aux pauvres de l'Hôtel-Dieu, &c.

« Je donne au Grand-Hôpital, &c.

« Je donne aux pauvres de ma Paroisse, &c.

« Je laisse à mes serviteurs outre leurs gages, &c.

« Et afin que mes dernières volontés soient fidellement exécutées, je nomme N.N. pour exécuteurs de mon Testament. Je les supplie de faire restituer entièrement et exactement tout le bien qu'ils trouveront ne me pas appartenir, et dont je n'auray point eu de connoissance.

« Telles sont mes dernieres volontez que j'ay signé de ma main, ayant une pleine connoissance et une entiere liberté. Fait ce, &c. »

onction *in vivo* [99], l'identification au Christ dans un mimodrame de la Passion [100]. La vie dans la pensée de la mort se modèle sur la marche du calvaire, la mort du fils de l'Homme devient la mort de tous, l'ascèse des mérites du Dieu vivant la garantie du salut des hommes. Exemplaire à ce titre, l'ouvrage déjà évoqué de l'abbé Chertablon, grand in-octavo à l'usage des dévots cultivés et riches, montre à tout un chacun les voies à suivre où « l'on trouve du plaisir à penser à la mort » – le Père Binet disait déjà un siècle plus tôt : « La pensée de la croix fait la mort douce. » Trois temps forts dans la préparation : la Cène pour la vie, la Passion pour la maladie, la Crucifixion pour l'agonie. Pour les fidèles cultivés comme pour les masses populaires rassemblées par les missionnaires tonnants, la Passion est l'ultime remède contre l'oubli de la mort [101], suprême tentation.

En dernière instance l'enjeu de cette ascèse reste l'agonie. Comme le remarque M. Vovelle, elle apparaît au terme d'une vie construite pour cette attente dernière, comme le moment décisif où tout se joue [102]. Pour les religieux et les prêtres, la nécessité de la mort consciente éveille un triple souci : triompher définitivement des antiques frayeurs et des tentations anciennes; donner la « check list » du départ, l'ensemble des conditions qui font la bonne mort; instaurer enfin la responsabilité du confesseur comme ordonnateur du dernier spectacle qui reste le théâtre d'une édification collective établie. Point d'étonnement à voir les manuels retrouver l'ensemble des craintes qui hantaient au Moyen Age le lit des moribonds et surtout la signification néfaste de la venue du prêtre, le refus de l'extrême-onction, signe révélateur de la proximité du terme [103]. « Il faut aussi que ceux qui seront autour du patient s'efforcent de lui ôter de l'esprit cette sotte et vulgaire opinion que la confession, la sainte communion et l'extrême-onction avancent sa mort... » Hardy suit ici directement l'enseignement de Bellarmin pour qui recevoir les sacrements ne saurait hâter la fin. Au niveau des traités, sinon des lectures, la présence du thème s'estompe et dès la seconde moitié du XVIIe siècle la bataille est gagnée, plus lentement d'ailleurs pour l'extrême-onction que pour la confession [104]. Permanente et stable – presque toujours les deux tiers des ouvrages y font allusion – la présence des tentations de l'*Ars moriendi*, mais le plus souvent réduite à trois principales : contre la foi, contre l'espérance, contre l'humilité [105]. C'est

---

99. Bellarmin, *op. cit.*, pp. 112-114; P. Avril, *Saints et heureux retours sur soi-même pour chaque jour de l'année*, Paris, 1713, pp. 440-441.

100. Le thème se trouve presque partout : 96 % des textes entre 1700-1750; renvoyons encore à l'iconographie de Chertablon.

101. Cf. M. Foisil, article à paraître sur le P. Sandret dont on lira *Le Calvaire ou l'Ecole de la Croix en forme de méditation sur la Passion avec la préparation à la mort*, Caen, 1717 (1re éd. Paris 1680-1690).

102. M. Vovelle, *op. cit.*, chapitre IV.

103. S. Hardy, *De la préparation à la mort chrétienne*, Paris, 1611, pp. 91-92; Bellarmin, *op. cit.*, pp. 112-114; J. Crasset, *op. cit.*, préparation à la mort, p. 75, « Il y a peu de chrétiens qui aient une véritable dévotion envers ce dernier sacrement. On l'appréhende plus qu'on ne l'aime, et on le reçoit le plus tard qu'on peut, sur une fausse persuasion qu'il faut mourir après l'avoir reçu... ». Pour lutter contre cette prévention, la pratique de l'extrême-onction spirituelle dans la gestuelle de simulation a eu gain de cause.

104. Cf. Tableau IV : 38 % des occurrences pour la crainte de l'extrême-onction avant 1650, disparition au XVIIIe siècle.

105. J. Crasset, *op. cit.*, *La douce mort*; P. H. Drexel, *op. cit.*, pp. 166-169.

parce que le « pipeur Satan [106] » rôde dans la chambre du malade que
l'agonie reste l'un des moments clefs de la préparation. On y veille de
plus en plus [107]. Dans les ouvrages de prédication populaire, dans les
« images morales », dans le *Miroir des pécheurs* [108], c'est à elle de
symboliser la destinée du juste et celle du pécheur : douce et heureuse
pour l'un, terrible et angoissante pour l'autre. Le crayon fruste est
amplifié par le commentaire brutal [109] : « Voyez ce pécheur endurci, dans
son agonie. Son corps est cruellement tourmenté par les violentes
douleurs de sa maladie, son âme vivement agitée par les craintes, les
remords et le désespoir. De quelque côté qu'il se tourne il ne voit que des
objets qui l'effraient et le déconcertent. A droite son ange gardien affligé
qui l'abandonne... A gauche le Démon qui lui présente un livre qui
renferme toute l'histoire de sa mauvaise vie... Voyez enfin Jésus-Christ
prononçant l'arrêt de sa condamnation. »

En revanche l'image du juste mourant est soulignée par une para-
phrase lénifiante, par une exhortation d'espoir [110] : « Çà mon âme conso-
lez-vous ; encore quelques jours de sacrifice et de violence et voilà que la
mort va finir vos travaux et vous assurer d'un repos inaltérable... » Le
motif conserve toute sa force même pour des milieux plus cultivés, on le
retrouve dans les illustrations de la passion méditée par Chertablon.
Charmant ou hideux, le démon sait profiter de la faiblesse du mourant et
du sommeil des veilleurs endormis [111]. A ce moment du scénario funèbre,
la vigilance du confesseur se renforce, appuyée sur tout un arsenal de
gestes propitiatoires.

Avoir fait son testament facilite le passage car s'il est dicté par la
justice, la charité, le souci des œuvres, il permet avant tout d'être libre et
de penser à l'essentiel [112]. La recommandation est quasi générale (toujours plus de 50 %) et gagne quelque peu. La réception du viatique, des
onctions, est de plus en plus recommandée et leur pratique paraît à ce
point reconnue qu'il n'est plus nécessaire d'y insister au terme du
XVIIIe siècle. Plus important peut-être que l'apparition isolée des thèmes,
c'est l'enchaînement qui compte, car il décrit une conquête, une
ascension. Suivons-la chez Blanchard [113] d'exhortation en exhortation,
« pour exciter un malade à se confesser particulièrement quand il a vécu
dans le désordre ou qu'il a négligé son salut (Exhortation I de la seconde

---

106. B. Duval, *Les Funérailles méditées*, Paris 1642, p. 190 ; p. 106 on note une
version intéressante du thème : « Le monde me chatouille, le diable m'épouvante,
la mort m'intimide, l'hérésie m'applaudit, ces quatre s'entendent ensemble pour
me perdre... »
107. 57 % des ouvrages entre 1600 et 1649, 91 % de 1650 à 1699, 76 % ensuite,
57 % dans le dernier sondage.
108. *Les images morales*, Lyon, s.d., planches 8, 9, 11.
109. *Le Miroir de l'âme*, Avignon, s.d., 3e image, pp. 12-16 ; 4e image, pp. 17-21 ; 7e
image, pp. 30-32, 8e image, pp. 33-38 ; texte cité pp. 12-13.
110. *Le Miroir de l'âme*, p. 32 ; cf. aussi *le Miroir des pécheurs*, planches 3-4 et le
cantique pp. 7-8 : « Venez chrétiens, venez voir un pécheur infâme qui s'en va
expirer, et rendre sa pauvre âme ; voyez comme le diable attend ce criminel... » :
111. Chertablon, *op. cit.*, Planches 21-24, commentaire pp. 43-46.
112. J. Crasset, *op. cit.*, *La douce mort*, pp. 158-159 : « Tout se réduit à trois
choses ; à faire une bonne confession, à dresser son testament et à se résigner à la
mort... »
113. A Blanchard, *Nouvel essay d'exhortation pour les différents états des
malades*, Paris, 2 vol., 1728.

partie), après la confession du malade (II); pour disposer un malade à recevoir le Saint Viatique (III); sur les dispositions requises pour recevoir le Saint Viatique (IV); pour aider un malade après la communion, à rendre à Jésus-Christ de très humbles actions de grâces (V); pour exciter un malade à recevoir l'Extrême-Onction (VI); motifs pour exciter un malade à des sentiments de componction, lorsque les onctions saintes luy sont appliquées (VII); sur les dispositions dans lesquelles doit se mettre un malade après avoir reçu l'Extrême-Onction (VII); prière dont on peut faire la lecture aux malades pour exciter en eux les sentiments convenables à leur état... »

Dans la majorité des manuels le programme reste le même jusqu'en 1750; toutefois son application varie. M. Vovelle a raison de distinguer partisans de la douceur et confesseurs terroristes [114]: Blanchard représente bien les seconds [115], le P. Crasset les premiers, mais ceux-ci sont incontestablement vainqueurs; ils diffusent les modèles de la Compagnie de Jésus qu'imitent les religieux d'autres familles spirituelles. En toute vraisemblance le clivage recouvre deux domaines de la pastorale : aux missions, au peuple, les fulminations; aux élites dévotes la séduction et la douceur. Grignion de Montfort ou le Père Huby emploient des moyens différents, selon qu'ils s'adressent au public choisi des retraitants ou qu'ils animent les rassemblements populaires, et la conquête des milieux cultivés importe plus au clergé réformateur quand se construit le nouveau discours de la mort. Au-delà de la nuance de ton l'enjeu est d'importance : avec lui tout le problème du prêtre dans le scénario final, toute la signification d'une christianisation plus forte des gestes par leur cléricalisation absolue.

Le drame se noue entre plusieurs personnages : le confesseur, la famille et les amis, le médecin. Au premier, le rôle principal qui est d'emporter la conviction par la raison et la douceur et non plus de terroriser, qui est de mettre de l'ordre dans l'espace des derniers instants, d'enlever aux pratiques propitiatoires le sens d'une magie élémentaire et de donner au moribond autant que faire se pourra la possibilité résolument adaptée, au niveau moral, au « tempérament », à la culture, à l'« état des mœurs [116] ». La socialisation d'une religion de plus haute exigence repose sur une conscience aiguë des besoins du dernier moment. Litanies, prières, onctions saintes, crucifix constamment présenté pour l'ultime recours, cierge béni à la symbolique purifiante, sont les armes du

---

114. A. Blanchard, *op. cit.*, Préface, p. 3 et suiv.; l'auteur expose toutefois les principes à respecter, « les armes du confesseur » : proportionner à la manière de chacun, prudence, ne point irriter, inspirer confiance, grande douceur, cordialité, manière prévenante mais si c'est nécessaire inspirer une « crainte salutaire aux endurcis ».
115. J. Crasset, *op. cit.*, *La Douce mort*, pp. 256-275. L'hypothèse d'une double pastorale est à réétudier dans le cadre des missions. Cf. J. de Viguerie, « Les missions intérieures des doctrinaires toulousains au XVIIIᵉ siècle », dans *Revue Historique*, 1969, pp. 41-64.
116. J. Crasset, *op. cit.*, pp. 256-260. A l'aube du XVIIᵉ siècle, la crainte profonde d'une mort sans sacrements est l'un des éléments qui éveille la conscience d'un sous-encadrement clérical et la demande d'un clergé plus nombreux et plus présent; cf. R. Chartier et J. Nagle, « Les Cahiers de doléances de 1614. Un échantillon : châtellenies et paroisses du bailliage de Troyes », *Annales* (E.S.C.), 1973, nᵒ 6, pp. 1484-1494.

« médecin spirituel », tout ce qui lui permet de cheminer avec le moribond jusqu'au dernier moment.

Au spectacle d'édification qui rassemble la famille, les enfants, les amis, les serviteurs, les pauvres – tous sont représentés dans le déroulement du cérémonial de l'abbé Chertablon – le prêtre impose son ordre. De la même façon qu'il tend à « débaroquiser » les pompes funèbres, le clergé réformateur souhaite moins de troubles et de tumultes pour une plus grande sacralisation de l'agonie. « Sortez mes amis », conseille Drexel aux assistants qu'il renvoie à la chapelle paroissiale ; « Congédiez les importuns », morigènent Bellarmin, Lalande, Crasset [117]. Rien ne doit détourner du salut, l'essentiel [118]. Dans sa tentative l'Église s'appuie sur la famille dont la responsabilité est constamment rappelée : « Je m'adresse à vous, ô parents amis ou héritiers, et vous dis de la part de Dieu, que vous devez plus aimer que vos propres intérêts, de prendre un soin tout particulier d'aider vos parents à mourir saintement [119]. » Dans l'*Art de mourir* de Bellarmin une gravure montre en clair ce repli familial et sacerdotal : le monde des élites dévotes s'y déploie dans son luxe, au fond d'un lit ombragé par de riches courtines, sous un tableau religieux, le malade tenant son crucifix ; au premier plan, entourant un autel chargé des objets du culte, sa femme, mains jointes, à genoux dans une robe ornée d'un col de dentelle ; un ami ou un parent discret, recueilli ; les prêtres : l'un donnant le viatique, l'autre lisant le livre, et deux enfants de chœur avec sonnette et cierge allumé. Ils sont venus au terme d'une marche nocturne, la lanterne, posée sur le sol, éclaire en lumière rasante un espace étroit où se pressent objets et personnages ; dans le clair-obscur de ce décor intime, la mort sans tourment.

Toutefois, au lit du moribond soutenu par ses parents, le confesseur rencontre le médecin. Son rôle est grandissant et sa présence attestée dans les trois quarts des manuels, signe évident d'une lecture de haut niveau social, d'une habitude des auteurs. Le directeur charitable recommande aux patients de se soumettre aux ordonnances médicales, de supporter le feu des cautères et l'amertume des potions, les saints eux-mêmes sont appelés à payer d'exemple : ainsi, saint François de Sales livré aux mains « charcuytières » des chirurgiens lyonnais. Dans le dialogue qui s'instaure une réévaluation des rapports entre le corps médical et l'Église transparaît peu à peu. Le thème du conflit entre « médecin spirituel » et « médecin temporel » symbolise fortement la transformation qui s'opère : 92 % et 85 % des ouvrages le développent au XVIIIe siècle [120]. D'une part en effet la multiplication des hôpitaux, les développements du savoir médical confèrent au temps de la maladie une

---

117. Bellarmin, *op. cit.*, p. 196 ; J. Crasset, *op. cit.*, *La Douce mort*, p. 51 ; A. Lalande, pp. 10-15 ; Drexel, *op. cit.*, pp. 205-206 ; Polanco, *op. cit.*, p. 89.

118. M. Filassier, *Sentiments chrétiens propres aux personnes malades et infirmes pour se sanctifier dans leurs maux et se préparer à une bonne mort...*, Paris, 1723, p. 397 : « La présence d'un grand nombre de personnes est ou inutile au soulagement de ses maux, ou nuisible au salut de son âme, soit pour les mouvements tumultueux qu'elles causent, soit pour les larmes que la tendresse leur fait répandre... »

119. B. de Soissons, *La Science du bien mourir*, Paris, 1688, pp. 99-108 ; A. Lalande, *op. cit.*, pp. 14-15.

120. Cf. Tableau V : le XVIIIe siècle voit se développer une relation nouvelle médecin-malade ; cf. M. Foucault, *Histoire de la Folie*, Paris, 1961, pp. 240-250.

autonomie que marque vigoureusement l'isolement « au lit et à la chambre [121] ». Dès lors transparaît l'ambiguïté du rôle médical [122]. Son action spirituelle instamment réclamée par les confesseurs – c'est à lui de veiller à ce que le malade se confesse, c'est lui qui doit prévenir la proximité du terme – s'estompe. Face à la maladie, comme devant la sorcellerie et le miracle [123], il se comporte désormais en expert du temporel, il parle de la guérison et de la vie, il masque le « souvenir de la mort ».

TABLEAU V. – *Présence du médecin*

	% du thème dans le total des ouvrages analysés	
	Dieu, le Christ, le prêtre médecins spirituels	présence du corps médical
1600-1649	61	71
1650-1699	51	60
1700-1749	92	76
1750-1800	85	85

D'autre part, pour l'Église, la maladie reste expérience salvatrice, lieu choisi de la préparation à la mort, test où se dévoilent les bonnes intentions, où les gestes se consolident, où les œuvres sont fécondes en reconnaissance d'éternité. Sa fin ne saurait dépendre que de Dieu, le « seul vray médecin ». L'incertitude même est voulue par lui. « L'art des médecins est douteux en beaucoup de choses, incertain et quasi toujours de pure conjecture dans les maladies dont la cause est cachée. C'est en Dieu seul qu'on doit se confier [124] », précise Dom Le Masson. Le « bon et pieux médecin » cède la place au guérisseur spirituel. L'impuissance d'Hippocrate, constamment soulignée, prouve l'importance de l'enjeu, car le regard médical devient le signe d'une tentation d'autant plus redoutable qu'elle rencontre la faveur du nucléus familial. « La tendresse des proches, la complaisance des médecins, la crainte d'augmenter le mal en avertissant le malade du péril où il est et tant d'autres mauvaises

---

121. J. Revel et J.-P. Peter, « Le corps, l'homme malade et son histoire », dans *Faire de l'Histoire*, sous la direction de j. Le Goff et P. Nora, t. III, *Nouveaux objets*, pp. 169-191.

122. F. Lebrun, op. cit., pp. 391-394.

123. L'indétermination des rôles apparaît pleinement dans le *Recueil alphabétique des pronostics dangereux, et mortels sur les différentes maladies de l'homme pour servir à MM. les curés... et autres personnes ayant charge d'âme dans l'administration des sacrements*, par M. xxx, Paris, 1770. Remercions ici le professeur Morel de ce renseignement et de l'intérêt qu'il a témoigné lors des discussions de séminaire pour notre recherche.

124. Dom Le Masson, *Le Directoire des mourants...*, Paris, Grenoble, 1686, pp. 18-19; cf. aussi Jegou, op. cit., p. 227; Lalande, op. cit., pp. 10-11; Duval, op. cit., p. III et planche p. 110 : « Le riche fol trop soigneux de sa vie aux médecins et à son or se fie », où l'on retrouve le docteur rangé parmi les démons issus tout droit de l'*Ars moriendi*.

considérations qu'on a en pareil cas, attirent une mort funeste [125] »,
fulmine Blanchard citant une ordonnance du cardinal de Noailles.
Désormais entre la vie et la mort un autre combat, une autre aventure.

La mort a-t-elle jamais pu se laisser prendre au piège des mots ? Entre la
norme, la volonté de socialisation d'un clergé de réformateurs, et la
réussite d'une pédadogie, il reste une distance qui n'est point aisée à
combler, tout ce qui peut séparer l'idéal et la réalité, tout ce qu'il faut
désormais vérifier dans l'analyse des comportements et des actes. Mais
demeure un triple acquis. En premier lieu, la pastorale des clercs est
choix du repli familial et de l'intériorisation des gestes. Au « faire
ensemble » d'antique tradition succède sous le regard vigilant des prêtres
le déploiement des agirs individualisés. La christianisation des élites de
culture est incontestablement bénéficiaire de la nouvelle gestuelle que,
non sans risque pour l'avenir, le nucléus familial charge d'affectivité et de
tendresse. En second lieu, le discours de la mort des temps classiques
postule un dualisme pastoral : aux masses les fulminations et les mobilisations collectives des temps de mission, aux privilégiés l'intellectualisation et l'ordre de la retraite dévote. La préparation à la mort est, au siècle
des Lumières, l'un des lieux où se manifeste la rupture des pratiques qui
confine l'archaïsme dans les milieux populaires et prône les vertus de
l'éthique dans le monde des dominants. Reste enfin que le discours
théologique en ce domaine a cassé cinquante ans au moins avant tout
le reste. Cessant de se renouveler, il ouvre la voie aux lectures
nouvelles.

125. A. Blanchard, *op. cit.*, préface, pp. 5-7 ; cf. l'examen sur les péchés, pp.
269-271. A noter dans Chertablon, *op. cit.*, pp. 46-47, le thème de la tentation des
proches : la famille détourne du salut et éloigne le confesseur ; pp. 48-49, planche
26, c'est le médecin et ses aides qui occupent la scène sous l'œil vigilant du
confesseur.

DEUXIÈME PARTIE

LE LIVRE INVENTEUR
OU LE LIVRE INVENTÉ.
LES SOCIABILITÉS CULTURELLES
ET LA LECTURE

Pour les sociétés savantes, les temps révolutionnaires sont ceux de la difficulté, l'âge des illusions dévoilées. Or la crise qui frappe l'académisme n'est pas sans paradoxe ; légalisme sans problème, Lumières sans excès, critique sans contestation, démocratie non sans retenue auraient dû permettre aux cercles de culture de se fondre dans le nouveau régime. Mais le procès mené contre les notables de la culture révèle cependant comment les rôles majeurs remplis depuis le XVIIᵉ siècle par l'institution savante pouvaient se dissocier dans le bouleversement politique. Ceux-ci retrouveront, plus tard et autrement, une homogénéité qui perdure encore aujourd'hui, preuve de la force de la *sociabilité culturelle* capable d'emprunter des figures historiques différentes et de survivre aux ruptures plus fortes.

Proclamer une conception de la vie qui est avant toute chose l'intégration sociale des gens cultivés et des notables sociaux ; définir un idéal de service civique où le pouvoir et le savoir sont comme naturellement unis ; élaborer, assimiler, diffuser les principaux éléments d'un savoir et d'une culture étaient, quoi qu'il en fût et à des degrés divers, les trois fonctions remplies dans la cité par les sociétés savantes.

La dernière de ces tâches savantes et patriotiques, totalement inséparables même si elles peuvent se vivre avec plus ou moins d'acuité, mobilise en permanence la lecture. Lecture de l'imprimé, livres, journaux, brochures, manuels, affiches, *lettres de l'estampe* ; lecture du manuscrit, communication, discours, correspondance, annonces préparées pour publication. Livres et lectures sont centraux dans l'activité des académiciens de Paris et de province, et le protocole de leurs séances qu'enregistrent les procès-verbaux n'est bien souvent qu'un compte rendu des lectures faites, écoutées et discutées, où se compose et se recompose continuellement l'intellectualité du groupe. Au cœur du cénacle académique le livre peut être inventeur et inventé. Dans le dialogue à haute voix qui s'instaure pour le petit nombre d'académiciens assidus se joue la fonction d'élaboration et de création du milieu en

même temps qu'opère son rôle principal de vulgarisation et d'assimilation culturelle. Dans la *séance privée* intervient en permanence une
rhétorique diserte où dans l'existence établie, confirmée par la répétition,
se satisfont les curiosités et s'avoue le droit au divertissement. Les
académiciens ont contribué à satisfaire les besoins livresques d'une
société qui trouve dans la communication et l'échange sa foi et son unité,
en même temps qu'elles participent fortement à l'orientation de la
production et de la circulation de l'imprimé.

Sans être toujours des bibliophiles, les académiciens sont parmi les
gros liseurs, leur collection personnelle se range presque toujours au
premier rang des bibliothèques citadines. La plupart du temps, grâce aux
livres reçus et échangés, voire aux cotisations des membres, les sociétés
savantes se sont dotées de bibliothèques à leur usage. Mais c'est aussi
pour elles le moyen de donner à un plus grand nombre de lecteurs
citadins accès à la culture des Lumières. Nancy et Grenoble sont à cet
égard symboliques car la bibliothèque y a précédé l'académie fondée
pour la gérer ou la sauvegarder. A Lyon, la ville et l'académie travaillent
de concert à rassembler legs, dons, achats pour donner au public un plus
grand nombre d'occasions de lire. A Rouen, les académiciens ouvrent
aussi leur bibliothèque. Ailleurs, à Dijon, Bordeaux, Marseille, Amiens,
on sait qu'ils autorisaient les emprunts. Bref, le livre a été un instrument
de cohésion pour la sociabilité culturelle et celle-ci a contribué à
généraliser l'habitude de la lecture. Sociétés littéraires et chambres de
lecture se sont multipliées après 1770 à l'initiative des élites locales, là
même où fonctionnait déjà une société savante, plus encore dans les
villes où il n'y en avait pas : les villes de l'Ouest, les cités commerçantes.
La liaison entre réflexion savante et esthétique et fréquentation du livre
reste efficace le siècle durant. Dans les sociétés de lecture qui se dotent
de bibliothèques achetant livres et journaux, français et étrangers, le livre
nourrit immédiatement l'échange savant et lettré. Ainsi au Tripot de
Millau fondé en 1751, la société « tient ses séances tous les jours, à
l'exception des dimanches et des fêtes : les journaux en fournissent la
matière. Quand ils sont épuisés, on a recours aux meilleurs ouvrages du
temps. Chaque académicien prend en entrant dans la salle le livre qu'il
trouve à propos. Si dans le cours de sa lecture, il trouve quelque sujet qui
soit digne d'être observé, il en fait part à ses confrères. Les lectures
particulières se tournent aussitôt en conversation générale. Les
réflexions de l'académicien discutées à fond, on se remet à lire, jusqu'à
ce que d'autres observations attirent de nouveau l'attention de l'assemblée. C'est ainsi que se passent des conférences que la nuit termine
ordinairement. » On aura noté dans le compte rendu vivant de *La France
littéraire*, en 1769, à la fois l'usurpation de titre – les membres du Tripot
de Millau aspirant ainsi à prendre rang dans l'élite académicienne –, et la
liberté des gestes de la lecture et de la discussion à l'opposé de l'ordre et
de la contrainte académique. Ainsi, on perçoit la perfusion sociale du
modèle des sociétés savantes organisées et sa réappropriation par un
milieu de petits notables. En même temps, le livre et la lecture sont
toujours au centre de l'activité culturelle.

Les académies placent aussi livre et lecture dans le cérémonial des
séances publiques et dans le mécanisme des concours. En instaurant par
la compétition lettrée le maximum d'ouverture et de publicité, elles

cristallisent autour des textes qui, couronnés ou non primés, deviendront souvent des livres imprimés et diffusés, un dialogue avec le monde étroit de la République des Lettres, avec le monde largement ouvert des amateurs, des curieux, des vrais savants et des demis, voire des faux savants. Le livre avant le livre est le moyen de répondre aux sollicitations extérieures. Le palmarès des académies n'a pas sa place ici, mais retenons pour mémoire, et pour l'exemple, deux lauréats célèbres : Rousseau à Dijon, Robespierre à Metz. Dans la carrière de l'un et de l'autre la palme académique n'a pas été un facteur négligeable. Mais en même temps l'évocation de ces deux figures emblématiques permet de s'interroger sur le sens profond du mouvement académique en général.

Dans sa sociologie – celle d'une classe culturelle, sinon, comme l'a souligné Jean-Marie Goulemot, de la quasi-totalité de la classe culturelle du XVIIIe siècle, dès lors que l'on admet que nul n'échappe à l'académisme même s'il ne s'agit que d'une étape ou d'un moment –, le milieu académique est dominé par les noblesses en dépendance directe de leur fonction locale et il recrute chez les roturiers de mérite – médecins, gens de justice, rentiers, professeurs – et, en très petit nombre, chez les hommes du négoce, de la manufacture, du profit. Au total, c'est dans des proportions équilibrées le noyau des classes dirigeantes urbaines conformément à une solidarité où la participation à l'enseignement et surtout à l'administration tient un rôle décisif. Ainsi la réunion académique fait siéger côte à côte représentants des premier et second ordres privilégiés, et hommes de talent du tiers état. C'est l'instance d'un compromis social, où savoir-vivre nobiliaire, pédagogie cléricale et savoir-faire bourgeois sont associés et cela dans la perspective du service monarchique. Le huis-clos académique permet à l'*opinion publique* d'exister et d'intégrer les notables locaux dans une correspondance plus vaste. La coexistence des groupes sociaux différents – parfois antagonistes à l'intérieur – et l'affirmation de buts et de motivations communs à l'extérieur sont alors redevables d'une interprétation politique. Il s'agit de définir les enjeux pratiques de l'immortalité.

D'une autre façon, la culture des académiciens découpe dans le paysage des Lumières une perspective spécifique qui conduit à s'interroger sur la nature et la compréhension de celles-ci, voire sur la totalité de la production des signes culturels. Si l'on admet que le projet politique absolutiste, la recherche de l'intérêt public, une réflexion unitaire sur les moyens d'une possible réforme à partir de l'accumulation des expériences et des connaissances, la promotion des talents, tissent un lien entre l'État et l'opinion (ou plus précisément la société civile), on est également conduit à convenir que les Lumières étaient plurielles. La philosophie *stricto sensu* dans ses définitions les plus radicales a été limitée à une élite parisienne ; le processus de la diffusion culturelle a suivi le même chemin que celui de la transformation religieuse, ce fut une affirmation d'unité. Deux domaines se prêtent plus aisément que d'autres à cette réflexion. L'histoire d'abord, qui montre l'importance pour les néo-immortels de l'enracinement dans le passé en même temps que les académiciens l'utilisent à des fins bien contemporaines. Les sciences ensuite, qui confirment la mutation sociale des milieux académiques en dévoilant une promotion de l'expérience et de l'expertise, et en révélant également le rêve de l'aménagement utilitaire d'un monde laïcisé. Entre l'avenir et le passé se joue la recherche collective d'une autre voie pour la pénétration et l'interprétation immédiate des Lumières.

L'échec de la tentative académique renvoie à l'analyse d'autres forces qui déséquilibrèrent la société française passé 1775; il prouve d'une certaine façon l'impossibilité pour les idéologies en porte à faux d'agir sur le monde.

CHAPITRE V

Académies et politique
au siècle des Lumières

Dès le XVIIIᵉ siècle et les temps de la Révolution, une opinion fort répandue conçoit les rencontres savantes, parisiennes et provinciales, comme des lieux de fermentation révolutionnaire, le refuge du paradoxe – Jean-Jacques Rousseau couronné pour son *Discours sur les sciences et les arts* par les académiciens dijonnais oblige –, un lieu de liberté dont les excès égalitaires conduisent à la chute des traditions séculaires et préparent la perte de la monarchie d'Ancien Régime. L'abbé Barruel, très tôt, Chateaubriand plus tard dans *Le Génie du christianisme*, se font l'écho de cette idée justificatrice d'une attitude anti-intellectualiste et hostile aux Lumières.

Les philosophes et les académiciens partageraient donc uniment la responsabilité dans l'effondrement des anciennes valeurs et la transformation irréversible du monde. Toutefois, aujourd'hui comme hier, c'est sans doute un paradoxe d'aller chercher la politique dans les académies. Chacun sait cela : elle s'arrête à leur porte, et son intrusion importune ; le fait est rare mais attesté par quelques débats fameux lancés à propos d'élections anciennes ou récentes. En tout cas, la politique y produit toujours quelque peu l'effet du coup de pistolet dans le concert. Cette innocence, ce recul quelque peu effarouché des néo-immortels devant le monde, ce rêve des sages réfléchissant au-dessus des partis affrontés ont des racine anciennes. Ils devaient déjà agiter les orateurs péripatéticiens dans le jardin d'Akadémos. Ils perdurent dans l'histoire, déchirant le milieu académique entre la candeur et la responsabilité. Ils posent enfin à l'historien et plus particulièrement à celui du XVIIIᵉ siècle un redoutable problème parce que cette époque a, peut-être plus qu'une autre, tenté d'identifier l'académisme à un comportement intellectualisé, voire à un type d'esprit. Mais il ne faut jamais négliger que l'action et la question de l'innocence politique des académies peut se poser en d'autres termes.

Les académies ont été en ce domaine plus inventives qu'on ne le croit.

L'identification immédiate de l'académisme et des Lumières est pour le moins problématique dans la mesure même où elle néglige l'existence d'une tradition académique antérieure au temps de l'*illuminisme* et dont on ne peut pas ignorer la force d'imprégnation, quand on veut comprendre le rôle et la fonction politiques des sociétés savantes. Mais il s'agit également de comprendre comment, contrairement à ce que pense Tocqueville repris par François Furet [1], la sociabilité culturelle a peu à peu permis la constitution de ce que, faute de mieux, on peut appeler une opinion, comblant ainsi petit à petit le vide existant entre l'État et les citoyens. Les débats de l'époque révolutionnaire éclairent *a posteriori* les enjeux pratiques de l'immortalité.

L'abbé Grégoire, académicien s'il en fut, a mis clairement en évidence les raisons d'un procès qui prend ses racines surtout dans la réalité parisienne plus que dans les problèmes provinciaux. Les académies doivent disparaître parce qu'elles ne peuvent plus animer en toute liberté leur double fonction : concevoir et diffuser les vérités utiles de la philosophie et de la science, procéder à une intégration des individus dans une communauté qui dépasse les différences : « Or la plupart sont désorganisées par l'effet de cette révolution sublime qui a déplacé tant de rapports et froissé tant de préjugés, tant d'intérêts. Les patriotes y sont presque toujours en minorité et quelques-uns de ces hommes qui, par leurs écrits, avaient ouvert la route à la liberté, aujourd'hui la méconnaissent et blasphèment contre elle ; il en résulte que les académies sont une arène où Oromase et Arimane se battent ; et certes il n'y a pas plus de distance entre les deux principes des manichéens qu'entre un aristocrate et un patriote... le fauteuil académique doit être renversé [2]. »

Il ne fait aucun doute que dans la pensée du savant patriote cette disparition ne peut être que le prélude nécessaire à une réorganisation qui viendra à son heure. L'académisme de la monarchie est mort, l'académisme républicain peut vivre. Cette permanence transcende les incidents de l'histoire et les révolutions, inséparable sans doute d'une conception de l'intellectuel dans l'élite sociale et la cité, tirée entre novation et conservation.

Si l'on admet que l'académisme est à sa façon une idéologie, il faut regarder comment et pourquoi il a pu tenir lieu de pensée politique en des temps d'exclusion et de censure. Insidieusement on verra alors comment le politique, en quelque sorte banni, se réintroduit dans le cénacle, moins par la réflexion que par les habitudes et les manières. Enfin, et c'est le moyen de retrouver les conflits et les discussions de l'époque révolutionnaire, on pourra questionner volontés et velléités de réformes qui traversent les académies. C'est aussi retrouver, mais autrement, la question de la nature sociale des Lumières et celle des origines intellectuelles de la Révolution française [3].

1. A. de Tocqueville, *L'Ancien Régime et la Révolution*, Paris, 1952 ; F. Furet, *Penser la Révolution*, Paris, 1978.
2. L. de Hautecœur, « Pourquoi les académies furent-elles supprimées en 1793 ? », *Annuaire de l'Institut*, 1959, XVI.
3. D. Mornet, *Les origines intellectuelles de la Révolution française*, Paris, 1933 ; D. Roche, *Le Siècle des Lumières en province Académies et académiciens provinciaux, 1660-1789*, 2 vol., Paris-La Haye, 1978. Nous y renvoyons pour l'essentiel.

L'exclusion du politique

De la fondation de l'Académie française à 1789, une première tradition sert de toile de fond à toute autre dispute : celle de l'exclusion du politique. Cette attitude revient à définir sinon une politique réelle, du moins une idéologie de la chose publique et du service monarchique, en quelque sorte à déterminer les principes d'action de l'État et le conformisme indispensable à la société inégalitaire. C'est par le canal des institutions prestigieuses de Paris et des modestes académies de province que se répand dans le corps social tout entier un idéal de service civique qui est avant toute chose la proclamation d'une conception de la vie reposant sur l'intégration sociale des gens cultivés, l'élaboration, l'assimilation et la diffusion du savoir. L'institution académique a trouvé dans l'Italie de la Renaissance le sens de la fondation platonicienne et l'a généralisé à l'horizon européen sous le contrôle des princes et dans la fièvre de la grande révolution scientifique du XVIIᵉ siècle.

En France, la liaison entre savoir et pouvoir a été immédiate et le dialogue des académiciens et de la monarchie a débuté dès les premières fondations. C'est d'abord l'Académie française qui l'instaure, mettant en pratique et symbolisant l'union des lettres, des sciences et de l'État absolutiste qui s'élabore peu à peu. La confiscation par le cardinal de Richelieu des activités rassemblant chez Conrart « quelques particuliers » (pour prendre l'expression de Pélisson [4]) se révèle décisive à la fois pour la constitution du champ littéraire – comme l'a démontré A. Viala [5] – et pour créer une tradition de fonctionnement sous le regard de l'autorité royale.

Héritière des habitudes médicéennes, nourries du syncrétisme culturel de l'académisme avorté des Valois, l'institution parisienne est sans doute plus encore inspirée par l'idée du contrôle de la production imprimée au moment où se mettent en place les premiers instruments de la censure et la surveillance de la presse naissante. Aux endroits décisifs on retrouve les hommes du Cardinal et ceux du Chancelier Séguier qui doivent à leur protection d'imposer à tous prestige, hiérarchie et normes esthétiques parisiens [6]. Bientôt placée sous le patronage direct du jeune roi, l'Académie française devient autre chose que l'instrument d'un clientélisme ou d'un mécénat traditionnel, c'est un maillon dans un ensemble où se mettent en place tous les éléments d'une administration culturelle.

Avec Colbert puis Bignon on ne peut douter des intentions si l'on admet que le contrôle réel des élections se double par l'affirmation d'une doctrine de portée universelle imposant les règles du classicisme et provoquant le déclassement des autres formes de littérature. Le conformisme littéraire y triomphe et l'on peut estimer qu'il est une des manières dont s'impose le conformisme politique. Trois éléments, qui vont dominer la vie académique du XVIIIᵉ siècle, se mettent alors en

4. P. Pélisson et abbé P.J. d'Olivet, *Histoire de l'Académie française, 1635-1760*, éd. par C.-L. Livet, Paris, 1858, 2 vol.

5. A Viala, *Naissance de l'écrivain*, Paris, 1985 ; voir aussi E. Walter, « Le monde des auteurs », in H.J. Martin et R. Chartier, *Histoire de l'édition française*, t. 2, Paris, 1984.

6. H.J. Martin, *Livres, pouvoirs et sociétés à Paris au XVIIIᵉ siècle*, Paris, 1969.

place : un modèle statutaire qui définit le droit et révèle la mentalité du milieu académicien, un type de liaison continue avec le pouvoir royal (il s'exprime plus particulièrement dans le jeu des harangues et des discours de réception), le contrôle des formes d'expression et la maîtrise d'une langue normalisée et unifiée qui fondamentalement distingue un type humain, moral et social, précise une éthique civique et culturelle à la fois.

Le frontispice que compose J.B. Corneille et que grave Mariette pour l'édition en 1692 du *Dictionnaire de l'Académie française* caractérise ces aspects organiques de l'institution littéraire. Au centre de la composition le buste de Louis XIV est couronné de lauriers par les muses du langage et du verbe, et sa base est ornée du caducée jeté sur un livre ouvert, allégorie banale que Ripa permet de déchiffrer comme la proclamation de l'union des arts de la science et du commerce. Au pied de ce couronnement poétique et politique, l'Académie française appuyant sur sa hanche droite le *Dictionnaire* ouvert, masquant un alphabet et brandissant d'autres lauriers, regarde avec une adoration quelque peu contournée le jeune monarque protecteur. Des putti ailés l'environnent, puisant comme elle dans des corbeilles de fleurs et tressant des guirlandes honorifiques. L'Éloquence et la Rhétorique nourrissent cette ornementation poétique d'un symbolisme composite du service accompli par l'institution langagière. Qu'on l'admette : c'est là une image politique proclamant l'union de la monarchie et de la culture sous le signe du purisme linguistique et cette image vise à masquer une distinction sous « le sceau de l'autorité publique », comme dit Pélisson.

D'autres pièces sont venues compléter l'édifice entre 1666 et 1700. L'Académie des Sciences complètement refondue propose un modèle de carrière scientifique qui est essentiellement la reconnaissance des compétences savantes et techniques de spécialistes, un lieu de discussion et de transmission des paradigmes savants, où se retrouvent la majorité des détenteurs des emplois utiles à l'État, bref, sous la protection du monarque, un conseil où tout se passe comme si le contenu des travaux proposés avait moins d'importance que le choix de la procédure d'arbitrage et le jugement rendu[7]. En d'autres termes, l'Académie royale des Sciences, conseil technique du prince imaginé et réalisé par Colbert, Pontchartrain et l'abbé Bignon, offre le modèle d'un organisme de service utilitaire qu'anime une forme de comportement plus qu'un système philosophique.

L'institution savante s'accorde pleinement avec l'idéologie de l'État absolutiste. Par lui elle est garantie contre le changement, l'hostilité ou la résistance d'autres corps comme l'Université ou l'Église. Elle confirme ainsi, comme l'Académie française, le couronnement culturel d'un ordre politique avec d'autant plus de force que son alliance avec l'État autorise son rôle de définisseur des normes et, somme toute, amplifie l'efficacité de la croyance au progrès par les sciences. C'est en ce sens que Réaumur, avant 1727, réclame plus de crédits, de locaux, de charges, « pour faire fleurir l'Académie », plus de protection et de prestige pour rendre le corps utile à l'État comme l'avaient souhaité les fondateurs.

---

7. R. Hahn, *The Anatomy of a Scientific institution, the Paris Academy of sciences*, Berkeley, 1971.

Si les savants n'accèdent pas encore aux responsabilités du pouvoir, l'Académie rend plus homogène et plus cohérent leur milieu face au gouvernement royal qui peut à loisir y puiser ses conseillers et ses techniciens. La force de l'innovation et la puissance de la transmission des connaissances ne sont pas encore dissociées par un corps privilégié dont les philosophes, et plus souvent les exclus, savent dénoncer l'autoritarisme et l'utilitarisme excessif qui ne sont finalement que l'expression d'une vision politique.

Le mouvement académique « conformément à l'autorité du Prince »

Il y a moins d'ambiguïté dans les origines de la « Petite Académie », vers 1663, dernière pièce de l'édifice colbertien (pour ne s'en tenir qu'aux institutions des lettres et des sciences, car l'Académie royale de Musique et les institutions artistiques mériteraient à elles seules une analyse : la peinture, la sculpture, l'architecture, la musique sont soumises à l'autorité royale, contrôlées dans leurs choix, codifiées dans leurs pratiques et garanties par la sélection sociale et culturelle des artistes qui doivent accéder à l'élite du savoir).

Dans le cénacle qui devient entre 1709 et 1716 l'Académie des Inscriptions et Belles-Lettres, le rapport entre le pouvoir et l'histoire est effectivement immédiat. Il s'agit d'enrôler la critique historique et l'histoire savante au service de l'État absolutiste, parce que l'ordre social repose sur la valorisation du passé et la transmission de sa justification, parce qu'il faut encore valider les nouveaux comportements politiques liés à l'absolutisme triomphant. Mais, au total, il n'en naquit aucune autre histoire, laquelle on le verra s'élabora ailleurs. En second lieu, la monarchie a besoin de célébration et les petits académiciens sont d'abord mobilisés à cette fin : ils doivent produire panégyriques, devises, inscriptions, programmes, médailles, qui célèbrent les vertus du roi et la gloire du règne. C'est grâce à cette contradiction née de ces deux objectifs que pourra s'établir, au premier quart du XVIIIᵉ siècle, la fermentation anti-absolutiste qui anime certains académiciens, dont Lionel Gossmann a retracé l'itinéraire autour de Lacurne de Sainte-Palaye [8]. Auparavant, toutefois, l'Académie des Inscriptions participe de l'exclusion du politique qui n'est que la réitération d'un ralliement aux principes de l'absolutisme et la confirmation totale d'un ordre social fondé sur le privilège.

Ce modèle l'emporte sans conteste en province quels que soient les principes fondateurs proclamés. Dès la seconde moitié du XVIIᵉ siècle la province se cherche au miroir de Paris. Les créations nécessitent appuis, protections, autorisations officieuses et reconnaissances officielles qui exigent la formation de véritables groupes de pression afin de toucher les hommes importants, Pontchartrain, Bignon, Saint-Florentin, et en définitive le roi lui-même. La caution et l'alliance de l'une des grandes

---

8. L. Gossmann, *Medievalism and Ideologies of the French Enlightenment*, Baltimore, 1968; J. Voss, *Das Mittelalter im Historischen Denken Frankreichs*, Munich, 1972; pour les Beaux-Arts, cf. N. Heinrich, *La constitution du champ de la peinture française au XVIIᵉ siècle*, thèse, E.H.E.S.S., Paris, 1981.

académies parisiennes, la protection directe, voire la participation de leurs membres aux activités provinciales, ont pu assurer le succès des entreprises.

Sous l'égide de l'Académie française ou de l'Académie des Sciences, le mouvement académique est au départ déchiré entre la tutelle et l'indépendance, l'appel de Paris et la vitalité des cités provinciales, la pression des élites locales et l'influence des « passagers » (les non-résidents), la spontanéité joyeuse et l'ordre moralisé. Si l'académisme trouve progressivement sa voie propre en adoptant une activité plus conforme à l'encyclopédisme triomphant, ce n'est jamais en trahissant son rôle de service culturel. La protection des autorités ne se dément pas durant tout le XVIIIe siècle; pour leurs finances, pour leur logement, les sociétés savantes dépendent du bon vouloir des gouverneurs, des intendants, des états ou des municipalités, mais en définitive c'est à la bonne volonté des bureaux de Versailles, qui veillent sur l'essentiel, qu'elles doivent pour une grande part leur réussite ou leur insuccès.

Dès lors, il était normal que l'institution savante tout entière réconciliée, Paris et la province marchant ici du même pas, trouve dans ses liens avec la monarchie la justification de son rôle et une part de sa finalité. Elle participe à une véritable pratique de la politique qui est toute d'approbation et qui demeure avant tout une démarche de culture. Cette liaison s'observe plus particulièrement dans l'analyse de trois discours spécifiques : le droit académique qui organise statuts et règlement, le droit royal qui dicte les lettres patentes indispensables à la reconnaissance officielle, les divers éloges qui ponctuent les activités académiciennes privées et publiques.

Dans leur précision, les statuts académiques dévoilent un comportement social car le groupe s'y reconnaît tout entier et participe avec régularité à la mise à jour des règlements qui ne peuvent jamais s'écarter des premières règles adoptées. Par essence le droit académique est un droit conservateur qui ne peut évoluer que lentement et qui ne peut admettre que d'être réformé dans l'esprit de l'acte fondateur. Il règle des conduites sociales pour garantir la cohérence des sociétés et soustraire les académiciens aux conflits extérieurs. Des conditions d'âge – assez rarement –, de moralité et de talent – toujours – sont exigées de ceux qui ambitionnent d'être reçus.

Ces clauses sont directement copiées des statuts adoptés au XVIIe siècle par l'Académie française : « Personne ne sera reçu dans l'Académie qui ne soit agréable à Monsieur le protecteur et qui ne soit de bonnes mœurs, de bonne réputation, de bon esprit... » Les mêmes exigences de rectitude morale et intellectuelle sont reprises dans les règlements de l'Académie des Sciences et dans celle des Inscriptions. Probité et honneur social sont avant tout conscience d'une fidélité à la mission commune, à un même respect des lois, des droits et des devoirs communs. Ils expriment pleinement un conformisme social, seule forme de *modus vivendi* possible pour un groupe qui postule un idéal de civilité, d'honnêteté et de politesse excluant les divisions et les cabales contre lesquelles les statuts prévoient d'infinies précautions. En reprenant les articles 21, 22 et 23 des règlements de l'Académie française, la majorité des sociétés savantes excluent de leurs débats Dieu et le roi : « Les matières morales et politiques ne seront traitées dans l'académie que conformément à l'autorité du prince, à l'état du gouvernement et aux lois du royaume... »

Respect des principes de la religion, soumission au prince et aux lois de l'État, dignité morale font le bon académicien, désamorcent la censure, garantissent privilèges et protections. Seules les académies qui copient plus ou moins complètement les statuts de l'Académie royale des Sciences font exception comme si la seule définition de leurs activités excluait toute interprétation discutable : elles représentent moins du quart des fondations. La cooptation des talents garantit le respect du conformisme que le droit royal oriente conformément à une logique sociale analogue.

Si la politique royale n'a jamais été systématique et se contente le plus souvent d'officialiser des créations dont elle n'a suscité que très indirectement le départ, la reconnaissance par le gouvernement et l'octroi des lettres patentes confèrent seuls puissance et stabilité. Ce sont des actes marqués de l'autorité la plus solennelle. Leur titulature et leur organisation varient peu et leur formulation extrêmement stéréotypée favorise l'expression permanente d'une définition sociale et de ses motivations. Le gouvernement royal reconnaît l'existence d'une communauté intellectuellement homogène dont les membres sont avant tout rassemblés par une démarche collective de culture. L'académisme organise une collectivité d'individus et de groupes en une structure organique dont le rôle essentiel est, à travers assemblée, conférence, exercice, de garder la parole dans sa pureté et de travailler à la grandeur de l'État et à l'utilité publique.

Cette idée du zèle et de l'amour public domine le droit des patentes et celui des règlements comme toute la tradition administrative, elle légalise l'action des académiciens et confère peu à peu à un concept majeur une portée élargie. L'utilité sociale, fin collective, se substitue à la fonction morale et personnelle dans la pratique académicienne. Vouées à l'étude et à la diffusion de la langue, de la morale, de l'éloquence et de la poésie, plus généralement des belles-lettres, les académiciens sont progressivement chargés de cultiver les arts et les sciences. L'absolutisme, éclairé par les lettres et par les sciences, y puise sa justification idéologique modernisatrice.

Célébrer la grandeur du monarque

Le discours des académiciens reprend et développe, comme en réponse, l'exaltation de la grandeur du monarque et l'acclamation de son dessein. Les académies de Louis XIV à Louis XVI ont consacré au prince et à sa famille un véritable culte qui culmine chaque année à Paris et en province, le 25 août, jour de la Saint-Louis. Mais les occasions de proclamer l'attachement des sociétés à la dynastie ne manquent pas : maladies du souverain, opération réussie, guérison opportune, naissance heureuse, décès familiaux, traités de paix, victoires ponctuent la chronologie aride des travaux d'actes de fidélité renouvelée pour célébrer dans la joie des *Te Deum* ou dans les larmes funèbres les rites du service monarchique.

A tout moment, ce sont des cérémonies parfaitement intégrées au calendrier des fêtes urbaines. Toutes ces célébrations permettent aux académiciens, les « gros messieurs » de Paris comme les petits notables

de province, de parler avec éloquence et abondance d'une alliance qui
est l'objet d'une vénération constante. L'exemple encore est parisien et le
modèle plus spécialement l'Académie française, où les discours de
réception comportent tous l'éloge du pouvoir. Les philosophes en riront
avec Grimm citant Voltaire : « M. de Voltaire a dit quelque part qu'un
discours de réception et d'entrée à l'Académie française était composé de
quatre ou cinq propositions essentielles. La première que le cardinal de
Richelieu était un grand homme ; ce qui n'empêchait pas en second lieu
le chancelier Séguier d'être de son côté un grand homme, sans compter
troisièmement que Louis XIV avait été aussi un grand homme ; mais que
quatrièmement l'académicien auquel on succède avait été surtout un très
grand homme... »

Pendant un siècle le poids moyen de cette manifestation d'allégeance à
laquelle personne n'échappe représente de 20 à 30 % des textes prononcés. Les thèmes varient peu : le Roi Très Chrétien, victorieux de l'hérésie,
conquérant magnanime, protecteur des lettres et honnête homme,
constitue la figure essentielle qui traverse les règnes. C'est le triomphe
délibéré de l'apologie incantatoire pour laquelle le discours est l'exercice
d'un rite de persuasion. Si à la veille de la Révolution il se teinte de
couleurs nouvelles, physiocratiques et familiales, la courbe ne varie pas,
elle épouse celle du destin de la monarchie.

Puissance de la parole et unité du corps social

Les textes parisiens sont relus en province où la pratique du discours
de réception a permis régulièrement d'acquitter un même service
exemplaire. L'ensemble des écrits académiques consacrés à la célébration du pouvoir n'invente pas une théorie politique. Il se contente de
paraphraser les actes monarchiques, il n'en tente même pas la justification bien qu'il définisse des objets idéaux que personne n'ose ouvertement remettre en question. L'académisme reste pour le pouvoir royal le
lieu rêvé où les puissances de la parole restituent l'unité du corps social
et politique. Il peut à certains moments frôler le discours de propagande ;
en tout cas, avec le ralliement à la langue du monarque dont il ne peut
être séparé, c'est toujours une manifestation qui dévoile un idéal de
service où l'image du prince, son exaltation, sa vénération composent un
rituel de conviction et de cohésion.

Mais en dessous de la surface éblouissante et sans ride du conformisme
collectif tel qu'il triomphe dans les séances publiques des sociétés
savantes, l'intrusion des manières politiques laisse place peu à peu à des
harmoniques nouvelles. Parallèlement à l'élaboration de théories politiques diverses, les comportements qui se sont imposés à tous ceux qui ont
joué la partie séculaire du rassemblement académique, économiquement
peu coûteux et socialement sans danger puisque contrôlé, ont contribué
progressivement à transformer l'atmosphère politique de la classe dirigeante [9]. Les documents des sociétés savantes n'enregistrent pratique-

9. Nous rejoignons ici les travaux de M. Agulhon, plus particulièrement
Pénitents et francs-maçons de l'ancienne Provence, Paris, 1968.

ment jamais en ce domaine les aveux de désaccord. Il est donc difficile de savoir quelles étaient les dimensions réelles de l'espace ainsi peu à peu libéré.

Là encore, il faut revenir au droit académique surveillé par les conseillers d'État, les intendants et les évêques. Dès l'origine avec l'Académie française, la définition des privilèges du nouveau corps impose qu'on trace avec fermeté la frontière de ce qui est académique et de ce qui ne l'est pas. Les sociétés élaborent leur code qui est à la fois rationnel et organisateur d'un ordre et d'une coutume. C'est l'esprit de toute constitution : faire du neuf avec du vieux ! En recherchant l'unité d'un univers moralisé et sans conflit, réservé aux seuls talents reconnus, les statuts et règlements vont postuler des manières de faire et d'agir qui infléchissent les modèles dont on peut se réclamer dans la société globale. Deux directions ont été particulièrement suivies : l'une impose le respect d'un mode de fonctionnement égalitaire, l'autre dicte les règles du jeu à un monde qui échappe ainsi aux normes communes. C'est le ludisme du huis-clos dont nous voulons croire qu'il a pu tenir lieu de propédeutique à la modification des habitudes sociales, donc des rapports au politique, d'autant plus que la sociabilité maçonnique a généralisé le phénomène avec des dimensions beaucoup plus amples et non sans conflits révélateurs des enjeux.

La force de l'ordre académique repose sur le petit nombre, car il y a peu d'élus dans une société dont la règle est de rester toujours commensurable. Chacun doit s'y connaître d'amitié ou de réputation, ou s'y reconnaître, et seules les nécessités savantes, l'élargissement indispensable pour dépasser le cadre local, poussent les académiciens à varier leur recrutement. C'est pourquoi le chiffre qui symbolise le mieux le nombre conforme des académiciens est celui des membres ordinaires résidents, et c'est aussi la raison pour laquelle le nombre des associés et des correspondants est toujours choisi plus librement, de même pour les honoraires.

Ce caractère minoritaire et élitiste constitue le fondement principal d'un comportement politique : seuls quelques sages peuvent sous le regard des pouvoirs présider aux destinées culturelles du royaume. En se cooptant librement, ou presque, ils pérennisent leur action collective et, en se donnant une organisation reposant sur l'existence d'une hiérarchie interne, ils nient les divisions qui pourraient provenir de l'extérieur et être altérées par le temps. Le groupe est ainsi composé de personnages qui sont chacun à leur place et protégé des tensions externes. Les statuts, lorsqu'ils traduisent un souci hiérarchique plus précis, l'élaborent dans une perspective égalitaire. L'organisation académique traduit un effort permanent pour concilier l'homogénéité culturelle et spirituelle et l'hétérogénéité sociale. En bref, il s'agit d'un univers où les individus classés selon des ordres impérissables sont plus des personnages que des personnes.

La logique même du mouvement est dans le choix que ne font pas les sociétés françaises mais que pratiquent les académies italiennes, chaque académicien prenant une nouvelle identité, arcadienne ou uranique, et ainsi devenant autre. L'idéal académique peut alors fonctionner sur le mode de la polyphonie unifiée et les intellectuels se laisser pénétrer par les forces insidieuses dont il est porteur.

Deux modèles s'offrent aux sociétés provinciales. Le premier est totalement unitaire, c'est celui de l'Académie française; tous les Quarante y sont égaux en droits et en devoirs, l'unité du génie et de l'immortalité n'admet aucune division. La première génération académique a suivi d'abord cet exemple, qui est devenu bientôt unique, donc suprêmement distinctif encore de nos jours. Peu à peu s'est imposé partout le second modèle, plus complexe, celui de l'Académie des Sciences et de l'Académie des Inscriptions où le clivage réglementaire distingue, selon leurs mérites, professionnels et amateurs, et, selon leur origine géographique, résidents et non-résidents. La hiérarchie qui s'établit place aux sommets honoraires, honorables et honorés, à la base les associés et correspondants, et confie l'essentiel des tâches aux noyaux d'ordinaires résidents, la province mêlant amateurs et professionnels. Le choix de cette organisation ternaire correspond à un ensemble de valeurs sociales. Il ne s'agit pas de séparer rangs et talents, mais de les concilier par la cascade hiérarchique qui a été peu contestée et plus rarement encore bouleversée parce que sans doute le monde académique constitue dans la société globale une enclave privilégiée avec une hiérarchie dont la condition fondamentale reste l'égalité de mérite de ses membres. La société académique ne peut se confondre avec la société. Elle vit sur ses propres libertés.

Les articles qui visent à instaurer ce nouvel ordre de choses sont de trois ordres : suppression des préséances, règlement par scrutin, responsabilités dévolues par le tirage au sort ou par le vote. La disparition des distinctions permet l'organisation d'un espace des séances conformément à des normes fonctionnelles intérieures. Pour la plus grande majorité des sociétés, chacun prend sa place en séance sans distinction de rang, de titres ou de qualités. Quand il s'agit de recueillir des voix chacun parle, « comme le hasard l'aura rangé sans façon et aucune cérémonie... ». Là où l'on tient compte des catégories académiques, c'est en rappelant l'égalité intérieure de chaque groupe, où tout au plus peut s'instaurer le respect de l'échelle des âges.

Le second principe intéresse ce qui regarde les décisions administratives et savantes. Tout y est réglé par la voix du scrutin, d'où l'insistance des règlements pour exiger la présence, lors de tous les votes importants, de la pluralité des membres : « La liberté des suffrages doit y produire la sûreté des décisions; l'intérêt commun n'y est présenté que comme le point de réunion pour les intérêts particuliers et l'esprit du corps bannira tout esprit étranger [10]... », commente en 1767 Poncet de la Rivière à Dijon. Pour que l'égalité entretienne le concert il faut encore que les dignités et les charges reconnues et nécessaires soient pourvues par tirage au sort ou par vote. Ce sont les seules qui apparaissent dans l'enceinte réservée; officiers, secrétaires perpétuels, directeurs, chanceliers, présidents ont une place marquée, ils sont responsables de la bonne marche des travaux, de la défense des intérêts communs. Ils sont soumis au contrôle de tous et peuvent se faire aider par des comités et des commissions *ad hoc*.

---

10. A.D. Dijon, « Discours d'ouverture de la séance du 13 novembre 1767 », Registre de délibérations IV.

Une communauté démocratique?

Précision et contrôle, définissent les données d'un fonctionnement démocratique. Dans la pratique quotidienne, si les conflits ne sont pas absents, ils mettent en cause des rivalités de personnes, de clans, d'idées, mais ils sont aussi partiellement absorbés par la vigilance adoptée dans l'application des règles. Même s'il ne s'agit pas d'idéaliser la force d'un modèle d'action, on est bien obligé d'admettre la réalité séculaire de son fonctionnement, et donc de sa portée, dans le façonnement de mœurs politiques nouvelles, avec d'autant plus de succès qu'il ne marche qu'à huis clos.

Cet ésotérisme est clairement visible dans le règlement de l'Académie des jeux floraux de Toulouse qui précise : « Le tableau où seront inscrits les noms de ceux qui composeront les jeux floraux sera fait non par ordre de leur réception dans les jeux, ni par rapport aux titres qu'ils y auront, mais suivant le rang qu'ils tiendront hors des jeux par leur naissance, par leur dignité, par leur profession ou par leurs emplois. Et ce sera suivant l'ordre de ce tableau qu'on réglera les rangs et les séances dans tout ce qui se fera avec cérémonie et à *huis ouverts*, dans le corps des jeux floraux... Toute autre assemblée s'y fera à *huis clos* et sans cérémonie. Ceux qui y assisteront s'y estimeront égaux entre eux : ils y prendront place sans distinction à mesure qu'ils entreront dans la salle *comme il se pratique dans toutes les académies de littérature.* »

Ce texte unique dans le florilège des statuts exprime bien les conditions réelles de l'égalité académique. Il reprend dans un autre contexte – les intérêts de préséance externe du monde parlementaire languedocien s'y lisent parfaitement – les articles 15 et 16 des règlements de l'Académie française où il est dit que tout doit être « comme il se doit faire entre personnes égales » et il montre bien les conditions réelles de l'égalité académique. Il n'est pas question ici de nier les tensions et les conflits qui n'apparaissent pas, mais il est assez significatif de pouvoir confronter la rareté des manifestations d'opposition à la vigilance de règles vraisemblablement réfléchies et élaborées pour les éviter au maximum.

En droit, le monde des académies représente à huis clos le jeu de l'égalité conciliant l'hétérogénéité sociale et l'ordre réel de la société par le biais des hiérarchies internes, du scrutin, des élections. Il impose l'idée d'une communauté supérieure aux individus qui trouvent voix égale du plus faible au plus puissant. Il organise une communauté égalitaire convenant à l'élite rassemblée par l'accomplissement d'une fonction culturelle amplement nourrie de résonances politiques.

Le succès du modèle proposé tient pour une grande part aux dimensions du recrutement qui a puisé dans le monde urbain, de la capitale aux cités majeures des provinces (deux tiers des villes académiciennes ont plus de 20 000 habitants), l'essentiel de ses forces. La réunion fait siéger côte à côte les représentants de la noblesse urbaine qui retrouve dans le geste culturel une part de son unité, ceux des bourgeoisies intégrées par les mérites et les talents. Le clergé y tient sa partie, mais se révèle entre le XVIIe et le XVIIIe siècle victime d'une réaction laïcisante permettant aux autres groupes sociaux de consolider leur position. L'instance académique est le lieu privilégié du compromis social. Les thèmes dynamiques des talents et des mérites justifient la reconnaissance de l'honorabilité et de la mobilité sociale, même si l'élection académique reste la confirmation de situation acquise et est surtout liée à la possession du savoir, à l'accès aux biens culturels. C'est pourquoi le discours de la philosophie sur les académies tel qu'on peut le découvrir chez Voltaire, d'Alembert, Duclos, pris entre l'apologie et la critique, penche le plus souvent pour la réforme raisonnable des corps qui favorisent la rencontre des gens de lettres et des gens du monde pour un meilleur service de l'État. A l'intrusion de nouvelles manières succède peu à peu la définition de nouveaux rôles résolument politiques. C'est le dernier enseignement, mais non le moindre, des pratiques de la socialibilité culturelle.

Éclairer le peuple sans le blesser

Travailler pour le bien de la société, mettre au service du pouvoir « un commerce réciproque de Lumières » sont les finalités que proclament de plus en plus les sociétés savantes. Elles sont conformes à l'attente des milieux philosophiques intégrés dans la République des Lettres. D'Alembert l'exprime dans le premier tome de ses *Éloges* : « L'homme de lettres qui tient à l'Académie, l'homme de lettres donne des otages à la décence. Cette chaîne d'autant plus forte qu'elle sera volontaire, cette chaîne le retiendra sans effort dans les bornes qu'il serait tenté de franchir... Parmi les vérités importantes que les gouvernements ont besoin d'accréditer, il en est qui leur importe de ne répandre que peu à peu. Un pareil corps également instruit et sage, organe de la raison par devoir et de la prudence par état, ne fera entrer de lumières dans les yeux des peuples que ce qu'il en faudra pour les éclairer peu à peu, sans les blesser ; il se gardera bien de jeter brusquement la vérité au milieu de la multitude qui la repousserait avec violence, il lèvera doucement et par degrés le voile qui la couvre... il secondera les vues sages et indubitables du gouvernement [11]... »

La revendication académique parisienne rencontre partout l'accord des autorités qui soutiennent les projets de créations nouvelles propices au développement et au prestige des provinces. C'est cet état d'esprit qui anime les fondateurs des dernières créations et autorise les efforts des sociétés plus anciennes. Achard de Germanes, académicien de Grenoble et de Valence, définit les principes que doivent suivre les académiciens : « Il devrait exister dans chaque pays une institution fondamentale qui commît une classe d'hommes pour imaginer tout ce qui peut contribuer à la félicité de ses habitants, pour combiner tous les rapports du climat, les accidents intérieurs et extérieurs, pour chercher les remèdes à leurs maux, enfin pour indiquer à ceux qui ont l'autorité la route qu'ils ont à suivre pour réussir dans le plan du bien public qu'ils doivent se proposer parce que l'homme d'État, toujours occupé d'exécution, n'a presque pas le temps de réfléchir : heureux lorsqu'on lui offre des idées dont le vrai le saisit. Je regarde cette institution comme existante chez le peuple qui vous occupe. Non content d'éclairer le pays que vous habitez et d'y

---

11. J. Le Rond, dit d'Alembert, *Éloges lus dans les séances publiques de l'Académie française*, Paris, 1779.

répandre les bienfaits de vos travaux vous appelez ceux qui sont pénétrés du sentiment qui vous anime. » Ce qu'exprime l'académicien dauphinois, c'est une double volonté : d'abord la revendication collective d'une élite d'être le conseiller du prince et ainsi de réaliser dans la France des Lumières le vieux rêve des philosophes – la réconciliation du pouvoir et du savoir pour le bonheur de tous –, ensuite servir d'intermédiaire entre les peuples et l'autorité, transmettre aux gouvernants les besoins de la multitude, lui faire entendre la raison.

Ainsi des réunions, des délibérations, des inventions académiques doit naître une politique qu'animent l'utilité sociale et la possibilité d'un progrès que le gouvernement entend généraliser. Les séances publiques, la célébration continue de la Saint-Louis, tiennent dans les fastes urbains de l'Ancien Régime à son terme une place de plus en plus considérable qui marque sans réticence le ralliement collectif des dirigeants. Ceux-ci, en représentation devant leurs égaux, mais à l'écart des foules, s'affirment aux yeux des dominés. Manifestation de puissance, la fête savante permet aux notables de se découvrir, encourage l'aspiration à l'élection dans le cercle réservé, transmet, du cercle étroit des initiés à celui de la bonne compagnie citadine, l'idéal du service et d'un changement utilitaire et modéré. Le cénacle académique est le lieu rêvé où l'État peut cautionner la puissance d'une parole qui tente de restituer au corps social son unité, qui s'efforce de maintenir liées novation et conservation.

La primauté du langage parisien, imposée à tout le pays par le ralliement de ses élites, est dans cette tâche fondamentale un trait majeur, car elle confirme les dominants provinciaux dans la conscience d'une attente comblée. Au déchirement du bilinguisme, aux refoulements patoisants toujours ressentis comme d'amères preuves du retard culturel, succède la communion dans l'unité du français. Langue et dessein politique restent étroitement liés. Par eux, par les messages mobilisateurs du mérite reconnu et du talent couronné et entendu, la monarchie peut imposer à une classe culturelle d'être une classe dirigeante. L'académisme peut alors apparaître comme la manifestation idéologique de l'absolutisme éclairé pour édifier un ordre social nouveau, pour aménager un compromis avec la vieille société des ordres et des corps.

Dans le domaine pratique, l'intervention réformatrice va se concrétiser par l'application systématique d'un modèle de réflexion aux problèmes concrets du temps. Dès le XVIIe siècle, le monde académique français établit un équilibre entre tradition et novation, entre les curiosités humanistes et la science, entre le divertissement des belles-lettres et l'utilitarisme. A l'exemple de Paris, les académies provinciales ont surtout conféré au modèle scientifique une valeur exemplaire et l'ont incorporé dans le catalogue des normes d'action de la classe dirigeante urbaine. Dès lors la montée des sciences et des arts dans les travaux et les concours permet l'entrée du politique et confère à la culture des privilégiés une force qui est au fond celle d'une pensée.

Le souffle modeste du doute réformateur

Au dernier quart du XVIIIᵉ siècle, les programmes de concours s'ouvrent largement aux préoccupations du temps, mettant l'accent moins sur les interrogations de rhétorique morale ou sur les sciences que sur l'application de la méthode scientifique en plaçant à l'ordre du jour tout ce qui concerne les réformes économiques et sociales. Paris, avec l'Académie des Sciences, la Société royale de Médecine [12], donne l'exemple. La différence principale avec la province ne réside pas dans l'exaltation des techniques (sur ce plan, les Parisiens ont toujours devancé les provinciaux), mais dans la recherche de solutions concrètes aux problèmes que posent les changements de la société aux notables de province.

Les capitales régionales élaborent alors, et tour à tour, le cahier de leurs doléances. Éloignement du trône, intérêt des intendants éclairés qui animent la réflexion par des fondations de prix et leurs encouragements, non-conformisme de certains lettrés provinciaux, pragmatisme de responsables, juges et administrateurs, utilitarisme de dominants soucieux de meilleurs profits, tout peut se conjuguer pour composer ce comportement intellectuel et pratique. Au-delà des sphères dirigeantes, il rencontre un écho élargi qui façonne la conscience politique des provinces, vulgarise les thèmes de la philosophie sociale dans des milieux qui dépassent d'une façon considérable les frontières du recrutement habituel des sociétés de culture, et cela au moment même où les réformes administratives tentent de définir un équilibre nouveau entre les particularismes anciens et la centralisation monarchique.

Les académies développent avec leurs travaux historiques la conscience du passé, avec leurs inventaires des richesses naturelles la connaissance des ressources, avec leurs questions sur les difficultés manifestes – où partout quatre domaines sont étudiés sous des angles divers : l'économie, la société, la justice et l'éducation – l'esprit de remise en cause. L'académisme ici se fait prospectif, « toutes les grandes questions qui visent au bonheur de l'humanité » sont abordées en vrac. Les dossiers redoutables s'ouvrent : mendicité, clôtures, communaux, police agraire, éducation des collèges, formation des femmes, égalité des statuts, situation des Juifs, patriotisme. Des hommes parlent, de plus en plus, mobilisés par la publicité que la presse fait désormais aux concours et aux séances, d'autres écoutent, l'opinion provinciale existe. Il n'est pas jusqu'aux très prudentes académies parisiennes qui ne soient touchées par le souffle modeste du doute réformateur. On y fera partout des réformes sans révolution, à petits pas, sans doute insuffisantes pour désarmer les critiques et surtout pour accueillir les exclus.

La sécularisation des prix d'éloquence de l'Académie française après 1750, la part faite à l'*Éloge des grands hommes*, le prix Valbelle pour couronner un homme de lettres ayant fait ses preuves, les prix de vertu, montrent qu'un déplacement d'intérêt est peu à peu promu. Dans leur

---

12. J. Meyer, « Une enquête de l'Académie de Médecine sur les épidémies, 1774-1794 », *Annales*, 1966, pp. 729 sq.; J.P. Peter, « Une enquête de la Société royale de Médecine. Malades et maladies à la fin du XVIIIᵉ siècle », *Annales*, 1967, pp. 711 sq.

rôle d'arbitrage, savants ou historiens ont progressivement tenu le rôle d' « interprètes des sciences pour les peuples », comme l'écrivit Condorcet. A Paris comme en province, les académies ont pénétré par effraction dans la sphère du politique servant à l'instruction de tous, elles dirigent déjà l'opinion. Elles bénéficient de la tolérance du gouvernement et des hésitations d'une censure sans boussole. Passé 1780, les sujets réformateurs, surtout par le biais des mobilisations techniques, passent presque partout sans protestation. Une sensibilité collective nouvelle s'est formée.

En définissant un modèle de culture réconciliatrice et utilitaire, en ouvrant dans le tissu social une enclave de libertés et d'égalité relatives, mais à laquelle aspirent de plus en plus de candidats, les académies parisiennes et provinciales ont contribué à former une mentalité nouvelle propice à l'action politique. Toute une génération s'est bousculée aux portes des sociétés savantes et a progressivement vécu son exclusion sur le mode du refoulement social, Robert Darnton l'a démontré magnifiquement. Le public des concours s'est élargi jusqu'aux confins du monde cultivé et désormais de nombreuses sociétés concurrentes tirent leur origine de ce désir de multiplier les chances d'entrer dans le cercle magique des représentants du pouvoir culturel. Les sociabilités culturelles tendent alors à se diversifier et les occasions de conflit se dévoilent plus clairement.

Toutes ces manifestations ne sont-elles pas qu'une démonstration rhétorique de l'unité des classes dirigeantes urbaines ou même un pur jeu de société? Les analyses extrêmes se rejoignent ici pour nier l'importance du phénomène de transformation des idées par les pratiques; soit qu'un idéalisme excessif réserve aux seules pensées politiques l'exclusivité de porter à l'action face au vide du pouvoir et à l'incapacité de l'autorité royale de se réformer; soit qu'un matérialisme rigoureux confère, en dépit des analyses empiriques, la priorité aux positions de classe dans l'impulsion de l'effort politique novateur.

En réalité, le compromis académique est sans doute directement lié au dessein de la monarchie, mais il repose sur l'idée d'une mobilité sociale acceptable, il rassemble les hommes de la richesse et des talents conciliés avec les règles du rang, des privilèges, de la naissance. Voici l'élite! Dans les académies se dévoilent les contradictions inhérentes de la royauté qui ne peut se libérer d'un ordre dont elle est la garante, et qui ne peut jamais promulguer en clair les réformes qui feraient tout basculer. L'égalité du privilège, les libertés académiciennes ne définissent pas la Liberté. Voilà les classes! Si la mobilité sociale se bloque, si le gouvernement se révèle incapable d'imposer sa volonté réformatrice, si les finalités des Lumières politiques se dissolvent en voies multiples et contradictoires, la crise globale d'une société ne peut épargner les enclaves réservées, ni surtout la République des Lettres [13].

Demeure que, dans l'effort de rationalisation de l'État, toutes les académies tinrent leur rôle. Leurs réunions imposèrent un autre type de rapports humains dans un usage collectif du savoir. Par le biais de l'interrogation scientifique et technique, elles permirent l'entrée du politique dans les relations des groupes dirigeants avec l'opinion et les peuples.

---

13. P. Goubert et D. Roche, *Les Français et l'Ancien Régime, Sociétés et culture*, 2 vol., t. 2, Paris, 1984.

CHAPITRE VI

Les académies et l'Histoire

L'Histoire occupe dans la production du livre entre le XVIIᵉ et le XVIIIᵉ siècle une place stable. Cela suffit, non sans paradoxe, à ranger l'historiographie des Lumières parmi les imprimés de tradition. En effet, ecclésiastique et profane à la fois, elle illustre très concrètement l'opposition si fortement ressentie par les hommes du temps entre les traditions et les nouveautés. Elle perpétue, en tout cas, l'activité et les préoccupations des grands érudits ecclésiastiques, maristes, bollandistes ou génovéfains, associant la critique formelle la plus forte telle qu'elle a été définitivement établie par Dom Mabillon dans son *Traité de diplomatique* (1687) avec l'établissement de prodigieux monuments d'érudition à la gloire de Dieu, des ordres religieux, de l'Église, voire du Roi. Celui-ci s'était doté avec l'Académie des Inscriptions d'un cénacle savant où se confrontaient les préoccupations tant théoriques que pratiques. Il s'agissait de donner à la monarchie les instruments authentiques susceptibles de justifier et d'accélérer son action : la publication des *Ordonnances des Rois de France* devait répondre à une demande de clarté et d'identité (elle dure encore aujourd'hui, les Actes du règne de François Iᵉʳ ayant été publiés en 1985 !). En même temps, il s'agissait de résoudre des problèmes fondamentaux comme celui des origines de la monarchie ou celui de la justification du pouvoir établi. Ainsi avec Nicolas Moreau, créateur du cabinet des Chartes au milieu du siècle, l'Histoire devient très vite une machine antiphilosophique s'accommodant aussi bien de la propagande que de l'érudition. Les *Histoires de France*, lourdes et nombreuses, sont en tout cas respectueuses de l'ordre établi et rarement contestataires.

Et pourtant, dans ce panorama de tranquillité et de conservatisme, on peut entendre parfois l'éclat de la philosophie, avec Voltaire ou Mably, et l'écho de la contestation politique avec d'autres lectures de l'histoire, également politiques – celles de Montesquieu, de Rousseau, voire de l'*Encyclopédie*, qui proclame déjà qu'un exposé systématique des sciences et des arts peut se confondre avec leur histoire.

L'histoire de l'Histoire au XVIIIᵉ siècle est celle d'une conquête de certitudes [1], d'une ascèse de rationalité [2]. D'une façon générale, l'on admet que les modestes sociétés académiques provinciales ont joué leur rôle, non négligeable, dans ce processus où se définit une historiographie neuve [3]. Toutefois les choses ne sont peut-être pas si simples et il importe de les éclairer. Sous le regard de l'État la communauté académique s'installe dans l'immortalité, gage décisif d'une affirmation d'égalité qui est avant toute chose reconnaissance de réputation culturelle. En d'autres termes, l'institution vise une intemporalité indispensable à qui veut éviter de voir les conflits de la réalité. Une analyse plus précise des statuts et règlements qui régissent l'institution de la fin du XVIIe siècle à l'aube de la Révolution nous a montré comment les académies de province sont proches des cités utopiques rêvées par l'imaginaire romanesque [4] : le secret, la répétition rituelle, la précision réglementaire, la surveillance vigilante créent un univers normalisé où les passions sont exorcisées. De surcroît, à la charte morale qui garantit la cohésion interne du groupe s'ajoutent des principes qui lui assurent la sécurité extérieure : il ne peut être question de religion, ni de politique – sinon « conformément à l'autorité du prince, à l'état du gouvernement et aux lois du royaume [5] »...; de même la licence et la satire sont-elles éternellement bannies. *L'Ars vivandi* académique ne peut s'instaurer que dans un monde clos, aux dimensions restreintes, où les élites dirigeantes urbaines célèbrent et pérennisent la fonction culturelle de leurs pouvoirs. Si l'Histoire s'y fait entendre, c'est, spontanément, sous la forme d'une mythologie. Chaque société revit pour elle-même, et avec une intensité plus forte au moment crucial de la fondation, une histoire légendaire qui puise ses racines dans les gestes antiques : Platon, Akadémos en sont les figures principales, le décor y est toujours arcadien et librement bocager, la province n'est-elle pas toute proche du spectacle de la nature [6]?

La création d'une académie permet aux hommes des Lumières de revivre une scène déjà représentée et s'accompagne toujours d'un récit par essence nostalgique. Inutile d'ailleurs de faire appel à Rousseau pour comprendre la tournure élégiaque de ces discours. Les accents rustiques et sensibles émeuvent les âmes provinciales bien avant *La Nouvelle Héloïse*, et l'important est qu'ils authentifient un modèle de société où le spectacle du bonheur et l'idéalisation de la nature sont inséparables de la

1. J. Ehrard et G. Palmade, *L'Histoire*, Paris, 1964, pp. 24-43.
2. G. Lefebvre, *La naissance de l'historiographie moderne*, Paris, 1971, pp. 111-153.
3. P. Barrière, *La Vie intellectuelle en France du XVIe siècle à l'époque contemporaine*, Paris, 1961, pp. 411-413; et L. Trenard, *Lyon de l'Encyclopédie au préromantisme*, Paris, 1958, 2 vol. t. I, pp. 80-84.
4. D. Roche, *Le Siècle des Lumières en province. Académies et Académiciens provinciaux, 1680-1789*, Paris-La Haye, 1978; cf. plus particulièrement chapitre II, « Les Académies dans la Cité », (2o L'institution académique).
5. D. Roche, *op. cit.*, Règlements et Statuts de l'Académie française, articles 21, 22, 23; des Académies d'Agen, 17; Amiens, 17; Angers, 29; Arles, 8; Besançon, 12; Caen, 10; Clermont, 5; Châlons, 20; Cherbourg, 1 et 2; Dijon, 65; Grenoble, 3; Lyon, 15 et 21; Montauban, 11; Nancy, 41; Nîmes, 21; Orléans et Pau, 33; Toulouse (Académie des Sciences), 23; La Rochelle, 25; Soissons, 21; Valence, 20; Villefranche, 9; Marseille, 12; Metz, 8.
6. Roland (de la Platière), *De l'influence des lettres dans les provinces comparées à leur influence dans les capitales*, s.l., s.d., pp. 12-13 (Discours prononcé à l'Académie de Lyon le 6 décembre 1785).

réconciliation du pouvoir et de la culture. Certes les regrets peuvent évoquer des événements plus proches, ils ne font qu'accentuer alors la valeur sensible d'un passé modèle que l'on s'efforce sans trop de peine d'imiter. Ainsi l'abbé Bellet pouvait écrire à propos de la fondation d'une académie à Montauban : « Il est singulier que pour rendre compte exactement de la manière dont les fondateurs exécutèrent cette résolution, il ne faille que raconter ce que faisaient dans la capitale, il y avait alors justement cent ans, quelques illustres amis dont les savantes conversations firent naître à un grand ministre la pensée de fonder l'Académie française. On peut en effet dire littéralement de ceux-là ce que Monsieur Pélisson écrit de ceux-ci [7]. » Clio académicienne serait-elle destinée à jouer un spectacle permanent ? La tentation des Belles-Lettres pousse en ce sens, car dans la définition des activités académiques l'histoire apparaît rarement comme une discipline autonome : elle est totalement absente de la titulaire des trente-deux sociétés provinciales [8], il n'y a pas d'Académie d'Histoire ; elle est seulement mentionnée trois fois comme l'une des activités recommandées aux académiciens par les lettres patentes qu'attribue le gouvernement royal [9] ; enfin à aucun moment les académies de province ne se sont tournées vers l'Académie des Inscriptions et Belles-Lettres, alors qu'elles ont entretenu des relations difficiles mais souvent prolongées avec l'Académie française et l'Académie royale des Sciences [10].

Il semble bien que, dans la définition générale de leurs activités, les académiciens provinciaux n'aient pas distingué Clio de l'ensemble des *sciences humaines*, pour reprendre l'expression de Furetière (1690). Si certains programmes particuliers sont à ce sujet plus précis, à Marseille, à Bordeaux, à Lyon, à Clermont, à Cherbourg notamment, l'histoire

7. Abbé Bellet, « Discours », in *Mélanges de poésie, de littérature et d'histoire par l'académie de Montauban pour les années 1744-1745-1746*, Montauban, 1750, pp. VII-VIII.

8. Sur trente-deux sociétés installées, une dizaine se réclament des Belles-lettres : Arles, Angers, Arras, Nîmes, Soissons, Caen, La Rochelle, Montauban, Marseille, Toulouse (jeux floraux) ; Brest et Montpellier se réclament des Sciences seules ; Agen, Amiens, Besançon, Bordeaux, Auxerre, Châlons, Clermont, Dijon, Grenoble, Bourg, Lyon, Rouen, mais aussi Cherbourg, Valence, Angers, Marseille, Villefranche qui ont changé de titre, se réfèrent aux Lettres, Sciences et Arts. Pau et Metz se vouent uniquement aux Sciences et Arts.

9. D. Roche, *op. cit.*, chapitre III, « L'Académisme » (1º Académies et pouvoirs). La définition des activités conserve dans les textes officiels une certaine imprécision. L'option la plus fréquemment notée est l'assemblée ou la conférence, l'exercice (29 occurrences pour les trois termes) qui souligne avant toute chose que les académiciens sont les gardiens de la parole. Mais sur le contenu les lettres patentes fournissent quelques précisions supplémentaires : les académies sont vouées à l'étude et à la diffusion de la langue (2 occurrences), de la poésie et de l'éloquence (5), de la morale (6). Plus généralement il s'agit des Belles-Lettres (5), ou des Sciences et Belles-Lettres (8), ou des Sciences et Arts (9). Les Sciences qui sont citées isolément 8 fois ne sont guère précises, sauf la physique, la chimie, les mathématiques. La trilogie belles-lettres, sciences et arts s'affirme avec le siècle.

10. Arles (1669), Avignon (1658), Soissons (1674), Nîmes (1682), Angers (1689), Villefranche (1695), Toulouse (1695), plus tardivement Marseille (1730) se réclament de l'Académie française ; Bordeaux et Montpellier (1706-1713) regardent vers l'Académie des sciences, plus tard Brest (Académie de marine) entretiendra avec cette dernière des relations régulières. Toutes les autres sociétés n'ont eu avec les institutions de Paris que des liens officiels. Cf. sur ce problème D. Roche, *op. cit.*, chapitre I, « Fondations ».

demeure en général un ornement de l'esprit pour la plupart des sociétés dont la culture, à l'origine, reste très proche du savoir hérité des collèges : relecture humaniste d'Aristote, prédominance des lettres classiques, découverte progressive de l'espace et du temps par l'introduction, dans l'explication de texte, de l'histoire et de la géographie, *eruditio* des pères jésuites et matière d'enseignement progressivement individualisé chez les oratoriens. Sur ce fond culturel la montée des Sciences et Arts s'accommode mieux de l'idéal pragmatique et utilitaire développé et encouragé par le pouvoir royal et les élites urbaines au sein des sociétés cultivées que du progrès des sciences historiques.

Toutefois, plusieurs motivations ont sans doute permis à l'histoire de s'épanouir largement dans le concert des activités académiques. Et d'abord la conscience provinciale. Effectivement les fondations culturelles ont recréé dès le premier quart du XVIIIᵉ siècle un sentiment provincialiste, ou régionaliste, jaloux de son originalité par rapport à la prééminence parisienne. La revendication paritaire, la volonté d'être reconnus comme des égaux, membres à part entière de la République des Lettres, oppose les fondateurs provinciaux aux *gros messieurs* de Paris. L'Histoire trouve dans ce conflit un rôle compensatoire et cathartique : à elle de justifier une promotion complexée et de donner à la société provinciale les racines et les gages de son intégration. Pour le pouvoir de l'intelligence consolidé dans les cités de province, l'Histoire sera maîtresse d'affirmation. Toute création académique apparaît alors comme une résurrection, ou une renaissance; les discours inauguraux, les médailles et leur symbolique immédiate développent amplement ce thème [11] : voyez à Lyon où l'académie trouve ses modèles initiaux dans l' « *Athenaeum* » augustéen et les assemblées humanistes [12], voyez Marseille où la société fondée par Chalamond de la Visclède et ses amis se réclame du « Lycée phocéen » [13], voyez encore Rouen où le passé neustrien est continuellement rappelé [14]. Partout l'Histoire aura à authentifier ces croyances; sa fonction dans le système culturel qui s'élabore devient fondamentale puisque, gardienne du passé, elle devient maîtresse de l'avenir.

---

11. D. Roche, *op. cit.*, chapitre I, « Fondations », et chapitre III, « Académisme ». A relire les lettres patentes, l'enracinement dans un passé intellectuel brillant apparaît 8 fois, ainsi à Lyon : « Il y a eu dans tous les temps dans notre bonne ville de Lyon si célèbre par l'étendue de son commerce des personnes distinguées par leurs talents et par les progrès qu'elles ont fait dans les plus nobles exercices... » Citons la devise marseillaise *Primus renascor radius* qui accompagne sur la médaille académique le phénix symbole de renaissance; à Caen l'allégorie du redépart est porté un olivier émondé où poussent de nouveaux rameaux.
12. Cf. R. Chartier, « L'Académie de Lyon au XVIIIᵉ siècle. Étude de sociologie culturelle », *Nouvelles Études Lyonnaises*, I, Genève-Paris, 1969, pp. 135-250.
13. L. T. Dassy (l'abbé), *L'Académie de Marseille*, Marseille, 1877, p. 159; et Lefranc de Pompignan, « Les Arts », in Recueil de l'Académie des Belles-Lettres de Marseille, I, 1745, pp. 39-40 : « Sœur de Rome, émule d'Athènes / mère et tutrice des Beaux-Arts / Toi qui formes des Démosthène / pour le tribunal des César, / Lève les yeux sur tes portiques, / Reconnais ces marbres antiques / vains monuments de ta grandeur, / et rends grâce au nouveau Lycée, / qui seul de ta gloire ecclipsée / fera revivre ta splendeur ».
14. Discours lu à l'Académie par M. de Cideville, in M. Gosseaume, *Précis analytique des travaux de l'Académie des Sciences, Belles-Lettres et Arts de Rouen*, t. I, Rouen, 1814, pp. 148-152.

Idéal arcadien et modèle cartésien

Les études historiques permettent alors d'esquisser l'histoire des progrès de l'esprit humain. Elles fournissent à l'occasion d'un bilan, d'un examen de conscience, le moyen de concilier l'idéal d'une société sans discontinuité, intemporalisée, avec celui d'un monde ouvert aux changements. Significatives à cet égard, les reconstitutions du passé académiques perpétuellement reprises dans les textes, ceux des grands comme ceux des « minores », dans les discours de rentrée et dans les commentaires des activités[15]. Cette vision reflétant l'optimisme des Lumières confère aux modèles de l'Antiquité et de la Renaissance une charge affective nouvelle, en les plongeant dans la sensibilité particulière qui nimbe l'exaltation de l'idée de progrès. Réconciliant l'idéal arcadien d'une société aristocratique éducatrice de philosophes avec le modèle cartésien de la remise en cause, l'académisme apparaît aux hommes des Lumières comme le lieu privilégié de l'aventure pluriséculaire des luttes philosophiques. L'histoire académique doit enseigner aux générations à venir les règles d'une libération globale de l'homme. Participer d'un passé est déjà accession à l'indépendance. Les académies, comme le suggère A. Dupront, permettent la promotion des laïcs à une nouvelle cléricature progressivement affranchie des formes de l'orthodoxie et de l'attachement aux idéaux mythiques de l'Antiquité. Dans la conscience régionaliste se profile alors l'éclatement des valeurs et de la société classiques. En reconstituant l'histoire de leur cité, de leur patrie, les académiciens provinciaux découvrent leur appartenance à une communauté à la fois restreinte, cadre de leur bonheur construit de main d'homme, et plus large coexistante à la nation, *chose de tous*[16].

De surcroît, la pratique intellectuelle de l'Histoire au sein des cénacles provinciaux suggère l'hypothèse d'une continuité sociologique. Avec Georges Huppert[17], on sait l'effort de l'érudition humaniste, la science des antiquaires et leurs usages, pour élaborer une *Histoire nouvelle*, Histoire *représentation de tout* (La Popelinière), mariant critique et discours ordonné. Cette tentative est celle des magistrats engagés dans l'édification de l'État monarchique[18] aux jours radieux de leur affirmation sociale. Mais à l'époque classique se manifeste le divorce entre la rhétorique, domaine du beau langage et des leçons de morale, et l'érudition critique dominée par les prouesses bénédictines, vouée à l'édification de gigantesques corpus documentaires sans lesquels la naissance d'une histoire renouvelée ne peut se concevoir[19]. Dans cette

15. D. Roche, *op. cit.*, chapitre III, « L'Académisme » (2° Académie et Lumières).
16. A. Dupront, « Du sentiment national », in *La France et les Français*, Paris, 1972, pp. 1429-1438.
17. G. Huppert, *The Idea of Perfect History. Historial Erudition and Historial Philosophy in Renaissance France*, Chicago, The University of Illinois Press, 1970; traduction française, *L'Idée de l'histoire Parfaite*, Paris, 1973; cf. surtout pp. 193-200.
18. P. Chaunu, *Histoire, science sociale*, Paris, 1974, pp. 35-47.
19. R. Chartier, « Comment on écrivait l'Histoire au temps des guerres de Religion », *Annales*, 1974.

période qui voit le mépris des grands esprits pour l'histoire (pensons au *ramas de sottise* du Père Lamy) coexister avec l'approfondissement jamais égalé du travail des antiquaires, l'académisme provincial va-t-il renouer les fils de la tradition interrompue au premier quart du XVIIᵉ siècle et retrouver les voies de l'Histoire parfaite ?

Plus que pour une véritable création, la présence des robins, parlementaires et juristes de tous poils parle en ce sens. Ils font globalement plus du quart des six mille académiciens provinciaux recensés pour tout le siècle, mais 48 % des titulaires actifs nobles et 51 % de leurs homologues bourgeois. L'importance du chiffre des administrateurs et des hommes liés à l'État renforce aussi cette idée : 45 % des sociétaires participent d'une même solidarité de commandement et de puissance, d'une commune vocation de service culturel pour la cité, la province et l'État de l'absolutisme éclairé. L'érudition académique des Lumières héritière de la quête des érudits et antiquaires robins et des gestes d'un ancien humanisme de curiosité, toujours parés d'une éternelle jouvence au conservatoire des provinces, va-t-elle retrouver le sens d'une histoire totale dans une visée de finalité vulgarisante qui est dessein du pouvoir monarchique ? Répondre à ces questions exige une double démarche : en premier lieu, mesurer la place de l'Histoire dans l'inventaire quantifié des activités, et ceci en conciliant les nécessités d'une étude comparative nationale avec la diversité de chaque société ; en second lieu, vérifier par une analyse des contenus l'originalité de l'historiographie académique.

Quelle fut la place de l'Histoire dans l'ensemble des travaux ? La réponse n'est pas simple, mais on peut tenter de la saisir en deux temps : celui des séances, d'abord privées, où se font pour l'essentiel l'élaboration et l'assimilation culturelle, publiques ensuite, quand le corps académique se révèle en représentation face à la cité dans un cérémonial qui concilie les principes d'une pédagogie civique et la proclamation du pouvoir des dirigeants urbains ; celui du concours enfin qui est le moment de l'ouverture maximale, du dialogue avec la République des Lettres, de la rencontre avec un public élargi[20]. Pour les séances ordinaires, près de trente mille communications ont été recensées[21], toutefois de trop grandes lacunes et surtout l'hétérogénéité des sources utilisées confèrent aux chiffres établis à partir de ce corpus un caractère purement indicatif. Esquissons cependant cette évaluation abrupte : l'Histoire occupe 13 %, contre 27 % aux Belles-Lettres, le reste allant aux Sciences et Arts. Elle tient donc dans la répartition par grandes masses intellectuelles des activités académiques une place tout à fait comparable à celle qu'elle a dans la Librairie du royaume saisie dans les registres de privilèges et de permissions tacites[22] ; en revanche elle est beaucoup plus

20. Pour une discussion de la valeur de la Source, renvoyons à A. Dupront, « Livre et Culture dans la société française au XVIIIᵉ siècle », in *Livre et Société dans la France au XVIIIᵉ siècle*, Paris, 1965, pp. 212-217.
21. Sur l'élaboration du corpus des textes analysés renvoyons à D. Roche, *op. cit.*, chapitre VI, « La culture académique » (2º Séances).
22. 13,6 % dans les demandes de privilèges au début du siècle, 17 % à la veille de la Révolution, plus de 14 % dans les registres de permissions tacites du milieu de siècle et sans doute plus de 15 % à la fin. Cf. F. Furet, « La Librairie du Royaume de France au XVIIIᵉ siècle », in *Livre et Société dans la France du XVIIIᵉ siècle, op. cit.*, pp. 3-32.

faiblement représentée que dans les grands périodiques, *Journal des Savants, Mémoires de Trévoux*[23]. Par rapport à des journaux plus mondains, *Correspondance Littéraire* de Grimm, *Mémoires Secrets* de Bachaumont, les travaux historiques des néo-immortels provinciaux sont en tout cas proportionnellement plus importants[24]. Au total ces comparaisons soulignent l'originalité provinciale : fidélité d'abord aux options définies par les règlements, les statuts et les patentes, qui coïncident avec les tendances majeures de la bibliothèque du siècle; ensuite un double décalage, d'une part entre le public des gens du monde de Paris et des grandes cités européennes, et les honnêtes gens de province, d'autre part entre le milieu des amateurs provinciaux et celui des lecteurs érudits des principaux journaux savants.

Mais au-delà de cette homogénéité la disparité du comportement des sociétés provinciales pose d'autres interrogations. La représentation graphique des corrélations principales, Belles-Lettres, Sciences et Arts, Histoire, permet de distinguer plusieurs attitudes[25]. Un premier ensemble où l'Histoire occupe moins de 10 % des discussions regroupe une douzaine d'académies. Brest et Montpellier, où l'orientation scientifique l'emporte surtout, Agen, Amiens, Angers, Béziers, Bordeaux, Bourg, Caen, Montauban, Orléans et Rouen. Dans un second groupe, une dizaine de sociétés pour lesquelles les travaux historiques composent entre 10 et 20 % des activités ordinaires, le mode principal se situe à 14 % : Châlons-sur-Marne, Cherbourg, Dijon, Lyon, Marseille, Metz, Nancy, Nîmes, La Rochelle, l'Académie des Sciences de Toulouse, Valence, et l'Académie des Jeux floraux y prendrait place si l'on tenait compte des pièces imprimées dans ces recueils[26]. Quatre Académies dépassent ce niveau : Auxerre, Besançon, Clermont-Ferrand et Arles avant l'interruption de ses activités; la société épiscopale d'Orléans, la société des philathènes de Metz, l'Académie de Nîmes avant sa restauration se rangeraient dans ce dernier groupe[27]. Au total, dans le modèle proposé par les académies de

---

23. 24 % et 21 % pour le *Journal des Savants* (1715-1719 et 1785-1789), 34 et 32 % pour les *Mémoires de Trévoux*, (1715-1719 et 1750-1754); cf. J. Ehrard et J. Roger, « Deux périodiques français du XVIIIe siècle, le *Journal des Savants* et *Les Mémoires de Trévoux* », in *Livre et Société dans la France du XVIIIe siècle, op. cit.*, pp. 33-59.

24. J.-L. et M. Flandrin, « La Circulation du livre dans la société du XVIIIe siècle : un sondage à travers quelques sources », in *Livre et société dans la France du XVIIIe siècle*, , II, Paris, La Haye, 1970, pp. 39-72. L'Histoire occupe 6,8 % des titres recensés chez Grimm, 3,9 % chez Bachaumont, 2,2 % du texte pour ce dernier, 4 % dans la *Correspondance littéraire*.

25. Cf. Graphique : Le modèle culturel académique. Séances privées, fig. 1. – Nous utilisons pour cette figure et les figures 2 à 6 concernant les Académies provinciales dans la France du XVIIIe siècle les chiffres suivants :
1 = Agen; 2 = Amiens; 3 = Angers; 4 = Arles; 5 = Arras; 6 = Auxerre; 7 = Besançon; 8 = Béziers; 9 = Bordeaux; 10 = Bourg; 11 = Brest; 12 = Caen; 13 = Châlons; 14 = Cherbourg; 15 = Clermont; 16 = Dijon; 17 = Grenoble; 18 = Lyon; 19 = Marseille; 20 = Metz; 21 = Montauban; 22 = Montpellier; 23 = Nancy ; 24 = Nîmes; 25 = Orléans; 26 = Pau; 27 = La Rochelle; 28 = Rouen; 29 = Soissons; 30 = Toulouse A.R.S.; 31 = Toulouse Jeux floraux; 32 = Valence; 33 = Villefranche.

26. J.-F. Jacouty, *Tradition et Lumières à l'Académie des Jeux floraux de Toulouse au XVIIIe siècle*, 1696-1790, D.E.S., Nanterre, 1969, ex dactylographié; D. Roche, *op. cit.*, chapitre VI (1º Concours).

27. D. Roche, *op. cit.*, chapitre VI (2º Séances).

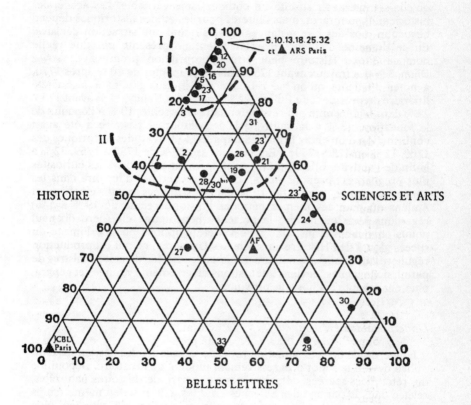

Fig. 1 : Le modèle culturel. Séances privées XVIIIe siècle

province, l'Histoire ne joue pas un rôle déterminant, elle nuance tout au plus la structure d'une activité orientée par les Sciences ou les Lettres. Effectivement on la retrouve à tous les niveaux, mais c'est aux étages moyens, là où les différentes orientations s'équilibrent quelque peu, qu'elle semble avoir suscité un enthousiasme véritable. Les académies historiennes sont rares, mais l'intérêt pour les études historiques dépend beaucoup plus des circonstances locales que d'une attraction décisive. En ce domaine d'ailleurs le mouvement ne présente pas une réelle homogénéité. L'Histoire peut être appropriation progressive : voyez Dijon, 3 % des travaux avant 1750 mais toujours plus de 10 % après 1770, à noter d'ailleurs qu'on ne retrouve pas le taux atteint à la Société littéraire du président de Ruffey (22 %) ; regardez Nancy, 11 % avant 1753, 23 % dans la décennie pré-révolutionnaire ; Marseille, 10 % à l'époque de la fondation, 18 % à la veille de la Révolution. L'Histoire a été aussi confirmation d'un choix primitif : à Angers, 13 % d'études historiques dès 1700, 12 % en 1780-1789 ; à Besançon aussi, 27 % de 1750 à 1759, 32 % à la fin de l'activité. Elle a pu être enfin la victime de nouvelles curiosités plus prégnantes : prenons Arras, 45 % de recherches d'histoire dans les années quarante, moins de 15 % dans les années quatre-vingt ; aussi Amiens où pour les mêmes périodes l'histoire recule de 19 % à 5 % ; regardons Metz où malgré la présence bénédictine elle perd dix-neuf points en quarante ans. Une telle variété d'options nuance l'image du succès global de l'Histoire au siècle des Lumières ; ce qui est production régulière du monde des auteurs, croissance attestée dans les registres de permissions tacites, devient fluctuations diversement rythmées et géographie changeante à l'horizon provincial.

L'interprète des événements

L'incertitude de cette situation procède sans doute des hésitations d'un milieu devant le statut progressivement modifié de l'Histoire. Dépouillée des références sacrées, détachée, pour une part, des histoires naturelles, rejetée dans le partage des Sciences érudites, elle reste en même temps une immense collectionneuse de faits et devient de plus en plus l'interprète des événements. D'évidence, comme l'a bien montré F. Furet [28], si l'Histoire bascule au XVIIIe siècle, c'est moins par la redéfinition de ses objets principaux que par l'affirmation patiente des nouvelles conditions de sa vérité et par une interrogation neuve quant à son sens chronologique. Ici, l'attitude des académiciens provinciaux traduit leur embarras devant toute novation.

Les séances publiques sont presque partout la confirmation des réunions privées, mais la cohérence du modèle culturel présenté aux cités académiciennes y est plus forte encore que dans la rencontre ordinaire ; par suite la place de l'histoire, inchangée globalement, se modifie sensiblement d'un bout à l'autre du siècle au profit des discours de Belles-Lettres et des comptes rendus scientifiques : en moyenne 15 % des mémoires lus, mais 17 % avant 1760 et 14 % dans la décennie

---

28. F. Furet, « L'Ensemble " Histoire " », in *Livre et Société dans la France du XVIIIe siècle*, II, *op. cit.*, pp. 101-119.

1780-1789 [29]. Toutefois la hiérarchie des sociétés reste la même : sur la vingtaine dont les séances publiques ont été reconstituées, un quart dépasse la barre des 20 %, un quart reste en deçà du niveau 10 %. La rencontre annuelle devient le lien privilégié d'un discours qui favorise la vulgarisation des sciences et peut-être plus encore l'amplification constamment reprise de l'idéologie du mouvement académique. L'Histoire n'y trouve qu'imparfaitement sa vraie place [30].

Est-elle favorisée dans les concours? Ceux-ci occupent, rappelons-le, une situation importante dans la vie intellectuelle du XVIIIᵉ siècle. Pour les Académies, décerner un prix est un signe incontestable de rayonnement et d'autorité, dans le déroulement des activités cette tâche marque un temps privilégié, elle occupe une part importante des séances ordinaires, elle joue dans le cérémonial des séances publiques un rôle fondamental puisqu'elle est l'occasion de révéler les nouveaux talents. Les sociétés savantes dévoilent alors leurs préoccupations fondamentales, celles qui doivent retenir l'attention des amateurs cultivés, celles qui leur permettent de prendre rang dans la communauté nationale et internationale des Lettres et des Sciences, en assumant un rôle directeur dans la vie intellectuelle provinciale, en accomplissant leur vocation d'utilité pédagogique. La progression constante du nombre global des sujets proposés, 48 pour la décennie 1700-1709, 618 pour les années 1780-1789, le nombre croissant des candidats recrutés dans des milieux sociaux de plus en plus divers, l'écho retentissant de certains problèmes discutés, tout prouve le succès de la formule. Dans le nouveau code d'intérêts et de valeurs qu'élaborent les concours académiques, l'histoire n'est pas plus avantagée que dans l'échange restreint des séances ordinaires ou la vulgarisation publique des réunions solennelles : 15 % des 2 206 programmes de concours proposés entre 1700 et 1789 aux érudits de la République des Lettres. Toutefois, là encore il faut nuancer cette donnée trop simple [31].

Chronologiquement, en premier lieu l'histoire en effet n'apparaît pas dans les compétitions provinciales avant 1730-1739. Les sociétés savantes imitent d'ailleurs l'Académie des Inscriptions et Belles-Lettres qui a lancé en 1733-1734 le premier concours historique du siècle en offrant aux chercheurs de disserter sur « l'état des Sciences à l'époque de Charlemagne ». Mais la formule ne s'est imposée véritablement, et seulement pendant une vingtaine d'années, qu'à Soissons, dont les membres sont très liés avec les savants de la capitale. Les compétitions soissonnaises permirent ainsi à l'abbé Lebeuf d'être couronné cinq fois [32]. Puis viennent dans les années quarante le premier éloge historique proposé par une académie, éloge de Saint Louis à Marseille en 1741, et une suite de programmes historiques à Rouen sur l'ancienne Neustrie, sur le parlement de Normandie et ses origines. Dans les années cinquante, Amiens,

---

29. Cf. Graphique : Le modèle culturel académique. Séances publiques.
30. Cf. Graphique : Le modèle culturel académique, fig. 2 et 3 ; cf. note 25.
31. P. Barrière, *L'Académie de Bordeaux, centre de culture internationale, au XVIIIᵉ siècle, 1712-1792*, Bordeaux-Paris, 1951, pp. 134-137. Cf. Appendice (Sujets de concours).
32. Abbé Lebeuf, *Le Jansénisme*, Auxerre, 1962, publication de la Société des Sciences Historiques et Naturelles de l'Yonne.

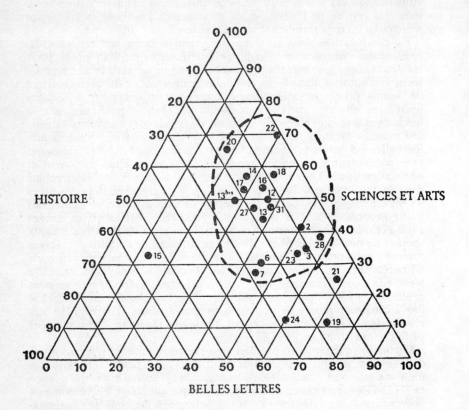

● Registres et procès-verbaux de séances
13 *bis* : Société littéraire de Châlons
Absent : les Académies 1, 4, 5, 8, 9, 10, 11, 25, 26, 29, 30, 32, 33

Fig. 2 : Le modèle culturel. Les séances publiques

Besançon, Toulouse suivent ces premiers exemples. Partout ailleurs il faut attendre 1770-1779 pour que l'Histoire conquière un écho plus important. Jusque-là, l'attachement moindre des sociétés savantes aux travaux historiques est un trait de provincialisme, au même titre que la fidélité affirmée aux Belles-Lettres et une incontestable modernité dans le domaine scientifique. Effectivement, à l'exception de quelques érudits notables, le déchiffrement de l'Antiquité proposé par l'Académie des Inscriptions [33] ne rencontre pas l'enthousiasme des amateurs provinciaux, mais ceux-ci opteront sans hésiter pour une histoire avant tout orientée vers le passé régional et placée au service de l'idéologie citoyenne des progrès. L'essor provincial de l'Histoire ne peut être séparé de celui des sciences et des arts. Le démarrage effectif se traduit par une multiplication par dix des sujets historiques entre 1720-1729 et 1780-1789, mais proportionnellement ils occupent toujours une place moins importante dans l'ensemble provincial : 1730-1739, 8 concours historiques en province, soit 9 %, 7 dans la capitale, soit 17 % ; 1780-1789, 67 sujets d'histoire provinciaux sur un total de 443 programmes, soit 15 %, mais 22 sur 175 concours parisiens, soit plus de 22 %. Après 1770 la province précède la capitale par l'audace et la diversité des problèmes qu'elle propose au public, élaborant un vaste catalogue de doléances et de réformes, mais à cette étape du mouvement académique provincial l'Histoire est à la fois conscience d'un passé, appel au réveil des énergies et consécration du progrès [34].

Mais les sociétés ne s'engagent pas dans cette voie avec la même acuité. La variété de leur comportement est presque aussi importante quant aux choix des objets historiques que pour les autres domaines d'activités [35]. Trois modèles apparaissent. Le premier regroupe les académies vouées pour l'essentiel aux Sciences et aux Arts : Arras, Bourg, Châlons, Lyon, Orléans, Valence ; Caen, avec 4 % de sujets historiques, prend place dans ce cercle. Le deuxième rassemble des sociétés unies par le respect des traditions littéraires, pour lesquelles dominent la poésie et la littérature, soit les jeux floraux : Villefranche en Beaujolais, Soissons ; Nîmes, pour ses concours tardifs, se range dans la même catégorie avec une nuance scientifique, et aussi La Rochelle avec une très forte propension historique (40 % des sujets). Dans le troisième ensemble, le triomphe des Sciences et des Arts est acquis (toujours plus de 59 % des questions), la place des Belles-Lettres incontestée, mais là se définit le plus nettement un tempérament historien original ; Montauban, Marseille et Pau, Besançon et Amiens, prennent place ici dans une orientation accentuée pour la Rhétorique et la Morale ; Montpellier, Bordeaux, mais également Grenoble et Angers y montrent un caractère plus scientifique. Mais au total le nombre des sociétés historiennes se renforce, les trois quarts dépassent la barre des 15 %.

A comparer les diverses formes d'activités, séances et concours, il n'est pas facile d'établir une corrélation simple entre le recrutement des

---

33. J. M. Schwartz, *Antiquity not mysterious. The Académie des Inscriptions et Belles-Lettres, 1701-1749*, These, Brandris University, Dissertations Abstracts, XXVII, 12.

34. D. Roche, *op. cit.*, chapitre VI, « La Culture académique » (1º Concours).

35. Cf. Graphique : Les concours Académiques, fig. 4 ; cf. note 25.

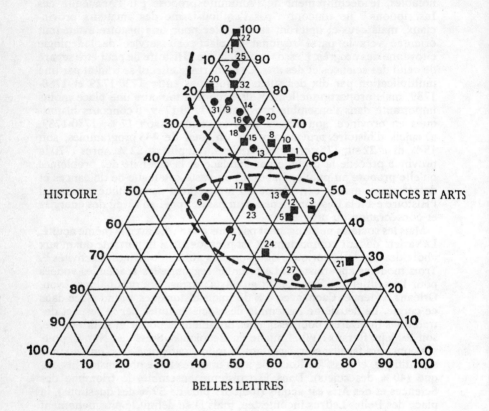

- ■ Mémoires conservés; listes de travaux
- ● Registres et procès-verbaux de séances

Fig. 3 : Le modèle culturel. Les séances privées, les années quatre-vingt

sociétés et l'ampleur de leurs intérêts historiques [36]. De surcroît, leurs options peuvent varier dans le temps : on a vu le concert des académies historiennes s'organiser peu à peu pour les concours; voyez Amiens où la place des travaux érudits ne fait que décroître (18 % des sujets proposés au départ, 5 % dans la décennie pré-révolutionnaire). Mais ces options varient également selon le lieu des activités : telle académie qui accorde beaucoup de place à l'histoire dans ses réunions privées ou publiques lui en laisse peu dans ses programmes de concours; ainsi à Lyon, à Metz, à Nîmes et Orléans et dans une moindre mesure à Caen. A l'inverse Angers, bien placée en ce domaine pour ses séances, l'est moins bien pour ses compétitions. Un petit groupe de sociétés affirme toutefois un tempérament historien : Besançon, La Rochelle et Toulouse (Académie des Sciences) sont constamment dans le peloton de tête; deux autres, Auxerre et Clermont, les suivent de près; mais seulement pour les séances, six autres enfin ont des performances inégales mais dépassent régulièrement la barre des 10-15 %, Angers, Arras, Dijon, Marseille, Montauban et Nancy. Reste l'Académie des Jeux floraux qui, jugée à ses concours, mériterait de s'inscrire parmi les académies championnes. Or dans cet ensemble il n'y a pas cohérence totale pour le recrutement, les sociétés historiennes se situent à tous les niveaux du modèle sociologique, et c'est avec prudence qu'on soulignera la présence d'une légère majorité d'académies aristocratiques et parlementaires : Besançon, Dijon, Montauban, Nancy et Toulouse, à la rigueur Clermont, qui siègent dans une ville de cours souveraines. En fait, il ne peut y avoir de correspondance simple entre l'assise sociale des cercles savants et leurs curiosités. Deux facteurs sont cependant plus aisément perceptibles : l'existence d'une tradition d'intellectualité et de compétence, la présence d'individualités passionnées capable de mobiliser de petits groupes autour d'un thème de recherches. L'exemple de Dijon et de Montauban illustre la première influence. Dans la capitale bourguignonne le patriciat lègue à l'Académie ses habitudes et ses soucis intellectuels; moins isolé qu'on ne l'a dépeint [37], il compose avec les préoccupations de la bourgeoisie académique; symbolique à ce titre le ralliement de Richard de Ruffey entraînant derrière lui la grande robe dijonnaise [38]. A Montauban, point de conflit, la cour des aides et le barreau, catholiques et aristocratiques, qui dominent l'Académie reconstituée par Lefranc de Pompignan, imposent leur idéal culturel sans effort et l'Académie prend rang parmi les sociétés dont la commune mesure reste l'Homme étudié sous l'angle moral et historique [39].

Les cas de Besançon met en lumière l'importance de la persuasion personnelle. François Droz, conseiller au Parlement, d'une famille bourgeoise de Pontarlier élevée par la robe, mieux reçu à l'Académie que dans la Cour souveraine, apparaît comme le véritable animateur de la recherche historique comtoise. Par ses travaux, par sa correspon-

36. Cf. Graphique : Le recrutement des ordinaires : les ordres et fonctions, fig. 6 et 7; cf. note 25, et D. Roche, op. cit., chapitre IV « Les Académiciens ».

37. M. Bouchard, De l'Humanisme à l'Encyclopédie. L'esprit public en Bourgogne sous l'Ancien Régime, Paris, 1930.

38. R. Tisserand, L'Académie de Dijon, 1740-1793, Vesoul, 1938, pp. 50-56.

39. E. Forestié, La Société Littéraire et l'Ancienne Académie de Montauban, Montauban, 1888.

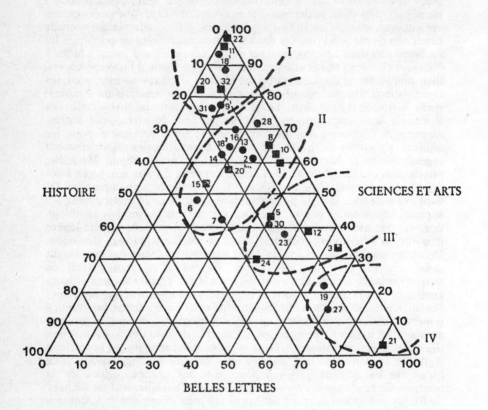

HISTOIRE

SCIENCES ET ARTS

BELLES LETTRES

● Registres et procès-verbaux des séances
  Académies parisiennes
30 : Jeux floraux (sujets de prix proposés)
30 *bis* : Jeux floraux (contenu des dissertations reçues)
23^1 : Nancy (contenu des dissertations reçues)
23^2 : Nancy (sujets de prix proposés)
Absent : les Académies 1, 4, 6, 8, 11, 14, 15, 33

Fig. 4 : Le modèle culturel. Les concours académiques

dance par son hostilité à l'amplification rhétorique, il confère à l'activité des sociétaires bisontins une ampleur rarement égalée [40]. Dufraisse de Vernines et l'abbé Nivolon de Blanval ont joué à Clermont un rôle moins connu mais tout à fait comparable [41]. Au total l'influence des héritages culturels et le rôle des personnalités s'associent pour accélérer – et dans un certain nombre de cas ralentir – le progrès d'une discipline, mais elle ne se développe en profondeur que grâce à l'accord général.

Celui-ci transparaît dans les lectures académiques appréhendées par l'analyse des catalogues de bibliothèques. La source reste très précieuse car elle montre les investissements consentis et par suite les buts poursuivis au-delà des réunions et des compétitions vulgarisantes, mais elle demeure d'une interprétation difficile dans la mesure où elle est très incomplète (presque toutes les académies ont possédé des livres, mais une dizaine seulement ont laissé un catalogue) et surtout par suite des modalités extrêmement diverses de la constitution des collections (achats pour une part, envois et dons pour une autre, legs enfin comme c'est le cas à La Rochelle et Lyon [42]). Toutefois, par elle, c'est le contact avec le livre qui est apprécié et la mesure des préoccupations intellectuelles qui apparaît [43]. Le palmarès se confirme : deux sociétés, Montpellier et Béziers, possèdent moins de 5 % de livres d'histoire; six autres en ont plus de 20 % : Bordeaux, Châlons, La Rochelle, Nancy, Pau et Rouen. Avec 12 % la place de Dijon est moins compréhensible, inattendue est celle de Brest avec 22 %. La possibilité de recourir aux riches bibliothèques parlementaires [44], aux collections du Collège, explique pour une part le décalage dijonnais. En revanche à Brest [45] il faut admettre un choix clair des officiers du grand corps qui composent l'Académie et veillent sur ses achats. Délibérément ils ont ouvert leur bibliothèque dans un souci de culture générale à des ouvrages qui ne relevaient pas directement d'une activité à dominante scientifique. Les Lettres, le Droit, et même la Théologie occupent un quart des rayons; avec l'Histoire c'est près de la moitié de la bibliothèque brestoise dévolue

---

40. J. Gauthier, « Le Conseiller Droz et l'érudition franc-comtoise », in *Mémoires de l'Académie de Besançon, 1888-1890*, pp. 1-29.
41. M. Toquant, *La Société des Sciences, Arts et Belles-Lettres de Clermont-Ferrand, 1747-1793*, Mémoire de maîtrise, Clermont, 1966, ex. dactylographié, pp. 70-80.
42. J.-B. Dumas, *Histoire de l'Académie Royale des Sciences, Belles-Lettres et Arts de Lyon*, Lyon 1839, I, pp. 115-129; et R. Chartier, *op. cit.*, pp. 204-215. La bibliothèque léguée par Pierre Adamoli, conseiller du Roi, maître des ports, ponts et passages de la ville de Lyon, en propriété formelle à l'Académie comportait plus de 5 000 volumes, mais on ne dispose pas du catalogue des livres de l'Académie achetés ou reçus avant 1769 au moment de l'héritage Adamoli, après lors de la gestion de l'abbé Mongez et de Delandine; à La Rochelle, aux 500 ouvrages du legs La Faille s'ajoutent plus de 1 300 titres nouveaux.
43. A. Dupront, *op. cit.*, p. 213; R. Chartier, *op. cit.*, pp. 204-207.
44. A. Ronsin, *La Bibliothèque Bouhier Histoire d'une collection formée du XVIe au XVIIIe siècle par une famille de magistrats bourguignons*, Publication de l'Académie des Sciences, Arts et Belles-Lettres de Dijon, Dijon, 1971; A. Colombet, *Les parlementaires bourguignons à la fin du XVIIIe siècle*, Dijon, 1936, pp. 194-230; E. Deberre (abbé), *La vie littéraire à Dijon*, Paris, 1902.
45. A. Doneaut du Plan, *L'Académie de Marine*, Paris, 1878-1882.

	Besançon	Clermont	Dijon	Lyon	Marseille	Metz	Nancy	La Rochelle	Rouen	Toulouse	Total
Histoire générale et universelle	2 %	10 %	1 %	–	6 %	–	–	–	–	–	1,8 %
Érudition et sciences auxiliaires	18 %	22 %	41 %	49 %	20 %	13 %	20 %	26 %	13 %	36 %	25,0 %
Voyages et cartographie	1 %	2 %	10 %	13 %	4 %	13 %	9 %	20 %	7 %	5 %	8,0 %
Histoire ancienne/jusqu'à la chute de l'Empire romain	20 %	26 %	17 %	13 %	35 %	13 %	7 %	12 %	40 %	26 %	20,0 %
Histoire moderne	56 %	40 %	29 %	23 %	58 %	64 %	46 %	37 %	31 %	40,0 %	
Histoire religieuse	4 %	–	2 %	1 %	12 %	3 %	–	2 %	3 %	2 %	2,0 %
	100 %	100 %	100 %	100 %	100 %	100 %	100 %	100 %	100 %	100 %	100 %
Province	67 %	60 %	70 %	75 %	62 %	40 %	73 %	45 %	45 %	67 %	

Fig. 5 : L'histoire dans les travaux de dix sociétés savantes aux *Sciences humaines* d'antique tradition[46], mais rajeunies par le siècle.

L'école du vrai citoyen

Au total, l'analyse quantifiée des travaux et des lectures confirme les intentions premières : l'histoire, sans être secondaire, n'est pas le savoir essentiel que partagent la vocation des Belles-Lettres et la novation des Sciences et Arts. La stratégie des sociétés reste inchangée d'un bout à l'autre du siècle; ce qui se modifie, ce sont les options temporaires des sociétés, leur tactique en quelque sorte, qui privilégie à un moment ou à un autre tel ou tel aspect de l'activité; l'évolution comparée des concours montre un progrès évident, celle des séances publiques des variations incertaines, celle des réunions privées une stabilité nuancée[47]. La leçon est ici de compromis, car, sauf exceptions notables, l'attitude des académies est surtout la recherche d'équilibre entre les héritages et les innovations, entre les curiosités humanistes et les sciences, entre le divertissement et l'utilité. En ce sens la place de l'Histoire est moins significative que le rôle et le statut qu'on lui prête. Ainsi, souhaitant la création d'une « Académie d'Histoire de la Patrie », l'auteur nîmois d'un traité des académies (vers 1764-1765) montre l'apparition de préoccupations nouvelles. Seules les études historiques peuvent donner « la capacité de gouverner à ceux à qui la naissance en donne le droit »; indépendantes du souverain, elles confirment les charges des classes dirigeantes et justifient leur pouvoir, soit une plus grande liberté des élites[48]. L'histoire académique est alors « l'école du vrai citoyen[49] ».

Là où leur nombre permet un calcul significatif, la répartition des mémoires historiques traduit ces orientations nouvelles : l'Histoire est à dominante provinciale, elle est profane sans hésitation, elle se constitue presque autant dans les recherches d'antiquaires que dans les travaux concernant le passé des institutions, les événements et les grands hommes[50]. Défaite de l'Histoire universelle et générale, victoires des histoires particulières, l'érudition académique est avant tout collectionneuse de faits intéressant l'histoire locale : jamais moins de 40 % des

---

46. Pourcentages des livres d'Histoire dans les bibliothèques inventoriées : Bordeaux, 20 %, Béziers, 4 %, Brest, 22 %, Châlons, 20 %, Dijon, 12 %, La Rochelle, 24 %, Montpellier, 3 %, Nancy, 45 %, Pau, 28 %, Rouen, 21 % : Pourcentages des ouvrages de Belles-Lettres : Bordeaux, 15 %, Béziers, 8 %, Brest, 13 %, Dijon, 22 %, La Rochelle, 22 %, Châlons, 11 %, Montpellier, 4 %, Nancy, 23 %, Pau, 23 %, Rouen, 27 %.

47. L'affaissement de l'Histoire à Amiens au niveau des séances privées est compensé par son progrès à celui des séances publiques et des concours; c'est sans doute un indice de l'accord du public.

48. Bibliothèque municipale de Nîmes, MS. 241, fo 151.

49. Bibliothèque municipale de Bordeaux, MS. 828, Pièce 27.

50. Cf. Tableaux. L'Histoire dans les réunions de dix sociétés savantes. – Nous n'avons retenu pour ce calcul que les sociétés ayant eu un nombre de mémoires suffisants : 384 à Besançon, 118 à Clermont, 500 à Dijon, 296 à Lyon, 179 à Marseille, 82 à Metz, 149 à Nancy, 248 à La Rochelle, 150 à Rouen, 464 à Toulouse.

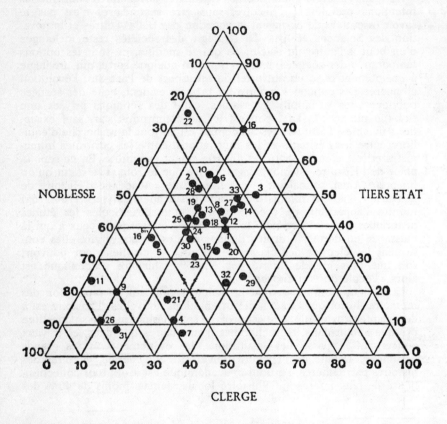

Fig. 6 : Le recrutement des ordinaires. Les ordres

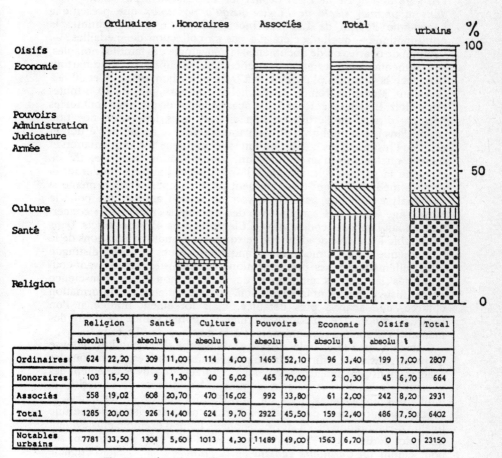

	Religion		Santé		Culture		Pouvoirs		Economie		Oisifs		Total
	absolu	%	absolu	%	absolu	%	absolu	%	absolu	%	absolu	%	
Ordinaires	624	22,20	309	11,00	114	4,00	1465	52,10	96	3,40	199	7,00	2807
Honoraires	103	15,50	9	1,30	40	6,02	465	70,00	2	0,30	45	6,70	664
Associés	558	19,02	608	20,70	470	16,02	992	33,80	61	2,00	242	8,20	2931
Total	1285	20,00	926	14,40	624	9,70	2922	45,50	159	2,40	486	7,50	6402
Notables urbains	7781	33,50	1304	5,60	1013	4,30	11489	49,00	1563	6,70	0	0	23150

Fig. 7: Académiciens et fonctions urbaines des classes dirigeantes

discussions ; pour les trois quarts des sociétés historiennes, toujours plus de 60 %. Recul de l'histoire ecclésiastique et religieuse, sauf pour éclairer la vie ancienne des diocèses ou l'évolution des fondations urbaines, ainsi l'*Histoire de l'Église de Lyon depuis son établissement par saint Pothin dans le premier siècle de l'Église jusqu'à nos jours* que présente à l'Académie Poullin de Lumina. Incertitude enfin de l'érudition : la numismatique – quelle société n'a pas sa collection de médailles ? –, l'édition de chartes ou de documents, la généalogie des familles notables, le commentaire d'inscriptions, l'archéologie, occupent presque partout une place honorable : plus de 40 % à Lyon et à Dijon, entre 20 et 30 % à Clermont, Marseille, Nancy, La Rochelle, Toulouse, plus de 10 % toutefois à Metz, Besançon et Rouen. Les académiciens de province sont ici les héritiers directs de l'érudition bénédictine, mais leur vraie novation réside dans le fait qu'il n'y a plus séparation entre le travail de l'érudit et celui de l'historien, les mêmes hommes accumulent la documentation et tentent quelquefois d'en donner une interprétation générale. En ce domaine la chronologie distingue l'Antiquité et l'histoire moderne, la rupture médiévale étant très rarement prise en considération même si une analyse plus fine permet de voir un intérêt authentique pour le Moyen Age – ainsi à Besançon 45 % des mémoires « modernes » concernent en fait l'époque féodale, ainsi à Clermont avec 41 % des sujets. Dans l'ensemble le modèle académique retrouve les grandes orientations de la bibliothèque du royaume et des grands périodiques [51] ; il s'en distingue essentiellement par ses préoccupations régionalistes, signe avant-coureur, dès les années cinquante, de la formation d'une conscience « fédéraliste » bien avant la Révolution. Au-delà toutefois de l'information chiffrée, une analyse plus détaillée, mais forcément limitée si l'on regarde l'importance du corpus, permet une connaissance meilleure des mentalités académiques confrontées à la pratique de l'Histoire [52].

Celle-ci obéit à une triple attirance ; recherche de l'érudition, défense du passé provincial, affirmation du progrès des Lumières. Avant tous les académiciens provinciaux cèdent à la passion érudite, ils se délectent des « sciences auxiliaires ». Partout dominent les intérêts de curiosité, la fouille des témoignages et du sol, la quête des chartes et des objets, le dépouillement patient des archives. Partout cette activité se donne une finalité d'élaboration de l'histoire régionale. Point d'exemple plus évident que celui de Besançon [53]. Les recherches de l'Académie sont entreprises pour établir un *Cartulaire général de la Franche-Comté*. Elle bénéficie pour cela de l'appui total des pouvoirs publics qui dès 1732 avaient chargé Courchetet d'Esnans de classer les archives parlementaires comtoises. Dans cette direction elle recense et étudie les dépôts provinciaux, abbayes, chambre des comptes, parlement, communautés religieuses,

---

51. Elle s'en distingue en partie pour la faible place tenue par la préoccupation géographique.
52. Pour la toile de fond générale de ces travaux, renvoyons à M. Lecomte, *Les bénédictins et l'histoire des provinces aux XVIIe et XVIIIe siècles*, Saint-Martin-du-Ligugé, 1928.
53. J. Cousin, *op. cit.*, p. 20 et suiv. ; le 29 janvier 1753 l'Académie reçoit des lettres de cachet autorisant ces commissions à consulter tous les documents des archives communales ; cf. B.M., Besançon, Fonds de l'Académie, I, f°s 20-26.

villes et corps. L'élection du conseiller Droz donne au projet une ampleur nouvelle dans les années soixante. Encouragé par l'Académie des Inscriptions et Belles-Lettres que représentent Foncemagne et Lacurne de Sainte-Palaye, correspondant de Fontette le continuateur du Père Lelong, et, de Bréquigny, il obtient l'aide de Bertin pour la publication des documents franc-comtois [54]. Pour sa recension il est secondé par les bénédictins de l'Académie, Dom Coquelin, abbé de Faverney, Dom Ferron trois fois couronné dans les concours comtois, mais surtout par le bibliothécaire de Saint-Vincent Dom Berthod et Dom Grappin professeur à Saint-Ferjeux. Nulle part ailleurs, sinon à Clermont, à Metz et dans une moindre mesure à Nancy, et Bordeaux, l'érudition académicienne n'a été aussi liée aux travaux des successeurs de Mabillon. Les résultats? Massifs, plus de 44 volumes in-folio qui seront regroupés dans la collection Moreau de la Bibliothèque nationale, sans oublier les annexes du fonds Droz de la bibliothèque municipale de Besançon; reconnu, en 1782 Droz est nommé membre du Comité des chartes. Certes, on peut penser, à suivre Jean Cousin, que l'Académie bisontine n'a pas toujours transcrit et interprété les documents recueillis avec suffisamment d'esprit critique, mais l'œuvre reste, témoignage inégal de l'effort chartiste des Lumières en province. Sans atteindre aux mêmes succès, d'autres sociétés fournissent, d'amples moissons de recherches érudites Lyon : où l'on se passionne pour les inscriptions, occasion de mieux percevoir le passé urbain et d'affirmer une fidélité maintenue aux études humanistes [55]; Metz où l'influence bénédictine se manifeste avec Dom Casbois, Dom Tabouillot, renouvelant la tradition de l'histoire ancienne, avec Dom François étudiant les coutumes messines [56] avec Dupré de Geneste, secrétaire perpétuel et numismate compétent; Nîmes avec Séguier le décrypteur des inscriptions de la maison carrée [57]; Angers où l'abbé Rangeard et le chanoine Guillot analysent les documents anciens [58]; Dijon où l'on vénère Fevret de Fontette [59], où les recherches de l'abbé Boullemier éclaircissent le passé de la ville. Citons enfin Clermont où Dufraisse de Vernines, Bompart de Saint-Victor, Dom Lemasson, Dom Deschamps multiplient les fouilles archéologiques pour réinventer Gergovie, collectionnent diplômes et monnaies, inventorient tessons et codes. Les académies provinciales participent pleinement au lent processus qui

---

54. L.-F. Maury, *L'Ancienne Académie des Inscriptions et Belles Lettres*, Paris, 1864, pp. 180-181.

55. R. Chartier, *op. cit.*, p. 227.

56. J.E. Lebreton, *La Société royale des Sciences et des Arts de Metz, 1757-1793*, D.E.S. Paris, 1967, ex. dactylographié, p. 138-140; citons de Dom Casbois, le « *Studicrum cursus sive histoire, scientarum et artium clementa* », Mets, 1772; sur Dom Jean François, cf., C. M. Chauchot, *Dom Jean François, bénédictin de St-Vanne et de St-Hydulphe*, D.E.S. Nancy, 1958, ex. dactylographié, pp. 18-25. Pour l'importance érudite des abbayes bénédictines lorraines voir R. Taveneaux, *Le jansénisme en Lorraine*, Paris, 1960, pp. 358-360, pp. 659-660.

57. BM. Nîmes, mss. 132-150 (Papiers Seguier).

58. BM. Angers, mss. 557 et 639 (Papiers Rangeard) et M. Bodet, *Une académie de province : l'Académie royale des Sciences et Belles Lettres d'Angers, 1686-1789*, D.É.S., Rennes, 1967, ex. dactylographié, 2 vol., I pp. 164-166, II pp. 10-11; pp. 17-18.

59. R. Tisserand, *op. cit.*, p. 499 et suiv.; pour Fevret l'abbé Boullemier dresse un catalogue de 12 000 articles et classe les notes bibliographiques destinées à la réédition du P. Lelong, pp. 195-197.

réhabilite l'érudition mise au service de l'histoire locale et générale [60], « maîtresse du temps » (abbé Rangeard). Elles recueillent pour une part la tradition des grands érudits du XVIᵉ siècle et pour une autre celle des maristes et bollandistes. A la collection de faits curieux rassemblés sans ordre et souvent pour la seule délectation de leur inventeur, elle superpose l'idéal d'une critique ordonnée et rigoureuse. Là est sans doute la novation clef qui réconcilie le recours aux textes (« Je ne m'appuierai point sur de vaines conjectures, mais sur des faits consignés dans quelques manuscrits anciens qui ont échappé au malheur du temps [61] », peut dire l'abbé Baurein à Bordeaux en 1762), la pratique pluriséculaire de l'analyse et le sens de la continuité. « Le raffinement qui s'est introduit dans les sciences a fait révoquer en doute les vérités les plus constantes », écrit en 1748 le Clermontois Dufraisse de Vernines, soucieux de répandre la rigueur des méthodes nouvelles et de vulgariser une pratique rationnelle et désacralisée de l'histoire [62]. Mais le catalyseur des gestes nouveaux a été ici la défense d'une conscience, en un mot le provincialisme.

Provincialisme

Provincialisme, le terme ne doit pas être pris au sens péjoratif ou laudatif, il est constat d'une situation donnée des relations entretenues entre les cultures régionales et la domination de la capitale; qu'il mérite de qualifier l'activité historique des académies révèle un état de fait dans ces rapports contradictoires [63]. Affirmé avec claire conscience ou non exprimé, le mot d'ordre est partout à l'ordre du jour. Il se profile dans le choix du concours où la peinture des hautes époques, plus riches et plus prestigieuses, permet à l'académisme de s'enraciner dans le passé, brillant gage de son succès. Le catalogue des sujets [64] rapproche pêle-mêle le Soissonnais de Clovis et de Charlemagne, la Neustrie des Rouennais, le Belgium des Picards, la Séquanie antique du Franc-comtois ou le territoire des Tectosages pour les Toulousains. La mémoire collective se rajeunit aux sources, mais l'usage ici peut être héritage utilitaire; le dépouillement forcené des cartulaires et des censiers, la publication des obituaires et des pouillés fondent des droits [65]. L'Histoire académique est en ce sens fille des préoccupations quotidiennes des parlementaires, des juristes et des tabellions, héritière des conflits qui oppose la couronne et ses conquêtes, intérêt de diplomates toujours soucieux de limites et de chronologie exactes. Un vrai patriotisme y trouve ses fondations, y cultive ses préoccupations de l'heure : relancer le

---

60. H. Duranton, « Les *Mémoires de Trévoux* et l'histoire », *in Études sur la presse au XVIIIᵉ siècle, les « Mémoires de Trévoux »*, Bulletin du Centre d'Études du XVIIIᵉ siècle de l'Université de Lyon II, I, 1973, pp. 5-38.

61. BM. Bordeaux, mss. 828.16 (Le Gouvernement de Bordeaux sous les rois d'Angleterre).

62. BU. Clermont, mss. 785 (1748). Dufraisse de Vernines, *Dissertation sur les monuments anciens qu'on trouve au Mt-Dore, en Auvergne.*

63. P. Barrière, *op. cit.* (*La vie intellectuelle*), pp. 295-298.

64. Cf. Appendice : Sujets de concours historiques en province.

65. J. Cousin, *op. cit.*, pp. 23-24 et P. Barrière, *op. cit.* (*L'Académie de Bordeaux*), pp. 305-307 ; K. Pomian, « Les historiens et les archives dans la France du XVIIᵉ siècle », in *Acta Polonia Historica*, 26, 1972, pp. 109-125.

commerce et la manufacture, développer les activités de culture, justifier le rôle des dirigeants urbains, publier le chemin parcouru. L'inventaire des richesses locales, l'évocation d'une histoire brillante procèdent de la même attitude : proclamer que la province existe et que les distinctions maintenues entre elle et la capitale sont caduques. Le savoir historique, maître de conservatisme et éducateur d'avenir, est un élément décisif dans l'idéologie académique du compromis, mais il appelle des regards et des gestes nouveaux.

Ces regards et ces gestes apparaissent très tôt dans les projets provinciaux où l'histoire doit couvrir le champ des activités humaines. Dès 1715, à Bordeaux un projet d'étude provinciale est envisagé par le conseiller au parlement Joseph de Navarre : elle doit être globale, entendons à la fois « naturelle et littéraire [66] », mais elle n'avance guère jusqu'en 1736-1739 quand l'idée est reprise par le président Barbot, ami de Montesquieu, et Jean-Jacques Bel, conseiller au Parlement. Les académiciens se partagent la tâche et Barbot définit les principes qui animeront l'entreprise... « Notre Société a tourné ses vues vers un objet qui est pour ainsi dire son domaine, que l'Académie des Sciences ne peut lui contester, c'est l'histoire de la province de Guyenne dans toute son étendue; c'est-à-dire histoire civile, politique, histoire naturelle, histoire littéraire, histoire du commerce, etc. Voilà notre moisson et j'ose dire que les ouvriers, si vous m'en exceptez, ne manquent pas [67]... » L'étape est décisive, car si les histoires particulières abondent (leur chef-d'œuvre est édité par les presses parisiennes sous l'impulsion de Dom Vaissette [68]), nulle part l'invitation faite aux historiens de se mettre à l'école des sciences d'observation et d'exactitude n'a été aussi nettement exprimée. La vocation provinciale est dans cette réconciliation. Il faut toutefois attendre la seconde moitié du siècle pour voir les volontés de Barbot partiellement exécutées à Bordeaux, entendues et réinvesties de valeurs nouvelles et de résonances patriotiques dans la plupart des sociétés.

Écoutons l'abbé Baudeau dans le cénacle bordelais. Cet augustin de l'abbaye de Chancelade a fait ses premières armes comme l'un des maîtres d'œuvre d'une histoire périgourdine, documentaire, mémorable, tout à fait comparable pour sa masse et sa valeur aux travaux franc-comtois; voyez le fonds Périgord de la Bibliothèque nationale. Il propose un programme méthodique et rigoureux. A la différence des histoires générales, l'histoire provinciale n'est pas destinée aux grands et aux législateurs, elle est rédigée pour le « vrai citoyen... L'Histoire générale sera pour lui l'objet d'une étude profonde et pénible s'il veut être savant. La lecture d'un abrégé charmera ses loisirs s'il se contente d'acquérir dans ses délassements des connaissances superficielles; mais c'est dans l'histoire de sa patrie qu'il apprendra, peut-être sans le savoir ses devoirs les plus véritables [69]... » Patriotisme provincial, curiosité générale, univer-

---

66. BM. Bordeaux, mss. 1699 I.
67. BM. Bordeaux, mss. 828-104 et 105 (1739-1740).
68. *Histoire de la province de Languedoc par Dom Vic et Dom Vaissette*, Paris, 1730-1745, 5 vol.
69. BM. Bordeaux, mss. 82827, *De l'utilité des histoires particulières des provinces*, éd. Paris, 1759; et P. Barrière, *op. cit.* (*L'Académie de Bordeaux*), pp. 310-312.

salité des connaissances, étude des sciences exactes, font désormais le bon historien qui réconcilie Mabillon et Voltaire.

Avec Mabillon ? Il travaille sur actes originaux, il débrouille le maquis des filiations douteuses, il élabore des chronologies solides. Les fondements de ses travaux sont sûrs, car critiqués avec science et prudence. Avec Voltaire ? Il ne peut être uniquement érudit et bon antiquaire ; il lui faut concevoir son travail de manière générale et rien ne saurait lui rester étranger. « Les malheurs communs ou la prospérité publique, l'accroissement ou la décadence des empires prennent pour ainsi dire des nuances différentes dans les provinces diverses qui composent les grands états parce que les climats, les mœurs, les usages et mille autres causes physiques ou morales y produisent des variétés sensibles. Ces traits échappent souvent à des yeux désintéressés ; on les chercherait vainement dans les Histoires générales. Mais celui qui s'est fait par devoir une étude sérieuse du territoire et du génie national les découvre toujours dans les mémoires originaux qu'il consulte avec réflexion et dans les monuments qui ne subsistent que pour lui seul [69 bis]. » Pour l'historien provincial c'est, chaque jour, la rencontre de Senones [70].

Une fois encore le projet n'aboutit pas complètement, mais Baudeau est cependant suivi par ses confrères. Les dossiers de l'Académie contiennent en gerbes abondantes les résultats de leur moisson : topographie, antiquités, étude d'événements ou d'institutions, preuves accumulées, tous les éléments de l'histoire de Guyenne sont pour ainsi dire rassemblés [71]. Avec un accent de modernité sans pareil, l'abbé Leydet accentue les idées de Baudeau : « L'Histoire ne se borne pas à rapporter les grands événements qui n'ont souvent que le stérile avantage d'exciter l'admiration ou l'étonnement des hommes ; elle cherche encore à leur donner des instructions plus utiles et plus rapprochées de leur situation ordinaire, en leur faisant connaître nos ancêtres par les détails de leur vie privée, de leurs arts, de leurs sciences, de leurs besoins et de leurs ressources. Les connaissances économiques ne sont pas le moindre fruit de ses recherches pénibles. L'état passé des provinces mieux connu relativement à l'agriculture, aux manufactures et aux commerces, les fautes qu'on y a commises, les moyens qu'on a suivis pour les corriger deviennent pour nous des suppléments à l'expérience, dont ceux qui nous ont devancés dans des circonstances semblables ont fait en quelque sorte les frais [71bis]. » Certes l'Histoire est encore, pour la plupart des académiciens, maîtresse d'expérience, une science-guide en quelque sorte, mais l'important n'est-il pas qu'ils aient retrouvé et prolongé les voies de *l'Histoire nouvelle* décrite par Georges Huppert ? Après la solution de continuité du XVIIe siècle, les routes de l'historicisme paraissent ouvertes à nouveau.

---

69 *bis*. BM Bordeaux, ms. 828. 27, *op. cit.*

70. I.O. Wade, *The Intellectual Development of Voltaire*, Princeton, 1969, chapitre VIII, Voltaire and History., p. 451 et suiv.

71. Citons l'abbé Jaubert, Dom Devienne, l'abbé Baurein, l'abbé Bellet. Dans son prospectus d'une *Histoire des monnaies des provinces de France*, Leydet, successeur de Baudeau dans la direction de l'*Histoire du Périgord* amplifie encore ses vues : *L'Histoire ne se borne pas à rapporter...* BM, Bordeaux, ms. 828.102.

71 *bis*. Abbé Leydet, *Histoire des monnaies des provinces de France*, BM. Bordeaux, ms. 828.102.

Reste qu'il serait présomptueux de projeter à l'échelle nationale les leçons bordelaises, si l'idée d'une histoire étudiant toutes les activités des hommes n'apparaissait, en fait, partout dans la seconde moitié du siècle. Elle est présente à Caen [72] et à Cherbourg [73] où Toustain de Richebourg dénonce l'« érudition rebutante » cultivée pour elle-même et propose d'étudier le passé provincial pour y retrouver les raisons qui maintiennent l'homme en société. L'académisme reprend ici la vision proposée par l'anthropologie rousseauiste mais il l'inverse, car il s'agit de défendre contre vents et marées l'idée du progrès. L'idée était déjà chez Baudeau et son disciple bordelais Lenglet soucieux de faire place à l'étude des coutumes qui sont pour Rousseau « la morale du peuple [74] ». L'ethnohistoire et l'histoire des classes sociales trouvent ici une origine qu'il faudrait réétudier, car l'influence de Rousseau ne s'est pas seulement exercée sur la sensibilité des histoires préromantiques, mais elle colore vivement l'image nouvelle d'une histoire des peuples [75]. Ces débats se retrouvent à Rouen où, dès 1753, Maillet du Boullay avait lu un *Mémoire sur la nécessité de travailler à l'histoire de la province et sur les moyens d'y travailler avec succès*, sans rencontrer d'ailleurs grand secours de ses collègues [76] on les voit occuper plusieurs séances à Amiens où l'histoire de Picardie est obligation statutaire, et de même à Arras [77] et à Angers [78]. Intéressante de ce point de vue, l'évolution des études historiques à Orléans [79] : à la société épiscopale regroupant à l'évêché un petit noyau nobiliaire et une forte majorité d'ecclésiastiques et de robins, ces études sont institutionnelles, politiques, événementielles. Polluche, analyste précis des documents écrits les domine de toute son érudition tatillonne ; à l'Académie elles demeurent archéologiques et numismatiques, glanes d'un passé à fleur du sol, mais en même temps elles se veulent plus audacieuses, proclamant qu'il n'y a d'histoire que des civilisations même si elle doit être tout à la fois une science et une justification. A Dijon, dans le catalogue des travaux et des discours, c'est la notion de mœurs qui fascine l'abbé de la Fare, Ruffey et Boullemier : là aussi Voltaire et

---

72. J.P. Martin, *Une académie savante au XVIIIe siècle, l'Académie royale des Belles-Lettres de Caen, 1705-1793*, D.E.S., Caen, ex. dactylographie, pp. 87-91.

73. BM. Cherbourg, Archives de l'Académie R 1 (4) ; cf. M. Duchet, *Anthropologie et histoire au siècle des Lumières*, Paris 1971.

74. M. Eigeldinger, « L'image mythique du peuple dans les premières œuvres de Rousseau », in *Images du Peuple au XVIIIe siècle*, Centre aixois d'études et de recherches sur le XVIIIe siècle, Paris, 1973, pp. 151-158.

75. C. Levi-Strauss, « J.-J. Rousseau, fondateur des Sciences de l'Homme », in *Jean-Jacques Rousseau*, publication de l'Université ouvrière et de la Faculté des Lettres de Genève, Neuchâtel, 1962, pp. 239-247.

76. In M. Gosseaume, *op. cit.*, I, II, pp. 180-187, et aussi « Discours sur les Gaulois » in Archives de l'Académie, Registre II (1756-1769), 12 mars 1760.

77. P. Drutel, *L'Académie d'Amiens, 1750-1775, étude d'opinion publique*, D.E.S. Lille, 1968, ex. dactylographie, pp. 52-55, et, E. van Drival, *Histoire de l'Académie d'Arras depuis sa fondation jusqu'à nos jours*, Arras, 1872, pp. 21-22, en attendant l'ouvrage que l'abbé L. N. Berthe se doit d'écrire sur les vingt dernières années de la société arrageoise puisqu'il dispose des registres copiés pour Dubois de Fosseux, dernier secrétaire ; cf. son *Dubois de Fosseux*, Arras, 1969.

78. M. Bodet, *op. cit.*, pp. 164-165. Le plan d'une histoire d'Anjou est esquissé dès 1689, mais il ne sera jamais rempli complètement.

79. J. Vassort, *Les Sociétés savantes orléanaises du XVIIIe siècle*, D.E.S., Orléans, 1969, pp. 35-38, pp. 114-120, pp. 127-129.

Rousseau sont entendus de façon directe [80]. A La Rochelle avec les recherches sur l'Aunis, la Saintonge du P. d'Arcères [81], à Marseille avec les travaux de l'oratorien Papon [82], à Auxerre [83], à Nancy, ce sont les mêmes préoccupations [84]. Voyons encore Metz où les bénédictins proclament d'entrée dans leur *Histoire de Metz* : « Notre but fut d'être utile [85] », et Châlons-sur-Marne où l'abbé Beschefer et le chanoine Malvaux trouvent des accents comparables [86]. Il n'est pas jusqu'à l'indolente académie de Pau qui ne soit à son tour touchée : son histoire est presque toujours moralisante, vouée pour l'essentiel à l'hagiographie des princes et des grands capitaines, mais, dans les années quatre-vingt, Faget, auteur d'un essai historique sur le Béarn, trouve cependant l'idée que les annales provinciales sont avant toute chose occasion de montrer l'originalité d'un peuple « qui n'a jamais obéi qu'à des maîtres de son choix et n'a jamais reçu d'autres lois que celles qu'il a faites lui-même [87]... »

Même thème, même problématique à Lyon avec Deparcieux : « L'Histoire est le témoin du temps, l'école du genre humain par la politique, les mœurs et les vertus [88] » ; à Clermont avec Dufraisse de Vernines et

---

80. Cf. entre autre, exemple., le « Tableau Économique et politique de la Bourgogne », discours lu le 18 novembre 1784 par l'Abbé de la Fare, Archives Départementales Côte-d'Or, fonds de l'Académie, Registre XIV.

81. D'Arcère (RP), *Histoire de la ville de La Rochelle et du pays d'Aunis*, La Rochelle, 1756-1757.

82. J. P. Papon (P), *Histoire générale de Provence*, Paris, 1776-1784, et *Voyage littéraire de Provence, contenant tout ce qui peut donner une idée de l'état ancien et moderne des villes*, Paris, 1780.

83. BM. Auxerre, mss 178-179, Registre de délibération, II, 26 novembre 1762, Lebeuf, in Registre I, 24 janvier 1760, et Mathurin Lepère, Éloge de l'Abbé Lebeuf, in Registre I, 24 janvier 1760.

84. Hatton (abbé), *La Société royale des Sciences et Belles-Lettres, 1750-1793*, Thèse, Nancy, 1952, ex. dactylographié ; pp. 261-268, pp. 336-343 ; il faut rappeler le point de départ, R.P. de Menoux, cf. Discours sur l'Histoire Civile Ecclésiastique, Littéraire et Naturelle de la Lorraine et du Barrois « in Archives de l'Académie, Registre I, 20 octobre 1753 », les travaux du chanoine de Tervenus dont une esquisse d'Histoire de Lorraine et l'intéressant éloge de Dom Calmet ; ceux de Coster, de Nicolas Durival, de Mory d'Elvange. Si pour les historiens lorrains la « Vérité est l'âme de l'Histoire » (Mory d'Elvange) celle-ci est avant tout au service du patriotisme qui est ici intention intégrante dans l'unité nationale, mais aussi sauvegarde des libertés particularistes. L'Histoire oriente ainsi les sociétaires vers les préoccupations pratiques et politiques ; cf. sur ce point les discours prononcés en 1788-1789 (Registres VII et VIII), en particulier les fragments historiques sur les États Généraux de Lorraine lus par Mory le 18 novembre 1788.

85. BM. Metz, ms. 1353, pp. 303-312, Discours Le Payen sur un « Projet d'une histoire de la législation ancienne de la ville de Metz », où l'on peut lire : « L'Histoire trop souvent bornée aux événements généraux, aux batailles, aux conquêtes et aux actions publiques des princes, ne satisfait que la curiosité. C'est dans les lois et les mœurs qu'il faut surtout chercher la raison de la conduite des hommes dont la politique nous éblouit... » Dom Francas, Dom Tabouillot, Dom Maugregard, *Histoire de Metz*, 6 t., Metz-Nancy, 1769-1790, t 1, p. 1 ; et J. Lebreton, *op. cit.*, pp. 135-145.

86. Abbé Beschefer, *Mémoires historiques sur la Champagne*, éd. A. Aubert, Châlons, 1865 et H. Menu, *La Société littéraire et l'Académie de Châlons-sur-Marne*, Châlons 1868.

87. C. Desplat, *L'Académie royale de Pau au XVIIIe siècle*, Société des Sciences, Lettres et Arts de Pau, 1971, pp. 102-104. Le livre de Faget fut rédigé vers 1786 mais publié en 1818 après sa mort.

88. Archives de l'Académie, MS. 157, pp. 22-29.

Pélissier de Féligonde : « L'Histoire doit instruire des anciennes mœurs de nos pères de leur religion, de leur méthode dans la construction des édifices, dans la formation des villes, dans l'ordre de subordination qu'il y avait dans ces temps entre les différents états de citoyens [89] » ; à Toulouse enfin quand mainteneurs et académiciens des sciences retrouvent dans une vision commune de l'histoire urbaine la conscience d'un service culturel [90]. A l'horizon académique l'histoire est finalement redéfinie par une pratique élargie, l'humain dans tous ses aspects est son objet, la province, son espace privilégié où la nature et la culture sont en quelque sorte réconciliées. Mais, au-delà, elle conserve une finalité qui est de justification philosophique.

L'aventure d'une science de l'homme

L'Histoire alors se veut sans réserve service patriotique, qui est d'abord consécration de la petite patrie et ensuite civisme national. Pour cela, deux idées-forces sont continuellement avancées : l'infaillibilité du progrès, le rôle éclairant des grands hommes. Pour défendre la première, l'abbé de la Fare trouve des accents lyriques. Son tableau de la province retrace le développement d'une conscience d'espace économique régional et d'une destinée politique [91]. Le commerce en est « l'âme et le lien », les efforts de la monarchie, Sully, Colbert sont ici les figures symboles de l'expansion, les tentatives locales ont dissipé le « chaos » primitif et créé un « ordre magnifique. » L'Histoire apporte ici ses preuves et sa caution aux certitudes de l'avenir et à l'image utopique du bonheur. La leçon est destinée à l'administrateur dont « l'âme se plaît à jouir d'avance de la certitude que l'avenir paraît lui présenter. Mais ce tableau riant et cette jouissance anticipée ne détournent pas ces yeux de la misère dont sa main guidée par son cœur doit adoucir les traits. Il cherche avec sollicitude le remède aux maux présents. Il établit, s'il le peut, la base du bonheur futur, et la reconnaissance est le seul prix qu'il se permet de désirer parce que ce sentiment suppose du moins qu'il sut se rendre utile ». L'Histoire et ses leçons sont partout mises à l'épreuve. Retenons deux exemples : Besançon avec la dissertation de Dom Grappin sur

---

89. BM. Clermont, ms. 785 (1748) et (1751); ainsi que ms. 773 (1773), Statuts et Règlements, pp. 13-15 (Des matières qui entrent dans le plan vues de la Société Littéraire de Clermont par rapport à l'Histoire civile et à l'Histoire naturelle de la province d'Auvergne).

90. J. F. Jacouty, *op. cit.*, pp. 140-144. Avant 1750-1760, l'histoire des jeux floraux se situe en fonction de la culture française qu'elle assume dans le patrimoine culturel des élites languedociennes; après elle accomplit un retour sur le passé urbain et la grandeur de la tradition poétique occitane. L'exaltation des parlementaires tend à l'affirmation d'une autonomie des provinces méridionales; à l'Académie des Sciences, l'Histoire plus érudite s'attaque à tous les aspects de l'histoire toulousaine, on ne doit pas oublier que la société est chargée par les capitouls de poursuivre les « annales » de la cité; citons, parmi les spécialistes, M. d'Orbessan, l'abbé Magi, le Père Sermet; on y étudie de près les *Histoires particulières*; cf. Archives de l'Académie, Registres XIII (29 mai 1789), XIV (18 janvier 1787) – *op. cit.*; (18 novembre 1784).

91. R. Tisserand, *op. cit.*, pp. 505-506.

l'origine des droits de mainmorte, et l'ensemble des sociétés usant de l'Éloge historique comme d'une arme militante.

Au moment où Voltaire prend la défense des « serfs du mont Jura » et s'attaque aux privilèges de l'abbaye de Saint-Claude, la dissertation de Dom Grappin arrive à son heure [92]. L'Académie, où dominent grands propriétaires et privilégiés, parlementaires et bénéficiaires de droits utiles, couronne cette œuvre sans hésitation, mais l'argumentation du bénédictin érudit n'est pas simple et immédiatement réductible à une défense sans réticences des intérêts agrariens. Trois raisons la soutiennent. Premièrement, défense des coutumes provinciales [93] : la mainmorte résulte d'une longue évolution historique, elle est assise sur la naissance, la prise de meix, le mariage, la prescription et la convention expresse, relisez Dunod de Charnage [94]. En deuxième lieu, appel aux améliorations, Dom Grappin et les agronomes de l'Académie réclament une transformation du régime des mainmortables et plus encore un développement des conditions matérielles de la paysannerie comtoise. Troisièmement, surenchère philosophique. « Qu'on cesse donc de peindre avec les couleurs de la barbarie ou de l'esclavage ce qui dans l'origine fut souvent un trait d'humanité »... alors qu'on ne s'émeut guère à la pensée « de la monstrueuse servitude qui excite tant de gémissements dans nos colonies ». La rencontre des idées philosophiques et de l'idéologie provinciale emprunte ici d'étranges détours.

Plus simples et plus connues sont les leçons de l'Éloge. Le genre, on l'a vu, fait en province des premiers pas timides : l'Académie des Jeux floraux propose aux sociétés de Lumières le modèle de l'Éloge annuel de Clémence Isaurée, sa fondatrice légendaire ou historique (les mainteneurs et leurs adversaires se battent à boulets rouges sur ce point), l'Académie de Marseille propose assez tôt un Éloge de Saint Louis de formulation traditionnelle. C'est Paris qui assure le succès dans la décennie 1759-1760 et l'*Essai sur les Éloges* de Thomas qui en définit les règles principales : « En parcourant l'Histoire des Empires et des Arts, je vois partout quelques hommes sur des hauteurs, et en bas, le troupeau du genre humain qui suit de loin à pas lents. Je vois la gloire qui guide les premiers et ils guident l'Univers [95]... » Avec l'éloge historique Clio se fait entendre à la « Tribune de la postérité », elle juge, pèse, sonde et traduit devant son tribunal qui elle choisit d'honorer ou de désavouer, « elle instruit en parlant au cœur [96] ». Des implications de ce succès, retenons

---

92. Nous suivons ici J. Cousin, *op. cit.*, pp. 90-93 et J. Millot, *Le régime féodal en Franche-Comté au XVIIIᵉ siècle*, Besançon, 1937.

93. Dom Grappin, *L'origine des droits de mainmorte*, Besançon, 1779, préface : « La mainmorte serait-elle un fléau dont le ciel frappe dans sa colère la moitié du genre humain...? En un mot, faut-il en croire aux Philosophes modernes sur l'origine et les effets de la mainmorte? Ils voient des chaînes appesanties où je n'aperçois que de simples liens pris volontairement et qu'on peut quitter de même... »; p. 69 : « Il ne faut pas juger de l'état des mainmortables sur les déclamations dont le royaume a retenti dans ces derniers temps et qui n'ont pu séduire des juges éclairés... »

94. *Traité de la mainmorte et des retraits*, Paris, 1760.

95. A.-L. Thomas, *Essai sur les Éloges*, Paris, 1773, réed. 1829, pp. 4-5 et E. Micard, *A.-L. Thomas, Un écrivain académique au XVIIIᵉ siècle*, Paris, 1924, pp. 84-130.

96. L'Éloge rassemble pour l'académisme tous les problèmes de l'Histoire militante. Dans les recueils parisiens ou provinciaux Thomas pouvait trouver

trois dominantes : l'éloge historique permet au goût de la reconstitution du passé de se développer de façon vivante, l'érudition y est discrète, les notes sont là pour prouver la sagesse des lectures ; en deuxième lieu, il est la matière d'une édification à l'antique, Plutarque reste le grand modèle et l'Histoire maîtresse des vertus ; enfin il favorise l'offensive philosophique où se concilient une critique discrète du prince et de ses gouvernements, l'éloge de la monarchie française et l'appel au changement – l'Histoire se fait alors politique. Le succès provincial du genre est très compréhensible car avec lui on peut aisément tout concilier : le passé et l'avenir, la tradition et la novation, la raison et le cœur. Proposer aux concurrents du concours et aux ordonnateurs des séances l'éloge des grands hommes introduit un mythe novateur, car l'édification d'un panthéon des gloires locales double l'enracinement des origines par la grandeur d'une ascension vers le progrès [97]. On peut aisément voir dans les héros de la rhétorique académicienne des combattants privilégiés sur le front de l'erreur. Là réside la tolérance, l'irénisme des temples provinciaux : les militaires (Crillon, Jean de Vienne, Vauban, le maréchal de Muy, Bayard, Duquesne et le maréchal de Créquy, La Valette et le chevalier Paul) y côtoient les magistrats (Pierre de Marca, L'Hospital, Cujas, le Chancelier Séguier, Dupaty et le grand Duranti) ; les princes (Saint Louis, Henri IV, la reine Christine, Stanislas) vont de pair avec les érudits et les hommes de lettres (Du Cange, Dom Luc d'Achery, Saumaise, Gassendi, Corneille, Voiture, La Fontaine, Huet) ; les gloires littéraires et les savants obscurs y militent pour une même foi – l'esprit de l'*Essai sur les mœurs* triomphe ici partout. Pour les jeunes talents, ainsi Carnot à Dijon avec l'Éloge de Vauban [98], ainsi Barère aux jeux floraux de Toulouse [99], c'est l'occasion de clarifier les idées politiques et morales. Partout on attend des candidats qu'ils proclament les valeurs nouvelles, l'utilité, les vertus, la tolérance et la raison, magnifient le sens du terroir et de la tradition, comblent les vides de la chronologie et par là restituent la continuité des histoires particulières. La célébration biographique concilie régionalisme [100] et civisme. Elle provoque un élargissement des

---

moisson ample d'exemples, citons, pour une étude à reprendre, Fontenelle, Fouchy, Mairan, d'Alembert. Bougainville à l'Académie des Inscriptions expose sa théorie dans l'Éloge de Turgot (20 avril 1951) : « Le but principal de l'Histoire n'est pas d'offrir à la curiosité ces pompeuses scènes où le vice joue presque toujours un rôle brillant. Plus utile lorsqu'elle nous présente le tableau des vertus de Fabricius et d'Aristide, elle nous instruit par leur exemple, elle nous montre une espèce d'héroïsme accessible à tous les états, et qui, sans dépendre des hasards de la fortune ou de l'éclat des exploits, a pour base l'humanité, pour traits essentiels le désintéressement et l'amour du devoir, pour récompense enfin une estime tendre et réfléchie inséparable de la reconnaissance... »

97. Cf. Appendice : Sujets de concours historiques...
98. M. Reinhard, *Le Grand Carnot*, Paris, 1950, 2 vol. I, pp. 84-87.
99. L. Gershoy, *Bertrand Barère*, Princeton, 1962.
100. J. F. Bergeret, avocat général au Parlement de Besançon, propose dans son discours *Désir de développer les sociétés savantes* de magnifier le programme historique des sociétés savantes par un ensemble monumental. « Je voudrais que sur tous les points importants de notre histoire on exigeât des monuments durables qui puissent servir de témoins à la postérité, on fixerait par là les époques, on perpétuerait les connaissances, on assurerait les preuves ; par là aussi on exercerait les talents des artistes de toute espèce sur des genres nobles et intéressants ; nos villes, nos temples, nos palais, nos académies seraient décorés en

curiosités – un homme n'est rien sans un milieu –, mais elle contribue à fixer l'histoire dans une finalité extérieure, la métaphysique des progrès de l'esprit humain.

Au temps du classicisme, quand naissent les premières académies, Saint-Evremond conseillait l'étude du passé, car, pensait-il, et à ce moment ce n'était point sans paradoxe, « il faut être honnête homme pour étudier l'histoire [101] ». Les amateurs provinciaux l'ont entendu sans doute parce que son vœu répondait à plusieurs de leurs aspirations profondes : ils y voient d'abord l'occasion de s'adonner à un exercice rhétorique où ils développent à loisir lieux communs moraux et éloge du prince; ils y découvrent progressivement, dans des recherches érudites, la célébration d'un passé collectif; ils y perçoivent enfin confirmation de leur cohésion culturelle et de leurs volontés dirigeantes. Mais dans la novation qui s'amorce à l'heure du pré-encyclopédisme, l'Histoire n'occupe pas dans leurs activités une place comparable à celle des Belles Lettres de tradition ou de la novation des Sciences et Arts. Il faut un demi-siècle pour que les néo-immortels provinciaux triomphent de leurs préjugés. Alors l'Histoire, sans conquérir quantitativement une part dominante, atteint un statut ambitieux. Réconciliant les leçons de Mabillon et celles de Voltaire, elle tente de dépasser la collecte des faits érudits évocateurs d'une antiquité chargée de gloire pour ordonner en raison le passé provincial. Cette conquête se colore de tous les feux d'une sensibilité patriotique et civique nouvelle; elle est faite d'ensemble et se retrouve à tous les horizons de l'activité académicienne. Partout le but qu'on rêve d'atteindre est la constitution de l'Histoire provinciale; ainsi s'élaborent les projets : histoire d'Artois, d'Anjou, de Picardie, histoire de l'Orléanais, de la Lorraine et de la Bourgogne, histoire de la Franche-Comté, de Provence, de Guyenne, d'Aunis et de Saintonge, histoire du Béarn et de Languedoc. Mais l'ampleur des ambitions n'est sans doute pas à la hauteur des moyens; les dossiers documentaires se gonflent à éclater, les communications se multiplient, et les académiciens ne trouvent pas toujours le maître d'œuvre capable d'en élaborer la synthèse. Toutefois, un petit groupe de sociétés donne le branle et se voue plus activement à cette tâche; ce sont les héritiers de la tradition humaniste, volontiers aristocratiques dans leur recrutement. Partout cependant, abbés érudits, bénédictins savants, juristes curieux, professeurs compilateurs, fondent une pratique nouvelle de l'Histoire, une histoire désacralisée pour l'essentiel, intelligible aux citoyens et presque toujours au service d'une pensée militante de progrès. Ces artisans obscurs de l'historiographie tentent l'aventure neuve d'une science de l'Homme, pour son bonheur.

---

grand. Tels sont les embellissements utiles qu'on devrait proposer à l'émulation. Ces ouvrages bien exécutés rendraient la Franche-Comté vraiment digne de la curiosité des étrangers; cette province deviendrait bientôt le séjour des Beaux-Arts; à son exemple les autres provinces entreprendraient bientôt la même exécution relativement à leur histoire, et, sous le règne du meilleur des Rois, la France, entièrement décrite et appréciée à sa juste valeur, serait regardée à juste titre comme le plus beau royaume de la terre. » Cf. R. Roux, *J. F. Bergeret*, Besançon, 1937, p. 193.

101. Saint-Evremond, *Œuvres meslées*, Paris 1668 (« Jugement sur les sciences auxquelles peut s'appliquer un honnête homme »).

APPENDICE

Sujets de concours historiques en province (énoncé simplifié)

1730-1739, Soissons : État des anciens habitants du Soissonnais avant la conquête de la Gaule par les Francs, époque de l'Établissement des Francs en Gaule, époque de l'établissement de la Religion en Soissonnais et de ses progrès, l'autorité des Francs et de Clovis sur la Gaule, en quel temps le nom de France fut-il donné à la Gaule.

1740-1749, Rouen : quelle était la situation de cette partie de la Neustrie depuis Normandie...lorsque...les Normands s'y fixèrent en 912 ; Soissons : Autorité du fils de Clovis, conquête de la Bourgogne, détermination des limites du Soissonnais, époque des rois de la première race, les évêques de Soissons.

1750-1759, Amiens : relations géographiques et historiques entre l'Angleterre et le continent, les monuments publics servant à établir la grandeur des nations, État du commerce sous les Rois de la première et de la seconde race, Étendue du Belgium dont parle César, État du commerce sous François Ier, État du commerce de Hugues Capet à François Ier ; Besançon : origine des Séquanes, villes de la Séquanie, Hercule Ognus, voies romaines de Comté, installation des Bourguignons, la France au XIe siècle ; Pau : la Renaissance des Lettres au XVIe siècle, Éloge de Pierre de Marca, Éloge de la reine Christine ; Rouen : Histoire et utilisation des mines de Normandie, Histoire de la ville de Rouen, Histoire du Parlement de Normandie, La délivrance annuelle d'un Neustrien à Rouen ; Toulouse (Académie des Sciences) : État des Sciences et Arts à Toulouse sous les rois wisigoths ; Soissons : le Soissonnais sous les rois de la deuxième race.

1760-1769, Amiens : Le commerce français depuis le règne de François Ier jusqu'à celui de Louis XIV, État du commerce en Picardie depuis le commencement de la monarchie, Éloge de Du Cange, État des Lettres, des Sciences et des Arts en Picardie depuis le commencement de la monarchie ; Besançon, le Gouvernement de Besançon, les Abbayes et les droits régaliens, le comté éréditaire de Bourgogne, la situation de Besançon : les États de Franche-Comté, les anciens preux, la Noblesse franc-comtoise et les croisades, Histoire d'une ville ou d'une abbaye franc-comtoise, Éloge de Jean de Vienne ; Bordeaux : Éloge de Montaigne ; Caen : Éloge de Huet, Génie national sous Louis XIV et sous Louis XV ; Dijon : Éloge de Bayard ; Marseille : Éloge de Duquesne, Éloge de Gassendi, Éloge de Massillon ; Pau : Éloge de Gassion, Éloge de Montesquieu, Les troubles de la religion en Béarn au XVIe siècle, Éloge de Pierre de Montesquiou, Éloge de D'Artagnan ; La Rochelle : Éloge de Henri IV ; Rouen : la délivrance de Salerne, Éloge de Corneille ; Toulouse : (Jeux floraux : Éloge de Duranti ; Toulouse : (Académie des Sciences : origine et caractère des Tectosages, Révolution des Tectosages.

1770-1779, Amiens : Éloge de Voiture, Éloge d'Adrien d'Aillet, Éloge de Dom Luc d'Acheri, Éloge du maréchal de Créqui, Hommage fait par Édouard III à Philippe de Valois, Éloge de J. B. Rousseau, Éloge de Crillon ; Besançon : Limites de la Sequane, Limites de la Bourgogne, Éloge de Grandvelle, coutumes des Germains en Bourgogne, Autorité des évêques en Bourgogne, Autorité des Empereurs en Gaule, les monuments romains de Franche-Comté, Chronologie des Évêques de Besançon, Origine du droit de mainmorte dans les provinces du premier royaume de Bourgogne, Monnaie du Comté de Bourgogne ; Bordeaux : Conquête de Bordeaux par les Romains, Bordeaux à l'époque romaine ; Dijon : Éloge de Bossuet, Éloge de Saumaise ; Marseille : Éloge de La Fontaine, Éloge de Mme de Sévigné, Éloge du maréchal de Muy ; Nancy : Éloge de Stanislas ; Pau : influence de la découverte du Nouveau Monde ; Rouen : Les historiens anciens de la Normandie, le Parlement de Normandie ; Toulouse (Jeux floraux) : Éloge de Raymond VII, Éloge de saint Exupère, Éloge de Cujas, Éloge de L'Hospital, Éloge de Pibrac.

1780-1789, Amiens : Éloge de Gresset, Éloge de La Mothe ; Angers : Éloge de Cossé-Brissac ; Arras : Histoire du commerce de l'Artois ; Besançon : Limites de la Comté, Sciences et Lettres en Franche-Comté jusqu'au règne de Louis XIV, Éloge de Brun, Histoire de l'Université de Bourgogne, le comté d'Auxonne ; Bordeaux : Éloge de Montesquieu, Éloge de Gontaut Biron ; Dijon : Éloge de Vauban ; Grenoble : Éloge de Bayard ; Marseille : Éloge de Vendôme, Éloge de Cook, Éloge du chevalier Paul, les troubadours ; Montauban Éloge de L'Hospital, Éloge de Georges d'Amboise, Éloge du Chancelier Séguier, Éloge du marquis de Pompignan, Éloge de La Valette grand maître de Malte ; Montpellier : Éloge de Belval, Éloge d'Olivier de Serres ; Nancy : Histoire de Lorraine ; Nîmes : influence de Boileau ; La Rochelle : Éloge d'Anne de Montmorency, Éloge de Dupaty ; Rouen : Éloge de Tourville, Éloge de Poussin, Éloge de l'abbé de Saint Pierre (abbé) Toulouse : (Jeux floraux) : Éloge de Louis XII, Importance de la Révolution américaine, Éloge de J. J. Rousseau, Éloge de Louis XI, Éloge de Buffon ; Toulouse (Académie des Sciences) : Fermat, Les Révolutions du commerce de Toulouse.

N.B. Cette liste ne constitue pas l'état complet de tous les prix proposés mais des sujets à la période de leur publication première (pour les comptages statistiques, nous avons tenu compte des répétitions et choisi comme unité le prix proposé non le sujet). Elle repose sur le dépouillement des archives académiques éclairé par le recours à la presse, confronté avec le ms : 995 de la bibliothèque de Dijon inventé par P. Barrière :cf., « La vie académique au XVIIIe siècle », in : *Revue d'Histoire Littéraire de la France*, 1952, pp. 11 et 24 ; ainsi que A. F. DELANDINE, *Couronnes académiques ou Recueil des prix proposés par les Sociétés savantes...* Paris, 1787.

CHAPITRE VII

Les sciences
dans les académies provinciales

Avec l'Histoire, les académiciens provinciaux rêvent de comprendre le passé pour aménager le présent; avec les sciences, ils imaginent de construire l'avenir avec l'expérience du présent. Leur activité prend place dans la grande transformation qui bouleverse la production imprimée, elle a été incitatrice et consommatrice à la fois, mais non sans décalage et incertitude.

Au XVIIe siècle, la lecture du livre religieux constitue l'assiette fondamentale des consommations culturelles, elle est portée par le triomphe de la réformation religieuse catholique et protestante qui sait utiliser à bon escient le livre de petit format, la publication en vulgaire, la soif d'un public plus exigeant pour les exercices et la pratique. La crise de la conscience et les débats qui traversent les milieux philosophiques et savants n'interfèrent pas immédiatement dans les choix éditoriaux. De même, ceux-ci ignorent pour une grande part la révolution scientifique qui de Galilée à Newton entreprenait de déchiffrer désormais le monde en langage mathématique. La rupture ne s'inscrit pas ici dans les courbes de production, qui révèlent au contraire la permanence des archaïsmes, la lenteur des novations.

Au XVIIIe siècle en revanche, l'évolution voit tout ensemble le recul de la théologie et des sciences religieuses et la croissance des sciences et des arts dont les multiples interrogations sont unifiées par la volonté de comprendre, gérer, transformer le monde naturel et social. L'accroissement simultané de toutes leurs composantes traduit la diffusion de l'ambition encyclopédique tendue vers l'inventaire classifiant et la domination d'un univers désacralisé. Dans ce dispositif de conquête les académiciens de province ont tenu sans conteste leur rôle et animé l'évolution culturelle d'ensemble. Ils se portent acquéreurs des collections scientifiques nouvelles et anciennes, on l'a vu avec Dortous de Mairan; ils s'abonnent aux périodiques savants ou vulgarisateurs; ils sont aussi créateurs et initiateurs dans la mesure où de plus en plus ils animent la recherche en tous domaines, lancent des expériences, créent des cours, publient des résultats et des controverses, fondent des observatoires et des cabinets de physique ou de sciences naturelles : on en dénombre plus de quatre cents, majoritairement localisés dans les villes académiques. En bref, ils diffusent largement la croyance neuve que l'avenir est tout entier dans la science.

En rester là, c'est cependant s'en tenir à un panorama de convention car deux questions restent posées à la science académique et aux savants académiciens : de quelle science s'agit-il ? De quels savants est-il question ? La curiosité et la science ne font pas toujours bon ménage. Bachelard l'a dit : « En multipliant les occasions de la curiosité, loin de favoriser la culture scientifique on l'entrave. On remplace la connaissance par l'admiration, les idées par les images... »

La pratique des amateurs provinciaux et leur dessein fondamentalement utilitaire pouvaient éloigner autant que rapprocher de l'idéal rationnel d'une science fondée plus sur la rupture que sur l'accumulation. Entre les mots et les choses, l'académisme provincial s'est cherché, fidèle à la fois à Descartes et à Bacon.

Réconcilier la nature et la culture

En apparence, la conversion provinciale aux travaux scientifiques est précoce [1]. Dès la première moitié du XVIIe siècle, des cercles savants regroupés autour de brillantes personnalités – songeons aux Fermat à Toulouse, à Etienne Pascal à Clermont-Ferrand, à Daniel Huet à Caen – ont une activité et déjà un public [2]. D'une certaine façon les académies provinciales du siècle des Lumières prolongeront ces traditions anciennes toujours évoquées dans les discours commémoratifs, mais ce mouvement ne se fait pas sans rupture. De fait, la province du Grand Roi se cherche au miroir parisien et elle s'inspire plus souvent de l'Académie française que de l'Académie royale des sciences; deux sur les douze premières fondations se réclament de la tradition scientifique parisienne et obtiennent une affiliation directe qui ne sera plus qu'exceptionnelle : Montpellier et Bordeaux [3]. La vague première des créations académiques se reconnaît plus volontiers dans les travaux humanistes et rhétoriques des héritiers de Conrart et de Richelieu. Tout conspire à renforcer cette attirance, le rôle des protecteurs souvent liés eux-mêmes à l'Académie française [4], la culture des amateurs provinciaux élèves des collèges fidèles à l'humanisme ouvert de la *ratio studiorum*, l'action du pouvoir monarchique favorable, nous l'avons vu, à un projet culturel qui pro-

1. Taton (**R.**), *Histoire générale des sciences*, t. II, *La Science moderne, 1450-1800*, Paris, 1958, pp. 186-189, pp. 407-428.

2. Harcourt-Brown (A.), *Scientific Organisations in Seventeenth Century France, 1620-1680*, Baltimore, 1934.

3. Arles (1669 – date des patentes), Avignon (1658), Soissons (1674), Nîmes (1682), Angers (1685), Villefranche-en-Beaujolais (1695) et Toulouse Jeux floraux (1695) sont fidèles au modèle de l'Académie française. En revanche Montpellier (1706) et Bordeaux (1713) regardent du côté de l'Académie des Sciences. Caen et Lyon sont plus indépendantes à l'égard de la tutelle parisienne.

4. Songeons aux d'Estrées à Soissons, à Fléchier à Nîmes, à Daniel Huet à Caen.

clame la puissance du discours et le triomphe du langage des honnêtes gens de Paris.

Progressivement toutefois, le mouvement provincial échappe à cette première attraction. De 1715 à 1760, une vingtaine de sociétés nouvelles s'ajoutent aux premières créations et c'est à ce moment que se précise définitivement l'orientation favorable aux Sciences. La répartition des références qu'elles retiennent dans leur titulature est de ce point de vue significative : neuf d'entre elles se réclament des Belles-Lettres, fidèles aux pratiques anciennes des « Sciences humaines » définies par les Humanités, toutes les autres se placent sous l'invocation polymathique des Sciences, des Arts et des Lettres [5]. L'originalité provinciale se situe dans cette réconciliation de l'inspiration baconienne, présente dans la fondation de l'Académie royale des sciences, avec les ambitions généralisantes dont Perrault s'était fait le défenseur devant Colbert [6]. Dans une certaine mesure, on jauge ici l'écho de l'enseignement de la physique des collèges – entre 1700 et 1760, plus de quatre-vingts établissements de la Compagnie de Jésus et presque toutes les Maisons de l'Oratoire dispensent un enseignement de physique et de mathématique [7] –, mais la novation académique est autre. Elle se situe principalement dans l'élargissement des disciplines scientifiques étudiées et dans la liaison établie entre arts et sciences. Partout, et parfois même dans les forteresses du beau langage, ainsi à Marseille [8], les ambitions savantes s'amplifient. Voyez à Dijon le programme proposé par le doyen du Parlement Pouffier : la physique et la médecine y concernent en fait tout ce qui regarde la connaissance de la nature, de la physique à la chimie, de l'anatomie à la physiologie, de la botanique à la minéralogie [9]. Partout aussi, la volonté de ne pas séparer les sciences et les techniques confirme les néo-immortels provinciaux dans l'idée qu'ils réussiront une synthèse utilitaire pour une fonction d'usage social ; l'inventaire des mots et des gestes sous le regard des pouvoirs permet à leurs yeux de réconcilier la nature et la culture, d'effacer les inégalités culturelles, de conquérir une modernité nouvelle. Ecoutons l'optimisme académique s'exprimer par la bouche de l'ami de Voltaire, le président de Cideville : « Que de trésors cette belle province renferme dans son sein ou étale à sa surface qui sont encore ignorés ; que de faits importants son histoire laisse à éclaircir ; de branches d'industries à perfectionner ou à lui faire connaître, que de

---

5. Se réclament des Lettres, outre les fondations antérieures : La Rochelle, Marseille, Montauban ; des Sciences et Arts avec des modalités différentes : Amiens, Auxerre, Besançon. Béziers, Brest (la seule qui soit affiliée à l'Académie des Sciences), Châlons, Clermont, Dijon, Lyon II, Metz, Nancy, Pau, Rouen, Toulouse II optent pour les Sciences ; plusieurs fondations primitives les imiteront progressivement.

6. Hahn (R.), *The Anatomy of a Scientific Institution, the Paris Academy of Sciences, 1666-1803*, Berkeley, Londres, 1971, pp. 10-25. Ouvrage magistral dont la traduction honorerait l'actuelle Académie des Sciences et l'édition française.

7. Dainville (F. de), « L'enseignement scientifique chez les jésuites », dans Taton (R.), *Enseignement et diffusion des Sciences en France au XVIIIᵉ siècle*, Paris, 1964, pp. 24 et suiv.

8. Roche (D.), *Le siècle des Lumières en province. Académies et Académiciens provinciaux 1680-1789*, Paris-La Haye, 1978, chap. I, « Les académies du pré-encyclopédisme ».

9. Milsand (P.), *Notes et documents pour servir à l'histoire de l'Académie des sciences, arts et belles-lettres de Dijon*, Dijon, 1870, pp. 180-185.

procédés utiles à l'agriculture, à l'éducation des animaux domestiques, à l'amplification du commerce. Il tombe à votre charge de les lui révéler! Plus vous la parcourrez plus la carrière s'étendra sous vos pas. Par vos soins les sciences prêteront aux lettres leurs méthodes et leur justesse, et, en échange, les lettres rendront aux sciences cette pureté de langage, cette clarté de construction qui donnent la plus grande valeur au style dogmatique. De l'assemblage de vos dissertations utiles sur tant d'objets que je ne fais qu'indiquer, se formera un jour un édifice majestueux, un corps complet d'histoire civique, physique et politique de cette province. Quel trésor abondant pour l'État si les différentes parties de la France contribuaient pareillement à la richesse publique [10]... »

A l'âge du pré-encyclopédisme, les académiciens de province, dans une œuvre qui est peut-être moins d'invention et de production que d'assimilation et d'application, s'efforcent de conserver toujours un équilibre fragile entre théorie et pratique. Les décennies qui suivront ne verront pas, dans ce domaine, de grands changements. Passé les années 1760 et jusqu'à la Révolution, l'académisme provincial reste fidèle à ses premières affirmations et réclame l'alliance de la science et des pouvoirs, de l'utilitarisme et de la réflexion [11]. La montée des concurrences – loges maçonniques de toute obédience, sociétés d'agriculture, sociétés littéraires et savantes, bibliothèques, chambres de lecture, clubs et cercles – révèle en revanche la disponibilité et l'élargissement du public provincial. Une lente mutation s'est produite qu'il importe d'interroger dans ses composantes scientifiques. Pour ce faire une double perspective s'impose : dans un premier temps il faut mesurer la place effective occupée par les sciences dans l'ensemble des activités académiques, en quelque sorte la fidélité aux principes statutaires et aux objectifs des fondations; en second lieu, il faut s'interroger sur la portée et la signification réelle du mouvement scientifique provincial. Effectivement, réduire comme on le fait trop souvent les recherches des académiciens à une novation de principe ou à une non-scientificité de fait ne répond que partiellement à la question essentielle du rôle des institutions savantes quant à l'élaboration et à la diffusion des idées scientifiques nouvelles. En d'autres termes on ne peut séparer artificiellement les différentes fonctions des sociétés de culture et il paraît plus convaincant de reprendre l'analyse en acceptant de tenir compte de cette ambiguïté essentielle. La sociologie historique des sciences et de leur mutation est possible, mais à ce prix : respecter l'originalité fondamentale des institutions savantes, étudier leur rôle en fonction des pressions sociales qui s'exercent sur elles, faire sa place au phénomène de la vulgarisation du savoir.

Quelle est la place des sciences dans l'ensemble des activités académiques? La question, pour être banale, n'en a pas moins un certain mérite :

---

10. Gosseaume (M.), *Précis analytique des travaux de l'Académie des sciences, belles-lettres et arts de Rouen*, Rouen, 1814, 5 vol., t. I, pp. 167-168 (1745).

11. Pour une analyse des lettres patentes et des règlements, voir Roche (D.), *op. cit.*, chap. III, « Académies et pouvoirs ». Le relevé des occurrences montre d'une part le caractère très général des définitions scientifiques intéressant le pouvoir (physique, mathématiques, etc.), d'autre part le triomphe de l'alliance Sciences-Arts-Lettres. La vision utilitaire et pragmatique de la bureaucratie monarchique confirme les académies dans leur rôle de définition d'une culture et l'absolutisme qui éclaire Sciences et Lettres y puise sa justification.

elle permet de mettre en valeur la capacité moyenne d'absorption de sujets pour la plupart hautement spécialisés dans un milieu qui reste à l'essentiel composé d'amateurs. Le profil scientifique moyen des immortels de province trace ainsi une limite. On peut la saisir à deux moments de l'activité académicienne, celui des séances privées et publiques où se fait l'élaboration, l'animation et la diffusion culturelle immédiate, celui des concours qui instaurent un dialogue plus large entre les cénacles provinciaux et les publics divers qui composent la République des Lettres et des Sciences [12].

L'idéal de service scientifique et technique

Pour les seules séances ordinaires, près de trente mille communications ont été recensées; toutefois d'importantes lacunes et plus encore l'hétérogénéité chronologique et heuristique des sources étudiées confèrent aux chiffres obtenus plus une valeur indicative qu'un caractère absolu. L'évaluation abrupte montre en toute clarté le triomphe des sciences et arts : 60 % des travaux, le reste se partageant entre les belles-lettres et l'histoire. Ainsi se trouvent confirmées, voire amplifiées, toutes les analyses quantifiées poursuivies jusqu'à ce jour : périodiques (*Journal des Savants, Mercure de France, Correspondance littéraire* de Grimm et *Mémoires secrets* de Bachaumont) [13]; registres des privilèges et des permissions tacites qui permettent de connaître l'état de la Librairie du royaume [14]. Par rapport à toutes ces manifestations de culture, les travaux des néo-immortels provinciaux sont incontestablement dominés par les productions savantes et utilitaires dont l'attirance plus ou moins marquée permet de distinguer trois groupes principaux de sociétés.

Dans un premier ensemble se retrouvent des sociétés à vocation littéraire où les sciences n'ont jamais triomphé : Montauban, La Rochelle, Marseille, Angers et Caen. Dans le deuxième groupe, les discussions historiques ont joué un rôle notable mais les sciences y exercent une attraction incontestable (40 à 50 % des discussions); y trouvent place Nîmes, Besançon, Nancy et Arras. Troisième catégorie : seize sociétés pour lesquelles la suprématie des sciences et des arts est totale, au minimun 50 % et pour quelques-unes 100 % : Montpellier, Brest, Bordeaux, Orléans, Metz, Valence et Toulouse dépassent le niveau 80; Dijon, Châlons, Amiens, Béziers, Cherbourg et Bourg-en-Bresse, le niveau 60; Agen, Clermont, Auxerre, le niveau 50. Le modèle culturel académique est manifestement, comme on le discernait dans les affirmations statutaires des années 1720-1760, lié à la diffusion d'un ordre nouveau du savoir où recherche des connaissances objectives et mutations techniques composent un partage neuf et une fonction nouvelle de la culture.

---

12. Pour mesurer la valeur des sources académiques, renvoyons à Dupront (A.), *Livre et culture dans la société française du XVIIIe siècle*, I, Paris-La Haye, 1965.

13. Ehrard (J.) et Roger (J.), « Deux périodiques français du XVIIIe siècle, le Journal des Savants et les Mémoires de Trévoux », dans *Livre et Société*, I, *op. cit.*, pp. 33-59; Flandrin (J.L. et M.), « La circulation du livre dans la société du XVIIIe siècle », dans *Livre et Société*, II, Paris-La Haye, 1970, pp. 39-72.

14. Furet (F.), « La Librairie du Royaume de France au XVIIIe siècle », dans *Livre et Société*, I, *op. cit.*, pp. 3-32.

Le savoir scientifique devient élément constitutif du bagage culturel des classes dirigeantes urbaines. Dans la mesure où chaque société reste fidèle aux normes qu'elle a définies lors de sa création, il est intéressant de noter la progression généralisée des intérêts scientifiques, là même où les vocations littéraires sont le plus affirmées, à Angers, à Marseille, à Soissons [15]. Dans la transformation qui se manifeste en clair, il s'agit toujours d'une lutte entre modèles culturels sans qu'il soit possible de faire coïncider la montée des valeurs nouvelles avec des clivages sociaux absolus. Le triomphe des sciences est conquête progressive d'un milieu ouvert où toutefois certaines catégories sociales jouent un rôle pionnier : ainsi les professions médicales (25 % du recrutement général), les militaires, les ingénieurs et les architectes, le monde des administrations citadines préoccupé d'aménagement et de rentabilité. Au-delà des divergences d'opinions et d'intérêts, ils rejoignent les amateurs robins fidèles aux curiosités savantes de l'humanisme dans un même souci de diffuser les valeurs nouvelles, dans une même pédagogie vulgarisante.

Presque partout les séances publiques confirment les choix présentés par les réunions privées, mais la cohérence du modèle culturel présenté aux publics des villes académiques y est plus forte encore ; par suite la place des sciences, inchangée globalement, est encore plus marquée d'un bout à l'autre du siècle au détriment des discours de belles-lettres ou des mémoires historiques. L'idéal de service scientifique et technique s'y déploie dans toute son ampleur et non sans ambiguïté dans la mesure où la séance solennelle doit concilier plus que les réunions à huis clos le sérieux et le divertissement, l'ambition savante et le désir de plaire. Ainsi le modèle culturel tend vers un équilibre favorable à la vulgarisation scientifique et peut-être plus encore à l'amplification rhétorique, constamment reprise, de l'idéologie du mouvement académique. Les sciences y trouvent un public fasciné par le déploiement mystérieux d'une rationalité paisible inséparable d'un discours de progrès. Elles y sont en représentation dans l'univers des apparences et de la compréhension conventionnelle. La relation qui unit le micro-milieu des lettrés et des savants à l'assemblée élargie des notables provinciaux favorise ainsi une certaine divulgation de la pensée scientifique tout en créant la fiction d'une lisibilité des phénomènes par tous, laquelle est moins que prouvée.

Une même diffusion est assurée par le biais des concours. L'organisation, la publication et la correction des compétitions occupent une situation importante dans les activités des sociétés de culture, et la vie intellectuelle du siècle des Lumières, dans l'Europe entière, ne saurait se comprendre sans leur étude [16]. Pour les académies, décerner un prix est un signe de rayonnement et d'autorité, c'est aujourd'hui encore un bon moyen pour en mesurer la vitalité. Pour elles c'est une occasion de révéler des talents nouveaux et une manière de dévoiler leurs préoccupations fondamentales, celles qui doivent retenir l'attention des amateurs cultivés, celles qui leur permettent de prendre rang dans la communauté nationale et internationale des lettres et des sciences. Ainsi les concours

---

15. Angers, 1780-1789 : 30 % de Sciences et Arts; Soissons : 40 %; Marseille : 40 %. On peut se reporter aux figures 1, 2, 3, 4, pp. 179-186.
16. Barrière (P.), *L'académie de Bordeaux, centre de culture internationale au XVIIIᵉ siècle, 1712-1792*, Bordeaux, Paris, 1951; et Delandine (A.-F.), *Couronnes académiques*, Paris, 1787-1788.

permettent aux sociétés savantes d'assumer un rôle directeur dans la vie intellectuelle provinciale (le rayonnement effectif des joutes académiques reste malgré tout régional) et d'accomplir leur vocation pédagogique d'utilité. La progression constante du nombre des sujets proposés – 48 pour la période 1700-1709, 618 pour la décennie 1780-1789 – le nombre croissant des candidats recrutés dans des milieux sociaux de plus en plus divers, l'écho retentissant de certains problèmes discutés, tout prouve le succès de la formule. Dans le nouveau code des valeurs et des intérêts qu'élaborent les concours académiques, les sciences sont au premier rang avec plus de 50 % des 2 206 programmes proposés entre 1700 et 1789. Toutefois cette donnée trop simple doit être nuancée.

Chronologiquement d'abord. Dès 1710-1719, les sciences entrent dans les compétitions, et l'initiative est provinciale : Bordeaux devance de peu l'Académie des sciences. L'accroissement du nombre des épreuves s'accompagne d'un élargissement maximal des préoccupations scientifiques presque toujours étroitement liées à des réflexions techniques. La progression des questions savantes ne se ralentira plus et jusqu'aux années pré-révolutionnaires, le provincialisme culturel se définit par l'accent mis moins sur les sciences exactes que sur leur application. Les académies se veulent alors « interprètes des sciences pour le peuple », elles servent à l'instruction des groupes dirigeants et font place au savoir scientifique dans leur volonté de diriger l'opinion.

Toutefois, elles ne se sont pas engagées dans cette voie avec une identique acuité. Un petit groupe, où l'on retrouve Villefranche, Soissons et les Jeux floraux de Toulouse [17], reste tout le siècle fidèle à un tempérament littéraire. Les sciences n'y sont l'objet que d'une célébration poétique et d'un commentaire de rhétorique morale. Plus troublée par les nouveautés scientifiques est La Rochelle, dont les concours poétiques illustrent aussi la démarche de fascination par les expériences et les observations : les odes à l'électricité ou aux Montgolfier y prouvent un intérêt réel pour des sujets que n'osent point aborder directement des amateurs peu armés dans les disciplines scientifiques. Nîmes, où l'on retrouve une même poésie savante, a su toutefois proposer des questions où techniques et sciences s'appuient sur une réflexion pour l'amélioration de la cité [18].

Pour le reste, les sciences et les arts occupent toujours plus de 60 %, mais deux tempéraments se dessinent. L'un, où les préoccupations nouvelles s'accompagnent d'une fidélité aux intérêts philosophiques et moraux : ainsi Marseille, Montauban, Pau, et Nancy, mais également Besançon. L'autre, où la novation l'emporte définitivement : de 80 à 100 % des sujets proposés intéressent les sciences [19].

---

17. Les poésies consacrées aux Sciences et aux Arts sont de plus en plus nombreuses dans le corpus des Jeux languedociens passé les années 1770-1779, mais au total elles ne forment qu'à peine 15 % de l'ensemble, moins qu'à l'Académie française (34 %), plus qu'à Villefranche (10 %) et à Soissons (13 %, mais ce dernier chiffre est contestable car une part des archives a disparu).
18. La Rochelle : Sciences et Arts, 34 % des sujets, Nîmes ; 45 %.
19. Sciences et Arts à Toulouse II, 77 % ; Nancy, 66 % ; Marseille, 68 % ; Pau, 63 % ; Montauban et Amiens, 61 % ; Besançon, 60 % ; Rouen, 59 % pour le premier groupe ; Arras, 100 % ; Angers, 80 % ; Bourg, 100 % ; Caen, 96 % ; Bordeaux, 90 % ; Châlons, 100 % ; Dijon, 91 % ; Grenoble, 85 % ; Lyon, 100 % ; Metz, 96 % ; Montpellier, 87 % ; Orléans, 100 % ; Valence, 100 %, pour le second groupe.

Il faut toutefois noter encore la coexistence des réflexions générales et des applications techniques. Là même où les sciences pures avaient une place importante, l'évolution se fait à leur détriment; elles reculent pour laisser place aux améliorations du monde. Ainsi à Bordeaux après 1750-1760, à Dijon où la part de la médecine reste une constante. Au total, à considérer l'ampleur du mouvement des concours, on ne peut négliger l'influence des académies de province, mais à condition de bien voir qu'elle est inséparable d'une promotion des techniques et d'une réflexion réformatrice plus générale. Le modèle culturel ainsi promu considère les sciences moins pour elles-mêmes que pour les résultats utiles qu'elles proposent. Elles sont plus servantes que maîtresses pour une pensée gestionnaire où l'inventaire des richesses, des manières d'agir, des difficultés et des méthodes pour les résoudre est au premier rang.

Cette ambiguïté pèse fortement sur les choix provinciaux, tant pour les sujets de concours que pour les dissertations entendues; le souci du concret est partout caractéristique. Triomphent alors les questions d'observation et d'application, dominent en tous lieux les sciences de la nature et la médecine [20]. Deux sociétés seulement, Brest et Caen, échappent à cet engouement collectif : la première parce que ses travaux restent attachés à la liaison, traditionnelle pour une société de marins, entre mathématiques, astronomie, manœuvre; la seconde sans doute par suite de l'influence maintenue des pères jésuites, cartésiens fidèles, même après 1760. Mais dans l'ensemble l'académisme provincial refuse pour une part la dure spécialité des mathématiques et pour une autre les confusions de la physique. En fait, les calculs algébriques et la géométrie ne sont pas absents, mais ils restent affaire de spécialistes. Le temps des amateurs est clos pour les mathématiques, comme le prouve *a contrario* la permanence de l'astronomie, d'observation plus aisément accessible. A Montpellier, académie scientifique, le nombre des mémoires mathématiques n'atteint pas 5 %; au contraire les comptes rendus astronomiques sont à la mode et progressent. De même, si la physique reste à une place seconde, c'est plus par méfiance pour les débats généraux sur les systèmes que par absence d'intérêt pour un secteur de recherche riche en applications utilitaires et animées par des flambées capricieuses où les académiciens manipulent et démontent toute une machinerie physique, des ressorts, des baromètres, des thermomètres, des balances, des montages optiques et mécaniques, des appareillages électriques, des boussoles, des diapasons. Partout on s'électrise, on démonte et on remonte des paratonnerres audacieux, les grandes académies veulent leur aérostat [21]. La distraction mondaine et l'empirisme utilitaire confèrent à la physique académicienne son aspect de bric-à-brac.

La vraie passion des Lumières provinciales reste cependant fixée sur les sciences de la nature. Trois pôles les tiraillent : la médecine qui est aussi description physiologique et anatomique [22] (presque toujours plus

---

20. 58 % de l'ensemble des travaux scientifiques.
21. Rouen, Nancy, Dijon, Lyon, Besançon, Grenoble, Bordeaux, Marseille se lancent à la conquête des airs.
22. Dans l'ensemble des travaux : 44 % à Amiens; 55 % à Auxerre; 46 % à Besançon; 25 % à Béziers; 26 % à Bordeaux; 11 % à Brest; 28 % à Caen; 27 % à

du quart des travaux scientifiques), la botanique et le complexe zoologique, minéralogique et géologique. L'ensemble est composite mais puise sa force dans la sur-représentation des médecins et chirurgiens provinciaux. La dispersion générale renvoie à un empirisme des curiosités où le seul thème unificateur est l'obsession taxinomique guidée par une volonté de rendre l'art de guérir moins conjectural [23]. Thérapeutique et diagnostic sous-tendent les sujets médicaux ; ici la province enregistre presque immédiatement les enseignements de la capitale, ceux de l'Académie des sciences et ceux de la Société royale de médecine qui trouve dans le réseau des académies provinciales un support incomparable [24]. De surcroît le succès de l'histoire naturelle est certainement lié à un vitalisme pour l'essentiel développé dans les facultés ; il exprime la permanence des curiosités que guide le scepticisme médical et convient à un monde d'observateurs amateurs plus soucieux d'accumuler les remarques de détails que de donner une explication rationnelle et généralisée des phénomènes naturels. Sur la trame d'un projet d'inventaire, les engouements nouveaux peuvent toujours trouver place : ainsi de la chimie, faiblement représentée au début du mouvement, vouée d'abord à une situation d'auxiliaire de la médecine ou des métiers, mais dont le décollage est partout manifeste après 1760-1769. Guyton de Morveau à Dijon, Chaptal à Montpellier sont au premier rang de la mutation chimique.

Au total s'affirme partout une volonté de progrès par les sciences, et à ce point il importe de réfléchir sur la portée réelle de la vulgarisation scientifique académicienne. Un « scientisme » avant la lettre s'y dévoile. La part croissante des intérêts savants, le sérieux et la continuité des recherches entreprises, les déclarations répétées qui expriment l'espoir placé dans les conquêtes novatrices, tout tend à le prouver. Le vocable est commode pour qualifier l'ambiguïté réelle de l'académisme à l'égard des sciences puisqu'il définit plus une croyance qu'une action ou qu'une pratique. Ainsi les néo-immortels provinciaux peuvent être sensibles au « scientisme », visage nouveau du sacré, sans être totalement des *scientifiques*. Le constat est à établir sur deux plans : d'abord celui d'une analyse de la « science normale », complexe de traditions et lieu de rupture [25], ensuite celui d'une évolution possible des mentalités par suite d'un succès de la vulgarisation savante victorieuse des inerties.

Châlons ; 24 % à Cherbourg ; 22 % à Clermont ; 43 % à Dijon ; 36 % à Lyon ; 32 % à Marseille ; 36 % à Nancy ; 29 % à Metz ; 24 % à Orléans ; 28 % à La Rochelle ; 27 % à Rouen ; 32 % à Montpellier ; 34 % à Toulouse.

23. Voyez à Bordeaux de 1715 à 1720 : les préjugés de la médecine, l'indigestion, les vomissements, les empoisonnements, la rage, la mort subite, les fièvres, l'ivresse, l'usage du tabac, l'usage des perruques, les maladies dues à l'hiver pluvieux et au printemps chaud, les glandes salivaires, les cheveux, l'appendice, la rate du mouton, la floraison automnale, la croissance d'un cresson, la fleur de la vigne.

24. Cf. Meyer (J.-L.), « Une enquête de la Société royale de Médecine (1774-1794). Malades et maladies à la fin du XVIIIᵉ siècle », dans *Annales, E.S.C.*, 1967, pp. 711-751.

25. Kuhn (T.S.), *The Structure of Scientific Revolutions*, Chicago, 1962. Trad. française, Paris, 1972, pp. 25-60.

Le triomphe de la science

S'il faut en croire Gaston Bachelard, nombre d'académiciens provinciaux – et parisiens – ont été de faux savants : son index est éclairant sur ce point et la lecture des textes archivés confirme son jugement [26]. Mais à l'intérieur de ce vaste domaine où fermentent les idées les plus invraisemblables, des niveaux de scientificité relative sont à distinguer. Ainsi les disciplines mathématiques sont déjà dans la science, mathématiques pures et appliquées, astronomie et mécanique, de façon générale tout ce qui est quantifiable. Au moins pour tous ceux qui sont instruits des nouveaux langages, sinon pour tous les sociétaires, l'alignement sur les paradigmes novateurs, le refus des questions sans issue (quadrature du cercle), le rejet de l'esprit de système sont conquêtes évidentes partout. Mais l'étude d'une diffusion sociale – avec sa chronologie – des novations se heurte à la définition même de la « science normale », mélange de vérités acquises aux prix de ruptures avec les niveaux préscientifiques qui leur résistaient et les préparaient à l'avance, et d'erreurs, d'irrationnel, d'obstacles ; par suite de l'impossibilité d'établir rigoureusement l'horizon moyen de la science, objet idéal de l'adhésion collective des spécialistes, sans doute jamais réalisée. Dès lors, plus que la définition d'un ésotérisme savant, on saisit des comportements, on note des pratiques de discours et, à ce titre, la science académique est le lieu précis où novations et traditions, scientificité et obstacle à la scientificité se rencontrent, mais sans toujours se combattre. En d'autres termes, la vulgarisation savante des académies situe le vrai sous la forme de faux-semblants et avec des effets multiples de déformation et de reflet dont l'étude reste à faire presque entièrement [27].

Dans la pédagogie académicienne est encouragée avant tout la curiosité, qui favorise l'anecdote et l'illusion du savoir, et ceci par la nature théâtralisée de son discours. Dans les séances ordinaires et surtout dans les rencontres publiques, la science est plus en représentation qu'en situation d'expérience, le savant vulgarisateur veut conquérir un public en diffusant des résultats et des observations sans les modifier ou les juger. Tout alors est possible puisque tout académicien peut prétendre chercher sinon découvrir, et l'obsession de la collection ou la manipulation bricolée des effets d'expériences antérieures peut aisément remplacer la définition et la vérification des hypothèses. Comment alors « changer le réel », pour reprendre l'expression de Bachelard [28] ? Trop souvent l'académisme cède au vertige du merveilleux et du mystère. L'anatomie et la zoologie sont l'occasion de dresser une fantastique galerie d'horreurs et de chimères : enfants et animaux monstrueux, monstres végétaux, humains, poissons-chiens, chevaux envahis de polypes, agneaux sans tête ou à quatre chefs, « *felis monstruosi variae figurae* »... La séduction de ces monstres foisonnants ne peut être

---

26. Bachelard (G.), *La formation de l'esprit scientifique*, Paris, 1905, pp. 25-27.
27. Roqueplo (P.), *Le partage du savoir. Science, culture, vulgarisation*, Paris, 1974. Cf. plus particulièrement pp. 116-120, pp.164-177.
28. Bachelard (G.), *Le rationalisme appliqué*, Paris, 1949, pp. 207-210.

purement rationnelle et exigerait pour être comprise une véritable psychanalyse collective [29]. L'accumulation de tels discours prouve en tout cas à quelle source le rationalisme des académiciens trouve sa sève. Les sources d'un imaginaire social se dévoilent derrière ces intérêts, toute une alchimie survit dans les chimies académiques, toute une physique se complaît dans le mystère et les similitudes faciles des apparences. Si penser n'est point toujours savoir, la science académicienne reste empêtrée dans le conflit non résolu de l'ontologie et de la pratique, mais chacun peut y participer; là est sa force qui se satisfait plus de chimères que de vrais problèmes.

Néanmoins la vraie science gagne, et sur tous les fronts, par une série de ruptures critiques. Pour la physique, Newton est gagnant partout, trente ans après ses conquêtes parisiennes, passé 1750. La chimie de Lavoisier est quasi immédiatement acceptée dans les principaux centres de la recherche scientifique provinciale, Bordeaux, Dijon, Montpellier, Nancy. Les inoculateurs sont victorieux en tous lieux après 1760-1770. L'histoire détaillée de ces progrès reste presque totalement à écrire car le déroulement de ces conquêtes n'est pas rectiligne, des isolats restant en arrière même si les principes sont peu à peu reconnus par un plus grand nombre.

C'est pourquoi, au-delà des limites que nous avons pu tracer quant à la scientificité des travaux académiques, nous voudrions conclure dans un sens positif. Trois traits résument l'acquis du siècle en dépit du soupçon pédagogique : nécessité de l'expérience et de l'observation, refus des systèmes, organisation d'un inventaire raisonné. Primauté de la méthode donc et affirmée partout, c'est une nécessité qui fonde la collecte des faits en tous domaines. Il faut tenir registre des phénomènes naturels pour vaincre les puissances de l'imaginaire. Ecoutons, à Bordeaux, le chevalier de Vivens, exemplaire quant au profil moyen des intérêts de la communauté académique : « Ce qui fait que nous avons si peu de bons observateurs, et ce qui retarde beaucoup par conséquent les progrès de nos connaissances, est de négliger presque toujours les choses qui sont à notre portée quelque dignes qu'elles soient d'admiration et de curiosité. Spectateurs assidus mais indifférents ou distraits des effets les plus merveilleux de la nature, nous n'en sommes surpris que par réflexion, lorsque nous nous apercevons que la cause en est encore cachée. Mais avant que d'en venir là, il faut être déjà philosophe et avoir perdu beaucoup de temps à expliquer des choses trop éloignées de nous ou trop rarement observées pour en pouvoir peut-être jamais bien juger [30]... »

Suivant l'exemple de l'Académie royale des Sciences, le mouvement provincial propose l'abandon des disputes pour un positivisme d'expérience. A la longue, la vérité naîtra de l'accumulation des faits, l'académisme annonce le règne des choses avant celui des mots. D'où sans doute le déploiement de gigantesques inventaires, entreprises partout commencées, partout inachevées, occasion unique de réconcilier la science en marche et la gestion de la cité. Au plan de la culture, les académiciens

29. G. Lascault, *Le monstre dans l'art occidental*, Paris, 1973.
30. BM Bordeaux, ms. 1699, 24 (1743?).

font entrer la nature – comme l'histoire – dans les contrôles du pouvoir.

Participant à la célébration du progrès, les académies de province vulgarisent une représentation sociale neuve des savoirs scientifiques. Elles incorporent dans le catalogue des valeurs de la classe dirigeante les normes de la pratique savante, et cela avant même la diffusion de l'*Encyclopédie*. Elles donnent à un plus grand nombre l'occasion de participer à une pédagogie nouvelle; leurs collections, leurs bibliothèques, leurs laboratoires et leurs cabinets d'histoire naturelle, les cours publics qu'elles ont organisés ont été pendant un siècle les lieux où se faisait et se défaisait la science. Inséparable d'un utilitarisme fondamental, le rôle scientifique des sociétés savantes provinciales ne peut se comprendre sans une volonté politique. Son alibi? Le savoir et la culture sont des facteurs essentiels pour la mobilité des talents. L'académisme est ouverture.

TROISIÈME PARTIE

LE TRAVAIL INTELLECTUEL

L'histoire intellectuelle peut faire appel à l'histoire des intellectuels, mais le plus souvent elle n'en a cure ou s'en méfie. De ce constat peut partir notre intérêt pour la sociologie rétrospective des activités savantes et de la production-réception des textes. Certes le mot intellectuel n'existe pas encore – il n'apparaîtra qu'à l'aube du XXᵉ siècle – pour désigner la chose qui, elle, existe belle et bien. L'Ancien Régime a pour cela son propre vocabulaire où triomphe le terme *gens de lettres* et l'on sait que les *Lettres* rassemblent encore toutes les activités de l'esprit. La réalité toutefois est diverse, comme le montre l'idéal type de l'académicien qui définit avant tout un comportement culturel, un style ou un mode de vie convenant tout à la fois au gentilhomme éclairé, au clerc érudit et au professionnel de talent; à la rigueur on peut devenir auteur, mais c'est déjà changer de registre, s'avancer sur le théâtre où le public est juge du succès ou de l'échec. La rencontre des *hommes de lettres* et des *hommes du monde* est une clef de la sociabilité culturelle entre le classicisme et les Lumières. Elle constitue la réalité de la *République littéraire*.

Comprendre ce monde divisé et complexe peut se faire à partir de plusieurs voies. J'en propose quatre ici qui sont autant de moyens de retrouver comment peu à peu est né le pouvoir intellectuel. D'autres que moi – Alain Viala étudiant la naissance de l'écrivain au XVIIᵉ siècle, Eric Walter suivant le destin des écrivains et des auteurs à l'époque des Lumières – ont montré comment une véritable sociologie de la littérature était possible si l'on prenait en compte la notion de « champ littéraire » forgée par Pierre Bourdieu. On appellera hommes de lettres, écrivains, savants, philosophes, auteurs, en bref la majorité de ceux qui ont un travail d'intellectuel, quiconque se voit consacré par le « champ littéraire » – en d'autres termes, quiconque participe aux activités objectives des institutions incarnant dans l'espace social les activités intellectuelles : circuit de production du livre, rapports avec les pouvoirs de contrôle et de censure, entrée dans les réseaux de la société civile, participation aux salons et aux institutions des sociabilités culturelles (académies, loges maçonniques, sociétés littéraires, groupes constitués ou informels). En même temps, ces institutions instaurent des codes littéraires et des pratiques d'écrivains, elles proposent et discutent les normes du goût et les objectifs du travail savant. En s'incorporant à l'imaginaire social, elles construisent l'horizon d'attente des publics (Eric Walter). De ce point de vue, entre 1650 et 1720, le « champ littéraire » s'est institutionnalisé par l'action monarchique renforçant la censure, contrôlant la production imprimée, récupérant et relançant le mouvement académique. Sécularisé et placé au service du Roi, le mouvement des gens de lettres connaît une première revendication d'autonomie. Toutefois, le processus de la constitution de la société de cour chère à Norbert Elias n'épargne pas les gens d'écriture et de savoir. S'ils veulent se réunir, ils doivent se rallier et suivre l'idéal de l'*honnête homme* qui correspond à l'émergence d'un nouveau public. Aucune définition unifiante de l'écrivain et de l'intellectuel ne réussit à s'imposer et l'un comme l'autre restent tiraillés entre l'idéal d'urbanité et l'absence d'identité sociale.

De la Régence à la Révolution, le « champ littéraire » s'autonomise, l'essor du marché du livre, la multiplication des instances de reconnaissance dont le réseau s'étoffe – des académies aux salons, de la presse savante aux journaux de grande diffusion –, assurent la promotion des gens de lettres qui imposent la *philosophie*. L'*esprit* devient désormais un principe de distinction au même titre que le rang et la fortune. L'homme de lettres se fait citoyen. Les gens de lettres détiennent ainsi un pouvoir de médiation entre l'État et la société civile, et les plus grands définissent une direction de l'intelligence. La promotion de l'intellectuel s'est accompagnée de la proclamation d'un pouvoir symbolique qui ne disparaîtra plus.

La description de cette progressive transformation de statut ouvre plusieurs chantiers. Une réflexion s'impose sur ce qui rassemble, au-delà du groupe des écrivains et des écrivants, par-delà les oppositions entre les *prêtres*, les *prophètes* et les canailles, les *Rousseau du ruisseau*, disait-on sous Louis XV : le milieu principal de leur recrutement, de leur formation et de la conquête des habitudes, soit l'ambiance du travail intellectuel qui appelle un regard anthropologique. En deuxième lieu, on peut rouvrir le dossier des instances de consécration où s'est accéléré le métissage culturel des bourgeoisies et des noblesses ; la coterie d'Holbach et son salon en donnent l'occasion. En troisième lieu, on peut tenter de replacer l'évolution de la condition des auteurs dans une perspective à la fois plus ample et plus théorique : une interrogation sur les modèles économiques du mécénat peut y contribuer. Enfin, l'action des savants et des philosophes ne peut se comprendre sans examen de ses moyens privilégiés : l'écriture et le rapport au code de production est la route habituellement suivie ; on peut en parcourir une autre en mettant en valeur les instruments de l'échange immédiat que sont la correspondance et le voyage.

Le travail intellectuel existe-t-il ? Les économistes et les sociologues n'ont cessé de se quereller sur la notion dans la mesure où la part de l'esprit dans le travail productif reste difficile à évaluer. De ce point de vue, la théorie de la valeur-travail, à la fois symbole et moyen d'échange, peut apparaître comme l'une des figures conceptuelles que l'historien anthropologue doit mettre à l'épreuve. En tout cas, comme l'a fait remarqué Georg Simmel, elle se révèle « philosophiquement intéressante parce qu'avec elle la nature corporelle et spirituelle de l'homme, son intellect et sa volonté prennent une homogénéité que ne connaissent pas ces potentialités aussi longtemps qu'on les considère dans leur juxtaposition tranquille »... L'histoire peut alors intervenir pour comprendre comment dans l'antithèse du travail manuel et du travail intellectuel s'est édifié un ensemble de relations sociales enraciné dans une représentation du monde et de l'action des hommes. La valorisation de *l'otium* derrière lequel se masque toute une part de l'activité intellectuelle contribue à définir une culture et un cadre social.

L'historien pourrait alors peser le poids réel des activités intellectuelles – ce qui conduit d'une autre manière à retrouver la formation des intelligentsias, et à tenter d'en esquisser le recensement –, en même temps qu'il tâcherait d'analyser les représentations sur lesquelles s'est fixé le clivage des pratiques. L'apologie du travail intellectuel contribue à fonder, comme le salut de l'âme, un type de comportement qu'on ne saurait comprendre sans référence à ses espaces et à ses temporalités spécifiques. Ceux-ci, celles-ci jouent pleinement pour définir le « champ littéraire » dont la dynamique propre invente l'intelligentsia et l'opinion publique. Le salon en est une illustration souvent rappelée et pourtant mal connue. Dans la société d'Ancien Régime, il y a une continuité du modèle, des ruelles précieuses aux grands salons philosophiques, par un mouvement où les salonnières reconnues et constituées se passent le relais pour arbitrer un *art de vivre* qui est celui du triomphe des apparences, du masque et de la parole. Leur sociologie reste à tracer, mais elle n'a de sens que dans la confrontation des participations sociales à des pratiques de participation. Là domine la rencontre des sexes, le mélange des clans, les hiérarchies de la générosité dans l'accueil, l'art de converser où le spectacle impose ses règles à une vulgarisation des idées formatrice d'opinion. Là sont reconnus, attirés, confrontés les auteurs. Au moment où ils se dégagent des vieux liens mécénaux pour obéir aux règles du marché, à l'heure où ils s'affichent comme des producteurs, les salons leur donnent l'occasion de proclamer leur respectabilité nouvelle. Les travaux d'Alan Charles Kors sur la coterie d'Holbach dévoilent les mécanismes sociaux de la *ruse* des intellectuels, ils révèlent que l'homogénéité d'un salon est moins à chercher dans la cohérence sociale et idéologique que dans l'humanité sensible et dans l'affirmation mondaine. C'est pourquoi son étude a choqué les historiens des idées : à travers les relations sociales, elle prend en réalité pour objet la constitution du sens des œuvres dans leur temps, dans l'histoire.

La figure des auteurs devient alors plus complexe. Leur pouvoir naît de ce qu'ils peuvent être de plus en plus maîtres de leur destinée économique; le marché du livre et des journaux, les entreprises diverses de la librairie et du théâtre, le *noble commerce des choses de l'esprit* y pourvoient en même temps que le renforcement de l'espace public. S'interroger dans une perspective plus longue sur une définition opératoire du mécénat, pour l'histoire de la culture, où économie, sciences, arts, lettres et philosophie sont mêlés, suppose que l'on adopte un point de vue plus ample et plus général. Pour toutes les sociétés, l'idée du mécénatisme est celle d'un financement d'œuvres, qu'elles soient artistiques, peintes ou sculptées, qu'elles soient architecturales ou utilitaires, qu'elles soient projets scientifiques ou esthétiques, voire moyen d'établir les fondements matériels des œuvres d'assistance, qu'elles soient enfin discours écrits, poèmes ou proses, manuscrits ou imprimés. Ce choix souligne la difficulté d'étudier plus particulièrement les aspects économiques et sociaux d'une mentalité qui est avant toute chose la traduction dans les formes, et la mise en relation pour ce faire d'une personne – le mécène –, privée ou collective, et d'un bénéficiaire de son geste. Acte individualisé ou pluriel, l'essentiel est dans l'échange.

C'est à un autre type de commerce, mais où se retrouvent l'organisation en réseau, le fonctionnement des patronages, les mécanismes subtils de la mise en relation des personnes à travers d'autres personnes et d'autres médiations, que renvoient les pratiques de la correspondance et du voyage. On y a vu depuis longtemps un moyen de comprendre la circulation des idées, et dans l'association et l'échange on a discerné la construction d'une intellectualité. C'est sans doute un moyen de voir comment s'élabore l'espace de la République littéraire, en mesurant l'écho spontané en son temps d'un auteur, d'un savant, en reconstituant l'écho collectif et individualisé qu'il obtient immédiatement ou avec un retard. C'est une façon de percevoir à la fois le lecteur idéal, le sens d'une identification, mais aussi les décalages opposant l'idéal et la réalité.

L'étude des sociabilités culturelles au XVIIIᵉ siècle met en évidence l'importance des correspondances érudites ou savantes, le rôle des échanges collectifs et privés. Entre les sociétés et les académies de France et d'Europe se tissent des réseaux denses d'échange de nouvelles, de titres de livres, de journaux, d'imprimés, de gazettes *à la main*, d'avertissements utiles et de renseignements de tous ordres que souvent redoublent les communications familiales et familières, amicales et personnelles. La personnalité de J.-F. Séguier permet de réfléchir au sens de l'information quand – au siècle des Lumières – la *communication* quitte la simple théâtralisation du discours des rhéteurs pour atteindre l'universalité, comme l'a montré Marc Fumaroli. Une correspondance abondante, consacrée essentiellement à la période 1750-1784, inédite pour l'essentiel, permet à l'historien d'étudier avec ampleur et sur une période assez longue une pratique qu'on a le loisir de comparer à d'autres cas mieux connus. Toutefois, il ne faut pas négliger, en complément de cette première interrogation, d'essayer de comprendre comment circule l'information dans la République des Lettres, puisque les archives Séguier contiennent le relevé quotidien de ses visiteurs. Ainsi, à la dimension lointaine et quelque peu abstraite des échanges épistolaires s'ajoute la possibilité de mesurer la rencontre d'un érudit avec ses amis et ses admirateurs, voire ses adversaires ou ses détracteurs. Cette réflexion doit répondre à trois grandes ambitions : d'abord tenter de restituer les problèmes des correspondances et ceux du voyage comme moyens de comprendre l'organisation, mais aussi le mouvement même de la vie intellectuelle à l'époque des Lumières; essayer ensuite de peser la valeur sociale et l'extension géographique du réseau de Séguier dans l'Europe épistolaire à un moment essentiel où sans doute les Lumières changent de sens; enfin, en un temps où la vie provinciale académique est arrivée à son apogée (après 1760, il n'y aura plus guère de création importante, le système des concours et des échanges a atteint son efficacité maximale), on peut mesurer l'influence personnelle d'un individu au sein d'un mouvement collectif. Interroger les allers et venues des visiteurs permet de souligner des différences entre les pratiques du commerce savant et de signaler les motivations neuves qui animent déplacements et rencontres. Nîmes, avec Séguier, devient alors une étape du voyage européen et du *Grand Tour*. Un modeste académicien de province, érudit profond et accueillant en dépit du succès rencontré, réussit alors à mobiliser et à retenir l'attention de certains visiteurs.

Comme toute correspondance, celle de Séguier a le mérite de permettre la description d'un paysage social et culturel, elle introduit à d'autres analyses sur la nature de la culture évoquée, déchirée ici entre l'érudition, la science et la philosophie. Doublée du commerce des visites, elle montre la formation d'une conscience commune à travers les pratiques.

CHAPITRE VIII

L'intellectuel au travail

On peut parler d'intellectuel au XVIIIe siècle.

L'histoire des savants et des littérateurs a montré comment la fonction se dégageait des pratiques anciennes et comment une nouvelle image se formait d'un milieu intermédiaire entre l'État et l'espace public. A l'origine, les intellectuels, du moins ceux qui publient – écrivains ou écrivants, spécialistes écrivant sur leur art ou auteurs donnant régulièrement au public des ouvrages d'imagination ou de philosophie – vivent mal de leur production. Bien souvent, ils ne reçoivent rien en échange de leur manuscrit remis à l'éditeur. Ce sont des producteurs sans rémunération. Peu à peu, ils obtiennent un remboursement de leur peine sous forme d'un revenu mixte, moitié argent, moitié en nature sous la forme d'exemplaires de leurs œuvres.

Entre le XVIIe et le XVIIIe siècle, les choses se transforment. Les libraires-éditeurs prennent l'habitude de payer les manuscrits qu'ils publient; quelquefois, ils versent des salaires à des écrivains à gages : Diderot fut le plus célèbre de ces publicistes. Enfin, peu à peu, ils reconnaissent le droit des auteurs à toucher les produits monétaires de leurs travaux. Dans ces transformations s'est jouée une autre représentation de l'intellectuel, car il y a gagné l'indépendance sinon réelle, du moins idéale, en même temps qu'il obtenait à travers des institutions du « champ littéraire » la reconnaissance d'un pouvoir supérieur. Simultarément, la nature nouvelle du rapport de l'intellectuel avec l'argent et la survalorisation des activités de l'esprit se combinaient pour obscurcir la notion de travail intellectuel, que le XVIIIe siècle oppose sans difficulté au labeur manuel. Il peut paraître nécessaire à qui veut ne pas se satisfaire uniquement d'une définition idéologique de l'intellectuel, et à laquelle on est renvoyé presque exclusivement, de tenter une analyse plus large. Il s'agit de replacer la fonction dans le réseau des enracinements sociaux où elle se constitue et dans celui des pratiques où elle s'affirme. C'est une autre manière de percevoir l'imbrication des réalités et des représentations [1].

---

1. Cf. *L'Arc*, n° 70, « La crise dans la tête », et plus particulièrement André Green, « L'intellectuel et le désir de vérité », pp. 33-34.

Diderot, réfléchissant aux pouvoirs du roman, a replacé à la fois le lecteur et l'auteur dans la communauté du texte : « Narrateur et auditeur veillent à l'inconfort d'une polémique, à l'intégrité du récit », écrit à ce propos R. Kempf. C'est redonner au travail de l'intellectuel un espace spécifique et à celui qui le découvre dans la lecture, ce sentiment d'insécurité et d'incertitude qui doit lui être lié.

Du XIIIe au XVIIIe siècle, l'organisation sociale a été trop bouleversée pour que l'on puisse donner une réponse unique à la hiérarchisation effective des activités. On peut tenter cependant de saisir comment a pu évoluer la frontière des professions autonomes et ainsi celle des valeurs sociales qu'elles incarnent. Ceci ne va pas sans surprise et sans découverte de savoureuses justifications. Écoutons deux représentants de l'intelligentsia des Lumières. Un académicien marseillais vers 1780 : « Eh! qu'est-ce qu'a de rude et de difficile le travail qui occupe le commun des petits ? Il ne demande qu'une portion des forces dont le corps est doué et une application dont tout esprit est capable. Le nom de travail n'est bien dû qu'à ce qui peine l'âme, à ce qui lui coûte des efforts. Le travail qui affecte le corps ou qui occupe l'esprit sans le fatiguer est plutôt un amusement intéressant qu'une véritable occupation [2]. » A la même époque, l'abbé Perreau, polygraphe parisien, exprime une conscience identique : « Il me semble cependant que parmi les hommes, il n'y a que cette partie que l'on appelle le peuple qui soit condamnée au travail. Vous vous trompez. Il est vrai qu'il n'y a que le peuple qui se livre aux travaux du corps mais il est d'autres travaux qui, sans paraître aussi fatigants, le sont peut-être plus. Quel est donc ce genre de travail ? Le travail de l'esprit, celui des affaires. Quand le corps bien portant d'ailleurs a été bien fatigué par le long travail du jour, quelques heures de repos suffisent pour le rétablir, mais souvent le travail de l'esprit empêche de jouir de ce repos : c'est ce qui fait que les gens de cabinet, les gens chargés de beaucoup d'affaires ont rarement une santé aussi bonne que celle des gens du peuple, et que souvent ils regarderaient comme un très grand bien de pouvoir se livrer aux travaux du corps [3]. »

Ces deux textes soulignent d'abord la permanence d'une conception de la société investie par les valeurs sacrées de l'imaginaire social des trois ordres où les fonctions laborieuses rusent entre l'*otium* et le *negotium*. Ils montrent aussi qu'on ne peut se contenter d'une démarche d'inventaire se fondant sur les monographies de professions ou de métiers qui se rangent de part et d'autre d'une frontière difficile à tracer, mais qu'il faut ajouter à la pesée des activités libérales, à l'analyse de leur croissance dans le monde du tertiaire ou des services pour parler en économiste, la réflexion sur l'anthropologie de ces occupations.

Trois types de professions libérales suffisamment représentatifs apparaissent ici : celui de l'homme de loi, celui de l'architecte, enfin le fonctionnaire qui naît dans la division du travail liée à l'exercice du pouvoir. Les juristes italiens qui, du XIIIe au XVIIIe siècle, constituent un milieu fortement caractérisé ne se réduisent pas à un modèle unique. Entre les notaires génois, agents des pouvoirs citadins, mais aussi serviteurs des intérêts et des affaires privés, et les grands jurisconsultes,

---

2. Archives de l'Académie de Marseille, mss divers, carton 20.
3. Abbé Perreau, *Instruction du peuple*, Paris, 1786, pp. 13-15.

professeurs et experts qui remplissent universités et conseils des républiques comme des principautés-États, de multiples personnages peuplent la République du Droit, partagés entre roture et noblesse, divisés entre ceux qui s'activent réellement et ceux qui trouvent dans l'exercice des fonctions juridiques l'occasion d'une prébende, le marchepied des honneurs. L'unité de ce monde protéiforme est à chercher dans le maniement du langage du droit, dans l'acquisition d'une culture qui ouvre l'accès aux grades et aux charges publiques. Il n'est point surprenant de voir les carrières de juristes se multiplier au moment où la science du droit romain s'approfondit, quand la législation des États s'affirme. Ce qui compte, c'est moins l'hétérogénéité des situations des destins économiques, que l'unité culturelle qui soude les hommes du droit dans un esprit de corps, qui fonde la « prestance du docteur [4] » d'une extrémité à l'autre de l'Europe et jusqu'à l'approche de l'ère industrielle.

Les fonctionnaires des États, villes d'Empire ou monarchies, ont en commun de voir entre la fin du Moyen Age et l'époque des Lumières leur nombre s'accroître, mais aussi leurs compétences et leurs fonctions se diversifier à l'infini. C'est toute la « Police humaine [5] » qu'ils prennent en charge et gèrent en juristes praticiens, en maîtres de l'écrit et du chiffre. Avec eux grandissent le poids des archives, celui des comptes, les nécessités du rapport et de l'enquête, la discipline des dénombrements, bientôt la mesure des faits sociaux [6]. Leur développement semble partout irréversible, tant les tâches sont multiples dans un monde qui se spécialise – justice, finance, police, administration technique – et se rationalise de plus en plus. Partout des carrières se dessinent, en liaison avec le patronage et la clientèle, l'office vénal et héréditaire, la commission qui assure plus de fidélité au pouvoir et d'efficace sur le terrain. Là encore, de solides esprits de corps se forgent entre spécialistes de la gestion des hommes et des territoires; ils sont faits d'une communauté culturelle à la fois juridique et technicienne, d'une affirmation progressive de la légitimation par le mérite, bref de la croyance qu'ils constituent le lieu privilégié de la mobilité sociale, entre roture et noblesse, entre robe et épée, entre provinces et capitales. Dans l'Europe moderne, la fermeture et l'ouverture des bureaucraties oscillent en fonction des besoins des États et de l'évolution des stratégies sociales.

L'architecte – témoin pour le monde des artistes – suit un itinéraire comparable vers une professionnalisation croissante. Dans le cadre artisanal, il s'accommode des pratiques de l'atelier familial et du statut corporatif qui limite son autonomie. Presque partout, c'est le pouvoir étatique qui soustrait l'artiste et l'architecte à leur dépendance traditionnelle : il leur confère une autre dimension de vie, il les place sous l'autorité de nouvelles instances de légitimation, les académies des beaux-arts, dont le modèle romain et italien conquiert l'Europe entière. La professionnalisation passe par l'école des académies; les milieux

4. P. Legendre, *L'Amour du censeur : essai sur l'ordre dogmatique*, Paris, Éditions du Seuil, 1974, pp. 99-115.
5. D. Roche, *Le peuple de Paris. Essai sur la culture populaire au XVIIIᵉ siècle*, Paris, Aubier-Montaigne, « Historique », 1981 ; S. Kaplan, *Bread, Politics and Political Economy in the Reign of Louis XV*, 2 vol, La Haye, M. Nijhoff, 1976, pp. 2-41.
6. *Pour une Histoire de la Statistique*, Paris, plus particulièrement les réflexions de J.-C. Perrot.

artistiques s'institutionnalisent. Inscrits désormais dans les arts libéraux, ils peuvent s'accommoder des pratiques de l'entreprise qui animent les gros ateliers et les grands chantiers, des spéculations sur le territoire urbain et sur les possibilités offertes par le marché des amateurs tout en se réclamant de pratiques originales : l'exposition, le concours, la critique d'art.

Dans la France des Lumières [7], le travail de l'architecte oscille entre la pratique de l'art libéral limité aux activités de conception et de direction, et l'entreprise qui est industrie fournissant matière première et main-d'œuvre. Entre les deux pôles du « faire bâtir », le milieu reste continuellement partagé. L'architecte peut concevoir et conduire les travaux pour le roi ou les grands, recevoir des honoraires proportionnés comme des appointements fixés ; il peut aussi entreprendre, investir, mobiliser les instruments de production et contrôler les métiers du bâtiment dans la recherche d'un profit. La division du travail existe, mais elle est peu rigide et il n'y a pas encore rupture entre la conception et la direction des travaux. L'appartenance ou la non-appartenance à l'académie aide à tracer la frontière entre l'art de l'architecte et le métier de l'entrepreneur, mais elle ne dessine pas un cadre professionnel. Elle permet d'accéder aux fonctions de direction dans les bâtiments royaux et princiers, elle ajoute la fonction de service à celle de la pédagogie intellectuelle. Elle est reconnaissance symbolique.

On pourrait retrouver pour d'autres professions des oscillations analogues. Ainsi les chirurgiens français du XVIIIe siècle [8] : si par opposition aux médecins ils se rangent du côté des métiers manuels sinon sans lettres, ils bénéficient toutefois d'une influence réelle ; socialement, leur nombre – sans doute plus de 40 000 dans le royaume – garantit un prestige qui repose sur le savoir théorique et l'empirisme pratique, bref celui d'un technicien du corps dans la société paysanne traditionnelle. L'*Encyclopédie* les range entre les professions basses et honnêtes, mais la protection royale, la création de l'Académie de chirurgie accélèrent leur professionnalisation et durcissent leur concurrence avec les docteurs en médecine. Leur force vient sans doute de leur capacité à répondre mieux que les disciples d'Hippocrate aux besoins de la majorité des clients potentiels, et ainsi de contrôler l'essentiel de la pratique médicale. Les liens avec l'administration royale, la mobilisation utilitaire pour le service local de l'absolutisme éclairé font le reste.

L'horizon des années 1780-1790 voit se manifester l'idée de l'unification du corps médical que réalisent les législateurs révolutionnaires en effaçant les trois critères de différenciation caractéristiques de l'Ancien Régime médical : la nature des études, celle des diplômes obtenus, la différenciation géographique qui fonde l'autorisation d'exercer. L'unification permet aux professions médicales de contrôler le marché de la médicalisation pour la première fois peut-être dans l'histoire [9]. Elle

7. M. Gallet, *Demeures parisiennes, l'époque Louis XVI*, Paris, Éditions du Temps, 1964 ; J.-P Tronche, *Architectes parisiens de la seconde moitié du XVIIIe siècle. Profession et société*, mémoire de maîtrise, Paris X, 1968.
8. T. Gelfand, *Professionalizing Modern Medicine, Paris Surgeons and Medical Science and Institutions in the 18th Century*, Wesport-Londres, 1981.
9. J. Léonard, *La médecine entre les pouvoirs et les savoirs*, Paris, Aubier-Montaigne. « Historique », 1981.

suppose un système éducatif réformé et l'adoption du principe de la méritocratie comme base du prestige professionnel. Il faudra cependant tout le XIXᵉ siècle pour résoudre la dernière crise d'identité du corps médical en supprimant les officiers de santé, praticiens de seconde zone, et assurer définitivement le monopole des docteurs en médecine. Dans ce long parcours, l'homogénéité cède la place à la variété des contrastes.

L'intellectuel dans les élites urbaines

On peut mesurer l'importance du travail autonome dans la société de l'âge moderne à quelques indices. Les premiers sont livrés par l'histoire des élites urbaines élaborée par l'historiographie française. Les seconds viennent des résultats obtenus par les enquêtes d'histoire de l'éducation, plus particulièrement des universités. Pouvoirs sociaux et savoirs unifient ici le labeur autonome.

L'étude économique et sociale des professions libérales dans la France moderne, outre une définition acceptable pour plusieurs siècles, supposerait, au minimum, la connaissance des éléments actifs situés dans la division du travail, celle des volumes d'emplois correspondants et l'évolution de ces emplois, celle des changements qui modifient la division du travail. Pratiquement aucun de ces recensements n'existe dans les études urbaines de la France d'Ancien Régime si l'on excepte *Caen au XVIIIᵉ siècle* [10]. Partout ailleurs on doit se contenter de raisonner sur des évaluations qui mélangent les classifications juridiques, les ordres; les classifications économiques, les services, le tertiaire; les taxinomies socio-professionnelles, les professions libérales.

Reste que pour l'essentiel les travailleurs autonomes se rangent plus aisément dans le secteur des prestations de service que dans le secteur productif, même si la division rudimentaire du travail à l'époque préindustrielle autorise quelques recoupements. On trouvera donc les travailleurs indépendants regroupés autour des fonctions de communication, échange de biens, informations, régulation du corps social, de la direction du négoce à l'enseignement, des activités d'administration politique et judiciaire à celles des corps libéraux et des professions médicales. L'exemple de Caen [11] permet de donner une approximation rigoureuse du poids de la catégorie dans la société urbaine. La ville passe de 32 000 à 35 000 habitants entre 1750 et 1792 :

	1750	*1792*
Population active	8 932	11 112
Population totale	32 000	34 996
Travailleurs auto-nomes dépendants et indépendants	2 476	3 663

10. J.-Cl. Perrot, *Caen au XVIIIᵉ siècle, genèse d'une ville moderne*, Paris-La Haye, Mouton, 1975, 2 vol., t. 1, pp. 246-273.
11. J.-Cl. Perrot, *op. cit*, t. 1, pp. 264-266.

De Louis XV à la Révolution, le nombre de personnes engagées dans les fonctions autonomes est passé de 8 % de la population totale à 10 %, soit 28 % et 33 % de la population active. A l'intérieur de cette économie des services, les croissances et les reculs enregistrent à la fois l'évolution économique et les turbulences politiques. L'administration municipale, l'armée, les services divers et les professions médicales croissent; clergé, négoce, administration régionale et professions libérales reculent. La généralisation de ce modèle serait sans doute aléatoire, mais délimite la nécessaire intelligence du rôle des activités indépendantes dans les sociétés proches de l'industrialisation, quand naît la ville moderne.

L'analyse de la population des villes académiques[12] – soit la quasi-totalité des villes françaises de plus de 20 000 habitants – montre une hiérarchie urbaine qui ouvre l'éventail des professions autonomes : entre 1-2 % et 8-10 % de la population totale, soit de 10 à 25 % de la population active si l'on englobe la totalité des services, de 5 à 15 % si l'on exclut les salariés dépendants et les services mineurs, la frontière de l'indépendance traversant celle de l'autonomie du travail. Trois caractères sont à souligner dans l'ensemble du réseau urbain : la faiblesse quantitative de ce monde qui regroupe travailleurs intellectuels et notables des pouvoirs, son poids variable selon la taille des cités et la complexité des fonctions citadines, le lien qui existe entre la fonction culturelle et la présence constante d'un groupe représentatif de professions autonomes.

De fait, la pyramide des activités et de la société notable est beaucoup plus resserrée à Lyon, Bordeaux, Marseille, Rouen, Toulouse, Lille et Strasbourg que dans les centres de moyenne dimension, mais il n'est pas sûr que la part des services d'échanges et d'information n'y croisse pas de façon plus rapide. Inversement, le milieu des notabilités intellectuelles s'élargit vers le bas dans les petites villes; Villefranche-en-Beaujolais, Valence, Auxerre, Bourg-en-Bresse, Pau, Cherbourg ou Châlons-sur-Marne. La fonction culturelle urbaine, donc la reconnaissance symbolique par des instances de légitimation autonome des activités intellectuelles, s'implante en tout cas plus rapidement et plus aisément dans les cités majeures, capitales provinciales et grands centres régionaux, que dans les villes moins diversifiées dans leurs activités et leur population.

Des trois fonctions qui se retrouvent partout, la religion, la politique et la justice, ce sont ces deux dernières qui ont sans doute le plus d'importance. Le monde des officiers de justice et des robins compose presque le tiers des actifs autonomes, soit un représentant pour 50 à 250 habitants, et celui des fonctionnaires varie entre 10 % et 30 %, soit un représentant pour 200 à 400 habitants. Les progrès de l'administration centrale et la vitalité des institutions locales composent la trame de l'histoire singulière de chaque ville, dont le sens paraît être l'accumulation des organismes administratifs et judiciaires. L'Ancien Régime juxtapose sans rien retrancher et les pouvoirs des oligarchies urbaines se déchiffrent dans le contrôle d'une accumulation qui entretient un minimum de mobilité sociale. La signification des activités économiques n'est pas partout la même et surtout n'a pas la même importance. Les

---

12. D. Roche, *Le siècle des Lumières en province*, Paris-La Haye, Mouton, 1978, 2 vol., t. 1, pp. 77-96 et t. 2, tableaux pp. 348-374.

notables du commerce et du profit, s'ils participent à l'innovation économique, ne bénéficient pas de la même reconnaissance culturelle. Le débat sur l'*otium* et le *negotium*, l'absence ou l'entrée limitée des hommes d'affaires dans les institutions de culture, leur percée victorieuse dans les cercles et les loges, traduisent tout à la fois la puissance montante du négoce et son exclusion, une ouverture vers l'avenir et la résistance des forces traditionnelles dominantes des activités autonomes [13].

A la fin du Moyen Age, l'école reste dans les États d'Occident un phénomène minoritaire qui coïncide avec l'urbanité et répond à la double finalité de former le personnel d'Église et celui de la justice et de l'administration [14]. De multiples moyens d'éducation non scolaires, éducation chevaleresque, apprentissage des arts, prestations juvéniles aux comptoirs des négoces, servent encore à l'entrée dans le monde du travail autonome. L'époque moderne voit, entre le XVIᵉ et le XVIIᵉ siècle, se développer la scolarisation. Dans l'espace français, 80 % des grands collèges sont fondés entre 1 560 et 1610, la moitié des institutions jésuites et 60 % des collèges oratoriens avant 1630. En Angleterre, le mouvement des *grammar-schools*, dans l'Empire celui des gymnases et en Espagne les fondations d'écoles de grammaire et de collèges traduisent une même aspiration des oligarchies citadines et permettent une véritable ruée vers l'école des couches moyennes et supérieures de la société.

Les courbes du recrutement universitaire où les professions autonomes puisent l'essentiel de leurs forces enregistrent une évolution semblable [15]. A Oxford et à Cambridge, dans les *Inns of Court*, le maximum séculaire se situe avant 1640, dans la décennie 1630-à 1640, soit 2,4 % des jeunes gens ayant l'âge d'entrée à l'Université qui commencent des études supérieures. En Espagne, le maximum calculé à partir des immatriculations où dominent celles de Salamanque, Valladolid et Alcala est atteint en 1590. Les hauts niveaux se maintiennent jusqu'en 1620-1630. Dans l'Empire, la courbe des nouveaux inscrits culmine partout dans la première moitié du XVIIᵉ siècle : 2,7 % de la génération des plus de dix-sept ans font alors leur entrée à l'Université – ils étaient 5 % en Espagne. Le maximum est atteint en Hollande vers 1650-1660 et en France il est gagné selon les universités et les facultés entre la seconde moitié du XVIᵉ et la fin du XVIIᵉ siècle.

En d'autres termes, il est clair que le temps fort du recrutement universitaire se situe à l'âge de l'absolutisme montant, qu'il est plus précoce dans l'Europe méridionale, et sans doute décalé pour les États de l'Europe du Nord, qu'enfin les universités européennes accueillent plus d'étudiants et produisent plus de gradués avant le XVIIIᵉ siècle. La scolarisation supérieure ne représente plus que 2 % de la classe d'âge en Espagne vers 1750, 1,5 % en Angleterre, 1,2 % vers 1770 en Allemagne et 0,5 % dans les Provinces-Unies. Au même moment, en France, les effectifs étudiants de 1789 constituent 0,9 % du groupe des jeunes de

13. D. Roche, « Négoce et culture », *Revue d'Histoire moderne et contemporaine*, 1978, pp. 375-395, cf. supra ch. XII.
14. R. Chartier, M. M. Compère, D. Julia, *L'éducation en France du XVIᵉ siècle au XVIIIᵉ siècle*, Paris, S.E.D.E.S., 1976.
15. R. Chartier, J. Revel, « Université et société dans l'Europe moderne », *Revue d'Histoire moderne et contemporaine*, 1978, pp. 353-394.

19-22 ans [16]. La sélection progresse du XVIe au XVIIIe siècle même si l'on tient compte de l'apparition de nouvelles filières – séminaires, pensionnats spécialisés, écoles militaires et techniques qui assurent des itinéraires autres vers la professionnalisation et absorbent une partie des effectifs scolarisables [17].

Ces conjonctures universitaires enregistrent les étapes de la construction des États et l'expansion des Églises. Dans la France du XVIe siècle, de 4 000 à 5 000 officiers encadrent une population de plus de 16 millions d'habitants; vers 1 660, pour 18 millions d'âmes ils sont près de 50 000. On est passé de 1 pour 4 000 à 1 pour 400 [18]. En Espagne la population des bureaucrates double au minimum entre 1 500 et 1 600. Il est incontestable qu'une saturation du marché des emplois est intervenue. Dans la France de Colbert, la critique du collège symbolise ce tournant. En deuxième lieu, le recrutement universitaire suppose une certaine fluidité sociale dans laquelle les occupations autonomes jouent un rôle stratégique, soit qu'elles offrent des situations de transition entre métiers déconsidérés et professions honorables, soit qu'elles constituent un volant d'accueil où la novation scientifique, technicienne et médicale trouve à s'épanouir.

L'accès à la noblesse peut donc se ralentir à cause de la saturation du marché des offices héréditaires sans qu'une mobilité d'ensemble disparaisse par suite des progrès des niveaux inférieurs des professions libérales. On le mesure bien dans le cas des chirurgiens. L'écart qui peut se creuser entre le nombre de titulaires de grades universitaires et les effectifs professionnels offerts varie selon l'évolution des métiers indépendants et des stratégies éducatives familiales [19]. Son importance se mesure dans les représentations sociales qui s'incarnent dans le thème picaresque de l'intellectuel aliéné et dans les discours bureaucratiques sur le trop-plein de lettrés déclassés. Élitisme étroit ou démocratie largement méritocratique se combattent pour le contrôle des savoirs et des pouvoirs.

Le travail intellectuel comme salut

La manière dont les travailleurs intellectuels ont perçu l'originalité de leur activité éclaire de l'intérieur ce conflit où la liberté et l'égalité des talents remettent en cause une conception fixiste de la société et de l'usage des connaissances : le savoir est monopole des clercs et des hommes de lettres. Sa survalorisation dans la société traditionnelle est symétrique de l'indignité des tâches manuelles. Il n'est pas surprenant de voir, au moment où la hiérarchie des tâches est sinon totalement remise en cause, du moins discutée, que le travail autonome constitue un enjeu des positions sociales : à l'âge de l'humanisme, à l'époque des Lumières.

16. R. Chartier, M. M. Compère, D. Julia, op. cit, pp. 249-291.
17. Ibid., pp. 207-229.
18. P. Chaunu, L'État. Histoire économique et sociale de la France, 1450-1660, 1977, t. 1, pp. 126-127, pp. 196-198.
19. R. Chartier, « Espace social et imaginaire social : les intellectuels frustrés au XVIIe siècle », Annales E.S.C., n° 2, 1982, pp. 389-400.

Chez Érasme [20], l'activité intellectuelle bénéficie, on s'en doute, de plus d'attention que le travail manuel des *laboratores*. Celui-ci est cependant observé avec sympathie et défendu par rapport au mépris des privilégiés. L'éloge de la paix est occasion d'exalter le labeur paysan, la condamnation de l'oisiveté inutile permet d'esquisser une réhabilitation de l' « honnêteté sainte » du travail manuel. Mais la vision érasmienne demeure fidèle à l'organisation sociale des ordres, chacun d'eux « travaille » et remplit sa fonction matérielle, spirituelle ou politique. Les métiers à la fois intellectuels et manuels, tel celui de l'imprimerie qu'Érasme connaît bien, méritent d'extraordinaires éloges – « c'est vraiment un travail herculéen et digne d'un esprit royal » –, mais aussi des critiques qui visent « ces imprimeurs vulgaires pour qui le gain d'une seule pièce d'argent vaut plus que toute la Littérature réunie »... L'éloge du travail est avant tout moral et les tâches manuelles doivent être limitées à la satisfaction des besoins immédiats. L'humaniste et le théologien se complètent pour justifier le travail comme inscrit dans la nature de l'homme et du monde. *Labor omnia vincit improbus*; dans le plan de Dieu et du salut. Dès lors il ne s'agit plus que d'acquérir des « richesses impérissables », non de justifier par la production de « richesses terrestres » un travail productif, fût-il lié à une ascèse morale comme le feront Calvin et le puritanisme. L'érasmisme retrouve toujours l'exaltation du travail intellectuel, seul capable de réaliser la vraie nature de l'homme tiraillé entre matière et esprit. Le dualisme platonicien de l'humaniste fonde l'idéal de l'*otium* contemplatif qui marque, peu ou prou et pour longtemps, la conception profonde des professions autonomes : réalisation d'un service d'utilité non économique.

L'apologie du travail intellectuel utilise sans complexe les métaphores de la peine et de l'effort physique : le labeur du lettré provoque des sueurs, édifier une œuvre c'est descendre dans la palestre. Tout est justifié par la joie de la création et la pédagogie morale. Ainsi s'oppose dans le traité *De pueris* l'emploi des mots *labor* et *negotium*, toujours chargés du sens de fatigue, de souci, de difficulté, et celui des termes *assiduitas, cura, diligentia, industria*, qu'enrichit l'évocation des joies de l'activité spirituelle. Celle-ci se juge à l'utilité sociale et religieuse des œuvres; ainsi l'aristocratisme de l'*otium* se tempère-t-il dans la fonction pédagogique généralisée : conseiller du prince ou instituteur, juge ou philologue ont toujours à « servir ». La théologie chrétienne du travail intellectuel place au sommet des activités humaines les arts libres car ils enseignent un salut; l'homme de justice : en dictant les règles des rapports sociaux, le notaire ou le médecin qui dans les *Ars moriendi* contribuent à guider les pécheurs [21]. Jamais ces situations n'ont un enjeu économique et dans les sociétés laïcisées elles conservent encore l'aura de ces charismes primitifs. On conçoit qu'au même moment les artistes tentent d'entrer dans le cercle magique des arts libéraux. Il y seront les égaux des poètes et de tous les maîtres du langage.

---

20. J. Alexandre, *Comment Érasme parle-t-il du travail*, mémoire de maîtrise, Paris I, 1974; J.-C. Margolin, *Érasme*, Paris, 1965; P. Mesnard, *Érasme, la philosophie chrétienne*, Paris, 1970.
21. D. Roche, « " La mémoire de la mort ". Recherches sur la place des arts de mourir dans la Librairie et la lecture en France aux XVIIe et XVIIIe siècles », *Annales E.S.C.*, no 1, 1975, pp. 76-119, cf. infra ch. IV.

Trois siècles plus tard, aux temps où commence à se déployer, non sans
retard au moins dans le champ français, une anthropologie économique
qui justifie l'esprit d'entreprise, l'opinion commune des milieux éclairés
reste fidèle à l'exaltation des vertus de l'*otium*, du bien dire plus que du
bien faire. Dans les éloges académiques, le thème de la vocation est
l'occasion de montrer comment se concilient élitisme culturel et idéal
social aristocratique [22]. La prosopographie des académiciens y rend
compte d'une conquête de culture aux antipodes des activités manuelles,
marque réservée aux caractères originaux, voire excentriques, Vaucanson construisant ses mécaniques ou Louis XVI limant ses serrures.
L'activité autonome est gagnée peu à peu sur le temps des études arides :
elle est passion de nouveaux convertis, elle s'impose à l'horizon des
tâches sérieuses de l'homme public. Si de graves magistrats, si des
administrateurs austères, si des médecins, des hommes de lois s'amusent
à versifier comme Horace ou à débattre comme Cicéron, c'est que leur
fonction sociale ne peut que s'enrichir à une telle pratique de culture.
Une telle conduite est une manière d'organiser le temps, donc de
prouver par un mode de vie une prééminence. Quelle que soit la situation
professionnelle exacte des académiciens – on sait qu'y dominent les trois
robes noires du clergé, de la justice et des arts de santé –, tous sont
hommes publics et responsables de la « République », donc du destin du
vulgaire. C'est l'idée permanente aux Temps modernes d'une *sanior pars*
qui assure sa représentativité par délégation de droit sacré et public et
donne à toutes ses activités leur éclat. Rien de surprenant à ce que la
poétique académicienne, celle des concours de l'Académie française,
celle des jeux floraux de Toulouse et des palinods de Caen attaquent de
front les activités productrices et l'enrichissement, exaltent le retour à la
nature, le toit du berger et le bosquet champêtre, prônent une morale de
l' « état stationnaire » fidèle à la sagesse antique et à la promotion de
soi-même par le travail intellectuel. Rares sont dans ce concert les voix
discordantes louant les activités manuelles et le travail producteur de
richesses.
L'analyse des valeurs et des représentations confirme ce que l'étude
des réalités sociales révélait : la hiérarchie de la division du travail
maintenue, la difficulté pour que s'impose le producteur ou l'entrepreneur. Le succès du thème négociant dans le théâtre ou la littérature, chez
Diderot comme chez Beaumarchais, ne contredit pas la permanence des
attitudes socio-économiques traditionnelles, car il peut se lire comme
une tentative pour proposer à la société française un autre modèle que le
sien. On applaudit à l'idéal type du négociant venu d'Angleterre, on ne
recherche pas réellement la défaite des arts libéraux, le triomphe du
commerce, du profit d'entreprise, du travail mécanique [23].
L'exaltation de ces dernières valeurs par l'*Encyclopédie* elle-même
peut se concevoir dans l'ambiguïté [24] : la louange des forces productives,
la volonté de vulgariser les meilleures techniques s'accommodant du

---

22. D. Roche, *Le siècle des Lumières*, *op. cit*, t. 1, pp. 166-181 ; J.-Cl. Perrot,
op. cit, t. 1, pp. 278-301.
23. J. Ehrard, « Histoire des idées et histoire sociale en France au XVIIIᵉ siècle »,
dans *Niveaux de culture et groupes sociaux*, Paris-La Haye, 1977, pp. 171-188.
24. J. Proust, *Diderot et l'Encyclopédie*, Paris, 1962, pp. 163-188.

maintien de l'habituelle division du travail qu'il importe de réformer plus que de renverser. La réhabilitation des arts manuels par une fraction de la société des Lumières exprime moins la volonté de bouleverser l'ordre social des activités que celle d'intégrer les métiers indignes dans un ordre universel et utopique du langage, et les attitudes mentales des élites éclairées demeurent pour l'essentiel favorables à l'éthique des arts libéraux qui peut se concilier avec des comportements laïcisés[25]. La comparaison des articles *Travail* (« occupation journalière à laquelle l'homme est condamné par son besoin... »), *Profession* (« ... État, condition, métier [...]. Il y a des professions glorieuses, des professions honnêtes et des professions basses ou déshonnêtes. Les professions glorieuses qui produisent plus ou moins l'estime de distinction et qui toutes tendent à procurer le bien public, sont la religion, les armes, la justice, l'administration des revenus de l'État, le commerce, les Lettres, les Beaux-Arts... ») et enfin *Arts* (« En examinant les productions des arts, on s'est aperçu que les unes étaient plus l'ouvrage de l'esprit que de la main [...]. Telle est en partie l'origine de la prééminence qu'on a accordée à certains arts sur d'autres et de la distribution qu'on a faite des arts en arts libéraux et arts mécaniques... »), est de ce point de vue tout à fait convaincante. La théologie chrétienne du travail et la reconnaissance des partages traditionnels du labeur coexistent avec la remise en cause et l'exaltation, par Diderot, à un moindre degré par le chevalier de Jaucourt qui fait entrer le commerce dans les professions honnêtes, des activités manuelles et des forces productives. Les tensions que l'on saisit autour du travail autonome trouvent sans doute une illustration, sinon une explication, dans l'affrontement des manières de vivre et des pratiques ordinaires qu'il implique.

C'est du côté de la médecine qu'un premier regard permet de saisir l'enracinement existentiel des différences. On perçoit clairement l'itinéraire qui conduit des traités latins de Marsile Ficin, *De la vie saine*, publié à Paris et à Bâle en 1541, ou de Gulielmo Gratorolo, *De litteratorum...*, édité en 1555, jusqu'au plus célèbre de ces ouvrages, imprimé en français vers 1767-1768 par le docteur Tissot, l'*Avis aux gens de lettres sur la santé*. Une dizaine d'éditions dans toute l'Europe font de ce livre un best-seller imité, discuté. Du XVIe siècle à la moitié du XIXe siècle, quand les réflexions de la médecine hygiéniste semblent marquer un point d'arrêt du genre, c'est une trentaine de titres qui rassemblent les lieux communs sur le régime de vie et les maux quotidiens de ceux dont « la tension trop vive ou trop prolongée du cerveau, en concentrant les forces sur un seul point, laisse dans la langueur tout le reste de vie de l'organisme » (c'est le préfacier du docteur Tissot, le docteur de Saint-Germain, qui parle encore ainsi en 1859).

L'espace et le temps du livre

Pour Tissot, l'activité autonome s'accommode mal du monde. Il lui faut pour se développer la chambre, « les parois resserrées d'un cabi-

---

25. F. Furet, « La librairie du Royaume de France au XVIIIe siècle », dans *Livre et société dans la France du XVIIIe siècle*, Paris-La Haye, Mouton, 1965, pp. 4-32.

net » ; une frontière quasi matricielle est tracée ainsi par rapport au vulgaire, elle n'est franchie que si les exercices du pouvoir et des charges l'imposent ou bien si la santé compromise l'exige. Dans ce cas, c'est la Nature que l'intellectuel doit retrouver par de longues déambulations à pied – Rousseau n'est pas loin – ou dans des exercices équestres modérés mais propres en secouant le corps à remettre l'âme en place. Montaigne reste ici un modèle vivant. Les gens de lettres sont des sédentaires, les risques du métier viennent toujours du mélange « des travaux assidus de l'esprit et du continuel repos du corps », d'un déséquilibre des pratiques usant à l'excès le moral comme le physique. L'étude, la lecture, la réflexion sur l'écrit sont ce qui unifie un champ d'activités diverses : Tissot énumère une dizaine de situations professionnelles qui vont, si l'on suit l'ordre d'entrée en scène, des anatomistes, chirurgiens, médecins, aux orateurs, acteurs, prédicateurs, curés, pasteurs, aux avocats et gens de lois, et culminent avec les « Rois, ministres, ambassadeurs, séna-teurs ». L'essentiel pour tous est le travail de cabinet, tout le reste est broderie sur un canevas intellectualisé au maximum, mais qu'organisent des rythmes, ceux des veilles nocturnes et des jours partagés, ceux des activités et des délassements, au total des emplois du temps saisonniers et quotidiens dont l'histoire reste à faire.

Inventaires après décès, descriptions des bibliothèques privées et publiques, iconographie permettent de dévoiler des façons de travailler avec les variations de la diversité sociale et du temps. L'étude des localisations des livres, celle des procédés et des procédures de range-ment et de classification, celle des mobiliers et des gestes montrent des habitudes, des significations symboliques, des valeurs culturelles et sociales caractéristiques des activités libérales. Les tableaux de la Renais-sance restituent l'image du vieil homme méditant sur sa lecture, les lunettes à la main, et J.-C. Margolin a pu, en retrouvant les traces d'une paire de bésicles impressionnées sur la page fermée d'un sermon de saint Augustin, redonner vie à l'émotion d'un instant et à l'association codée dont tant d'images véhiculent le stéréotype studieux. Mais le binocleux des temps humanistes souffre aussi d'un préjugé qui unit livres et lunettes à la futilité des connaissances humaines, parfois même à la folie [26]. Une interprétation comparable rend compte de l'iconographie du liseur, associée presque toujours aux âges de la vie, ce qui renvoie, au-delà de la signification utilitaire, à la tradition des portraits moraux et à la satire des savoirs.

Dans le florilège des images et des textes apparaissent des espaces de culture spécifiques qui permettent le travail des intellectuels. Le *studiolo* de saint Jérôme et celui du prince d'Urbino rendent compte d'une même vision de la clôture pour l'étude, caractéristique des temps humanistes. Un siècle ou deux plus tard, l' « ermitage parmi les livres » s'ouvre sur la nature, sinon sur le monde [27]. L'étude, l'isolement, la rareté caractérisent les lieux secrets où s'élaborent réflexions et décisions à l'âge classique, bien qu'on y refuse – ainsi Gabriel Naudé – la contemplation stérile et qu'on réclame l'accès le plus large aux bibliothèques. L'essentiel est de

26. J.-Cl. Margolin, « Histoire des lunettes à nez », *L'histoire*, n° 22, pp. 14-21.
27. B. Beugnot, « L'ermitage parmi les livres, images de la Bibliothèque classi-que », *Revue française d'Histoire du Livre*, 1979, pp. 687-708.

retrouver la « découpure d'un lieu privilégié » dont l'idéal compose l'espace des fondations académiques, institutions de savoir et de pouvoir. L'académie échappe au grouillement collectif de la ville, elle a ses havres, ses refuges, le cabinet de travail, la bibliothèque, le jardin [28]. « Il est nécessaire de respirer au milieu de l'étude, écrit le bilbiothécaire Claude Clément, ce que l'on ne peut faire mieux que par la libre vue du ciel et le spectacle de la nature. De la sorte, l'esprit se délivre des liens corporels, il chasse la lassitude, il devient plus dispos grâce à une courte diversion. Pourquoi ne pas accorder à l'homme accoutumé aux disciplines libérales et occupé à feuilleter les livres ce que l'on concède aux hommes qui exercent des métiers serviles [29] ? » Le décor et l'aménagement des bibliothèques est un bel objet d'étude pour l'anthropologie de l'effort savant où se mêlent sensibilité visuelle et picturale, perception médicale – le décor doit empêcher l'esprit studieux de succomber aux humeurs noires qui le guettent –, travail de l'esprit et récréation des sens [30].

Les pratiques de lecture et de réflexion sont encore associées par le décor et le rangement à la mémorisation. Montaigne ici laisse un bon témoignage sur ce fait que toute bibliothèque est un relais de la mémoire. Avec l'accumulation des livres imprimés, un changement capital s'est produit dans les manières de travailler. On est passé des façons rhétoriques indispensables à la culture orale et manuscrite, de l'âge des *Ars memorandi* au temps des livres multipliés. Il est désormais moins nécessaire d'avoir une mémoire passive puisque l'imprimé en tient lieu ; l'art mnémonique ne fera que se survivre dans les *historiae* de l'art figuratif [31]. Chez Montaigne, la librairie se conforme aux nouveaux usages, elle est d'abord spectacle, lieu ouvert et libre « où l'esprit ne va que si les jambes s'agitent... », mais aussi refuge « [dont] j'essaie à me rendre la domination pure et à soustraire ce seul coin à la communauté conjugale et filiale et civile ». C'est aussi le séjour du plaisir intellectualisé, du jeu, du passe-temps où l'activité s'organise au gré des circonstances et des accidents. « Là, je feuillette à cette heure un livre, à cette heure un autre, sans ordre ni dessein, à pièce décousue ; tantôt je rêve, tantôt j'enregistre et dicte en me promenant mes songes que voici... » Ce texte célèbre immortalise l'intellectuel moderne dans son vagabondage qui est son travail guidé par l'imagination et aidé par la mémoire substituée des livres. Chaque ouvrage est une unité sur laquelle travaillent désormais les souvenirs, et cette tâche peut varier au gré de l'échelle commune des âges dans ses manifestations comme dans ses motivations : « J'étudiais jeune pour l'ostentation, depuis peu pour m'assagir, à cette heure pour m'ébattre... » Comment dire autrement qu'il n'y a pas de vie et de travail intellectuels sans lecture ?

Pour une histoire des professions lettrées, celle de l'acquisition de la lecture et de l'écriture est essentielle. En ce domaine, la période du XIIe et du XIIIe siècle voit s'amorcer une révolution définitive dont les conséquences sont décisives pour les Temps modernes : la lecture silencieuse

---

28. D. Roche, *Le siècle des Lumières, op. cit*, t. 1, pp. 48-50.
29. C. Clément, *Musaei sive bibliothecae*, Paris, 1633, Lyon, 1635 ; L. de Cessoles, *Vacationes autumnales*, Paris, 1620 ; G. Naudé, *Advis pour dresser une bibliothèque*, Paris, 1627.
30. A. Masson, *Le décor des bibliothèques*, Genève, Droz, 1972.
31. C. Michel, « Les arts de mémoires », *Poétique*, 1979, pp. 12-20.

que nous pratiquons encore l'emporte [32]. Bien avant, les procédés et les gestes de la lecture visuelle se sont mis en place, la séparation des mots dans les textes manuscrits permet déjà de lire sans prononcer en donnant à l'alphabet phonétique une valeur idéographique ; dans les *scriptoria* des grands monastères, le XIe siècle voit se généraliser la copie faite en silence. Toutefois, toutes les lectures ne sont pas encore muettes, l'oral continue à baigner encore l'intellectualité religieuse et profane ; lire n'est pas devenu une activité de sédentaire, mais c'est un acte qui exige énergie, bonne santé, vigueur. Une tradition iconographique, qui se maintiendra jusqu'à l'époque baroque, montre de saints personnages se colletant avec les textes et leurs efforts exigent comme pour les sportifs le réconfort d'un soigneur. Le triomphe de la lecture muette coïncide avec les progrès des universités, Hugues de Saint-Victor et Robert de Sorbon en témoignent. Une transformation profonde des habitudes en découle.

La nouvelle pratique permet l'accélération des lectures, la circulation de l'information s'accroît : là où un moine du IXe siècle lisait ses deux ou trois bouquins par an, le lettré scolastique dévore des dizaines de textes. La demande en livres grandit, les ateliers de copistes prospèrent dans les villes universitaires. Toute l'agilité intellectuelle est peu à peu bouleversée, l'utilisation des références et des gloses se généralise, l'écriture s'adapte à des manuscrits plus longs, écrire devient un geste plus facile, donc plus ordinaire. La mémoire change de fonction, entraînée par l'audition et la répétition, aidée par les emblèmes mnémotechniques, elle devient plus visuelle et plus raisonnée [33]. L'organisation plus rationnelle des manuscrits, les spéculations sur la ponctuation et la structuration en paragraphes correspondant à des unités de sens modifient le travail de l'intellectuel.

Les images enregistrent ces changements : les Évangélistes ou les Pères de l'Église qui transcrivaient les messages divins ou les dictaient à des scribes sont désormais représentés écrivant leurs œuvres solitaires. Les livres et les manuscrits de référence s'accumulent autour d'eux sur des étagères. Bien sûr le rôle de l'oral ne disparaît pas, le sermon, la *lectio publica*, le discours civique prouvent sa santé, mais pour l'intellectuel occidental son règne s'achève. Le professeur continue à lire sa leçon à voix haute, mais les étudiants la suivent dans leurs livres par une lecture silencieuse sans que remuent leurs lèvres ; bientôt ils prendront des notes dans leur cahiers, aides nouveaux d'une nouvelle mémoire. Vers 1462, l'enfant lisant Cicéron que Vicenzo Foppa peint pour le palais Médicis de Milan après 1460 porte un beau témoignage sur les nouveaux gestes [34].

Les espaces suivent. Dans les bibliothèques, les cellules cloisonnées cèdent la place aux grandes salles équipées de tables et de pupitres. Les livres enchaînés permettent à un plus grand nombre de lecteurs d'accéder aux usuels. Les statuts de la Sorbonne au XVe siècle consacrent la

---

32. H.-J. Martin, « Pour une histoire de la lecture », *Revue française d'Histoire du Livre*, 1977, pp. 583-609, et surtout P. Saenger, « Silent Reading, Its Impacts on Late Medieval Script and Society », *Colloque d'Histoire du Livre*, Boston, Harvard University, 1980-1981.

33. F.A. Yates, *L'art de la mémoire*, Paris, Gallimard, « Bibliothèque des histoires », 1975.

34. A. Chastel, R. Klein, *L'âge de l'Humanisme*, Paris, 1963, pp. 77-123 et pl. x.

lecture silencieuse des étudiants. Au crépuscule du Moyen Age, la nouvelle pratique transforme les relations spirituelles, elle réconcilie la prière et la méditation, la *devotio moderna* va y puiser une part de sa force. La culture laïque est touchée, la transmission des savoirs en vulgaire est facilitée, dans les chancelleries des États et des cités une clarté nouvelle gagne l'écriture des actes publics et des lettres missives. Une graphie claire, une ponctuation cohérente, une mise en page rigoureuse, tout est destiné « moins à guider la lecture à haute voix qu'à permettre à l'œil de discerner aisément l'articulation de la phrase et le fil du discours [35] ». Les domaines de l'écrit s'agrandissent et l'imprimerie viendra couronner et amplifier cinq à six siècles de révolution silencieuse. La vue tyrannise les sens de l'intellectuel jusqu'à nos jours.

Regarder l'organisation quotidienne du travail, analyser les « emplois du temps », mesurer l'intensité des activités par rapport au repos et au loisir méritent autant d'attention dans le monde du travail autonome que dans ceux du labeur paysan ou artisanal. Toutefois, l'affaire n'est pas aisée car qui peut dire quand s'arrête et quand commence le « temps de la réflexion »? Comment tracer les limites du travail des professionnels? Dans la mythologie, le Travail est fils de l'Érèbe et de la Nuit, et l'on sait que l'inspiration poétique et la clairvoyance politique sont quelquefois filles des songes nocturnes.

Une première caractéristique semble être la permanence du calendrier annuel : pour une fraction notable de la population urbaine française, il est réglé par le rythme des vacations judiciaires, entre le 7 septembre et la Saint-Martin. La rentrée des parlements et des tribunaux se fait le 12 novembre, jour de la Messe rouge, la célébration du Saint-Esprit. Pour les robins, les avocats, la basoche, c'est une nouvelle année qui commence; pour les clients, les médecins, les libraires, c'est toute l'activité qui repart.

Second caractère : la plasticité des horaires et la liberté dans l'organisation du travail quotidien. Le notaire Riant, rue des Filles-Saint-Thomas à Paris, peut assurer des actes hors de son étude, tels que les inventaires après décès, entre 7 heures du matin et 21 heures, le travail peut s'étaler sur plusieurs jours et occuper des séances de sept à neuf heures [36]. Avant la Révolution, le procureur général du Parlement de Paris, Joly de Fleury, était à son cabinet tous les jours sauf les dimanches et fêtes, de « huit heures du matin jusqu'à midi »; certaines audiences de relevée peuvent le retenir jusqu'à 17 heures, les procès exceptionnels, ainsi pour l'affaire du Collier, le mobiliser dès 6 heures du matin et le retenir jusqu'à 22 heures [37]. Dans la balance des pouvoirs, le temps n'a pas de prix et l'on sait que le magistrat peut emporter des dossiers chez lui « car il a d'heure en heure des lettres à écrire ». Certes tous les parlementaires n'ont pas laissé une semblable réputation d'acharnement au travail : la lenteur et la cherté de la justice sont sur ce point des lieux communs bien établis [38]. A

35. H.-J. Martin, *op. cit.*, p. 609.
36. J.-P. Poisson, « Les déplacements d'un notaire parisien à la fin de la Restauration », *Revue d'Histoire moderne et contemporaine*, 1982.
37. P. Bisson, *L'activité d'un procureur général au Parlement de Paris à la fin de l'Ancien Régime, les Joly de Fleury*, Paris, 1961, pp. 109-119.
38. F. Bluche, *Les magistrats du Parlement de Paris au XVIIIᵉ siècle*, Paris, Les Belles-Lettres, 1960, pp. 270-299.

Paris, sur soixante-dix conseillers, une douzaine sont de gros travailleurs qui se disputent les vacations de la chambre des enquêtes, certains sont habitués à des audiences de quatre à cinq heures, ce dont les plaideurs protestent; la majorité se contente de moins d'une dizaine d'interventions. Toutefois, les grandes séances politiques et religieuses mobilisent tout le monde, et aller alors au Palais c'est y passer ses jours et ses nuits : la vie des magistrats s'enfièvre, les séances ont de cinq à neuf heures d'affilée.

Traditions et libertés marquent de leur empreinte les métiers libéraux, leur confèrent une plasticité de rythme qui peut aller jusqu'à l'incohérence, c'est en tout cas ce que la médecine leur reproche : « Les brûlantes veilles des hommes méditatifs contribuent peut-être plus que tout autre excès à tendre, à fatiguer, à user les ressorts de l'existence », s'inquiète le docteur Tissot. Le légendaire des éloges académiques donne à ce *topos* un écho valorisé : le travail, l'étude sont toujours conquêtes, les lectures nocturnes des jeunes savants font les grands érudits et les inventeurs profonds [39]. La réalité est moins facile à cerner, car le thème de la boulimie livresque et du travail intellectuel de nuit se retrouve dans l'hagiographie médiévale, par exemple dans la *Vie de saint Maïeul* [40]. Cette permanence caractérise peut-être à la fois la réalité et la représentation séculaire d'un comportement culturel.

Trois caractères semblent individualiser, entre le Moyen Age et l'ère industrielle, le travail libre et autonome : sa liaison avec la détention du pouvoir, sa concordance avec la possession des savoirs intellectualisés, son rapport avec des comportements culturels dont se font l'écho l'iconographie et de multiples textes.

L'association curieuse que peut avoir le rapprochement du travail avec l'appartenance aux classes dominantes dans les sociétés inégalitaires – holistes, pour reprendre l'expression de Louis Dumont – s'explique par la force des hiérarchies établies dans la division traditionnelle du labeur et les représentations anthropologiques de la classe des loisirs. Comment concilier l'*otium cum dignitate* et les affaires qui honorent, tel semble avoir été pendant plusieurs siècles le problème des dominants et de leur clientèle. On conçoit que la distinction travail productif-travail non productif introduite par Adam Smith ait bouleversé la représentation admise des utilités sociales [41]. « Le travail de quelques-unes des classes les plus respectables de la Société [...] ne produit aucune valeur [...]. Le Souverain par exemple, ainsi que tous les autres magistrats civils, militaires qui servent sous lui, toute l'armée, toute la flotte sont autant de travailleurs non productifs. Ils sont des serviteurs de l'État, ils sont entretenus avec une partie du produit annuel de l'industrie d'autrui. Leur service, tout honorable, tout utile, tout nécessaire qu'il est, ne produit rien avec quoi on puisse ensuite se procurer une pareille quantité de services [...]. Quelques-unes des professions les plus graves et les plus importantes, quelques-unes des plus frivoles doivent être rangées dans cette même classe : les ecclésiastiques, les gens de lois, les médecins et

39. D. Huet, *Mémoires*, Paris, 1855, pp. 9-10 et pp. 37-38.
40. *Patr. Lat.*, CXLII, col. 956-957, *De Vita Beati Maioli*; CXXXVII, col. 755, *Vita Sancti Maioli*.
41. P. Rosanvallon, *Le capitalisme utopique*, Paris, Éditions du Seuil, 1979, pp. 70-88.

les gens de lettres de toute espèce, ainsi que les comédiens, les farceurs, les musiciens, les chanteurs, les danseurs d'opéra, etc. [42] » Préséance et distinctions sont renversées par la société de marché, il n'est pas certain que notre société ait encore accepté ce partage nouveau et qu'on y sache en toute clarté ce qu'est un travailleur intellectuel et autonome [43].

---

42. A. Smith, *Essai sur la richesse des nations*, Paris, 1797, 2 tomes, t. 1, p. 414.
43. A. Desrosières, « Éléments pour l'histoire des nomenclatures socio-professionnelles », *Pour une Hist ire de la Statistique*, Paris, 1978.

CHAPITRE IX

Salons, Lumières, engagement politique : la coterie d'Holbach dévoilée

Les salons ont-ils un rôle dans la formation de l'opinion et dans la transformation de la société? Oui, sans doute, car leur réseau a permis la circulation de l'information et de la critique dans la rencontre des gens de lettres et des gens du monde. Ils ont été une instance de consécration du pouvoir intellectuel dans la mesure où ils se sont ouverts aux débats politiques et philosophiques, et où ils ont pu accueillir l'expression de nouvelles valeurs privées, le culte de la sensibilité et du génie. Toutefois, leur action demeure un objet d'enquête car elle mêle trop de gestes : ceux de la mondanité et de la vacuité des échanges virtuoses, ceux du commerce intellectuel. L'exceptionnelle rencontre, chez le baron d'Holbach, de Diderot et d'une pléiade d'écrivains audacieux qui se sont quelque peu mis en scène pose le problème de la signification sociologique des Lumières. L'unité de la réunion instaurée rue Saint-Honoré se crée dans la réussite sociale et dans l'accord des esprits qui pensent une commune perspective de réformes sociales et politiques conduites par les élites et les intellectuels.

Deux problèmes sont dès lors posés : le premier est celui des limites de l'audace des pensées. On sait que d'Holbach n'en manque pas et que son œuvre est un chaînon majeur de la réflexion matérialiste et anticléricale du XVIIIᵉ siècle. Ses adversaires et ses réfutateurs, en joignant à ses écrits ceux de ses amis, y ont vu le produit d'un complot, auquel Rousseau a donné d'une autre manière épaisseur et vie. Mais dans la réalité, comme l'a montré J. Vercruysse, il n'y eut guère de concertation et l'action commune ne se traçait qu'à partir de points et de lignes d'attaque communs, parallèles ou convergents. La diffusion de la doctrine impliquait cependant l'anonymat, les fausses marques des libraires-éditeurs, la circulation clandestine des manuscrits. Le salon, lieu privé mais publiquement surveillé, faisait-il alors une façade efficace, et en même temps une publicité adroite aux activités plus secrètes et plus téméraires?

Second problème, et non le moindre : comment ces milieux intermédiaires, où la fortune et le rang permettaient la liberté d'esprit et d'analyse, et peut-être des avancées idéologiques importantes, vivaient-ils leur projet pour l'immédiat comme pour l'avenir? C'est s'interroger à la fois sur la double conscience qui fait vivre dans le conformisme et penser dans l'audace, et sur les contraintes sociales qui obligent à la clandestinité tout en tolérant l'expression d'une certaine provocation.

Le baron d'Holbach n'a pas eu de chance. On ne dispose pas d'une édition complète, exhaustive et scientifique de son œuvre; sa correspondance est dispersée et mal connue [1]. L'étude de ses ouvrages se heurte au problème complexe des attributions clandestines et de la diffusion cachée; elle a donné lieu à un débat qui porte sur deux points principaux : En premier lieu, dans quelle mesure peut-on arriver à une identification définitive des travaux personnels de d'Holbach dans des ensembles collectifs – l'*Encyclopédie*, la *Correspondance littéraire*, le *Militaire philosophe*? Interrogation difficile étant donné les prête-noms. En second lieu, quels ont été les supports sociaux de la doctrine et des idées holbachiennes [2]? Cette deuxième question reste tout à fait présente, car elle met en cause le rôle des courants matérialistes dans la pensée des Lumières. Certains, comme P. Naville, voient dans le baron un rôle premier, fécond et décisif, et dans son œuvre la « terre nourricière » du premier communisme. L'intérêt est, ici, de voir l'influence d'une doctrine philosophique de pointe, le matérialisme athée mais vertueux et épicurien tout ensemble, partie prenante de la lutte contre les idées archaïques et pernicieuses, plus particulièrement contre les préjugés religieux, portée par une minorité sociale où l'anonymat, le jeu des pseudonymes, les fausses marques de librairie sont nécessaires dans le contexte de la surveillance du temps [3]. Les deux aspects du débat paraissent donc indissolublement liés, mais les historiens attendent encore un ouvrage analogue à celui de Ira O. Wade pour la circulation clandestine des manuscrits après 1750. Ils sont, en tout cas, mieux armés pour l'étude des éditions secrètes en France et à l'étranger avec les travaux de Robert Darnton, de Raymond Birn. La connaissance des circuits de diffusion est indispensable pour établir en toute certitude l'écho social des œuvres, qui permet de préciser l'importance réelle des courants de pensée. En ce qui concerne d'Holbach, deux positions se contredisent : celle des historiens qui, soucieux d'une pesée réaliste des idées en leur temps, tendent à sous-estimer, sinon à minimiser, la résonance collective des réflexions du « gros baron », ainsi P. Chaunu [4];

---

1. J. Lough, « Le baron d'Holbach, quelques documents inédits », dans *Revue d'histoire littéraire de la France*, 1957, pp. 524-543; *id.*, *Studies in 18th Century*, New York, 1965. La correspondance de d'Holbach est en cours d'édition en Allemagne par le Dr Hermann Sauter de Mayence.

2. J. Proust, *Diderot et l'Encyclopédie*, Paris, 1962, et plus particulièrement le chap. IV; *id.*, son compte rendu; dans la *Revue d'histoire littéraire de la France*, 1967, du second travail de J. Lough.

3. J. Vercruysse, *Bibliographie descriptive des écrits du baron d'Holbach*, Paris, 1971.

4. P. Chaunu, *La civilisation de l'Europe classique*, Paris, 1966; *id.*, *La civilisation de l'Europe des Lumières*, Paris, 1971.

celle, enfin, des auteurs qui y voient la pente naturelle du siècle et le mouvement de l'avenir, ainsi A. Soboul [5].

Un survol rapide de la bibliographie du baron d'Holbach montre la corrélation évidente entre la clandestinité d'une part, l'interprétation idéologique et politique d'autre part, et l'intérêt porté à l'œuvre. Les trois quarts des œuvres ont été éditées avant 1789, et le XXe siècle compte moins d'une dizaine d'éditions, pour la plupart sorties des presses soviétique ou allemande de l'Est après 1950. Quant à la critique, après une phase décisive immédiate, dans le contexte des luttes doctrinales des années 1770-1790 (20 % des études consacrées à l'œuvre en trois siècles), c'est l'étouffement et le silence par l'Université bourgeoise et catholique du XIXe siècle. Il faut attendre le début du XXe siècle pour voir socialistes et communistes, érudits et historiens, littéraires et polémistes se confronter à une pensée et à une vie discutées [6].

P. Naville, de son côté, s'est montré soucieux de révéler le détournement de sens opéré par l'œuvre de Hegel et les idéologues de la bourgeoisie du XIXe siècle, redonnant ainsi toute son importance au matérialisme et à l'anticléricalisme portés par l'athéisme holbachien [7].

Au-delà de l'apostrophe un peu rapide et volontairement provocante de P. Chaunu – « Laissons l'athéisme aux barons de la finance » –, il importe de mieux connaître la dimension sociale véritable des couches où s'élabore le matérialisme naturaliste des Lumières, peut-être aussi de réfléchir sur la situation, en leur temps, des précurseurs et grands-parents de Marx et Engels.

A.C. Kors, à sa façon, a tenté l'aventure [8]. Ses travaux sur la coterie holbachique ont marqué un tournant, car ce furent parmi les premiers

---

5. A. Soboul, *La civilisation de la Révolution française*, t. 1, Paris, 1970 ; P. Charbonnel, *Textes choisis de d'Holbach*, Paris, 1957, pp. 6-8.
6. J. Vercruysse, *La bibliographie holbachienne, 1750-1969*.

	Œuvres (éditions)	Critiques
1750-1759	9	–
1760-1769	25	1
1770-1779	20	13
1780-1789	3	4
1790-1799	1	–
1800-1849	5	3
1850-1899	1	4
1900-1949	1	18
1950	5	26

Ce comptage rassemble les éditions recensées par Cioranescu, dans *Bibliographie de la littérature française du XVIIIe siècle*, Paris, 1969, et dans l'*Histoire littéraire de la France*, Paris, 1969.
7. P. Naville, *Paul Thiry d'Holbach et la philosophie scientifique au XVIIIe siècle*, Paris, 1943, 2e édition augmentée, 1967.
8. A.C. Kors, *D'Holbach's Coterie, an Enlightenment in Paris*, Princeton, 1977 ; cf. aussi *D'Holbach et ses amis*, bibliographie établie par J. Vercruysse avec une introduction brève mais importante en ce qui concerne les problèmes d'édition et de diffusion, Hachette, Micro-édition, Paris, 1973.

que l'on consacra non seulement à l'homme et à ses idées, mais également au groupe qui l'entourait [9], dans un but de démystification des clichés hérités de Rousseau et de l'émigration, repris par Avezac et pratiquement jamais discutés depuis. Ce capital d'images impose à nos manuels trois thèmes principaux : celui de la coterie présentée comme un groupe homogène, communiant dans le matérialisme et dirigeant un salon fanatique ; celui d'un projet réfléchi pour une subversion idéologique des Lumières ; enfin l'idée de rattacher « complot » encyclopédique, radicalisme philosophique et politique en un ensemble cohérent. P. Gay, C. Becker, M. Mauman [10], bien qu'animés par des problématiques et des idéologies diverses, conviennent du rationalisme anti-absolutiste des amis de d'Holbach. A.C. Kors a, plutôt que de rappeler ces étiquettes préconçues, a préféré jouer une partie plus difficile en tentant de définir la coterie holbachique dans ses rapports avec les milieux culturels des Lumières parisiennes, en s'efforçant de préciser les caractères sociologiques d'un ensemble qui fuit de tous les côtés si on l'aborde avec des critères préétablis, en suivant au-delà de la période d'activité majeure du cercle les engagements politiques de ces membres dans la Révolution et sa consolidation.

La définition du cénacle rassemblé autour du baron d'Holbach n'était pas une tâche aisée. Il faut d'abord se débarrasser des jugements péjoratifs émis par Rousseau, regroupant dans une conspiration tournée contre lui-même les familiers de l'hôtel de la rue Saint-Honoré. Pour éviter toute confusion, il faut ensuite limiter l'étude au cercle de sociabilité régulière rassemblant les habitués privilégiés ; éliminer donc les invités irréguliers et mondains. Un texte célèbre de l'abbé Morellet [11] rappelle les caractères dominants de cette rencontre : le rôle d'un homme, le « maître d'hôtel de la philosophie », mécène, riche, cultivé, d'un goût assuré, la fortune des d'Holbach parlant ici de la nécessaire solidité économique de la société des Lumières ; l'affirmation aussi, d'un ton commun, politesse mondaine, certes, mais comme assouplie par une certaine manière de table et de gastronomie, par la familiarité d'une compagnie élue ; enfin la conscience d'appartenance au groupe, distinct du salon, constituant un manège amical, la « synagogue », la « boulangerie ». Au-delà de ce regroupement premier, les soirées rassemblent, avec plus d'irrégularité, amis littéraires, relations mondaines, voyageurs et diplomates. Alors peuvent passer du premier au second cercle idées et réflexions, mais l'occasionnel n'est pas intégré aux mœurs de la coterie de la même façon que dans la réunion régulière et d'ouverture limitée.

Sur le baron lui-même, rappelons ses origines familiales – étranger et

---

9. Ch. Avezac-Lavigne, *Diderot et la société du baron d'Holbach*, Paris, 1875, avait le premier défini la coterie comme un groupe uniforme.

10. P. Gay, *The Enlightenment : an Interpretation*, vol I, *The rise of modern paganism*, New York, 1966, pp. 398-399 ; C. Becker, *The Heavenly City of the Eighteenth Century Philosophers*, New Haven, 1932, pp. 74-77 ; M. Mauman, *Holbach und das Materialismus Problem in Grund Positionen der französischen Aufklärung*, Berlin, 1955, pp. 88-90.

11. Abbé Morellet, *Mémoires*, Paris, 1821, chapitre VI : « Le baron d'Holbach que ses amis appelaient baron parce qu'il était allemand d'origine. »

financier, cela suffit, sans doute, pour gâter l'opinion sur d'Holbach –, ses études à Leyde, où il put adhérer aux mœurs de discussions libres des *clubs* et des *coffee houses*, dans une atmosphère cosmopolite et libérale : il y rencontrera Wilkes et les étudiants whigs. Sur l'ascension sociale du fermier général rien de neuf certainement, mais les traits dominants d'une carrière sont déjà en place : héritage et protection de son oncle, rachat d'une charge de secrétaire du roi à son cousin, activité professionnelle et créations quasi secrètes, vie familiale et hospitalité à Paris ou à Grandval. Assurément, des recherches dans le minutier notarial [12] aideraient à reconstituer au plus près les gestes du métier ou les traits de la fortune [13], mais les conclusions n'en seraient pas modifiées. D'Holbach est un personnage complètement intégré à la haute société du temps, il s'intéresse à l'avenir de ses enfants, fait de son fils aîné un conseiller au parlement, marie sa fille à un aristocrate, capitaine de dragons, et achète une compagnie à son cadet dans le régiment de Schomberg. Son comportement officiel reste tout à fait conformiste, ce qui n'étonne pas et peut, somme toute, moins surprendre que de voir un homme de cette situation et de ce rang courir le risque de publier en fraude le *Système de la Nature*.

Cette position prééminente et indiscutée, cette solidité financière lui permettent d'ouvrir ses portes avec régularité pendant plus de vingt années à une douzaine d'amis. Dès 1750, on y voit Diderot et Grimm, le lieutenant des Chasses, Georges Le Roy, Marmontel, l'abbé Raynal, le docteur Roux, le marquis de Saint-Lambert et le jeune Suard; après 1760 s'intègrent au groupe le chevalier de Chastellux, l'abbé Morellet, Naigeon, homme important mais obscur, et, avec plus ou moins de constance, l'abbé Galiani avant son retour à Naples, le fermier général Helvétius, lors de son séjour parisien. Deux cas restent problématiques : celui de Darcet, médecin et chimiste, et celui de Boulanger, savant et ingénieur qui meurt en 1759 et ne fut pas retenu comme les autres par les témoignages du temps, car moins actif. Au-delà de cette diversité dans la participation, deux traits sont à relever qui n'ont guère frappé A.C. Kors. Pour l'essentiel ce sont des moins de trente ans : Diderot et l'abbé Raynal avec 37 ans en 1750 y feront figure de doyens, Helvétius a 35 ans et Saint-Lambert 34 au même moment [14]. La majorité du groupe vient de province et de l'étranger : ce sont des représentants d'une élite culturelle montée à Paris, incontestablement moins des déracinés que des cher-

---

12. Y. Durand, *Les Fermiers généraux au XVIIIᵉ siècle*, Paris, 1971.

13. AN, minutier des notaires, étude XIX, 517, 518, 5-10 sept. 1753, 7 nov. 1753. La fortune de l'oncle d'Holbach est organisée en trois masses : les meubles, meublants, chevaux, hardes, et bijoux, plus de 12 000 livres; les billets et actions, les rentes perpétuelles et viagères sur la tête de ses neveux, près de 600 000 livres; l'argent comptant, 25 437 livres, qui ne suffit à rembourser 28 337 livres de dettes. L'inventaire et le partage ne signalent pas de bien fonciers. Il revient aux deux héritiers moins de 300 000 livres.

14. Si l'on calcule l'âge en 1750, ou au moment où le personnage considéré entre dans le groupe, entre 1750-1770, Diderot a 37 ans; d'Holbach, 27; Grimm, Le Roy, Marmontel ont le même âge; l'abbé Raynal a 37 ans; mais Roux, 25; Saint-Lambert, 34; Morellet, 26; Galiani, 22; Helvétius, 35; Darcet, 26; Boulanger, 28. Suard a 17 ans en 1750; Chastellux, 16 ans; Naigeon, 12; ils auront moins de trente ans quand ils entreront dans le groupe.

cheurs d'une intégration socioculturelle neuve [15]. Solidarité d'âge et identité d'itinéraire confèrent sans doute aux rencontres une cohérence de gestes, une homogénéité de réactions. Mais il reste à s'interroger sur l'unité idéologique et sociologique de la coterie [16].

Coterie ou complot?

Les contemporains et les historiens ont proposé trois interprétations : la coterie trouvait son caractère principal dans l'athéisme; c'était un centre de travail collectif où se tramait un véritable « complot » contre l'Ancien Régime; enfin le salon de d'Holbach a été le quartier général de l'*Encyclopédie*. A.C. Kors a su faire justice de ces trois propositions.

L'athéisme : la discussion de la foi est un sujet majeur des entretiens du cercle; d'Holbach, Diderot et Naigeon sont des athées assurés, sinon militants; Roux, Saint-Lambert, Grimm et Helvétius sont des sceptiques aisément taxés d'athéisme virtuel; tous les autres se partagent entre un scepticisme mondain allié à un conformisme social sans remise en cause, le déisme, le théisme et les formes variées de la religion naturelle. Sur ce point donc, l'athéisme unificateur n'existe pas, ce qui n'empêche qu'on ait pu jouer à faire peur en remuant devant visiteurs et non-complices le spectre d'Épicure ou le fantôme de Lucrèce.

Le complot? Il s'agit d'un mythe total, car rien ne justifie dans les travaux ou les propos de table du groupe autre chose que la passion du débat d'idées. Ce qui n'exclut pas le ralliement sur des positions unifiantes : le soutien aux causes philosophiques essentielles (l'affaire Calas, la liberté de publier, l'*Encyclopédie*), l'information mise en commun, l'échange conceptuel plus que la collaboration régulière aux œuvres des uns et des autres.

Reste l'encyclopédisme. Il est évident que l'entreprise n'a pas été lancée à partir du salon de la rue Saint-Honoré; mais l'existence des réunions a pu avoir un rôle indirect dans la mesure où des membres de la coterie sont dans le collectif encyclopédique; sans qu'il y ait une liaison organique, il y a perméabilité. Au total, ce qui caractérise l'originalité du groupe holbachien dans la vie intellectuelle de Paris, c'est l'esprit libre des réunions, la discussion vive et franche dont les hôtes occasionnels se sont fait les diffuseurs.

Quel fut le rôle réel des salons parisiens et de la sociabilité dans la formation et l'expansion des idées philosophiques? Les auteurs admettent trop aisément la coïncidence d'une structure de sociabilité avec l'adhésion à de nouvelles valeurs, sans voir que la forme même de la rencontre dicte les limites qu'on ne franchit pas, les sujets que l'on tait, les choix que l'on fait. La discussion mondaine est tout à la fois un frein à une certaine audace de pensée, l'encouragement au paradoxe plus qu'à la sincérité. L'espace du salon est celui d'une fête sociale très codifiée,

---

15. D'Holbach et Grimm sont d'origine allemande; Diderot est champenois; Marmontel, limousin; Raynal, languedocien; Roux, bordelais; Suard, comtois; Saint-Lambert, lorrain; Darcet est girondin, Galiani est italien et Morellet, lyonnais. Restent, nés à Paris ou à Versailles, Le Roy, Naigeon, Helvétius et Boulanger.

16. A.C. Kors, *op. cit.*, pp. 41-146.

régularisée par les présences féminines, où l'on sait ce qu'il faut dire et quand. Elle a ses bouffons, elle a ses Maître Jacques, mais ce n'est ni la *disputatio*, ni le débat d'idée, ferme et franc.

Or ce qui caractérise le mieux la coterie holbachique, c'est d'avoir partiellement refusé l'autocensure salonnière. La liberté, la discussion à cœur ouvert, l'audace provocatrice, le vrai dialogue et la plaisanterie ont frappé les témoins. Ce qui rassemble ces hommes aux idées philosophiques différentes, c'est à la fois l'accord sur des principes communs, la tolérance, l'idée de progrès, et le désaccord sur les interprétations de fond, la métaphysique ou l'engagement. Bref, ce qui fonde l'harmonie des amis du « gros baron », c'est moins la cohérence philosophique que l'acceptation, la reconnaissance d'une sensibilité collective. « Il faut encore être bon, c'est là que le commerce est sûr... C'est là qu'on s'estime assez pour se contredire », écrivait Diderot [17], acteur et témoin. Au temps des académies, institution de pouvoir et lieu d'un débat contrôlé, au temps des salons, espace de la mondanité et de l'intégration sociale des gens de lettres, les soirées de la rue Saint-Honoré et de Grandval rassemblent une communauté où chacun se dévoile. La fascination parisienne et l'écho européen de ces rencontres s'expliquent sans doute par leur incontestable et spectaculaire liberté.

Soucieux de retrouver une explication sociologique à ce comportement, A.C. Kors a cru possible de la chercher dans les origines sociales, les carrières, l'attitude face au privilège, point capital pour déterminer vers quel choix de société les amis de d'Holbach étaient susceptibles de pencher. La diversité des milieux où sont nés les membres du groupe éclaire l'enracinement complexe de la République des Lettres. Dans leur majorité, ils sont représentatifs des élites nobiliaires, administratives et des bourgeoisies urbaines. Trois d'entre eux, Naigeon probablement, Marmontel et Roux assurément, sont issus de familles proches des classes populaires ; les autres sont des héritiers jouissant, dès le départ, d'une protection familiale, d'un capital culturel, parfois même de la fortune. Diderot, Raynal, Morellet, Suard et Grimm sont nés dans des familles de moyenne bourgeoisie citadine. D'Holbach, Darcet, Le Roy, Helvétius sont issus de parents anoblis. Galiani, le chevalier de Chastellux et Saint-Lambert peuvent se réclamer d'une noblesse ancienne. Dans sa diversité, la coterie holbachique ne présente que peu de différence par rapport aux institutions culturelles académiques ou autres. Incontestablement une certaine homogénéité provient de son unité intellectuelle : tous les membres du cercle ont fait de bonnes études au collège, la plupart ont été dans les facultés ; nobles ou bourgeois, tous sont des acculturés. De surcroît, ils conservent une évidente confiance dans leurs possibilités de réussite et l'idée qu'un homme peut encore faire son chemin dans la société. Ils ont dans leur ensemble su trouver des protecteurs qui ont encouragé leurs débuts : le président Barbot, Montesquieu, La Popelinière, le prince de Beauvau, Turgot, Trudaine, Gournay, la cour de Lunéville et celle de Versailles ont veillé sur leur réussite [18]. En bref, ils vivent

---

17. D. Diderot, *Les salons*, 1765, éd. J. Seznec, Oxford, 1960, p. 176.
18. Seuls Chastellux, Le Roy – encore qu'il soit par sa naissance proche des milieux courtisans –, d'Holbach – encouragé toutefois par son oncle, grand financier – et Diderot échappent pour une part à ce schéma.

l'expérience des compétences reconnues, ils ont choisi Paris, c'est-à-dire la conquête d'une notoriété qui ne peut être que celle de la société du privilège dont ils contestent le principe et critiquent les préjugés dans leurs travaux clandestins ou publiés.

Toutefois leur ascension sociale ne se caractérise pas par une montée continue vers les honneurs et la fortune : elle est faite par paliers, elle a ses ruptures et ses fluctuations, ses occasions perdues et ses chances gagnées. D'aucuns, comme Roux et Darcet, ont obtenu assez vite renommée savante et reconnaissance académique, ce sont des experts et des enseignants [19]. D'autres, plus « littéraires » comme Marmontel, Suard, Saint-Lambert, Chastellux, suivront le chemin qui mène à l'Académie française et conquerront plus ou moins vite une notoriété d'auteurs dramatiques, de journalistes et de poètes. Morellet, Raynal et Grimm feront carrière dans les coulisses des gouvernements, les ministères et la diplomatie. D'Holbach, Helvétius, s'engagent dans les activités de finance tout en poursuivant leurs recherches secrètes. Restent Naigeon, Boulanger et Diderot qui, sans méconnaître la nécessité des protecteurs ou des amitiés illustres, n'ont pas manifesté une ambition tournée vers la réussite courtisane [20]. A.C. Kors montre que la plupart ont, parallèlement, dû consolider leur fortune : Marmontel parti de zéro se retrouve doté de 20 000 livres de rente par an vers 1780, c'est un propriétaire ; Diderot aussi jouit d'une aisance sûre, d'une quasi-dépendance que viendra étayer la pension de Catherine II. Au total, l'ensemble n'évoque pas les hors-la-loi, ce sont des nantis, qui associent le conformisme des apparences avec l'affirmation du refus intellectuel. On comprend les accents du paradis perdu qui traversent les Mémoires de Marmontel ou les Souvenirs de Suard, heureux mari de Mademoiselle Panckoucke.

Complicité de la monarchie ?

Mais dans cette évidence de la double conscience, on peut se demander d'une part quels ont été les facteurs de leur succès, les moyens de leur sécurité. D'autre part, pourquoi ont-ils bénéficié de la tolérance relative des pouvoirs répressifs ? Dans les années 1750-1760, les membres de la coterie holbachique ont gagné la sûreté professionnelle et, pour la plupart, financière ; après, ils gèrent leurs gains et bénéficient des avantages que la société d'Ancien Régime reconnaît à ses privilégiés. Ils acceptent le rôle académique et les dignités qu'il confère ; ils peuvent ainsi profiter de la respectabilité acquise aux gens de lettres face aux clercs traditionnels. Tous ont eu des liens directs ou officieux avec l'administration, et ils ont pu dans leur tâche officielle se conforter réciproquement. Diderot lui-même, qui refuse la reconnaissance académique en France, accepte d'intervenir près de Sartine et ne refuse pas sa

---

19. R. Hahn, *The Anatomy of a Scientific Institution, the Paris Academy of Sciences, 1666-1803*, Berkeley, 1971.
20. A.C. Kors, *op. cit.*, pp. 253-256, l'auteur discute plus particulièrement le cas de Diderot pour lequel il arrive à une conclusion nuancée : « Son style dans la société a pu être très différent de celui de la plupart de ses amis mais il ne vit pas dans un monde très différent » ; et celui de Naigeon qui, vers quarante ans, suivait la même route que ses proches.

protection[21]. Si les membres de la coterie ont été victimes des persécu-
tions antiphilosophiques, c'est de façon assez temporaire et parce qu'ils
n'ont pas respecté les règles et les conventions sociales qui régissent
leurs rapports avec les autorités. En bref, les poursuites, qu'il ne faut pas
nier mais remettre à leur place, qui frappaient beaucoup plus durement
les seconds et troisièmes rôles que les étoiles protégées, les colporteurs,
libraires, publicistes et pamphlétaires que les journalistes, académiciens
et écrivains patronnés, ont été pour eux des accidents de parcours dont
les conséquences essentielles furent de ralentir l'intégration de quelques-
uns, et surtout de dicter le style de leur comportement, l'autocensure et
la clandestinité, le refus du martyre et l'apparence conformiste.

Faut-il alors supposer qu'ils jouissaient de la complicité positive de
l'État monarchique? Il n'en est rien, car ils ont couru des périls qui
n'étaient pas imaginaires; mais de fait leur situation rend compte des
contradictions sociales et politiques qui traversent la société prérévolutionnaire. D'abord, ils bénéficient d'un choix tactique de l'administration : l'athéisme de salon et les audaces que diffusent manuscrits ou
éditions clandestines et étrangères, coûteux, sont plus faciles à tolérer, en
tout cas à contrôler, que les querelles religieuses – ainsi du jansénisme –
ou l'agitation politique – telles les affaires des parlementaires susceptibles d'un écho beaucoup plus grand. Ensuite, les amis de d'Holbach
tirent parti de la division des classes dirigeantes et dominantes : la lutte
des cours souveraines contre le pouvoir royal au nom de la liberté des
privilèges, l'opposition des assemblées du clergé aux parlements, l'affrontement du gouvernement avec les uns et les autres, créent des possibilités
de tolérance profitable. Entre philosophes et antiphilosophes, l'administration choisit un *modus vivendi* attentiste qui ne conduit jamais à
déchaîner les représailles et les poursuites réclamées par les représentants de l'Église ou les officiers des cours souveraines pour tout ce qui
concerne la foi, les vérités religieuses, l'ordre éternel des sociétés.
A.C. Kors donne de nombreux exemples de cet accommodement visant à
surveiller circulation et diffusion de l'imprimé, donc à poursuivre les
petites gens en laissant de côté les auteurs, refusant de pousser les
poursuites au-delà de limites convenues pour ne pas mettre en cause la
haute société trop souvent compromise. En bref, l'État admet l'existence
d'une opinion publique facile à inquiéter, qu'il ne faut pas scandaliser. De
leur côté, les philosophes radicaux reconnaissent les conventions du jeu
social, pour la plupart l'ordre du privilège, qui ne sont jamais dénoncés à
ciel ouvert. Ils savent ainsi utiliser leur situation limite pour se protéger
de leurs adversaires; leur réseau d'influence et de protection finira par
établir aux yeux des écrivains de la génération postérieure, les « Rousseau du ruisseau[22] », le despotisme de la philosophie même.

Il était tentant de poursuivre la confrontation entre engagement
politique et radicalisme des idées au temps où la contestation révolutionnaire bourgeoise et populaire faisait basculer le monde des privilèges. La
moitié des membres de la coterie a disparu, et non les moindres : Diderot
est mort en 1784, d'Holbach en 1789; le groupe en tant que tel est

---

21. J. Proust, *Diderot et l'Encyclopédie*, Paris, 1962, p. 76.
22. R. Darnton, « The high enlightenment and the low-life of litterature in the
pre-revolutionary France », *Past and Present*, 1971, pp. 81-115.

dispersé, mais le radicalisme clandestin, trouvant dans l'événement l'occasion de s'exprimer, laissait attendre une participation effective, un ralliement actif aux transformations. De fait, les ténors sont présents dans les discussions politiques dès 1788, mais presque tous les survivants, après avoir suivi le processus révolutionnaire et applaudi à la rénovation qui installe la monarchie du compromis, ont très vite un comportement d'émigré de l'intérieur. Avant 1792, ils se détachent d'un mouvement qui les dépasse : Marmontel, dénoncé par Marat, se cache ; Suard et sa femme ont tenu un salon, très tôt jugé comme antipatriote, puis se taisent ; l'abbé Raynal, rentré tardivement à Paris, déteste les clubistes et se retire ; Morellet, défenseur du tiers état aux premiers jours de la Révolution, rompt avec elle après avoir plaidé la cause des hommes de lettres ; Darcet, électeur de 1789, a des difficultés dues à sa liaison avec les d'Orléans et fuit ; Saint-Lambert, aristocrate, se réfugie très vite à Eaubonne pour s'y faire oublier ; Grimm émigre en 1792. Naigeon est le seul à mener l'assaut contre la couronne et les derniers privilèges, mais malgré son anticléricalisme, sa haine de tout fanatisme lui fait choisir la retraite. Ils ont tout perdu ou presque : postes, revenus, considération, tous aux yeux des Jacobins et des sans-culottes sont compromis avec un passé révolu. Ils ne doivent leur salut qu'à la fuite, à Thermidor aussi, car ils pourront se réintégrer dans les structures de la République directoriale et consulaire, l'âge aidant ils feront figure de Nestor philosophique.

De ce survol, on retiendra le décalage évident entre les avatars biographiques, la faiblesse politique individuelle, et les prises de position antérieures. Les œuvres du maître de la coterie – faut-il le rappeler – abondent en propos qui dénoncent l'autorité royale, la tyrannie, la suprématie de l'aristocratie, le fanatisme de l'Église. Tous ont clairement ou implicitement réclamé les libertés politiques, le droit à la résistance, acclamé les Américains, proclamé les idéaux neufs du progrès et du bonheur pour l'homme. Ce contraste entre pratiques et idéologie permet de s'interroger sur la signification sociale des idées radicales et sur l'attitude des intellectuels face au changement. Bien entendu on ne peut préjuger des actes de ceux qui sont morts, et la période révolutionnaire ne manque pas d'exemples pour illustrer le ralliement des membres de l'ancienne classe dirigeante ou l'engagement positif de ceux qui avaient tout à perdre, ou beaucoup, dans les transformations sociales. La crise révèle en fait non seulement la difficulté de vivre individuellement une situation de remise en cause par une intelligentsia reconnue, mais aussi la différence de conception quant aux choix fondamentaux qui existaient entre les hommes de la génération illustre entre 1750 et 1770 et ceux arrivés sur la scène philosophique et littéraire vingt ou trente ans après. Les philosophes du midi des Lumières concevaient le progrès et le changement social d'une manière incompatible avec celle de la Révolution populaire, imprévisible et incontrôlable. Les membres de la coterie ont une politique, dans leurs œuvres les analyses ne manquent pas qui viennent à l'appui d'une révolution sociale, mais ils croient à l'idée d'une réforme progressive et dosent l'opportunité des rébellions et l'importance des bouleversements à faire. Diderot, d'Holbach ou l'abbé Raynal pensent que l'éducation, la transformation par l'information, une morale sociale équilibrée, sont capables de venir à bout peu à peu des principaux abus. A.C. Kors a montré que l'inadaptation des survivants aux ruptures révolutionnaires provient de leur fidélité à une politique que guident le refus de l'opportunisme et l'idée que les philosophes peuvent prendre le pouvoir – leur succès le prouve –, que la modification de la société passe par l'action de l'État et la consolidation des régimes éclairés, que les masses populaires ne pourront prendre en main leur avenir qu'au terme d'une acculturation lente. Pour les métaphysiciens de l'athéisme, tout est préférable au désordre, au fanatisme. Le débat, réformisme ou révolution, n'a pas fini de rebondir.

Dans son rapport sur les idées religieuses et morales conformément aux principes républicains, le 7 mai 1794, Robespierre foudroyait la coterie : « Cette secte en matière politique resta toujours en deçà des droits du peuple ; en matière de morale, elle alla beaucoup au-delà de la destruction des préjugés religieux. Ces coryphées déclamaient quelquefois contre le despotisme et ils étaient pensionnés par le despote ; ils faisaient tantôt des livres contre la cour, et tantôt des dédicaces aux courtisans ; ils étaient fiers de leurs écrits et rampaient dans les antichambres... » Les amis du baron d'Holbach avaient trouvé une homogénéité de comportement dans la familiarité des rencontres amicales, une audace calme dans l'ordre des réunions privées, une assurance morale et métaphysique dans la clandestinité des publications. Ils avaient ainsi pu concilier la force de leurs revendications éthiques avec un conformisme social nécessaire à leur intégration dans le monde des privilèges. La Révolution fera éclater la contradiction réelle entre leur radicalisme philosophique et leur modération politique. Toutefois, ces hommes qui n'ont jamais été des marginaux croyaient dans leur optimisme à la possibilité d'une transformation du monde ; leur propre succès ne prouvait-il pas qu'ils avaient un écho ? L'histoire se doit de réfléchir sur ce phénomène tranquille de la double conscience, sur la nécessité de douter de la relation claire qui s'établit entre un comportement et des idées – Diderot et Naigeon étaient de ce point de vue les moins à l'aise.

Au-delà encore, c'est l'existence même de cette forme spécifique de sociabilité politique élaborée dans les salons parisiens et provinciaux de l'âge des Lumières qu'il faut réinterroger. Comme l'a montré récemment M. Agulhon, la sociabilité, trait reconnu de psychologie collective, et l'association, aspect caractéristique d'une civilisation, contribuent fortement à constituer le paysage idéologique des temps prérévolutionnaires au premier XIXe siècle [23]. Dans cette perspective, le salon tient une place à part, car c'est un modèle sûr qui fascine les classes bourgeoises établies, « vestiges d'Ancien Régime » ; il survit aux révolutions et perdure – comme les académies – jusqu'à nos jours où son rôle, pour être discret, n'a pas totalement disparu. L'étudier dans le long terme, c'est retrouver comment les pratiques sociales s'enracinent, comment les conduites et les pensées se modulent et réagissent les unes sur les autres. Pendant trois siècles, le salon favorise la rencontre de classes et le cosmopolitisme, le jeu de l'égalité et en même temps les séductions de la puissance sociale que confirme un style de vie. Entre 1792 et 1795, l'émigration a

    23. M. Agulhon, *Le cercle dans la France bourgeoise, 1810-1848, étude d'une mutation de sensibilité*, Paris, Colin, Cahier des Annales, 1977.

pu vider les cercles mondains et la Terreur entraîner dans le monde réel ceux qui les fréquentaient, mais l'épisode révolutionnaire n'a pas tué la formule salonnière. Il importerait de mesurer cependant quel glissement a pu se produire malgré cette vitalité, ainsi de voir comment une forme associative peut se maintenir même si son rôle se déplace du « politique » au littéraire, de l'action à l'intrigue, du ludisme efficace au symbolisme d'un autre âge. L'intelligentsia prérévolutionnaire se partage moins sur les buts que sur les moyens, et son succès dans une sphère intellectualisée que constituent progressivement institutions, rencontres, diffusion accrue des livres et des journaux, contribue à son aveuglement sur elle-même. Est-ce à dire que les écrits et les idées n'ont eu aucune importance? Certainement pas et, sur ce point, le livre de A.C. Kors demande à être complété. Comme pour l'*Encyclopédie*, c'est une histoire de la diffusion clandestine et officieuse des idées radicales qu'il faudrait écrire. Fondée sur des dénombrements exhaustifs, conduisant à l'analyse de l'extraordinaire explosion pamphlétaire qui précède les États généraux, cette reconstitution, seule, permettrait de voir comment agissent les idées et les intellectuels au-delà même de leur propre refus.

CHAPITRE X

Les modèles économiques du mécénat

Les salons permettaient aussi aux auteurs de vivre; la table est occasion de communier dans le commerce du goût et de l'échange spirituel et piquant, le jeu entretient le commerce social, le cosmopolitisme pousse aux relations utiles qu'on pourra monnayer en d'autres échanges. Avec *Le Neveu de Rameau*, Diderot a laissé le portrait satirique d'un intellectuel sans travail, proche par bien des traits des « Rousseau du ruisseau » que Robert Darnton a remis en lumière. Rameau y campe de façon inoubliable les habitudes du prolétariat de parasites qui rêvent à de plus hautes destinées. Traditionnellement, celles-ci passent par le clientélisme et le mécénat. Rentrer dans le réseau des clientèles ou gagner une position privilégiée dans le mécénatisme des grands et, à partir du règne de Louis XIV, de l'État, permet de vivre et quelquefois de progresser dans la société. Le monde des intellectuels et des auteurs reste celui des fidélités anciennes et des dépendances acceptées, où le service, les charges, sont le moyen d'obtenir gratifications et protections. En multipliant le nombre des pensions, en créant à l'intérieur des académies de véritables carrières, en offrant les postes des administrations culturelles ou autres, la monarchie absolue a renforcé à la fois la dépendance des écrivains et des savants, et permis la première autonomisation du « champ littéraire ».

La puissance financière de l'État et des ordres privilégiés entretient, le XVIIIe siècle durant, ce clientélisme traditionnel même s'il recule dans la haute aristocratie. Il est alors relayé par l'action des financiers, et plus particulièrement des fermiers généraux qui perçoivent la moitié des revenus fiscaux. Les noms de La Popelinière, Dupin, Helvétius, d'Holbach, Geoffrin, d'Épinay soulignent cette influence, nouvelle par son extension et par son soutien accordé à la pensée philosophique critique. Le chiffre des emplois et des pensions distribués par le monarque s'est considérablement accru. Mais si le nombre des nantis progresse, celui des candidats augmente sans doute encore plus et nous retrouvons Rameau le neveu. La participation d'un groupe plus important d'hommes de lettres au capitalisme de Librairie atténue quelque peu le conflit en substituant aux protections anciennes du mécénat officiel ou privé l'indépendance du polygraphe salarié ou de l'auteur enrichi par ses succès. Le héros cynique de Diderot, individu partiellement réfractaire à tout classement, mais incontestablement évocateur des ratés de la *bohème* artistique et littéraire parisienne, évoque ce climat ambigu où cœxistent deux systèmes de rémunération, par le patronage perpétué et la rétribution indirecte, par le marché que règlent l'offre et la demande. Le musicien de génie raté ne diffère ici en rien de l'écrivain raté de génie. Il n'a pas pris pied dans le secteur autonome des activités intellectuelles rétribuées. Il se range parmi les intellectuels frustrés, dépourvus de places, chassés des académies, n'accédant pas aux pensions et que les libraires ignorent ou exploitent, tandis que les magnats des lettres et de la philosophie les méprisent. La Révolution sera pour quelques-uns d'entre eux l'occasion d'une revanche.

En attendant, il leur faut quelquefois, comme le personnage de Diderot, *baiser le cul à la petite Hus*, maîtresse d'un trésorier des parties casuelles, pourvoyeur de repas, de logis, d'influence. Dans la diatribe de Rameau le neveu contre les prétentions de Bertin et de sa maîtresse apparaît l'inégalité de l'acte mécénal. La relation de l'écrivain et de ses protecteurs, celle de l'artiste et de ses patrons, suppose un contrat tacite, une relation entre le puissant et le protégé, une manière de commerce et d'échange. Cette relation, il faut la replacer en perspective dès lors que se constituent et se renforcent simultanément clientélisme et mécénat, et bientôt leur critique.

L'histoire des intellectuels et de leurs travaux s'éclaire ainsi par l'histoire du don.

Gens de lettres, hommes de littérature, historiographes appointés ou non, écrivains à gages ou amateurs libéraux, de la fin du Moyen Age à l'époque moderne, ont, en tous lieux, joué avec l'image de l'illustre Caius Julius Mecenias [1]. Il s'agit pour l'historien de savoir comment dans une entreprise d'histoire économique, dont l'essentiel consiste à établir le bilan des coûts et des profits [2], interviennent les facteurs proprement culturels, et surtout de les utiliser pour aborder l'étude d'une catégorie qui traverse la société et ses groupes, la chronologie et ses conjonctures, la géographie et ses contrastes.

Sur ces interrogations qui unissent historiens d'art et historiens pour une meilleure définition de l'approche sociale des œuvres, un retournement des perspectives se révèle sans doute nécessaire. Si le *mécénat* – le mot n'existe pas en français avant le XVIIIᵉ siècle, mais la chose est bien là – est avant tout une *mentalité*, peu importent les œuvres, peu importent les objets dans lesquels elle s'investit : importe surtout le type de situation économique et sociale créé par la relation mécénale. Son analyse sur

1. J.-M. André, *Mécène*, Paris, 1967 ; R. Levy, *Le mécénat et l'organisation du crédit intellectuel*, Paris, 1924 ; A. Viala, *Naissance de l'écrivain*, Paris, 1985 ; N. Heinich, *La constitution du champ de la peinture française au XVIIᵉ siècle*, thèse de 3ᵉ cycle, E.H.E.S.S., Paris, 1981 ; E. Walter, « Le monde des auteurs », in *Histoire de l'édition française*, t. 2, Paris, 1984.
2. M. Mollat, « Pour une typologie du mécénat », *Actes* de la 17ᵉ Settimane di Prato, 1985.

plusieurs siècles fait apparaître des étapes, des ruptures et des croisements. Le mécène, personnage économique, compte alors peut-être moins par l'accumulation des capitaux réels qu'il a rassemblés, utilisés, réinvestis que par son rôle historique de magicien de la transformation des capitaux réels en capitaux symboliques.

Le mécène s'inscrit alors dans l'histoire complexe de la contradiction ou de l'alliance de la valeur d'usage et de la valeur d'échange autant que dans celle de la plus-value. L'histoire du mécénat ne peut pas séparer, ni opposer, les réalités de l'économique et l'imagination de la réalité qui se traduirait dans les discours et les œuvres. Les représentations sont inhérentes aux réalités, on ne peut connaître les unes qu'à travers les autres.

La « réalité objective » de la consommation culturelle se constitue en même temps que l'opinion qui en impose les hiérarchies et le discours qui en explicite les comportements. La manière dont on s'est représenté le mécène et son rôle à l'époque moderne a sans doute été pour une large part elle-même constitutive de l'économie mécénale et des stratégies de persuasion qu'elle suscite. La représentation du mécène en image et dans les textes a nourri une définition de son champ d'action. C'était une des normes de l'institution imaginaire de la société.

Le lien entre donateur et bénéficiaire, qui peut se conjuguer au pluriel et au singulier, se retrouve dans la quasi-totalité des actes de consommation et d'investissement culturels. Mais il est continuellement marqué d'une ambiguïté puisqu'il permet l'extension presque infinie de la relation mécénale. Cette ambivalence est évidente quand on regarde les mécènes agir et mêler sans trop y regarder le placement artistique et l'investissement caritatif ou salutaire. Leur action s'inscrit à la fois dans le registre des dépenses de luxe et dans celui des frais de l'assistance et de l'économie de la pauvreté. Dans certains édifices, églises, cathédrales, hôpitaux, monastères, la frontière des pratiques est impossible à tracer.

Il n'est pas facile de le trouver non plus dans certains gestes comme la fondation de bourses ou de collèges pour les clercs ou les pauvres laïcs. Dans les périodes de conjoncture difficile, l'hypothèse d'un mécénat de crise intervenant comme remède à la déstabilisation sociale qu'on redoute et comme vitrine d'une activité économique chancelante, mais qu'on souhaite relancer, peut à Gênes comme à Naples se défendre avec juste raison [3]. La politique culturelle utilise alors toutes les ressources de l'économique; elle en suit les inflexions, moins pour y remédier dans le réel que pour la faire oublier dans l'imaginaire. La crise fouaille les consommations de luxe, les dépenses de ceux qui en tirent bénéfice et ne sont pas victimes de la sélection, du nettoyage et du dégraissage. Elle souligne les écarts et creuse les distances, et le mécénat s'y retrouve dans le jeu des gagnants. Versailles est enraciné dans le tragique du XVIIe siècle : il confirme un pouvoir, malgré les difficultés. Le jeu économique des dépenses somptuaires traduit ainsi le fait que le mécène et son action occupent une situation stratégique dans le fonctionnement de la redistribution et de la circulation des richesses.

---

3. G. Labrot, « Crise économique et mécénat dans le royaume de Naples, 1530-1750 » ; G. Doria, « Edilizia e prestigia della nobiltà genovese 1540-1630 », in *Actes* de la 17e Settimane, *op. cit.*

Il ne faut pas oublier que, jusqu'aux ruptures de l'éthique capitaliste et l'apparition des modèles nouveaux [4], de l'économie individualiste et libérale, qui se façonnent chez les entrepreneurs papistes comme chez les réformés, l'économie politique chrétienne [5], l'économie de l' « État stationnaire » suppose l'adhésion à deux principes [6]. Le chrétien ne peut et ne doit pas servir deux maîtres, l'accumulation des biens n'est pas une fin. Mais les richesses existent et l'inégalité des fortunes est légitime et indiscutée. Ainsi, la conciliation du monde et la nécessité du salut supposent l'existence de la redistribution, gage d'une rétribution temporelle ou spirituelle présente et à venir. Le luxe, parmi lequel dépenses artistiques et somptuaires, est un usage admis des richesses, mais il est de moindre qualité que la charité. C'est un moyen, non une finalité.

Il est essentiel de « transformer le luxe en charité [7] ». L'activité de multiples mécènes s'explique sans doute partiellement, mais légitimement par cette constatation. La vision économique qui perdure implique que les revenus sont faits pour être consommés. La consommation des riches, parmi laquelle la construction est sans doute au premier rang, est une redistribution assurant travail et échange, attestant générosité et grandeur.

Justice redistributrice

Chacun, s'il peut faire son testament avec tact et intelligence, magnificence et charité, prend alors le chemin de la relation mécénale. A chaque mécène selon son rang et ses capacités. Les entreprises collectives, religieuses ou urbaines, s'enracinent dans cette réactivation de la circulation des richesses par le don. L'économie seigneuriale, la société chevaleresque fonctionnent tout autant grâce au don qu'au contrat [8]. Les églises, les monastères, les couvents accumulent les capitaux réels pour des profits éternels. Les riches et les puissants, en s'associant aux œuvres de prières, gagnent leur salut, confirment la gloire de Dieu, affirment leur grandeur. C'est la logique de la justice redistributive où le mécénat puise une partie de sa force dans l'économie du don [9].

Ainsi, déjà, le mécénat des œuvres et des fidélités fait triompher l'usage sur l'échange, la relation symbolique sur la relation marchande. L'argent qui passe de la main du donateur aux bénéficiaires (artistes, savants, hommes de lettres, serviteurs, clients) est lavé de toute relation d'impureté. Le mécénat contribue à justifier l'existence de la richesse pour le corps social tout entier, l'existence d'une *sanior pars*, le gouvernement des meilleurs. Qu'il soit individualisé dans des représentants magnifiques : Laurent, François Ier, Louis XIV, ou généralisé dans des réseaux collectifs : villes, corps, confréries, ordres, il suscite toujours des images

4. L. Dumont, *Homo aequalis*, Paris, 1977.
5. Je reprends ici une expression de Jean-Claude Perrot.
6. M. Lutfala, *L'État stationnaire*, Paris, 1974.
7. Jean-Claude Perrot, à propos de l'ouvrage de J.-G. de Villethierry, *La vie des riches et des pauvres...*, Paris, 1710.
8. Georges Duby, *Les trois ordres, l'imaginaire du féodalisme*, Paris, 1978.
9. M. Mauss, « Essai sur le don », in *Sociologie et anthropologie*, Paris, 1973, pp. 145-269.

de grandeur. Mais l'économie mécénale s'accommode sans doute partout, bien qu'avec des nuances, des choix religieux les plus variés, des options économiques les plus divisées (catholicisme et calvinisme, aristocratie foncière et capitalisme marchand).

L'âge des cours, de la Renaissance au classicisme, voit se développer les phénomènes distinctifs de la mode. Les programmes iconographiques des États modernes, républiques marchandes ou monarchies, traduisent l'exaltation d'un système politique où l'économie du don n'est jamais totalement étrangère [10]. Des structures de réplique et d'imitation se mettent alors en place.

Le mécène, comme norme de comportement, apparaît alors dans le discours des hommes de lettres et des artistes. Son image se forme et se modifie entre humanisme et classicisme. Dans la Florence de Laurent et du Politien [11], la Mantoue des Gonzague et la Ferrare des Este, s'épanouit l'évocation du Prince éclairé, protecteur des arts et lettres. La diffusion de ce modèle n'épargne aucun pays d'Europe, et gagne le septentrion, renforcé par le prestige neuf des styles et des manières.

Sociabilité courtisane et conversion aristocratique à la culture en font une norme de vie, sinon une réalité dans les royaumes de France, d'Espagne, d'Angleterre. Partout triomphe une nouvelle idée du rapport entre le monde et les arts. La nouvelle attitude culturelle culmine à l'époque du mécénat d'État.

Le texte essentiel reste *Le Mecenas* de Guez de Balzac dédié vers 1644 à Mme de Rambouillet [12]. Il s'agit de redonner vie et force à un terme galvaudé depuis les années de sa renaissance, de louer l'homme de goût et d'art qui fait passer la valeur esthétique avant les valeurs politiques, d'établir les termes d'un contrat où se dévoile la relation de reconnaissance qui s'instaure entre l'artiste et son protecteur, grâce à l'association mutuelle de la gloire de l'un par la gloire de l'autre. De la Renaissance aux temps classiques, le mythe du Mécène se développe et se complexifie dans le discours des poètes et des artistes, dans les dédicaces des hommes de lettres comme dans l'héroïsation allégorique ou le portrait obligé des bienfaiteurs [13]. Ce sont des actes d'allégeance qui font partie des habitudes des gens de cour et qui expriment la réalité de l'échange accepté.

La pratique du mécénat se greffe sur – et utilise – les manières du clientélisme. Mais elle s'en distingue, car si les effets économiques se différencient mal et quelquefois se conjuguent, ils ne sont pas identiques dans l'une et l'autre figure, et surtout ils n'obéissent pas aux mêmes logiques. Tout patron, privé ou collectif, rassemble autour de lui des clients parmi lesquels hommes de lettres, savants et artistes prennent rang.

Cette communauté essentielle de la vie aristocratique est régie par les principes de la fidélité, la règle de la force des clans et des familles, et l'échange de rétribution contre une intervention. « La logique du clientélisme est une logique de service [14]. » Le client, pour ses œuvres, reçoit :

---

10. A. Guéry, « En France, le roi dépensier », *Annales*, 1984, pp. 1241-1269.
11. A. Chastel, *Art et humanisme à Florence*, Paris, 1959.
12. A. Viala, *op. cit.*, p. 69.
13. N. Heinich, *op. cit.*, pp. 64-65.
14. A. Viala, *op. cit.*, p. 53.

emplois, salaire, bénéficie de situation réservée et d'un réseau d'appuis. La logique du mécénat moderne se distingue de celle du système du patronage sur deux points. En premier lieu, son dynamisme repose sur la reconnaissance. Si sa motivation affirmée est toujours l'amour de l'art, on peut supposer, afin d'éviter tout anachronisme, que la plupart des mécènes n'agissaient pas pour cette unique raison. Ils entendaient, en tout cas, que l'on croit fermement qu'ils agissaient pour le plaisir; le mécénat alors est désormais échange de gloire. Comme le dit Furetière, il faut honorer les hommes riches qui honorent les artistes et les hommes de lettres. En second lieu – et cela n'a pas changé depuis les origines –, au terme de l'échange, la gratification, outre sa valeur pécuniaire, correspond à un accroissement de gloire pour le mécène et pour son protégé.

Le don de redistribution, la relation d'échange de service se métamorphosent en don de mémorialisation, de commémoration. Au mécène, l'éternité comme aux artistes, mais non plus au royaume des cieux, au royaume de mémoire. N'oublions pas la devise de l'Académie française; la survie dans le souvenir des hommes fonde le culte des mécènes, ouvre les académies et les panthéons aux artistes et aux littérateurs [15]. La reconnaissance du protecteur par son protégé et réciproquement introduit dans le contexte politique, social, économique, une laïcisation essentielle; en même temps le caractère utilitaire de l'échange disparaît totalement, à moins qu'il ne s'exprime pour une revendication d'autonomie par l'ironie et la contestation: ainsi Furetière, dans le *Roman bourgeois*, qui dresse sur un ton burlesque le réquisitoire « le plus énergique de son temps contre les défauts du mécénat [16] »...

Patron ou mécène?

A la différence du service et du patronage, la relation qui domine doit être une relation libre. L'artiste et le mécène sont engagés dans une relation sans obligation. De surcroît, le mécénat est sélectif: pour conserver quelque valeur, il doit désigner les meilleurs, donc promouvoir l'élite. On conçoit alors comment il alimente, avec plus de finesse que le patronage, l'économie du goût et crée les échelles de valeur et de progrès. Le mécénat est un moyen de procéder socialement à des distinctions qu'il souligne beaucoup mieux que le gaspillage et la redistribution des vastes clientèles, l'immortalité d'une dynastie, la gloire d'un homme, la magnificence d'une cité. Le raffinement suprême est d'exercer, comme cela est recommandé en Hollande calviniste, en Écosse puritaine, voire dans l'Amérique protestante, une protection masquée, un mécénat secret et sans ostentation.

Dès lors que l'on devine qui se cache derrière le masque, la partie est gagnée et les prodigalités n'ont pas été dépensées à fonds perdus. La

15. D. Roche, *Le siècle des Lumières en province. Académies et académiciens provinciaux*, Paris-La Haye, 1978, 2 vol.
16. A. Viala, *op. cit.*, p. 74.

métamorphose d'une valeur réelle en valeur symbolique est parfaitement réussie. Mais la partie se complique encore si l'on se rappelle que la rétribution dans l'échange mécénal est somme toute aléatoire. Pour que l'opération réussisse pleinement, il s'agit d'arriver à un équilibre et, pour que l'échange soit réel, il faut une rétribution. Mais les plus grands seigneurs ne sont pas toujours les plus généreux. Le mécénat est d'abord image [17].

A. Viala a montré que l'aigreur des récriminations comme la louange hyperbolique traduisent cette force symbolique. Le mécénat rapporte moins que le clientélisme, et les gratifications valent beaucoup plus pour le prestige que pour la recette. Ce qui compte, c'est d'être sur les listes et distingué, et, pour le reste, d'utiliser les ressources de la clientèle ou du marché. Un même homme peut donc être patron et mécène – ainsi, Laurent le Magnifique ou Richelieu –, mais il ne survit que comme mécène et pas comme patron. Un même artiste peut être client et gratifié. Les profits de l'un et ceux de l'autre ne se confondent pas. Frédéric II, patron, ne comprenait pas Voltaire qui recherchait un mécène; la liberté du créateur s'inscrivait dans cette relation ambivalente du réel et du symbolique. Recevoir une pension gratifiante est pour l'homme de lettres et pour l'artiste un privilège distinctif, économique et prestigieux [18]. C'est le triomphe de la valeur d'usage. Le mécénat devient le moteur de la consécration artistique et littéraire, il donne la cote et, ainsi, travaille à constituer l'autonomie des activités de l'art et de la littérature.

Fonctionnant selon une logique de la reconnaissance et de la récompense, aléatoire et gratuite, entraînant des mécanismes de sélection qui ne se distinguent pas toujours de ceux de la société inégalitaire – par exemple, la capacité d'un privilège de corps –, il trace une frontière à l'intérieur de l'économie de marché, dont les mécanismes essentiels sont la commande et le protectionnisme. Le mécénat soustrait le créateur aux impératifs du marché, il évite au littérateur la poursuite épuisante des droits d'auteurs accordés par les libraires, il situe l'artiste bien au-dessus des contrôles tatillons des jurandes barbouilleuses urbaines. Il fait d'abord prédominer, dans le discours, le jeu des rémunérations imaginaires, instaurant ainsi une dialectique qui perdure encore aujourd'hui entre la vocation, le don et le profit. Il crée le règne de l'euphémisme dans le domaine du rapport des intellectuels à l'argent. Ensuite, il instaure des pratiques d'évaluation des prix, la fixation de la valeur des œuvres qui échappent partiellement à l'affrontement des concurrences. La commande d'une œuvre littéraire, d'une pièce, d'un programme iconographique, d'un tableau de chevalet, d'un bâtiment, d'un monument n'ignore pas le marché, elle y découpe un espace protégé. La rétribution du travail est évaluée en amont de la production et non plus en aval. Assurément, entre prix faits, devis, sommes versées, de sérieuses différences existent, mais l'essentiel est la stabilité de la transaction, le minimum artistique reconnu [19].

Entre le régime traditionnel de la rémunération de l'artisan ou du

---

17. A. Viala, *op. cit.*, pp. 73-76.
18. N. Heinich, *op. cit.*, p. 60.
19. N. Heinich, *op. cit.*, pp. 175-180; A. Viala, *op. cit.*, pp. 233-239.

clerc, au mètre, à la journée, à la page, à l'œuvre, la libéralité du mécène ouvre la marche à la reconnaissance symbolique, déterminée par la valeur du peintre, et au fétichisme de la valeur de la signature. Les lettres et les arts, grâce au mécénat, apportent reconnaissance et légitimation ; ce qui compte, c'est le refus du commerce ; c'est la réputation et la gloire, et non pas l'argent.

L'organisation économique mécénale a donc des conséquences nombreuses sur la vie culturelle. Elle permet à la fois l'autonomie et l'allégeance du créateur, elle en définit les libertés au moins dans les normes, sinon toujours dans la réalité, elle travaille à constituer la figure de l'artiste et de l'intellectuel. Un pied hors du marché, un autre dans le marché : l'échange du mécène et du gratifié est une étape importante de la légitimation intellectuelle.

L'établissement d'une économie culturelle de marché suppose ainsi le recul des formes du mécénat. Quoi qu'on en dise, et pour leur plaire, les grands éditeurs et les grands marchands n'ont jamais été des mécènes avant tout. Ce sont des entrepreneurs, tel Plantin, tel Mariette, des hommes de profit qui, pour réaliser les meilleures affaires, doivent posséder au maximum, par finesse ou par finance, les moyens intellectuels de leur action. L'extension de la consommation des images et des livres anime le marché, mais ne crée pas de mécènes nouveaux. Des partages s'instaurent dans les mécanismes qui régissent les investissements culturels. Le recul de la fonction sacralisée et culturelle des œuvres, le progrès de la valeur d'exposition, c'est-à-dire des usages proprement esthétiques des créations, supposent des changements profonds dans les usages sociaux des arts [20].

L'un des instruments du triomphe moderne du mécénat, mais aussi l'un des agents principaux de son évolution vers des formes collectives de plus en plus abstraites et liées à l'État, a été pendant le XVIe et le XVIIe siècle, le mouvement académique européen. Né dans le grand regain humaniste des XIVe et XVe siècles, sous des formes protégées et spontanées, l'académisme conduit à la légitimité de l'autonomie des arts, des lettres, des sciences. C'est, lui aussi, un mécénat de laïcisation culturelle. Il débouche également sur la logique du service de l'échange entre le Prince et les créateurs pour une reconnaissance réciproque de gloire, dans la dépendance et l'indépendance. *Instrumentum regni*, mais au profit de tous, sa logique sociale n'est plus celle de la coalition économique des intérêts, mais de l'élitisme réconciliateur ; dans une communauté de valeurs à transmettre et à enseigner. Le mécénat collectif des académies européennes pourra s'intéresser à tous les objets, à tous les savoirs, à toutes les expérimentations. Sa force est d'utiliser tous les mécanismes de l'échange-don, tous les privilèges des sociétés inégalitaires, toutes les harmoniques d'une société laïcisée, pour ouvrir l'âge du culte de la culture.

Entre toutes les formes que cerne la notion de mécénat, il n'y a pas eu progrès et substitutions linéaires, mais peu à peu changements et

---

20. N. Heinich, *op. cit.*, pp. 252-253.

coexistence. Au sein d'un même État, dans une même collection, on peut trouver, à la fin de l'Ancien Régime, les aspects divers qui organisent l'économie mécénale : redistribution par le don, commandes, patronages et action sur le marché. Le mécénat n'est jamais un pur acte économique, ce n'est jamais un pur acte esthétique, c'est une manière d'allier l'économie et le culturel en un temps où ni l'économique ni le culturel n'ont encore une totale autonomie.

CHAPITRE XI

Correspondance et voyage au XVIIIe siècle : le réseau des sociabilités d'un académicien provincial, Séguier de Nîmes

Les récits de voyage ont toujours fasciné les écrivains et les historiens. Le XVIIIe siècle les a vus se multiplier : Boucher de la Richarderie en recense plus de 3 000, contre moins de 2 000 pour le XVIIe et le XVIe siècle. Cette croissance, confirmée par l'analyse des catalogues des libraires et par l'étude des bibliothèques – ainsi celle du marquis de Courtanvaux étudiée par Maurice Garden –, reflète une pratique dont on a d'illustres exemples à l'esprit : Montesquieu en Angleterre et en Italie, Voltaire en Allemagne, Rousseau parcourant la France à pied, Diderot en Russie.

Le voyage incontestablement fait partie du mode de vie des intellectuels; c'est un moyen de connaissance, c'est une manière de développer une intrigue romanesque ou théâtrale, c'est un support de la critique utopique, et enfin, il offre ample matière à qui veut réfléchir aux mœurs. Il n'est pas cependant à la portée de tous et il demeure le privilège des élites de la fortune ou le moyen d'existence des aventuriers. Participer au voyage d'un grand est un aspect communément admis du mécénat; ainsi commencent souvent les carrières artistiques, savantes, littéraires. L'espace des Lumières s'y construit amplement.

Dans son déplacement et son éloignement, le voyage implique échange et compte rendu, et il appelle quasi obligatoirement la communication de nouvelles et d'informations. Les grands réseaux épistolaires du XVIIIe siècle se sont diversifiés dans le voyage et les déplacements successifs des interlocuteurs qu'ils mettent en relation. Jean-François Séguier a beaucoup voyagé en Europe aux côtés du marquis Maffei, il a beaucoup écrit et plus encore reçu beaucoup de lettres. Ses archives permettent de cerner la réalité des voyages et des correspondances, et d'éclairer à partir d'un observatoire secondaire des pratiques communes du travail intellectuel.

Correspondances et voyages à l'âge des Lumières

Le rôle des échanges épistolaires est l'une des traditions qui organise le plus fortement la notion même de « République des Lettres ». C'est un élément indispensable de la circulation des informations et écrire des lettres, en recevoir, y répondre constitue l'une des tâches principales des érudits et des savants.

Le commerce des postes permet de rester en contact et de transmettre comme de réceptionner savoirs et nouvelles. Du monde de la Renaissance, avec Érasme par exemple, à l'âge du classicisme, avec Peiresc, Mersenne, pour ne citer que des réseaux considérables, jusqu'à l'aube du XVIIIe siècle quand s'instaurent les relations mauristes et académiques, son importance n'a fait que croître. Surtout, comme l'a montré K. Pomian, missives, lettres et billets transmettent, autant que des connaissances, des normes et des modèles de comportement. L'échange rend cohérente une communauté d'individus dispersés et séparés ; il lui fournit sa consistance morale, voire sa conscience à travers des leçons de méthode ; c'est une pédagogie des manières. Celle-ci postule la possibilité d'une transformation des individus puisqu'elle suppose une adhésion par raison et non plus par passion, qui transcende les barrières d'État, de nation et de « petite patrie ».

Dans la vie académique des grandes sociétés comme des petites assemblées provinciales, la correspondance joue un rôle capital et croissant, devenant l'objet d'une formalisation accrue. Par l'envoi des statuts, les sociétés savantes comparent les normes de leur organisation, c'est une information essentielle et l'une des tâches principales des secrétaires perpétuels. Par la communication d'informations sur les hommes, les académiciens se reconnaissent dans un ensemble régularisé, associés et correspondants en expédiant régulièrement de leurs nouvelles, et leurs travaux entretiennent le bon fonctionnement de l'ensemble. Enfin le succès des concours anime une communication constante, le plus souvent annuelle, entre les sociétés et avec les auteurs : Jean-Jacques Rousseau à Dijon n'est parmi des centaines d'exemples qu'un cas mieux connu. Certes, dès la fin du XVIIe siècle, d'autres moyens ont commencé à prendre en charge une partie des fonctions tenues traditionnellement par les correspondances, plus particulièrement les périodiques et les bibliographies savantes. Mais l'exemple de Séguier montre bien la nécessité d'étudier les réseaux épistolaires modestes comme l'ont été les grandes correspondances. De surcroît, il ne faut jamais oublier les nouveaux échanges qui se sont créés avec les nouveaux relais : les journaux ont aussi leurs informateurs.

Séguier révèle la liaison qui existe dans l'établissement d'un réseau épistolaire et la pratique du voyage. Les deux espaces se superposent. Depuis qu'il a quitté Nîmes, en 1737, il a parcouru l'Europe avec le marquis Maffei et exploré quantité de possibilités de rencontres et d'échanges, découvrant entre Languedoc, Provence et Paris, Angleterre, Hollande, Autriche et Italie, bibliothèques, cabinets, érudits, savants et amateurs. Il reste de ces parcours plusieurs centaines de lettres, inédites pour la plupart : avec plus de trois cents correspondants son réseau est moindre que celui de Voltaire qui regroupe près de quinze cents personnes, ou que celui de Rousseau avec près de six cents; il est toutefois supérieur à ceux de Montesquieu, de Diderot et à ceux que l'on peut connaître des correspondances provinciales, Grandidier de Strasbourg qui a une centaine de correspondants, ou Grosley de Troyes, voire Réaumur [1].

Ces correspondances érudites présentent les caractéristiques générales que l'on retrouve dans la pratique épistolaire. Écrire des lettres est un fait commun qui n'est pas réservé au sommet de la population et cela parce qu'il répond à des exigences ordinaires. Le *Journal de ma vie* du Parisien Ménétra, les documents de la justice tels ceux qu'ont inventoriés Nicole et Yves Castan en Languedoc mettent en valeur les pratiques d'habitude dictées par les nécessités du travail, l'importance des relations familiales, le poids des liaisons amoureuses. L'information érudite et savante n'échappe pas à ces impératifs, mais elle se tisse dans un ensemble plus complexe et trouve sa dimension originale. Rechercher un correspondant prestigieux est d'abord une manière de se valoriser soi-même en jouant d'un échange somme toute égalitaire en dépit des différences. Les lettres sont toujours plus ou moins écrites pour être diffusées et les effets de publicité ne sont pas négligeables. Ils sont sans doute valorisés dans la relation Paris-province ou Paris-étranger. La correspondance de Boileau avec l'érudit lyonnais Brossette offre de nombreux exemples de ce jeu de rapports; le Parisien écrivant : « Je vous écris afin de donner matière à votre académie », on saisit l'étrange marché qui se noue dans ce commerce.

La lettre commune apporte des nouvelles des uns et des autres, et prend place dans un cortège d'envois qui la précèdent ou la suivent, poèmes, chansons, pièces manuscrites, travail inédit ou tiré à part, médailles, spécimens de cabinet (ou leur description), fleurs séchées, graines, plantes, thé, chocolat, vin, jambon. Comme les lettres familières des clients de la Société typographique de Neuchâtel, bien connues par les travaux de R. Darnton, les missives quotidiennes des savants sont pleines de renseignements sur les dons, les cadeaux, les sentiments familiers et les raisons de tous les jours. Ainsi, en 1766, Stosch de Berlin écrit à Séguier : « J'aime la petite chienne qui me donne l'occasion de nous ressouvenir de vous, vos soins pour cette petite bête ont été des plus tendres » ; et quand la « petite chienne » met bas, il prévient Séguier qu'il baptise le chiot « Nîmes ».

La richesse du fonds conservé montre bien comment se mélangent tous les commerces et avec quelles forces la lettre supporte l'organisation des relations érudites. Ainsi en 1771, M. de Lubières écrit à Séguier de Genève : il lui rappelle leur première rencontre à Vérone, lui remémore leur amitié commune avec M. de Villard, enfin il lui recommande les Tronchin qui vont venir le visiter, à Nîmes. De même, le comte de Calvières lui annonce en septembre 1770 le mariage de son fils avec une demoiselle pleine de « vertu », de « douceur » et de « modestie »,

---

1. D. Roche, *Le siècle des Lumières en province. Académies et académiciens provinciaux*, Paris-La Haye, 1978, 2 vol., t. I, pp. 319-322 et t. II, pp. 435-438. B.M. Nîmes : mss 94, 135-150, 248-249, 311-312, 415-417 et ms 283-284 *(Journal des voyageurs)*.

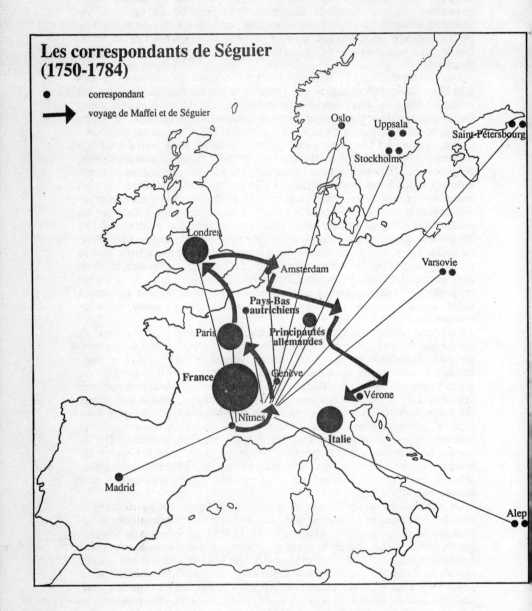

Les correspondants de Séguier (1750-1784)

- correspondant
- voyage de Maffei et de Séguier

« quoique ce ne soit pas une beauté », mais une dot de 6 000 livres de rente rachète quelque peu cela. A travers ces relations on voit ainsi comment la maison nîmoise de Séguier est devenue le « Museum de notre province » et le lieu de rendez-vous de visiteurs venus des horizons les plus divers.

L'intérêt du fonds Séguier est de bien montrer le lien établi entre voyages et échanges épistolaires dans le monde des académiciens et des amateurs. Potentiellement, tout voyageur revenu au bercail prévient les amis laissés en route du bon retour, tout voyageur qui veut réussir son voyage doit annoncer ses étapes et son arrivée, tout ami de voyageur en route se doit de prévenir de la venue et du départ de l'ami. Des liens multiples se tissent continuellement entre les deux manières d'organiser les sociabilités culturelles. L'accroissement du rôle pédagogique des voyages, le développement des déplacements touristiques, le voyage philosophique et culturel, la réflexion sur soi-même et sur l'autre font du parcours à travers l'Europe une nécessité éducative à laquelle se rallient les élites aristocratiques de tous les pays, mais c'est aussi une nécessité intellectuelle, la meilleure école pour façonner et comprendre la vie. Dans la *Bibliothèque universelle des voyages* de Boucher de la Richarderie, une soixantaine de titres prouvent aux amateurs éclairés qu'au terme du XVIIIᵉ siècle l'utilité des voyages n'est plus à démontrer.

Document exceptionnel, que pour le moment on ne peut seulement comparer qu'aux relevés des visiteurs de Voltaire à Ferney, le « diaire » de Séguier permet d'abord de mesurer l'impact du mouvement de curiosités qui ont fait changer de sens au voyage et accélérer sa fréquence. Il laisse apparaître les raisons et les motivations des voyages. A travers l'attraction d'un homme et d'une petite métropole culturelle – l'un et l'autre jouent de l'une et de l'autre –, on perçoit fugitivement l'objet des visites : une chance sans lendemain de la civilisation provinciale française, un moment vite évanoui et dépassé du débat entre centre et périphérie, entre Paris et les régions. C'est aussi l'occasion de confronter la réalité des voyages littéraires et celle des traités et des guides avec une vision différente, enracinée dans les pratiques mondaines et savantes du Languedoc des années 1750-1780.

Séguier, ayant quitté l'Italie et Vérone après la mort de Maffei pour se réinstaller dans sa première patrie auprès de sa famille, retrouve le milieu des lettrés nîmois qui viennent de relancer les activités académiques après une interruption de plusieurs décennies. Dans l'ensemble du mouvement provincial, c'est une société très caractéristique de la recherche d'un équilibre dans son recrutement qui puise sa force dans les rangs des privilégiés, nobles et clercs, comme dans ceux des talents et des professions bourgeois, les négociants n'étant pas exclus, ni les représentants convertis d'apparence de la Religion prétendument réformée. On doit toutefois souligner le rôle particulièrement important des hommes du patriciat et de l'aristocratie locale. La noblesse académique nîmoise est une noblesse de gentilhommes plus que d'anoblis – mais aussi d'Église.

	Noblesses	Clergé	Bourgeoisies
Académiciens ordinaires 107	39 (36,4 %) (dont 20 nobles)	23 (21,4) (dont 17 évêques et 17 chanoines)	45 (42 %) (dont 26 robins)
Associés 101	43 (42,5)	25 (24,7)	28 (27,7)
Correspondants 338	106 (31,3)	80 (23,6)	139 (41,1) (13 indéterminés)
Visiteurs 1 383	679 (54,3)	216 (17,2)	355 (28,4) (133 indéterminés)

L'Académie de Nîmes au XVIIIᵉ siècle et les réseaux Séguier

Les travaux de l'académie nîmoise trahissent l'attachement à l'*imago urbi* afin de régulariser l'urbanisme, d'améliorer le décor de la vie et d'en étudier les origines dans un mouvement qui allie le patriotisme historique et l'érudition glaneuse d'inscriptions et d'antiques. Le retour de Séguier et son action le placent au cœur de ces réflexions collectives : associé en 1752, ordinaire en 1755, directeur puis secrétaire perpétuel, ses travaux personnels, ses collections botaniques et archéologiques, son prestige incontesté, sa générosité habituelle et, à sa mort, sa donation constituent nombre des chances indiscutables de l'académie nîmoise. Séguier, par son réseau double de correspondants et de visiteurs, insère l'académie nîmoise dans un champ d'activité plus ample, à l'échelle du monde cultivé d'alors.

La correspondance et les correspondants

On connaît l'importance du volume de la correspondance reçue, mais on ignore tout de la correspondance envoyée. Ce déséquilibre de l'information n'empêche toutefois pas de prendre conscience de l'originalité du corpus à travers tant sa topographie sociale que sa géographie.

Un très fort noyau de correspondants aristocratiques souligne la ressemblance du réseau personnel avec les choix du recrutement académique : 31 % de nobles, 23 % de clercs, une majorité de privilégiés. Toutefois plusieurs milieux se partagent ici l'amitié de Séguier. La noblesse locale d'abord, puisqu'on retrouve sur les listes les représentants des lignages nîmois et languedociens proches, les hommes des parlements et des cours du Languedoc et de Provence, le clergé des évêques et des chanoines prébendés des grands chapitres locaux. Une double relation partage ce premier ensemble : celle du patronage et de la protection comme peuvent l'exercer Monseigneur de Saint-Simon, MM. de Resseguier, d'Orbessan ou l'homme des États de Languedoc, l'un des plus importants personnages de la province, M. de Joubert ; celle aussi de l'amitié érudite et curieuse qui va entraîner l'activité épistolaire de M. de

Ratte, le secrétaire perpétuel de la Société royale de Montpellier, ou celle de M. de Labastie. Le groupe nobiliaire parisien est le deuxième en importance ; il réunit les grands de l'aristocratie et de l'administration éclairée : les d'Argenson, M. d'Orry, le duc d'Uzès, mais aussi les érudits et les amateurs du second ordre, Caylus, La Condamine, de Boze. Enfin, s'inscrivent régulièrement dans les mouvements de la correspondance reçue les noms des grandes familles, de la noblesse italienne et anglaise, des noblesses savantes et érudites de toute l'Europe. C'est un *gotha* des Lumières aristocratiques.

La deuxième dimension qui regroupe à peu près le quart des correspondants de Séguier est à la fois enseignante et savante. Un clergé de professeurs des universités et des collèges y retrouve les laïcs des institutions universitaires et les grands noms de l'érudition ou de la science académique française et européenne. Une analyse plus précise des lettres concernant ce groupe montrerait leur spécificité comme instrument d'échanges savant et mondain, comme véhicule d'information sur les procédés, les choses et les mots, les objets et les formules. Souvent les qualités sociales, savantes et académiques sont cumulées et Séguier a quelquefois poursuivi des relations continues avec des savants rencontrés de nombreuses années avant son retour. Ainsi, Matani, philosophe et chimiste qui enseigne à Pise mais qui est aussi membre de la Société royale de Londres et correspondant de l'académie de Montpellier ; de même Torelli qui a enseigné à Padoue puis à Milan, fils d'un négociant de Vérone, cet intellectuel fortuné échange avec Séguier livres, recettes, médications, renseignements bibliographiques. C'est une preuve de la permanence que Séguier a voulu garder à ses liaisons véronaises et italiennes en dépit de la séparation, mais il reste à étudier tout l'environnement socio-culturel de ces échanges.

Dernière mesure qui rend compte de l'organisation du réseau des correspondants : le jeu grandissant des relations savantes et sociales locales qui élargit de Nîmes à tout le midi du royaume l'échange épistolaire. Dans ce groupe les médecins sont nombreux, enseignants des universités, surtout de Montpellier, praticiens des cités du Languedoc proche et de Provence, chirurgiens de villages et de gros bourgs. Ils retrouvent curés et vicaires de paroisses qui, au côté de la petite noblesse locale, paraissent révéler toute une mobilisation régionale, occitane pour ainsi dire, autour du Nîmois. Tous ont en commun un triple intérêt pour la connaissance des antiques et la réflexion historique locale, une expérience et une pratique de la botanique, enfin un idéal de service et de compréhension des besoins des populations. Bref, ce qui joue dans le réseau Séguier, c'est moins sans doute des rapports de classes ou de groupes conformes à l'organisation élitaire de la société que la manière dont ces relations interviennent par rapport à des fonctions politiques et savantes. Au-delà du cabinet de l'académicien nîmois, l'horizon d'attente des intérêts complexes et divers portés par des lectures différentes des Lumières transparaît à travers les dimensions géographiques qui reflètent des conditions d'établissement de l'échange épistolaire liées à des choix successifs ou simultanés.

La carte des correspondants met en valeur trois caractères principaux. En premier lieu, les relations françaises de Séguier se recrutent dans les villes de plus de 5 000 habitants de la France du Sud. Trois centres dominent : Montpellier avec 22 correspondants, Toulouse avec 16, Nîmes même avec 11 ; mais suivis de près par Marseille 10, Arles 9, Avignon 7, Bordeaux 4. Au-delà de ces capitales administratives, religieuses et académiques, c'est tout le réseau des petites villes et des gros bourgs languedociens et provençaux qui s'éparpillent sur la carte, de Mende à Sorèze, d'Apt au Puy, d'Alet à Agde, de Cotignac à Saint-Rémy, de Montpezat à Montmajour. 38 % des lieux cartographiés dessinent une aire d'Occitanie où se mobilisent les sociabilités culturelles et administratives urbaines.

La France qui se profile au-delà de ces limites régionalisées est celle des pouvoirs et des académies. Paris avec une cinquantaine de correspondants dominant largement le réseau d'information, aucune ville ne lui tient tête : Lyon avec 8 épistoliers et Dijon avec 9, Vienne en Dauphiné avec 5, Strasbourg 4, sont loin derrière. Finalement la cartographie confirme la sociologie : Séguier a eu peu de contacts personnels avec la France de l'Ouest et du Nord, ses liaisons sont celles que mobilisent la vie académique et ses acteurs, surtout dans la capitale, ou l'émergence d'un groupe local urbain actif. Avec l'ensemble des correspondants français, c'est 64 % du réseau qui est implanté ainsi dans le royaume.

Il reste près d'un tiers de correspondants étrangers qui se localisent principalement dans les capitales : Londres 17, Madrid, Leyde, Iéna. On retrouve la carte des cours, des universités (Upsala-Göttingen), des bibliothèques (Wolfenbüttel), surtout par l'Italie avec Vérone 9, Rome 8, Venise, Turin, Lucques 4, Pise, Palerme, Rimini, Bologne 3. Au total, l'espace de Séguier se révèle plus français que cosmopolite, confirmant ainsi les conclusions de toute étude des récits de voyages : l'ouverture vers l'extérieur est le trait d'une intellectualité déjà fortement enracinée. En Europe, il est partagé à peu près à égalité entre les représentants du Midi et ceux du Nord. L'Europe du Sud, Espagne et Italie, domine encore avec 54 % des correspondants étrangers, mais la vocation méridionale et méditerranéenne est encore plus soulignée si l'on incorpore à cette aire géographique les relations languedociennes et provençales. On se trouve donc, vers 1750-1780, en présence d'une structure culturelle fidèle à l'espace traditionnel de la République des Lettres du XVIIe siècle, une Italie, une Espagne, un Midi français des Lumières moulés sur la carte des héritages de la Contre-Réforme catholique. L'Europe du Nord, l'Europe protestante ne triomphent pas encore chez Séguier, ce qui tend à prouver la nécessité d'une analyse sérielle plus poussée de l'univers des correspondances afin de mieux percevoir les capacités d'intermédiaires de certains personnages, de certains milieux, dans le changement culturel fondamental qui se joue à partir des années 1750. Établir la bibliographie des correspondants, lier l'étude des contenus de la correspondance avec celle de ses rythmes, retrouver la correspondance active, permettrait d'aller au-delà du cadre esquissé ici mais dont l'originalité peut déjà être testée par comparaison avec quelques cas mieux connus et déjà analysés par ailleurs : Voltaire, Rousseau, Diderot et Montesquieu, pour ne retenir que les grands.

Sociologiquement, plusieurs traits distinguent Séguier de ces grands réseaux. La laïcisation de l'échange est moindre : 25 % de clercs, contre un dixième parmi les correspondants des chefs de file des Lumières. Le provincial italianisé a su conserver des liens multiples avec l'Église rentée et savante du royaume et de l'Europe où peuvent s'observer des nuances nombreuses, de l'attitude protectrice voire mécénale de certains grands prélats italiens ou français jusqu'aux relations plus égalitaires entretenues avec les chanoines transalpins ou les curés des villes et des bourgs du midi de la France. De ce dernier point de vue, la composition du réseau Séguier n'est pas sans rappeler l'une des dimensions principales de la société des « primitifs du rousseauisme ». Séguier est d'ailleurs très proche de Rousseau en ce qui concerne la représentation nobiliaire : 31 % pour 36 % ; c'est plus que Diderot, mais moins bien que Voltaire et Montesquieu. Un trait sociologique majeur rapproche le Nîmois du Genevois : l'écho et l'accueil des noblesses locales, importants pour tous les deux et beaucoup plus étoffés que ceux des aristocraties princières et courtisanes. Enfin, même unité et même communauté de Séguier et de Rousseau, la part des militaires et des savants tout à fait comparable. Dans ces rapprochements on peut bien sûr lire une marque de provincialisme, mais il faudrait dans l'un et l'autre cas en mieux apprécier les composantes analogues et les variantes principales. L'homogénéité des correspondances se retrouve en effet si l'on regarde le recrutement bourgeois : les talents, les utilités, les hommes de l'administration et de la justice, les gens du livre, les médecins et les professeurs jouent dans les cinq corpus un rôle comparable qui retrouve l'unité fondamentale du vecteur savant et éducatif des Lumières. C'est la société des lettrés responsables, unifiée par des relations personnelles et une sociabilité culturelle intensifiée.

La comparaison des cartes rassemblées n'est pas sans intérêt, même si une certaine dispersion nuit à l'efficacité de la démonstration. Séguier, Montesquieu et Rousseau sont des hommes de la province, mais avec chacun une implantation différente de leur accueil. Dans le royaume, la Guyenne de Secondat, la France du Sud-Est de Rousseau, l'Occitanie élargie de Séguier dessinent trois aires d'influences personnelles et de relations originales. Voltaire et Diderot, avec 45 % de leurs correspondants installés à Paris et à Versailles, ont un écho sensiblement plus centralisé et moins périphérique. Dans les cinq cas, seul Voltaire offre d'ailleurs l'exemple d'un réseau implanté aussi solidement dans la France du Nord que dans la France du Sud. C'est un trait de sa domination personnelle sur le monde des lettrés français.

Toutefois, si l'on sort des limites du royaume, la singularité de Séguier est évidente. Chez Voltaire, Rousseau, Montesquieu et Diderot dominent les correspondants de l'Europe septentrionale et protestante. C'est une géographie des relations savantes où l'Italie ne commande plus l'espace, mais où triomphent les liens avec les capitales des gouvernements *éclairés*, l'Angleterre des libertés réelles ou imaginées, la Hollande des grands centres universitaires et éditoriaux, la Suisse, l'Allemagne des élites de culture sinon de rang et de fortune. Là encore Jean-Jacques occupe une situation moyenne et comparable à celle du Nîmois : sa correspondance privilégie les *petits pays* et un monde qui se centre sur l'Europe moyenne ; Séguier montre une image analogue, mais en quelque sorte méridionalisée. Tous deux nuancent en tout cas l'option triomphante de l'Europe du Nord et des Réformes qu'on lie aux Lumières.

L'originalité culturelle de Séguier me paraît se retrouver dans l'organisation sociale de sa correspondance : c'est un provincial fidèle à ses attaches régionales et dont l'expérience européenne n'a pas atténué le goût du local et la fidélité à des milieux étroits mais chaleureux. Son réseau évoque par sa géographie spécifique moins la rupture que la continuité entre Europe du Sud et Europe du Nord. Une étude de la culture occitane entre 1750 et 1850 est peut-être à suggérer dans cette voie, même si les choix personnels, le souvenir de la jeunesse et de la maturité italienne, les amitiés et les relations poursuivies en dépit de la séparation et de l'éloignement suffisent peut-être à expliquer ce trait qui fait de Séguier un représentant type du médiateur entre les cultures et entre les milieux sociaux.

Les quinze cents visiteurs de Séguier

Les carnets d'adresses et les relevés quotidiens des visites reçues entre 1773 et 1783, analysés déjà par E. Mosele [2], peuvent cependant être repris pour autoriser une comparaison avec le réseau épistolaire, et ainsi éclairer le problème du voyage. Trois remarques préalables sont nécessaires à propos de cette source assez rare. C'est un agenda, tenu au jour le jour pendant dix ans – on ne sait pas s'il a été précédé par quelque autre carnet – avec des indications très précises concernant le nom, moins souvent le prénom, la condition sociale, quelquefois les alliances. On arrive aisément à corriger l'orthographe fantaisiste de quelques patronymes et au total c'est au moins d'une centaine de personnes qui n'ont pas été identifiables socialement. L'enquête bien sûr reste à poursuivre, surtout en ce qui concerne les visiteurs étrangers, anglais, allemands, polonais ou russes pour lesquels bien des renseignements manquent dans les ouvrages de référence. En second lieu, on peut s'interroger sur la motivation qui a conduit Séguier à tenir jour après jour son carnet de bord. La préoccupation majeure paraît être dictée par la volonté de se retrouver dans un flux croissant de visiteurs; recevant de plus en plus de monde et pouvant avoir à correspondre, ou à évoquer leur correspondance, avec eux, Séguier s'est confectionné une sorte de *who's who* élémentaire que complète la liste des adresses. C'est donc à la fois un instrument de travail et un outil indispensable aux relations sociales. De fait, on perçoit souvent dans le relevé des indications retenues l'idée implicite d'un classement familial où prennent place parents, maris et femmes, enfants, alliés, serviteurs et employés. Ainsi le document permet de retrouver la dimension de sociabilité ancillaire et mondaine qui sous-tend très souvent les relations intellectuelles. Enfin, source assez rare pour ne pas dire unique, on trouve là le moyen de voir comment un homme est devenu un objet de curiosité. Certes, Nîmes n'a pas eu besoin de Séguier, de son jardin botanique et de son cabinet, pour attirer les visiteurs. Les monuments antiques redécouverts, les aménagements nouveaux, les cercles de sociabilité qui rassemblent dans la ville les élites notables en faisaient déjà une étape du voyage méridional fréquentée et connue, appréciée pour le charme de son climat comme pour la qualité

2. E. Mosele, *J.F. Séguier, un accademico francese del Settecento e la sua biblioteca*, Verona, 1981.

de son accueil. La présence du savant a toutefois permis une sorte d'accélération des visites attirées par un supplément de rareté. C'est en fait un dévoilement du rôle central des voyages dans la culture des Lumières qui est rendu possible.

On sait déjà que le voyage lointain, du type *grand tour européen*, est rare, réservé à quelques privilégiés, mais dont le nombre tend sans doute à s'accroître quelque peu à la fin du XVIIIᵉ siècle. Les relevés de récits de voyage publiés, faits par Boucher de la Richarderie, permettent de le prouver si l'on admet qu'il y a un rapport minimal entre voyage fait et voyage édité, ce qui n'est pas totalement démontré. En tout cas, il faut admettre une multiplication par neuf ou dix des textes produits entre l'âge de la Renaissance et l'aube de la Révolution industrielle. De même le rôle des vingt dernières années du siècle des Lumières est sans doute plus important que celui de la période précédente. Le carnet de voyage de Séguier se trouve ainsi à une charnière chronologique importante dans l'évolution des manières et des textes qui en rendent compte. Sur un millier d'éloges académiques prononcés tant à Paris que dans les séances publiques des sociétés provinciales, l'évocation des voyages n'apparaît pas dans les trois quarts. L'espace savant se construit moins par le déplacement personnel que par les relations abstraites ou les rapports épistoliers, et surtout contrairement à l'idée immédiatement reçue du voyage international dominant; quand il y a voyage, c'est plutôt la relation nationale, voire régionale qui tend à l'emporter. C'est d'abord la découverte de soi-même qui compte et ce sont les récits de voyages nationaux qui se multiplient le plus après 1760-1780. Comparé à la bibliographie de Boucher de la Richarderie, le carnet de Séguier aide à la remise en cause de valeurs communément admises comme l'exotisme, le pittoresque, le tourisme éclairé. L'espace culturel européen est constitué d'abord au sommet, et le voyage est une réalité des classes dirigeantes à laquelle une minorité de savants et d'hommes de lettres peut participer souvent par le jeu du patronage et des activités de clientèle. Le coût du déplacement impose cette contrainte, mais peut-être aussi le recul définitif de certaines formes archaïques d'échanges liés aux activités intellectuelles. Dès le XVIIᵉ siècle, le rayon de recrutement des universités se rétrécit et se nationalise, parfois même se régionalise, et la pratique de la *peregrinatio academica* se restreint. Enfin, il ne faut jamais oublier l'incertitude extrême de la sociologie des voyages construits à partir des seuls témoignages imprimés ou manuscrits. Pour un voyageur témoin, combien de touristes muets et combien de voyageurs utilitaires peu soucieux de s'épancher par la plume. Étudier le voyage lettré implique qu'on n'oublie jamais l'existence de quantités de mouvements plus difficiles à saisir, mais sans doute tout aussi révélateurs en ce qui concerne la psychologie historique des voyageurs, ce rapport jamais éclairé entre curiosité et utilité tel qu'on doit l'entrevoir dans le récit du négociant, de l'administrateur, du militaire, voire du compagnon ou du migrant laborieux *passant pays* pour le travail. Rien ne serait plus faux que de croire le peuple immobile constamment, même si la nécessité le stabilise plus peut-être qu'aucun autre milieu social. Les carnets de Séguier évoquent rapidement quelques-uns de ceux qui accompagnent les puissants, et surtout ils dessinent les formes particulières aux voyages des grands mettant en valeur le rôle des institutions de sociabilité. Entre

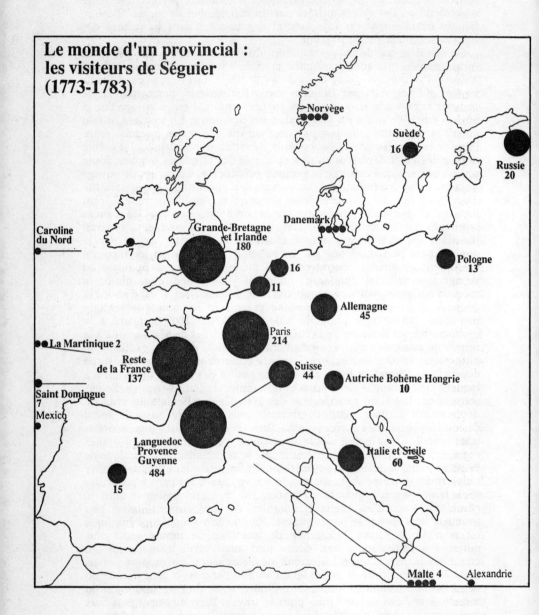

**Le monde d'un provincial :
les visiteurs de Séguier
(1773-1783)**

Norvège

Suède
16

Russie
20

Danemark

Caroline
du Nord
7

Grande-Bretagne
et Irlande
180

Pologne
13

16

11

Allemagne
45

Paris
214

La Martinique 2

Reste
de la France
137

Suisse
44

Autriche Bohême Hongrie
10

Saint Domingue
7

Mexico

Languedoc
Provence
Guyenne
484

Italie et Sicile
60

15

Malte 4   Alexandrie

mille récits de voyage, tous précisent les étapes indispensables sans lesquelles le succès du déplacement est contestable : académies, sociétés savantes, salons en sont les articulations nécessaires, sans oublier les loges maçonniques dont le rôle d'accueil et de recommandation est essentiel. A travers les textes, dont beaucoup se copient et se recopient, on peut lire une efficace publicité pour toutes les institutions des Lumières. Dans le diaire du Nîmois on trouvera en revanche le moyen de confronter un certain moyen d'informer le réel où l'objectif est avant tout social ; le voyageur des Lumières exhibe dans les salons ses récits attendus où les curiosités confirment la culture, avec le lieu même où se constituent et se diffusent l'information et le récit : ici le cercle modeste d'un érudit provincial renommé. Le journal de Séguier permet alors de nuancer quelque peu l'image d'une pratique trop souvent hâtivement reconstruite à partir de quelques témoignages prestigieux. C'est un bon moyen de mise en contraste des horizons géographiques et sociaux des voyageurs.

L'espace des visiteurs rappelle pour l'essentiel celui des correspondants, mais avec un changement d'échelle important, puisque le nombre des voyageurs est cinq fois plus élevé que celui des correspondants. On note en premier lieu le caractère national majoritaire du voyage : 65 % de français régnicoles sur près de 1 400 visiteurs. Parmi eux, Parisiens et familiers de la Cour arrivent en tête par la concentration des origines : 214 personnes ; mais les méridionaux venus des centres administratifs du Languedoc, de la Provence, du Dauphiné, des régions sud du Massif central, sont les plus nombreux : 484 visiteurs, soit 35 %. Séguier est donc à la fois une curiosité nationale (une cinquantaine de cités surtout localisées dans la France de l'Est ou dispersées partout ailleurs fournissent encore moins de deux cents visiteurs) et provinciale ; les deux réseaux pouvant s'articuler l'un et l'autre par le jeu des relations administratives, ecclésiastiques et nobiliaires. Au-delà des frontières, on retrouve l'Europe des capitales, l'Angleterre en tête suivie de l'Italie, des centres culturels, des universités, mais à la différence de la relation épistolaire, le réseau des voyageurs a basculé vers l'Europe septentrionale : Suédois, Danois, Russes, Polonais succèdent aux Allemands, aux Anglais, aux Hollandais, aux représentants des cités helvétiques en plus grand nombre que ceux des villes méridionales. Derrière la géographie des visiteurs, une série d'implications sociales sont de ce point de vue efficaces pour comprendre ce changement.

La société des personnes reçues par Séguier vit à son rythme propre. En dix ans, il a noté quelque 1 500 visiteurs, dont plus d'une centaine sont revenus deux ou trois fois. Ces 150 visiteurs privilégiés sont surtout français et résident dans les villes proches de Nîmes, mais quelques étrangers sont venus à plusieurs reprises. Quotidiennement Séguier recevait donc de un à dix voyageurs ; la moyenne est de trois à quatre. Le tableau 5 permet de mettre en valeur les mouvements mensuels et annuels qui organisent la visite. Deux saisons sont plus particulièrement favorables : le printemps, de mars à juin, la fin de l'été et le début de l'automne, de septembre à octobre. On retrouve là, bien sûr, l'indication d'un phénomène habituel d'accélération de la circulation à la sortie de la mauvaise saison quand les routes sont libérées de leurs embûches hivernales, et à l'opposé au moment où le climat du Midi se rafraîchit quelque peu. La pointe automnale peut s'expliquer peut-être aussi par le mouvement provincial animé par la tenue des états. Certains personnages, M. de Joubert, les évêques de Languedoc, reviennent ainsi de Nîmes à Montpellier, de Montpellier à Nîmes, à cette occasion. L'attraction nîmoise dépend alors de l'entraînement administratif. De même, calculé sur dix ans, le mouvement annuel traduit une attirance de plus en plus forte, si l'on admet que le carnet a été aussi bien tenu du début à la fin. Avec plus de deux cent cinquante visiteurs, 1 777 atteint un maximum ; le niveau annuel des visites tend ensuite à baisser et à se stabiliser quand l'âge et la vieillesse ralentissent peut-être quelque peu la disponibilité de Séguier. A ce moment aussi la guerre d'Amérique a pu empêcher certains voyageurs de se rendre en Angleterre ou de venir sur le continent. Les chiffres montrent la conjoncture des déplacements dans une perspective plus fonctionnelle et utilitaire que totalement spécifique et autonome.

Nîmes devient ainsi une étape du *grand tour*. Les Anglais, nombreux – 189 –, en sont sans doute responsables pour une part. Dans leurs récits de voyages édités ou inédits, étudiés par Madame Sacquin, la ville avec Séguier est un arrêt obligatoire, un site indispensable à voir, comme le pont du Gard, les Cordeliers de Toulouse et la fontaine de Vaucluse. Il faut y aller soit en descendant en Italie, soit en en revenant. Mais d'autres mouvements se combinent avec ceux du tourisme naissant : les relations diplomatiques – nombreux sont les ambassadeurs et leur suite qui font arrêt chez Séguier allant vers Madrid ou vers les capitales italiennes –, les échanges administratifs qui font passer à Nîmes nouveaux intendants ou hommes des offices, le mouvement des militaires s'arrêtant entre deux garnisons. Bref, toute une économie du voyage et de l'étape se joue dans les régularités inscrites par Séguier pour son usage.

C'est dans le déroulement d'une journée qu'on perçoit le mieux ces manières de sociabilité. Le 13 avril 1774, Séguier reçoit neuf visiteurs : M. Piesta, libraire à Madrid – c'est un agent du grand éditeur de Tournes –, le marquis et la marquise de Pinat, de Besançon où le marquis occupe un siège de conseiller au Parlement, M. de Largentière qui est du Parlement de Grenoble, et M. de Bellefaire, officier en garnison à Grenoble – voilà, après une visite isolée, un noyau de curieux rassemblé par les fonctions civiles et les origines géographiques. Ils sont suivis par un groupe étranger : le docteur Adolphe Murray, un Anglais qui arrive de Stockholm avec le baron de Bloemenfield, directeur des mines de Suède – ce sont deux savants, botanistes, minéralogistes, proches de Linné. Ils ont pu croiser un autre botaniste venu de l'abbaye de Montmajour, Dom Fourmault, et un curieux Mr. Lewis Squire, débarqué de Londres. Séguier note que le bénédictin est revenu le visiter en septembre, et l'Anglais, « auquel j'ai commis la Bibliothèque littéraire de Londres » en novembre. Voilà une journée cosmopolite où l'échange a pu mêler curiosités de touristes, informations bibliographiques, discussions savantes, peut-être confondues à certains moments. Elle contraste avec celle du 24 janvier 1773. Ce jour-là, Séguier reçoit la comtesse de Savines, arrivée d'Aix-en-Provence, avec son fils M. de Savines, gouverneur d'Embrun, et sa femme, avec son frère M. l'abbé de Savines, grand vicaire du diocèse de Mende. Séguier a relevé que la comtesse était la sœur de Monseigneur de Castellan, évêque de Mende, et la cousine de MM. de la Tour-d'Aigue et de Saint-Vincens, du Parlement d'Aix. Voilà une visite

Tableau 4 Les rythmes de la visite

	1773	1774	1775	1776	1777	1778	1779	1780	1781	1782	1783	Total
Janvier	8	–	2	2	17	5	5	2	7	8	10	66
Février	2	4	10	5	22	13	18	–	5	8	14	101
Mars	–	7	18	16	38	18	11	–	20	10	13	151
Avril	7	23	17	11	–	13	11	8	14	9	9	122
Mai	3	9	7	11	11	25	17	–	22	4	1	110
Juin	13	15	4	9	28	20	21	3	2	10	15	140
Juillet	1	17	6	17	25	10	15	13	12	20	4	140
Août	15	6	8	5	6	14	12	8	4	3	10	91
Septembre	16	19	14	13	50	9	20	19	13	23	6	202
Octobre	15	24	20	17	26	8	10	28	3	11	23	185
Novembre	–	10	21	18	16	30	11	8	5	16	5	140
Décembre	–	8	14	11	15	6	7	5	5	7	10	88
Total	80	142	141	135	254	171	158	94	192	129	120	1 536

familiale et parlementaire, mais où se nouent tous les fils des relations mondaines établies entre la Provence et sa capitale, le diocèse de Mende et ses autorités religieuses ; c'est une journée révélatrice de la sociabilité nobiliaire méridionale. Ces deux exemples montrent bien l'importance du document pour une étude des processus de communication et d'association.

De nombreuses annotations complémentaires donnent une idée assez exacte du déroulement de la visite. Le 20 juin 1773, Séguier reçoit M. Coster qui, écrit-il, « sait l'arabe » ; le 23 octobre M. Martin, médecin et mathématicien « qui m'a dit que M. Fack est le bibliothécaire de l'Académie de Prusse et que Pallas a publié un ouvrage en latin sur les plantes... » ; le 24 mai, 1774 lord Kingsborough et Mr. Tickel de Dublin qui « m'ont promis les *antiquités d'Orlande* et m'ont dit que le dénommé Wedgewood imite très bien les antiquités et les vases étrusques, ils m'ont parlé d'un poisson nommé Gilczow [sic] semblable à nos truites qui a un gésier et je les ai priés de les adresser à M. Birbeck négociant à Marseille... » ; le 24' août, l'abbé Pialat de Bag, précepteur du chevalier de Born a présenté un catalogue de fossiles de Bohême de son cabinet...; le 13 octobre 1774, Macquart de Paris, membre de l'Académie des Sciences « à qui j'ai promis des ardoises herborisées... » ; le 25 mai 1776, M. Coranson de Roquemaure « qui soutient qu'Annibal a passé le Rhône... ». Dans la rencontre du savant nîmois et de ses visiteurs circulent les nouvelles des uns et des autres, les cadeaux de semences, de charbons fossiles, de plantes, de livres et de journaux; on y montre des dessins, on y confronte des références bibliographiques. La conversation prolonge et complète les lectures et les relations épistolaires. Le Strasbourgeois Oberlin de passage à Nîmes en mai 1776 ne manque pas d'aller voir M. Séguier « pour lequel j'étais chargé de paquets de M. de Sainte-Croix et de M. Spielman, de M. Loss... Je fus surpris de la quantité de monuments qu'il a rassemblés dans sa maison et son jardin de même que de celles qu'il nous montre enclavées dans le mur d'une grosse tour de la ville vers l'esplanade et de plusieurs maisons de particuliers. Tout fourmille d'inscriptions dont la plupart se trouve dans les descriptions des antiquités de la ville de Nîmes... M. Séguier eut la complaisance de m'accompagner à la maison carrée dont la conservation est surprenante [3]... » Les propos du bibliothécaire alsacien font surgir la démarche des visiteurs empressés de connaître à la fois le « muséum » de Séguier et ses richesses, mais aussi de bénéficier de ses conseils de cicérone. De surcroît, autour de Séguier apparaissent les figures des autres antiquaires nîmois, André, Bousquet, Saint-Étienne et quelques autres, mais Séguier est le « chef des antiquaires », pour parler comme Oberlin, qui fouillent dans ses recueils et vont annoter ses relevés de pétrification et de plantes officinales. L'étape peut devenir temps d'étude profitable, mais il est vraisemblable que la majorité des visiteurs ne font que passer pour voir ce qui doit être vu et dont il faudra rendre compte. C'est un rite à accomplir dans le voyage, mais où communient de la même façon trois milieux principaux : le monde des aristocraties dirigeantes de l'Europe, les bourgeois éclairés amateurs et savants, les élites provinciales.

---

3. Je remercie vivement Mme Sacquin, conservateur à la BN, de m'avoir donné accès à ce texte inédit (BN ms FF. 10040).

Dans le jardin et le salon de Séguier se sont côtoyés et succédé plus de huit cents personnes appartenant aux cercles les plus importants de la société politique, diplomatique et ecclésiastique de tous les États européens. De Versailles arrivent les Saint-Simon, Lévis-Mirepoix, Arnouville, La Rochefoucauld, Trudaine; de Londres les Spencer, Stanley, Ashley, Percy, Savage; de Vienne le futur Joseph II et quelques archiducs; un bon contingent de nobles bataves et germaniques, quelques membres du Sénat de Hambourg, le margrave de Bach, Milord Keith, les Potocki et les Poniatowski, un lot de boyards et de grands seigneurs, les représentants de Genève, ceux des cours italiennes y passent tour à tour. C'est la liste des *happy few* du voyage nobiliaire où l'amateurisme est lié à la fonction de représentation sociale, même s'il n'exclut pas toujours une véritable compétence. Trait original sans doute, la part considérable des représentants de la haute administration royale française (12 % du total des visiteurs) où l'on voit paraître les intendants, Sénac ou Saint-Priest, les secrétaires d'État et les hommes du gouvernement, Machault, Besenval, Laporte, les fermiers généraux tels Labode, Dupin, Augeard, sans oublier les ambassadeurs. Avec l'armée (208 militaires), avec les parlementaires de Paris et des provinces (54), avec les gentilshommes titrés de Languedoc et de Provence, les évêques et leurs états-majors de vicaires généraux (Dillon, Saint-Simon, Brienne sont parmi les visiteurs), c'est au total le monde de la puissance politique, de la fortune et des pouvoirs qui s'est mis à fréquenter la maison du savant nîmois.

Reste un bon tiers d'une bourgeoisie composite. On y trouve tous les représentants des milieux qui constituent les sociétés savantes : médecins (75), professeurs (37), avocats (26), administrateurs, ingénieurs, architectes (79), une vingtaine de bibliothécaires ou d'érudits, une douzaine de libraires et parmi eux Duplain de Lyon qui s'est lancé dans les rééditions de l'*Encyclopédie*. Si l'on ajoute une centaine de clercs réguliers (70) et séculiers (45), quelques pasteurs, on a là les milieux traditionnels des intelligentsias provinciales. On peut noter cependant le nombre important – une centaine – de négociants et de manufacturiers. C'est l'indice, déjà noté pour la sociologie des loges maçonniques, que le mouvement favorise le brassage social et la rencontre égalitaire.

L'étude de la correspondance et du journal des visites de Jean-François Séguier définit deux modèles d'influence qui sont fondamentaux pour la compréhension du développement des sociabilités culturelles au XVIII° siècle.

D'une part le rassemblement autour d'un homme selon des relations savantes et érudites, géré par le Nîmois comme un réseau d'échange entre le Midi et le Nord et où la vie locale et régionale occupe une place importante, la géographie se modelant sur le canevas d'un recrutement urbain spécifique. L'analyse du contenu des lettres, la part relative tenue par les différents correspondants, les demandes qui peuvent être quelquefois confrontées avec les réponses devraient permettre d'apprécier plus clairement les nuances d'une pratique épistolaire qui mobilise liens amicaux et rapports de convention, relations familières et commerce de culture.

D'autre part, le cas exemplaire d'un visité qui a su attirer autour de son cabinet et de son jardin – le relevé des visiteurs, notons-le, commence très précisément en 1773 quand Séguier s'installe dans la maison qu'il vient de se faire bâtir, avec ses collections –, le monde des amateurs, touristes avant la lettre du grand ou du petit tour, et où l'on perçoit très nettement la dominance cosmopolite nouvelle orientée vers l'Europe du Nord et le rôle des satellites de la culture française de l'Atlantique à l'Oural. C'est à Nîmes le premier *museum* du cosmopolitisme septentrional où la mode, le *ce qu'il faut avoir vu et fait*, réunit les quelques heureux du voyage aristocratique. Dans l'un et l'autre cas, Jean-François Séguier apparaît comme l'un des représentants caractéristiques d'un milieu académique intermédiaire entre les groupes et les nationalités, entre les capitales et les provinces.

QUATRIÈME PARTIE

LES VOIES DE LA CULTURE

Dans la constitution d'une histoire sociale de la culture, distinguer la culture vécue et la culture à laquelle aspirent les hommes est une chose peu aisée. Textes et témoignages livrent une réalité ou tout se mêle. Aussi pourra-t-on discuter à l'infini tant sur les définitions du culturel (les anthropologues Kroeber et Kluckhohn en ont analysé cent soixante pour la seule langue anglaise!) que sur la manière d'en faire l'histoire. Si l'on pose aujourd'hui la centralité de la relation aux textes, la consommation culturelle devient alors une production où l'œuvre n'a de sens qu'à travers ses lectures collectives et individuelles. Comprendre le jeu réciproque des appropriations personnelles et sociales, voire leur inter-pénétration constante, demande quelque réflexion. La question me paraît importante pour définir les objectifs des recherches à venir. On peut, c'est évident, partir des objets – le livre en est un parmi d'autres – ou du détenteur des choses, mais l'approche risque certainement de toujours privilégier les possédants aux dépens des non-possédants. On peut enfin s'efforcer de retrouver à travers usages et fonctions les médiations collectives et sociales, personnalisées et individualisées, des objets ou des textes imprimés. Le contexte social spécifique de chaque sujet d'étude contribue alors à en constituer le sens et à en expliquer l'identité particulière. L'entrecroisement de l'analyse des représentations et de celle des pratiques matérialisées, par exemple dans les imprimés ou les estampes de large diffusion, dessine un type de compréhension particu-lièrement apte à saisir des comportements et des attitudes, changeants ou stables, où se dévoilent l'intime liaison entre manifestations matérielles et aspects non matériels.

Faut-il alors faire précéder cette entreprise d'une étude de la topogra-phie sociale où se répartit l'inégale propriété des choses, des idées et des pensées? C'est une question qu'on ne peut éviter dans la mesure où, on l'a vu, elle est fortement discutée. On ne s'en tirera pas en se cachant derrière l'autorité des œuvres. Celles-ci existent et le fait même qu'elles posent un problème est déjà une manière d'en reconnaître la valeur. Les illusions de la statistique culturelle que d'aucuns ont soulignées doivent certainement être prises en compte, mais cette même statistique a permis de rompre avec l'histoire intuitive de la culture et elle a fourni le point de départ indispensable à l'étude des ruptures et des décalages entre niveaux d'appréhension et de compréhension. « La mesure demeure, comme l'a écrit Laurence Stone en 1965, le seul moyen de révéler la cohérence dans le chaos des comportements individuels et de distinguer le spécimen représentatif de l'aberration. » Si l'on sait qu'on peut faire parler et entendre le monde obscur de ceux qui n'écrivent guère, autrement que par la médiation des nombres, on sait également que les figurations du chiffre servent à repérer des rapports imperceptibles à qui ne compterait point et que les figures statistiques ne sont qu'une manière de mettre à l'épreuve les définitions du réel. En bref, les voies de la culture ne sont réductibles ni à l'unité ni à l'unicité.

Les études qui suivent sont unifiées par cette idée et par la volonté de restituer l'interprétation de l'individuel et du social. Elles ont comme thèmes secondaires la circulation et l'échange des valeurs et des besoins culturels; la reproduction et la distinction sociale dans l'ancienne société, quand l'inégalité cède du terrain à l'égalité; mais aussi la participation différenciée à l'ordre des préoccupations culturelles. Elles retrouvent les individus à travers les médiations collectives qu'incarnent ici plusieurs modèles d'acteurs sociaux, les négociants français au XVIIIe siècle, les médecins de l'âge des Lumières, les précepteurs éducateurs de la société noble et bourgeoise, les petites filles de la noblesse entrées dans la maison d'éducation de Saint-Cyr. Ces analyses mettent en valeur comment les individus agissent dans une chaîne de situations, d'interventions et de participations culturelles. L'autobiographie de deux hommes du peuple à l'époque de la Révolution renverse l'optique et permet de voir par quel moyen la culture est également une expérience fondée sur la vie et liée à l'action. On atteint ici le niveau le plus bas de la mise en scène sociale, comment se dévoile la spécificité propre de la consommation populaire. C'est en même temps voir l'avènement d'une liberté et la manière d'intérioriser les contraintes.

Une interrogation d'histoire comparative justifie également le choix des intermédiaires retenus. Nul doute qu'il n'y ait une originalité française quant à la participation de la classe négociante à l'élaboration et à la diffusion des Lumières. Par rapport à l'Angleterre ou à l'Italie, et sans doute à d'autres pays, le grand marchand demeure à l'écart des institutions de sociabilité culturelle, il y participe peu et il ne se dote de structures de rencontre propres que tardivement. Voilà qui suffit à remettre en cause l'équation ambiguë établie entre bourgeoisie et Lumières d'une part, élites et Lumières d'autre part. De quelle bourgeoisie parle-t-on, de quelles élites et, en fin de compte encore, de quelles Lumières? A l'inverse, la pratique du préceptorat semble avoir été l'une des habitudes universelles des classes riches et installées de l'Europe entière. Le personnage du précepteur est l'un des plus ubiquistes qui soit et son rôle d'intermédiaire entre besoins et aspirations se retrouve partout. C'est d'ailleurs un produit recherché de l'exportation française à l'étranger, au même titre que les cuisiniers, les comédiennes et les filles de joie. Comme eux, il a été un instrument d'unification des classes dirigeantes. A sa façon aussi, le médecin est un éducateur, son rôle dans les sociétés de culture en fait un héros de la pédagogie des normes de vie – lesquelles, on le sait, instruisent une discipline en même temps qu'elles tentent d'opposer des barrières efficaces à la mort. Les éloges médicaux avec leur solennité prouvent l'efficacité des symboles sociaux dans l'exigence de pratiques particulières à partir des valeurs : aussi est-ce une autre voie pour repérer et circonscrire l'acquisition des habitudes de sociabilité. L'École des filles forme et informe, activement et passivement. Le génie de Mme de Maintenon a été sans doute de comprendre combien tout ou partie des noblesses avaient besoin d'un lieu de reproduction et de fonction adaptée. La maison de Saint-Louis, devenue Saint-Cyr, a utilisé le capital d'expérience, centenaire ou plus, des réformations pédagogiques et religieuses et elle l'a très tôt mobilisé au profit de la réforme morale et économique du second ordre placé au service de l'État. Ce modèle fut imité presque partout en Europe, et il n'a pas disparu : la maison de la Légion d'Honneur en témoigne pour la France. A travers toutes ces manières d'élaborer des modes d'agir culturels, l'historien voit s'imbriquer les besoins collectifs, la transmission sociale et l'invention individuelle.

Cette dernière est dominante dans le projet autobiographique. Jacques-Louis Ménétra, vitrier parisien, et Louis Simon, artisan, cabaretier, petit notable de la région mancelle, sont deux exemples d'une prise de parole que l'événement révolutionnaire et de nouvelles conditions d'expression – la biographie politique volontaire ou forcée – banaliseront quelque peu. La cote Ln [27] de la Bibliothèque nationale, dont Philippe Lejeune s'est fait l'historien inventif, rassemble en vrac ces formes nouvelles d'expression : 94 000 numéros attendent la lecture ; pour la quasi-totalité ils intéressent le XIXe siècle ! Avant, l'écriture *populaire* du *je* était assez rare et les deux exemples que nous détenons méritent une attention redoublée, parce qu'ils témoignent des possibilités d'appropriation des classes subalternes en attestant directement leur capacité de réception des valeurs venues d'ailleurs, et surtout leur faculté de création ; de plus, à l'époque de la Révolution, ils permettent de mesurer le retentissement de l'événement, ils révèlent l'élaboration d'une vision politique, en bref ils dévoilent comment les auteurs ont été les acteurs mais également les metteurs en scène de leur propre histoire. C'est une invitation à d'autres démarches, sans doute plus complètes, pour comprendre le rapport qu'entretiennent des textes où s'écrit le *je* populaire et leurs temporalités et leurs modèles, avec d'autres formes d'écriture du sujet, dont les correspondances, avec d'autres stratégies d'expression sociale. Au temps de la Révolution, ces autobiographies ont su manifester une rupture de la conscience de tous.

CHAPITRE XII

Négoce et culture
dans la France du XVIIIe siècle

L'originalité culturelle d'un milieu type mérite d'être étudiée. Elle peut être caractérisée, sans définition, *a priori* restrictive, de son assignation sociale, par la rencontre d'un certain nombre de conduites créatrices et d'un certain ensemble de comportements ou d'attitudes passives. La lecture est une voie d'enquête; collectivement elle révèle que le groupe social où se constituent les bourgeoisies du capital et du profit ont privilégié certains types de livres. Dans l'ouest de la France comme à Lyon, les bibliothèques des négociants ont d'abord une fonction utilitaire, rassemblant tout ce qui est nécessaire à l'exercice largement conçu du métier, et ensuite un rôle de divertissement et d'évasion. Lecteurs novices, les grands marchands nantais ou malouins sont ouverts à la nouveauté romanesque et théâtrale, aux récits de voyage qui peuvent mêler l'utile à l'agréable. Ils ne sont pas ralliés aux valeurs classiques de la tradition dévote et humaniste. Individuellement, on peut les voir, tel le Rochelais Jean Ranson, correspondant de la Société typographique de Neuchâtel, faire le choix d'une littérature où triomphe le rousseauisme et l'appel à la communication entre les êtres sensibles. Ce n'est peut-être pas pour rien que le quart des correspondants de Rousseau émane des milieux de négoce européen.

L'étude de la participation des bourgeoisies de profit aux institutions de la sociabilité des Lumières est une seconde manière d'interroger ce comportement social. La pensée économique donne l'exemple.

Bourgeoisie des Lumières?

« Les commerçants participent aux richesses des nations, mais les nations ne participent pas aux richesses des commerçants. Le négociant est étranger dans sa patrie [1]... » Adversaire d'un certain commerce,

---

1. F. Quesnay, *Du Commerce*, in *François Quesnay et la Physiocratie*, Paris, 2 vol., 1958, t. II, p. 827.

François Quesnay a, en quelque sorte, théorisé l'opposition réelle qui existait dans la France du XVIIIe siècle, entre l'enrichissement croissant de la classe marchande et sa marginalisation sociale, entre sa puissance économique incontestée et son intégration difficile dans les cadres de la société traditionnelle [2]. Toutefois, si la lecture physiocratique du paysage social français permet d'en mieux comprendre les cohérences profondes, elle ne rend pas compte, de manière claire, des contradictions que l'on peut relever dans le domaine de la culture. Comme le remarque Jean Ehrard [3], le négociant est devenu l'un des héros du siècle, sa morale et ses activités définissent un idéal nouveau de comportement social, ses vertus sont proposées en exemple. Peut-on parler, en conséquence, de la constitution d'un modèle culturel nouveau, idéologiquement cohérent quant à l'essentiel, antagoniste des valeurs aristocratiques, triomphant au ciel des idées avant de l'emporter dans la réalité des luttes politiques, qui, on l'admettra sans peine, sont toujours luttes de classes?

Le négociant pionnier de l'idéologie bourgeoise, c'est ce que suggère Michel Vovelle, rappelant la double mutation des Lumières qui transforme Turcaret en honnête homme, rationnel, libre et laïcisé dans ses pratiques. Les comptages testamentaires provençaux montrent en tout cas que les notables du négoce vivent une modification majeure des gestes religieux; ils donnent l'exemple et ouvrent la voie à des abandons révélateurs quant à l'hétérogénéité du monde des élites [4]. Pour une interprétation classique de la fonction des idées et des idéologies, il importe que tout soit clair et que l'on retrouve à l'aube des changements révolutionnaires des oppositions évidentes. On peut toutefois penser que les combats idéologiques ne se déroulent pas forcément dans la clarté. Il peut être également important de comprendre les ambiguïtés, les obscurités, les glissements d'interprétation que tracent les contours incertains des luttes sociales. De fait, idées et valeurs ne correspondent pas toujours à des déterminants sociaux, sinon globalement, et la compréhension des rapports entre les unes et les autres exige débat quant aux pratiques réelles. Il s'agit, somme toute, de comparer des systèmes qui obéissent à des règles particulières et ne fonctionnent pas au même rythme, avant de traduire « les termes de l'un en termes de l'autre [5] ».

La novation bourgeoise, négociante, capitaliste, peut se mesurer sans conteste à sa cohérence globale, à ses exigences fondamentales, quant à l'aménagement de la société. Nul doute qu'à long terme le monde du libre contrat ne soit inconciliable avec celui du privilège! Toutefois, dans la réalité, cette évidence était-elle aussi claire? La recherche des compromis, les hésitations et les retours en arrière ne caractérisent-ils pas tout autant que la clairvoyance le jeu des acteurs de l'Histoire? En esquissant ici l'analyse des rapports qu'entretenait le monde du négoce et

---

2. H. Lüthy, *La Banque protestante en France de la Révocation de l'Édit de Nantes à la Révolution*, Paris, 1961, 2 vol.; J. Ehrard, « Histoire des idées et Histoire sociale en France au XVIIIe siècle : Réflexions de méthodes », in *Niveaux de culture et groupes sociaux*, Paris, 1967, pp. 171-188.

3. J. Ehrard, *op. cit.*, pp. 176-177.

4. M. Vovelle, *Piété baroque et déchristianisation en Provence, attitudes provençales devant la mort du siècle des Lumières*, Paris, 1973, et *La chute de la Monarchie, 1787-1792*, Paris, 1972.

5. J. Proust, Intervention à la communication de J. Ehrard, *op. cit.*, p. 183.

des affaires avec la culture de son temps, nous tenterons de répondre à cette question. Mais, il est trop évident que des éléments d'information importants manquent encore au dossier – qui écrira une histoire des attitudes économiques et des stratégies politiques du négoce de Louis XIV à Napoléon [6]? – et l'on ne peut songer à donner ici qu'une première mise en place sociologique [7].

Au départ, il faut s'interroger sur la participation des groupes négociants à l'élaboration, à la réception et à la vulgarisation de la culture des Lumières. Même si le constat établi reste d'interprétation difficile, il demeure nécessaire, d'une part, pour mieux apprécier la mentalité négociante; d'autre part, parce que leur absence ou leur présence montre la place qui leur est réellement accordée dans les institutions de notabilité. Le champ de l'enquête est vaste : sociétés de culture, loges maçonniques, réseau des correspondances et des institutions de Lumières, offrent tour à tour occasion de saisir au vif l'engagement culturel négociant.

En ce qui concerne les sociétés savantes le diagnostic est net, elles s'ouvrent peu à la bourgeoisie des affaires : pour un recrutement séculaire de six mille académiciens, moins de cent soixante négociants [8] et manufacturiers, 2 à 3 %, et pour ne considérer que les seuls bourgeois, 8 % des ordinaires et 2,5 % des associés. Ce décalage est intéressant car il montre que la hiérarchie académique ne joue pas ici son rôle de compensation, puisqu'une absence dans l'ordinariat n'est pas corrigée par un recrutement plus important dans la catégorie des associés. Élisant un académicien négociant, les sociétés savantes reconnaissent d'abord un notable et un premier tour d'horizon permet de nuancer l'idée d'une liaison mécanique entre les réseaux commerciaux et l'espace culturel [9]. La géographie des refus intéresse un tiers des sociétés; dans son ensemble, elle correspond à celle des hiérarchies notables : peu de bourgeois capitalistes dans le palmarès des activités urbaines, point d'ouverture académique [10]. Les sociétés confirment implicitement l'ordre des préséances sociales, mais les motivations ne manquent jamais pour expliquer les exclusions : inertie des milieux économiques locaux, réactions de rejet des groupes dirigeants urbains, barrière

---

6. Il faudrait pour cela rouvrir le dossier des théoriciens de l'économie marchande et le comparer aux pratiques; les archives des Chambres de commerce, les cartons du Conseil de Commerce, les correspondances publiques et privées pourraient donner la base documentaire indispensable.

7. Pour les chiffres, renvoyons à D. Roche, *Le Siècle des Lumières en province*, Paris, 1978, 2 vol., et plus particulièrement, t. 1, pp. 233-254 et t. 2, tableaux et graphiques.

8. Nous mettons sous ce terme le sens plus large de bourgeoisie d'affaires, capitaliste, comme groupe social détenteur du capital marchand ou industriel, des moyens de production manufacturiers et dont les revenus et la richesse sont pour l'essentiel ceux du profit.

9. Contrairement à ce qu'écrivait P. Barrière, in *L'Académie de Bordeaux, centre de culture internationale au XVIIIᵉ siècle, 1714-1792*, Bordeaux, 1951, pp. 40-42, et, avec plus de nuances, J. Proust, *l'Encyclopédisme dans le Bas-Languedoc au XVIIIᵉ siècle*, Montpellier, 1968, pp. 84-85.

10. D. Roche, *op. cit.*, tableau 4 *in* t. II, *Notables et fonctions urbaines*.

culturelle et religieuse – tels sont les principaux arguments avancés.

Le premier type paraît valable à Valence, Soissons, Pau, Clermont, Auxerre, Arles, Angers. Ce sont des centres urbains où les conditions humaines, plus que les facteurs géographiques, n'ont pas permis le développement d'une bourgeoisie d'affaires suffisamment dynamique et riche pour s'imposer aux élites traditionnelles de la noblesse et du clergé ou de la bourgeoisie d'Ancien Régime. A Angers, malgré des possibilités certaines le textile ne se développe pas, les raffineries stagnent, les marchands n'ont que de « médiocres fortunes [11] »; à Valence « les habitants sont laborieux mais aiment peu le commerce quoique le Rhône leur en donnât la facilité ainsi que l'Isère [12] ». Dans les petites villes la fascination exercée par les activités de tradition et les investissements fonciers paraît empêcher plus fortement qu'ailleurs un développement parfois souhaité par les autorités [13]. L'argument est souvent repris pour dénoncer « l'indolence des manufacturiers », preuve manifeste d'une absence, parfois d'un recul de notoriété [14].

Inversement, l'instabilité de l'activité marchande soumise aux circonstances est invoquée là où la hiérarchie traditionnelle est solidement défendue par un groupe représentatif, ainsi dans quelques cités parlementaires, à Besançon, à Metz, à Nancy et Toulouse [15]. Dans ces villes, il existe des groupes négociants et manufacturiers actifs, mais le renouveau économique dont ils sont porteurs ne bouleverse pas les anciennes structures. Dépendance du milieu rural, liaison avec le système seigneurial, association avec les noblesses pour la commercialisation des produits de leurs propriétés, quelquefois repli régional, difficultés multiples des nouvelles activités, triomphe des inerties enracinent l'exclusion dans un consensus général [16]. La bourgeoisie d'affaires vit en fait à l'ombre des parlements ou des cours souveraines; sous le regard des familles de tradition ancienne. La mentalité urbaine est tout entière dominée par l'attraction des biens ruraux et l'espoir d'une ascension dans la hiérarchie sociale habituelle, ainsi à Toulouse où le négoce est aspiré par le capitoulat vers la noblesse [17], ainsi à Metz [18] et

---

11. F. Lebrun, *Les hommes et la mort en Anjou aux XVIIe et au XVIIIe siècles*, Paris-La Haye, 1971, pp. 73-76, pp. 167-176; S. Chassagne, « Faillis en Anjou au XVIIIe siècle », in *Annales (E.S.C.)*, 1970, pp. 477-497.

12. Mémoire de l'Intendant de La Porte, in *Bulletin de la Société académique de la Drôme*, 1876, pp. 254-269.

13. J. Brun-Durand, *Les Annales de Forest, marchand de Valence*, Valence, 1879, pp. 118-126.

14. D. Roche, « La diffusion des Lumières. Un exemple, l'Académie de Châlons-sur-Marne », in *Annales (E.S.C.)*, 1964, pp. 887-922.

15. A Toulouse il ne s'agit pas d'un refus total car l'Académie des Sciences a accueilli deux négociants anoblis parmi ses associés.

16. C. Fohlen, *Histoire de Besançon*, Besançon, 1964, 2 vol., t. II, pp. 147-152.

17. G. Marinière, « Les marchands d'étoffes à Toulouse à la fin du XVIIIe siècle », in *Annales du Midi*, 1958, pp. 251-308; P.-H. Thore, « Le Tiers État de Toulouse », in *Annales du Midi*, 1953, pp. 180-191; P. Wolff, *Histoire de Toulouse*, Toulouse, 1973, pp. 240-280; G. Frèche, *Toulouse et la région Midi-Pyrénées*, Paris, 1974, pp. 457-492, pp. 775-796.

18. J.-C. Lebreton, *L'Académie de Metz au XVIIIe siècle*, D.E.S., Paris, 1967, ex. dactylo., pp. 67-68; F.-Y. Lemoigne, « Les préoccupations économiques de l'Académie de Metz », in *Annales de l'Est*, 1967, pp. 3-28.

à Nancy [19] malgré les initiatives d'un petit nombre, ainsi à Clermont [20].

A Montauban, en revanche, il convient plutôt d'accuser la barrière religieuse. Les négociants montalbanais composent un milieu entreprenant, en plein essor, contrôlant un vaste ensemble régional, accédant à une réputation internationale – autant de faits qui devraient permettre à quelques-uns d'entre eux d'être élus à l'Académie. L'exclusion reflète ici un conflit social de notoriété que les motivations confessionnelles rendent encore plus aigu. Le notable protestant n'accède pas aux charges de justice ou d'administration, il est condamné à rester dans la sphère de l'économique, partage des « âmes basses » aux yeux de l'humanisme robin. Ce n'est pourtant pas un être sans culture, mais il participe d'une culture différente. En son for interne et dans le cadre familial il a su défendre sa vision du monde, conciliée avec une abjuration orale manifeste ; il a développé une pensée originale, légaliste politiquement, antidémocratique socialement ; il a fondé un intellectualisme serein teinté d'encyclopédisme. Mais au total, il n'a pas triomphé des préjugés et de la vigilance des élites catholiques regroupées à l'académie derrière Lefranc de Pompignan et son frère l'évêque. Le négociant montalbanais reste exclu des cercles officiels de culture [21].

A Montpellier toutefois, la frontière religieuse est moins fermement tracée et l'on reconnaît déterminante l'existence d'une barrière culturelle. Le laxisme des négociants protestants y est plus prononcé et l' « état bourgeois [22] » rassemble calvinistes et catholiques dans un même groupe cohérent par ses activités et sa fortune, mais non porté vers les travaux savants. En 1775, le R.P. Duvernoy pouvait écrire au docteur Amoreux : « Toute la bibliographie nécessaire [aux négociants] se réduit aux comptes faits de M. Barrême, guidon de finance, parfait négociant et autre de pareil acabit [23]. » Trois quarts de siècle auparavant, Lamoignon de Basville n'exprimait pas une opinion différente : « Cette avidité de gagner les rend peu propres aux lettres et aux sciences [24]... » Il est peut-être nécessaire de nuancer ces témoignages, car, là encore, la non-participation négociante ne signifie pas désintérêt et inculture collective. Plusieurs éléments s'additionnent pour l'expliquer : les clivages confessionnels qui ne disparaissent qu'aux plus hauts échelons de la hiérarchie des qualités et des fortunes, qui ont moins de valeur à Paris qu'en province ; la lourdeur des tâches quotidiennes qui laisse peu de loisir et ne s'atténue

19. P. Léon, « La Lorraine et les mutations de la France industrielle », in *La Lorraine dans l'Europe des Lumières*, Nancy, 1968, pp. 105-125.

20. M. Toquant, *La Société des Sciences, Arts et Belles-Lettres de Clermont, 1747-1793*, D.E.S., Clermont, 1966, ex. dactylo., pp. 44-45. La société a élu comme associé un négociant retiré, D. Tissandier de Thiers, homme de cabinet, érudit et amateur de physique.

21. D. Ligou et J. Garisson-Estèbe, « La Bourgeoisie réformée de Montauban à la fin de l'Ancien Régime », in *Revue d'Histoire Économique et Sociale*, 1955, pp. 377-404.

22. *Description de Montpellier*, Montpellier, 1768, *in* L.-J. Thomas, *Montpellier, ville marchande, histoire économique et sociale des origines à 1870*, Montpellier, 1936, pp. 197-198 ; F. Souyrys, « Le milieu du négoce protestant dans la paroisse Sainte-Anne de Montpellier, 1680-1792 », in *Actes du 86ᵉ Congrès des Sociétés savantes*, Montpellier, 1961, Paris, 1963, pp. 617-626.

23. L.-J. Thomas, *op. cit.*, pp. 199-200.

24. L.-J. Thomas, *op. cit.*, pp. 149-150 ; Lamoignon de Basville, *Mémoire sur la généralité de Languedoc*, Amsterdam, 1734, pp. 267-268.

qu'à un niveau élevé de spéculation ou de gestion; la haute spécialisation des activités scientifiques de l'académie montpelliéraine associée aux recherches de l'Académie des Sciences. Ainsi le monde du négoce languedocien a ses représentants dans la société académique, par le biais des officiers de finance auxquels il est si souvent lié, par celui des talents illustrés par certains de ses fils, que l'on songe aux Astruc, aux Gouan, aux Joubert [25]. Impossible non plus d'ignorer l'importance d'autres choix culturels, le mécénat artistique ou la passion fiévreuse pour la bâtisse.

L'opposition du *negotium* et de l'*otium* retrouve ainsi au cœur du mouvement des Lumières provinciales l'acuité qu'elle détenait à l'aube du XVIIe siècle au temps de la fondation des collèges [26]. Au moment où la société des Lumières entend écrivains et publicistes idéaliser le négociant porteur de valeurs nouvelles, la présence ou l'absence des hommes de profit s'inscrit dans la trame d'un grand débat collectif. Il est trop tôt pour parler de l'incompatibilité du modèle socio-culturel académique avec l'activité marchande, mais la géographie des refus souligne la complexité des problèmes et prouve qu'à l'horizon de nombreuses cités, représentatives pour l'essentiel de l' « autre France », un divorce d'option existe entre la recherche des richesses qui fonde l'opulence du négoce et la vie savante qui légitime une morale de la médiocrité satisfaite. La pesanteur des mentalités, la permanence du modèle aristocratique, les traditions locales font échec à l'entrée novatrice des capitalistes. Ailleurs, le négociant, omniprésent dans la vie des cités, gagne le devant de la scène, à son influence indirecte il réussit parfois à substituer le poids de sa participation.

TABLEAU I. – *Le négoce dans les académies*

	Roturiers	Nobles		Roturiers	Nobles
Agen	1		Grenoble	4	
Amiens	5	1	Lyon	10	
Arras	2		Marseille	20	2
Béziers	4		Montpellier	4	
Bordeaux	4	1	Nîmes	12	
Bourg	2		Orléans	10	
Brest	2		La Rochelle	10	
Caen	5	1	Rouen	13	
Châlons	1		Toulouse	–	2
Cherbourg	5		Villefranche	2	
Dijon	5		Clermont	1	

De fait, il ne fait pas une entrée triomphale : vingt-deux sociétés l'accueillent, mais l'élection des hommes du profit hésite entre la reconnaissance d'une réputation individuelle (onze académies n'en ont pas reçu plus de cinq) et le couronnement d'une considération collective

---

25. G. Chaussinand-Nogaret, *Les Financiers de Languedoc au XVIIIe siècle*, Paris, 1970, pp. 269-286.
26. F. de Dainville, « Villes de commerce et humanisme », in *Études*, 1951, pp. 323-340.

(six académies seulement en élisent plus de dix, titulaires et associés réunis). Ainsi à Agen, la participation de Claude Lamouroux parachève une célébrité tout à la fois familiale et personnelle. En lui, l'académie acclame l'héritier d'une dynastie, le fils de Georges, jurat, consul, directeur de l'hôpital, pour lequel l'intendant demande des lettres de noblesse [27]. Claude éblouit les cercles agenais par sa fortune (symbolisée dans la construction d'un hôtel somptueux), par sa culture (il est l'ancien élève du collège de Guyenne, l'ami des chevaliers de Vivens et de Romas, académiciens bordelais). A Caen, Charles Longuet, riche de 500 000 livres, économiste de valeur, philanthrope, bénéficie du même éclat qui entoure les grandes réussites [28]. Avec ces exemples de succès personnel les barrières s'abaissent, mais le divorce entre les élites intellectuelles et la société marchande n'est pas aboli.

Les académies reconnaissent moins l'appartenance au groupe que l'honorabilité des situations acquises et l'originalité d'une culture révélée par des œuvres. Bien souvent le négociant entre alors à l'académie après avoir parcouru le *cursus* épuisant de la notoriété urbaine. Bureau de charité, direction de l'hôpital, administration de la Chambre de Commerce, consulat, échevinage. Ainsi pour Jean-Baptiste de Larmolière, Nicolas Leleu et Florimond Leroux à Amiens [29], ainsi pour François Genève, le seul négociant en soie élu à l'Académie de Lyon. Dans cette société, il est facile de noter dans la carrière des autres représentants de la bourgeoisie d'affaires – Bruyset, Crozet, Poivre – une originalité culturelle qui justifie leur élection bien plus que leurs activités. Le mot de La Reynière : « Rien de plus ignorant que le fabricant de Lyon [30] », souligne la permanence de l'antinomie culture-négoce, mais n'en est pas moins injuste. Propos de financier arrivé, il trace une limite incertaine entre ceux qui sont intégrés et ceux qui attendent de l'être [31]. A Lyon, à Rouen, à Bordeaux les négociants ne sont pas exclus de la culture, simplement ils ont leurs propres formules et leurs lieux de sociabilité. Les salons accueillants aux voyageurs, les bibliothèques abondantes dans les hôtels des Chartrons, le goût du théâtre, montrent dans le cas bordelais la volonté indiscutable de la bourgeoisie d'affaires de ne plus rester à l'écart du mouvement intellectuel.

C'est à cet intérêt neuf que le mouvement des musées doit une part de son succès. Si à l'origine le point de départ est parisien, à l'initiative de Court de Gébelin et Pilâtre de Rozier, et rencontre un accueil favorable du milieu de l'aristocratie et de l'intelligentsia, il se distingue en province par l'élargissement du public et l'affirmation d'une vocation pédagogique et mondaine bien favorable au déploiement d'une sociabilité poétique et

---

27. P. Lauzun, *Une famille agenaise, les Lamouroux*, Agen, 1893, pp. 9-11 et 32-35.
28. P. Jubert, « Charles Longuet, académicien et philanthrope caennais au XVIIIᵉ siècle », in *Bulletin de la Société des Antiquaires de Normandie*, 1961, pp. 279-306.
29. Correspondance de Mme Roland, éd. C. Perroud, Paris, 1913-1915, 2 vol., t. II, pp. 46-48.
30. R. Chartier, « L'Académie de Lyon au XVIIIᵉ siècle », in *Nouvelles Études lyonnaises*, Genève, 1969, pp. 161-250 ; M. Garden, *Lyon et les Lyonnais au XVIIIᵉ siècle*, Paris, 1970, pp. 542-543 ; A.-B.-L. Grimod de La Reynière, *Peu de chose, hommage à l'Académie de Lyon*, Neuchâtel, 1788, et *Réflexion philosophique sur la ville de Lyon, Lettre à L.-S. Mercier*, Paris, 1788.
31. G. Chaussinand-Nogaret, *op. cit.*, pp. 252-253, pp. 270-271, p. 280.

musicale tout imprégnée d'influences maçonniques [32]. Mais les muséens ne sont pas toujours dominés par les milieux d'affaires : ainsi en Bretagne, ce qui n'est guère inattendu [33], ainsi à Toulouse comme vient de le démontrer avec force Jean Taillefer [34], mais aussi à Metz où la tentative est vite récupérée par les notables habitués de la culture [35].

En revanche, à Amiens et à Bordeaux, les aspirations culturelles des classes nouvelles trouvent à s'exprimer dans les musées locaux. Dans le premier cas, la création muséenne correspond à une triple motivation : c'est d'abord une institution hostile à l' « Académie béotique » dont les amis de Roland de la Platière, inspecteur des manufactures, introduit dans les milieux négociants picards, dénoncent la sclérose et la fermeture ; c'est ensuite une réunion de gens du même âge qui veulent s'encourager aux recherches savantes et à la poésie ; c'est enfin un groupe amical animé par l'intention d'infléchir les activités des élites de culture vers des réflexions « civiques et utiles ». La nouvelle association – qui mériterait d'être réétudiée – ne semble pas avoir été au-delà des jeux communs de l'élitisme culturel et son écho fut bref et limité [36]. Dans l'expérience bordelaise les traits originaux sont plus nombreux. Sous le patronage éclairé de Dupré de Saint-Maur, la société nouvelle, qui n'est pas hostile à l'académie dont elle reçoit plusieurs membres, va introduire dans la capitale du négoce flamboyant une dimension novatrice [37].

Le musée s'adresse à des esprits neufs, et à des gens manquant des loisirs indispensables à l'activité académicienne. La volonté pédagogique et vulgarisante l'emporte sur l'élitisme des académiciens ; il s'agit d'instruire des « citoyens », de « rendre commune la richesse du petit nombre [38] ». L'activité enseignante (langues vivantes, anglais, italien, mathématiques, grammaire, littérature, grec, hébreu), la lecture des grands journaux français et européens (*Journal des savants, Journal de physique, Courrier de l'Europe, Gazette de Leyde*) dévoilent les aspirations nouvelles du négoce qui salue unanimement l'utilité de l'institution dont il dote la ville [39]. De 1783 à 1789 il va composer en permanence au moins le tiers du recrutement, exerçant par une participation constante au comité un contrôle que concurrence seulement la présence du barreau giron-

32. D. Mornet, *Les origines intellectuelles de la Révolution française*, Paris, 1933, pp. 284-285.

33. L. de Villiers, « Les Sociétés littéraires et scientifiques de Bretagne au XVIIIe siècle », in *Bulletin et mémoire de la société archéologique du département d'Ille-et-Vilaine*, 1910, pp. 190-235 ; A. Cochin, *Les Sociétés de pensée et la Révolution en Bretagne, 1778-1789*, Paris, 1925, pp. 33-35.

34. J. Taillefer, *L'Académie des Sciences, Inscriptions et Belles-Lettres de Toulouse au XVIIIe siècle*, Toulouse, 1975, thèse de IIIe cycle, ex. dactylo., 2 vol.

35. J.-C. Lebreton, *op. cit.*, pp. 38-39, et E. Fleur, *Table générale des Mémoires de l'Académie de Metz*, Metz, pp. 120-129.

36. *Correspondance de Mme Roland, op. cit.*, t. I, pp. 265-267, t. II, pp. 615-616 ; C.-A. Le Guin, « Roland de La Platière, a public servant in the 18th century », in *Transactions of the American Philosophical Society*, 1966, Philadelphie, vol. 56, VI, pp. 1-129, plus spécialement pp. 59-61.

37. M.-T. Bouissy, *Le Musée de Bordeaux*, D.E.S., Paris, 1967, ex. dactylo. ; P. Butel, *La croissance commerciale bordelaise dans la seconde moitié du XVIIIe siècle*, 2 vol. Service de reproduction des thèses, Université de Lille III, 1973, t. II, pp. 1149-1153.

38. Discours de Dupré de Saint-Maur, le 10 juillet 1783, in Bibliothèque municipale Bordeaux, ms. 829, t. X, fos 1 suiv.

39. P. Butel, *op. cit.*, t. II, p. 1151.

din [40]. S'il n'impose pas son monopole, il s'y retrouve sans préjugé de religion : les hommes d'affaires catholiques – Cabarrus, Auger, Corbun, Risteau – côtoient les protestants – Nairac, Bonafé, Baour, Boyer et Lisleferme qui fut président du musée – et quelques juifs y font leur apparition – Ravezic Furtaldo, et surtout le richissime Raba. Dans l'ensemble il s'agit d'un négoce prospère, prestigieux et actif, fortuné sans aucun doute, mais dont l'honorabilité procède tout à la fois des conditions particulières faites aux grands armateurs et aux commerçants de gros – activité honorable et ouverte à la noblesse –, de la richesse accumulée au terme d'un siècle d'expansion et de l'apparition au-dehors d'une activité culturelle jusque-là repliée au for familial ou dans les manifestations collectives du groupe. Par là, le négociant bordelais devient un notable [41]. Culturellement, il confirme un prestige assuré par sa prépondérance économique sans mimer totalement les gestes des élites traditionnelles. A l'encyclopédisme utilitaire et concret de l'académie dominée par les parlementaires, il oppose le bel esprit d'une génération marquée par une autre sensibilité ; mondain et poétique, néo-classique et pré-romantique, rationnel et illuministe, le musée bordelais traduit les ambiguïtés de la bourgeoisie négociante triomphante. L'académie, elle-même, ne pourra refuser d'entrouvrir ses portes pour recevoir Lafont de Ladébat, Thibaut, Nogués-Camusat et Brun.

A ce stade, dans les cités marchandes, le négociant prime le protestant et le catholique, le notable de la fortune et de la réussite compte plus que l'homme de profit. A Caen, à Rouen, à Marseille [42], les représentants des deux confessions accèdent à l'académie. Cas exceptionnel mais révélateur, les négociants marseillais voient dix-huit des leurs devenir ordinaires, et parmi eux non des moindres : Seymandi, Borely y représentent la noblesse négociante, Villet l'échevinage, Bertrand le monde des grandes compagnies royales, Salze le négoce lié à l'administration, Grosson les courtiers royaux, et Dominique Audibert, correspondant de Voltaire et informateur de Necker, y devient secrétaire perpétuel en 1784. Complicité confessionnelle et forte endogamie [43] tissent entre les hommes du grand négoce marseillais des liens nombreux que renforce le pouvoir politique dans la cité et que concrétisent l'opulence et la gaieté d'une vie de sociabilité éveillée. Marseille est une ville fortunée habitée par un « peuple toujours en action », ses « idées de richesse et de travail toujours unies » plaisent à Grimod de La Reynière. On y goûte « le plaisir qui suit le travail et qui n'existerait pas sans lui [44] ». Noblesse et commerce sont

---

40. M.-T. Bouissy, *op. cit.*, pp. 52-59, pp. 81-83. L'on recense sur cent cinquante muséens une cinquantaine de négociants, dont une dizaine appartiennent à la noblesse.

41. P. Butel, *op. cit.*, p. 1155.

42. J.-C. Perrot, *Caen. Genèse d'une ville moderne au XVIIIe siècle*, Paris-La Haye, 2 vol., 1975 ; sur Rouen on manque d'une étude sur la bourgeoisie négociante, renvoyons aux travaux de P. Dardel, *Commerce, industrie et navigation à Rouen au XVIIIe siècle*, Rouen, 1966 ; sur Marseille, C. Carrière, *Négociants marseillais au XVIIIe siècle*, Aix-Marseille, 1973 ; A. Chabaud, « Essai sur les classes bourgeoises à Marseille en 1789 », in *Commission de recherche et publication des documents relatifs à la vie économique de la Révolution française*, 1939, I, pp. 47-143.

43. C. Carrière, *op. cit.*, t. I, pp. 288-297.

44. A.-B.-L. Grimod de La Reynière, *Lettre d'un voyageur à son ami, sur la ville de Marseille*, Paris, 1792, pp. 7-8 et 11-12.

réunis dans une même vie mondaine, et la participation des deux groupes à l'académie couronne une primauté collective. « Mon ordre a considéré que nos intérêts étaient les mêmes relativement aux droits sacrés de la propriété, aux avantages de la municipalité et à ceux du commerce en général qui sont la source principale de la richesse et de la splendeur de la cité, et il a considéré que nous ne devions représenter tous ensemble qu'une seule et même famille[45] », pourra proclamer le marquis de Pontevès en 1789. L'existence d'une solidarité fondamentale des aristocraties du privilège et de la fortune éclate dans l'exemple marseillais. Mais en fait l'entrée des hommes du profit capitaliste dans les cercles intellectuels reste limitée aux grandes places de négoce, même s'il faut noter qu'un certain nombre d'entre elles se sont abstenues de participer au mouvement des créations académiques : ainsi Nantes, Le Havre, Saint-Malo, Dunkerque, mais aussi Lille et Strasbourg. L'exemple nantais, bien étudié par Jean Quéniart, montre l'incontestable désintérêt du négoce pour la sociabilité académicienne[46]. Tardivement, toutefois, un petit noyau négociant collaborera aux activités de la Chambre de lecture de la Fosse. L'absence d'étude ne permet pas de répondre pour les autres cités. La mobilisation culturelle négociante reste partiellement minoritaire.

Elle n'est effectivement pas confirmée dans les Sociétés royales d'Agriculture malgré, la présence de quelques personnalités importantes, ainsi Montaudouin à Nantes et Rennes. Pour une trentaine de comités, avec un recrutement total de près de six cents personnes, on enregistre seulement trente-sept hommes d'affaires, soit un taux de participation tout à fait comparable à celui des académies. L'analyse du personnel des grandes sociétés parisiennes parle dans le même sens : aucun négociant à l'Académie française, un parmi les membres de l'Académie des Inscriptions, une quinzaine dans le recrutement de l'Académie des Sciences, pour laquelle il ne faut pas négliger l'activité manufacturière de certains membres[47]. Par le biais de la gestion administrative et technique, la bourgeoisie des talents joue un rôle incontestable dans le mouvement des affaires : les Gobelins, Sèvres et Saint-Gobain ont eu des directeurs liés à la prestigieuse compagnie savante[48]. Mais le phénomène relève d'une professionnalisation de la carrière des hommes de science beaucoup plus que d'un engagement scientifique du négoce. Il est à noter toutefois comme l'un des signes du changement qui se manifeste dans les rapports du savoir et des pouvoirs de la culture savante et de l'activité économique. A ce niveau l'engagement culturel ne peut qu'être limité pour les chevaliers d'industrie et d'affaires.

---

45. J. Fournier, *Les cahiers de doléance de Marseille*, Marseille, 1909, pp. 78-80.
46. Jean Quéniart, *Culture et sociétés urbaines dans la France de l'Ouest au XVIIIe siècle*, thèse de doctorat d'État, Paris, 1975, 5 vol. dactylo. t. IV, pp. 973-980.
47. R. Hann, *The Anatomy of a Scientific Institution, The Paris Academy of Sciences, 1666-1803*, Berkeley-Londres, 1971, pp. 81-83, pp. 119-158.
48. C. Pries, *La manufacture royale des glaces de Saint-Gobain, 1655-1830. Une grande entreprise sous l'Ancien Régime*, Thèse de doctorat d'État, Paris, 1973, 3 vol. dactylo., Lille, 1975, t. I, pp. 550-551, pp. 565-575 (plus particulièrement sur le rôle de Deslandes).

République des Lettres contre République marchande?

D'autres institutions de la République des Lettres confirment cette première leçon. Parmi les Encyclopédistes, cinq marchands et manufacturiers seulement sur une équipe de près de deux cents personnes : Bouchu, maître de forges, ami et collaborateur de Buffon, élu à l'Académie de Dijon ; Buisson, soyeux de Lyon ; Longchamp, brasseur parisien ; David et Lebreton, représentant les spéculateurs de la Librairie [49]. Les hommes du grand commerce maritime sont absents, le collectif encyclopédique refuse la « classe stérile » alors qu'il confirme la liaison entrevue dans les grandes académies parisiennes entre le monde des techniciens et des administrateurs, le pouvoir et la culture. La tentative de fusion idéologique dont témoigne l'*Encyclopédie* n'est en rien portée par les hommes du capital [50]. Prenons les listes d'abonnés du *Mercure de France*, les souscriptions publiées du *Dictionnaire* d'Expilly et du *Monde primitif* de Court de Gébelin : à quelques nuances près, c'est encore le même constat [51]. Si le périodique montre le maximum d'ouverture à un public bourgeois, les hommes du négoce – parisien, nantais, bordelais et marseillais principalement – représentent moins de 5 % du total des lecteurs. A commander le *Dictionnaire* d'Expilly ils sont une quinzaine (à peine 3 %), à recevoir *le Monde primitif* ils ne sont guère plus nombreux, une soixantaine sur un millier. Dans ce cas il est nécessaire de noter l'influence protestante [52] qui est une des raisons de la diffusion dans les villes du grand négoce par l'intermédiaire des achats en librairie, mais au total, et en attribuant au commerce une part conforme au chiffre de ses souscripteurs dans ces acquisitions, on n'atteint guère 5 %.

L'étude des grandes correspondances ne livre pas un paysage social différent :

TABLEAU II

Diderot	7 sur	135	Correspondants[53]
Montesquieu	4 sur	202	–
Rousseau	48 sur	492	–
Séguier	11 sur	338	–
Voltaire	64 sur	1 385	–

---

49. D. Roche, « Encyclopédistes et Académiciens », in *Livre et Société*, II, Paris-La Haye, 1970, et surtout J. Proust, *Diderot et l'Encyclopédie*, Paris, 1962 ; *L'Encyclopédie*, Paris, 1965.

50. A. Soboul, *Textes choisis de l'Encyclopédie*, Paris, 1962, 2ᵉ éd.

51. D. Roche, *op. cit.* (*Le Siècle des Lumières en province*), t. II, pp. 365-380.

52. F. Baldensperger, « Court de Gébelin et l'importance de son "Monde primitif" », in *Mélanges offerts à E. Huguet*, Paris, 1950, pp. 315-330 ; E.-G. Léonard, *Histoire générale du Protestantisme*, t. III, Paris, 1964, pp. 67-68 et 137.

53. Diderot, *Correspondance*, éd. G. Roth, Paris, 1955-1971 ; Montesquieu, *Correspondance*, éd. F. Gébelin, Paris, 1914, 2 vol. ; Rousseau, *Correspondance générale*, éd. T. Dufour et P.-P. Plan, Paris, 1924-1934, 20 vol. et *Correspondance complète*, éd. R. A. Leigh, Genève, 1965-1975 (en cours de publication) ; Bibliothèque municipale de Nîmes, ms. 135-285, 415-417, correspondance de Séguier, B. M. Avignon, ms. 2364 ; Voltaire, *Correspondance*, éd. T. Besterman, Genève, 1953-1965, 99 vol.

Dans le monde étroit qui se constitue autour des grands écrivains, les représentants de la haute bourgeoisie d'affaires sont peu représentés, même si leur taux de participation dépasse parfois celui des élections académiques. Cette entrée des hommes du *negotium* se fait partout aux dépens des catégories de la bourgeoisie traditionnelle, et elle correspond à des variables diverses. L'une qui vient immédiatement à l'esprit est relative à l'activité commerçante dont les circuits peuvent être suivis par les idées comme par les marchandises. Mais à cette homologie dont les raisons ne sont que partiellement évidentes, il faut superposer une autre raison décisive. L'internationalisme et la circulation négociante sont pour l'essentiel représentés par le monde de la finance et du commerce protestant. C'est toute la « Banque protestante » que l'on retrouve parmi les rousseauistes et les voltairiens, et à moindre titre dans les autres réseaux. La coexistence des représentants de la société d'Ancien Régime avec ceux des puissances économiques est sans doute révélatrice des compromis de la réalité. Une distance réelle existe ici entre le milieu des institutions savantes et l'univers des correspondances ouvert à l'avenir et aux forces sociales nouvelles même si quantitativement celles-ci constituent encore une minorité.

A regarder sous cet angle les dossiers des loges maçonniques, l'enquête prend un tournant. Sur un total de près de vingt mille francs-maçons recensés tant à Paris [54] qu'en une quarantaine de sites provinciaux [55], les milieux d'affaires sont représentés par près de cinq mille personnes : un quart du recrutement. Le monde du négoce, de la manufacture, de la banque constitue 36 % du recrutement maçonnique provincial (pour moins de 5 % dans les académies). Mais son entrée est moins affirmée à Paris où il ne compose pas 17 % des listes d'affiliés au Grand Orient. Il faut toutefois tenir compte des variables locales [56], car si certaines cités provinciales ont un comportement novateur affirmé, d'autres sont beaucoup plus réservées. Le taux de 50 % pour les représentants de la bourgeoisie nouvelle n'est dépassé que dans neuf cités : en tête Lyon et Grenoble avec plus de 70 % ; au-dessus de 60 %, Bordeaux, Marseille, Montauban, Nîmes et Rouen ; Amiens atteint 59 % et Agen 54 %. Le succès des bourgeoisies négociantes des métropoles portuaires et manufacturières est manifeste, la capitale financière et technique du Dauphiné trouve sa place dans ce peloton des cités du dynamisme commercial et industriel par suite de la richesse et du prestige social de ses entrepreneurs ; le négoce protestant de Montauban s'y manifeste au premier rang. Mais inversement, dans la capitale et dans quatorze villes de province, la prédominance échappe à la bourgeoisie des affaires et les catégories

54. A. Lebihan, *Francs-maçons parisiens du Grand Orient de France*, Paris, 1966.

55. D. Roche, *op. cit.* (*Le Siècle des Lumières en province*), t. II, pp. 252-308.

56. Aix, francs-maçons 280, dont négociants 33 ; Agen, 180, 54 ; Amiens, 208, 92 ; Angers, 107, 10 ; Arras, 61, 11 ; Auxerre, 71, 7 ; Besançon, 449, 20 ; Béziers, 36, 10 ; Bordeaux, 1 094, 556 ; Bourg, 130, 9 ; Brest, 530, 44 ; Caen, 292, 36 ; Châlons, 84, 7 ; Cherbourg, 67, 13 ; Clermont, 266, 59 ; Dijon, 325, 20 ; Grenoble, 216, 20 ; Lyon, 1 971, 572 ; Marseille, 860, 344 ; Metz, 267, 22 ; Montauban, 323, 137 ; Montpellier, 895, 208 ; Nancy, 261, 44 ; Nîmes, 161, 96 ; Orléans, 185, 53 ; Pau, 63, 9 ; La Rochelle, 202, 86 ; Rouen, 628, 226 ; Soissons, 128, 5 ; Toulouse, 876, 202 ; Valence, 64, 0 ; Villefranche, 58, 21 ; Paris, 8 292, 972.

dominantes du recrutement académique – robins, rentiers, hommes de talents et notables conformistes – l'emportent. Les capitales parlementaires y sont pour la plupart : Arras, Metz, Nancy, Pau, Besançon, Clermont et sa bourgeoisie robine rassemblée par la cour des aides; et l'on retrouve dans ce groupe la majorité des petits centres administratifs à vocations régionales et locales, Angers, Auxerre, Béziers, Bourg, Brest, Caen, Châlons, Cherbourg et Valence où ne siégeait dans la loge la Sagesse aucun homme de la marchandise. Restent, indécises quant à la dominante socio-professionnelle, cinq villes dont les ateliers ne sont pas contrôlés par la bourgeoisie active mais où le triomphe des catégories traditionnelles est moins manifeste : Dijon et Montpellier, Orléans, Toulouse et Villefranche. Au total on voit que la différence fondamentale par rapport à la société académique ne se vérifie pas partout au même degré. Le triomphe des catégories nouvelles ne se réalise vraiment que dans les villes où elles font, sinon l'élément principal de la classe dirigeante urbaine, au moins un groupe dynamique et sûr de sa force. Plus fréquemment, tradition et novation se disputent le recrutement maçonnique, et les milieux prépondérants dans les sociétés savantes sont loin de se voir distancés par de nouvelles notabilités. Dans les villes de l'Ouest français les comportements sont les mêmes pour les centres urbains qui ne participent pas au réseau académique. Le négoce tient une place prépondérante à Nantes et à Saint-Malo, il recule devant les hiérarchies de tradition à Rennes, au Mans et à Quimper[57]. Ainsi la nébuleuse sociale franc-maçonne se caractérise par son ouverture, mais sans rupture fondamentale; sa cohérence repose sur un principe tout aussi important que celui de l'extension de son recrutement : la spécialisation des ateliers conformément à une hiérarchie inavouée des loges où se généralise débats et conflits sur l'ouverture égalitaire.

La bourgeoisie du haut commerce est l'un des groupes sociaux clefs autour duquel s'ordonne la ségrégation interne des ateliers[58]. La sélection se traduit par l'exclusion des catégories sociales inférieures de l'artisanat et de la boutique, et la situation varie en fonction du plus ou moins grand nombre de loges[59]. Dans les villes qui se sont dotées d'un seul atelier : Auxerre, Béziers, Châlons-sur-Marne, Pau, Villefranche, Valence, le négoce est, sauf dans le dernier cas, partout présent. Ainsi dans la loge le Parfait Accord de Villefranche, les hommes du commerce sont 21, les ecclésiastiques et les nobles 10, la bourgeoisie des talents 25. A Châlons-sur-Marne les négociants sont seulement 5, la loge Saint-Louis n'est guère plus ouverte que l'Académie. Là où coexistent deux ateliers, les bourgeoisies d'affaires se dispersent entre eux; ainsi à Angers, Arras, Bourg, Orléans, Metz et Soissons. Toutefois les meilleurs négociants, ceux qui ont atteint un niveau de notoriété suffisant par leurs richesses et l'importance de leurs activités, sont déjà initiés dans les ateliers de notables. A Angers dans la loge Père de Famille, à Arras ils fréquentent l'Amitié et non les Amis Réunis, à Soissons ils sont aux côtés des Frères

57. J. Quéniart, op. cit., t. IV, pp. 988-1011.
58. Pour Paris, les travaux de M. Lebihan feront définitivement le point; les exemples connus et une reconstitution du recrutement des ateliers montrent que le comportement parisien ne diffère pas de celui des capitales provinciales.
59. D. Roche, op. cit. (Le Siècle des Lumières en province), t. II, tableau 46.

Amis hostiles à l'érection de la loge Saint-Julien de l'Aurore peuplée d'artisans et de boutiquiers. Ils sont rangés partout dans ce « second état » qui réunit les commerçants, les bourgeois et les gens d'affaires ; la finance et le négoce de premier ordre méritent d'appartenir à une première catégorie de notoriété dans laquelle puisent avec un égal discernement les académies et les loges huppées[60]. Dans les villes moyennes où hiérarchie sociale et égalité idéale sont conciliées et justifiées dans une pratique de sélection rigoureuse, les négociants se retrouvent associés aux représentants de la noblesse, du clergé et de la bourgeoisie d'Ancien Régime.

Les ateliers des métropoles régionales et des grandes cités portuaires n'échappent pas à ce principe qui s'accorde aisément avec une affiliation corporative rendue possible par le pluralisme des fondations. Les négociants lyonnais ayant pignon sur rue, officiers de la garde bourgeoise, juges conservateurs, consuls, se retrouvent dans la loge la Parfaite Réunion ; dans la Candeur ce sont les jeunes négociants, des marchands moins puissants et les employés de la place ; de même pour le Parfait Silence. Ils sont nombreux dans les ateliers aristocratiques de la Bienfaisance et de la Parfaite Harmonie ; plus encore ils dominent la grande Loge Provinciale[61]. Dans la maçonnerie lyonnaise le négoce trouve une forme de sociabilité ouverte confortant ses aspirations, adaptée à ses besoins, favorisant ses quêtes ; que l'on songe à Willermoz mêlant dans sa correspondance les interrogations sur les mystères initiatiques et les soucis de son commerce[62]. A Marseille la primauté négociante se manifeste dans les loges Saint-Jean-d'Écosse (70 % des initiés pour le grand commerce), la Réunion des Élus (69 %), le Nouveau Peuple (66 %), le Choix des Vrais Amis (74 %), les Amateurs de la Vraie Sagesse (56 %), et ce sont les ateliers aristocratiques peu favorables au développement des loges d'artisans mal dégrossis[63]. Les nobles et les ecclésiastiques de haut rang, les grands commerçants et les banquiers, les négociants anoblis et la bourgeoisie d'administration et d'offices sont réunis dans la Loge Mère, la plus ancienne, initiatrice et surveillante de la légalité maçonne provençale. Audibert, Seymandi et Hugues y siègent aussi à l'aise qu'à l'Académie. Loges notables et sociétés savantes recrutent avec des différences d'intensité dans la même « bonne société ». Dans les cités parlementaires où le négoce a franchi avec quelques difficultés la porte des académies, il se retrouve sans problème dans les meilleurs ateliers. A Besançon c'est à la Sincérité et à la Parfaite Égalité : à Dijon, les négociants bourguignons sont à la Concorde avec les parlementaires, à Grenoble ils se font initier dans la loge la Bienfaisance et à Metz dans la loge Saint-Jean l'Ancienne. A Nancy, ils retrouvent les robins et la bourgeoisie officière dans les réunions de Saint-Louis, Saint-Philippe, et

---

60. Bibliothèque Nationale, Fonds maçonnique, FM² 421 (Frères Amis et Saint-Julien de l'Aurore), plus particulièrement fᵒˢ 29-31, Rapport du vénérable Lebeuf (17 octobre 1780).

61. M. Garden, op. cit., pp. 546-549 ; R. Chartier, op. cit., pp. 181-188.

62. A, Joly, Un mystique lyonnais et les secrets de la franc-maçonnerie à Lyon, Mâcon, 1938.

63. M. Agulhon, Pénitents et francs-maçons de l'ancienne Provence, Paris, 1968, pp. 226-228 ; R. Verrier, La Mère Loge Écossaise à l'Orient de Marseille, Marseille, 1930, pp. 100-110.

franchissent même les portes de la très fermée Auguste Fidélité. A Rouen, la fusion du notable se fait surtout dans la Céleste Amitié, à un degré moindre dans la Parfaite Union. A Toulouse ils se réunissent avec les magistrats, après passage au capitoulat dans la Parfaite Amitié, ils dominent la Sagesse et les Cœurs Réunis [64], ils renforcent d'ailleurs leur contrôle sur les Élus de Chartres. Le monde des affaires, les gens du « grand tableau » de la Bourse, sont, dans la plupart des villes de cours souveraines, introduits dans les cénacles robins. Quelquefois cependant ils participent à deux niveaux du recrutement : admis dans les loges de l'aristocratie, ils sont aussi dans les ateliers ouverts aux bourgeoisies traditionnelles, ils sont rares dans les ateliers homogènes où dominent petits boutiquiers et artisans. Le manque d'enquête locale ne permet pas de dire sur quels critères socio-économiques précis se fondent ces partages qui composent les traits essentiels de la maçonnerie provinciale.

A Clermont, le négoce a pris pied dans la loge Saint-Maurice, il triomphe à Saint-Michel, il ne l'emporte plus à Saint-Hubert. A Montauban, il a quelques représentants catholiques dans la loge Bienfaisance où dominent les conseillers des aides, les gens du présidial, la noblesse locale et l'académie; négociants catholiques et protestants se partagent la Bonne Foi, la Concorde et la Constance. Le comportement de Montpellier est tout à fait comparable : l'Urbanité est aristocratique et négociante, avec la Cour des Comptes, les administrateurs des états et les prieurs de la Bourse; la Vraie Humanité, les Amis Réunis, l'Ancienne réunion des Élus, sont aux mains du négoce avec une faible participation nobiliaire et une bonne représentation des professions libérales. L'on retrouve ces mêmes alliances dans les centres économiques, à Nîmes, à Orléans, à Amiens, à La Rochelle, mais également à Caen et à Agen; Bordeaux n'échappe pas à la règle, où le négoce domine l'Amitié, l'Étoile Flamboyante, les Cœurs réunis et l'Anglaise; on y retrouve les maçons académiciens, et avec les loges l'Harmonie et la Française Élue Écossaise, le tiers des membres du musée [65]. La diffusion maçonnique a renforcé la solidarité des notables en multipliant les ateliers homogènes socialement; par ses capacités, sa fortune, son crédit, le négociant était membres à part entière d'une « élite maçonnique liée à la fortune [66] ».

Négoce et loges

A la question : où sont les négociants dans l'espace culturel des Lumières? il est maintenant permis de répondre. Nombreux dans les loges, ils participent encore peu aux travaux des institutions savantes, ils apparaissent en petit nombre dans les réseaux de la République des Lettres, bien que certains d'entre eux y jouent un rôle important. Songeons à Audibert rapportant à Voltaire le sort des malheureux Calas. S'interroger sur ce contraste, c'est déjà, semble-t-il, mettre en valeur la

64. J. Taillefer, « Une loge maçonnique toulousaine à la veille de la Révolution, Les Cœurs réunis, 1774-1789 », in *Annales du Midi*, 1975, pp. 201-224.
65. M.-T. Bouissy, *op. cit.* pp. 83-86.
66. B.N., FM² 132 (Agen, Loge de la Parfaite Union, 28 novembre 1774).

nature de la culture négociante. Dans le monde des loges, la pénétration des hommes d'affaires s'explique par une mutation de sensibilité préparée à long terme par l'évolution des milieux économiques; dans les académies, c'est l'évolution des élites traditionnelles qui prépare leur accueil.

Effectivement le groupe a vu depuis la fin du XVIIᵉ siècle une partie de ces meilleurs éléments accéder par la finance et l'intéressement dans les affaires de l'État monarchique aux plus hauts niveaux de l'élite sociale [67]. Alliés aux familles de la noblesse, fermiers généraux et robins financiers formèrent un milieu cultivé et curieux, modèles de la réussite économique •de la montée sociale et de la percée culturelle, mais restant fondamentalement tiraillé entre ses ambitions bourgeoises et son attachement nobiliaire et monarchique. Le chevalier de Jaucourt peut – bien qu'issu d'une des grandes familles de négoce et de finance, les Gilly assumer sous Diderot, une véritable direction de l'*Encyclopédie*. Le négoce parisien et provincial, lié par tant de relations d'intérêt et de famille à ces cercles de la réussite, pouvait rêver d'une société où sa volonté de puissance trouverait entière expression. A l'heure où les conflits religieux perdent de leur acuité, quand les fidélités du plus grand nombre chancellent, partagés entre l'abandon et le défoulement illuministe, les négociants se sentent peut-être moins calvinistes ou catholiques que notables.

La société maçonnique s'offre alors à eux comme le lieu idéal où se concrétise dans la réalité des relations quotidiennes et la qualité d'un commerce sensible, sinon dans les rapports de classe non immédiatement perçus, ce rêve d'un univers où vertus et talents utiles sont présentés comme les seules clefs de la notoriété reconnue. La sociabilité maçonne est d'abord sociabilité de transfert. Aux yeux des initiés la « véritable noblesse » réside désormais dans les sentiments et les procédés, la vraie aristocratie est celle de la vertu, puisque la pratique des ateliers prouve la réalité d'une fraternité transcendant les différences sans les nier [68]. Par l'initiation, le négociant entre dans la sphère des « êtres les plus marquants », il y jouit d'une intégration sociale qui pour certains revêt « l'ampleur d'une révélation spirituelle[69] ». Jusque-là ses tâches, ses racines, sa culture de groupe l'excluaient du « premier ordre de la vie civile »; pour y accéder, toutefois, il lui a fallu se faire autre. Toute initiation est conquête, pour soi comme pour la conscience collective, et elle ne prend son sens qu'en permettant la réalisation ludique d'une société des mérites. Mais ce qu'il faut comprendre, c'est comment un milieu culturellement original a entamé une mutation décisive pour lui-même et l'ensemble du corps social.

Dans la bourgeoisie commerçante ancienne, y compris ces franges métisses que sont les noblesses négociantes [70], l'unité du milieu et des

67. Y. Durand, *Les Fermiers généraux*, Paris, 1970, et G. Chaussinand-Nogaret, *op. cit*, pp. 269-274.

68. B.N., FM² 102 (Aix, loge La réunion des vrais amis, 15 avril 1788), cf. R. Robin, « La loge la Concorde de Dijon », in *Annales Historiques de la Révolution française*, 1969, pp. 433-446.

69. G. Chaussinand-Nogaret, *Gens de Finance au XVIIIᵉ siècle*, Paris, 1972, p. 132.

70. G. Richard, *Noblesse d'affaires au XVIIIᵉ siècle*, Paris, 1974.

intérêts définissait une première originalité de culture dans la France des valeurs aristocratiques et classiques. L'intermariage et la cohésion religieuse renforçaient partout les exigences de la profession. L'homogénéité résidentielle, les coutumes familiales, les faits d'une sociabilité collective interne confirmaient encore le cloisonnement négociant [71]. Restait l'éducation qui à elle seule mériterait une étude [72]. Dans les stratégies éducatives qui se rencontrent dans la France du XVIIIᵉ siècle, la caractéristique du négoce est de parier sur trois options : permanence de l'éducation familiale [73] ; choix des établissements en fonction de besoins éducatifs propres, ainsi l'oratoire de Marseille ou Juilly, mais sans prétendre arriver à la complète possession de la culture humaniste [74] ; enfin privilège donné au milieu par l'apprentissage au comptoir, les voyages, et pour les plus opulents l'instruction que pouvaient dispenser les grandes académies de Hollande, d'Angleterre ou de Suisse. Le réseau des filiales et des associations familiales pouvait jouer à plein dans ce domaine et, par un accueil facilité, inscrire le cosmopolitisme au premier rang des valeurs culturelles marchandes. Cette cohésion, sans tracer une frontière totalement imperméable, dictait des attitudes, imposait des comportements éloignés des aspirations traditionnelles. Le négoce n'était pas tenu à l'écart, ses enfants pouvaient accéder au collège et nombreux étaient ceux qui abandonnaient le ghetto pour l'office ou la cléricature. Mais pour l'essentiel, sa participation restait marginale et, dans une certaine mesure, la poursuite systématique du profit l'avait préparé à un élargissement des connaissances qu'affirmaient dès la fin du XVIIᵉ siècle les grands changements de l'outillage mental.

Le fait majeur de la seconde moitié du XVIIIᵉ siècle, c'est que de nouveaux intérêts révèlent une capitalisation culturelle faite en plusieurs générations. Les impératifs de la croissance, la montée de la richesse marchande qu'accompagne la définition d'objectifs propres, ainsi de l'aménagement urbain [75], ne contredisent pas en ce domaine les mouvements qui entraînent hors de la sphère économique une fraction des élites du commerce. Dans la classe marchande se développe une espérance d'intégration qui emprunte des formes diverses et va pour une part déboucher sur le refus de la culture classique.

L'évolution est nette dans les villes marchandes de la France de l'Ouest [76]. Partis avec un bagage relativement modeste, comparé à celui des élites traditionnelles, les négociants de Caen, de Nantes, de Rouen et de Saint-Malo s'installent aux premiers niveaux tant pour la possession de la culture scolaire que pour l'usage du livre. Mais dès 1730, les bibliothèques négociantes présentent des caractères originaux : part du

71. P. Butel, *op. cit.*, pp. 1130-1150 ; C. Carrière, *op. cit.*, pp. 290-292 ; J. Meyer, *L'armement nantais dans la deuxième moitié du XVIIIᵉ siècle*, Paris, 1970 ; G. Martin, *Nantes au XVIIIᵉ siècle*, Paris, 1929-1931, 2 vol.
72. R. Chartier, M.-M. Compère, D. Julia, *L'éducation en France du XVIᵉ au XVIIIᵉ siècle*, Paris, S.E.D.E.S., 1976.
73. P. Butel, *op. cit.*, pp. 1142-1143.
74. P. Butel, *op. cit.*, pp. 1141-1142 ; C. Barrière, *op. cit.*, pp. 292-293 ; D. Julia, W. Frijhoff, *École et Société dans la France d'Ancien Régime*, Paris, 1975, pp. 17-18, p. 29, pp. 41-43, pp. 56-65, pp. 86-88.
75. J.-C. Perrot, *op. cit.*, pp. 596-600.
76. J. Quéniart, *op. cit.*, t. I, pp. 206-240 ; t. II, pp. 341-380, pp. 440-496 ; t. III, pp. 566-574. pp. 579-580., pp. 750-783 ; t. IV, pp. 1031-1090.

métier forte, place des sciences et des techniques importante, présence
notable de la géographie et de l'histoire. Les inventaires du milieu et de la
fin du siècle confirment ces choix et ces refus. Les négociants normands
et bretons y apparaissent comme des pionniers de la lecture politique et
économique, mais, en même temps, ils investissent de plus en plus dans
les ouvrages d'évasion. Une double culture se met en place, marquée du
sceau de l'utilité et du divertissement. La religion n'a jamais occupé une
grande place dans ces collections minutieusement inventoriées sur un
siècle, il s'agit moins d'une substitution laïcisante que de l'affirmation
d'un tempérament. Romans, contes, pièces de théâtre, volumes de
poésie, livres d'information, manuels pour le comptoir et ouvrages de
réflexions pour le progrès, telles sont les armes principales de la
mutation culturelle des hommes de profit. Les bibliothèques bordelaises
qu'étudie P. Butel parlent de la même transformation profonde, qu'il
importerait sans doute de vérifier d'une façon générale. L'impression
dominante est moins celle d'un ralliement aux impératifs communs de la
culture classique que celle d'une tentative pour infléchir vers des choix
sociaux conquérants toute la sensibilité du milieu. Le succès du Musée de
Bordeaux et l'orientation résolument mondaine de ses activités confirment cette détermination. Comme dans un club, les négociants s'y
retrouvent avec d'autres et entre eux. Parallèlement, ils tendent à
généraliser dans la classe cultivée un nouveau modèle pédagogique
ouvert aux réalités du monde, faisant place aux mathématiques appliquées et même aux matières de négoce, exigeant la connaissance des
langues vivantes et ne retenant des pratiques anciennes que ce qui lui
convient, le dessin, les bonnes manières, la danse et l'équitation, pour
former un nouveau citoyen [77]. La pratique et l'utilité sociale fondent leur
système éducatif en conformité avec un modèle imité de l'Angleterre et
adapté aux besoins d'une classe qui aspire à être autre chose que ce
qu'elle est. Sa richesse lui permet d'investir en ce sens, le goût du théâtre,
la multiplication des bals et des fêtes lui confèrent un brillant que notent
partout les voyageurs. A leur façon, les loges ont contribué à accueillir
cette transformation.

Les ateliers offrent au négoce l'occasion de participer à une forme
relevée de rencontre inter-sociale dans la mesure où s'y déploie la
tentation mondaine. De surcroît, ils permettent une conversion spirituelle qui n'est pas négligeable pour un milieu dont la vocation est
d'abord la réussite matérielle [78]. Les élites protestantes surtout y trouvent
nourriture de spiritualité et apaisement social qui satisfont leur conscience déchirée. Frustré religieusement, le négociant calviniste découvre
dans les rituels maçonniques la possibilité de redonner sens à un
discours trahi; refoulé socialement, plus que son confrère catholique il y
voit le moyen de reconquérir une dignité perdue. Alors la dualité
d'appartenance permet de concilier la tiédeur religieuse et les frustrations collectives, les espérances spirituelles et les ambitions sociales. La
survie du groupe et son intégration dans la hiérarchie des notables sont à
ce prix, même si ce comportement doit à la longue modifier la croyance

77. J. Fabre de Massaguel, *L'École de Sorèze*, Toulouse, 1958, pp. 89-114,
pp. 137-151; J. Quéniart, *op. cit.*, t. II, pp. 454-532.
78. G. Chaussinand-Nogaret, *op. cit.*, p. 152.

et la fidélité en la « Parole ». La modernité de la maçonnerie en ce domaine ne peut s'identifier à la diffusion de l'incrédulité ; tout au contraire, elle témoigne de la force d'un « *Aufklärung* chrétien » qui rapproche, sinon réconcilie, les frères séparés, dans la mesure même où elle puise sa force aux sources d'un conformisme religieux, politique et social. Négociante, la conscience maçonne reste déchirée et aspire à une fraternisation transparente. Le prouve l'étude des titres de loges qui pour plus de la moitié choisissent comme patronyme la référence normative à la réconciliation, au message de l'urbanité, de l'amitié et de l'harmonie [79]. La société maçonnique offre aux hommes du profit une participation à la vie des Lumières que leur mesuraient les sociétés de culture ouvertes avant tout aux hommes de savoir et de capacité. La montée du négoce dans les académies s'accompagne toutefois de nouvelles affirmations quant à l'attitude des dominants traditionnels face au commerce et à la montée de forces sociales neuves.

Leur entrée dans les cénacles académiciens est cependant trop peu importante pour qu'on y saisisse autre chose que la résultante d'un double mouvement. D'une part, elle prouve la volonté et la capacité d'intégration des négociants : pour eux l'élection savante est reconnaissance d'une parité culturelle, et l'on conçoit qu'elle se porte en premier lieu sur les savants et les érudits des milieux d'affaires ; ainsi à Marseille, Louis Necker, triplement légitimé comme négociant, maçon et philosophe. D'autre part, elle établit clairement la force d'assimilation du mouvement académique qui admet dans le catalogue éclectique de ses normes une part des préoccupations de la bourgeoisie commerçante.

Les négociants ont pu ainsi trouver dans les académies une première forme d'expression, indirecte mais efficace quant à leurs préoccupations. A Caen, ils réussissent à mobiliser l'opinion novatrice des académiciens autour des questions économiques et portuaires ; à Bordeaux où l'académie reste tout le siècle une citadelle parlementaire, ils retrouvent leur part dans les concours sur le raffinage des sucres, la traite, les vins [80]. En 1784, c'est à l'académie que le négociant juif Gradis présente un mémoire sur le système des économistes où il montre contre les physiocrates la nécessité de soutenir le commerce et l'industrie pour une meilleure croissance de l'économie du royaume. Une même attitude de présence interposée peut être mise en évidence à Rouen, à La Rochelle, à Marseille et à Lyon [81].

Toutefois leur influence se fait avec le temps plus directe et plus prégnante. L'idéologie de l'utilité et du service collectif, chère aux néo-immortels provinciaux, aide ce syncrétisme un peu facile et qui ne fut pas toujours immédiat. Entendons, dans les années quarante, le chirurgien Lecat exprimer son mépris pour les activités économiques : « Monsieur, écrit-il à Fontenelle, le 11 janvier 1740, la ville de Rouen commence à avoir honte de ne se distinguer que par le commerce de ses marchands... » Écoutons, vingt ans plus tard, l'éloge de Guillaume de La Follie : ce grand négociant a reçu l'éducation la plus soignée, « il étonnait par ses connaissances et par ses talents... il revint à Rouen et s'occupa du

---

79. D. Roche, *op. cit.* (*Le Siècle des Lumières en province*), t. I, pp. 269-278.
80. P. Butel, *op. cit.*, pp. 1150-1151.
81. D. Roche, *op. cit.*, t. I, pp. 322-385.

commerce sans négliger les arts agréables, ses uniques délassements...
vingt-deux mémoires qu'il a donnés pendant l'espace de sept ans ont
presque tous obtenu la distinction d'être lus en séance publique... Sa
maison fut toujours ouverte aux artistes auxquels il communiquait
généreusement ses procédés [82]... ». L'utile et l'agréable caractérisent la
réconciliation du négoce et de la culture, et l'élection académique suffit à
effacer une macule séculaire. « En jetant les yeux sur moi, vous avez bien
voulu oublier combien le commerce détourne de l'application aux
sciences et combien il s'oppose à ce que le négociant devienne homme
de lettres [83]... », peut dire, lors de sa réception, Louis de Journu, en 1774.
Une étape est franchie et il n'y a plus d'obstacle à ce que l'éloge des
bienfaits du commerce, l'évocation de son rôle civilisateur, l'acclamation
d'une prospérité collective se rangent dans le concert des stéréotypes
académiciens.

La poétique académique se prête d'abord à ses épanchements. A
Marseille, dès 1720, l'Académie couronne les odes du Père d'Ardène et du
Père Raynaud, apologistes de l'urbanité commerçante : « Tout se transmet, tout se polit, les Empires changent de face, chaque nation se
surpasse, toute la terre s'embellit ! » proclame le premier, sans grande
originalité ; « Mercure, tes suprêmes lois semblent avoir conduit dans le
sein de la France, et l'Èbre et le Gange à la fois, par leurs divins présents
qui sans cesse y renaissent, le luxe est triomphant, les besoins disparaissent », versifie péniblement le second dans une prière favorable aux
intérêts des marchands de Marseille [84]. Cinquante années passent, et
l'académie, peuplée de négociants, met en 1777 au concours le sujet :
« Quels ont été les effets du commerce sur les mœurs ?... » Elle reçoit, en
trois ans, vingt réponses qui, presque toutes fidèles à la rhétorique
moralisante, balancent avec soin effets néfastes et conséquences bienfai-
santes. Les mêmes plumes écrivent à la fois une défense des fonctions
commerçantes et la condamnation de leur influence morale [85]. Le
candidat couronné est André Liquier, négociant, fils et petit-fils de
négociants [86]. Son texte, rousseauiste d'inspiration, est parmi les plus
ambigus [87]. Les pages qu'il consacre à la peinture de la dépravation des
mœurs, à la dissolution des vertus familiales et patriotiques, à l'expansion
des maladies contagieuses, l'emportent en quantité sur celles où il
s'ingénie à décrire les bienfaits du négoce [88]. L'académie aurait-elle
distingué un physiocrate, lecteur de Jean-Jacques, et traître à lui-même
comme à sa classe ? Pas exactement, car il ne faudrait pas imputer au seul
commerce ce qui est dans la nature de l'homme ; par ailleurs, il n'est

---

82. *Éloge de M. de La Follie par M. d'Ambournay*, in D.-M. Gosseaume, *Précis analytique des travaux de l'Académie de Rouen*, 5 vol., Rouen, 1815, t. IV, pp. 325-328.
83. *Recueil de l'Académie de Marseille*, 1774, pp. 24-35.
84. *Recueil de l'Académie de Marseille*, 1720, pp. 1-8.
85. Archives de l'Académie de Marseille, ms., Concours 1777-1780, dossier 1-20.
86. C. Carrière, *op. cit.* pp. 280-287, pp. 718-720, pp. 730-731, pp. 891-900.
87. A. Liquier, *Quels ont été les effets de commerce ? Dissertation présentée à l'Académie de Marseille*, Paris (s.d.), 1777-1780 (B.N., R 40036) ; une réponse plus favorable aux Marseillais négociants et antirousseauistes a été publiée par C. Leroy, Paris, 1779 (B.N., V 35159).
88. A. Liquier, *op. cit.*, pp. 29-31.

point question de « brûler nos vaisseaux et de combler nos ports [89] ». La reconnaissance des hommes de profit va passer par la définition d'une politique du négoce à proposer au souverain. Le modèle du législateur sera : Sully et non Colbert, les moyens : le commerce intérieur vivifié et le commerce extérieur contrôlé par un sage libéralisme. La Suisse, la Hollande devront donner des exemples utiles, bien plus que l'Angleterre guettée par le sort de Carthage. Ce chef-d'œuvre d'équilibre s'achève sur une affirmation paradoxale mais révélatrice de l'idéal du négociant français : « Gardons-nous de confondre la noblesse et le commerce, qu'il y ait toujours entre elle et lui une distinction qui conservera parmi les nobles l'amour de la gloire et le désintéressement, et qui portera les négociants français à continuer d'exercer leur profession avec honneur pour mériter cette noblesse à laquelle ils peuvent aspirer et qu'ils brûlent d'obtenir [90]... »

Dans le sein des cités commerçantes, l'industrie et les arts utiles, les muses et les arts agréables appellent à leur secours les génies académiques. Cette mutation ambiguë et tranquille des normes révèle la prise de conscience de communs intérêts. Les hommes venus de l'horizon des activités traditionnelles et ceux qui sortent du négoce établissent le dialogue. Les préoccupations des administrateurs, des inspecteurs des manufactures, des juges et des notaires, des robins arbitres des conflits civils, des propriétaires qu'intéressent toujours l'écoulement et la transformation de leur production renforcent la cohésion. Les liens familiaux et la mémoire des origines pèsent ici sur la mentalité collective. Si le quart des académiciens lyonnais sont nés dans le négoce, cela suffit pour que la bourgeoisie académique qui n'est pas la bourgeoisie des affaires comprenne et entende certaines inquiétudes; si le tiers des familles parlementaires bordelaises s'allient au négoce et y ont une origine plus ou moins récente, cela devient déterminant pour un rapprochement [91]. Montesquieu, plus qu'un symbole, a ici tracé la route. Le débat sur l'*otium* et le *negotium*, l'absence et l'entrée des hommes d'affaires dans le monde des académies, la percée victorieuse qu'ils manifestent dans le recrutement maçonnique traduisent tout à la fois la puissance montante du négoce et son caractère marginal encore, son enrichissement et ses difficultés, son exclusion et son intégration de plus en plus forte dans la société d'Ancien Régime. Leur éloge justifie l'idéologie académicienne et maçonnique de l'égalité des mérites, mais il n'efface pas totalement une méfiance originelle. Négociants et hommes d'affaires participent de l'avenir, mais c'est au prix de l'instabilité et de l'inquiétude avec une vision des choses qui reflète les hauts et les bas de la fortune; ils sont en quête de tradition et de consistance culturelle dans un monde où l'état social nie encore les changements historiques [92]. Loges et académies, en confrontant plusieurs visions du monde, ont sans doute contribué au passage du rêve à la réalité.

---

89. A. Liquier, *op. cit.*, pp. 70-71.
90. A. Liquier, *op. cit.*, pp. 72-74.
91. W. Doyle, *The Parlement of Bordeaux and the End of the Old Regime*, 1771-1790, *Londres*, 1974, pp. 116-125, pp. 203-214.
92. E. Auerbach, *Mimesis*, trad. fr., Paris, 1969, pp. 39-41.

CHAPITRE XIII

Médecins et Lumières au XVIIIe siècle : talents, raison et sacrifice

Les médecins jouent dans la société cultivée du XVIIIe siècle un rôle absolument fondamental. Ils constituent entre le quart et le tiers du recrutement des sociétés savantes parisiennes et provinciales de 1660 à 1789. En revanche, ils sont en proportion moins nombreux à fréquenter les tenues de loges maçonniques : 6 % seulement, soit à peu près 1 200 médecins, un peu moins donc que les 1 500 médecins académiciens, mais, il est vrai, ils furent recrutés en cinquante ans à peine. Le réseau des loges comme celui des académies ont contribué fortement à intégrer les professions médicales dans le monde des talents et des Lumières; les médecins des petites villes y ont été entraînés grâce à l'association et à la correspondance; ceux de la capitale et des villes de facultés par l'action savante et un rôle créatif dans la constitution de la communauté académicienne. Deux sociétés seulement n'ont pas élu de médecins : les Jeux floraux de Toulouse et l'académie de Montauban; leur refus correspond vraisemblablement à l'orientation purement *littéraire* de leurs travaux. Cinq sociétés, toutes les villes universitaires comprises, y ont recruté plus de 50 % de leurs titulaires – en tête Montpellier et Besançon –, mais une vingtaine d'académies n'ont pas élu de chirurgiens.

Le mouvement tend à rapprocher et à unir les talents et il est de surcroît encouragé par les initiatives parisiennes, la création de l'Académie de chirurgie et enfin celle de la Société royale de Médecine. Parisienne, la Société royale est fortement provinciale dans son organisation comme dans son implantation, elle est une tentative réussie où se lit l'œuvre conjuguée de l'administration royale, lors de la grande expérience réformatrice de Turgot, et des milieux savants de pointe, en particulier de l'Académie des Sciences. Elle s'insère dans une pratique de gouvernement qui utilise les grandes académies parisiennes comme autant de conseillers naturels de la monarchie et qui en étend largement les résultats par le biais des enquêtes et de la correspondance. C'est aussi une fille des Lumières médicales qui visent au progrès des soins et à leur diffusion dans les populations. Trois principes ont guidé les fondateurs, Vicq d'Azyr, Lassonne et Turgot : enquêter dans tout le royaume, mettre sur pied une administration de la santé, imposer un regard médical nouveau. Pour cela, ils ont parié sur un recrutement largement ouvert : 700 membres de 1776 à 1791. Sur ce nombre, moins de cinquante ne sont ni médecin ni chirurgien, ni pharmacien ; ils représentent l'administration. Parmi les 650 autres sociétaires, 15 % viennent des académies provinciales. Les deux milieux sont ainsi associés par des liens personnels, techniques et institutionnels comme la correspondance collective. Le succès des unes et de l'autre s'inscrit dans le même idéal où s'unissent talents et pouvoirs, et dans le même univers de croyance au progrès de toutes les sciences. C'est ce que l'on peut percevoir dans l'image que ces élites médicales se donnent d'elles-mêmes.

La coutume de l'éloge

Dernière-née des grandes académies parisiennes, la Société royale de médecine a hérité des usages et des coutumes peu à peu précisés et définis dans les institutions antérieures [1]. Parmi ces pratiques, l'éloge académique est immédiatement adopté par Vicq d'Azyr de façon tout à fait naturelle. Effectivement, l'hommage rendu aux disparus s'est imposé à la communauté des sciences et des lettres depuis près d'un siècle ; diffusé et lu, il constitue en province et à l'étranger un moyen d'information et un facteur d'unification incomparables, encore qu'il ait entraîné un mouvement de réflexion critique contre les abus rhétoriques et laudatifs du genre. La jeune Académie de médecine prend à son compte une pratique collective à laquelle tous les académiciens sont sensibles ; en cela elle se range dans un concert où le genre définit par ses fonctions des traits caractéristiques de la mentalité académicienne, c'est-à-dire des élites de culture et de pouvoir. Toutefois, elle confère à ses éloges une coloration particulière : à l'intérieur de l'espèce académique se découpe un sous-genre médical extrêmement intéressant à analyser quant aux significations immédiates de la novation recherchée par la Société royale, quant à l'image de la réalité médicale telle que la percevaient les médecins membres de la compagnie ou ralliés à ses buts. Dans la mesure même où la Société royale prélude à une mutation profonde de la médecine [2], il n'est pas indifférent de saisir à la source la façon dont les divers protagonistes du changement ont perçu et décrit leur action.

Le corpus s'y prête. De 1776 à 1789, Vicq d'Azyr a prononcé une cinquantaine d'éloges [3] dans les cérémonies publiques de la Société, qui

1. J. Meyer, « L'enquête de l'Académie de médecine sur les épidémies, 1774-1794 », dans *Médecins, climat et épidémies à la fin du XVIIIe siècle*, Paris-La Haye, Mouton, 1972, pp. 9-20 ; D. Roche, *Le Siècle des Lumières en province. Académies et Académiciens provinciaux, 1680-1789*, Paris-La Haye, 1978.
2. J. P. Peter, « Malades et maladies à la fin du XVIIIe siècle », dans *Médecins, climat et épidémies...*, *op. cit.*, p. 137.
3. Vicq d'Azyr, *Éloges des membres de la Société royale de médecine*, Paris, 1778 ; et *Mémoires de la Société royale de médecine*, Paris, 1776-1789, 10 volumes : t. I, 1776 ; t. II, 1777-1778 ; t. III, 1779 ; t. IV, 1780-1781 ; t. V, 1782-1783 ; t. VI,

ont été publiés dans les *Mémoires*; dès 1778, le secrétaire général en republiait un choix dans un recueil qu'il distribuait à ses collaborateurs provinciaux [4], ainsi à Hugues Maret. L'ensemble présente une grande unité car il a été rédigé par un seul auteur et regroupe surtout des éloges de médecins [5] ou de praticiens d'une profession médicale : au total ont été loués 45 docteurs en médecine, 3 docteurs en médecine chirurgiens, 3 chirurgiens et 3 apothicaires et chimistes. Cette cinquantaine de cas, sans prétendre témoigner pour l'ensemble du corps médical, ni même pour la totalité des correspondants réguliers de la Société royale, offre toutefois assez de diversité et de cohérence formelle pour permettre une esquisse du profil collectif de l'élite médicale française saisie à son sommet. Le portrait commun du médecin des Lumières, génie professant dans les grandes institutions savantes françaises et européennes, ou humble chirurgien provincial, responsable du service épidémique, y trouvera quelques traits quant à sa mentalité, sinon son idéologie, car de fait il s'agit moins ici de réfléchir sur les réalités sociales que sur leur réfraction multiple et sur leur déformation fixées au miroir de l'éloge. C'est pourquoi, avant de regarder les grandes lignes d'un modèle du médecin, avec ses normes civiles et humaines, avec ses codes culturels et ses références savantes, il faut s'interroger sur l'interprétation originale par Vicq d'Azyr de l'éloge traditionnel et, par suite, préciser vers quelles fonctions particulières l'actif secrétaire général de la Société royale de médecine a, plus ou moins consciemment sans doute, orienté l'usage habituel du genre. Les aspirations du groupe des novateurs médicaux, mais aussi les finalités sociale et politique des grands administrateurs qui cautionnent leur entreprise s'y dévoileront peut-être, soulignées par les jeux d'ombres et de lumières de la rhétorique funèbre. « Afin de conserver la mémoire des services rendus par les membres de la Société, il a été arrêté que les détails relatifs à leur vie et à leur ouvrage seront consignés dans nos volumes, soit sous la forme d'observation, soit sous celle d'éloge suivant le mérite reconnu de l'auteur. Pour éviter tout abus dans ce genre, la compagnie doit décerner elle-même cet honneur par une délibération, dans une de ses assemblées [6]. »

Ce texte, administratif de ton, est placé en conclusion de l'*Histoire* des premières années de la Société, immédiatement après l'appel fait des morts illustres de l'année, rangés par ordre alphabétique, et juste avant le

---

1783; t. VII, 1784-1785; t. VIII, 1786; t. IX, 1787-1788; t. X, 1789; la seule série complète à notre connaissance se trouve à la bibliothèque du Muséum d'histoire naturelle de Paris (Pr 661-1.10). On consultera également F. Dubois, *Éloges lus dans les séances publiques de l'Académie royale de médecine*, Paris, 1859. Pour une histoire du genre qui reste à écrire, la consultation des manuscrits de Vicq d'Azyr et l'étude de sa correspondance seraient possibles dans les archives de l'Académie de médecine, cartons 100-170; cf. J. Meyer, *art. cit.*, pp. 9-10.

4. A.D. Côte-d'Or, archives de l'académie de Dijon, registre 10, 27 avril 1780.

5. On compte en effet moins d'une dizaine d'éloges de non-médecins, ceux d'Étienne Mignot de Montigny, membre de l'Académie des sciences; d'Henri Duhamel de Monceau, également de l'Académie des sciences; de Claude-Henri Watelet, de l'Académie française; de François-Paul Poulletier de La Salle; de Charles Gravier de Vergennes. On peut y ajouter les notices sur M. de Joubert, associé régnicole à Port-au-Prince, et sur le chevalier Lefebvre Deshayes.

6. Vicq d'Azyr, *Mémoires*, t. I, p. 16; cf., pour une première lecture, P. Astruc, « Éloges prononcés à la Société royale de médecine par Vicq d'Azyr », *Progrès médical*, 1951.

premier éloge publié par Vicq d'Azyr. Il inaugure une pratique : comme toutes les sociétés savantes, l'Académie de médecine se doit de rendre les derniers honneurs à ses membres. Il en précise les caractères et il en prescrit les limites : il s'agit d'un acte collectif, émanant d'une assemblée délibérante ayant pesé les mérites et la valeur des « services rendus » ; il importe d'éviter l'exagération, mais d'honorer chacun selon son dû. Porte-parole de l'Académie, le secrétaire perpétuel, déplorant un trépas, proclame pour l'éternité un jugement qui porte sur l'homme et sur l'œuvre, sur le personnage et sur la personne, sur les travaux et sur les mœurs. L'assemblée se reconnaît dans celui qui parle et dans celui dont on parle.

La coutume de l'éloge mêle ainsi trois fonctions : la première, de rhétorique, vise moins l'éloge biographique en sa vérité qu'en son expression ; la deuxième est documentaire et cognitive, elle postule une vérité, en décrivant une histoire exemplaire par définition ; la troisième, enfin, est hagiographique, elle impose une vision du monde, elle promeut une éthique, elle instaure une idéologie. Dans le discours les trois rôles sont étroitement imbriqués, même si l'un ou l'autre paraît être privilégié, et sur ce choix portent les discussions qui opposent partisans du discours « oratoire » et tenants du mémoire « historique » « pour servir à l'histoire des lettres et dont la vérité doit être le caractère principal [7] ». Vicq d'Azyr partage sur ce point les idées de Thomas et de d'Alembert, telles qu'elles sont reprises et amplifiées par leurs épigones parisiens Dussault, Delisle de Sales, Lacretelle. Il s'agit alors de dénoncer la rhétorique élogieuse, l'amplification apologétique pour défendre la leçon philosophique destinée à des auditeurs – et à des lecteurs – *instruits*, capables de saisir les progrès apportés par celui dont on parle dans l'histoire des lettres et des sciences ; et *philosophes*, c'est-à-dire susceptibles de comprendre la valeur morale d'une vie qui témoigne de la respectabilité des *intellectuels*, donc de la justification des talents et des mérites. Héritier de Fontenelle, de Duclos, de Buffon et de Voltaire, le secrétaire général de la Société royale de médecine utilise la prosopographie pour soutenir les conquêtes de l'esprit philosophique.

« Les grands noms que toutes les voix répètent avec admiration sont ceux qui ont le moins besoin de nos éloges ; leur place est marquée dans l'histoire des sciences : mais, indépendamment du génie qui préside à leur développement et qui en opère les révolutions, ne doit-on pas un tribut de reconnaissance à ces hommes laborieux qui s'occupent des détails, et sans l'activité desquels l'édifice ne s'élèverait jamais ? Les académies, suivant certaines critiques, prodiguent trop les éloges. Quand ce reproche serait fondé à quelque égard, ne devrait-on pas facilement excuser un excès, qu'elles ne porteront jamais assez loin pour compenser celui de l'envie et de la méchanceté, dont les hommes qui cultivent les sciences et les lettres ne sont que trop souvent les instruments ou les victimes [8] ? »

---

7. D'Alembert, *Encyclopédie*, t. V, pp. 526-527 ; cf. aussi Thomas, *Essai sur les éloges*, Paris, 1773, pp. 463-467 ; pour une mise en perspective, cf. D. Roche, *op. cit.*, chap. III, 3, « L'homme académique ».
8. Vicq d'Azyr, « Éloge de Jean-Baptiste Luc Planchon », dans *Mémoires*, t. III, pp. 154-155.

Dans ce texte clairvoyant Vicq d'Azyr résout les ambiguïtés d'un genre contesté et lui assigne sa fonction militante. Au-delà de l'antiphrase initiale – il est bien évident que les génies seront plus loués que les hommes modestes –, c'est une conception à la fois *historique* et *sociologique* de l'éloge qu'il énonce, car sans méconnaître les excès de la rhétorique élogieuse provinciale, dénoncée par les philosophes parisiens, il est prêt à en admettre l'exigence pour l'ensemble des élites médicales dont il s'efforce de coordonner le regroupement. Pour rompre l'isolement des médecins et des savants, pour faire circuler les informations entre la capitale et les provinces, il faut inlassablement répéter les mérites de l'émulation; proclamer l'utilité des activités médiocres, les justifier par leur comparaison avec de grands exemples, instruire pour motiver. Comme les philosophes parisiens, Vicq d'Azyr donne la préférence à la leçon historique et morale; mais étant responsable devant la communauté des médecins provinciaux, il doit tenir compte de leur susceptibilité égalitaire et ne pas perdre de vue la destination apologétique des éloges. C'est pourquoi, pratiquement, il met au point une voie moyenne du genre : d'une part, il réserve aux génies et aux savants notoires – auxquels s'ajoutent protecteurs et amateurs parisiens, ainsi Vergennes et Watelet – les longues plages élogieuses de la rhétorique des séances publiques; d'autre part, il résume en notices brèves la vie et les œuvres des médecins modestes.

« Ces confrères ne se sont point illustrés par de rares inventions ou par d'immortels ouvrages; aussi nous ne leur décernons point un éloge. C'est moins leurs noms, que leur dévouement et leurs vertus, qu'il importe de faire connaître; et ce n'est point pour la postérité mais pour nos concitoyens et pour nous-mêmes, que nous en tracerons le tableau... [et pour conclure]... Le public est maintenant en état de juger si ces hommes infatigables méritaient une mention dans notre histoire. On loue trop, disent quelques aristarques; ils ont raison, s'ils entendent parler de cette fastidieuse complaisance avec laquelle on célèbre tout ce que font, écrivent, annoncent ou pensent certaines personnes; de ce vil trafic d'éloges que des gens intéressés se prêtent et se rendent de toutes parts : dans ces cas et dans d'autres, on loue trop sans doute; mais s'il s'agit de l'écrivain modeste et laborieux dont le zèle qui s'éteint a besoin qu'on le ranime, de l'observateur qui se dévoue à des recherches utiles, loin des puissances qui distribuent l'or et la gloire; je dis qu'on ne loue pas assez; je le dis surtout, et la Société royale le dit avec moi, lorsqu'elle voit, dispersés dans les fruits de leur veille, sans savoir si on leur tiendra quelque compte, et même sans le demander; qui, vivant et mourant pour leur pays, croient ne faire que leur devoir, et sont bien éloignés de penser qu'il subsistera quelques traces de ce grand sacrifice : je dis qu'on ne loue point assez et qu'on ne saurait trop louer cette espèce d'héroïsme inconnu dans nos capitales, où il est juste au moins de lui rendre hommage, si on n'a pas la force de l'imiter [9]. »

Ainsi, sans admettre la nécessité de la louange hyperbolique, Vicq d'Azyr accepte l'idée d'une louange mesurée et juste pour tous les hommes de sciences mobilisés en un même combat. C'est une condition

---

9. Vicq d'Azyr, « Notice » dans *Mémoires*, t. V, pp. 200 et 215-216; 1789, t. X, p. XXXVI.

nécessaire de la cohérence des gens de talent, de leur prise de conscience d'une élection collective des mérites. Certes, dans la pratique, éloges et notices reconnaissent une hiérarchie des valeurs, établissent une inégalité des apports savants, mais cette discrimination n'est que le reflet des servitudes reconnues au sein d'une société régie par ses propres normes et fondamentalement égalitaire du point de vue social [10]. De cette manière, auditeurs et lecteurs, on oserait presque écrire militants et sympathisants, s'identifient totalement au système de norme proposé par la Société royale, qu'ils sont prêts à leur tour à perpétuer et à transmettre. Comme tous les académiciens ils valorisent au maximum un système qu'ils immortalisent [11]. L'éloge, tel que le conçoit Vicq d'Azyr, propose des modèles, il doit être consacré à la découverte du « vrai principe de la conduite » auquel on peut réduire la biographie du loué [12]. Tout médecin, tout savant admis dans le cercle des membres de la Société royale, élu au sens plein du terme, héritier au sens noble du mot, car toute élection est une succession, doit nécessairement coïncider avec la norme ; après sa mort, sa vie devient un *topos*. Ainsi l'hagiographie médicale déploie l'éventail des vertus sociales valorisées, propose une somme des qualités moyennes, réconcilie les obscurs et les génies dans une « *academica mediocritas* ». Plus encore, chaque discours présente des portraits vivants d'une même famille où l'emploi des superlatifs et l'identification constante des plus grands aux plus médiocres permet de sublimer le normal et le moyen. Véhiculant les symboles sociaux en raison même de sa vocation pédagogique, l'éloge médical, comme tout éloge académique, idéalise les faits objectifs. Toutefois, il suppose une information précise, une documentation que Vicq d'Azyr a soigneusement recueillie. En témoignent les cartonniers de sa correspondance et les références allusives dans le texte ou directement explicites dans les notes infrapaginales de ses discours. Pour dresser un portrait convaincant et utile, le secrétaire de la Société royale a recours au canevas traditionnel qui interroge la vie et l'œuvre, l'homme et ses actes [13]. Mais entendre ou lire ses discours, c'est aussi le voir à l'œuvre, ici accumulant les témoignages [14], là établissant une correspondance avec la famille du défunt, ses amis, ses élèves [15], plus loin annotant et critiquant les éloges publiés

10. Quantitativement le nombre de pages moyen réservé aux éloges est de 22, celui des notices est de 2,5 par personne pour un total respectivement de 28 et 26.

11. P. Bourdieu, J.-C. Passeron, *La Reproduction*, Paris, 1970 ; P. Bourdieu et M. de Saint-Martin, « L'excellence scolaire », dans *Annales E.S.C.*, 1970, pp. 147-175 ; P. Bourdieu et M. de Saint-Martin, « Les catégories de l'entendement professoral », dans *Actes de la recherche en sciences sociales*, 1975, n° 3, pp. 68-93.

12. Vicq d'Azyr, *Mémoires*, t. VI, 1787, p. 4.

13. Les principales directions du questionnaire traditionnel sont : le lieu et la date de naissance, le nom de baptême et ceux des parents ; la famille, son rang et ses alliances ; l'éducation et les maîtres ; les débuts dans le monde, les voyages ; les goûts et les objets d'étude ; les moyens d'étude ; la bibliographie des ouvrages publiés et inédits ; la réputation ; les faits principaux de la vie privée et publique ; le caractère, les mœurs, la santé, la fortune ; cf. D. Roche, *op. cit.*, chap. III, 3, « L'homme académique », plus particulièrement notes 37 et 38.

14. Vicq d'Azyr, « Éloges de Fothergill », dans *Mémoires*, t. IV, p. 52 ; « Éloges de Sanchez », et *ibid.*, pp. 217, 237.

15. *Id.*, « Éloges de Sanchez », dans *Mémoires*, t. IV, pp. 236, « Sollicité de nous envoyer des détails... » ; « Éloge de Lamure », dans *Mémoires*, t. VII, pp. 168.

antérieurement [16], enfin utilisant l'autobiographie rédigée par le disparu [17] ou évoquant avec sensibilité son témoignage personnel [18]. Au-delà de
Vicq d'Azyr, il faut songer aux corps des correspondants de la Société
« dont les yeux sont toujours ouverts sur ce qui concerne la santé
publique dans les différentes parties du royaume... Lorsque la mort
enlève quelqu'un de ces hommes estimables, nous le regrettons comme
un confrère qui nous était cher par sa liaison avec la compagnie,
précieux par ses travaux, et dont la perte laisse dans nos recueils un vide
presque toujours difficile à remplir [19] ». Pour l'élite médicale des années
prérévolutionnaires, les éloges prononcés par Vicq d'Azyr content l'histoire immédiate du progrès des Lumières. Elle s'y contemple telle
qu'elle-même se veut voir, engagée dans un héroïsme tranquille accessible au plus grand nombre. Soumis à la raison, les médecins de la Société
royale plaident la cause des talents au travers des vies exemplaires
auxquelles ne manque pas la sincérité du sacrifice final. Ils collaborent
ainsi à l'instruction des citoyens et suscitent l'émulation des gens de
science [20].

L'éducation fait les bons médecins

L'éloge médical est d'abord une biographie ; il met particulièrement en
valeur une promotion culturelle que l'élection à l'Académie de médecine
a en quelque sorte prouvée et reconnue. Mais pour suivre la voie que le
destin assigne à chacun, Vicq d'Azyr insiste plus sur les péripéties
intellectuelles que sur les enracinements sociaux. S'écartant partiellement de la tradition académique du siècle, il n'oublie pas de rappeler les
origines familiales, ceci sans précision excessive et sans la complaisance
ostentatoire commune aux secrétaires perpétuels, toujours prêts à enton-
ner la litanie généalogique des preuves, des honneurs et des charges : au
total, 28 éloges mentionnent seulement la profession paternelle, 7 font
référence à deux générations, 9 (pour la moitié ceux des membres
associés étrangers, ainsi Pringle et Haller) évoquent une ancienneté plus
considérable et quelquefois l'appartenance à la noblesse héréditaire, une
dizaine enfin ne contiennent aucun renseignement en ce domaine [21].
Cette modération, originale dans un milieu pour lequel l'ancienneté dans
l'honorabilité domine toute description sociale, confère à la montée des
talents une coloration optimiste et souligne la cohésion des milieux
médicaux, puisque 50 % des éloges concernent des fils, des petits-fils et

16. *Id.*, « Éloge de Bergman », dans *Mémoires*, t. V, pp. 141 et suiv.
17. *Ibid.*, p. 142.
18. *Id.*, « Éloge de Macquer », dans *Mémoires*, t. V, p. 94.
19. *Id.*, *Mémoires*, t. IV, p. 168.
20. C'est le vœu des philosophes depuis Fontenelle ; cf. Thomas, *Essai sur les éloges*, Paris, 1773, chap. II.
21. A l'inverse, sur plus de mille éloges académiques analysés pour le XVIIIe siè-
cle, le silence sur les origines ne se trouve que dans 10 % des textes (20 % pour la
Société royale, mais la faiblesse quantitative du corpus interdit de voir dans ce
pourcentage autre chose qu'une indication) ; la référence aux familles illustres,
anciennes et honorables ne se retrouve que pour 20 % dans les éloges de Vicq
d'Azyr, alors que la moyenne séculaire est de 40 % ; cf. D. Roche, *op. cit.*,
chap. III, 3.

des arrière-petits-fils de médecins. Ainsi d'Hugues Maret : « La chirurgie ayant été pratiquée depuis plus d'un siècle dans sa famille, il était naturel qu'il se livrât d'abord à l'étude de cette partie de notre art... »; fils de chirurgien-major de l'hôpital général de Dijon, son destin est en quelque sorte garanti par la tradition chirurgicale familiale [22]. A la transmission héréditaire des privilèges succède la revendication de l'ascension par les talents que stimulent les exemples familiaux, toute promotion exigeant un capital minimal, un héritage, fût-il réduit aux habitudes et aux vertus acquises.

Ainsi les fils vaudront ce que valaient leurs pères; dans près des deux tiers des éloges ils suivent les mêmes traces. Si l'on assiste à la naissance de véritables dynasties médicales, ce n'est toutefois pas pour revendiquer la création d'une aristocratie du savoir et des mérites. « Lorsqu'on a des aïeux aussi recommandables, peut-on ne pas marcher sur leurs traces dans les sentiers de l'étude et de la vertu? » interroge Vicq d'Azyr dans l'éloge de Clément Hecquet, fils et petit-fils de « médecins célèbres », neveu d'un doyen de la faculté de médecine de Paris. C'est aux œuvres que l'on juge, c'est à ses résultats que l'on pèse la valeur d'une vie. A chacun de mériter à son tour l'« estime » et la « confiance publique » que l'on a pu comme Clément Hecquet trouver dans son patrimoine [23]. Au terme d'une carrière, le savant ou le médecin prestigieux pourront obtenir un rang dans la noblesse, mais cet anoblissement ne fait que reconnaître une célébrité : le pouvoir couronne le savoir. « On sera peut-être surpris, s'écrie Vicq d'Azyr dans l'éloge de Linné, que nous n'annoncions point le savant auquel cet éloge est consacré avec le titre de chevalier von Linné; mais ayant à choisir entre deux noms, dont l'un a été illustré par les sciences, et l'autre créé par la faveur, nous avons dû préférer le premier [24]. » Le choix des meilleurs, tel est l'impératif catégorique du changement social. Dans le concert académique de l'Ancien Régime finissant, les médecins de la Société royale proposent moins la réconciliation des ordres qu'une espérance culturelle de promotion pour une grande part égalitaire. On conçoit alors que Vicq d'Azyr puisse reprocher à Hugues Maret et aux académiciens de Dijon de n'avoir point compris l'importance du premier et du second discours de Rousseau. « Comme il peint le brigandage de l'opulence, l'orgueil et le néant du savoir; avec quel soin, en dépouillant l'homme de tout ce qu'il croit étranger à la nature, il le revêt d'innocence et de bonté, et combien on aime à se rapprocher de son cœur lorsqu'on s'éloigne le plus de son esprit. Est-il des palmes qui soient au-dessus d'un ouvrage que le génie consacre à la vertu [25]? » L'éthique médicale puise dans la sensibilité rousseauiste une part de sa jouvence novatrice.

---

22. Vicq d'Azyr, « Éloge de Maret », *Mémoires*, t. VII, pp. 128-165.
23. *Id.*, « Éloge de Hecquet », in *Mémoires*, t. VII, chap. VII, pp. 50-54.
24. *Id.*, « Éloge de Linné », *Mémoires*, t. II, pp. 17-44; cf. aussi « Éloges de Haller », *Mémoires*, t. I, pp. 78-79.
25. *Id.*, « éloge de Maret », *Mémoires*, t. VII, p. 139. On trouve un incontestable écho rousseauiste dans l'Éloge de Haller et dans celui de Spielmann, *Mémoires*, t. V, p. 116; l'ancienneté patricienne est alors un gage d'une tradition de probité : « Dès le quatorzième siècle la famille des Spielmann était comptée parmi les patriciennes; mais elle n'a jamais fait d'efforts pour sortir de la classe de la bourgeoisie; et la maison que M. Spielmann le père occupait, et où il désirait voir

Mais de fait, qualités personnelles et éducation partagent et sélectionnent. Là encore cependant, Vicq d'Azyr innove heureusement par rapport aux traditions académiciennes banales. Il parle beaucoup moins des premières que de la seconde, qui constitue toujours un moment essentiel de la biographie médicale. Dons et dispositions favorables sont indiqués dans moins d'une dizaine d'éloges [26] et leur mention est d'ailleurs assez conventionnelle : un jugement sain et droit, une bonne mémoire, l'opiniâtreté au travail ou l'ardeur à l'étude, plus souvent une curiosité infatigable, plus importante encore que l'amour de la vérité. C'est l'apanage des plus modestes, tel Jean Bouillet, l'ami de Dortous de Mairan [27], comme des plus grands, ainsi Haller [28]. A l'exemple de Hunter, le médecin peut promouvoir la liberté d'esprit, car sa profession, à la différence des carrières libérales traditionnelles du barreau ou des offices, permet de *douter* et de rechercher le vrai [29]. L'élite médicale se veut composée d'esprits fins et *philosophes* [30].

Plus que les dons intellectuels, c'est l'éducation qui fait les bons médecins. On conçoit qu'il soit fait mention des cursus scolaires dans les trois quarts des éloges, plus ou moins rapidement mais avec de nombreux détails en ce qui concerne les savants de premier rang. L'absence de remarques à ce sujet prouve d'une part un manque d'information (on a 37 mentions de collèges ou d'institutions scolaires au niveau des humanités pour 46 mentions de facultés fréquentées); d'autre part elle révèle que tout le monde ne passe pas obligatoirement par le collège, ainsi des apothicaires mais peut-être aussi de quelques praticiens d'origine modeste, chirurgiens ou médecins de village. Seule une étude plus approfondie, objet d'enquête en cours, pourra sur ce point révéler l'importance réelle des exceptions. En ce qui concerne la formation normale du médecin, c'est une étape naturelle, rappelée sans critique ou grand commentaire élogieux. C'est un horizon commun, nécessaire, car il forme à la pratique du latin dont le médecin des Lumières ne peut encore se passer; une belle latinité du discours, la lecture des grands classiques sont évoquées trop souvent pour que le trait ne corresponde pas à une habitude maintenue [31]. A l'inverse, Vicq d'Azyr s'attarde sur le

son fils établi, lui avait été transmise par ses ancêtres. Dans les petites villes où le luxe est peu répandu, on trouve encore un petit nombre de ces familles qui ne cherchent point à s'élever au-dessus de leur état, bornent leur ambition à voir leur probité passer en héritage à leurs enfants. Le toit qu'ils tiennent de leurs pères, et où sont dressés leurs ateliers, est simple comme eux, et ancien comme leur race; et leur généalogie, sans tache comme sans illustration, est écrite dans le souvenir d'un peuple nombreux qui les honore. Ce spectacle, maintenant très rare dans nos villes, est encore assez commun dans quelques-unes de celles de la Suisse et de l'Allemagne. »

26. D. Roche, *op. cit.*, chap. III, 3; la mention des qualités intellectuelles partagées par les académiciens intervient dans plus du tiers des éloges analysés.

27. D. Roche, « Un savant et ses livres au XVIIIᵉ siècle, la bibliothèque de J.-J. Dortous de Mairan, secrétaire perpétuel de l'Académie des sciences », cf. *infra*, pp. 47-82.

28. Vicq d'Azyr, *Mémoires*, t. I, pp. 59-93.

29. *Id.*, *Mémoires*, t. IV, pp. 183-208.

30. *Id.*, « Éloge de Desmery », *Mémoires*, t. V, pp. 205-206.

31. *Id.*, « Éloge de Lorry », *Mémoires*, t. V, pp. 39 et 53; « Éloges de Sanchez », *Mémoires*, t. IV, p. 213; « Éloge de Le Roy », *Mémoires*, t. III, p. 48; « Éloge de Serrao », *Mémoires*, t. VII, p. 68.

cas de Charles Guillaume Scheele, apothicaire et chimiste dont les jeunes années échappent aux normes habituelles : « M. Scheele fut envoyé au collège public, mais il en profita si peu que ses parents l'en retirèrent pour lui faire apprendre un métier. M. Bauche, apothicaire à Gotheborg, et qui était l'ancien ami de sa famille, offrit de s'en charger et de lui apprendre la pharmacie. » Le jeune chimiste de quatorze ans suit ainsi la filière normale des métiers; mais, plus loin, Vicq d'Azyr précisera : « M. Scheele eut, sans doûte, plus que de l'esprit; mais il manqua de cette première éducation, qui en règle la marche et qui en hâte la maturité. Ses travaux journaliers l'ayant éloigné de tout enseignement, ses progrès durent être difficiles parce qu'il ne put étudier que dans les livres [32]... »

L'exception confirme la norme : les membres de la Société royale, les auditeurs de Vicq d'Azyr se reconnaissent comme les *héritiers* d'une indispensable culture, celle des collèges d'humanités, sans laquelle on ne peut être pleinement intégré dans l'élite savante. Toutefois, toute scolarité est une élection, la divulgation d'une vocation.

Comme l'a montré, *a contrario*, l'exemple du jeune Scheele, le collège agit en révélateur des qualités du futur médecin [33], il confirme d'abord les résultats de l'éducation domestique, il permet à chacun de trouver sa route et de la trouver tôt. Le thème de l'éducation familiale apparaît dans la moitié des éloges. Il révèle toute l'importance des premiers pas pédagogiques dans la formation des futures élites, mais également il renforce le sens des traditions familiales dans la transmission des savoirs et des gestes par voir-faire et par ouï-dire. Heureux donc le jeune garçon qui baigne dans une atmosphère culturelle enrichissante, ou dont le père, moins souvent la mère (le vocabulaire de Vicq d'Azyr met surtout en valeur le rôle du milieu familial), quelquefois encore un oncle, guident les premiers balbutiements intellectuels. « M. Lorry eut le bonheur d'être élevé au sein d'une famille également passionnée pour les beaux-arts, les lettres et la philosophie. Son père avait publié un ouvrage sur les *Institutes* de Justinien. Son frère aîné suivait avec éclat la même carrière où il s'est aussi distingué par ses écrits... Félicitons l'enfant qui naît parmi les muses et dont les yeux, en s'ouvrant à la lumière, seront frappés par les modèles de la perfection et du goût [34]... »

C'est quasi au berceau que l'on devient un privilégié de la culture et toute la scolarisation postérieure ne fera que perfectionner un acquis [35]. Le thème de la vocation prouve par ailleurs qu'il y a toujours conquête en fonction du patrimoine transmis et des qualités intellectuelles, morales et

32. *Id.*, « Éloge de Scheele », *Mémoires*, t. VII, p. 89.

33. *Id.*, « Éloge de Lorry », *Mémoires*, t. I, p. 26 : « Le célèbre Rollin prit plaisir à diriger lui-même les études de M. Lorry. Ses succès au collège furent du petit nombre de ceux qui en promettent de réels dans un âge plus avancé. Ils n'étaient pas seulement le fruit d'une mémoire facile ou d'un travail opiniâtre; l'imagination et le goût y avaient la plus grande part. Il s'est toujours souvenu, et ses amis lui rappelaient souvent l'anecdote suivante. Il s'agissait de peindre en vers latin pour un concours les embarras du premier jour de l'année.·. Ce tableau fut tracé par M. Lorry dans les deux vers suivants, que l'on jugea dignes du prix : *Haec est illa dies qua plebs vesana furensque se fugiendo petit, seque petendo fugit.* »

34. *Id.*, « Éloge de Lorry », p. 25.

35. *Id.*, « Éloge de Le Roy », *Mémoires*, t. III, p. 33; « Éloge de Sanchez », *ibid.*, t. IV, p. 209; « Éloge de Pringle », *ibid.*, t. IV, p. 183.

sociales de chacun. Près de la moitié des éloges y font une allusion directe ou indirecte. Ainsi M. Serrao : « Lorsqu'il eut fini ses humanités, des personnes puissantes l'engagèrent à embrasser la profession d'avocat, mais il fut effrayé par le grand nombre de lois et de décrets qu'il fallait connaître, par la contradiction des textes qu'il fallait interpréter. La médecine lui parut indépendante de ces entraves ; celui qui la pratique ne trouve pas entre son devoir et la raison la barrière de la coutume ; c'est toujours avec la nature qu'il traite ; ce sont toujours ses lois qu'il observe, et lorsqu'il cesse de voir, il peut toujours cesser d'agir [36]... »

La vocation médicale est déjà pierre de touche d'un comportement novateur, d'où, certainement, l'intérêt accordé aux anecdotes concernant la précocité. Comme dans la plupart des académies, le culte de l'enfant prodige est à l'honneur car, redoublement du don et des mérites, il permet de mieux prouver le charisme des élus, leur excellence et leur supériorité. Voyez M. Haller : aussitôt qu'il sait écrire, il classe par ordre alphabétique les mots qu'il apprend, il compose un dictionnaire grec, hébreu et chaldéique, auquel il aura recours même dans un âge plus avancé. On notera ici que ces jeux savants ne sont pas jeux futiles et perdus pour l'avenir : à dix ans, il compose des vers latins et allemands, il ridiculise son précepteur par une satire latine ; à douze ans, lecteur de Bayle et Moreri, il ordonne ses fiches pour une ébauche d'histoire des sciences. « Ainsi le tableau du premier âge, qui dans les hommes ordinaires ne présente qu'un tissu de faiblesse, offre dans M. de Haller les premiers élans d'une âme forte et vigoureuse et le développement du génie [37]. » Retrouver dans les éloges de Vicq d'Azyr le thème du jeune philosophe, l'image des enfances savantes, permet de voir comment l'élite médicale conserve son attachement aux stéréotypes académiques qui justifient pour une part la pérennité des fonctions de la classe dirigeante et son ouverture – réclamée avec insistance – aux talents. Crédit scolaire et précocité sont signes d'appartenance à la classe dominante et en même temps preuve de capacité. Aux yeux des médecins, ils témoignent encore de la constitution d'un milieu novateur face aux tenants rétrogrades de la médecine des facultés.

Guerre de facultés

Le passage à l'Université pose malgré tout d'autres problèmes. On connaît la lutte qui opposa la jeune Académie de médecine et la puissante

---

36. *Id.*, « Éloge de Serrao », *Mémoires*, t. VII, pp. 67-68 ; cf. aussi « Éloge de Bouillet », *Mémoires*, t. I, pp. 43-44 ; « Éloge de Linné », *Mémoires*, t. II, pp. 18-19 ; « Éloge de Le Roy », *ibid.*, t. III, pp. 34-35 ; « Éloge de Bucquet », *ibid.*, p. 75 ; « Éloge de Lieutaud », *ibid.*, p. 95 ; « Éloge de Gaubius », *ibid.*, pp. 119-120 ; « Éloge de Planchon », *ibid.*, p. 148 ; « Éloge de Buttet », *Mémoires*, t. IV, p. 172 ; « Éloge de Hunter », *ibid.*, pp. 183-184 ; « Éloge de Sanchez », *ibid.*, pp. 209-210 ; « Éloge de Macquer », *Mémoires*, t. V, p. 69 ; « Éloge de Targioni », *ibid.*, pp. 95-96 ; « Éloge de Cusson », *ibid.*, pp. 127-128 ; « Éloge de Bergman », *ibid.*, pp. 141-143 ; « Éloge de Marrigues », *Mémoires*, t. VII, p. 54 ; « Éloge de Lobstein », *ibid.*, p. 50 ; « Éloge de Scheele », *ibid.*, pp. 89-90.

37. *Id.*, « Éloge de Haller », *Mémoires*, t. I, pp. 60-61. Pour d'autres exemples, voir note 36, et plus particulièrement « Éloge de Le Roy », *Mémoires*, t. III, p. 35 ; « Éloge de Lobstein », *Mémoires*, t. VII, 1785, p. 58.

et ancienne faculté de Paris; l'on s'attendait en conséquence à une dénonciation plus vigoureuse de la scolastique médicale. En fait, Vicq d'Azyr a une attitude très habile; son attaque est indirecte, car il ne peut sans doute relancer une querelle dont la Société royale, appuyée par l'administration du Contrôle général et par l'Académie des sciences, est somme toute sortie victorieuse. Peut-être ne veut-il pas de surcroît mécontenter les professeurs et les facultés provinciales ralliées en corps au mouvement novateur [38]. Clientèle importante, les enseignants – on peut noter que près de la moitié des médecins ayant eu droit à un éloge ont exercé une fonction professorale – sont d'autant plus à ménager et à conquérir qu'ils tiennent entre leurs mains les clefs de l'avenir pour la transformation du climat scientifique et la diffusion des normes médicales nouvelles. Trois thèmes permettent à Vicq d'Azyr d'évoquer la réforme nécessaire des études médicales et d'esquisser les grandes lignes d'un programme : décrire le climat novateur des grandes universités européennes, louer le pluralisme des institutions savantes et par conséquent l'éclectisme pédagogique, enfin montrer l'importance des hommes, des maîtres qui savent révéler les talents à eux-mêmes, qui encouragent et patronnent, les vrais modèles du médecin réformé.

Spontanément cosmopolite, la Société royale a, comme toutes les grandes académies, un écho international par l'affiliation d'associés et de correspondants non régnicoles. Choisis parmi les gloires du monde scientifique, leur éloge permet d'évoquer aisément l'avance considérable prise par les universités étrangères. L'argument majeur de Vicq d'Azyr est qu'on y trouve une association régulière de l'enseignement des matières médicales et des sciences physiques. Dans l'éloge de Linné, c'est celui d'Uppsala qu'il faut entendre, repris dans l'hommage consacré à Bergman et à Scheele. Dans celui de Haller, c'est l'enseignement prodigué à Halle, à Tübingen mais surtout à Leyde et à Bâle qui sert de leitmotiv aux errances pédagogiques du jeune savant. Car l'essentiel pour Vicq d'Azyr est de confronter des expériences multiples, et ainsi de trouver sa voie. Suivons les pas de Linné : au sortir du collège de Vexio en Smolande, il gagne Lünd en Scanie où l'accueille Stobaeus, médecin, botaniste et antiquaire; l'année suivante il se rend à Uppsala où il devient l'élève d'Olaus Celtius, du botaniste Rudbeck, et fait ses premiers cours. En 1735, il parcourt l'Allemagne universitaire, les Pays-Bas autrichiens et la Hollande. Il est reçu docteur à Harderowic, séjourne à Amsterdam et découvre avec Leyde la terre promise du naturaliste et du médecin. Il y rédige ses premiers traités. Après trois années studieuses, le voilà à Paris et c'est la rencontre célèbre avec Bernard de Jussieu; la même année,

---

38. De 1776 à 1789, la Société a compté parmi ses membres associés et correspondants plus d'une centaine de professeurs et en outre elle a recueilli l'adhésion des facultés de Montpellier, Aix, Angers, Caen, Bourges, Douai, Nancy, Nantes, Perpignan, Poitiers, Reims, Strasbourg et Toulouse. Elle a en outre obtenu l'accord de nombreux collèges de médecine, organismes corporatifs mais qui avaient souvent des activités enseignantes : Abbeville, Amiens, Béziers, Bordeaux, Clermont-Ferrand, Dieppe, Dijon, Grenoble, La Rochelle, Le Mans, Lille, Limoges, Lyon, Marseille, Montauban, Moulins, Nancy, Nîmes, Orléans, Rennes, Rouen, Troyes. On notera l'importance des cités académiciennes dans le palmarès du ralliement; cf. D. Roche, *op. cit.*, chap. v : « Les institutions de la République des Lettres. »

1738, il découvre l'Angleterre. De retour en Suède, il y pratiquera la médecine et enseignera au terme de dix années de voyages [39].

Tel est le modèle, tel est l'idéal : décloisonner les institutions, élargir l'horizon, parcourir les espaces du savoir pour accumuler une somme d'expériences incalculable auprès des maîtres les plus fameux, là où les sciences normales savent se transformer. Peu importe le cadre institutionnel du changement, ce qui compte c'est que l'on puisse bénéficier d'un climat où la novation est perceptible. Vicq d'Azyr ne fait pas *a priori* une théorie du progrès pédagogique par les institutions marginales, car la novation peut partout s'enraciner en la personne de novateurs. Mac Bride, étudiant à Glasgow, trouve sa voie auprès de son parent M. Beere à Londres, puis, après un stage comme chirurgien à bord d'un vaisseau de guerre, il suit les cours de Smellic, professeur d'anatomie de l'université de Dublin [40]. Charles Le Roy, docteur de Montpellier et de Paris, est d'abord élève de Le Monnier qui enseigne la physique au collège d'Harcourt ; étudiant à Montpellier, il diffère le moment de sa réception au doctorat pour parcourir l'Italie et y rencontrer les meilleurs maîtres. Après avoir professé vingt ans, il préfère, avant de pratiquer à Paris, soutenir une thèse nouvelle, « persuadé qu'un médecin peut offrir à cette illustre compagnie trop de témoignages de son dévouement [41]... ». Les grands médecins restent étudiants le temps qu'il faut, ils savent être disponibles. Les amphithéâtres et les laboratoires du Collège royal, les serres du Jardin du roi, les séances des Académies, les laboratoires privés, ceux d'un Réaumur ou d'un Geoffroy, peuvent les accueillir tour à tour [42]. Paris mérite pour cela une place à part dans les systèmes universitaires européens, car les maîtres parisiens excellent dans l'enseignement particulier. « La justesse des idées, le choix et la clarté des expressions, la méthode de l'exposition, sont en effet les qualités qui caractérisent les leçons et les ouvrages de nos grands maîtres. Ce désir de plaire que l'on a tant de fois reproché à notre nation... a été heureusement appliqué aux sciences elles-mêmes ; et la manière de les rendre aimables et faciles n'est connue nulle part comme dans cette capitale : les cours particuliers y ont toujours été recommandables ; l'instruction que l'on y trouve n'est fondée que sur l'observation ; c'est la science des faits que l'on vient y étudier ; le professeur y est dépouillé de tout appareil étranger à l'art qu'il enseigne pour n'être que l'homme de l'expérience et de la raison ; on ose l'interroger, même le contredire ; en un mot il n'a de supériorité que celle de ses connaissances, avouée par des auditeurs qui l'ont choisi librement [43]... »

Dans ce beau témoignage où passe le souffle de l'expérience personnelle, Vicq d'Azyr critique indirectement le cérémonial de la pédagogie universitaire et loue les conférences spécialisées. Il montre comment la

39. Vicq d'Azyr, « Éloge de Linné », *Mémoires*, t. II, pp. 18-19, pp. 21-22 ; pp. 33-34.

40. *Id.*, « Éloge de Mac Bride », *Mémoires*, t. II, pp. 53-55.

41. *Id.*, « Éloge de Le Roy », *Mémoires*, t. III, pp. 34-35, p. 50. Cf. aussi « Éloge de Nobleville », *Mémoires*, t. II, p. 46.

42. *Id.*, « Éloge de Cusson », *Mémoires*, t. V, p. 127 ; « Éloge de Marrigues », *Mémoires*, t. VII, p. 54 ; « Éloge de Spielmann », *Mémoires*, t. V, pp. 120-122.

43. *Id.*, « Éloge de Gaubius », *Mémoires*, t. III, p. 12.

relation pédagogique est essentielle dans la transmission des savoirs. Mais c'est à ses élèves qu'on juge un maître, à leur nombre, à leur valeur scientifique et aussi à la qualité des rapports qui s'établissent entre eux. S'il fallait dresser un palmarès, Boerhaave occuperait sans conteste la première place; l'éloge de son élève Jérôme Gaubius, celui de Van Dœvren, élève de ses élèves [44], sont occasion de magnifier son prestige et de peindre un professeur exemplaire. « M. Boerhaave remplissait alors toute l'Europe de sa renommée : l'école de Leyde où il enseignait était devenue celle de tous les étrangers. M. Gaubius désirait vivement d'y être admis. Sa famille ayant consenti il s'y rendit aussitôt. Dans la foule qui se presse autour d'un grand homme, il est facile de distinguer ceux qui offrent à ses talents un hommage éclairé, d'avec les ignorants et les flatteurs qui l'environnent comme un être rare... Boerhaave remarqua M. Gaubius; il aimait à parler avec lui, à lui donner des explications particulières. Il voyait sans doute avec plaisir se développer, dans son disciple, ces qualités qui devaient le placer au premier rang [45]... »

Sans connaître un prestige comparable à celui de Boerhaave, nombreux sont les associés loués pour avoir montré une présence professorale analogue : voyez l'éloge de Barbeu-Dubourg, celui de Spielmann, celui de Bucquet, celui de Lobstein et de Lamure ou de Le Roy. Sans méconnaître l'artifice littéraire, le fait que Vicq d'Azyr rassemble une galerie des grands professeurs avec autant d'insistance et de détails permet de croire à l'importance que l'on accorde alors aux personnalités du monde universitaire médical et scientifique en tant que réalisateurs possibles d'une transformation des études. D'éloge professoral en éloge magistral, c'est une réforme de l'enseignement qui se dessine à grands traits.

Trois principes généraux la guident : unir les professions de santé, proclamer l'alliance de la science et de la médecine moderne, articuler enfin l'enseignement théorique et la pratique hospitalière. Vicq d'Azyr dénonce, à plusieurs reprises, les oppositions anciennes, les vieilles querelles entre chirurgiens et médecins. A la fin du XVIIIᵉ siècle, le chemin est long du barbier de la tradition au chirurgien maître de ses gestes et de ses moyens; pour les membres de la Société royale l'heure est venue de le reconnaître, à part entière, comme élément d'un corps médical rénové par sa formation qui associerait l'étude de la médecine interne et l'apprentissage chirurgical. Ainsi Barbeu-Dubourg a-t-il eu tort aux yeux de Vicq d'Azyr de défendre la faculté de médecine contre le collège de chirurgie [46]. « Heureusement cette discussion et tous les mémoires qu'elle a occasionnés sont oubliés du public impartial et judicieux qui sait toujours distinguer les intérêts des savants d'avec ceux de la science. » En revanche, Hugues Maret, Bucquet, Lobstein et Rose

44. *Id.*, « Éloge de Gaubius », *Mémoires*, t. III, p. 122; « Éloge de Van Dœvren », *Mémoires*, t. V, pp. 188-189.

45. *Id.*, « Éloge de Gaubius », *Mémoires*, t. III, pp. 123-124.

46. J. Barbeu-Dubourg, *Lettre à l'abbé Desfontaines au sujet de la maîtrise ès arts*, Paris, 1743; Vicq d'Azyr, « Éloge de Barbeu-Dubourg », *Mémoires*, t. II, p. 64; J.-P. Goubert, F. Lebrun, « Médecins et chirurgiens dans la société française du XVIIIᵉ siècle », *Annales cisalpines d'histoire sociale*, 1974, 4, pp. 119-136.

sont loués pour avoir reconnu la complémentarité des disciplines et mené de front leur étude [47].

La deuxième affirmation réformatrice est de plus grande portée. Sans renier aucun principe de la médecine ancienne – les aéristes de la Société savent trop ce qu'ils doivent à Galien et à Hippocrate [48] –, Vicq d'Azyr insiste à de nombreuses reprises sur la nécessité de se mettre à l'école des sciences de la nature [49]. L'érudition et la connaissance des auteurs restent recommandables, mais il importe avant tout de faire une médecine scientifique, en quelque sorte *baconienne*. Le médecin réformé devra être physicien, chimiste et botaniste ; son terrain sera la nature tout entière, sa méthode ne pourra plus être empirique mais reposera sur l'expérience et l'observation. L'empirisme n'a que trop prolongé l'enfance de la médecine ; fille du temps, elle doit désormais se reconnaître comme fille de la raison [50]. Aux recherches d'érudition, aux spéculations systématiques, les professeurs des facultés devront préférer l'étude raisonnée des maladies, proposer des programmes d'expériences, des dissections ou analyses chimiques que les étudiants seront tenus de faire et dont ils discuteront les résultats dans leur thèse. Mais pour cela il faut que chaque faculté possède deux laboratoires (l'un pour la chimie, l'autre pour l'anatomie), un jardin botanique et surtout un hôpital [51].

Aux yeux de Vicq d'Azyr, c'est l'enseignement hospitalier seul qui fait naître le regard médical scientifique [52]. Sa médecine est pratique, d'*observation*, parce qu'elle appelle explicitement la naissance de la clinique. Donnant en exemple au public savant tous ceux qui ont associé l'enseignement magistral et l'apprentissage hospitalier, il prépare la transformation radicale de la pensée médicale dont Michel Foucault a retracé l'histoire [53]. Cinquante ans avant Bichat et les changements issus de la Révolution, la clinique existe, acte de novateurs isolés, fait de praticiens modèles, qui, bénéficiant parfois de l'appui des gouvernements, tentent de généraliser une expérience encore limitée : ainsi à Vienne en Autriche ; en Toscane, à Florence ; à Leyde, à Édimbourg, Glasgow ou Londres. Ces tentatives ont sans doute préparé de manière décisive les bouleversements institutionnels et l'évolution théorique ultérieure. Capitale en tout cas pour une conception nouvelle de la médecine, l'expérience acquise au lit des malades hospitalisés. « Ce n'est en effet que dans les

47. Vicq d'Azyr, « Éloge de Bucquet », *Mémoires*, t. III, p. 90 ; « Éloge de Rose », *Mémoires*, t. V, p. 205 ; « Éloge de Lobstein », *Mémoires*, t. VII, p. 59 et « Éloge de Maret », *ibid.*, pp. 131-132.

48. *Id.*, « Éloge de Le Roy », *Mémoires*, t. III, pp. 39-48 ; « Éloge de Navier », *Mémoires*, t. III, p. 52 ; « Éloge de Fothergill », *Mémoires*, t. IV, pp. 53-54, 67, 74 ; « Éloge de Sanchez », *ibid.*, p. 209 ; « Éloge de Serrao », *Mémoires*, t. V, p. 72 ; « Éloge de Lamure », *Mémoires*, t. VII, pp. 165, 172.

49. *Id.*, « Éloge de Bouillet », *Mémoires*, t. I, pp. 49, 52 ; « Éloge de Halle », *ibid.*, p. 65 ; « Éloge de Bucquet », *Mémoires*, t. III, p. 81 ; « Éloge de Lieutaud », *ibid.*, p. 98 ; « Éloge de Pringle », *Mémoires*, t. IV, p. 139 ; « Éloge de Lorry », *Mémoires*, t. V, pp. 32-33 ; « Éloge de Targioni », *ibid.*, p. 100 ; « Éloge de Bergman », *ibid.*, p. 148 ; « Éloge de Van Dœvren », *ibid.*, p. 188 ; « Éloge de Maret », *Mémoires*, t. VII, pp. 151-152 ; « Éloge de Lamure », *ibid.*, p. 176.

50. *Id.*, « Éloge de Van Dœvren », *Mémoires*, t. V, pp. 190-191.

51. *Id.*, « Éloge de Lamure », *Mémoires*, t. VII, pp. 179-180.

52. J.-P. Peter, *art. cit.*, p. 137.

53. M. Foucault, *Naissance de la clinique, une archéologie du regard médical*, Paris, 1963.

asiles où une administration sage prodigue des secours à l'humanité pauvre et souffrante, que les jeunes médecins et chirurgiens trouvent des leçons utiles; c'est là où parmi des moribonds, des malades et des convalescents, ils apprennent à connaître les différentes nuances de la vie et les horreurs mêmes de la mort; c'est là où la nature se présente avec tous les dérangements que notre frêle constitution peut permettre; c'est là où l'on recherche sans obstacle dans les différents organes les causes de leur maladie, où la main incertaine de l'élève peut s'essayer sur des corps inanimés; c'est là où le chirurgien s'accoutume à sacrifier une partie de cette sensibilité qui, si elle existe tout entière, le rend tremblant et timide et qui, si elle est tout a fait détruite, le change en un homme dur et même cruel; c'est là enfin où l'on s'exerce à lire dans les yeux, dans les traits du visage, dans les gestes, dans le maintien des malades et à y distinguer ces signes que l'observateur aperçoit sans pouvoir les décrire, que l'on cherche en vain dans les livres et sur lesquels il est si important de ne pas se tromper [54]. »

Texte admirable où, sous la rhétorique sensible d'une époque, passe le sens profond d'une perception nouvelle des maladies et des malades, l'appel à une conversion des praticiens à l'écoute des leçons de l'anatomie pathologique et de la physiologie [55]. La mort elle-même donne des instructions profitables, la pratique et la théorie s'enseignent l'une l'autre [56].

Talents et classes dirigeantes

Dons, savoirs, acquis de l'éducation, peuvent désormais se concrétiser dans des œuvres. Nous ne suivrons pas Vicq d'Azyr dans ses analyses méticuleuses des livres écrits, dans son propos d'historien des sciences. L'itinéraire des découvertes, des honneurs, des ouvrages et de l'écho qu'ils suscitent est pour chacun soigneusement balisé. Les médecins se rangent alors dans le lot commun des promoteurs de Lumières, mais il est important de voir ce qui les distingue et ce qui les rapproche de l'élite savante des amateurs et des spécialistes.

Leur action s'insère dans des espaces que parcourent des lieux et des institutions. Au premier rang des caractères traditionnels, l'appartenance aux sociétés savantes : une quarantaine des loués sont membres d'académies et d'assemblées littéraires, ils y trouvent par la voie des concours et des séances place entière dans la diffusion des novations scientifiques [57]. Mention spéciale est à faire des fondateurs d'académies, ainsi Hugues Maret dont l'œuvre à l'académie de Dijon est soigneusement étudiée. En second lieu est affirmée la nécessité du voyage et de la correspondance savante : ce sont des méthodes bien au point pour une intégration des espaces et un décloisonnement des cultures [58]. La vie quotidienne du

54. Vicq d'Azyr, « Éloge de Mac Bride », *Mémoires*, t. II, p. 54.
55. J.-P. Peter, *art. cit.*, pp. 256-257.
56. Vicq d'Azyr, « Éloge de Targioni », *Mémoires*, t. V, pp. 100-101.
57. *Id.*, « Éloge de Lorry », *Mémoires*, t. V, p. 46.
58. Respectivement 19 et 18 occurrences; un bon exemple dans « Éloge de Cusson », *Mémoires*, t. V, pp. 128-129; dans « Éloge de Sanchez », *Mémoires*, t. IV, p. 213.

savant prolonge ici les expériences de l'adolescence studieuse, redouble
les effets de la pédagogie active; les voyages enseignent la tolérance et
multiplient les connaissances, les lettres renforcent la cohésion des
milieux savants et étendent aux limites de l'univers connu le regard du
monde médical européen : voyez M. Fothergill qui reçoit les communications « des médecins et des chirurgiens les plus habiles de l'Angleterre [59] », voyez M. Gaubius qui entretient une correspondance régulière
entre Leyde et Batavia, et ne cesse d'exhorter « les médecins et les
chirurgiens qui partaient pour les Indes, à prendre des renseignements
sur les remèdes qui y étaient le plus universellement et le plus ancien-
nement employés [60] ». L'époque la plus mémorable de la vie de Barbeu-
Dubourg n'est-elle point celle de sa correspondance avec Franklin quand
il pouvait se glorifier d'être en France le premier allié des Américains [61] ?

Mais l'originalité véritable des cercles médicaux se manifeste dans la
description des lieux familiers où s'exercent leur activité journalière. Elle
s'inscrit sur deux dimensions, l'une externe, en un certain sens collective, l'autre interne, privée, retirée. Dans la première, le médecin est actif;
dans la seconde, il réfléchit, médite, écrit et tire en quelque sorte les
leçons de son expérience antérieure. Dans cette symétrie, dans ce
partage, trop harmonieux pour ne point traduire la recherche d'un effet,
Vicq d'Azyr montre les deux formes attractives, déjà révélées par
l'analyse des études médicales, qui tiraillent les praticiens : l'action et la
réflexion, autrement dit la théorie et l'observation immédiate. L'hôpital
est le haut lieu de la profession, l'horizon quotidien de la plupart des
membres. Avec ses nuisances, ses entassements de malades anonymes,
son air pollué qui n'est pas sans l'apparenter aux prisons, autre lieu où
s'exerce l'expérience des aéristes, il cristallise les problèmes, il mobilise
les efforts comme il fait naître l'effroi et la pitié [62]. L'insistance de Vicq
d'Azyr en ce domaine – plus de la moitié des éloges en font mention –
souligne des clivages essentiels entre médecine des pauvres et médecine
des riches, entre pratique des villes et pratique des campagnes.

Par contraste, combien paraissent reposantes et préservées les retraites
familières que se façonnent bon nombre de médecins, le jardin botanique, lieu des rencontres pédagogiques fertiles et d'un loisir serein, utopie
agreste au charme certain, presque toujours destiné à combattre l'influence sanitaire et morale néfaste des grandes villes [63], la bibliothèque et
le cabinet où s'entassent livres, instruments, objets de curiosité, spécimens savants [64], le laboratoire où le savant renaît dans la saveur des
expérimentations audacieuses [65]! La vraie liberté s'y déploie dans le

59. Vicq d'Azyr, « Éloge de Fothergill », *Mémoires*, t. IV, pp. 70-71.
60. *Id.*, « Éloge de Gaubius », *Mémoires*, t. III, pp. 133-134.
61. *Id.*, « Éloge de Barbeu-Dubourg », *Mémoires*, t. II, pp. 71-72.
62. *Id.*, « Éloge de Fothergill », *Mémoires*, t. IV, p. 55; « Éloge de Pringle », *ibid.*,
p. 139; « Éloge de Lorry », *Mémoires*, t. V, p. 33; « Éloge de Lieutaud », *Mémoires*,
t. III, pp. 99-100.
63. *Id.*, « Éloge de Darluc », *Mémoires*, t. V, pp. 214-215.
64. *Id.*, « Éloge de Hunter », *Mémoires*, t. IV, pp. 204-205; la description du
véritable musée anatomique confectionné par Hunter s'achève par cette évocation : « C'était dans ce musée qu'il faisait ses leçons d'anatomie »; « Éloge de
Sanchez », *Mémoires*, t. IV, p. 225; « Éloge de Lorry », *Mémoires*, p. 32.
65. *Id.*, « Éloge de Spielmann », *Mémoires*, t. V, p. 11.

silence sans contrainte que ne peuvent troubler les questions posées par le petit nombre d'élèves admis à franchir les portes du refuge. Passant plusieurs années dans la bibliothèque de son maître Cyrillo, le Napolitain Serrao pouvait y voir « une foule de grands hommes dont il se croyait environné et que son imagination lui peignait prêts à lui communiquer leur savoir. Ses yeux se remplissait de larmes : il parcourait rapidement la galerie. Ses mains impatientes touchaient à tout et ne s'arrêtaient nulle part : il aurait voulu apprendre tout, tout connaître et tout embrasser en un instant ». Cyrillo rentra au milieu de cette extase : « Ô! mon maître, s'écria le jeune homme en se précipitant vers lui, je suis heureux pour toi, en me plaçant à la source des Lumières tu me dévoiles le passé, je te réponds de l'avenir [66]... » Dans ce tableautin à la Greuze, Vicq d'Azyr met en perspective une des leçons principales des éloges : le bon usage de la science n'est-il pas de choisir entre le bonheur de la retraite studieuse et les difficultés de la pratique? C'est à un engagement, véritable geste politique, qu'il convie les médecins novateurs. Pour ce faire, il leur propose buts et moyens, il les informe des voies à suivre et des qualités indispensables pour y parvenir.

Au premier chef, c'est du comportement qu'il s'agit. Les éloges médicaux offrent alors une taxinomie de conduites exemplaires où tout est rapporté à une action moralisée. Deux registres de vertus, communs à tous les éloges académiques, organisent en peintures de mœurs qui explicitent l'idéal des manuels de civilité : celle de l'homme privé et celle de l'homme public. Dans le premier domaine Vicq d'Azyr est peu original, ses médecins ont les qualités de l'individu *sensible* : la tendresse, la modestie, le cœur juste et bon, la larme facile. L'usage des adjectifs incolores, le maniement des clichés conventionnels rarement animés par des anecdotes personnelles font de cette galerie d'éloges un théâtre d'ombres où règnent les topiques de l'orateur. Mais pour Vicq d'Azyr, l'éthopée permet d'ébaucher un conflit, donc d'instruire et de persuader. A ses yeux le destin moral importe moins que l'accomplissement intellectuel, preuve du progrès philosophique, mais sa peinture permet de magnifier le rôle social du médecin, donc de retrouver l'essentiel. En opposant à l'héroïsme civique du praticien engagé le calme du bonheur tranquille, c'est une éthique de l'action qu'il propose à son auditoire : aux hommes de Lumières il importe de savoir choisir.

Les qualités dominantes sont celles d'un stoïcisme sage : uniformité, régularité des mœurs, rarement la sévérité, équilibre des passions dominées, vertu des régimes sains et sans excès. Dans le calme d'une vie familiale sans problème, dans la tranquillité d'une existence douce et agréable, où la chaleur de l'amitié compte beaucoup, s'ébauche une propédeutique de l'agir. La peinture de la retraite hors du monde est un moyen d'authentifier les mérites du sacrifice de celui qui sait répondre à l'appel du devoir [67]. De la même façon, la fortune ne peut que couronner un mérite éclatant [68]. Une médiocrité suffisante est l'apanage du plus

---

66. *Id.*, « Éloge de Serrao », *Mémoires*, t. III, pp. 70-71.
67. *Id.*, « Éloge de Fothergill », *Mémoires*, t. III, pp. 77-78.
68. *Id.*, « Éloges de Gaubius », *Mémoires*, t. III, p. 141.

grand nombre [69], la garantie de leur indépendance [70]; une plus grande réussite matérielle ne fait qu'entériner un plus grand dévouement et elle n'est acceptée et justifiée qu'en se traduisant dans des réalisations utiles, qu'en permettant la bienfaisance. La morale médicale ne peut être qu'une éthique du service.

Dans le concert académique où triomphe l'idée d'un comportement socialisé par une culture – *vir amabilis ad societatem* –, Vicq d'Azyr introduit l'idée d'une soumission à un devoir patriotique. Pour cela le médecin devra paraître ce qu'il est vraiment; son apparence, ses gestes, ses paroles devront correspondre à sa mission de bienfaisance. Trois qualités sont nécessaires au médecin : *prima est scientia* – on a vu que la réforme des études et le travail scientifique répondaient à cela –, *secunda facundia*, comprenons par là l'élocution facile, en d'autres termes un savoir-convaincre –, *tertia comitas* [71], que l'on peut traduire par l'affabilité et la bienveillance. On conçoit alors que M. Lieutaud ait pu hésiter sur sa vocation : « Il craignait que la difformité de sa taille et la froideur de son caractère ne fussent un obstacle à ses succès dans la pratique de la médecine. Il se serait épargné cette inquiétude, s'il avait réfléchi que pour obtenir la confiance du public, il s'agit moins de lui plaire que de fixer son attention et que l'homme qui le traite avec plus de rigueur n'est pas toujours celui qui en reçoit le moins de caresses [72]. »

On retiendra comme essentiels à la relation médicale le prestige de la parole et l'importance des apparences physiques. Une santé robuste permet d'affronter les fatigues de l'état médical, un air affable et doux permet de mieux persuader. Voyez agir M. Lorry : « Une étude profonde de son art le rendait vraiment digne de ses succès, et ses qualités morales lui conciliaient l'amitié de tous ceux par lesquels il était appelé; humain, compatissant, il plaisait sans efforts. Il n'avait pas besoin pour paraître affable d'étudier ses gestes, de donner à un corps robuste des attitudes contraintes, d'adoucir l'éclat de sa voix, de réprimer la fougue de sa pensée, de cacher les impulsions d'une volonté absolue : la nature l'avait fait aimable, c'est-à-dire qu'en lui donnant de la saillie, de la finesse et de la gaieté, elle y avait joint cette sensibilité, cette douceur sans lesquelles l'esprit est presque toujours incommode pour celui qui s'en sert et dangereux pour ceux contre lesquels il est dirigé. Son aménité se peignait dans ses manières, dans ses discours et dans ses conseils, elle était auprès de ses malades le premier de tous les moyens qu'il employait, celui qui diminuait le dégoût de tous les autres, qui tempérait la sévérité du régime, qui s'étendait jusqu'à l'âme et la soulageait, en la rendant plus forte ou moins attentive à ses douleurs [73]. »

Fidèle sans doute à d'anciens clichés, cette description situe clairement la volonté de promouvoir un rapport conquérant envers la maladie qui

69. Au total on compte 5 mentions de fortune importante, témoignages d'une grande réussite, pour 10 occurrences de fortune médicore ou modique; Vicq d'Azyr, « Éloge de Lieutaud », *Mémoires*, t. III, p. 116; « Éloge de Fothergill », *Mémoires*, t. IV, pp. 51-52; « Éloge d'Harmant », *ibid.*, p. 4; « Éloge de Buttet », t. IV, p. 171; « Éloge de Lorry », *Mémoires*, t. V, pp. 32, 36.
70. Vicq d'Azyr, « Éloge de Lobstein », *Mémoires*, t. VII, p. 58.
71. *Id.*, « Éloge de Serrao », *Mémoires*, t. VII, p. 81.
72. *Id.*, « Éloge de Lieutaud », *Mémoires*, t. III, p. 10.
73. *Id.*, « Éloges de Lorry », *Mémoires*, t. V. pp. 31-32.

recule ou s'adoucit devant la puissance du langage et les vertus de la sociabilité. Il y a chez Vicq d'Azyr un optimisme fondamental qui tente de conjurer les anciennes fatalités collectives et permet d'avancer sans crainte aux frontières de l'extrême détresse.

Restent alors à définir les principes d'une action raisonnée. Vicq d'Azyr en propose deux particulièrement mobilisateurs : la lutte contre le charlatanisme, « espèce de monstre contre lequel tout le monde crie en général, mais que chacun accueille en particulier [74]... » ; l'instauration d'une véritable médecine du plus grand nombre. Dans le premier domaine, il s'inspire de l'une des aspirations de la pensée des Lumières : « De l'abus que l'on a fait de la religion, de la médecine et de l'astronomie ont résulté trois grandes sources de maux : le fanatisme, le charlatanisme et la superstition [75]... », le combat médical est celui de la raison contre les préjugés. Ce qui lui confère son importance, c'est le constat d'une réalité car, effectivement, la majorité des populations rurales échappe encore au regard médical et n'a d'autres recours dans son indigence et ses malheurs qu'aux bons soins des guérisseurs et des charlatans de tout poil. Pour Vicq d'Azyr les empiristes fondent leur succès sur l'ignorance du plus grand nombre, leurs *miracles* ne peuvent réussir devant des témoins éclairés [76]. Face aux *égarements de l'esprit*, le médecin novateur doit en révéler l'origine, les causes et les dangers. C'est un juge au tribunal de la raison, un missionnaire de la propagation des Lumières. Ainsi M. Serrao qui sut convaincre les élites napolitaines des supercheries liées au tarentisme [77] ; ainsi M. Girod : « Voyageant sans cesse dans sa province, et la confiance publique le suivant partout, il en profitait pour éclairer les peuples sur leurs premiers besoins. Il combattait les préjugés, il détruisait les erreurs ; il faisait fuir devant lui ces troupes de charlatans maladroits, qui n'ayant pas assez d'esprit pour tromper les habitants des villes, inondent les campagnes et vendent au laboureur crédule de l'espérance et des poisons [78]... »

Insensibles sans doute à l'enracinement culturel des « préjugés populaires », les médecins novateurs de la Société royale s'attaquent au merveilleux, à l'empire de l'imaginaire. Leur culte du doute et de la liberté d'esprit postule un scientisme triomphant justifié par l'idée d'un service collectif : « médecins des pauvres », « bienfaiteurs de l'indigent [79] », ce sont des serviteurs du « bien public ». L'éloge devient alors programme. La mobilisation de toutes les énergies médicales est, comme l'a montré Jean Meyer, étroitement utilitaire [80]. Vicq d'Azyr dresse à

74. *Id.*, « Éloge de Gaubius », *Mémoires*, t. III, p. 133-134.
75. *Id.*, « Éloge de Serrao », *Mémoires*, t. VII, p. 75.
76. *Id.*, « Éloge de Lieutaud », *Mémoires*, t. III, p. 114.
77. *Id.*, « Éloge de Serrao », *Mémoires*, t. VII, pp. 76-80.
78. *Id.*, « Éloge de Girod », *Mémoires*, t. V, pp. 63-64. Au total on relève 12 occurrences concernant la lutte contre le charlatanisme. On aurait pu faire un sort comparable au thème de l'inoculation – 10 occurrences. En le traitant, Vicq d'Azyr ne se révèle à aucun moment adversaire de la méthode, pour laquelle il réclame prudence et attention ; cf. en particulier l' « Éloge de Girod », *ibid.*, t. VII, p. 148 ; celui de Serrao, *Mémoires*, t. VII, p. 86. Sur ce point les éloges permettent de nuancer l'opinion de Jean Meyer, *art. cit.*, p. 11, note 1.
79. 26 occurrences pour la première formule, une dizaine pour la seconde. Le mot « bienfaisance » apparaît dans une vingtaine d'éloges.
80. J. Meyer, *art. cit.*, p. 12.

maintes occasions l'ordre du jour d'un combat encore à son début. Il en
décrit les fronts pionniers, il en dépeint les armes. Le médecin réformé
est au service des humbles; la bienfaisance, charité socialisée et laïcisée,
est sa vertu essentielle et lui dicte de fuir toute ostentation dans ses
manières : « Comment en effet le peuple, peu accoutumé à trouver les
riches compatissants, oserait-il offrir le tableau de ses infirmités à celui
qu'il croit trop élevé pour descendre jusqu'à lui et pour s'occuper de ses
souffrances [81] ? »

Son champ de bataille, c'est l'épidémie. L'expression *médecin des
épidémies* revient dans près de la moitié des textes; dans quelques cas,
voyez l'éloge de Vétillard [82], Vicq d'Azyr se contente d'énumérer la
longue suite des maladies épidémiques qui mobilisa les soins du médecin
qu'il entend honorer. Pour les plus humbles comme pour les plus grands,
c'est le vrai terrain d'attaque. « Indépendamment des causes qui affectent
la santé de chaque individu, il y a en a de générales, dont l'influence
s'étend sur tous les habitants d'une contrée, où elles multiplient les
maladies du même genre, dont la source est souvent cachée, le caractère
douteux, et le traitement incertain. Celui qui se propose de donner des
soins utiles dans les circonstances fâcheuses doit joindre l'instruction à la
prudence et à la fermeté. Ce n'est pas assez qu'il possède les connaissances que requiert la pratique ordinaire de notre art, il faut qu'il soit en état
de rechercher dans les qualités de l'air et de l'eau, dans la nature des
aliments, dans la situation du climat, dans l'examen scrupuleux de tout
ce qui a précédé l'origine du mal dont il veut arrêter les progrès : il faut
qu'il remonte à sa première invasion, qu'il en suive la marche, qu'il en
découvre les communications, qu'il mette des bornes à la contagion,
lorsqu'il en a déterminé l'existence, qu'il s'élève en quelque sorte
au-dessus de la condition humaine, au secours de laquelle il vole, et
qu'après avoir oublié tous les dangers qui l'entourent, il rassure, il
console, il porte partout le calme, en même temps qu'il rétablit la
santé [83]. »

On aura reconnu, dans l'éloge de Navier, l'essentiel du programme
d'enquête que Vicq d'Azyr proposait alors aux élites médicales. Engagées
dans une vaste entreprise collective, elles bénéficient presque toujours de
l'appui des administrations. Despotisme médical et absolutisme éclairé se
prêtent ici mutuel secours pour une œuvre qui est à la fois d'assistance et
de discipline. Les qualités indispensables au médecin sont celles nécessaires aux personnages « qui ont des hommes à gouverner et à conduire [84] ». Soigner, c'est diriger.

L'éloge de M. Lieutaud illustre bien cette conception qui range les
talents dans la classe dirigeante. La science languit sans la protection des
gouvernements; les éloges de plusieurs médecins étrangers ont été
l'occasion de démontrer les bienfaits de l'alliance du pouvoir et de la
médecine : lisez celui de Tozetti ou celui de Sanchez. Distribués dans les
provinces, les *officiers de santé* (l'expression est à noter si l'on songe à ses
connotations anciennes liées à l'office et à l'avenir qu'elle aura) doivent

---

81. Vicq d'Azyr, « Éloge de Bucquet », *Mémoires*, t. III, p. 89.
82. *Id.*, *Mémoires*, t. IV, pp. 170-171.
83. *Id.*, « Éloge de Navier », *Mémoires*, t. III, pp. 55-56.
84. *Id.*, « Éloge de Planchon », *Mémoires*, t. III, p. 15.

jouir des honneurs et des prérogatives attachés à leurs fonctions, ils doivent bénéficier des récompenses dues à leurs services, « en un mot il est de leur intérêt de ne faire qu'un grand corps dont l'âme doit être l'amour du travail et l'honneur [85] ». *Patriote, citoyen utile* [86], le médecin de la Société royale de médecine témoigne de la revendication des élites de mérite pour accéder au rang qui leur paraît dû. Il montre aussi comment l'appui de l'État monarchique pouvait encore les détourner d'une conscience plus précise de leur avenir. Dans les éloges de Vicq d'Azyr on saisit toute la force d'une pensée collective mobilisée pour les réformes qui conduisent aux révolutions. Peut-être trouve-t-elle une part de sa puissance dans la mesure où elle propose une image du médecin, homme de science et de raison, missionnaire d'une sacralité sans fanatisme, justifiée par son dévouement et son sacrifice.

Apothéose de l'éloge, la mort des médecins rappelle, non sans ironie involontaire, l'incertitude de la médecine. Ici la Société royale suit la pente académique qui instaure le culte laïcisé des grands hommes, qui transforme le mérite en reconnaissance d'immortalité. A sa manière c'est d'une mystique collective qu'il s'agit et l'originalité médicale se traduit de façon évidente par la naturalisation définitive du phénomène macabre, par l'absence de toute référence religieuse (une occurrence sur 54 éloges). Les médecins meurent avec rationalité, leur trépas n'est que l'occasion d'un diagnostic où l'intention apologétique est transférée de la sphère religieuse à celle du social. La mort des médecins est la preuve ultime de leur engagement militant. Les trois quarts des décès sont directement imputés à la fatigue et aux dangers de leur *ministère*, près de la moitié sont mis en relation avec une épidémie fatale. C'est dans l'exercice de leur tâche qu'ils prouvent leur grandeur et leur héroïsme. Le Franc-comtois Girod apprend qu'une épidémie éclate, il y court; attaqué à son tour, il voit par les symptômes du mal qu'il n'en saurait réchapper. « Il l'annonça et il mourut [87]. » Le Bourguignon Maret meurt victime de son zèle; parti pour Fresne-Saint-Mamès que frappe une fièvre épidémique, dès son arrivée il est atteint par le mal; il continue d'exercer ses fonctions, « c'était alors un malade contagieux qui visitait les autres malades et qui s'efforçait de les rappeler à la vie que lui-même allait quitter ». Délirant sur son grabat, il ne parle que des habitants victimes de l'épidémie; revenu à lui : « Peut-être alors s'aperçut-il de toute l'étendue du sacrifice qui était prêt à s'accomplir, peut-être aussi se souvint-il qu'il avait été citoyen avant que d'être père : et quel autre sentiment que celui de ses devoirs, quelle autre force que celle d'une grande pensée peuvent servir d'appui dans ces instants de dépérissement et d'angoisse où les derniers souvenirs qui subsistent doivent être ceux du bien et du mal que l'on a faits [88]. »

La mort néo-classique du médecin Maret montre comment les cérémoniaux de la cité des Lumières accueillent une apologie laïcisée du sacrifice.

---

85. *Id.*, « Éloge de Lieutaud », *Mémoires*, t. III, pp. 111-112.
86. Les deux expressions comptent 21 occurrences. L'appui apporté par les gouvernements est évoqué dans la moitié des éloges.
87. Vicq d'Azyr, *Mémoires*, t. V, p. 65.
88. *Id.*, *Mémoires*, t. VII, p. 160.

Au terme de cette analyse, les éloges de la Société royale de médecine apparaissent comme l'un des moyens essentiels qui servirent à la mobilisation sociale des talents et des mérites. Prononcés pour illustrer l'histoire des progrès de l'esprit médical, ils ont dans les vingt dernières années de l'Ancien Régime servi de catalyseur à une revendication de promotion égalitaire. Ils en trouvent le modèle dans les pratiques de la République universitaire et des sociétés savantes; relisons sur ce point l'éloge de Bergman et celui de Pringle. Ils la justifient par un double mouvement de protestation : au nom de la science et de la raison, l'élite médicale sait que soigner c'est diriger et gouverner; en vertu de son dévouement et de son sacrifice, elle pense avoir prouvé sa capacité politique. Ce n'est pas un vain mot si elle se prétend composée de médecins patriotes et citoyens. Engagée dans un mouvement collectif qui ne peut se développer sans enthousiasme, son effort réformateur scientifique appelle un changement des pratiques sociales. Une médecine spontanément collective et administrative voit alors le jour sans qu'on y objecte le serment d'Hippocrate; une volonté d'assistance sociale naît alors dans cette rencontre. Les éloges de Vicq d'Azyr cernent une étape dans la modernité des mentalités et des idéologies médicales. Il serait tout à fait erroné de croire qu'ils se suffisent à eux-mêmes : ce serait prendre la proie pour l'ombre, le reflet pour la réalité. Les interrogations qu'ils posent susciteront sans doute bien d'autres enquêtes sur le terrain, avec d'autres sources; les travaux en cours montrent d'ailleurs qu'il ne s'agit déjà plus d'un vœu pieux.

CHAPITRE XIV

Le précepteur, éducateur privilégié
et intermédiaire culturel

Dans la vie culturelle du XVIIIᵉ siècle la figure du précepteur est partout. C'est d'abord un personnage littéraire qu'on retrouve dans le roman et au théâtre; Rousseau lui confie un rôle essentiel dans la *Nouvelle Héloïse* aussi bien que le marquis de Sade dans *Aline et Valcour*. C'est aussi un acteur de la pédagogie sociale; personnage ambigu, mi-domestique, mi-intellectuel, il concourt à la formation des gens de qualité et comme tel il est placé au cœur des débats sur l'éducation publique et privée. Socialement, il offre l'exemple des situations d'accueil intermédiaires et temporaires qui contribuent à animer le clientélisme et le patronage. On conçoit que le préceptorat soit un des lieux où transitent les talents et les capacités de tous ordres, jeunes abbés en attente des bénéfices ou d'une sinécure plus profitable – on est souvent précepteur avant d'être aumônier, secrétaire, bibliothécaire –, jeune laïc en expectative d'une vocation plus affirmée ou d'une situation moins fragile et plus enrichissante. Bref, c'est une étape de la carrière des *gens de lettres* où la relation personnelle est privilégiée, ce qui encourage l'ambivalence des écrivains partagés entre la méfiance austère à l'égard de leur protecteur ou employeur et la confiance inquiète. Jean-Jacques Rousseau ici encore est un témoin de premier rang puisqu'il fut à la fois précepteur et l'inventeur de l'autobiographie littéraire où la notion d'auteur telle que nous la concevons encore a été pour la première fois exprimée. L'ancien précepteur a travaillé au sacre de l'écrivain : l'élitisme nobiliaire de l'auteur, sa croyance dans le rôle d'une minorité talentueuse est inséparable d'une idéologie roturière du mérite et du travail de l'écrivain sur son écriture. La pratique sociale de Rousseau a pu s'instruire à tous les étages de la société des Lumières.

L'étude du préceptorat est au carrefour d'une triple réflexion. Elle jette ses lumières sur le système social tout entier mais par ses marges, ce qui est quelquefois plus rentable et permet de confronter la figure archaïque du *domestique*[1] et l'image neuve de l'*intellectuel*. En deuxième lieu, elle traque l'évolution d'ensemble des systèmes éducatifs. Enfin, elle place dans un même dispositif de pratiques sociales les figures de la représentation et celles de la réalité.

Effectivement entre le XVIIᵉ et le XVIIIᵉ siècle l'évolution des attitudes nobiliaires est dominée par le passage d'une éducation essentiellement tournée vers la préparation corporelle et mondaine des gentilshommes, réglée par les principes de l'idéal de Cour et les pratiques de l'Académie, où la formation intellectuelle de l'homme de guerre reste seconde, à une éducation placée sous le signe d'une conversion à l'intellectualité. L'*épée* rejoint alors la *robe*, où l'acquisition des humanités tenait un rôle essentiel en même temps que l'initiation pratique aux affaires[2]. Les noblesses se rejoignent alors au collège, dont le modèle éducatif s'impose à ce moment quand se forme une hiérarchie d'établissements plus ou moins renommés et sélects. L'attention de la monarchie absolutiste pour disposer d'un milieu nobiliaire instruit a contribué à favoriser le recrutement aristocratique des institutions collégiales : La Flèche, Louis-le-Grand, Juilly et quelques autres maisons regroupent les enfants des meilleures familles. « Tout ce qui porte un nom en France date sa première jeunesse de Louis-le-Grand », dit-on habituellement[3]. Réflexions théoriques et expériences pédagogiques conduisent progressivement à définir un cursus nobiliaire original associant l'idéal du collège et celui de l'académie dans lequel le préceptorat tient une place exceptionnelle, et dont la spécificité trouvera son plein épanouissement dans les écoles militaires et les grands pensionnats de la fin de l'Ancien Régime. Au total, sur cette première trame d'histoire éducative un fil permanent est à suivre : celui du précepteur et de son rôle. Deux raisons principales y poussent. Si le préceptorat n'est pas réservé à la nobilité c'est toutefois un élément original et permanent de son capital éducatif. Il s'y retrouve dans presque tous les milieux, des châteaux isolés des gentilshommes campagnards aux hôtels urbains des grands robins de justice ou d'administration, chez les d'Ormesson, les Arnauld, les d'Aguesseau pour ne citer que quelques exemples bien connus, on le voit dans les appartements des noblesses citadines provinciales et dans les palais et les maisons de la haute aristocratie de Cour. Cette ubiquité suggère donc immédiatement l'existence d'une grande variété de carrières, de rôles, de modèles préceptoraux. Deuxième raison à retenir : entre le XVIIᵉ et le XVIIIᵉ siècle, le précepteur est l'enjeu d'un débat théorique où sont constamment confrontés et pesés les inconvénients et les avantages de l'éducation particulière et ceux de l'éducation publique, entre les fonctions de la famille dont le statut se modifie et celles des collèges et des écoles dont le rôle s'amplifie. Le précepteur a sans doute joué une action non négligeable dans la défense et l'évolution d'un modèle familial dont

1. J. P. Gutton, *Domestiques et serviteurs dans la France de l'Ancien Régime*, Paris, 1981, pp. 27-28; C. Fairchild, *Domestic Enemies, Servants and their Masters in Old Regime France*, Baltimore-Londres, 1984, pp. 204-228; S. C. Maza, *Servants and Masters in Eighteenth Century France, the use of loyalty*, Princeton, 1983; J. Sabattier, *Figaro et son maître, les domestiques au XVIIIᵉ siècle*, Paris, 1985.

2. J. H. Hexter, *The Education of Aristocracy in Renaissance*, Londres, 1981.

3. R. Chartier, M. M. Compère, D. Julia, *L'éducation en France du XVIᵉ au XVIIIᵉ siècle*, Paris, 1976, pp. 168-175, pp. 177-185.

on sait qu'il évolue pour donner naissance – au moins dans les milieux où circulent principalement les précepteurs – à la famille moderne [4]. La question mérite d'être posée si l'on constate l'intérêt précoce porté à l'éducation nobiliaire masculine et le désintérêt longtemps maintenu pour celle des filles.

Modèle littéraire et figure sociale

A la rencontre de milieux socialement très divers et très contrastés le précepteur est une figure sociale et aussi un modèle de personnage littéraire, artistique, esthétique dont les représentations composites et changeantes sont à retrouver pour mieux comprendre l'articulation des théories, des pratiques et des réalités liées. Modèle social, le personnage pose un problème fondamental pour la compréhension de la transmission et de l'acquisition des normes, non seulement en ce qui concerne l'intellectualité et les savoirs, mais plus encore pour tout ce qui regarde les comportements et les valeurs de morale sociale. Ni tout à fait domestique, ni tout à fait à part des domesticités, il conserve dans la *famille*, dans la *maison*, si l'on veut bien prendre ces termes dans le sens que leur donne encore l'usage de l'époque moderne, une place caractéristique par son ambiguïté. Le précepteur apparaît sans doute comme l'un des éléments du train de vie nobiliaire, un élément de la dépense somptuaire et de la reconnaissance du rang. Comme tous les domestiques il est attaché à un maître par des gages et par l'espoir des récompenses, comme on peut le lire dans le *Dictionnaire de Trévoux*. Mais en même temps il est l'un de ceux qui approchent le plus le foyer de l'autorité paternaliste dans la *domus*. Enfin et surtout, il contribue par sa tâche éducative à former l'esprit de la maison, à exprimer et à développer la continuité de sa tradition car il a le devoir et la responsabilité d'élever les héritiers du nom, donc de transmettre, avec quelques autres instances, les valeurs du lignage en même temps que celles du monde, de la religion, de la morale, entre le privé et le public. On perçoit bien cette dimension de la fonction préceptorale quand on regarde les récits de voyage qui permettent de suivre, sur le Grand Tour, élèves et précepteurs. Ceux-ci accompagnent et dirigent; leur faiblesse ou leur rigueur composent le succès ou l'échec de la pédagogie active du monde.

Pour les stratégies éducatives et sociales de la noblesse française, le précepteur est un personnage dont le choix est décisif et révélateur. Partageant la vie ordinaire des maîtres, bénéficiant de la proximité de relations quotidiennes, c'est un intermédiaire. Ainsi, il ne peut être rangé sans discussion parmi les serviteurs, même s'il y a quelquefois chez ceux-ci des précepteurs qui élaborent, à un autre âge, des relations analogues à la relation pédagogique – songeons à Jacques le Fataliste et à Le Duc, l'incomparable valet espagnol des *Mémoires* de Casanova. Ainsi, le précepteur vit profondément les liens de fidélité ancienne qui impliquent réciprocité des devoirs et des droits entre maîtres et serviteurs, les

---

4. P. Ariès, *L'enfant et la vie familiale sous l'Ancien Régime*, Paris, 1960, pp. 207-220 ; L. Stone, *The Family, Sex and Marriage in England, 1500-1800*, New York, 1977.

allégeances d'homme à homme, et cela dans le temps de leur recul, quand les hommes commencent à se classer selon les normes de l'individualité. Ce n'est peut-être pas totalement sans raison que l'un de ceux qui contribuent alors à dessiner l'itinéraire social nouveau de l'inégalité à l'égalité fut à la fois ancien laquais et ancien précepteur : Jean-Jacques Rousseau. En tout cas, c'est l'un de ceux qui ont le plus ressenti et le mieux exprimé la contradiction d'une situation banale ; il l'a écrit au temps de son secrétariat vénitien et ce qu'il dit parle beaucoup plus loin que pour une fonction précise : « Mais bien qu'eux et moi fussions ses *domestiques*, il ne s'ensuit pas que nous fussions ses valets », dit-il de M. de Montaigu [5].

Le XVIIIᵉ siècle voit changer les choses, pour l'ensemble des domestiques comme pour les précepteurs [6], sans que l'état actuel de nos connaissances nous permette de dire exactement comment évoluent les fonctions préceptorales dans l'ensemble de la maison aristocratique et de la société. Il est certain que jusqu'à la Révolution le préceptorat est une étape quasi obligée de la carrière de nombreux clercs et de nombreux hommes de lettres. C'est pour les jeunes gens, et les moins jeunes, ambitieux d'arriver à la reconnaissance dans le monde des auteurs, pour tous ceux dont les origines sociales supposent mobilité, un moyen de socialisation, une étape dans une stratégie d'ascension, un temps d'attente et d'espérance où l'on quête les occasions offertes : bénéfices ecclésiastiques, pensions des grands ou du Roi, sinécures professionnelles, charges et postes de l'administration, recommandations académiques. C'est, vulgairement parlant, un moyen d'*assurer la matérielle*. Ce fut le cas de La Bruyère précepteur du duc de Bourbon chez les Condé, c'est souvent une étape dans la marche à l'épiscopat (ce fut le cas au rang le plus élevé de la fonction – *ad usum delphini* – pour Bossuet à la Cour). C'est au départ d'une grande ambition une situation recherchée, car elle permet de mobiliser rapidement ses connaissances et son savoir sans avoir une maîtrise particulière de la pédagogie ; ce fut ainsi le cas de Rousseau chez les Bonnot de Mably, à Lyon. Du XVIIᵉ au XVIIIᵉ siècle, ce n'est pas une chose négligeable de rencontrer sur la route préceptorale tant de figures illustres et tant de seconds rôles de la société de l'âge classique et des Lumières. Le préceptorat est la petite porte ouverte sur le grand monde.

Émile

On retrouverait les précepteurs parmi les tableaux que dresse Alain Viala de l'appartenance sociale des auteurs parmi les ecclésiastiques et les professeurs, entre le monde laïc et ecclésiastique [7], entre les stratégies

---

5. Lettre du 5 janvier 1761 (correspondance générale).
6. C. Fairchild, *op. cit.*, pp. 152-163 ; M. Botlan, *Domesticité et domestiques à Paris dans la crise, 1770-1790*, Paris, Thèse de l'École des chartes, 1976, ex. dactylographié.
7. A Viala, *Naissance de l'écrivain*, Paris, 1985, pp. 239-269 ; on peut regretter que l'auteur n'ait pas regardé de plus près la fonction préceptorale comme étape de la trajectoire des écrivains, donc bien sûr plus difficile à caractériser que les situations socioprofessionnelles et les rapports de clientèle. Elle ne semble

normalisées du *cursus honorum* classique, et celles de l'audace, parmi les vainqueurs comme parmi les vaincus. En 1750, dans le fichier des auteurs que constitue pour les besoins de la surveillance l'inspecteur chargé de la Librairie, M. d'Hémery, on en compte 35, soit près de 11 % du total des écrivains socialement identifiables (333 sur 500) [8]. C'est là un chiffre beaucoup trop bas pour peser le poids réel dans la République des Lettres d'une catégorie essentiellement temporaire, ambiguë car susceptible de se cacher sous d'autres étiquettes (sociales et professionnelles) [9]. Le recensement en reste à faire et son enjeu n'est pas négligeable puisqu'il permettrait de mieux cerner encore les étapes de l'échec ou du succès dans les carrières des *gens de lettres* et dans l'élaboration de l'autonomie du champ littéraire. Nul doute qu'au temps des Lumières, pour des hommes comme Diderot, Morellet, Suard, Darcet, Rousseau, Romme, la Harpe – pour ne citer que des exemples bien connus –, le moment du préceptorat n'ait été important d'une manière ou d'une autre. Le précepteur français – comme le cuisinier français – est en tout cas un article d'exportation recherché dans toute l'Europe et il contribue à généraliser les normes et les valeurs éducatives *à la française* tout autant qu'à faire triompher partout une image de la constitution du pouvoir intellectuel.

La difficulté de l'étude réside principalement dans le caractère le plus souvent temporaire et mobile de la fonction préceptorale. Elle est liée à un choix personnel et aux occasions qui s'offrent dans une carrière, elle dépend d'une situation dictée par les nécessités éducatives des familles, donc par les variables démographiques des clientèles, nombre d'enfant, espacement des naissances, ratio sexuelle, autant que par leur résolution et leurs possibilités éducatives qu'influencent les données économiques et les stratégies sociales. Passé l'âge des études de ses élèves, le précepteur doit quitter le service. Dans le meilleur des cas, il a trouvé par recommandation ou brigue une situation meilleure et, ainsi, avancé sur l'échiquier de la reconnaissance littéraire, savante, mondaine. Dans le cas, sans doute le plus fréquent, il retombe sur le marché du préceptorat parisien ou provincial, à la recherche d'un poste actif; les quelque 60 000 familles de la noblesse, ou prétendues telles, n'ont pas recruté toutes un précepteur, mais elles composent l'essentiel de la demande. Dans le pire des cas, le précepteur, déçu, échoue, renonce à ses ambitions, disparaît; ce n'est peut-être pas le moins fréquent. Ainsi le préceptorat apparaît au croisement de routes diverses, et ce n'est pas sans raison qu'on y trouve en nombre les clercs, bien souvent tonsurés et sans avoir encore reçu les ordres majeurs, amphibiens du clergé qui encombrent les salons et les bénéfices, les antichambres et les ruelles, jeunes clergeons boutonneux et fraîchement dégrossis par le collège, sans doute autant et plus que les laïcs. Mais pour les uns et pour les autres la fonction reste souvent

---

toutefois pas indifférente dans la stratégie du succès recherché : c'est le cas de Chapelain, client du marquis de la Trousse, de l'abbé d'Aubignac précepteur du neveu de Richelieu ; c'est, comme le remarque A. Viala (p. 204), l'une des situations pour se consacrer à la littérature.

8. R. Darnton, « La République des Lettres : les intellectuels dans les dossiers de la police », in *Le grand massacre des Chats*, Paris, 1985, pp. 137-175.

9. E. Walter, « Les auteurs et le champ littéraire », in *Histoire de l'Édition française*, t. 2, éd. H. J. Martin et R. Chartier, Paris, 1984, pp. 383-399.

transitoire et toujours incertaine, expectative. Pour y réussir pleinement il faut des qualités et des protections qui se gagnent.

Jean-Jacques Rousseau, tant dans la *Nouvelle Héloïse* et *l'Émile* que dans les *Confessions*, en a exprimé les difficultés majeures. Le suivre est l'occasion de mesurer les données de l'expérience individualisée confrontées aux catégories quotidiennes du temps. A ses yeux, dans une pratique courante, les pères ont tort de se dessaisir de leurs devoirs éducatifs entre les mains des précepteurs : « Mais que fait cet homme riche, ce père de famille, si affairé, et forcé selon lui de laisser ses enfants à l'abandon ? Il paie un autre homme pour remplir ces soins qui lui sont à charge. Ame vénale crois-tu donner à ton fils un autre père avec de l'argent ? Ne t'y trompe point ; ce n'est pas même un maître que tu lui donnes, c'est un valet et il en formera bientôt un second [10]. » En conséquence, et pour une mobilisation plus active des pères de famille, Émile élèvera lui-même ses enfants car nul ne peut se substituer au père, car le métier d'instituteur ne peut être une fonction mercenaire, car, enfin, comment se peut-il qu'un enfant puisse être bien élevé par qui ne l'a pas été soi-même ?

Dans son effort pour repenser l'unité de l'éducation, Rousseau remet en cause, à la lumière de sa propre expérience, la fonction préceptorale. C'est que les mentors se font rares sur le marché des éducateurs, d'autant plus qu'ils doivent être plus que des hommes, des personnages d'exception. « Je vous vois à la place de Dieu... Vous faites un homme », écrit-il à l'un d'eux, l'abbé Maydieu. Mais au total trois tensions apparaissent dans cette réflexion. La première est dictée par le rapport qui s'établit entre les différents éléments du système éducatif privé : le père incarnation de l'autorité familiale et sociale, l'enfant dont l'éducation ressemble à la formation des peuples par l'apprentissage de la loi, l'instituteur dont le rôle doit pour réussir être plus celui d'un ami que celui d'un philosophe législateur, que celui d'un pédagogue insensible. Il doit en tout cas être capable de concilier les nécessités théoriques dictées par les principes de l'éducation et l'itinéraire d'une instruction bien menée avec les impératifs concrets du caractère et de la psychologie de son élève. Bref, la quadrature du cercle, comme le souligne P. Burgelin [11], et, pour plus de commodité, Émile sera orphelin.

Une seconde tension naît de l'opposition existante entre les espoirs de promotion et de reconnaissance du précepteur, ses aspirations profondes, sa conscience dans ses capacités intellectuelles et la réalité concrète de sa situation au sein de la domesticité, entre maîtres et serviteurs. Ni familier, ni ami, mercenaire à gages, et pourtant homme sensible, intelligent, instruit, le précepteur est un être déchiré par le « complexe de Saint-Preux ». Jean-Jacques Rousseau se l'est gentiment façonné, à sa manière d'autodidacte, chez les Mably et chez les Dupin. « Je ne réussissais guère mieux pour moi que pour mes élèves. J'avais été recommandé par Mme Deybens à Mme de Mably. Elle l'avait priée de former mes manières et de me donner le ton du monde ; elle y prit quelques soins et voulut que j'apprisse à faire les honneurs de sa maison ;

---

10. Rousseau, *Émile*, in *Œuvres Complètes*, Paris, 1969, t. 4, Paris, pp. 262-263.

11. *Émile, op. cit.*, p. 1312.

mais je m'y pris si gauchement, j'étais si honteux et si sot qu'elle se rebuta et me planta là. Cela ne m'empêcha pas de devenir selon ma coutume amoureux d'elle... » C'est l'enjeu du formateur en formation et qui le pousse à renoncer. De ces épreuves, de ces erreurs, de ces essais on peut voir naître deux figures rousseauistes exemplaires que je ne ferai que rappeler, leur caractère d'illustration n'étant qu'un aspect second d'une interprétation qui prendrait en compte la valeur d'une représentation médiatrice par laquelle se donne à lire un système de questionnement et une stratégie de réponse à la fois dans l'œuvre et dans son horizon de réception. Il y faudrait d'autres analyses [12].

D'une part s'avance le gouverneur exemplaire de l'*Émile*, mais qui travaille – heureusement pour lui – sur un *élève imaginaire*, ce qui, souligne Rousseau, « l'empêche de s'égarer dans des visions, car dès qu'il s'écarte des pratiques ordinaires il n'a qu'à faire l'épreuve de la sienne sur son élève; il sentira bientôt, ou le lecteur sentira pour lui s'il suit le progrès de l'enfance et la marche naturelle du cœur humain [13] ». Ainsi pourra s'esquisser une théorie des pratiques préceptorales qui fonde pour une part un système éducatif imaginé dans une construction idéologique d'ensemble. On sait le lien organique qui unit le traité d'éducation et le *Contrat social*, et l'action du précepteur d'Émile s'identifie à une politique, le gouverneur réincarne le législateur et son message, et celui du consentement égalitaire et du contrat [14]. A l'objet que proposait encore à tous les gouverneurs et précepteurs l'*Encyclopédie* [15], Rousseau ajoute aux vertus morales, principalement celles qui conviennent à l'état de l'élève, les leçons du politique. De quoi faire chasser sans égard les instituteurs des bonnes maisons.

D'autre part, il faut entendre Saint-Preux, dont la biographie n'est peut-être guère plus exemplaire mais dont les aventures et les avatars révèlent sans doute plus que les contradictions d'une situation romanesque. Qu'on l'entende dans la lettre XXIV : « Que serai-je réellement à votre père, en recevant de lui le salaire des leçons que je vous aurai données, et en lui vendant une partie de mon temps c'est-à-dire de ma personne? Un mercenaire, un homme à ses gages, une espèce de valet, et il aura de ma part pour garant de sa confiance, et pour sûreté de ce qui lui appartient ma foi tacite, comme celle du dernier de ses gens [16]. » Le texte illustre à la fois le thème du roturier amoureux et de son ressentiment social, comme l'a bien noté Bernard Guyon en relevant le vocabulaire des mots blessants (salaire, vendant, mercenaire, homme à gages, valet), mais également l'opposition entre la situation exceptionnelle de l'instituteur, une des figures de l'intellectuel et de son travail qu'exalte Rousseau, et le salariat de clientèle, entre la relation de fidélité, l'entente réciproque du vieux contrat d'homme à homme et le rapport marchand de l'échange salarial. Nul doute que ces contradictions ne

---

12. G. Benrekassa, *Fables de la personne*, Paris, 1985, pp. 10-11; C. Labrosse, « *La Nouvelle Héloïse* » *et ses lecteurs*, Paris, 1985.
13. *Émile, op. cit.*, p. 265.
14. M. Launay, *Jean-Jacques Rousseau, écrivain politique*, Cannes-Grenoble, 1972, pp. 353-413.
15. *Encyclopédie*, Paris, 1757, t. 7, p. 792.
16. *La Nouvelle Héloïse, Œuvres complètes*, t. 2, p. 85.

soient en partie à l'origine de la rupture de Rousseau et du monde, et l'amour romanesque de Saint-Preux pour Julie révèle toutes les harmoniques d'un conflit social et culturel plus large qui peuvent animer un milieu exemplaire par son rôle d'intermédiaire. Mais bien sûr, on pourra prendre conscience des écarts qui s'introduisent entre la pratique, la théorie et le roman, en comparant les textes aux deux mémoires présentés à M. de Mably pour l'éducation de son fils et aux *Confessions* [17].

Reste une dernière tension développée dans les analyses rousseauistes et qu'il faut prendre en compte. Comme toute action éducative, le préceptorat est un jeu avec le temps. C'est pourquoi Rousseau attache tellement d'importance à l'âge de son éducateur. « Il est fort différent, j'en conviens, de suivre un jeune homme durant quatre ans, ou de le conduire durant vingt-cinq. Vous donnez un gouverneur à votre fils déjà tout formé, moi je veux qu'il en ait un avant que de naître. Votre homme à chaque lustre peut changer d'élève, le mien n'en aura jamais qu'un [18]. » Jean-Jacques, qui a rêvé d'être le gouverneur idéal d'un jeune prince, prend ici conscience des difficultés : un goût n'est pas forcément une aptitude [19]. « J'ai fait autrefois un essai suffisant de ce métier pour être assuré que je n'y suis pas propre et mon état m'en dispenserait quand mes talents m'en rendraient capables [20]. » Dans l'échec de ses tentatives chez les Mably, son jeune âge – cas fréquent dans la carrière préceptorale – et son inexpérience ont été pour beaucoup. Dans l'éducation du jeune noble c'est là un point essentiel, car elle est trop souvent confiée à des instituteurs de passage, trop peu mûrs pour être efficaces, parfois trop vieux pour l'être encore.

L'homme des transitions éducatives

Intermédiaire social, intermédiaire culturel, le précepteur est l'homme des transitions éducatives.

On le découvre grâce à trois types de sources qui sont à la disposition des historiens de la culture : les traités, les Mémoires, les archives des familles. La tradition des traités d'éducation est amplement représentée du XVIIe au XVIIIe siècle. Littérature spécifique de pédagogues, de professeurs clercs ou laïques, d'amateurs, l'*Émile* y trouve sa place après les réflexions des MM. de Port-Royal, après Claude Fleury et Hurault comte de Cheverny, auteur d'instructions à son fils. Il faut distinguer dans cet ensemble la menue monnaie de la littérature d'éducation qu'inspire l'idéal de l'Église ou celui de la Cour – *L'Honnête garçon* (1642), *L'éducation chrétienne des enfants, L'éducation d'un jeune seigneur* (1728), *L'avantage de l'éducation des collèges sur l'éducation domestique* (1740) des grands textes mobilisateurs, comme le furent pour le premier XVIIIe siècle les œuvres pédagogiques de Locke et, pour le second, l'*Émile* et les traités de Condillac. On doit aussi faire une place particulière à

---

17. In *Œuvres complètes*, t. 4, pp. 3-91.
18. *Émile, op. cit.*, t. 2, p. 266.
19. Le mot est de P. Burgelin, *op. cit.*
20. *Émile, op. cit.*, p. 264.

l'ensemble d'écrits issus des pratiques aristocratiques sur le modèle de *L'éducation du Prince* ou les messages éducatifs paternels et familiaux chargés de transmettre et d'exalter une tradition. C'est à travers tous ces textes un moyen de saisir les normes, les valeurs, les essais et les erreurs des pédagogues professionnels ou amateurs, philosophes et théoriciens.

Deuxième type de sources à mobiliser : les Mémoires de la noblesse, à condition bien sûr de définir celle-ci au sens large et d'y admettre les anoblis, les familles en voie d'anoblissement. On dispose ainsi pour le XVIIᵉ siècle d'une bonne centaine de textes émanant de tous les milieux, la Cour et la Ville, la Robe et l'Épée, de grands lignages aristocratiques comme les Forbin, ou parlementaires comme les Arnauld, voire de nobliaux plus médiocres [21]. Pour le XVIIIᵉ siècle, on en peut utiliser presque autant et l'on y retrouve, au côté des très grandes familles, les Croÿ, les Choiseul, les Ségur, des parlementaires comme les Molé, les Pasquier, les Nervins, des exemples provinciaux comme les Boyer, les Vitrolles, les Augeard. L'enquête sur l'ensemble du corpus reste à faire, mais on a là un moyen de voir comment les contemporains ont perçu et écrit leur expérience éducative, quelquefois sur plusieurs générations. Entre normes et réalités du vécu les auteurs de Mémoires décrivent des itinéraires, des pratiques, des choix, des hésitations où s'inscrivent les jeux du souvenir (ce sont toujours des récits écrits quand la vie s'achève) et les variations des modèles éducatifs, qui prennent surtout après 1770 une place considérable quand l'éducation est devenue occasion de débats publics. Ces textes jouissent de statuts divers à l'égard du passé et entretiennent avec les mémoires et la vie des autobiographes ou des mémorialistes des relations complexes. L'historien y retiendra l'ambiguïté de l'état d'enfance souvent privilégié comme un âge d'or, souvent aussi l'objet d'une détestation noire et l'occasion de critiques injustes mais révélatrices.

Enfin, il faut revenir aux archives, celles des familles de la noblesse de Paris et de province. Avec leurs comptes, leurs livres de raison, leurs registres divers, leurs correspondances, elles permettent de reconstituer une autre image des pratiques et des fonctionnements éducatifs, une autre réalité des engagements parentaux, des revendications et des exigences. Autrement que dans les restitutions de vie on va y percevoir l'échange et la discussion, mais aussi les contraintes où se noue le dialogue des familles, des éducateurs, des enfants. C'est un vaste chantier à mettre en œuvre où l'on dispose malheureusement de témoignages nombreux sur les grandes familles, en moins grand nombre pour les lignages médiocres. Je mets en œuvre ici des travaux effectués sur les d'Orléans, la famille de Saxe, et les princes de Croÿ. Ces trois corpus permettent de poser trois interrogations qui cernent, comme l'ont montré les réflexions préalables et l'analyse des idées de Rousseau en la matière, la place du précepteur et son rôle dans la société du XVIIIᵉ siècle. Quels sont les enjeux sociaux d'un rôle éducatif qu'il faudrait comparer

---

21. Une mise en place dans F. Le Pennec, *L'éducation aristocratique au XVIIᵉ siècle d'après les mémoires du temps*, Mémoire de maîtrise, Paris I, 1979, ex. dactylo.; L. Bely, *Essai sur l'éducation des Lumières à travers les mémoires du temps*, Mémoire de maîtrise, Paris VII, 1976.

avec d'autres modèles d'éducateurs et d'autres types d'intermédiaires culturels? Quelles sont les pratiques caractéristiques de la noblesse et comment situent-elles les précepteurs dans un ensemble culturel et social variable selon les niveaux économiques, la notabilité, les traditions? Enfin, ne faut-il pas esquisser une typologie et une évolution?

Les enjeux sociaux du préceptorat sont placés sous le signe de la permanence d'un débat du XVIIᵉ au XVIIIᵉ siècle. Dans les traités l'accent est mis sur trois points principaux : l'importance de l'éducation, l'importance du préceptorat, l'importance du précepteur. Aucun doute : instruction et soins à donner dans l'enfance font partie des normes communes pour tous les auteurs de traités. « Regardez l'éducation familiale comme l'un des principaux objets de vos travaux et de vos soins », écrit Grenaille en 1642. Partout la responsabilité paternelle est mise en cause et souvent le rôle de la mère est déjà souligné, conformément à une vision qui leur attribue, non sans hiérarchiser, la double tâche, solidaire, de la propédeutique religieuse et morale. Leur démission est mise en accusation très tôt et leur vocation éducative est bien souvent soulignée comme l'un des éléments importants de l'acquisition du sens de la continuité lignagière. Certaines pratiques évoquées par les Mémoires laissent à penser qu'il existait, à côté de l'indifférence, un idéal pédagogique nobiliaire, qui est peut-être affirmé moins pour la petite enfance que pour l'âge où les garçons quittent les femmes pour les hommes. La question est à préciser.

L'importance du préceptorat n'échappe à personne. Les traités sont unanimes pour y voir un moyen de maintenir l'enfant dans le milieu familial où il doit trouver les exemples des valeurs nouvelles de la réformation religieuse. Presque tous condamnent le préceptorat ornemental et d'ostentation, l'éducation fictive, les mauvais choix d'éducateurs, les erreurs d'instruction. Mais sur cette trame déjà fortement établie au XVIIᵉ siècle des inflexions apparaissent avec le XVIIIᵉ siècle. A l'âge classique, les pédagogues continuent de louer la pratique préceptorale en dépit du succès des collèges, ils trouvent pour cela des arguments psychologiques, intellectuels, mais également sociaux puisque leur justification va jusqu'au refus des mélanges inter-classes, ainsi chez le chevalier de Méré. Au temps des Lumières, le progrès de la fréquentation des collèges est recommandée avec de bonnes raisons plus morales que pédagogiques. Le collège donne un meilleur terrain pour la surveillance, il permet de soustraire les jeunes nobles à l'influence nocive des domesticités perverties, il résout le problème de trouver l'*oiseau rare* qu'est un bon précepteur et il peut très bien s'accommoder de la coexistence. Ce n'est que tardivement qu'on verra exploiter le thème du déracinement comme un élément de l'éducation. Le choix est justifié par un dilemme : la crainte des mauvaises mœurs et le désir de l'émulation nécessaire aux progrès de l'enfant [22]. Si l'*Émile* donne encore un modèle d'éducation nobiliaire particulière et proclame sa foi dans la possibilité de trouver de bons précepteurs et dans l'efficacité de l'accord des instituteurs et de la famille, le ton des traités, plus encore celui des mémorialistes qui suivent leur *expérience*, est de plus en plus à la méfiance envers l'instruction privée et à l'éloge des solutions collectives.

---

22. L. Bely, *op. cit.*, pp. 25-26.

Les philosophes et leurs émules pédagogiques pensent de plus en plus à l'homme social et de moins en moins aux individus particuliers; ce n'est pas d'ailleurs sans paradoxe. Au total, le recul souhaité du préceptorat reste à mesurer. Les auteurs de Mémoires, surtout ceux de la génération des années 1770-1800, évoquent la querelle et quelquefois, comme Bernis ou Pasquier, critiquent l'éducation dans la famille. « L'éducation domestique a beaucoup d'autres inconvénients, elle nourrit la vanité dans les enfants, ils se voient de meilleure maison parce qu'ils l'entendent dire à leurs parents et à leurs valets; leurs idées se rétrécissent dans le cercle borné des conversations de leur père et mère; en un mot je préfère l'éducation des collèges à l'éducation domestique, parce que dans les collèges, on est également corrigé par les leçons des supérieurs et des camarades; ces derniers ne passent aucun ridicule, aucun faux air; ils accoutument aux égards réciproques et préparent l'esprit à la diversité des humeurs, des usages et des caractères... » Le cardinal de Bernis loue les collèges où sont assurées émulation, protection des mœurs et également l'indispensable formation au *monde* et à ses contrastes de sociabilité. Les qualités morales, les aptitudes humaines deviennent alors essentielles pour le choix difficile des précepteurs.

Les traits rassemblés à travers les écrits théoriques dessinent les lignes principales d'un *type idéal*, sans doute très éloigné de la réalité, mais dont les exigences majeures composent forcément avec la diversité réelle. Trois sont, du XVII\ e au XVIII\ e siècle, constamment rappelées. Les bonnes mœurs et les qualités religieuses, les vertus de son état; l'instruction et le savoir; les capacités d'adaptation qui garantissent la réussite de son rôle. Sur le premier point, rien que de très traditionnel dans la plupart des traités et c'est sans doute l'une des raisons pour lesquelles le choix d'un jeune ecclésiastique était une sécurité; le *noir* contre le *rouge*, Stendhal saura en tirer l'un des ressorts de Julien Sorel. Si l'instituteur doit être savant, il lui est recommandé, en conformité avec l'idéal de l'*honnête homme*, de ne jamais paraître pédant. L'érudition n'est pas son fait, mais plutôt l'art de conduire les esprits. Pour la noblesse de cour il doit enseigner l'autorité et ses moyens, comme le conseille à un jeune seigneur Jacques Bouyer de Saint-Gervais en 1728. On perçoit dans la méfiance pour les précepteurs trop savants l'écho d'une défiance plus générale pour les intellectuels, jugés souvent sur le modèle du déclassé aventureux ou du raffiné perverti [23]. De toute façon le recours aux maîtres particuliers, maître de lecture et d'écriture pour les plus jeunes, maître de latin ensuite, maître d'histoire et de géographie, de langues et de mathématiques, de danse, d'escrime, de musique et de dessin, permet de compléter les leçons du tuteur principal qui peut être intellectuellement un personnage ordinaire (c'est le cas de l'abbé Pupin qui élève le comte de Cheverny); on peut donc s'en accommoder. L'essentiel reste la conformité à un idéal nobiliaire implicite dont on retrouve les éléments dans les traités d'éducation familiale et princière. Ainsi le cahier de conseils que le duc de la Trémoille fit rédiger à l'intention de son fils par le gouverneur en charge : Dieu et la religion, le rang et la famille,

---

23. R. Chartier, « Les intellectuels aliénés », *Actes de la Recherche en Sciences Sociales*, 1984; R. Birn, « Les pornographes du Collège d'Harcourt », *Revue française d'Histoire du Livre*, 1981, pp. 593-623.

l'honneur et le Roi sont les principes fondamentaux de l'éducation réussie [24]. On reconnaît aisément l'alliance conclue entre la christianisation de la réformation catholique et l'idéal de la société de Cour – Elias avant Elias. C'est pourquoi au sommet de la société préceptorale on trouvera le précepteur noble lui-même, l'homme de qualité qui se dévoue à une tâche noble par elle-même; mais, comme l'oiseau est rare, on se contentera de clercs instruits et vertueux. On exigera d'eux une adaptabilité pédagogique certaine, le sens de leur action – « Faites leur voir vers quelle fin... » –, la capacité à transmettre pour une intériorisation définitive les nouvelles valeurs religieuses et politiques. La modernité éducative du préceptorat se glisse dans les interstices des conflits et des tensions qui opposent la sphère publique et le domaine privé. Sébastien Mercier à la fin du XVIIIe siècle va se faire l'écho d'une évolution notable. Sa perspective est de trouver à travers descriptions pittoresques et exclusions répertoriées la logique de la société parisienne que tout transforme. Dans la collecte des valeurs, des signes, des usages, des échanges, le précepteur est un élément de la distinction sociale des classes privilégiées, c'est une consommation ostentatoire comme le reste des domesticités, un travailleur mais improductif comme l'ensemble des services. Au total, un signe de la rencontre d'exigences quelque peu contradictoires. On ne réclamera pas de lui d'avoir fait des *études solides*, mais d'avoir des notions de tout, des humanités aux mathématiques, de la poésie à la politique, de l'écriture à la musique et à la danse. Surtout il devra avoir l'usage du monde et l'*air d'être bien né*, la pratique des arts nobiliaires, l'équitation et les armes. « Précepteurs, que vous êtes à plaindre », s'écrie Mercier, d'avoir à faire preuve d'autant de talents pour d'aussi modestes salaires, de devoir accepter d'aussi lourdes responsabilités pour de maigres gages et l'absence de reconnaissance des maîtres et des élèves. Du *Tableau de Paris* trois leçons sont à retenir : l'accroissement des exigences en matière de savoir et de sociabilité, leur jeu dans une subtile machinerie de signes distinctifs qui se mettent en place avec la première enfance, le rôle non négligeable du salaire sur le marché préceptoral – entre l'équivalent et le double de ce que touche la majorité des curés de campagnes congruistes! Le précepteur est un agent actif de la société des talents, entre les traditions morales et religieuses anciennes, l'idéal courtisan, les valeurs de la consommation et de l'individualité.

Des modèles des traités aux figures des Mémoires on percevrait des nuances importantes, mais il faudrait surtout confronter les unes et les autres avec les comportements accessibles dans les actes de la pratique. La réponse nobiliaire est à l'heure actuelle accessible par quelques exemples de portée limitée, qu'on se refuse à généraliser dans la mesure où ils émanent des plus hautes familles de la noblesse (les Croÿ, les d'Orléans, les Saxe) où les archives permettent plus aisément l'enquête. Toutefois ils autorisent l'expérimentation d'un questionnement des habitudes autour de deux problèmes apparus sur le plan des réflexions théoriques et toujours présents dans les mémoires : le choix et le coût.

---

24. J. Sabattier, *op. cit.*, pp. 150-151 et AN, AP 457.

Un idéal éducatif

Emmanuel de Croÿ a tenu les « Mémoires de sa vie » et laissé suffisamment de lettres et de comptes pour qu'on y recherche la place du préceptorat dans un idéal éducatif, voire intellectuel[25]. Un double caractère marque ce premier exemple : il est exceptionnel par son avidité culturelle permanente et plus particulièrement par la constance de l'intérêt porté à l'éducation, il est caractéristique d'une famille qui a dû s'imposer à l'aristocratie française après un ralliement récent à la monarchie de Louis XIV. Les premiers maîtres du jeune duc, orphelin de père à cinq ans, furent un domestique allemand et sa mère. Dans sa huitième année, en 1727, il entre au collège de Clermont et fréquente l'académie de la Guérinière, mais, trop maladif ou trop inattentif, il est confié à un précepteur-gouverneur Monsieur de Botté, qui le conduira au seuil de sa carrière militaire et courtisane. Gentilhomme, aide-major au régiment de la Fère, réformateur des armées et directeur de la Société des Arts, Botté n'est pas un personnage de seconde classe. Assisté de maîtres particuliers, n'épargnant ni sa peine ni celle de son élève, il lui inculque l'habitude du monde, le sens des réalités militaires, la fidélité à l'honneur et à Dieu. C'est une éducation religieuse, morale, politique et mondaine où sont conciliées les valeurs de la tradition et celles de la modernité. De ses *bons principes*, Emmanuel de Croÿ retiendra l'essentiel, qu'il reportera dans l'éducation de ses propres enfants dont il se fait le précepteur. C'est *Émile* avant la lettre, détaillé dans un plan pour une « éducation complette et parfaitte » qu'il achève avant 1755 et qu'il applique avec l'aide d'ecclésiastiques exigeants et choisis avec soin[26]. Avec le duc de Croÿ, la noblesse se fait préceptrice pour une éducation chrétienne, savante, citoyenne – un moyen de la reproduction sociale adapté aux temps qui changent. Affirmation d'une conception optimiste et prudente de l'éducation qui n'abandonne pas les perspectives chrétiennes et où l'on mesure, après 1762, l'influence de Rousseau.

Avec François-Xavier de Saxe, le paysage pédagogique change bien que l'on reste dans le même cercle aristocratique[27]. Le projet éducatif de cette famille princière s'insère ici encore dans un processus spécifique de réinsertion après l'exclusion dictée par un mariage morganatique. Frère de la Dauphine, mère du futur Louis XVI, François-Xavier de Saxe, qui entre au service de la France et joue un rôle considérable dans la politique allemande de Louis XV, n'a jamais été intégré dans la haute noblesse française : c'est un Saxon, et l'erreur de son mariage – il épouse une Italienne de grande beauté mais de petit lignage, Claire-Marie Spinucci – accentue les difficultés rencontrées. La résidence princière de Chaumot devient le théâtre d'une histoire pédagogique significative des

---

25. On se reportera au travail remarquable de M. P. Dion, *Itinéraire intellectuel et réussite nobiliaire au siècle des Lumières : Emmanuel de Croÿ (1718-1784)*, Thèse de l'École nationale des Chartes, 1984, Bruxelles, 1987.
26. M. P. Dion, *op. cit.*, pp. 32-38.
27. V. d'Anglejan-Châtillon, *Deux éducations aristocratiques à la fin du XVIIIe siècle, les princes Louis et Joseph de Saxe*, Mémoires de maîtrise, Paris I, 1981.

stratégies sociales de la famille qu'il faut faire admettre. On conçoit alors l'abondance de la documentation qui naît de cette attention particulière, sans doute partiellement a-typique, mais comme telle aussi révélatrice de l'essentiel. Cahiers d'instructions, correspondances échangées avec les précepteurs permettent de cerner les moyens et les objectifs. A la différence de la famille de Croÿ où le problème est omniprésent mais facilement résolu, à Chaumot règnent l'incohérence et les hésitations en dépit de la cohérence dictée par la logique sociale des projets princiers. Le personnage principal de l'éducation est bien le précepteur qui dirige les enfants du prince de l'éducation privée au château à l'éducation publique au collège et au séminaire. De 1774 à 1778, soit en quatorze années, le prince a engagé douze précepteurs! Ils restent en fonction de quelques mois jusqu'à quatre ans. Cette instabilité révèle en clair deux choses : la difficulté de trouver des sujets ayant les qualités requises, la qualité des exigences princières adaptées par son homme de confiance, Pomiès, par rapport aux ambitions et aux capacités des candidats entendus et retenus. Alors passent les abbés, Clouet, Barruel qui fera son chemin, Solignac, du Sauzay et quelques autres, qui abandonnent quand la situation devient impossible, et les intrigues ou les cabales trop fortes. Dans ces tentatives pour trouver le merle blanc on perçoit l'attachement du prince à sa tâche éducative, loin du traditionnel renoncement trop souvent évoqué. On peut y trouver aussi une trame permanente sous les changements, elle s'exprime dans les cahiers d'instructions pour le chevalier de Saxe qui sont rédigés par Pomiès, Maître Jacques promu gouverneur en 1782. On y retrouve la gloire du nom, dont la grandeur dicte responsabilités et devoirs, les valeurs de la religion et de la morale, l'adaptation à l'état. Là encore règne un mélange de conformisme et de modernisme; la conversion éducative nobiliaire est peu ou prou influencée par les Lumières. Elle s'incarne dans la pluralité des pratiques, le précepteur accompagnant les petits princes au collège – et l'on peut noter alors sous la plume de l'abbé Clouet, en titre lors du séjour au collège de Navarre, qu'il se considère comme le contrepoison nécessaire à la mauvaise éducation et au mauvais ton dont on hérite trop souvent à fréquenter les collèges. En somme, l'anti-Bernis. De fait, les difficultés des pédagogues engagés par le prince de Saxe tiennent vraisemblablement à l'impossibilité de concilier aisément leur rôle de relais entre le prince, l'intendant homme de confiance, les jeunes élèves, les professeurs particuliers et les maîtres des collèges. Le préceptorat est alors tiraillé entre trop d'exigences, il ne trouve pas son unité comme il l'avait trouvé chez les Croÿ, comme il l'atteint également chez les ducs d'Orléans.

L'éducation dans la famille d'Orléans à la fin du XVIIIe siècle pourrait mériter à elle seule un grand livre, tant y sont riches les possibilités interprétatives et les sources documentaires. Les papiers du chevalier de Bonnard [28], les écrits divers de Mme de Genlis, les archives de la maison de France autorisent cet espoir. On se contentera d'esquisser le rôle du chevalier de Bonnard. Gentilhomme bourguignon, mestre de camp sans grande fortune, il accepte la responsabilité de l'éducation en 1777.

---

28. N. Eyraud, *Une éducation aristocratique à la fin du XVIIIe siècle, le chevalier de Bonnard*, Mémoire de maîtrise, Paris I, 1983.

Pendant cinq ans il surveillera les progrès des ducs de Valois, le futur Louis-Philippe, et de Montpensier. C'est une homme de culture au service d'une grande famille. Amateur de physique et de mathématiques, aimant les livres (il a sa propre bibliothèque de près de 300 titres), achetant les nouveautés, le chevalier possède les humanités et s'intéresse au change- ment culturel de son temps. Noble éclairé sans doute, il connaît le clan bourguignon de l'Académie des Sciences, Guenault de Montbeillard et Buffon, il fréquente les salons. Il organise son programme éducatif librement afin de mettre en valeur la formation religieuse et morale – « Je n'oublierai jamais que les plus proches parents du Roi Très Chrétien doivent être au moins de bons Chrétiens » –, la grandeur d'âme qu'ex- priment l'honneur et le sens de la bienfaisance, l'adaptation au monde et l'apprentissage de la sociabilité, et tous les savoirs qui y sont liés. Il s'agit donc encore de façonner l'homme de Cour et de pouvoir, en accord avec la tradition chrétienne et l'assimilation modérée des valeurs modernes. Cette tentative s'achève en 1782 sur un coup de théâtre social et éducatif. Le duc d'Orléans, renvoyant M. de Bonnard, confie l'éducation de tous ses enfants, fils et filles mêlés, à Mme de Genlis sa maîtresse. Cette rupture n'est pas facile à déchiffrer en dépit des interprétations nombreu- ses encouragées par l'effet de scandale. Pour la première fois peut-être dans une maison princière, les charges éducatives sont unifiées et confiées à une femme qui devient « gouverneur et précepteur en jupon ». L'ambition sociale et intellectuelle de Mme de Genlis, « la possibilité de faire une chose extraordinaire et glorieuse », explique pour partie ce changement qui peut se lire comme une micro-révolution pédagogique ; le programme de Mme de Genlis innovant sans doute plus par ses moyens que par ses finalités. On peut y voir aussi une reprise en main après l'expérience pédagogique d'un *homme de lettres* pas assez souple et pas assez relevé dans ses principes : « Mon père n'a jamais aimé les gens de lettres », écrira Louis-Philippe dans ses Mémoires, assez favorables à Mme de Genlis. Au total, une modernisation de l'éducation des jeunes princes – hors du commun – sera tentée avec quelques succès, comme pour un bilan des expériences éclairées par les lectures de Locke, Fénelon, Condillac et Rousseau. On peut d'ailleurs noter que les précep- teurs évoqués, voire les parents, sont tous des lecteurs de l'*Émile* qui, on le voit, mène à tout. On peut aussi souligner sinon le caractère d'excep- tion au moins le lien existant entre les possibilités économiques des familles mises en cause et le caractère du préceptorat, à l'intérieur de la dépense éducative.

Chez les Croÿ, le précepteur ne coûte rien. C'est un client, un familier, un ami, il peut recevoir cadeaux et gratifications, ses dépenses sont assurées. Les comptes restent à étudier qui permettraient d'en savoir plus. On doit d'ailleurs s'interroger sur la notion de salaire, qui recouvre une pluralité de rémunérations : logement, nourriture, disposition de la domesticité, usage de biens divers, chevaux, meubles, livres des biblio- thèques, gages, mais aussi cadeaux, primes, rétributions exceptionnelles, pensions à la sortie de charge. Dans les familles importantes le précep- torat relève sans doute beaucoup plus du salariat de clientèle que de la loi d'airain. Calculé sur quatre années, le coût annuel du précepteur chez le prince Xavier de Saxe est de 2 400 livres par an, soit 71 % de la dépense éducative totale. Il est augmenté de rétributions diverses mais quand les garçons vont au collège et que le précepteur les suit, les gages sont réduits à 1 700 livres. On peut dire qu'il s'agit d'un salaire élevé et qui peut se concrétiser sous des formes diverses. L'abbé Barruel obtiendra grâce à la protection du prince un bénéfice de 1 500 livres et la charge d'aumônier du prince de Conti : c'est un précepteur qui a réussi – pour lui-même, sinon pour ses élèves.

Dans la maison d'Orléans, la dépense éducative annuelle atteint près de 70 000 livres, soit quinze fois plus. Le chevalier de Bonnard perçoit 5 000 livres et le précepteur 3 000, six maîtres particuliers reçoivent de 1 000 à 1 300 livres, une quinzaine de domestiques affectés aux enfants et aux instituteurs se partagent 20 000 livres. Ces traitements composent les trois quarts du budget pédagogique, soit la même proportion que dans la famille de Saxe. Les gages préceptoraux sont, surtout si l'on tient compte des ressources complémentaires, plus élevés, et prouvent l'intérêt des grandes maisons pour les investissements éducatifs. Au sommet de l'aristocratie française, le préceptorat symbolise l'importance acquise à la fin du XVIIIᵉ siècle par l'éducation. Elle entraîne des dépenses non négligeables, une attention aux choix des maîtres et des précepteurs, une application permanente aux savoirs enseignés et aux finalités de la pédagogie. Toutefois dans le seul milieu des très grandes familles de la noblesse de Cour, les exemples évoqués montrent à la fois l'homogénéité évidente des buts à atteindre – avec plus ou moins d'attention au renouvellement des méthodes et à la novation des idées –, et l'hétérogénéité des situations préceptorales, la variété des précepteurs qui, dans leur stabilité ou leur instabilité, leur intégration dans le cercle de la maison ou leur mise à l'écart, peuvent évoquer toutes les possibilités de réussite ou d'échec. En définitive, c'est dans la diversité des types et des pratiques qu'il faut retrouver l'évolution des stratégies et des comportements nobiliaires.

A la lecture des mémoires on peut distinguer deux modèles que résume le tableau suivant [29] :

	Précepteurs seulement	Collège seulement	Précepteurs et collège
XVIIᵉ siècle	31 %	43 %	20 %
XVIIIᵉ siècle	10 %	40 %	50 %

On y voit nettement paraître la généralisation de l'éducation qui associe l'instruction particulière et collective, et c'est un mouvement dont il importerait de vérifier plus précisément les étapes et les nuances. Il faut admettre que pour une part le rôle du précepteur a changé et qu'il faut le replacer dans un mouvement d'ensemble qui entraîne tous les milieux sociaux vers la demande éducative. Selon les milieux, les souhaits des parents ne sont cependant pas les mêmes et leur comportement varie. Au sommet, à la Cour, les mémorialistes imposent l'idée du

---

29. Chiffres établis d'après les mémoires de F. Le Pennec et L. Bely, *op. cit.*, mais qui demanderaient à être précisés par catégories nobiliaires et surtout dans le temps.

préceptorat relâché et le modèle le plus critiqué. « J'ai passé trois ans sous les verges », se plaint le cardinal de Bernis ; Voyer d'Argenson a pour gouverneur un « fou, imbécile, ignorant, libertin » ; Lauzun est abandonné à un précepteur laquais ; Talleyrand est confié à une galerie d'imbéciles ; Durfort de Cheverny quitte un précepteur incompétent pour un précepteur proxénète. La violence des auteurs de Mémoires n'a d'égale que leur sentiment quelque peu excessif de justifier totalement par l'incompétence de leurs éducateurs le jeune homme libertin et immoral, inculte et oisif qu'ils ont été, et avec lequel ils leur a fallu rompre pour devenir le personnage notable dont ils veulent conserver l'image dans l'histoire. On ne peut prendre leur témoignage pour argent comptant sans vérification. D'autant plus que dans les mêmes milieux le souci éducatif est prouvé par ailleurs et que les exemples d'éducation réussie, voire exceptionnelle, ne sont pas rares.

Dans la grande robe administrative et judiciaire, il existe en revanche une fidélité continuée à la tradition des études humanistes et érudites plus ou moins accommodées avec l'idéal du gentilhomme. Les récits de vie comme les éloges académiques parlent dans le même sens : là se trouvent les parents attentifs, les précepteurs choisis, l'addition des processus éducatifs complémentaires très tôt. Certes le XVIIIe siècle voit les milieux robins influencés par les mœurs des gentilhommes perdre pour une part de leurs habitudes austères [30], mais ils n'en demeurent pas moins sensibles à tous les problèmes éducatifs, on le verra dans leur attention à la réforme des collèges après 1765. A Paris, comme en province, la robe a su élever ses héritiers. Certains de ses représentants y font, comme le Chancelier d'Aguesseau, figure de mythe sinon d'exemple. La tradition familiale est superbement évoquée dans les Mémoires de Jacob-Nicolas Moreau, l'historiographe [31]. Ayant noué avec les petits enfants du Chancelier des liens d'amitié en fréquentant le collège de Clermont, il accepte la proposition de l'abbé Foucher, précepteur des aînés, de devenir, en 1739, le précepteur des puînés. « Rien de plus singulier que ma situation, ami intime des deux fils aînés de Mme de Chastellux, j'étais moins formé et beaucoup plus enfant qu'eux. Leurs deux petits frères avaient avec eux et par conséquent avec moi une familiarité très gaie qui excluait le ton de pédagogue auquel mon caractère pouvait se prêter. Comment les aurais-je empêchés de prendre à mon égard le style de la plaisanterie et des épigrammes, par lesquels du matin au soir, mes jeunes amis et leurs parents ne cessaient de me provoquer ? Je donnais, le matin, des leçons de grammaire aux enfants, j'en fis même une qui, écartant les inintelligibles définitions de nos rudiments anciens, ne considérait tous les mots que dans leurs rapports avec les pensées ; car la métaphysique était le propre d'une petite société où nous nous croyions tous égaux comme à l'académie. Le transfuge de l'université après avoir décliné, conjugué avec ses deux petits amis, algébrisait ensuite avec leurs aînés, lisait quelquefois avec leur mère Bossuet et Prideaux, suivait à perte de vue Malebranche avec l'abbé Foucher, composait de mauvais vers latins et français, riait des critiques

---

30. F. Bluche, *Les magistrats du parlement de Paris au XVIIIe siècle*, Paris, 1960.
31. J. N. Moreau, *Mes Souvenirs*, Paris, 2 vol., 1901.

que l'on faisait de ses productions, se mettait en colère de celles qu'on se permettait des savants du collège de Beauvais, disputait avec M. de Valjouan sur la vertu des plantes médicinales, et le soir jouait aux échecs avec M. de Chastellux. Cependant nous passions en revue tous les modèles de la Grèce et de Rome, tous les arts formaient notre goût : tout était instruction commune, pour moi surtout, tout fut éducation. »

On retiendra de ce texte magnifique, où passe une émotion certaine, l'idéalisation de la reconnaissance d'un jeune homme de modeste origine accueilli comme un égal, et non comme un subalterne, par une famille illustre. Sans doute une part du témoignage est-elle embellie par le recul du temps, l'évocation de la jeunesse et les sympathies qu'elle suscitait, mais, en même temps, Moreau révèle la qualité des intérêts d'un milieu humaniste, cultivé, où la tradition se mêle subtilement à la nouveauté, la fronde railleuse du pédantisme aux lectures sérieuses. Le jeune homme y pouvait découvrir de quoi satisfaire des curiosités que ne comblaient pas toujours les « Savants du collège de Beauvais ». Devenu historiographe du Roi, plutôt hostile aux philosophes, l'auteur des Mémoires offre ici une image de ce qui aurait pu être et de ce qui était quelquefois réalité. Le fonctionnement du cercle familial, mêlant les générations et les sexes – le père et la mère sont présents –, recevant comme des égaux les précepteurs, hommes de talent, est consciemment conforme au modèle des sociabilités culturelles dominant celui des académies. C'est celui d'un élitisme cooptatif ouvert où par une alchimie sociale déliée chacun se sent à sa place en dépit des différences que rien ne supprime [32]. Dans le cercle familial des Chastellux, héritiers des d'Aguesseau, le préceptorat se situe au confluent du salariat de clientèle et de l'amitié savante; il valorise les exemples robins du service et la religion. On aura garde, sans enquête plus approfondie, de généraliser cet exemple. Roland Mortier rappelle avec raison l'exemple du Président de Maisons qui choisit pour son fils un précepteur athée et vertueux, le grand grammairien et encyclopédiste Du Marsais. Son élève fut pleinement converti... à l'athéisme.

De Paris aux capitales provinciales, des hôtes des grandes cités aux gentilhommières des bocages et des campagnes, l'image du précepteur échappe et devient de plus en plus difficile à restituer. Des circuits plus simples sont sans doute mobilisés pour procurer une première éducation aux jeunes nobles avec l'assistance de jeunes clergeons dans l'attente des ordres majeurs ou de laïcs en mal d'études et de promotion; Rousseau fut l'un d'eux à Lyon. Des exemples dispersés montrent que la qualité et la permanence sont réservées aux meilleures familles, c'est-à-dire quand la fortune le permet et quand les traditions familiales y poussent. A Toulouse [33], à suivre Cissie Fairchild qui a pris la peine de détailler avec précision les catégories ancillaires, on assisterait à un recul du préceptorat nobiliaire et bourgeois : 67 précepteurs dans la ville en 1695, 6 en 1750, 2 en 1789! Cette statistique établie à partir de la capitation urbaine est faussée vraisemblablement par les non-déclarations que dicte la volonté de cacher les « signes extérieurs de richesse ». Il n'est pas

32. D. Roche, Le Siècle des Lumières en province. Académies et académiciens provinciaux, 1660-1789, Paris, 1978, 2 vol., t. 1, pp. 96-114.
33. C. Fairchild, op. cit., p. 201, pp. 204-205, p. 280, note 54.

impossible cependant qu'on puisse parler d'une redistribution des cartes éducatives où interviennent simultanément l'accroissement du coût salarial du préceptorat et les possibilités nouvelles offertes par les institutions du modèle des grands pensionnats et des écoles militaires, sans oublier les maîtres de pension des grandes villes [34]. La publicité des *petites affiches de province* témoigne de cet accroissement des occasions, mais aussi de l'offre et de la demande en matière préceptorale. On y perçoit le nouveau rôle d'un précepteur plus éducateur que domestique, instruit, salarié pour un travail intellectuel exigeant, marchepied pour une autre carrière.

Au total, il ne faut pas confondre le grand préceptorat, privilège permanent des très grandes maisons, et le préceptorat ordinaire. Là, des *gouverneurs* et des *précepteurs* aidés par les maîtres spécialisés donnent une éducation choisie souvent à des groupes d'enfants. Ici, des clercs et des laïcs, pour un temps instituteurs, délivrent une instruction élémentaire et le rudiment. C'est un moyen d'échapper à la promiscuité de l'école du village ou de la paroisse citadine. Pour le précepteur comme pour le maître de maison, c'est une situation transitoire et économique qui permet sans trop de frais une première éducation en attendant le collège ou le pensionnat. Les mémorialistes ont pour l'historien de l'éducation comme pour celui des domesticités l'intérêt de mettre en valeur deux éléments importants du problème. D'une part, les hasards qui président au fonctionnement du marché préceptoral où l'on voit paraître le rôle des recommandations et des relations, la diversité des niveaux et des types d'études, la variété des compétences et des aptitudes. Le monde des précepteurs est difficile à saisir car il est mouvant, instable, marginal dans les domesticités comme dans le monde, un état intérimaire pour beaucoup. En second lieu, la complexité de la relation préceptorale. A suivre les auteurs de Mémoires, elle oscille entre la reconnaissance et la haine, l'amitié et le mépris, la subordination ou l'égalité intellectuelle. C'est un terrain de choix pour saisir l'histoire d'un rapport pédagogique qui s'inscrit dans les cheminements de la mobilité sociale et du changement éducatif.

Au total, le préceptorat apparaît comme l'un des éléments qui permettent de comprendre la diversité des attitudes nobiliaires et les changements qui se sont instaurés entre le XVIIe et le XVIIIe siècle. L'évolution des sentiments du lignage et de la famille contribue à modifier le rôle des précepteurs, qui reste toutefois l'un des traits originaux de la capitalisation éducative des noblesses. L'instituteur domestique prend place dans le monde des intermédiaires culturels, entre la famille et l'école publique, entre les parents et les enfants, entre les maîtres et les domestiques, entre les gens du monde et les hommes de lettres. La Révolution ne met fin à ce rôle que pour un temps, bien qu'elle contribue à transformer définitivement les données du marché préceptoral en modifiant d'une part la place de la noblesse dans la société française, d'autre part le système global d'éducation. A long terme le précepteur disparaît. On n'oubliera pas qu'il fut pendant le XVIII siècle l'un des agents de la transformation des mœurs, non seulement dans le royaume mais dans l'Europe entière.

---

34. R. Chartier, M.-M. Compère, D. Julia, *op. cit.*, pp. 215-222.

CHAPITRE XV

Éducation et société
dans la France du XVIIIᵉ siècle.
L'exemple de la maison royale de Saint-Cyr

La formation classique ignore trop souvent les filles ou, pis encore, laisse leur instruction à l'école du hasard. Dans les familles privilégiées, les filles peuvent bénéficier des retombées de l'éducation préceptorale mobilisée pour les garçons : Émile toujours, Sophie après! D'une manière générale, en ville principalement, elles sont accueillies par les bonnes sœurs des écoles paroissiales ou des institutions de charité, et pour celles dont la famille peut payer une pension – à Paris il en existe pour toutes les bourses – dans les couvents ou les abbayes, des Visitandines ou des Ursulines, des Célestines ou des Bénédictines. C'est depuis le XVIIᵉ siècle un grand souci pour les compagnies de dévotes.

L'école des filles fonctionne ainsi à plusieurs vitesses, selon les moyens, les capacités des familles, leur stratégie éducative variable selon les milieux sociaux, qui ne nourrissent pas les mêmes idées concernant l'instruction nécessaire à donner aux jeunes personnes avant qu'elles n'accèdent au mariage. Les littérateurs féministes depuis Poulain de la Barre et jusqu'à Condorcet réclamèrent – en vain – une éducation plus égalitaire comparée à celle des garçons. Ils ne sont guère entendus, et l'idéal éducatif féminin vise à produire de bonnes épouses un peu décrassées intellectuellement, de bonnes mères – capables à leur tour de donner à leurs enfants une instruction morale, religieuse, voire les éléments d'une intellectualité de base telle que la lecture –, et surtout de bonnes chrétiennes. Coudre, savoir cuisiner, à la rigueur compter et lire, voilà le bagage de la majorité. A quelques bas-bleus près, Mme Roland témoigne pour elles, comme les grandes salonnières qui règnent sur la rencontre des gens de lettres et des gens du monde. Mais jamais on ne sort d'une conception archaïque qui fait de la femme la sujette de l'homme. Quand une femme, Mme de Genlis, se fera préceptrice de tous les enfants du duc d'Orléans, la Cour et la ville crieront au scandale; certes, il y avait là un geste d'audace morale rare, puisque le prince confiait à sa maîtresse l'éducation de ses héritiers, mais en même temps, et peut-être principalement, il y avait un renversement des rôles.

Ainsi les filles de tous les horizons sociaux ne se rangent pas en totalité parmi les privilégiés de la culture même si l'exclusion féminine se réduit et si, du point de vue de l'alphabétisation, le retard des femmes a commencé à être comblé. Aussi faut-il être attentif aux instructions spécialisées car en visant des buts traditionnels elles travaillent dans le même temps en profondeur à la construction d'une nouvelle liberté.

Mme de Maintenon est sans conteste la plus connue : n'a-t-elle pas gagné – pour être passée de la ruelle et du salon érotique et précieux où trônait Scarron à l' « allée du Roi », manière galante de désigner la chambre à coucher du monarque, le droit de régenter l' « École des filles » ? Elle fonde la maison de Saint-Louis où les buts et les moyens ont permis une expérience durable, alliant des formules éducatives à la fois neuves et anciennes. C'est pourquoi, dans l'histoire de l'éducation féminine, l'institution de Saint-Cyr occupe une place privilégiée.

Les « demoiselles de la noblesse pauvre »

L'institution de Saint-Cyr constitue la première tentative réfléchie pour donner aux « demoiselles de la noblesse pauvre » une formation complète. Elle se situe ainsi au carrefour de la politique nobiliaire de Louis XIV, qui suppose le contrôle et l'assistance du second ordre de l'État [1], et du grand mouvement de la réformation catholique française, constituant un réseau éducatif féminin pris en charge par les régulières spécialisées, Ursulines, Visitandines, congrégation des filles de Notre-Dame [2]. Cette double orientation qui marque les origines saint-cyriennes transparaît dans la volonté des fondateurs, le Roi et Mme de Maintenon principalement, désireux de trouver une solution au problème économique capital posé par l'éducation des filles de la noblesse provinciale « pauvre » [3], soucieux de résoudre, pour une part, la question des finalités religieuses ou civiles de l'éducation conventuelle. L'institution contribuera, par un monument durable, à la gloire du Roi – comme en témoigne par sa large diffusion la médaille commémorative frappée à l'occasion de cette création modèle [4]. Insérée dans le contexte de la réflexion pédagogique qui achève le siècle [5] – le *Traité de l'éducation des filles* est publié par Fénelon en 1687 ; l'année précédente Fleury dénonçait dans son *Traité des études* les lacunes de la formation féminine –, la fondation de Saint-Cyr paraît inséparable d'un grand courant de réflexion sociale où la

1. M. Antoine, *Le Conseil du Roi sous le règne de Louis XV*, Paris, 1970.
2. R. Chartier, M.-M. Compère, D. Julia, *L'éducation en France du XVIᵉ au XVIIIᵉ siècle*, Paris, 1976. M. Sonnet, *L'Éducation des filles au temps des Lumières*, Paris, 1987.
3. J. Meyer, « Un problème mal posé : la noblesse pauvre. L'exemple breton, XVIIIᵉ siècle », in *Revue d'Histoire Moderne et Contemporaine*, 1971, pp. 161-188.
4. J. Jacquot, *Médailles et jetons de Louis XIV, d'après le manuscrit de Londres*, add. *31908*, Paris, 4 vol., 1968.
5. G. Compayré, *Les Doctrines de l'éducation en France*, Paris, 1883, reprint Genève, 1970 ; G. Snyders, *La pédagogie en France aux XVIIᵉ et XVIIIᵉ siècles*, Paris, 1966.

pédagogie aristocratique mérite d'être à nouveau questionnée. Toutefois il s'agit moins ici de retracer les traits principaux d'une histoire largement connue par les travaux anciens mais irremplacés de Th. Lavallée et H. C. Barnard [6], que d'interroger archives et publications récentes pour mieux définir les principes archaïques ou novateurs, les choix sociaux et culturels qui guident le fonctionnement d'une institution que ses créateurs ont, sans hésitation aucune, voulue exemplaire [7].

Les archives financières et les papiers comptables de la congrégation des dames de Saint-Louis [8], récemment mis en œuvre par Mme L. Peter [9], permettent de regarder au-delà des problèmes économiques, des revenus et de la fortune, pour saisir les attitudes sociales et les principes domestiques que les « bonnes dames » transmettaient à leurs élèves ; plus encore, ces sources autorisent une évaluation de l'investissement et par suite du coût de l'éducation donnée à Saint-Cyr, point non négligeable d'une histoire des systèmes éducatifs. Enfin, sur cette première trame on peut tenter de replacer les pratiques d'éducation et d'instruction appliqués dans la fondation royale, en étudiant non seulement les éléments culturels et intellectuels d'une pédagogie que renforce un esprit de corps certain, mais en mettant aussi l'accent sur les gestes quotidiens, et en décrivant les espaces et les jeux qui composaient la réalité d'une éducation féminine, du règne de Louis XIV à la Révolution. Ce faisant, les enjeux sociaux de l'institution ne sauraient être laissés de côté ; au-delà des motivations personnelles de Mme de Maintenon [10] qu'on ne peut négliger, c'est la conception même du rôle des femmes dans la société aristocratique qui est mise en cause. Avec l'intéressant travail de C.C. Lougee [11], on peut désormais mettre en perspective la création et le fonctionnement de la maison de Saint-Louis, à la fois pour une histoire renouvelée de l'éducation des filles, mais aussi pour approfondir le contexte général de la question féminine à l'aube du siècle des Lumières [12]. Ainsi peut-on espérer éclairer le débat quant à la modernité de l'institution. Si les historiens de la fin du XIXe siècle, Th. Lavallée, F. Buisson, G. Compayré en soulignaient les caractères novateurs [13],

---

6. Th. Lavallée, *Madame de Maintenon et la maison royale de Saint-Cyr, 1686-1793*, Paris, 1854 et 1862 ; H. C. Barnard, *Madame de Maintenon and Saint-Cyr*, Cambridge, 1930, reprint 1970.
7. Cf. Texte des lettres patentes, in Lavallée, *op. cit.*, pp. 62-63.
8. A.D. Seine-et-Oise.
9. L. Peter, *Le temporel de la congrégation des dames de Saint-Cyr*, Thèse de 3e cycle, Université de Paris I, sous la direction de M. P. Goubert, 1974. Nous tenons à remercier ici M. P. Goubert et Mme L. Peter de nous avoir donné accès à ce travail qui mériterait publication. Les lettres patentes établissant la maison sont de 1686, le décret de suppression par la Convention est du 16 mars 1793.
10. « La compassion pour la noblesse indigente, parce que j'avais été moi-même orpheline et pauvre moi-même, un peu de connaissance de son état me fit imaginer de l'assister... ». Lettre à Mme du Pérou, 25 octobre 1686, in Th. Lavallée, *op. cit.*, p. 46.
11. C.C. Lougee, *Le paradis des femmes : femmes, salons et stratifications sociales dans la France du dix-septième siècle*, Princeton, 1976.
12. M. Albistur, D. Armogathe, *Histoire du féminisme français du Moyen Age à nos jours*, Paris, 1977 ; on peut aussi regarder L. Abensour, *Histoire générale du féminisme*, Paris, 1921, pp. 147-177.
13. F. Buisson, *Dictionnaire de la pédagogie*, Paris, 1882, 2 vol., t. 2, pp. 3079-3090.

l'historiographie récente s'est montrée beaucoup plus sévère : à croire F. Bluche [14], Saint-Cyr ne fabrique que des bas-bleus; R. Mandrou en dénonce la tristesse [15]; R. Chartier et D. Julia, plus sévères encore, soulignent le traditionalisme, l'archaïsme, le conformisme institutionnels et pédagogiques, l'absence d'originalité d'une école qui ne fait que répéter, aux champs, le modèle éducatif réalisé, avec succès, par les régulières urbaines [16]. Selon que l'on insiste sur les aspects pratiques ou théoriques – au premier plan des préoccupations des pédagogues de la IIIe République soucieux en ce domaine de novations définitives –, le progressisme de Saint-Cyr s'altère ou se renforce, mais l'historien fait-il ici autre chose que de réfléchir sur les contradictions mêmes du réel [17] ?

Des crédits d'abord ! Désormais les bases économiques de l'institution sont bien connues [18]. Louis XIV y consacre une petite fortune et ses successeurs confirmeront et poursuivront son geste. Avec un capital de 8 millions de livres et un revenu de plus de 400 000 livres, Saint-Cyr se range dans les niveaux moyens des grandes fortunes aristocratiques, à une place tout à fait honorable parmi les grands propriétaires du clergé [19] à la fin du XVIIIe siècle. Les dames de Saint-Louis bénéficient d'un investissement immédiat, lourd [20], qui sera complété par de prudentes acquisitions principalement après 1765 [21], ce qui leur permet de gérer plus de 6 000 hectares de biens fonciers. Ce sont des rentières confortables qui engrangent les profits du retournement de conjoncture. Trois traits paraissent toutefois faire la force de leur gestion : l'équilibre des recettes, les rigueurs de leurs dépenses et paradoxalement l'incertitude et parfois même les difficultés qui pèsent sur leurs ressources.

Effectivement, les dames de Saint-Cyr bénéficient d'une répartition harmonieuse de leurs biens comme de leurs revenus. Les premiers sont

14. F. Bluche, *La vie quotidienne de la noblesse française au XVIIIe siècle*, Paris, 1973, pp. 175-176.

15. R. Mandrou, *Louis XIV et son temps*, Paris, 1973.

16. R. Chartier et D. Julia, *op. cit.*, pp. 231-247.

17. P. Ariès, *L'enfant et la vie familiale sous l'Ancien Régime*, Paris, 1960.

18. L. Peter, *op. cit.*, pp. 11-29.

19. D. Roche, « La fortune et les revenus des princes de Condé à l'aube du XVIIIe siècle », in *Revue d'Histoire Moderne et Contemporaine*, 1967, pp. 217-243; L. Peter, *op. cit.*, pp. 13-15.

20. *Almanach du Clergé, ou la France ecclésiastique*, Paris 1764-1790, 16 vol.; M. Vovelle, « Le chapitre cathédrale de Chartres », in *Actes du 85e Congrès National des Sociétés Savantes*, 1960, Paris, 1961, Section d'Histoire Moderne et Contemporaine, pp. 235-277; les revenus déclarés du chapitre Notre-Dame de Paris dépassent 540 000 L; ceux de l'archevêché de Strasbourg atteignent 400 000 L, ceux de Cambrai 200 000, Paris plus de 200 000, le chapitre de Chartres dépasse également ce chiffre.

21. L'achat du marquisat de Saint-Brisson et les travaux d'aménagement engloutissent 1 400 000 L, le transfert aux dames de Saint-Louis de la manse abbatiale de Saint-Denis leur assure 100 000 L de recettes en 1694, l'achat du duché de Chevreuse, des titres divers et une dotation annuelle de 60 000 L complètent pour l'essentiel ces premiers fonds. Les acquisitions sont poursuivies avec prudence malgré l'interdiction royale, le Conseil d'État fermant les yeux, d'abord par application des droits seigneuriaux (échange-déshérance), puis carrément par l'achat de Rueil, des prieurés de La Saussaye et de Troarn, et du duché de Charny en 1779 pour 950 000 L.

concentrés, l'essentiel ramassé dans un rayon de 50 kilomètres autour de la maison, ils sont donc faciles à surveiller et leur administration s'exerce dans une continuité profitable. En ce qui concerne les recettes, si elles proviennent pour les trois quarts de la rente domaniale, foncière, seigneuriale et ecclésiastique, elles enregistrent les profits de l'amélioration séculaire. La maison de Saint-Cyr illustre triomphalement, avec son revenu en hausse de 136 % entre 1726-1730 et 1788-1789, la patience théorique des physiocrates. La santé économique de l'ensemble est incontestée à la veille de la Révolution et les emprunteurs qui lui confirment leur confiance pour en favoriser l'extension parient franchement sur son progrès [22]. La raison est sans doute à chercher du côté d'une dépense rigoureuse que l'on sait aux antipodes du gaspillage distingué de l'aristocratie ecclésiastique ou civile. Rares sont dans le siècle les années déficitaires; le bilan 1789 montre que, pour un revenu brut de 408 000 livres, la dépense du temporel atteint 201 000 livres et qu'il reste pour l'entretien de la communauté plus de la moitié des recettes. Toutefois le fait essentiel ici est que l'accroissement des charges domaniales, supérieur à celui des revenus, limite l'extension de la dépense intérieure. La vie de la communauté dans un flux de richesses accrues reste, toutes choses égales d'ailleurs, sinon précaire du moins médiocre. Ce décalage dicte un comportement strict et une vie au plus juste; on limite les achats, on contrôle soigneusement les dépenses inutiles, on encourage l'épargne. Pour les dames et les demoiselles de Saint-Cyr, il n'y a pas de petites économies : elles revendent leurs vieilles hardes, elles pèsent le son et le recoupent, elles savent si besoin est limiter leurs aumônes. Pour jouer au mieux de l'incompressibilité des dépenses domaniales, elles stabilisent les achats alimentaires : l'ordinaire permet d'accroître un peu l'extraordinaire (réparations, renouvellement du matériel, etc.). Au total, le rapport des ressources aux besoins par personne, et pendant tout le siècle (c'est d'un minimum de 350 âmes qu'il faut tenir compte), n'a rien d'éblouissant : 400 livres fin XVIIe-début XVIIIe – c'est un peu plus que la congrue d'alors –, 588 à la veille de 1789 – c'est un peu moins que le revenu du congruiste prérévolutionnaire. Dans cette discordance entre une fortune brillante et une disponibilité individuelle très moyenne résident sans aucun doute les fondements du comportement économique et social des dames de Saint-Cyr, dont elles transmettent les principes de rigueur à leurs jeunes élèves. En bref, il y a dans ces traits une illustration inattendue de la ladrerie de Louis XIV pour sa « pauvre noblesse » et un écho plus direct des principes, continuellement répétés dans sa correspondance par Mme de Maintenon, sur la nécessité de vivre *le plus frugalement possible* sur les seuls revenus de la maison.

Quelques choix économiques découlent de cette situation. Positifs certes, si l'on pense à l'organisation scrupuleuse de la gestion et au surmenage de l'intendante. A Saint-Cyr rien n'est laissé au hasard : l'administration se fait rigoureusement par la collaboration du conseil du dedans, rassemblant la supérieure et les officières, du conseil du dehors

---

22. L. Peter, *op. cit.*, pp. 17-27 ; l'achat du duché de Charny est couvert par un gros emprunt de 600 000 L, fourni par quatre prêteurs seulement.

peuplé de protecteurs compétents, d'intendants dévoués et longtemps en place; enfin d'un petit monde de commis, archivistes, architectes, surveillé de près par la « dépositaire », clef de voûte du système [23]. Lisant et relisant les actes, veillant aux terriers et aux baux, comptant les recettes, payant les dettes et tenant à jour d'admirables registres comptables, cette religieuse efficiente assure la liaison entre la communauté et l'extérieur. Là encore, la continuité est gage de succès : pour le siècle on en connaît seulement quatre qui se dévoueront à cette tâche, illustrant en clair le rôle des femmes d'affaires du clergé [24]. Dans l'ombre des communautés grandissent sans doute des personnages notables qui joignent aux qualités des fourmis ecclésiastiques la ténacité des hommes de profit [25]. A Saint-Cyr, fait capital, ils sont chargés de faire école et s'entourent pour cela d'un état-major affairé de grandes élèves et de petites novices, les meilleures des pensionnaires qui reçoivent par une cooptation sélective une excellente formation en ce qui concerne la comptabilité d'un grand domaine, chose fort utile par ailleurs pour s'avancer dans le monde des espérances matrimoniales. Les résultats de cette activité sont aisés à percevoir, ils se mesurent à la rectitude de la comptabilité, à l'ordre des archives; ils se voient dans le souci prévisionnel qui fait tenir à l'intendante états au vrai, terriers mis à jour, dossiers de procédure en ordre et registres d'enquêtes pour maintenir en état les exploitations; ils se traduisent aussi dans la ténacité quotidienne, la patience rodée qui parle par tous les mots d'une correspondance journalière. Enfin, et ce n'est pas négligeable, la recherche de la fermeté économique inspire aux administratrices des choix humains incontestablement positifs pour une régie domaniale directe [26], dont le gage certain est la confiance accordée à des dynasties intéressées mais fidèles de gros laboureurs, d'industrieux fermiers de dîmes, de riches meuniers. Les dames de Saint-Cyr jouent la communauté des intérêts contre les difficultés des conflits. Elles préfèrent le certain, l'assuré à des profits plus élevés, elles recherchent la sécurité de leur clientèle de fermiers. Dans leur prudence et leur fidélité, comment ne pas trouver un parfum de conservatisme, à tout le moins un refus du profit pur, peut-être un manque d'audace, corollaire évident d'une mentalité qui repousse l'idée d'un gaspillage impossible?

Ce fait est illustré dans leurs choix sociaux. La communauté vit entre deux mondes, celui de la ville et de la dépense monétaire, celui de la campagne et de l'ordinaire assuré au plus juste. Face au monde urbain les dames ont un comportement résolument campagnard. La preuve en est

---

23. Th. Lavallée, *op. cit.*, pp. 144-151.
24. L. Peter, *op. cit.*, pp. 38-41.
25. M. Barrès, *Du sang, de la volupté, de la mort*, Paris, 1894; citons : « Les couvents d'ascétisme furent en réalité des ruches de travail et de bonne administration... » (à propos de Thérèse d'Avila) l'étude reste à faire. Les constitutions de la communauté se font souci du salut éternel de la dépositaire, et prennent soin de rappeler « qu'elle prendra garde à ne point trop se dissiper par la multitude des soins, et à se tenir d'autant plus unie à Dieu, qu'elle aura plus de sujets de distraction au dehors... ».
26. L. Peter, *op. cit.*, pp. 43-45; les dames de Saint-Louis ont renoncé à la ferme générale de leur domaine dans le premier quart du XVIIIᵉ siècle; sur l'agronomie des dames, *ibid.*, pp. 78-85.

l'attachement têtu qu'elles montrent à leurs droits seigneuriaux à Saint-Denis, malgré leur faible rapport, malgré le coût d'une micro-administration inefficace et responsable de conflits et de procès le plus souvent liés aux problèmes de la foire. Leur incontestable méfiance devant la rente mobilière traduit le même refus, les dames n'ont point affaire avec les prêteurs bourgeois qui en ce temps constituent l'écurie rentière des princes et des grands. Face à la circulation, les nobles religieuses défendent le passé, les vieux péages seigneuriaux, les bacs pourris de Bezons qui ne rapportent rien; elles discutent avec l'administration quand la construction du pont de Neuilly met en cause leurs anciennes prérogatives. En bref, les dames de Saint-Cyr se méfient de la ville et de ses lumières.

Coqs de village et grands exploitants

Face au monde rural leurs choix sont clairs. Elles ont – on l'a signalé – parié sur les coqs de village, pas toujours les gros propriétaires mais presque toujours les grands exploitants (17 de leurs fermes ont plus de 100 hectares, 11 plus de 50). Devant ces profiteurs de la conjoncture elles modèrent tout, les baux sont haussés avec prudence, les droits seigneuriaux exigés sans faiblesse ni renoncement, mais sans rapacité ni conflits non plus. La volonté de maintenir le vieux cadre seigneurial s'accompagne d'une stratégie de l'assistance positive justifiée par leur idée d'un paternalisme religieux équilibré et sans provocation : elles ne consacrent à ces dépenses charitables guère plus de 1 % de leurs revenus. Joignons à tous ces caractères le bilan modéré de leurs interventions agronomiques. En ce domaine les dames de Saint-Louis font preuve d'une indifférence partielle aux novations possibles; leur attachement pour les céréales, leur attention aux moulins, objets de perfectionnements techniques, sont beaucoup plus prégnants que leurs initiatives, limitées à quelques interventions, pour favoriser les défrichements, ou concentrer les parcelles. Tout se passe comme si elles méconnaissaient les moyens techniques – Marie François de Paule d'Ormesson, agronome théoricien notable, siège pourtant dans le conseil du dedans – et les actes procéduriers, comme les triages qui leur permettaient un accroissement de revenus. Au total l'analyse de la gestion saint-cyrienne révèle un partage entre la novation d'une administration rigoureuse, perfectionnée, attentive à la conjoncture, et l'archaïsme d'une attitude indifférente aux profits possibles. Elle témoigne d'une modération seigneuriale beaucoup plus sensible à tous les aspects honorifiques et paternels du vieux ban qu'à une exploitation active des moyens juridiques offerts par la seigneurie pour accroître et développer le produit net. En mettant sous les yeux des meilleures élèves mobilisées pour rendre cette administration plus efficace encore dans sa sphère des problèmes concrets et des difficultés techniques et comptables, on ne peut nier qu'un siècle durant les bonnes dames aient surtout voulu former une noblesse gestionnaire fidèle aux vieux gestes, et sans rien de capitaliste.

Ainsi arrive à vivre la communauté tout entière, dames, pensionnaires et novices, domestiques et employés. Pour chacun, la dépositaire et l'econome ont donc à peine 400 livres à la fin du XVIIᵉ siècle, pas plus de 600 en 1789 [27]. Cette moyenne qui regroupe tous les chapitres de la dépense intérieure ne trahit pas un luxe excessif. L'essentiel va à l'alimentation : près de 50 % au départ, toujours plus de la moitié à l'arrivée, même si l'on tient compte des rentrées en nature, surtout de céréales. Les registres comptables permettent de cerner un régime alimentaire somme toute confortable sinon très équilibré [28]. Les blés composent plus du quart des frais de consommation dès 1687, ils permettent une ration de base de 800 à 900 grammes de pain. Le prix des céréales grimpant avec le siècle, la communauté maintient la balance de ses revenus en n'achetant plus son blé, en réduisant les achats de viande – 40 % de la dépense alimentaire avant 1726-1741, de 38 à 35 % après 1770. A la veille de la Révolution, les comptes détaillés de 1780-1789 permettent encore plus de précision [29] : la viande compte pour 35 %, les céréales pour 25 % ; livrés en nature, le lait, les œufs, le beurre et les fromages représentent près de 17 %, le vin et le cidre 5 %, le sucre 5 %. De toute évidence les demoiselles de Saint-Cyr sont bien nourries : leur ration représente 4 000 calories au bas mot [30], avec un net déséquilibre en faveur des protides végétaux et animaux. La frugalité souhaitée par Mme de Maintenon est donc bien loin de l'austérité conventuelle, mais elle n'est pas surprenante dans le monde privilégié des institutions éducatives – Saint-Cyr, comme les collèges d'Ancien Régime, rassemble des pensionnaires dodues, trop bien alimentées. La gestion prudente de la communauté est la garantie d'une suralimentation constante, la permanence assurée d'une solide dépense de bouche rarement diminuée même pendant les années difficiles.

Comparé à cette pesanteur le reste de la dépense éducative semble peu susceptible de fantaisie. En reprenant les comptes des années 1720 et 1780, on voit que la communauté consacre à chaque demoiselle de 80 à 100 livres pour ses vêtements ; de 30 à 40 livres pour son chauffage, l'éclairage et l'entretien de la maison ; à peine 2 ou 3 livres pour les livres

---

27. 139-140 000 L entre 1695 et 1700, soit 390-400 L pour la dépense d'entretien, 200-210 000 L entre 1785 et 1790, soit 570-600 L.

28. L. Bensaïd, *La Maison Royale de Saint-Louis à Saint-Cyr, 1686-1793*, Mémoire de maîtrise, Université de Paris VII, 1974, pp. 63-73 ; nous avons repris les inventaires in A.D. Seine-et-Oise, D 133-139. L'ensemble est à réétudier de près.

29. Voici le détail des dépenses alimentaires (moyenne 1780-1789) : viandes, gibiers, volailles, 29 693 L, soit 35 % ; blé en nature, 21 720 L, 25 % ; vins et cidre, 5 % pour 4 363 L ; œufs, 6 469 L, 7,7 % ; beurre, 3 806 L, 4,5 % ; lait, 3 100 L, 3,7 % ; fruits frais et secs, 3 075 L, 3,6 % ; poissons frais et salés, 2 175 L, 2,5 % ; huile, lard, graisses, 2 669 L, 3,1 % ; sucre, 4 264 L, 5 % ; les légumes, 1 % ; le vinaigre, 0,2 % ; le fromage, 0,1 % ; les épices, 0,6 % ; la pâtisserie, 0,3 % ; l'orge et le riz se partagent le reste du compte s'élevant à 83 663 L.

30. D. Julia, W. Frijhof, *École et Société dans la France d'Ancien Régime*, Paris, 1975 ; L. Bensaïd, *op. cit.*, pp. 72-73. Le calcul de la composition calorique peut se résumer ainsi : pain, 2 663 calories ; viande, 330 c ; vin, 416 c ; poisson, 165 c ; lait, 131 c ; beurre, 112 c ; huile, 81 c ; sucre, 76 c ; œufs, 41 c. L'on sous-estime en toute vraisemblance l'apport des fruits et des légumes. Pour une ration que les normes diététiques du XXᵉ siècle en ce qui concerne les filles de neuf à dix-huit ans fixent à 2 000-3 000 calories, les demoiselles avaient plus de 4 000 calories ; dont protides 110 g, glucides 474 g, lipides 74 g. Nous ne saurions trancher quant aux problèmes délicats des équivalences retenues.

et les frais proprement scolaires. Reconstitué globalement pour les années 1716-1720, on peut chiffrer approximativement le coût d'ensemble d'une éducation féminine nobiliaire à 700 livres, y compris les dépenses de gestion, soit [31] :

Alimentation	170 L	24	%
Vêtements	80 L	11	%
Chauffage-éclairage	30 L	4	%
Plumes-papier	2 L	0,2	%
Livres			
Dotation	170 L	24	%
Gestion	210 L	30	%
Divers	38 L	6,8	%
	700 L	100	%

Ces chiffres appellent plusieurs remarques : ils soulignent l'importance des charges quant à l'équilibre de la dépense en période de hausse des prix; ils montrent le poids des frais alimentaires, 25 % du total, et la faiblesse des dépenses proprement culturelles; ils prouvent ainsi le privilège des demoiselles de la noblesse pauvre qui, assurées du quotidien, n'ont pas d'angoisse excessive à se faire pour l'avenir, l'institution leur accordant une dot sûre sinon suffisante [32]; enfin on peut noter que la nécessité de paraître, même limitée, l'emporte de loin sur les dépenses intellectuelles : 11 % pour les habits, les rubans et le blanchissage [33], 0,2 % pour les livres, les plumes et le papier. Nulle raison ne permet de

---

31. Pour obtenir sur ce total de 700 L le montant de la dépense intérieure individuelle dont dispose l'économe, il faut retrancher à ce chiffre la dot (ventilée annuellement elle correspond à une dépense de 170 L) et les frais de gestion et de personnel (210 L) : on obtient 420 L. Toutefois le coût réel de l'éducation d'une saint-cyrienne doit englober toutes les dépenses. Ce coût place la maison de Saint-Louis en bon rang parmi les maisons d'éducation dont on peut connaître le prix des pensions demandées. Cf. pour les années 1750-1760, Jèze, *Tableau de Paris*, pp. 145-150 :

50-300 L	5 maisons	400-500 L	11 maisons
300-400 L	19 maisons	500-900 L	17 maisons

Les chiffres sont cependant difficiles à comparer, non seulement à cause du décalage chronologique, mais aussi parce que le prix de pension demandé peut, et dans un certain nombre de cas le texte est clair sur ce point, être augmenté par des frais extraordinaires à la charge de la famille : le lit et sa couverture, les bains, le coiffeur, le vin; parfois certains enseignements.

32. Th. Lavallée, *op. cit.*, p. 66 : l'article 12 des constitutions établit un fonds réservé de 50 000 L pour contribuer à la dot des demoiselles; pp. 143-144 : à la suite de la réforme des constitutions en 1694, le Roi accorde une fondation spéciale de 60 000 L sur les tailles pour fournir aux demoiselles 3 000 L de dot.

33. Dans les *Mémoires des Dames*, chap. III, cités par Th. Lavallée, *op. cit.*, p. 47, le costume des demoiselles a été ainsi décrit : « Cet habit consiste en un manteau et une jupe d'étamine brune du Mans, et le reste à l'avenant; la coiffure est un bonnet de toile blanche avec une étoffe médiocrement fine ou une passe de mousseline et de linon; elles ont un ruban sur la tête, montrent des cheveux et se coiffent à peu près selon l'usage du temps; elles ont un bord de dentelle ou de mousseline autour du cou, un petit tablier de la même étamine que l'habit, bordé autour d'un ruban de la même parure, tout cela quand il est mis proprement, est un habit qui ne laisse pas d'avoir un air de noblesse et de faire un assez bon effet au chœur quand les demoiselles y sont rassemblées... »

penser que ce bilan soit changé trois quarts de siècle plus tard et la conclusion qui s'impose, c'est qu'il importe de traduire le langage de Saint-Cyr : pour les dames et les demoiselles la frugalité c'est l'abondance, l'austérité c'est le luxe contrôlé, la sûreté pour le présent, la garantie du futur. Pendant un siècle la maison de Saint-Louis a toutefois donné des preuves de sa santé économique, gage de la formation reçue par les demoiselles.

De nombreux textes permettent de connaître les principes théoriques et les manières pédagogiques appliqués tous les jours à Saint-Cyr [34]; mais qu'ils s'agissent des écrits ou des entretiens de Mme de Maintenon, ou des *Mémoires des dames* commentés par Th. Lavallée et H. C. Barnard, ils nous renseignent surtout sur les débuts de l'établissement. Or dès la seconde moitié du XVIIIᵉ siècle un débat, qu'il faudrait replacer dans la critique par les Lumières de l'éducation féminine conventuelle [35], s'est instauré, autour d'une institution renommée, visitée par les princes et les grands, imitée par les despotes éclairés [36]. Pour ces écrits, la maison de Saint-Cyr apparaît endormie dans le passé, immobile et figée dans le respect rigoureux des constitutions et des instructions de la fondatrice [37]. Trois reproches dominent ces remarques : en premier lieu, les mauvais résultats d'une éducation fixée une fois pour toutes par les idées du siècle précédent, propre à ne faire que des « bégueules » disaient le roi Louis XV et le marquis d'Argenson; en deuxième lieu, l'orgueil nobiliaire, l'esprit de caste, la hauteur féodale que manifestent les filles de l'institut [38]; enfin les « biens immenses », et la dépense, jugés excessifs par rapport aux buts atteints et qui ne se mesurent plus à l'aune du siècle.

Reprendre le dossier en entier dépasserait les limites de cette mise au point. On peut toutefois tenter de mesurer l'essentiel d'une œuvre éducative en comparant les écrits théoriques de Mme de Maintenon aux conditions matérielles révélées par les inventaires révolutionnaires.

Un programme éducatif

On ne peut négliger les idées de la fondatrice : ancienne élève des ursulines, préceptrice des enfants de la Montespan, bonne « connais-

34. R. Chartier, in *Éducation et Société, op. cit.*, pp. 232-235; Th. Lavallée, *op. cit.*, pp. 163-178, et *ibid.*, *Lettres et entretiens sur l'éducation des filles*, par Mme de Maintenon, 2 vol., Paris, 1861; *Lettres historiques et édifiantes adressées aux Dames de Saint-Louis*, par Mme de Maintenon, 2 vol., Paris, 1856; *Conseils et éducations aux demoiselles qui entrent dans le monde*, 2 vol., Paris, 1857; dans son introduction Th. Lavallée donne une idée de la masse documentaire dispersée qu'il n'a publiée que partiellement et sélectivement.

35. P. Fauchery, *La destinée féminine dans le roman européen du XVIIIᵉ siècle, 1713-1807*, thèse de lettres, Paris, 1970; fournit une mise au point pertinente dont on n'a pas assez souligné l'importance.

36. Th. Lavallée, *op. cit.*, pp. 319-336.

37. *Ibid.*, pp. 330-332.

38. « Sous Mme de Maintenon on prétendait que les preuves de pauvreté qu'il fallait faire pour entrer à Saint-Cyr en écarteraient la noblesse; et aujourd'hui la noblesse aisée n'a pas honte de se dire pauvre, pour y faire admettre ses filles, qui, sous cet habit de laine brune qui révoltait si fort autrefois, prennent plus de vanité et d'orgueil qu'il n'en faudrait avoir », in *Correspondance du cardinal de Bernis avec M. Paris-Duverney*, Londres, 1790, cité par Th. Lavallée, *op. cit.*, p. 331.

seuse » des salons parisiens et de la cour. Les expériences diverses et les
hésitations de celle qu'on aurait peut-être tort de regarder uniquement
avec les yeux de Saint-Simon comme la vieille fée du règne à son
couchant, sont perceptibles dans l'histoire de la maison de Saint-Louis.
On comprend la fascination d'une historiographie moderniste pour les
premières années qui connaissent alors une expérience unique de
sécularisation intelligente et hardie de l'éducation des filles. Rien ne
sentait alors le couvent dans ce milieu qui refusait la « captivité » des
femmes du sud de l'Europe [39], expérimentait sur les jeunes personnes les
modes et usages du monde ordinaire, pratiquait une pédagogie du
langage et des gestes par la déclamation et le théâtre, mettait enfin
l'accent sur l'acquisition d'une piété tempérée par la culture historique et
littéraire, adaptée à la sociabilité de la Cour. La réforme des années
1692-1699, couronnée par la transformation définitive de la communauté
des dames en monastère régulier, engage la maison dans une vie plus
traditionnelle. La tutelle vigilante de Mme de Maintenon, l'influence de
Desmarets évêque de Chartres, la prise en charge des religieuses et des
novices par les Ursulines de Chaillot confirment cette ardeur réformatrice et son enracinement dans les usages saint-cyriens dès le premier
quart du XVIIIᵉ siècle.

Toutefois, le programme éducatif de la fondatrice n'est pas transformé,
simplement les priorités en sont inversées. Lectrice de Fénelon, elle admet
la nécessité fonctionnelle d'une formation féminine adaptée, comme lui
elle reconnaît qu'il faut aux filles beaucoup de maximes et peu de latin. Les
têtes pensantes de la pédagogie à la fin du XVIIᵉ siècle ne sont pas
féministes, elles défendent toutes la primauté de l'éducation sur l'instruction. L'expérience de Saint-Cyr devient en ce sens exemplaire. Elle est
d'abord application d'une psychologie simplifiée, fondée sur les vertus de
l'effort individuel, visant à transformer des « filles fières et enflées de leur
valeur » en épouses, en mères chrétiennes. Au premier rang du catalogue
des choix vertueux retenus par les entretiens et les lettres de Mme de
Maintenon figurent la franchise et la droiture, à la première place des
moyens conseillés pour parvenir à ces fins moralisées s'inscrivent un
régime modéré loin du laxisme et de l'ascétisme, le gouvernement dans la
gaieté, l'appel aux forces de la raison. Pour être intégré tout doit être
compris, la discipline morale repose sur l'idée d'une conscience clair-
voyante. Émulation, récompense, châtiments surveillés font rentrer les
filles de la noblesse dans le droit chemin du raisonnable [40].

Sans étonnement, on retrouve dans la liste des normes intellectuelles
prônées par les éducatrices toutes les qualités notées dans les éloges
académiques : le jugement sain, la mémoire solide sans donner dans
l'excès, le goût du travail utile [41]. Renforçant l'unité de cette psychologie

39. « Il ne faut pas tenir les filles toujours liées et captives comme en Italie et en
Espagne, ce serait les traiter en esclave et leur donner plus d'envie de goûter au
monde dont on les éloigne si fort », in *Instruction Chrétienne*, anonyme cité par
F. Buisson, *op. cit.*, p. 3080.
40. Mme de Maintenon, *Lettres sur l'éducation des filles, op. cit.*, t. I, pp. 42-44
(notes de Mme de Maintenon adressées aux supérieures de Saint-Cyr).
41. D. Roche, *Le siècle des Lumières en province*, Paris-La Haye, 1978, pp. 166-
180.

sociale caractéristique sinon d'une classe – la noblesse – au moins d'un milieu dirigeant élargi, l'importance accordée au langage. Dès le départ l'institution est vouée aux célébrations langagières, mais après les réformes les prestiges de la parole portés jusque-là par l'éclat du théâtre et des déclamations mondaines se réfugient plus secrètement dans l'intimité des classes et la clôture des conversations communes. A cet égard les lettres de Mme de Maintenon sont convaincantes : la belle écriture, la bonne orthographe, la juste prononciation y sont louées en même temps que les vertus pédagogiques impératives du silence [42]. Tout doit vivre à Saint-Cyr dans le plus de silence possible, il faut faire aimer aux demoiselles le calme comme le travail. Ces maximes de base, constamment répétées, sont essentielles pour la pensée éducatrice que la fondatrice a longuement mûrie dans l'itinéraire qui la conduisit des ruelles précieuses de Paris aux fastes de Versailles, de la chambre du Roi aux horizons assagis de la retraite saint-cyrienne. Pour les femmes de la noblesse il s'agit de disposer d'un contrôle du langage et de la parole égal à celui des hommes de la même classe, mais, par le silence, elles prouvent qu'elles restent à leur place, qu'elles sont d'un sexe qui s'y enferme naturellement. Les demoiselles de Saint-Cyr apprennent à parler pour mieux savoir se taire, ainsi le veut le rôle que la société leur attribue. Futures épouses, futures mères, leur formation exalte les vertus de la soumission et de l'obéissance, les qualités premières des chrétiennes, les façons des bonnes ménagères. La pédagogie saint-cyrienne est avant tout une pédagogie de l'ordre social.

Les inventaires dressés pour les séquestres révolutionnaires révèlent dans quel espace et selon quelles modalités pratiques l'institution est restée pendant un siècle fidèle à cet idéal. Autour du château bâti à la va-vite par Mansard [43], implanté sur un terrain humide propice aux fièvres, responsables « de la méchante mine de ces pauvres enfants », un jardin, à la fois potager et récréatif, donne sur les allées aux noms symboliques d'un parc de 250 arpents [44]. Rien dans ce décor n'évoque de prime abord le couvent. Le procès-verbal de visite dressé par l'évêque de Versailles en 1692 [45] montre la succession des cours, celle du dehors qui dessert les écuries et l'entrée, celle des cuisines qu'entourent offices, boucherie, fruiteries, apothicairerie, boulangerie, lingerie et roberie, la cour royale enfin que ferme un petit mur percé de la porte d'honneur. L'ensemble sur deux étages surmonté d'un comble est à la fois fonction-

---

42. Mme de Maintenon, *Lettres sur l'éducation des filles, op. cit.,* t. I, p. 19 (à Mlle de Butery), pp. 21-35 (aux dames de Saint-Cyr), p. 27 (avis aux maîtresses des classes), p. 34 (à Mme du Pérou), p. 43 (aux supérieures).

43. Th. Lavallée, *op. cit.,* pp. 52-57. La maison avec les aqueducs et les jardins fut établie en quinze mois ; les registres des bâtiments du Roi montrent que la dépense atteignit 1 078 000 L, non compris le mobilier qui, linge, tapis, tapisserie compris, ne dépassa pas 150 000 L.

44. Le Roi a lui-même baptisé les allées et les ronds-points des jardins ; si certaines dénominations sont purement topographiques – allée de Versailles, Grande Allée, allée du Pavillon, allée du Milieu, d'autres ont une signification pédagogique claire : allée Royale, allée des Rouges, des Vertes, des Jaunes, des Bleues (reprenant l'ordre des classes), allée de l'Institutrice, des Jeux ; cabinet du Repos, du Recueillement, sans oublier le banc de Mme de Maintenon.

45. In A.D. Versailles, Recueils de titres concernant le spirituel de la maison de Saint-Louis, et résumé in Th. Lavallée, *op. cit.,* pp. 389-402.

nel et majestueux. Rien n'y rappelle les constructions hâtives et souvent improvisées de nombreux collèges urbains. Aux éléments indispensables pour le fonctionnement du pensionnat il surajoute avec abondance corps de bâtiment utilitaires ou somptuaires, écuries et réserves, logement des hôtes, appartements des gens du dehors, celui de l'intendant, celui de l'évêque de Chartres ; une aile presque entière est réservée à la fondatrice. La chapelle est une véritable église, avec chœur, avant-chœur, vestibule, partie réservée au public. Elle occupe plus du tiers du corps de logis principal. A l'image des châteaux aristocratiques construits ou rénovés par les architectes classiques, c'est un espace ouvert, au nord, au midi et à l'ouest, sur des bois d'ormes ou des quinconces de tilleuls, c'est aussi un espace hiérarchisé dans lequel s'inscrivent les éléments matériels d'une machine à éduquer.

Les descriptions de 1793, confrontées aux plans de 1688, permettent de reconstituer d'abord une succession de lieux – classes, réfectoires, dortoirs, lingeries, infirmerie (c'est alors l'ancien appartement de Mme de Maintenon) –, ensuite elles livrent une énumération de mobilier, d'ustensiles et de matériel. Dortoirs et classes méritent d'être visités de plus près pour la restitution des espaces et des parcours pédagogiques. Là se déroulent en effet les moments principaux de l'emploi du temps des demoiselles et de leurs éducatrices : neuf heures de sommeil, huit heures d'instruction et d'études.

En premier lieu les dortoirs. Situés dans le bâtiment oriental, à proximité du réfectoire et des salles de cours, ils sont répartis selon deux principes : un principe de commodité qui les dispose entre premier et second étage, ce qui a pour effet de rompre l'unité de la classe sans qu'on puisse expliquer la répartition des élèves ; un principe pédagogique qui range les pensionnaires en cinq groupes d'âge de sept à vingt et un ans [46]. Le trait marquant de ces pièces ornées aux couleurs des classes (rouge, verte, jaune, bleue) est la surabondance de lits, en moyenne une dizaine de plus que d'élèves affectées à chaque pièce. La hiérarchie pédagogique se double vraisemblablement d'une hiérarchie de la surveillance, car il faut imaginer que les grandes, les noires et quelques bleues, et les novices dorment dans les dortoirs des petites au bout desquels les cellules des maîtresses sont ouvertes la nuit. Des lampes y restent allumées. Mais cet agencement permet aussi aux plus âgées de veiller à l'ordre du dortoir et surtout d'aider leurs cadettes à se laver et à se vêtir [47]. Par là se

46. Tableau de la répartition des lits à Saint-Cyr d'après les inventaires :

Classes	Nombre de lits	Nombre d'élèves présents	Nombre réglementaire
rouge (10 ans)	66	56	56
verte (11-13)	65	55	56
jaune (14-16)	68	55	62
bleue (17-20)	68	73	56
noires et novices (21)	17	21	20
	284	260	250

47. Th. Lavallée, *op. cit.*, pp. 170-173 et F. Buisson, *op. cit.*, pp. 3085-3087.

transmettent les gestes et les manières de futures mères [48]. Décor et ameublement sont d'une uniformité et d'un confort de bon ton, évocateurs de cette austérité relative caractéristique du pensionnat. Chaque demoiselle a son lit, avec matelas, traversin, draps et couvertures – les inventaires ne signalent plus les rideaux qui au début du siècle protégeaient et isolaient chaque couche [49] –, chacune a son coffre pour y ranger ses affaires, signe que l'on accorde déjà une place aux responsabilités individuelles, mais la garde-robe commune est déposée dans plusieurs roberies. Des tables, des bancs, des armoires complètent ce mobilier simple. La piété n'est pas abandonnée : il y a un ou deux bénitiers par dortoir. L'ordonnance et la propreté de la tenue sont contrôlées à l'aide de miroirs, un pour les élèves des jeunes classes rouge et verte, mais trois pour les jaunes et cinq pour les aînées de la classe bleue, accroissement qui suppose une progressive acquisition des habitudes de paraître. L'ensemble n'est pas dépourvu d'un confort minimal, il y a une cheminée par pièce – l'inventaire indique même la provision de bois qui la garnit encore –, les fenêtres peuvent être closes et calfeutrées par de gros rideaux de serge, un à deux moines ou des chaufferettes sont à la disposition des classes pour tiédir les lits par temps froid. Enfin l'hygiène individuelle et collective n'est pas oubliée : tous les dortoirs disposent d'un ensemble de seaux de bois et de cuivre pour apporter et évacuer les eaux de toilette, quelques cuvettes servent aux soins d'une propreté assez courte, et chaque demoiselle a son pot de chambre sous son lit. Des lieux sont disposés au premier étage seulement. Il règne dans ces pièces un début d'organisation sanitaire incontestable et une atmosphère utilitaire. Espace réservé au sommeil, le dortoir accueille aussi l'éducation des soins du corps et l'apprentissage de l'ordre des apparences. Sous le regard des maîtresses, aidées par les grandes, les demoiselles y apprennent une part de leur rôle de femme.

L'instruction et le jeu

Les classes sont placées sous le signe de l'instruction et du jeu. C'est véritablement le vivoir des saint-cyriennes, qui y passent plus du tiers de leur temps. Tapissées aux couleurs des groupes d'âge, elles accueillent entre cinquante et soixante enfants sous la responsabilité totale d'une maîtresse aidée d'une ou plusieurs noires. Cette coïncidence entre un lieu spécialisé, pour une tranche d'âge, avec une instruction proportionnée et choisie par chaque éducatrice permet de pratiquer une pédagogie originale. Chaque classe est divisée en « bandes » ou « familles » de 8 à 10 élèves, « gouvernées » par une demoiselle plus « sage », aidée par des suppléantes désignées comme elle par l'âge et la compétence. Ainsi chaque bande peut se livrer à une activité particulière ou participer à une confrontation émulatrice. Chacune est responsable tour à tour des soins ménagers, de l'entretien des feux, de la fermeture des fenêtres, de la distribution des livres et du papier. Responsabilité individuelle et collec-

---

48. Mme de Maintenon, *Lettres édifiantes, op. cit.*, pp. 317-319 : « On fait des récompenses de toutes ces fonctions et on ne les accorde qu'aux plus sages... »
49. Procès-verbal de visite, 1692, *op. cit.*

tive, auto-éducation, surveillance désignent trois réseaux éducatifs qui organisent l'apparente confusion de l'ensemble : réseau de la discipline et de la surveillance hiérarchisée de haut en bas, des dames aux noires, des grandes aux cadettes « mères des familles » car plus sages et plus instruites; réseau de l'identité et du savoir gestuel partagé et acquis par l'entraide, des aînées aux plus jeunes; réseau de l'instruction des leçons et des occupations intellectualisées. L'essentiel est qu'à tous les niveaux chaque demoiselle se range selon ses mérites et ses aptitudes. Un ordre éducatif autonome où l'enseignement n'est pas à la première place s'instaure de manière stabilisée et sans interruption : Saint-Cyr ne connaît pas les vacances.

L'organisation matérielle des classes reflète cette hiérarchisation des activités et des responsabilités : les maîtresses y ont bureau et pupitre, chaque « bande » a sa table mobile – alors que les bancs sont scellés aux murs. Un espace toujours ordonné mais toujours transformable s'organise selon les choix des éducatrices, de multiples sièges secondaires permettant de constituer des regroupements temporaires. Une accumulation de matériel domestique, culturel ou ludique permet de varier constamment les apprentissages.

Les écrits de Mme de Maintenon ont dicté une certaine idée de la régularité établie dans l'enseignement par groupe d'âge et par niveau; les instruments éducatifs inventoriés montrent toutefois la complexité des pratiques. Certes il y a une progression dans l'ordre des classes, mais moins sensible qu'on ne le pense. Toutes font, en fait, la même chose, mais avec des degrés de difficulté variables et des apports successifs. Ainsi, ayant acquis les principes de la lecture, de l'écriture et du calcul dans la classe rouge avant dix ans, les demoiselles continuent de se perfectionner dans ces matières en « verte » et en « jaune » : témoignent de cela les modèles d'écriture retrouvés, 60 dans la rouge, 24 dans la verte, 6 dans la jaune, aucune « perfection de l'écriture » dans la bleue. A quatorze ans donc, la maîtrise de la plume et de la main est assurée à quelques exceptions près. Après il ne s'agit plus que de se perfectionner dans un art nécessaire à la gestion nobiliaire : copies de proverbes, de maximes religieuses, de pages musicales ou de feuilles comptables y pourvoieront. Une triple finalité inspire ces besognes écrivassières : acquisition d'une discipline physique par un contrôle progressif du corps, apprentissage des gestes d'administration par la tenue des comptes ou le relevé des correspondances, souci éducatif principalement par la transmission des principes moraux et religieux [50]. La reconstitution de la bibliothèque des classes [51] fournit des conclusions analogues.

Sur un ensemble de 2 604 volumes pour 895 titres, le religieux l'emporte sous toutes les formes, mais avec une prédominance nette de la catéchèse et de la dévotion : 70 %; l'histoire avec 10 %, la littérature avec 7,5 % et la philosophie morale avec 7 % viennent ensuite; les sciences, la musique, complètent l'inventaire. Deux caractères distinguent dans cet ensemble la part de chaque classe : un nombre moyen de volumes

---

50. Mme de Maintenon, *Lettres et entretiens sur l'éducation*, op. cit., t. I, pp. 85-90; t. II, pp. 293-295.

51. La bibliothèque de Saint-Cyr mérite à elle seule une étude particulière, que nous envisageons de mener avec la publication d'un catalogue des livres; cf. A.D. Versailles, D 118-119-120.

croissant – 395 volumes sont à la disposition des petites « vertes », 705
pour les grandes « bleues » ; un changement appréciable dans le contenu
des ouvrages, les « rouges » ont droit aux heures, aux offices, aux
catéchismes, aux psautiers pour apprendre à lire, aux abrégés, les
« noires » peuvent lire Crasset, François de Sales, Rodriguez, Fleury, mais
aussi le « blason » du Père Ménestrier, Bossuet, l'abbé Pluche et les
« histoires » de l'abbé de Vertot. Si les théologiens et les religieux sont un
peu moins représentés parmi les auteurs de la classe bleue – 60 % –, les
historiens y sont plus nombreux, mais pour le reste les équilibres sont
inchangés. L'ensemble garde sa coloration conformiste que nuance à
peine une ouverture proportionnée à l'échelle des âges. De surcroît, Mme
de Maintenon a ses œuvres dans toutes les classes.

Les inventaires parlent également de l'importance accordée aux travaux manuels : balais, vergettes, plumeaux et chiffons sont partout. « Il
faut les mettre à tout », disait la fondatrice des élèves qui font successivement leur tâche, à la cuisine – les plus petites y épluchent les
légumes –, aux offices, dans les lingeries et les bureaux [52]. Mais la
couture, la broderie, tous les travaux d'aiguille sont particulièrement
pratiqués. Chaque « famille » a, dans les salles de cours, ses corbeilles et
ses mannes à ouvrages, remplies de fils, d'épingles et d'aiguilles, de
rubans et d'étoffes. Par cet apprentissage se forment des ménagères
charitables – on coud pour les pauvres –, économes – on raccommode
soigneusement les hardes –, soucieuses de leur apparence, signe de leur
situation – les rubans ornent les uniformes aux couleurs des groupes,
mais les colifichets sont proscrits. Cette mobilisation par l' « ouvrage »
s'insère dans la pédagogie de la surveillance et du silence. La couture se
fait sans parler et permet par des travaux utiles de lutter contre
« l'oisiveté et la frivolité » de la jeunesse – la fondatrice qui faisait sa
tapisserie au Conseil est ici encore l'exemple à suivre. Mais ce faisant les
demoiselles doivent acquérir une habileté manuelle utile à l'équilibre des
budgets familiaux et le sens des économies indispensables. L'avenir que
les éducatrices imaginent pour leurs élèves dicte ces activités. Tout est
utilisé par un idéal féminin qui respecte la religion, la sujétion maritale,
les devoirs maternels, et qui confie aux mères des familles nobles la
responsabilité de la gestion économique des patrimoines.

Les jeux achèvent et rassemblent ce que les lectures, les instructions
morales et les pratiques domestiques ont commencé. Les activités de
plein air ont leur importance pour la santé physique et surtout le
maintien « majestueux » et noble des élèves [53]. Comme les exercices des

---

52. Mme de Maintenon, *Lettres édifiantes*, t. V, *op. cit.*, pp. 398-400 ; *id., Entretien
sur l'éducation, op. cit.*, pp. 5-8 : « Je voudrais bien qu'elles les portassent [leurs
robes] avec des pièces, quand elles les ont rompues ; qu'elles ne s'accoutumassent
point à vivre comme s'il n'y avait qu'à aller prendre à la boutique tout ce dont elles
ont affaire... » ; pp. 69-70 ; « Il faut les mettre tantôt en bas, tantôt en haut par
rapport aux petits emplois dont on les charge, et ne point faire façon de *donner le
soin des lieux à celles, par exemple, qui auraient été dans les emplois les plus
importants...* » (nous mettons en italique).
53. Les inventaires montrent aussi que les saint-cyriennes jouent à la paume,
aux boules et aux palets. Mme de Maintenon écrivait dans ses instructions aux
dames : « Songez, songez au tort que vous faites à une fille qui devient bossue par
votre faute et, par là hors d'état de trouver un mari, ni couvent qui veuille s'en

classes ou les attitudes pendant la couture, ils façonnent une posture qui a sa signification sociale. Les « remuements », sauter, courir, danser, contribuent à ranger le corps et ses qualités dans le capital des jeunes filles de la noblesse. Les jeux sont aussi appelés à leur développement moral et intellectuel. Les divertissements de société – mise en scène de proverbes, récitations poétiques, participation à des entretiens édifiants – permettent d'acquérir la rhétorique du monde, l'habileté dans la conversation, en bref de mettre en usage un comportement [54]. Les fêtes ponctuent le calendrier annuel, on tire les rois, on célèbre l'anniversaire de Mme de Maintenon, on souhaite les vœux de l'an, et, à chaque occasion, les demoiselles sont mobilisées pour interpréter des saynètes éducatives ou chanter des morceaux choisis avec soin, accompagnées à la flûte, au violon ou au clavecin par les dames et les grandes. Les livres de musique, motets, cantiques, extraits d'opéras, œuvres de Lully, de Campra ou de Clérambault sont dans les bibliothèques de classe. Les dames feront exécuter les chœurs d'*Athalie* pour Robert Walpole visitant la maison. Les jeux intérieurs permettent un « relâchement » favorable à l'intelligence et à l'habileté, les échecs et les dames sont dans les grandes classes, les trous-madame, jonchets et osselets chez les plus petites, un peu partout les jeux de l'oie, les dominos et les lotos [55]. Au total, l'univers ludique des demoiselles reste en conformité avec l'idéal éducatif de la communauté, veiller à la discipline du corps, développer la réflexion et la raison, permettre contrôle et surveillance.

« N'épargnez rien pour leurs âmes et pour leurs tailles », disait Mme de Maintenon : les inventaires révolutionnaires prouvent que cet idéal éducatif a conservé sa force jusqu'à la fin de l'institution. Mais la formation donnée à Saint-Cyr pendant un siècle ne peut se comprendre sans interroger le contexte social de sa mise en œuvre. L'étude de C.C. Lougee oppose avec raison deux modèles féminins qui partagent la haute société de la fin du XVIIᵉ siècle. D'une part celui des salons, d'autre part celui de la réaction saint-cyrienne [56].

Le premier domine à la ville et, pendant les premières années du règne de Louis XIV, fascine la Cour. C'est celui des hôtels précieux dont les salons confondent déjà – le XVIIIᵉ siècle connaîtra un même lieu de sociabilité mondaine – les états et les rangs. Il s'y développe un esprit féministe que portent des auteurs venus de tous les horizons sociaux, l'abbé Poulain de la Barre [57], le chanoine de Pure, ou l'avocat général

---

charger. N'épargnez rien pour leur âme ni pour leur taille », *Entretiens sur l'éducation, op. cit.,* pp. 28-29 ; et *Lettres sur l'éducation, op. cit.,* pp. 96-97 et 198-199.

54. Mme de Maintenon, *Entretiens sur l'éducation, op. cit.,* pp. 196-198 : « Ces jeux sont bons à mille choses... » ; pp. 265-266 : « Je ne désapprouverais pas que devant le carnaval on prît des heures extraordinaires pour jouer... »

55. *Ibid.,* pp. 290-293. Mme de Maintenon proscrit les poupées, tentatrices et coûteuses. On n'en trouve pas dans les inventaires, ce qui n'exclut pas que les petites élèves aient pu en disposer malgré les interdits de la fondatrice ; le ton de la lettre montre qu'il s'agit de les empêcher, on ne sait si ce résultat a été atteint ; cf. R. Caillois, *Des jeux et des hommes,* Paris, 1969.

56. C.C. Lougee, *op. cit.,* principalement pp. 11-54 et pp. 173-195.

57. Sur cet écrivain original, cartésien convaincu dénonçant les origines culturelles de l'infériorité des femmes, consulter B. Magne, *Le féminisme de Poulain de la Barre, origine et signification,* Thèse de lettres, Toulouse, 1964, et M. Albistur et D. Armogathe, *op. cit.,* pp. 157-170.

Saint-Gabriel et quelques autres. Là s'ébauche aussi une réhabilitation théorique de l'action des femmes qui passe par la défense de leur identité morale et physique, soutient l'idée d'une égalité des natures féminines et masculines, lutte contre coutumes et préjugés antiféminins. De surcroît cette remise en cause conduit à une critique du mariage, des rapports familiaux et s'affirme dans une requête pour l'éducation des filles qui équilibrerait apprentissage des savoirs et des rôles. Cette réhabilitation puise une part de sa force dans l'analyse sociale du comportement des femmes, de leur rôle historique et culturel « pacificateur » par opposition à la morale et aux conduites « héroïques » des hommes. Elle se nourrit aussi d'une inspiration philosophique toute néoplatonicienne, anti-ascétique, exaltant l'amour au nom d'une socialité supérieure. Ce faisceau de revendications sous-tend une contestation profonde de la société traditionnelle et promeut une conception sociale favorable à la mobilité, à l'intégration de couches nouvelles venues de l'office et de la marchandise dans une noblesse au service du prince. La Cour, les salons, sont les lieux de la promotion par le mérite et la fortune, où des mésalliances sont admises car elles égalisent les conditions, rapprochent les rangs, réconcilient mariage et passion. Un idéal de moralité, de civilité, confère à l'ensemble de ces idées une unité qui se traduit dans un mode de vie, une communauté de langage et de manières.

La primauté de l'ordre classique

Au nom d'une définition moins idéologique et plus large du féminisme, on pourrait critiquer cette analyse qui néglige volontairement les manifestations traditionnelles de la promotion des femmes, leurs possibilités d'action marginales aussi : la Religieuse et la Sorcière devraient être réétudiées dans cette perspective générale. De plus il ne serait pas négligeable de tenir compte en ce qui concerne l'élaboration des idées précieuses de l'effort d'amélioration que les réformes catholiques et protestantes ont accompli en faveur du « second sexe »[58]. Toutefois, si l'on regarde seulement les niveaux supérieurs de la société, la Cour, la ville, les noblesses et les bourgeoisies en voie d'anoblissement, le phénomène reçoit une coloration nouvelle. En effet, par sa violence, le débat qui oppose féministes et antiféministes dans la seconde moitié du XVIIe siècle ne peut se comprendre sans une référence globale aux interrogations que le monde aristocratique porte sur lui-même. Les hypothèses de C.C. Lougee doivent être vérifiées et étendues, mais elles conservent une force sûre[59]. De fait, elles permettent de comprendre

---

58. N.Z.H. Davies, « City women and religion change et women on top », in *Society and Culture in Early Modern France*, Standford, 1975, pp. 66-96 et 124-150.

59. La méthode employée par C.C. Lougee peut être discutée sur plusieurs points ; en premier lieu, l'interprétation sociologique des salons ne repose que sur l'étude du catalogue des précieuses établi par Somaize et réédité par Livet. De la liste fournie, Miss Lougee ne retient que 171 cas assurés et 80 incertains. L'effort documentaire aurait pu être plus vaste, surtout en prenant en charge les autres listes constituées par Marguerite Buffet, Jean de la Forge ou le sieur de

comment le milieu des salons, dominé sans discussion par la noblesse (15 % de non-nobles), regroupe nombre d'anoblis des deux sexes : la moitié à peine des précieuses et de leurs maris auraient pu prétendre présenter les preuves nécessaires pour entrer à Saint-Cyr ou dans les compagnies de cadets [60]. Dans la rencontre mondaine inégalitaire mais acceptant les différences se mêlent et se côtoient nobles anciens et nouveaux, robe et épée, aristocraties fières de leurs origines et filles de financiers à peine dégrossies de leur roture. Alliances – et parfois mésalliances –, richesse assurée [61] renforcent l'homogénéité culturelle de l'ensemble. La vision laudative ou critique des contemporains s'explique par l'analyse des mariages et des origines familiales [62]. Par l'hypergamie se consolide un modèle social, mais la nouveauté est moins dans ce phénomène traditionnel de la mobilité sociologique française que dans le fait d'une affirmation des groupes sociaux en voie d'ascension, reconnue par le pouvoir, et surtout parce que les femmes de ces catégories remettent en cause leur rôle traditionnel. Financiers, robins, hommes de l'administration royale, gorgés de titres et de profits, sont en définitive les gros bénéficiaires de cette promotion acculturante qui permet à leurs femmes et à leurs filles de revendiquer une prééminence sociale et culturelle défiant l'ordre commun des choses.

A la manière des salons, Mme de Maintenon oppose Saint-Cyr. Ses écrits, comme ceux de Fénelon, reprennent l'essentiel des positions antiféministes, proscrivent l'éducation mondaine et louent avant toute chose le zèle maternel et l'héroïsme du quotidien. Le sens de la rupture des années 1689-1694 est là. Avant, Saint-Cyr vit dans l'ambiguïté, après, l'institution réalise les vœux d'un groupe orthodoxe et traditionaliste. Tout le prouve, l'examen des pratiques de gestion, l'inventaire du matériel éducatif. On ne forme pas des religieuses, même si le cloître reste un débouché possible, mais des mères de famille : les tableaux de Th. Lavallée montrent que sur 3 000 élèves un tiers seulement choisit le couvent [63]. Le recrutement de la première promotion est dominé par les

---

Saint-Gabriel, et en confrontant les sources imprimées avec les archives, par sondage. Les informations « économiques » auraient pu être précisées dans ce sens. Enfin, il aurait peut-être été intéressant d'analyser non seulement le recrutement, mais le fonctionnement des salons pour mieux cerner la coïncidence entre sociologie et sociabilité, donc se livrer non pas tant à une reconstitution d'un milieu artificiel qu'à une étude comparative des éléments composants du milieu précieux – et n'y a-t-il que des salons précieux ?

60. Notons ici qu'à la génération suivante les filles des précieuses auraient pu prétendre être élevées par Mme de Maintenon et ses éducatrices dans leur quasi-totalité – au moins pour les trois quarts. La remarque montre l'importance de la mobilité pour l'étude des configurations de sociabilité et la nécessité d'une étude plus étendue statistiquement pour confirmer les leçons de l'analyse idéologique.

61. C.C. Lougee, op. cit., pp. 128-149 ; la moitié des précieuses prennent place dans les cinq premières catégories de la capitation, 80 % dans les sept premières classes ; 62 % de leurs maris sont dans les cinq premières catégories, 70 % dans les sept premières classes. L'utilisation des catégories de la capitation créées en 1695 paraît méthodologiquement intéressant pour une estimation relative de la situation économique. Il nous semble toutefois nécessaire de procéder à des comparaisons entre la liste des rangs et la réalité des fortunes. Le recours aux archives, peut-être par une série de « cases studies », est ici indispensable.

62. C.C. Logee, op. cit., pp. 151-169.

63. Th. Lavallée, op. cit., pp. 420-470.

filles de militaires peu titrés. La famille saint-cyrienne type est d'épée, d'une richesse médiocre, propriétaire et fieffée, mais sans éclat et ne permettant pas le train de vie des milieux précieux[64]. Certificat de pauvreté et preuves d'une noblesse de quatre degrés sélectionnent les jeunes pensionnaires dans le groupe des familles d'ancienne noblesse, éloignées de la Cour et de la ville, et n'ayant pas bénéficié des faveurs et des encouragements du pouvoir.

De surcroît, la sélection des demoiselles ne retient aucun critère culturel, ne met pas en avant l'intelligence. « Vive les dindonnières! » pouvait s'écrier Mme de Maintenon.

Le projet saint-cyrien défend une vision antiprécieuse et archaïque. L'insistance sur la formation domestique et l'apprentissage des rôles traditionnels, l'éducation par le silence et l'obéissance témoignent de l'attachement à une conception ancienne, « naturelle » de la femme. Dans les classes doivent se former les femmes qui travailleront à la régénération de la société nobiliaire menacée par la montée des groupes nouveaux, ruinée par un luxe inopportun. Elles devront gérer des patrimoines préservés de la dépense stérile qui s'investit dans les villes. Elles seront les modèles d'un retour à la simplicité des mœurs anciennes, elles proposeront aux gentilshommes l'idéal d'un culte de la vie rustique, d'une fuite protectrice dans la nature sans culture, réconciliant la physis et l'archée. En même temps, face aux anoblis se dévoile une réaction aristocratique qui tend à rétablir l'ordre des choses et des champs, à concilier la tradition et la politique nobiliaire de l'état de finance[65]. Aux salons qui mêlaient les genres, la tentative saint-cyrienne oppose la nécessité des différences et le refus des valeurs mondaines. Les dames peuvent à l'aise prêcher la frugalité, la valeur du travail, dénoncer l'oisiveté et la corruption de la Cour et des salons urbains. Dans cette perspective, la femme est au centre du projet car au cœur de la société familiale, point focal de la société civile, mais cette place centrale reste seconde, elle n'en doit pas bouger[66]. Contre une société ouverte, mobile, baroque, dans ses contraintes, son raffinement et sa richesse, les demoiselles de Saint-Cyr affirment la primauté de l'ordre classique, raisonné et stabilisé.

Saint-Cyr se range du côté du passé : ses pratiques pédagogiques, ses finalités éducatives, sa gestion économique se parent de lueurs archaïsantes. Il n'en demeure pas moins que dans l'ordre des classes se

---

64. C.C. Lougee, *op. cit.*, pp. 196-208. Les pères des demoiselles de Saint-Cyr se rangent pour 70 à 80 % dans les catégories 13-18 de la capitation de 1695. Cf. tableau p. 204.

65. C.C. Lougee, *op. cit.*, pp. 210-212 ; L. Rothkrug, *Opposition to Louis XIV : the political and social origins of the french enlightement*, Princeton, 1965, et la mise au point récente de W. Doyle, « Was there an aristocratic reaction in pre-revolutionnary France ? », in *Past and Present*, 1972, pp. 97-122.

66. La novation fénelonienne élargie par Mme de Maintenon n'est pas dans la revendication de l'éducation des filles, ni dans le choix d'un cursus d'étude ou dans l'ampleur d'un programme, mais dans l'affirmation du rôle des femmes comme moyen de réforme de la société nobiliaire. Cf. C.C. Lougee, *op. cit.*, pp. 207-208. N'y a-t-il pas là dans une vision sociale aristocratique une volonté de promotion féminine, relative certes, mais liée sans doute aux réflexions des réformateurs de l'Église gallicane ?

définissent des méthodes ou des usages d'avenir : l'égalité selon les mérites, l'auto-enseignement et l'instruction par groupe d'âge et de niveau, la préparation aux responsabilités individuelles et collectives, l'éducation fondée sur les rapports établis entre les gestes du quotidien, l'apprentissage des savoirs et les jeux.

CHAPITRE XVI

Ménétra et Simon :
autobiographies et ruptures
de la conscience sociale

Au terme du XVIIIe siècle la Révolution contraint la société française et la culture à des bouleversements. L'accélération des événements, les transformations profondes et superficielles ont entraîné les acteurs culturels à une révision de leurs attitudes et de leurs comportements. Le fauteuil académique est menacé; les *Rousseau du ruisseau* s'expriment au premier rang dans le nouvel espace public et politique. Leurs espérances d'enrichissement et de promotion sociale jusqu'alors déçues trouvent compensation et profit dans l'ordre changeant des choses. La fièvre éditoriale enflamme tout un chacun; l'essor de la presse quotidienne politique, l'explosion pamphlétaire, le jeu des images donnent aux intellectuels, les nouveaux comme les anciens, les moyens de leurs ambitions. Bref le problème politique entraîne tout, et la culture. Dans ces nouveaux contextes de production et de consommation, il intervient comme un révélateur des gestes et des pratiques pour un plus grand nombre. Sans doute parce qu'« il consiste, après tout, comme l'écrivait Paul Valéry dans *Regard sur le monde actuel,* dans la détermination des rapports d'un homme avec la masse des hommes qu'il ne connaît pas ».

L'étude politique de la Révolution est alors intensément culturelle : parce qu'elle passe par l'étude des textes et des témoignages, parce qu'elle exige la comparaison des explications contemporaines avec d'autres interrogations susceptibles de rendre compte des actes révolutionnaires autrement qu'en reprenant l'expression immédiate de la conscience des contemporains sous des déguisements divers, parce qu'enfin elle dispose d'une intense production textuelle, abondante, profuse et quelquefois bavarde, œuvre de tous ceux qui ont été engagés, militants, partisans, défenseurs et confesseurs de leurs idées. Dans leurs écrits, le discours de l'événement fait immédiatement se rencontrer la subjectivité des actes avec l'universalité des actions. C'est un vaste domaine où la prise de parole des vainqueurs de la Bastille et la justification politique des suspects emprisonnés éclairent la différenciation culturelle et sociale dans les traces d'une parole collective.

Mais il faut aussi regarder du côté de ceux qui n'ont point de système et qui se rangent mal dans les catégories des partis. Les autobiographies laissées par deux hommes du peuple – l'un, Jacques-Louis Ménétra, sorti du milieu des artisans parisiens ; l'autre, Louis Simon, issu de la paysannerie d'un village manceau – fournissent l'occasion de retrouver le rapport individualité-collectivité et de mesurer l'écart entre des positions types moins connues ou moins reconnues de la conscience sociale à l'époque de la Révolution.

Le regard par en bas

Les récits autobiographiques de la période révolutionnaire ne manquent pas. Imprimés en livres ou en brochures, manuscrits conservés dans les bibliothèques et oubliés souvent dans les archives privées, il reste à les retrouver, à les classer, à les interroger. Mémoires, ils sont répertoriés et livrés aux interrogations de l'historien [1] ; témoignages fragmentés ou isolés concernant des individus obscurs, ils sont à sauver de la disparition et de la dispersion qu'impose l'érosion du temps et des vies familiales bouleversées [2]. Tous ces textes ont en commun d'être source et témoignage car, prenant pour prétexte l'histoire d'une vie individualisée, ils révèlent un discours social étendu qui place au centre de son interrogation l'affirmation de l'individu, l'articulation d'un destin et de l'histoire ; Philippe Lejeune a montré les mécanismes d'intégration ou d'exclusion qui poussaient la majorité des auteurs à s'exprimer pour revendiquer, réclamer leur dû, se justifier, se défendre, se donner en exemple ou dire leur nostalgie [3].

Pour la plupart, le récit de vie s'enracine dans des ruptures secrètes dont l'historien a quelque peine à rendre compte, car si elles donnent le sens de multiples vies, il n'en demeure pas moins que constituer ces significations fragiles en histoire n'est pas sans difficulté. Outre la critique banale du témoignage et de la vérité, c'est l'entreprise même qu'il faut interroger. Des hommes, plus rarement des femmes, parlent, mais de

---

1. J. Tulard, *Bibliographie critique des mémoires sur le Consulat et l'Empire*, Paris, Genève, 1971.
2. P. Lejeune, « La cote Ln 27, pour un répertoire des autobiographies écrites en France au XIXe siècle », *Cahier du Centre de Sémiotique textuelle de Nanterre*.
3. P. Lejeune, « L'autobiographie à compte d'auteur », *Revue des sciences humaines*, 1983.

quoi, sinon d'eux-mêmes et de la façon dont ils rêvent une cohérence et une continuité que rien ne prouve et dont on peut se demander si elles rendent plus lisible la discontinuité de l'histoire. C'est, cependant, dans le dialogue entre le social et l'individuel que réside la réponse. Le discours des autobiographes permet de prendre conscience des manières socialement différenciées dont s'organise le temps de l'histoire.

A chacun selon sa façon de vivre, à chacun sa façon d'écrire sa vie, mais à tous, selon leurs moyens et leur travail, les réponses à donner aux interrogations qu'impose l'histoire et qu'on peut lire comme la traduction du dialogue entre les événements et la conscience de ceux qui les traversent [4].

La Révolution fut en ce domaine une époque privilégiée : temps de changement, temps de rupture fondamentale, elle interpelle chacun sur l'essentiel et elle redistribue les rôles. Aux grands et aux privilégiés, elle dicte une remise en cause essentielle ; aux petits et aux moyens, elle offre l'espoir de changements profitables ; à tous, elle commande de choisir le refus ou l'adhésion, un type de comportement, des modes d'action. La réalité et la violence font alors irruption dans d'innombrables vies.

Les examiner permet de voir que l'histoire a des acteurs multiples et que la Révolution et tous les événements qui l'accompagnent sont faits d'une série d'actes quotidiens répondant à des situations quotidiennes. L'histoire est faite aussi de banalités dont les rythmes et la chronologie s'entrecroisent avec ceux des dramaturgies politiques et civiques. Nous privilégierons ce regard *par en bas* en comparant deux témoignages autobiographiques : celui de Jacques-Louis Ménétra, vitrier de Paris, celui de Louis Simon, étaminier à La Fontaine-Saint-Martin, dans le haut Maine [5].

Les deux hommes ont trois ans de différence ; Simon a quarante-huit ans en 1789, Ménétra cinquante et un. Ils appartiennent à la génération des hommes faits, établis et mariés, pour laquelle la Révolution arrive trop tard, car ils ont leur destin social tracé depuis longtemps, et l'irruption des événements dans leur vie va moins l'infléchir durablement que la gauchir temporairement. C'est sur ce gauchissement que naissent en toute vraisemblance la volonté d'écriture et le pacte autobiographique définitif. Le texte rédigé par Jacques-Louis Ménétra à partir de 1764, de façon discontinue, a sans doute été recopié, mis en forme et unifié, quand la Révolution s'achève : l'une de ses déclarations d'intention placées en tête du *Journal* est datée de l'an X de la République [6]. Le *Livre* de Louis Simon a été écrit à la suite d'un carnet de notes et de comptes, repris par héritage, et en continuité, entre 1809 et 1820 [7].

---

4. J. Cornette, *Voyage au pays des intérêts privés. La correspondance de Benoît Lacombe, propriétaire négociant à Gaillac (1783-1819). Essai de biographie*, thèse de 3e cycle, E.H.E.S.S., 1982, 2 volumes dactylographiés ; *Un révolutionnaire ordinaire, Benoît Lacombe, négociant*, Paris, 1986.

5. *Journal de ma vie, Jacques-Louis Ménétra, compagnon vitrier au XVIIIe siècle*, Paris, 1982 et B.H.V.P., ms. 678, I Journal de ma vie, fos 1-331, II Écrits divers, fos 1-164 ; A. Fillon, *Louis Simon, étaminier, 1741-1820, dans son village du haut Maine au siècle des Lumières*, thèse de 3e cycle, Université du Maine, 1982, 2 volumes dactylographiés. Le « lieu » de Louis Simon est reproduit intégralement pp. 1-97. Je tiens à remercier Madame A. Fillon de m'avoir communiqué sa thèse.

6. B.H.V.P., ms. 678, fo 3

7. A. Fillon, *op. cit.*, t. II, pp. 578-579.

A leur manière les deux hommes se sont alors libérés de l'histoire de leur vie, et, pour eux, l'heure de l'écriture est aussi celle du souvenir des sexagénaires – peu nombreux vers 1800 – arrivés à l'âge de la retraite; Ménétra vit désormais en « Bourgeois de Paris » près du Luxembourg, Simon s'accommode d'une activité réduite. Le citadin comme le campagnard se jettent dans l'entreprise déchirante de mémorisation d'un passé enfui avec d'autant plus de rapidité qu'autour d'eux le monde change et qu'il importe à la fois de tenter d'arrêter le temps qui passe dans le piège des mots, et de transmettre un exemple. C'est ce qui fait de leurs témoignages, d'authentiques autobiographies; le *je* est au cœur de l'écriture heurtée et peu conventionnelle des deux hommes, ils s'y construisent une personnalité, voire un destin.

On peut s'interroger sur ce qui les éloigne comme sur ce qui les rapproche à l'heure des bilans. On doit se demander ce qu'ils nous manifestent dans la manière différente et comparable d'aborder un temps historiquement plus significatif au terme d'une vie chargée de menus événements pour eux-mêmes bien plus riches et bien plus lourds en significations personnelles.

En d'autres termes, Louis Simon et Jacques-Louis Ménétra permettent une analyse de l'intérieur quand croît la conscience de l'Histoire, quand se noue – Tocqueville s'en fera l'écho – le dialectique de la rupture et de la continuité dans l'action individuelle et collective.

Deux horizons sociaux, deux mondes culturels, deux façons d'avoir construit sa vie, deux manières d'en imaginer les ressorts apparaissent dans ces deux récits contemporains.

Pour Jacques-Louis Ménétra, tout s'est joué d'abord à Paris, au cœur de la capitale du royaume dans un espace de vie d'une qualité rare par suite de l'extraordinaire accumulation de biens et d'intelligence qui s'y est faite en plus d'un siècle, en dépit de l'accroissement des difficultés pour un grand nombre, surtout pour les nouveaux venus qu'attirent les lumières parisiennes. Pour nous, l'accélération des rythmes du temps est perceptible dans l'usure des modes qu'impose une pré-Révolution de la consommation; les valeurs les plus établies, les normes les plus admises sont progressivement transgressées et bouleversées. Les possibilités d'une libération des individus y prennent corps quand les conditions de vie s'améliorent pour beaucoup et se détériorent pour un plus grand nombre. Dans le milieu des artisans où naît Jacques-Louis Ménétra vers 1738, les choses qui paraissent le plus stables depuis la nuit des temps sont désormais le jeu d'une érosion insidieuse. Fils d'artisan, apprenti déluré, il suit par force la carrière paternelle, épaulé et encouragé par les oncles et les cousins qui peuplent la jurande vitrière, mais non sans heurt quand il s'agit d'autorité professionnelle, voire des libertés dans le travail. Dans les alliances, les conflits, les amitiés et les haines qui consolident et déchirent les réseaux familiaux citadins, c'est une expérience politique qui est transmise. Elle est constituée dans les gestes du travail et du loisir par d'innombrables références aux autorités – le père, les aînés, les jurés, la police – et par d'infinies appropriations de valeurs et de manières empruntées à tous les milieux urbains. C'est donc un bon artisan, maître installé, avec boutique, enrichi par les retombées de la croissance immobilière parisienne après 1760, et, plus encore, par la nécessité de vitrer d'innombrables maisons neuves. Mais c'est aussi un entrepreneur entreprenant, qui sait habilement faire fructifier à l'occasion un médiocre capital et qu'on sent gêné quelquefois par les contrôles tatillons des jurandes.

Méfiant envers toutes les autorités, indépendant pour lui-même comme par son métier, il s'accommode par caractère du présent et de ses avatars familiaux. Il a une femme qui préfère l'argent aux ribotes, il a deux enfants. En 1789, dans les apparences, tout persévère. Ménétra « jouissait et voyait couler ses jours » dans le calme du quartier et dans la proximité de l'agitation politique pré-révolutionnaire, qui ne le touche pas.

En apparence, la position de Louis Simon est bien différente. A La Fontaine-Saint-Martin, dans le haut Maine, au pays de Longaunay, à l'écart de la grande route qui mène à Angers, au cœur d'un terroir de sols maigres et ardents, proche des forêts, il vit en milieu paysan, dans une paroisse isolée, assez pauvre, menacée par la fragilité des terres, des mauvaises récoltes et l'épuisement forestier. Pour goûter quelque aventure comme pour faire des achats indispensables il faut marcher quelques lieues, gagner le grand chemin qui désenclave la province, atteindre Oizé, Saint-Jean-de-la-Motte ou plus loin encore La Flèche avec ses foires. En bref, comme cadre de vie le royaume profond soumis aux rythmes de la nature, enraciné dans la glaise, stabilisé dans le conformisme, loin des mirages urbains et à peine effleuré par les souffles de la croissance et du changement culturel. Dans ce microcosme qui, au temps de Louis XVI, se répète à des milliers d'exemplaires, tous vivent et meurent, travaillent, sous le regard d'autorités tutélaires à la fois rudes et bon enfant : l'abbesse du couvent local, Mme de Broc, le seigneur d'Orveaux, propriétaire de bordages et trop souvent absent, le curé Clottereau querelleur avec ses fabriciens. Au total, une communauté stable, un champ d'action borné, une familiarité journalière que d'imperceptibles frémissements commencent à parcourir, changeant les habitudes de vie, modifiant les trousseaux et les manières de table, et, grâce au *grand chemin*, animant le commerce et la sociabilité, Louis Simon est au cœur du changement. Héritier d'un lignage d'artisans tailleurs, de tisserands, texiers et tissiers, d'étaminiers du côté de son père, d'une dynastie d'artisans tonneliers, couvreurs et paysans de par sa mère, il est au centre du monde rural, à la rencontre des échanges et de la production, au croisement de multiples expériences.

Artisan étaminier comme son père, Louis-François est un ouvrier informé, mais qui a plusieurs cordes à son arc. Il est sacriste, c'est alors l'intermédiaire de la fabrique et des clercs; il est voyer, c'est-à-dire le représentant de l'administration « pour faire travailler les habitants aux corvées »; il est closier, exploitant quelques *journaux* de terre; il est propriétaire ayant hérité de quoi acquérir maison et pièces de terre; enfin le voilà, vers 1785, percepteur des droits sur les huiles, et, finalement, aubergiste du *Plat d'Étain*.

Comme Ménétra, ce qui le caractérise, c'est l'entreprise et une certaine manière de faire flèche de tout bois. Bref, il gagne sa vie, « un peu d'étamine, un peu de perception, un peu de commerce, un peu de culture et sans doute un peu d'élevage... mais il devient aussi une notabilité du village [8] ».

_____

8. A. Fillon, *op. cit.*, t. II, pp. 514-515.

Louis Simon voit qui passe, observe les allées et venues, il assiste aux négociations, sert de témoin aux marchés, d'arbitre aux discussions et de confident des affaires de famille. Dans le pays aux apparences figées, le cabaretier-tisserand sait tout ce qui passe, c'est l'intermédiaire entre l'intérieur et l'extérieur[9].

Cet entregent, tout comme le Parisien, il le doit à un capital culturel non négligeable, mais aussi, tout comme le compagnon de Paris encore, à une connaissance du monde qui est appréciable pour le temps. En sa jeunesse, vers 1760, il rêve d'un avenir aventureux et manque de s'engager[10]. C'est un moyen de changer d'air, mais s'il échappe aux recruteurs, il n'en quittera pas moins le foyer paternel et il partira « faire son tour de France » à l'été 1763. Pour le jeune tisserand du Maine, de Nantes à Rennes, et de Rennes à Paris, c'est l'occasion d'une formation professionnelle, la découverte de nouvelles techniques et de conditions de travail différentes, mais aussi un regard jeté sur les villes, leurs monuments et leurs activités, les spectacles et les foires. Le voyage du compagnon manceau est une éducation complète, une rupture, l'acceptation d'habitudes nouvelles, la perception des différences. Il partage tout cela avec le jeune Parisien dont l'expérience est beaucoup plus longue : sept ans sur le trimard entre 1757 et 1763.

Bagages culturels

Une analyse comparée plus précise des deux textes montrerait combien leurs aventures *touristiques* et leurs expériences de la route, voire leurs apprentissages du monde et des relations sociales, ont de caractères communs en dépit des différences qui jouent sur la psychologie des deux hommes; Ménétra est un vantard, il se délecte au récit de ses intrigues et de ses passages amoureux; Simon est un discret, moins bavard dans ses confidences. Dans ce contraste interviennent également les variations de leur première formation, donc toute l'opposition qui existe entre Paris et le petite village du Maine.

C'est avec des acquis culturels différents qu'ils affrontent le voyage et c'est avec des bagages intellectuels et politiques quelque peu inégaux, sans être totalement dissemblables, qu'ils accueilleront la Révolution. Ils ne jouent pas leur rôle sur le même théâtre. Jacques-Louis Ménétra fils, de Paris, a dans sa giberne tous les atouts d'une population largement acculturée, et il se révèle habile à les utiliser[11]. Écrire est pour lui un geste d'habitude, un moyen dans la vie professionnelle et privée largement utilisé[11]. Lire est une pratique ordinaire même s'il en parle peu, puisqu'en cinq cents pages de texte il ne cite guère que six titres : la Bible, le missel des paroisses, le petit Albert, le *Contrat social*, l'*Héloïse* et l'*Émile*[12]. De nombreux signes attestent qu'il a une fréquentation habituelle du livre et un contact indirect avec la culture des Lumières. Sa consommation et sa production sont à leur façon créatrices, elles

9. J. Nicolas, « Le tavernier, le juge et le curé », *L'Histoire*, 1980, n° 25, pp. 20-28.
10. A. Fillon, *op. cit.*, t. I, ms. Louis Simon, p. 8 et suiv.
11. *Journal de ma vie, op. cit.*, pp. 46-137.
12. *Journal de ma vie, op. cit.*, pp. 300-301.

mobilisent et recomposent des matériaux divers, elles lui permettent même d'esquisser une vision politique où l'on retient l'égalitarisme, spontanément religieux, en dépit des apparences du libertinage de mœurs. Au total, le Parisien est sans conteste avantagé : il a pu puiser dès son jeune âge à des sources multiples, il a dû multiplier les expériences, c'est l'élève des jansénistes introspectifs de Saint-Germain-l'Auxerrois, c'est le bon apprenti, fier de son habileté manuelle, des jurandes parisiennes prestigieuses dans tout le royaume, c'est le spectateur des théâtres parisiens et l'observateur attentif du changement des hommes et des mœurs. Son conformisme, son fatalisme en même temps que son esprit d'indépendance n'ont pas d'autres origines.

Louis Simon, au fond de son village, ne manque cependant pas de chance. Il doit ses acquis culturels majeurs à sa famille plus qu'à l'école : c'est son père qui lui apprend à lire et sans doute à écrire, comme lui-même le fait à ses enfants [13]. C'est un moyen de prendre place dans « la plus saine partie des habitants », au côté des petits notables, marchands, artisans, bordagers aisés ; c'est pour le jeune homme une garantie d'avenir qui le place du côté des gagnants puisqu'on verra l'alphabétisation élémentaire régresser dans sa paroisse, entre 1700 et 1760 : car la population s'appauvrit et change, et il n'y a toujours pas d'école.

Louis Simon est une exception. Il a une pratique aisée de l'écriture, un commerce régulier avec les livres ; il a pu lire ceux dont disposait le curé Fresneau ami de son père, et, après 1761, son successeur l'abbé Semielle. Il affirme qu'il passait son temps à lire tout ce qu'il pouvait se procurer « surtout les histoires enciennes [sic], les guerres, la géographie, la vie des saints, l'Encien [sic] et le Nouveau Testament et autres livres saints et prophanes [sic] [14] ». A la fréquentation de la bibliothèque du presbytère il doit donc sa formation générale, sa connaissance des Écritures et des rudiments théologiques, un mince savoir de juriste, un goût pour l'histoire et les voyages, voire son amour des romans qu'il conforte à la lecture des brochures de la Bibliothèque bleue arrivées au village dans la hotte du colporteur Louis Boistard. Louis Simon apparaît comme un petit notable cultivé et ses curiosités le rapprochent du parisien, lui aussi élève des bibliothèques de curé pendant son tour de France. Tous deux doivent à l'Église d'avoir perfectionné des acquis élémentaires, tous deux doivent aux prêtres le goût de lire, tous deux ont appris avec eux l'habitude de chanter, et, sans doute, le plaisir d'entendre musique et chansons. En dépit des différences d'éducation et de milieu de vie, une même manière d'aborder la culture est commune aux deux hommes. Peut-être doivent-ils à cet enracinement religieux une certaine façon de s'interroger sur soi-même liée aux pratiques de l'examen de conscience et confortée par celles des premières lectures. Si celles de Ménétra sont plus actualisées – il est plus proche des sources du renouvellement – celles de Louis Simon ne sont guère différentes et à tous les deux la littérature de colportage a fourni aliment pour l'imaginaire comme pour la réflexion. On est peut-être là à la source même de leur acte d'écriture,

---

13. « Suivez mon exemple, j'ai appris à lire et à écrire à mes enfants, mon père m'en avait fait autant, faites de même. » A. Fillon, *op. cit.*, t. I, ms. Louis Simon, p. 61, t. I, p. 180-208.
14. A. Fillon, *op. cit.*, t. I, ms. Louis Simon, p. 20 et pp. 195-198.

au confluent de trois pratiques : geste de l'introspection religieuse, voire de la discussion théologique élémentaire ; habitude du métier renforcée sans doute par les échanges qu'imposent l'absence pendant le tour de France, la fréquentation des petits notables provinciaux, les contacts de clientèle ; enfin, la dimension du rêve et de l'imagination qui puisent dans la lecture des récits du voyage, dans celle des almanachs, des pièces du théâtre de foire, des *romans bleus*, des *causes célèbres*, des ballades et des contes, une part de leur force.

A l'âge de l'écriture, les deux sexagénaires ont pris la plume en dépit des difficultés quotidiennes, car ils ont, tous deux, une même volonté de communication. Leur geste suppose effort et investissement psychologique pour surmonter de multiples obstacles, un choix financier maigre mais qui n'est pas négligeable et demande quelques réflexions, un effort physique particulier, car il faut triompher, dans la boutique parisienne comme dans le cabaret de la Fontaine-Saint-Martin, des mauvaises conditions de logement, d'éclairage, de promiscuité et se donner le mal de former des caractères lisibles ; enfin et surtout, c'est un choix par rapport aux habitudes ordinaires de loisir et de discussion. A Paris, dans le Maine, écrire c'est se mettre à l'écart du commun et privilégier le geste solitaire, montrer des qualités d'intériorisation peu communes dans les milieux dont ils partagent les travaux et les jours. C'est sans doute *qu'ils ont quelque chose à dire*, une sagesse à transmettre, une curiosité existentielle pour le monde, en bref, la passion de rendre compte et de se rendre compte. Ce besoin, ce désir, éclate quand la Révolution s'achève et se consolide, quand une décennie de bouleversements a vu secouer les certitudes acquises, les traditions admises, quand l'instabilité a remplacé la stabilité, parce qu'un nouveau rapport de l'homme aux êtres et aux choses s'instaurait dans de nouvelles liaisons sociales, égalitaires et individualistes. Les déchirures de l'Histoire trouvent alors un écho immédiat dans l'écriture de deux destinées.

L'autobiographie de ces deux hommes proches du peuple naît sans doute du retentissement personnalisé d'une rupture collective, donc de la nécessité d'ajuster les fils d'une trame qui se dénoue, pour comprendre, quand l'âge des certitudes confirme les incertitudes de l'âge.

La curiosité de dire les anime et si chacun d'eux ne parle finalement que de lui-même, c'est avec des procédures analogues et des horizons d'attente communs. Pour Louis Simon, une occasion, il a hérité un livret qu'il veut poursuivre ; une justification, restituer la mémoire familiale pour apprendre à ses lecteurs un *bien vivre*. Le pacte autobiographique est discret : « Moi, Louis Simon ayant épousé Anne Chapeau, j'ai hérité du présent livre. Ami lecteur ne t'applique à chercher les fautes d'un livre car il n'en est point de si parfait en qui tu ne trouves à redire et il n'en est point de si imparfait en qui tu n'apprennes à bien vivre [15]. »

Son projet est un aboutissement. L'étaminier cabaretier, comme sacristain et comme syndic de sa paroisse, a noirci des centaines de pages dans les registres de la fabrique et du village, et ces comptes rendus Anne Fillon a fait le patient relevé sont ceux, imagés et déjà personnalisés, d'un homme d'écriture [16].

---

15. A. Fillon, *op. cit.*, t. I, ms. Louis Simon, pp. 1-2.
16. A. Fillon, *op. cit.*, t. II, pp. 578-583.

Quand il se raconte dans son *Livre*, c'est avec l'habileté du praticien, la simplicité de l'homme de village, l'imagination d'un lecteur cultivé qui a su faire siennes les idées des autres, mais aussi la volonté de se souvenir des jours heureux, de ses amours avec Anne Chapeau, la mère de ses enfants, et de livrer l'expérience d'une vie qui fut fortunée parce que vertueuse. L'affirmation d'une individualité, la relation au passé, l'intention de dire ce passé est du même ordre chez lui que dans les autobiographies illustres d'un Rousseau ou d'un Jamerey-Duval [17], mais comme pour Ménétra c'est avec une claire conscience de la place dont il parle, et le souci de confirmer la continuité double d'une personnalité et d'une vision sociale.

Le pacte autobiographique

Pour le compagnon parisien, aucun doute, il est, vers 1800, semblable à ce qu'il était dans son jeune âge. Son pacte autobiographique disert et bavard, répétitif et hésitant, cinq ou six fois repris et corrigé, justifie ses intentions dans une perspective d'originalité personnelle, culturelle, sociale. Comme Louis Simon, il écrit qu'aucun livre venu sous la plume d'un homme de peu, voire de quiconque, n'est « exempt de fautes », mais plus que lui il revendique cette manière d'écriture pour se distinguer et rester fidèle à l'impulsion profonde qui le pousse à écrire : pour se prouver à lui-même, pour montrer aussi à ses enfants, à ses *petits-neveux*, que malgré les changements de la vieillesse et en dépit des contraintes de l'Histoire, il est resté fondamentalement droit et porté au bien. En se souvenant du passé, du bonheur, des malheurs enfuis, il donne à tous l'occasion de s'instruire à son exemple. Les autobiographies des hommes sans lettres sont d'abord proclamation d'une essentielle fidélité à soi-même et ensuite mémoire et leçon pour les autres, affirmation des possibilités du bonheur. Elles parlent d'un même lieu social, la frontière des cultures, la frange des notabilités populaires du village ou du quartier urbain, elles parlent un même langage culturel fait d'emprunts et de bricolages rassemblant, autour du noyau dur des *récits de vie*, des pièces rapportées multiples : *écrits, conseils, réflexions, poésie*, copies de *discours*, *d'histoires, remarques diverses*; les tentatives et les essais du compagnon parisien sont plus variés et plus nombreux que ceux de l'étaminier du Maine, mais le geste de construction hétérogène est le même [18]. Ce sont des bâtisseurs éphémères portés par un même effort

17. P. Lejeune, *L'autobiographie en France*, Paris, 1971, pp. 63-66; J.M. Goulemot (éd), *Mémoire, enfance, éducation d'un paysan au XVIIIe siècle*, V. Jamerey-Duval, Paris, 1981.
18. B.H.V.P., ms. 678, II *Écrits divers*, Poésies et pièces amoureuses, 13; écrits sur le travail et la corporation, 7; écrits politiques, 20; écrits religieux, 10; divers, 20; soit une soixantaine de pièces complémentaires. A. Fillon, *op. cit.*, t. I, ms. Louis Simon, f° 63 événements extraordinaires visionnaires, f° 66 nouveautés arrivées pendant ma vie, f° 68 événements de la Révolution, f° 81 histoire de l'église paroissiale, f° 84 mémoires de plusieurs articles, f° 95 discours de saint Jean Chrysostome, copie d'un passage de l'histoire ecclésiastique, f° 97 copie de quelques lignes d'un quotidien local.

d'investissement psychologique où mémoriser est déjà mémorialiser pour soi, pour sa famille, pour sa classe.

En 1789, Jacques-Louis Ménétra est un boutiquier reconnu, on le salue rue Saint-Denis, il est pressenti par les confrères de sa paroisse, mais ce n'est pas un *pilier d'église*. Ses affaires marchent bon an, mal an, et il assied peu à peu sa petite fortune. Ses fréquentations ordinaires l'ouvrent à des horizons divers comme le permet le mouvement de la ville, mais il a les loisirs du peuple artisan et ouvrier, aimant boire, fainéanter, courir les aventures le jour de la *Saint-Lundi*. Ménétra s'accommode de sa femme qui compte trop bien et s'inquiète de son garçon apprenti vitrier parti courir les maîtres et de sa fille enfuie en Angleterre pour échapper à un mari insupportable.

Au même moment, Louis Simon a été désigné, comme le fut en son temps son père, syndic des habitants de la paroisse; homme de trente-six métiers, il a arrondi son patrimoine, rassemblé les héritages, on le respecte, on le considère alentour, c'est un homme déjà public, un intermédiaire entre les uns et les autres, *il s'arrange très bien de sa vie*. Sa femme lui a donné cinq enfants vivants sur sept, pour lesquels ils ont tous les soins possibles. Jacques-Louis Ménétra m'apparaît comme un authentique représentant de la *sanior pars* des quartiers de Paris. Louis Simon est lui aussi un membre de la *sanior pars* des villages. Ils ne sont pas au premier rang, ils ne sont pas au dernier, loin des exclus et des marginaux errants et bien au-dessus du peuple laborieux dont le travail est le seul patrimoine. Bourgeois de ville ou bourgeois des champs, la précision importe pour les situer du côté de la société ancienne où l'on fait sa pelote à l'abri des *corps* et des *communautés* et dans les failles du système traditionnel si l'on a un peu d'esprit d'entreprise. Ils ne sont en tout cas rejetés ni de la culture ni du pouvoir. Leur expérience du monde leur confère une puissance qu'ils traduisent en écriture. Leur ambiguïté fait qu'ils ne sont pas conformes aux sujets historiques légendaires qui vont prendre pied sur la scène du théâtre révolutionnaire parisien et villageois où ils vont tous deux être acteurs à leur façon.

Dix ans après, *écrire la Révolution, leur révolution*, s'impose à eux d'une manière comparable. L'événement pousse au témoignage, voire à la justification, mais l'écriture autobiographique interfère avec ses contraintes.

La Révolution du citoyen

Chez Louis Simon, comme chez Ménétra, quand éclate le mouvement, plus des trois quarts de leur vie est jetée sur le papier, et cela depuis leur mariage. Il leur reste plus de quarante années à vivre, mais tout se passe comme si l'essentiel était joué.

La vie d'adulte de l'étaminier tient en moins de vingt pages sur les soixante-seize qu'il consacre à lui-même; pour le vitrier, la monotonie de la vie stabilisée occupe moins de cent feuillets sur les trois cent trente de l'autobiographie. Les deux hommes ne se distinguent pas du lot commun des auteurs, ils reconvertissent en valeur sociale l'expérience de leur vie et manifestent aux autres une nécessité, un appel à la reconnaissance [19]. On conçoit alors comment le brassage politique et la rupture ont pu mobiliser cette conscience. Dans le récit des deux vies stabilisées après l'établissement matrimonial et professionnel, entre vingt-six et vingt-sept ans (c'est l'âge moyen au mariage de tous les Français), la Révolution intervient comme une provocation salutaire. Il n'est pas inintéressant de voir comment elle est mise en texte. Pour Louis Simon, elle est d'abord contournée : « Je passe ici sous silence les événements de la Révolution réservant d'en faire mémoire à part [20] », et l'étaminier poursuit le récit des faits notables de sa vie personnelle et de la chronique paroissiale. Le geste impose l'idée d'une réflexion prise à distance, échappant à la coulée normale de l'écriture chronologique, exprimant la nécessité d'assurer le témoignage, le soulignant ainsi, car il y va de sa participation et de ses convictions profondes. Louis Simon est, depuis 1787, le syndic d'un village que les notables traditionnels ont délaissé, quand les ressources ont manqué. Il est en première ligne : « On i avait ici recours qu'à moi puisque j'étais le seul qui savait écrire et qui entendits un peu les affaires [21]. » Il lui faut attendre dix pages pour reprendre les écrits sur la période révolutionnaire – « en ce qui me regarde particulièrement et quelques autres articles dont j'ai connaissance » –, en suivant à nouveau l'ordre de la chronologie. La datation interne permet de penser que les « événements de la Révolution » ont été rédigés après 1815 et la chute de l'Empire [22]. En revanche, Jacques-Louis Ménétra se mobilise plus rapidement. Son récit n'est pas interrompu « lorsque la Révolution française vint tout à coup réveiller tous les esprits. Et ce mot de liberté si souvent répété fit un effet comme surnaturel et échauffa toutes les têtes [23] ». Les trente pages qu'il consacre aux années 1789-1802 sont rédigées sinon à chaud, du moins plus immédiatement et il est intéressant de noter que tous les noms cités sont rajoutés en marge comme après une seconde lecture et quand il n'y a plus à craindre les perquisitions des commissaires révolutionnaires. De surcroît, l'événement a inspiré au vitrier une notable partie de ses *écrits divers* : « Mes réflexions sur la Révolution française, mes réponses faites aux invectives, ma réponse faite aux dénonciateurs, la journée du 9 Thermidor, la journée du 13 Vendémiaire, les jours les plus marquants de la Révolution [24] » ; au total, une cinquantaine de pages écrites vraisemblablement après la Terreur et au moment de la proclamation de l'Empire. Il n'y a plus à douter : il s'agit pour les deux hommes d'établir un bilan, de justifier un itinéraire, voire une action, sinon de comprendre et de penser. Dans leur témoignage, que sépare toute la distance existant entre Paris – centre des événements – et La Fontaine-Saint-Martin – paroisse isolée de l'Ouest bocager aux confins des guerres chouannes – se dévoile une politique. Entre 1789 et 1799, ils ont vécu, mais ne se sont pas défilés.

L'incohérence de l'écriture dans le récit de Ménétra frappe par

---

19. P. Lejeune, *op. cit.*, pp. 64-65.
20. A. Fillon, *op. cit.*, t. I, ms. Louis Simon, f° 58.
21. *Ibid.*, f° 58.
22. *Ibid.*, f°s 68-80 ; A. Fillon, *op. cit.*, t. II, pp. 581-582.
23. *Journal de ma vie, op. cit..*
24. B.H.V.P., ms. 676, II, *Écrits divers*, f°s 69-78, 79-83, 83-94, 94-101, 102-104, 127, 129 et 134-136.

contraste avec la logique de Simon. Pour ce dernier, tout est simple, sinon facile; pour le premier, tout est compliqué. Le récit du Parisien entraîne le lecteur du point de vue familial à celui du militant puis à des digressions générales sur la période, qui retombent finalement à nouveau dans l'illogisme apparent d'une diatribe dirigée contre des adversaires mal désignés. Dans cette incohérence, que les *écrits divers* éclairent par instant, de même que les papiers de la municipalité rédigés par le syndic puis greffier Louis Simon, renseignent sur le temps et sur lui-même, quelques certitudes se font jour. Ce sont des patriotes; ce sont des antiterroristes, ce sont des partisans d'une révolution moyenne chaude au cœur et propice à l'action. Pour des hommes de cinquante ans, l'affaire n'est pas négligeable.

Louis Simon, comme Ménétra, passe d'un royalisme sans problème à un républicanisme tranquille. Dernier syndic et premier maire, il ne songe pas plus à bouleverser l'ordre établi que le Parisien tranquille qui peint sur verre des slogans de la gloire de Louis XVI et voit dans les journées d'Octobre le témoignage « de l'amour des Français pour leur souverain [25] ». L'engagement du premier ne fait aucun doute : Louis Simon, qui a dirigé la rédaction des doléances (le cahier n'a pas été retrouvé), voit en Louis XVI un pauvre homme, « bien en peine », qui succède à une lignée de dépensiers [26], en bref irresponsable. Quant à lui, *citoyen actif*, premier magistrat, il organise la vie nouvelle, transmet les décrets, applique la législation, ordonne les fêtes de 1790 et 1791, respectueux de l'ordre et pacifique; il est du côté de la loi. Le ralliement de Ménétra est analogue, il a dû être rapide, sinon immédiat – « On courut aux armes » –, encore qu'il n'évoque pas directement sa participation aux assemblées préparatoires aux États généraux et aux événements de Juillet [27]. La Révolution devait « raffermir le Roi sur le trône et le rendant à tous ses droits ». Les deux artisans ont presque la même vision des choses. Au départ, un bon roi trompé, mais, à sa place, des ennemis du peuple clairement désignés et qui « troubleront le repos de l'État » : les prêtres et les nobles. Leurs discours est immédiatement simplificateur et manichéen, mais le vocabulaire est plus abstrait à Paris – où sous la plume du vitrier surgissent, spontanées, les envolées de concepts : Nation, Patrie, Français, Égalité, Liberté, Sacerdoce, Aristocrates, préjugés gothiques qu'à La Fontaine-Saint-Martin où Louis Simon est plus tranquille, voire plus archaïque et plus juridique, quand il évoque les Notables, la Noblesse, le Clergé et le Tiers État, les Provinces, l'État. Une même évolution politique les rassemble, qui tient dans un double mouvement.

D'abord l'espoir né des réformes imposées aux privilégiés. Chez Ménétra, le 14 juillet 1789 : « Ce jour devait nous conduire à la liberté et nous donner des lois dignes d'un grand peuple. » Chez Louis Simon : « Le Tiers État dit qu'il ferait la Constitution malgré tout puisque le Roi les avait appelés pour cela en conséquence ils la commencèrent et la finirent

---

25. B.H.V.P., ms. 676, II, *Écrits divers*, f⁰ 102.
26. A. Fillon, *op. cit.*, t. I, ms. Louis Simon, f⁰ 69, t. II, pp. 531-533 : « [Louis XVI] est bien en peine de payer les dettes de Louis XIV et de Louis XV, [f⁰ 70] c'est un bon roi point méchant qui aimait son peuple, mais il n'avait pas la tête assez forte pour repousser les flatteurs et les ennemis du peuple. »
27. B.H.V.P., ms. 676, II, *Écrits divers*, f⁰ˢ 69, 72-73 et 102-103.

[rajouté en marge] sétait la meilleure que nous avons eue si tous les français l'avaient acceptée ils auraient épargné bien du sang [28]. » Bref, de nouveaux jours commencent. Ensuite, le refus de la noblesse et du clergé d'accepter le changement, « l'égalité des autres Français », écrit Louis Simon – « ces êtres aimèrent mieux voir tomber la Nation dans l'adversité dans la désuétude », dit Ménétra –, entraîne tout le reste [29]. « Le bain de sang », note Louis Simon ; « tous les maux montèrent insensiblement à leur comble », commente Ménétra. « Les prêtres et les nobles troublèrent le repos de l'État », écrit l'étaminier ; « tous ces hommes quittèrent leur patrie et ceux qui restèrent cherchèrent tous les moyens de la perdre », dit le vitrier [30].

Ainsi, les deux hommes paraissent avoir parfaitement adhéré au *compromis* constitutionnel de 1789-1791, non sans en avoir compris les principaux enjeux : la suppression des privilèges (le provincial est d'ailleurs sur ce point beaucoup plus prolixe que le Parisien, en villageois qui sait ce que sont les droits de chasse et les champarts), l'égalité des droits. La « désertion » et l'opposition du premier et du second ordre mettent fin à ces rêves de bonheur. Une politique populaire modérée se dessine dans la conviction spontanée des deux hommes qu'on aurait pu en rester là, mais l'explosion de 1792 leur apparaît dans la libération des forces neuves qu'entraîne la trahison des privilégiés ; en même temps que leur prise de position se différencie sans divergence fondamentale.

Pour Ménétra, l'itinéraire est sans surprise, mais peu facile à reconstituer. Comme nombre de petits bourgeois et le peuple de Paris tout entier, il est passé de la fidélité royaliste au républicanisme. A l'en croire, c'est par l'enrôlement dans la Garde nationale qu'il a milité pour une transformation contrôlée. Son témoignage, invérifiable puisque les archives des gardes parisiennes ont disparu, sonne vrai. Citoyen actif, il pouvait payer l'équipement, être élu bas officier voire lieutenant, assurer son service, conduire les patrouilles, garder les édifices publics, les maisons d'arrêt, participer aux journées. A le suivre, il a fait le 10 Août aux Tuileries ; en mai 1793, il est dans les compagnies qui soutiennent la Convention montagnarde ; le 9 thermidor, il assure la protection du Comité de Sûreté générale ; en mai 1795, il est toujours du côté de l'Assemblée contestée par les faubourgs ; il agit confusément en vendémiaire. Avant toute chose donc, Ménétra a été un citoyen soldat, défenseur de la légalité et des droits conquis, attaché aux principes de l'élection des représentants.

A ses yeux, la République est belle dans les moments où « elle prit un air imposant qui fit trembler les despotes » : alors, « le peuple se montra grand [31] »...

Second point assuré, Ménétra a été sans-culotte, militant sectionnaire. Après le 10 Août, il assure avoir assisté aux assemblées de section

---

28. B.H.V.P., ms. 676, II, *Écrits divers*, f⁰ 102 ; A. Fillon, *op. cit.*, t. I, ms. Louis Simon, f⁰ 69.
29. A. Fillon, *op. cit.*, ms. Louis Simon, f⁰ 69 ; B.H.V.P., ms. 676, I, f⁰ 304.
30. *Ibid.*
676, I, f⁰ 304.
31. *Journal de ma vie, op. cit.*, pp. 395-396 ; B.H.V.P., ms. 676, II, *Écrits divers*, f⁰ 73.

qui réunissent alors citoyens actifs et passifs dans son quartier de Bon-conseil. Il participe aux réunions, il est à plusieurs reprises élu pour occuper des fonctions notables. Dans cette section très caractéristique du centre ancien de Paris, l'itinéraire de l'autobiographe suit le destin collectif tel qu'on peut le reconstituer à travers les travaux de A. Soboul, K. Tonneson et F. Gendron [32]. C'est l'une des représentantes de l'acti-visme sans-culotte en l'an II, à l'été 1793, elle est modérément robes-pierriste et faiblement terroriste; après Thermidor, elle donne franche-ment dans le modérantisme.

Ces variations, qu'expliquent les luttes de factions et de clientèles – la disparition des sources primaires interdisant toutefois une vérification plus complète –, ont leur écho dans les propos de Ménétra. Il importe maintenant de le situer sur cette trame générale et de chercher dans sa démarche l'ébauche d'une réflexion politique [33].

Trois difficultés compliquent ici la tâche, d'abord dans la date du récit, écrit pendant la retombée du mouvement sans-culotte, vraisemblable-ment commencé pendant la période de réaction entre 1794 et 1795, achevé, repris, retravaillé avec les *écrits sur la Révolution*, recopiés presque à la fin des *écrits divers*, sans doute rédigés à la fois pour mieux comprendre et pour se disculper. On pressent donc là, dans l'évolution politique du Parisien, une rupture importante. Le *Journal* et les textes qui l'accompagnent se font plaidoyer contre une accusation qui menace et ne se produit pas. Ménétra attaque, sans trop le montrer, une cible qui se dérobe et qu'on a du mal à identifier, les pièces du procès ayant disparu. En deuxième lieu, sa pensée est biaisée par un sentiment plus profond, la terreur de la Terreur. Ménétra a traversé la période de l'an II avec une sainte frousse. Robespierre tombé, il doit se justifier d'un passé proche et ambigu dont dans les assemblée générales de section, les *réacteurs*, peuvent chercher à tirer vengeance. Dernier problème, découlant direc-tement des deux premiers : le style de son discours est celui des adversaires de la Révolution et des *muscadins*. Il masque ainsi complè-tement sa cible. « Cannibales », « hommes de sang », « anthropophages », « ogres », « tribunaux sanglants », « représentants vertueux », « citoyens persécutés, proscrits, trahis, assassinés », servent indifféremment à dési-gner les terroristes et les muscadins. Ménétra n'a plus de boussole politique quand les visages nouveaux et inquiétants menacent les mili-tants. Sous le propos, on devine l'essentiel, c'est-à-dire la désillusion profonde qui nourrit la maladie de la persécution. Ces aveux ne sont saisissables qu'à demi, comme s'il voulait faire oublier son activité pro-jacobine. S'il a défendu la Montagne, il souhaiterait vivement qu'on l'oublie. Son civisme n'aurait été qu'un suivisme. Dans la réalité, les prises de position qu'il a défendues, les adversaires qu'il désigne et qui se rangent tous parmi les réacteurs, les amis dont il se réclame, tout prouve qu'il a été jacobin, mais un Jacobin modéré.

Par son appartenance sociale, par ses soucis égalitaires, par sa connais-

---

32. A. Soboul, *Les sans-culottes parisiens en l'an II*, Paris, 1958, pp. 998-1012; K.D. Tonneson, *La défaite des sans-culottes, mouvement populaire et réaction bourgeoise en l'an III*, Paris, 1959, pp. 365-370; F. Gendron, *La jeunesse dorée*, Paris, 1981, pp. 129-199.

33. *Journal de ma vie, op. cit.*, pp. 396-399.

sance du rousseauisme, il a été de ceux qui ont fait la force des sections. Toutefois, à l'heure des règlements de compte, il se trouve mis en cause et s'embrouille dans ses justifications. Ménétra prouve la déchirure qu'a pu occasionner le mouvement robespierriste parmi ceux qui le cautionnaient aux origines. Il en révèle une des faiblesses majeures.

Un espace de liberté

Combien calme pourrait être en apparence la destinée parallèle de l'étaminier de village! Mais il en va autrement. Louis Simon se voit confronté à d'autres violences et à d'autres excès, mais sa réflexion n'est pas très différente de celle du Parisien. Toutefois, chez lui, point d'embarras, le récit – écrit, rappelons-le, une quinzaine d'années après les événements – est continu et clair, sans redites ni hésitation, les adversaires y sont aisés à identifier, le langage est cohérent. La contre-révolution [34] fait de ce monarchiste un rallié de la République. La chute du roi n'entraîne pas, chez lui, d'inutile lamentation, son procès n'est pas commenté, sa mort à peine évoquée : « Le Roi avait déserté [35]. »

Actif comme maire (jusqu'en 1791), actif comme électeur (de 1790 à 1815), juré criminel du département, acheteur de biens nationaux, catholique mais ayant procédé à l'installation du clergé constitutionnel, il a suivi la pente naturelle des modérés, la logique d'un mouvement légal contre lequel il n'oppose aucun argument. Greffier de la municipalité, il rédige en 1792 un arrêté qui souligne le fanatisme du curé non jureur, « qui fomente l'aristocratie », menace les « vrais chrétiens » et les « bons citoyens »[36]. Louis Simon est avant tout pour l'ordre au village, contre les violences verbales et physiques. C'est, comme Ménétra, un petit bourgeois légaliste, égalitaire, attaché aux conquêtes de la Constituante, ce n'est pas – contrairement à ce qu'écrit Anne Fillon – un républicain du bout des lèvres, un suiviste des événements, car il y a une logique dans sa conduite face à la conjoncture et le ton de son évocation ne trompe pas : « Jamais le peuple français n'a été si heureux que sous le gouvernement Républicain [37]. »

Dans le drame qui se joue dans la France de l'Ouest et qui oppose blancs et bleus, villages constitutionnels et paroisses chouannes, l'étaminier est un bon Français, un partisan de la République, engagé, qui a dû à plusieurs reprises se cacher pour échapper à la vengeance des hommes de la contre-révolution. Sa dénonciation des crimes – « les forfaits, les atrocités, les abominations, les impudicités, les crimes, les exécrations, les cruautés, les vols etc., que les Chouans ont commis [38] », – occupe près de sept pages du récit, les trois quarts du texte consacré à la période 1789-1815 : c'est la preuve d'un traumatisme sans égal et qui joue pour l'étaminier du Maine le même rôle de révélateur que la Terreur et la

34. A. Fillon, *op. cit.*, t. I, ms. Louis Simon, p. 71.
35. A. Fillon, *op. cit.*, t. I, ms. Louis Simon, p. 70.
36. A. Fillon, *op. cit.*, t. II, pp. 537-538, Registre de La municipalité de la Fontaine-Saint-Martin, 1.02.1792.
37. A. Fillon, *op. cit.*, t. I, ms. Louis Simon, p. 71.
38. A. Fillon, *op. cit.*, t. I, ms. Louis Simon, p. 77.

Contre-Terreur pour le vitrier de Paris. Sa condamnation est sans équivoque : c'est un « patriote » qui rapporte, sans le critiquer, le légendaire des atrocités antipatriotiques. Louis Simon dénonce nommément les responsables régionaux de la Chouannerie, Jean Châtelain dit le *Général Tranquille*, Michel Plessis, le *Capitaine Potiron*, tous deux organisateurs de la guérilla et du brigandage dans la Sarthe. Il s'en prend non sans violence au clergé réfractaire : « Les évêques réfractaires, ainsi que les moines, abbés, prieurs, chanoines, grands vicaires doyens et curés, le président était l'évêque d'Agra (*in partibus*), ils jugèrent à mort tous les acquéreurs de biens nationaux, tous ceux qui prendraient les armes pour défendre la République, tous ceux qui conseilleraient aux jeunes gens de s'enrôler pour la soutenir, tous les prêtres assermentés, tous les officiers municipaux, tous ceux qui publieraient les décrets de la Convention, tous ceux qui assisteraient à la messe des prêtres assermentés, tous ceux qui empêcheraient les jeunes gens de s'enrôler dans l'armée catholique et tous ceux qui mépriseraient leur synode et leurs lois, tous ces hommes devaient être assassinés s'ils n'étaient réclamés par quelques bons catholiques [39]. »

Le ton ne trompe pas, Louis Simon avait choisi son camp. C'est un adversaire de la révolte vendéenne et de la Chouannerie parce qu'il a été partisan des réformes, parce qu'il en a profité, parce qu'il reste loyal au régime légal, parce qu'il s'oppose aux extrémismes. Son témoignage ne contient aucune allusion au terrorisme jacobin. Il se contente d'évoquer la Convention et la Constitution nouvelle lorsque la « masse du peuple était le souverain [40] ». Il ne cache pas la répression brutale des mouvements de l'Ouest quand « le gouvernement tire 20 000 hommes de l'armée de Mayence et furent dans la Vendée avec ordre de tuer hommes, femmes et enfants et de réduire villes, bourgs et villages en cendres [41] ». Derrière ces propos, je ne sens pas le *républicain amer*, mais une sorte de froideur détachée au sortir d'une période agitée et au moment où les adversaires du fanatisme se sentent contestés par les excès mêmes de leurs alliés. Le refus d'une politique guidée par l'ignorance anime Louis Simon à Saint-Martin comme elle fait réagir Ménétra à Paris. Sans être grands clercs, tous les deux savent ce qu'il peut en coûter. C'est pourquoi l'anti-chouan, le patriote réagit aux mesures les plus rigoureuses – à ses yeux – du robespierrisme, mais il le fait dans la pratique ordinaire et il n'en parle même pas dans ses écrits. D'abord il cache le registre de la fabrique paroissiale quand il faillit être confisqué en l'an II. Une note, signée de sa main, au verso du registre mentionne : « J'ai sauvé ce registre de la main méchante des robespierristes de La Flèche et puis des fanatiques cruels chouans, après j'en ai fait don à la mairie. Simon, premier maire et dernier syndic royal de la Fontaine [42]. » On aura noté la symétrie entre le fanatisme des sans-culottes déchristianisateurs et celui des Vendéens, on aura relevé le sens de la continuité légale et administrative. Ce qui compte, c'est le juste milieu. Louis Simon récidive en l'an VI, quand on rétablit le culte et qu'il note alors dans les procès-

39. A. Fillon, *op. cit.*, t. I, ms. Louis Simon, p. 72.
40. A. Fillon, *op. cit.*, t. I, ms. Louis Simon, p. 70.
41. A. Fillon, *op. cit.*, t. I, ms. Louis Simon, p. 72.
42. A. Fillon, *op. cit.*, t. II, p. 555.

verbaux municipaux : « Le culte a été aboli par les robespierristes hannarchistes [*sic*], le district de La Flèche s'est emparé de tous les ornements, de l'argenterie de la petite cloche, en un mot de toutes les richesses de l'église de ce lieu, et la nation s'est emparée des biens fonds de la fabrique et du vicariat [43]... » Comme le note Anne Fillon, même si ce partisan du clergé constitutionnel a su faire la part des choses, il ne peut admettre cette atteinte à la liberté collective, car trop attaché aux libertés individuelles nouvelles.

Ainsi, le discours révolutionnaire des autobiographies livre des leçons communes à la ville et au village, aux sans-culottes de Paris et aux patriotes du haut Maine. Un ralliement sans trop d'interrogation, un espoir d'égalité bien accueilli par ces petits notables, pris comme le doigt entre l'arbre et l'écorce, entre le peuple et les vrais riches, ceux des privilèges et de la fortune, un même patriotisme militant qui lance l'étaminier dans les premiers rangs de la Révolution villageoise et le vitrier au cœur du mouvement sectionnaire, mais, et ce n'est pas le moins intéressant, ils ont tous deux une conscience des limites à ne pas franchir, des excès à ne pas commettre, des libertés à ne pas frauder. La *politique* de Louis Simon et de Jacques-Louis Ménétra révèle une continuité sociale et culturelle certaine, car leur volonté d'écriture les transforme en témoins certes, mais plus encore en hommes conscients de s'être faits eux-mêmes, d'avoir une opinion, un jugement sain, un refus des préjugés et de l'ignorance. Leur jacobinisme s'enracine bien sûr dans une appartenance sociale : ils sont tous deux du côté de ceux qui gagnent avec la Révolution triomphante – petits gagnants, mais gagnants tout de même. Surtout, ils avaient su construire à l'intérieur d'un monde social stable, mais insidieusement transformé, leur espace de liberté : 1789 l'élargit.

Finalement, deux choses caractérisent en plein leur position : la fidélité et le refus de la violence qui en politique détruit les rapports harmonieux et transparents que des hommes intelligents savent organiser entre eux. Si Jacques-Louis Ménétra donne de la Terreur un récit placé sous le signe de la peur et de la délation, c'est qu'il entend témoigner de la manière dont les relations personnelles intérieures au mouvement sans-culotte se sont détériorées, c'est qu'il avoue combien est lourde, pour tous, l'ombre des procès et de la guillotine.

Son discours est celui de la « nostalgie », de la mémoire du moment exaltant qui s'est joué entre l'été 1789 et le printemps de 1793, quand la Révolution entraînait les espoirs et s'imposait à l'Europe, triomphant des « ennemis de la liberté ». C'est un républicain authentique, déçu par les excès aux temps de la Grande Terreur de Prairial, se rattachant comme il peut aux valeurs de la continuité représentative – les Assemblées – et tentant d'échapper au mauvais souvenir de ce jour où la réaction cherchait à « expatrier les hommes de bien », entendons les vrais patriotes.

Sa conscience politique l'éloigne des extrémismes exprimant un temps une revendication populaire, comme des bourgeois qui acceptent les querelles de faction et changent de camp comme d'habit. C'est un naïf :

---

43. A. Fillon, *op. cit.*, t. II, p. 544, Registre municipal de La Fontaine, 15 vendémiaire an VI.

« J'ai vu de près la Révolution, mais c'est pour l'homme sensible une terrible leçon [44]. »

Louis Simon se retrouve aussi du côté des « hommes sensibles », de tous ceux qui n'ont pas accepté les exactions antireligieuses des uns et les cruautés des autres. Quand, en 1787, les notables de la paroisse, le curé, M. Dorvaulx, et Mme l'Abbesse l'engagent à accepter le « syndicat », c'est « en lui disant qu'il se préparait des affaires terribles dans le gouvernement [on peut noter ici une forte part d'illusion rétrospective] qu'il y allait [avoir] une grande réforme en France et qu'il était besoin d'avoir un homme éclairé, judicieux et humain pour syndic [45] ». N'est-ce point là l'essentiel qu'il veut transmettre : l'image d'un administrateur conscient et responsable qui a su donner les réponses les moins mauvaises au fur et à mesure que se posaient les questions? Il y a chez lui le même empirisme, le même pragmatisme quotidien que chez Ménétra, la même solidarité avec les « pauvres patriotes ». Leur autobiographie est reconstitution d'un périple de la mémoire dont on sait combien elle peut être sélective, donc tentative de refaire un tout de ce qui, dans le déroulement des jours, était division et profusion. Ils n'entendent pas livrer un message politique, mais leur choix, qui mêle le conscient et l'inconscient, n'en prend que plus de sens. Comme ils entendent prouver leur fidélité intrinsèque à une bonté et à une intelligence de caractère qu'on ne peut mettre en doute, ils pensent être entendus et souhaitent montrer la possibilité d'une proposition moyenne dont le ressort est peut-être chez le notable de village le sens de la continuité dans une action réfléchie et modératrice, et chez l'artisan parisien la désillusion d'une classe ni tout à fait bourgeoise, ni tout à fait prolétaire.

Un même modérantisme les fait supporter Napoléon ; l'honnête citoyen n'est pas homme de parti. Cette attitude est sans doute la rançon de la culture informelle qu'ils se sont donnée et qui leur permet moins de comprendre la complexité des situations politiques que d'en traduire les incertitudes et les incohérences.

C'est une autre manière de dire la vérité des hommes.

---

44. B.H.V.P., ms. 676, II *Écrits divers*, f⁰ 69
45. A. Fillon, *op. cit.*, t. II, ms. Louis Simon, f⁰ 68.

Remerciements

Nous remercions les éditeurs qui nous ont autorisé à reprendre les textes ici rassemblés et qui avaient été publiés dans les ouvrages et revues suivantes :

– « Censures, Police et industrie éditoriale en France de l'Ancien Régime à la Révolution, in *Histoire de l'édition française (1660-1830)*, t. II, sous la direction de H.J. Martin et R. Chartier, Paris, Promodis, 1984, pp. 76-93.

– « Un savant et ses livres au XVIIIᵉ siècle, la bibliothèque de Jean-Jacques Dortous de Mairan, secrétaire perpétuel de l'Académie des Sciences, membre de l'Académie française et de l'Académie de Béziers », in *Annales des Lumières*, Paris, E.H.E.S.S., Moscou, Institut d'Histoire Universelle de l'Académie des Sciences de l'U.R.S.S., 1970, pp. 41-76.

– « Noblesses et cultures dans la France du XVIIIᵉ siècle : les lectures de la noblesse », *Buch und Sammler, Private und öffentliche Bibliotheken im 18. Jahrhundert*, Colloquium der Arbeitsstelle 18. Jahrhundert, Gesamthochschule Wuppertal, Universität Munster, Dusseldorf, 26-28 September 1977, Sonderdruck, Heidelberg, 1979, Carl Winter Universitätsverlag.

– « La Mémoire de la Mort. Recherche sur la place des arts de mourir dans la Librairie et la lecture en France aux XVIIᵉ et XVIIIᵉ siècles », *Annales, E.S.C.*, 1975, nº 1, pp. 76-119.

– « Académies et politique au siècle des Lumières : les enjeux pratiques de l'immortalité », in *L'Ancien Régime et la politique*, Colloque de l'université de Chicago, ed. K. Baker, Chicago U.P., 1987.

– « L'Histoire dans les activités académiques provinciales en France au XVIIIᵉ siècle », in *Historische Forschung in 18. Jahrhundert Organisation – Zielsetzung – Ergebnisse*, 12 Deutsch-französisches historiker Kolloquium des Deutschen Historischen Instituts, Paris, K. Hammer et J. Voss, Bonn, Ludwig Röhrscheid Verlag, 1976, pp. 260-295.

– « Les Académies provinciales du XVIIIᵉ siècle et la diffusion des sciences », in *Actes du 100ᵉ Congrès National des Sociétés Savantes*, Paris,

1975, *Colloque interdisciplinaire des Sociétés savantes*, Paris, Bibliothèque nationale, C.T.H.S., 1976, pp. 29-40.

– « L'intellectuel au travail », *Annales E.S.C.*, 1982, n° 3, pp. 465-480.

– « Lumières et engagement politique, la coterie d'Holbach dévoilée », *Annales, E.S.C.*, 1978, n° 4, pp. 720-728.

– « Correspondants et visiteurs de J. F. Séguier », Communication au Colloque « Maffei et Séguier », Vérone-Nîmes, 1984.

– « Négoce et culture dans la France du XVIIIe siècle », *Revue d'Histoire Moderne et Contemporaine*, 1978, pp. 375-395.

– « Talents, raison et sacrifice, l'image du médecin d'après les Éloges de la Société Royale de Médecine (1776-1789) », *Annales, E.S.C.*, 1977, n° 5, pp. 866-886.

– « Le précepteur domestique et intermédiaire culturel », Communication au Colloque annuel de la Société allemande d'étude du XVIIIe siècle, 1985, Wolfenbüttel.

– « Éducation et Société dans la France du XVIIIe siècle, l'exemple de la maison royale de Saint-Cyr », *Cahiers d'Histoire*, XXIII, 1977, pp. 3-24.

– « Rupture et continuité à l'âge de la Révolution française, l'apport des autobiographies à la définition des visions politiques », Communication au Colloque « La Révolution française, rupture de la conscience sociale », Université de Bielefeld, 1985.

Table des matières

Cet ouvrage a été réalisé sur
Système Cameron
par la SOCIÉTÉ NOUVELLE FIRMIN-DIDOT
Mesnil-sur-l'Estrée
pour le compte des Éditions Fayard
le 22 août 1988

Imprimé en France
Dépôt légal : septembre 1988
N° d'édition : 0155 – N° d'impression : 9499
35-66-7894-01
ISBN 2-213-02122-8